AF397606

BloGbuster & Raritäten

Vokabel-Kladde
digitale Sicherheit & IT-Grundschutz
plus Grammatik

Gerald Fründt-Geers M.A.

FSC
www.fsc.org
MIX
Papier aus ver-
antwortungsvollen
Quellen
Paper from
responsible sources
FSC® C105338

<u>Impressum</u>

Bibliografische Information der Deutschen Nationalbibliothek: Die Deutsche Nationalbibliothek verzeichnet diese Publikation in der Deutschen Nationalbibliografie; detaillierte bibliografische Daten sind im Internet über dnb.dnb.de abrufbar.

Die automatisierte Analyse des Werkes, um daraus Informationen insbesondere über Muster, Trends und Korrelationen gemäß §44b UrhG („Text und Data Mining") zu gewinnen, ist untersagt.

© 2025 Gerald Fründt-Geers
kladde@klar-schreiben.de
Social-Media-Profil: www.linkedin.com/in/gerald-fründt-geers

Verlag: BoD · Books on Demand GmbH, Überseering 33,
22297 Hamburg, bod@bod.de
Druck: Libri Plureos GmbH, Friedensallee 273, 22763 Hamburg

ISBN: 978-3-7693-4969-6

Inhaltsverzeichnis

Guten Tag!..6

A wie [Anschlag, der = 9x] im IT-Grundschutz – [Anschlag] wird 0-mal modifiziert für die digitale Sicherheit..8

~ Adjektiv/Eigenschaftswort – Grammatik: Wortart (part of speech)...............8

~ Adverb/Umstandswort – Grammatik: Wortart (part of speech)....................10

Top-25: [Anforderung, -en, die = 2.759-mal] - [Anforderung] wird 18-mal modifiziert für die digitale Sicherheit..12

Top-25: [Angreifer, -, der/die = 337x] - [Angreifer] wird 0-mal modifiziert für die digitale Sicherheit...19

~ Anweisen – Grammatik: Imperativ (imperative form).................................27

Top-25: [Anwendung, -en, die = 515x] - [Anwendung] wird 11-mal modifiziert für eine digitale Sicherheit...28

~ Artikel/Pronomen/Fürwort – Grammatik: Wortart (part of speech)..............37

~ Aussage-Satz (Typ I) – Grammatik: Syntax (syntactic)...............................40

B wie [Beschränkung, die = 7x] im IT-Grundschutz – [Beschränkung] wird 7-mal modifiziert..46

Top-25: [Basis, Basen, die = 330x] - [Basis] wird 2-mal modifiziert für eine digitale Sicherheit...46

~ Befehlen – Grammatik: Direktive Sprachhandlung (instruction)..................48

Top-25: [Benutzer, der/die = 642x] - [Benutzer] wird/werden 8-mal modifiziert für eine digitale Sicherheit..51

C wie [Cache, der = 8x] im IT-Grundschutz – [Cache] wird nicht modifiziert für die Sicherheit...64

Top-25: [Client, -s, der = 442x] - [Client] wird 1-mal modifiziert für eine digitale Sicherheit...64

D wie [Defekt, der = 15x] im IT-Grundschutz – [Defekt] wird 1-mal modifiziert für die digitale Sicherheit..66

Top-25: [Daten, die = 731x] - [Daten] werden 63-mal modifiziert für eine digitale Sicherheit...69

Top-25: [Dienst, -e, der = 446] – [Dienst] wird 34-mal modifiziert für eine digitale Sicherheit...97

~ [dürfen, darf] – Grammatik: Modalverb (modal verb).............................106

E wie [Effizienz, die = 4x] im IT-Grundschutz – [Effizienz] wird 1-mal modifiziert für die digitale Sicherheit...108

~ Eigenschaftswort/Adjektiv – Grammatik: Wortart (part of speech)..........109

Top-25: [Einsatz, Einsätze, der = 333x] – [Einsatz] wird 4-mal modifiziert für eine digitale Sicherheit...116

~ Ellipse/Kurzsatz (Typ V) – Grammatik: Syntax (syntactic)...........................123

~ Empfehlen – Grammatik: Direktive Sprach-Handlung (instruction)...............124

F wie [Fehler, der/die = 145x] im IT-Grundschutz– [Fehler] wird 17-mal modifiziert für die digitale Sicherheit..129

~ [für = 3.517x] - Grammatik - siehe Abschnitt Verhältniswort/Präposition.................134

~ Fürwort/Artikel/Pronomen – Grammatik: Wortart (part of speech).................134

Top-25: [Funktion, -en, die = 335x] – [Funktion] wird 46-mal modifiziert für eine digitale Sicherheit...136

G wie [Gewinn, der = 2x] im IT-Grundschutz – [Gewinn] wird 1-mal modifiziert für die digitale Sicherheit..141

[Gefahr, -en, die = 122x] - [Gefahr] wird 2-mal modifiziert für eine digitale Sicherheit. 143

Top-25: [Gefährdung, -en, die = 776x] – [Gefährdung] wird 3-mal modifiziert für eine digitale Sicherheit..152

Top-25: [Gerät, -e, das = 782x] – [Gerät] wird 26-mal modifiziert für eine digitale Sicherheit..157

H wie [Hersteller, der/die = 114x] im IT-Grundschutz – [Hersteller] wird 8-mal modifiziert...168

~ [haben, hat, gehabt] – Grammatik: Vollverb & Hilfsverb (complete/auxiliary verb)....168

~ Hauptsatz (Typ Ib) – Grammatik: Syntax (syntactic / main clause)........................173

~ Hauptwort/Substantiv (noun) – Grammatik: Wortart (part of speech).......................175

~ Top-25 der Hauptwörter/Substantive, im Einsatz für den IT-Grundschutz.................176

I wie [Implementierung, die = 19x] im IT-Grundschutz – [Implementierung] wird 3-mal modifiziert...179

~ Infinitiv/Grundform - Grammatik..180

Top-25: [Information, -en, die = 1.456x] - [Information] wird 22-mal modifiziert für eine digitale Sicherheit..180

Top-25: [Infrastruktur, -en, die = 340x] – [Infrastruktur] wird 11-mal modifiziert für die digitale Sicherheit..193

~ Inhalts-Nebensatz (Typ II) = Teilsatz (subclause) – Grammatik: Syntax (syntactic). 196

Top-25: [Institution, -en, die = 941x] – [Institution] wird 2-mal modifiziert für die digitale Sicherheit..198

~ [Ist, sind, sein] – Grammatik: Vollverb & Hilfsverb (complete/auxiliary verb).............202

J wie [Journal, das = UNGENUTZT] im IT-Grundschutz...204

K wie [Kosten, die (nur Mehrzahl) = 30x] im IT-Grundschutz - [Kosten] werden 5-mal modifiziert...204

~ [kann, können, könnten] - Grammatik: Modalverb (modal verb)..................205

[Kommunikation, die = 220x] – [Kommunikation] wird 8-mal modifiziert für die digitale Sicherheit..................208

Top-25: [Komponente, -n, die = 513x] – [Komponente] wird 22-mal modifiziert..........209

~ Kompositum/mehrteiliges Hauptwort (compound noun) – Grammatik: Wortart (part of speech)..................211

~ Konjunktion/Verbindungswort – Grammatik: Wortart (part of speech)..................214

~ Kurzsatz/Ellipse (Typ V) = Teilsatz - Grammatik..................219

L wie [Leck, das = 2x], Rarität im IT-Grundschutz– [Leck] wird 1-mal modifiziert........220

~ Lokale Satzglieder/Ergänzungen – Grammatik: Präpositionalphrase (prepositional phrase)..................221

M wie [Mangel, der = 27x] im IT-Grundschutz– [Mangel] wird 4-mal modifiziert 225

Top-25: [Mitarbeiter, der/die = 522x] – [Mitarbeiter] wird 3-mal modifiziert für eine digitale Sicherheit..................229

~ Modales Satzglied/Ergänzung – Grammatik: Präpositionalphrase (prepositional phrase)..................232

~ Modalverb (modal verb) – Grammatik: Wortart (part of speech)..................234

~ [Muss, müssen, müsste, müssten] - Grammatik: Modalverb..................242

N wie [Netzwerk, das = 2x] Rarität im IT-Grundschutz– [Netzwerk] wird nicht modifiziert..................243

~ Nebensatz (subordinate clause) – Grammatik..................245

Top-25: [Netz, -e, das = 477x] – [Netz] wird 33-mal modifiziert für eine digitale Sicherheit..................245

Top-25: [Nutzung, -en, die = 408x] – [Nutzung] wird 4-mal modifiziert für eine digitale Sicherheit..................264

O wie [Opfer, das/die = 12x] im IT-Grundschutz– [Opfer] wird nicht modifiziert..........266

Top-25: [Outsourcing, -s, das = 325x] – [Outsourcing] wird nicht modifiziert für eine digitale Sicherheit..................268

P wie [Performance, die = 14x] im IT-Grundschutz – [Performance] wird 2-mal modifiziert..................269

~ Prädikat/Verb – Grammatik: Wortart (part of speech)..................270

~ Präposition/Verhältniswort – Grammatik: Wortart (part of speech)..................272

~ Pronomen/Fürwort/Artikel – Grammatik: Wortart (part of speech)..................276

Q wie [Qualität, die = 11x] – [Qualität] wird 4-mal modifiziert für die digitale Sicherheit 283

R wie [Regel, die = 154x] – [Regel] wird 13-mal modifiziert für die digitale Sicherheit. 284

~ Relativer Nebensatz (Typ III) = Teilsatz - Grammatik...287

[Risiko, Risiken, das/die = 110x] – [Risiko] wird 8-mal modifiziert für eine digitale Sicherheit...292

Top-25: [Rolle, -en, die = 307x] – [Rolle] wird 4-mal modifiziert für die digitale Sicherheit 295

S wie [Stabilität, die = UNGENUTZT] im IT-Grundschutz...299

~ Satz (sentence) – Grammatik...299

~ Satzglieder (part of a sentence) - Grammatik...302

[Schutz, der = 228x] – [Schutz] wird 28-mal modifiziert für die digitale Sicherheit.......312

Top-25: [Server¹, -, der = 735x] – [Server] wird 16-mal modifiziert für die digitale Sicherheit...317

[Sicherheit, die = 177x] – [Sicherheit] wird 19-mal modifiziert für die digitale Sicherheit 321

Top-25: [Software, die = 698x] – [Software] wird 19-mal modifiziert für die digitale Sicherheit...328

~ [sollen, soll, sollte, sollten] – Grammatik: Modalverb...334

Top-25: [Standard, -s, der = 307x] – [Standard] wird 6-mal modifiziert für die digitale Sicherheit...338

~ Subjekt - Grammatik...343

~ Substantiv/Hauptwort, das – Grammatik: Wortart (part of speech)...345

Top-25: [System, -e, das = 2.107x] – [System] wird 82-mal modifiziert für die digitale Sicherheit...348

T wie [Täter, der oder die – keine weibliche Form = 16x] im IT-Grundschutz – [Täter] wird/werden 1-mal modifiziert für die digitale Sicherheit...362

~ Teilsatz – Grammatik...364

~ Temporales Satzglied/Ergänzung – Grammatik: Präpositionalphrase (prepositional phrase)...366

U wie [Update, das = 81x] im IT-Grundschutz – [Update] wird 8-mal modifiziert.........369

~ Umstandswort/Adverb, „echtes" – Grammatik: Wortart...370

V wie [Virtualisierung, die = 29x] im IT-Grundschutz – [Virtualisierung] wird 2-mal modifiziert für die digitale Sicherheit...381

~ Verb/Prädikat - Grammatik...381

~ Verbindungswort/Konjunktion - Grammatik...387

~ Verhältnis-Nebensatz / Teilsatz (Typ IV) - Grammatik...393

~ Verhältniswort/Präposition – Grammatik...397

W wie [Wartung, die = 32x] im IT-Grundschutz – [Wartung] wird 2-mal modifiziert......411

~ [werden, wird, wurde, geworden] – Grammatik: Vollverb & Hilfsverb.................414

~ [wollen, wollte, wollten, will = 10x] = Modalverb.......................................416

Y wie [Yellow = 1x] im IT-Grundschutz – [Yellow] wird nirgends modifiziert für die
digitale Sicherheit...417

Z wie [Zertifikat, das = 52x] im IT-Grundschutz – [Zertifikat] wird 5-mal modifiziert für die
digitale Sicherheit...417

Zum guten Ende – warum überhaupt eine Vokabel-Kladde.............................422

Wie das geht, IT-Sicherheit sprachlich zu analysieren...................................423

Auswertung der Hauptwörter/Substantive...428

Zahlen...432

Top-10 der Grundwörter/Letztwörter..433

Alphabetische Übersicht fast aller Auftretenden/Erwähnten............................436

Übersicht: Genutzte Abkürzungen und Symbole..437

Guten Tag!

Ganz gleich, was du mit digitaler [Sicherheit, die = 177x genutzt im IT-Grundschutz-Kompendium], herausgegeben von dem Bundesamt für Sicherheit in der Informationstechnik (BSI), ganz gleich was du also mit digitaler [Sicherheit] zu schaffen hast, diese Vokabel-Kladde hält vieles für dich bereit zum entdecken, verstehen und vielleicht auch zum lächeln:

- ✔ Wenn du die Bedeutung eines Wortes des IT-Grundschutzes oder eines Wortes für die digitale Sicherheit gerade nicht im Kopf hast, ich habe nachgesehen und sie in der Vokabel-Kladde aufgenommen.

- ✔ Wenn du dir die Bedeutung eines mehrteiligen Wortes (Kompositum) des IT-Grundschutzes nicht erklären kannst, das habe ich mit sprachwissenschaftlicher [Erfahrung, die = 7x] erledigt.

- ✔ Wenn du dir bei den [Funktionen, die = Top-25] der einzelnen Wortarten wie Eigenschaftswort/**Adjektiv** [= 359 werden 13.515-mal eingesetzt], Umstandswort/**Adverb** [= 375 gleich 17.456-mal], Verhältniswort/**Präposition** [= 31 gleich 26.014-mal], Verbindungswort/**Konjunktion** [= 32 gleich 15.898-mal], wenn du dir hier nicht mehr so sicher bist, in der Vokabel-Kladde habe ich das erklärt.

- ✔ Genau, Verben habe ich [117] gezählt, sie werden 32.936-mal eingesetzt. Zu ihnen gehören auch die Modalverben wie [MÜSSEN] oder [SOLLTE]. Wieso sie für den IT-Grundschutz großgeschrieben werden, das hat einen besonderen, allerdings nicht leicht nachvollziehbaren [Grund, der = 25x]. Wenn es dich interessiert, du kannst es dir bei den Einträgen selbst ansehen.

- ✔ Wenn du keinesfalls verpassen willst, welche „echten" Sätze aus dem IT-Grundschutz-Kompendium gut laufen und welche gegen die Wand, in der Vokabel-Kladde kannst du das nachlesen. Du kannst auch gern anderer [Meinung, die = 1x, Rarität] sein. Und manchmal habe ich mich eben verlaufen.

- ✔ Wenn du Sonderbares oder inhaltliche Abzweigungen aus der [Digitalisierung, die = 1x, Rarität] in Richtung unser aller Gesundheitswesens (eHealth) erfahren möchtest, nur zu, die <u>System-Nachrichten eHealth (TI)</u> und meine Kommentare sind genau dafür da.

- ✔ Wenn du Freude hast an [Nachrichten, die = 65x] in Sachen digitaler Sicherheit und IT-Grundschutz, die mir während meiner [Arbeit, die = 56x] aufgefallen sind, eine Auswahl von diesen habe ich als <u>Rand-Notizen</u> eingebaut.

- ✔ Und wenn dich nach all dem mein sprachwissenschaftliches Arbeiten, das Auswerten, Analysieren und das Kommentieren des IT-Grundschutz-Kompendium interessiert, dann nimm dir etwas [Zeit, die = 72x] und schau in die Abschnitte, die nach dem Buchstaben „Z" kommen. Soweit mir bekannt ist, hat sich diese analytische und sprachwissenschaftliche Arbeit bisher niemand gemacht. Sie ist **innovativ**, das solltest du für deine Arbeit nutzen.

- ✔ Wenn dir schließlich nach all dem der Sinn steht nach glasklarer **Grammatik**, dann findest du zahlreiche, mit der Tilde (~) hervorgehobene Erklärungen zur deutschen Grammatik. Auf denn!

Viel [Vergnügen, das = UNGENUTZT im IT-Grundschutz-Kompendium] !

P.S. Selbstverständlich gilt alles, was du in der Vokabel-Kladde entdecken und von ihr übernehmen kannst einschließlich der Grammatik, für alle technischen oder digitalen Inhalte. Im Einzelnen kann dir das diese Vorteile bringen: Du stärkst das Vertrauen in (deine) digitale Lösungen, oder du stärkst Flexibilität und Reaktionsfähigkeit in digitalen Krisensituationen, oder du optimierst Installationsanweisungen, Dokumentationen, Online + Hilfen, FAQ, oder intern und draußen im Land steigerst du die Akzeptanz für die Digitalisierung.

A wie [Anschlag, der = 9x] im IT-Grundschutz – [Anschlag] wird 0-mal
modifiziert für die digitale Sicherheit

Die Bedeutungen (Auswahl): 1. das Angeschlagene, der Aushang, die
Bekanntmachung; 2. schussfertige Haltung; 3. Überfall, Attentat; 4. [Technik]
Begrenzung der Arbeitsbewegung einer Maschine. (www.dwds.de)

IT-Grundschutz-Kompendium

> Durch einen Anschlag können eine Institution, bestimmte Bereiche
> der Institution oder einzelne Personen bedroht werden (A).
>
> Elementare Gefährdungen, G 0.34 Anschlag; S. 78/900

{Patch – Sofort mein Vorschlag: *Ein Anschlag, selten angekündigt, ist eine
realer werdende Gefahr für alles, für jede und für jeden.*

Überlege dir, was für diese Alternative als Eröffnungssatz spricht. Welche
Unterschiede siehst du zwischen den Formulierungen "eine Institution,
bestimmte Bereich der Institution" und andrerseits *„für alles"*. Ist für dich eine
„Bedrohung" erfahrbar oder doch eher eine *„reale Gefahr"*? Zählst zu dich zu
den „einzelnen Personen" oder siehst du dich eher bei *„jede und jeden"*, rein
semantisch ist die Antwort eindeutig...\}

* * * * *

~ Adjektiv/Eigenschaftswort – Grammatik: Wortart (part of speech)

Adjektiv oder Eigenschaftswort: typischerweise deklinierbares und oft
steigerbares Wort, das ein Konzept als Eigenschaft darstellt, die anderen
Konzepten zukommt.(www.dwds.de)

IT-Grundschutz-Kompendium

> Offene oder schlecht gesicherte Schnittstellen könnten
> Außenstehenden unautorisierten Zugang zu den Systemen der
> beteiligten Institutionen ermöglichen (A).
>
> OPS.2.1: Outsourcing für Kunden; 2.10 Schwachstellen bei der
> Anbindung an einen Outsourcing-Dienstleister; S. 273/900

{Patch – Deklinierte Adjektive oder Eigenschaftswörter in dem Aussagesatz
sind: [offene = 18x], [gesicherte = 24x], [unautorisierten = 20x], [beteiligten =
19x]. Sie beziehen sich auf ein Hauptwort/Substantiv und passen sich dem
Kasus, der Einzahl oder Mehrzahl an. Mehr dazu und die Top-10 der
eingesetzten Eigenschaftswörter/Adjektive findest du in dem Abschnitt
Eigenschaftswort...\}

* * * * *

<u>**System-Nachricht eHealth (TI) [Sys-01] Intermediär**</u>

Im Rahmen der weitergehenden Analyse des Fehlerbildes konnte heute gegen 15:00 Uhr eine Übergangslösung am Intermediär der T-Systems (betrieben durch Arvato) bereitgestellt werden. Der VSDM-Abruf und somit auch der Abruf von E-Rezepten mittels eGK ist somit für die betroffenen Apotheken wieder möglich.

Die Situation wird weiterhin intensiv beobachtet. Alle Beteiligten arbeiten an einer nachhaltigen Lösung der Störungsursache. Über die weitere Entwicklung informieren wir an dieser Stelle.

Letzte Aktualisierung 21.09.2023 16:00 Uhr

{Patch – Wie erfährt das die Apotheke jetzt? Welcher praktische Nutzen von welchem Teil der teilweise widersprüchlichen Informationen?\}

* * * * *

[Administration, die = 222x] = Abgeleitet von dem lateinischen Verb „administrāre = 'hilfreich an die Hand gehen, beistehen, leiten, verwalten'" Daraus entwickelt sich die [Administration], sie steht ab dem 15. Jh. für = 'Verwaltung, Verwaltungsbehörde, Anweisung (zur Durchführung von Leitungsentscheidungen)'. [Administration, die], das Verwalten.

IT-Grundschutz-Kompendium

01. Ein besonders wichtiger Spezialfall der unberechtigten Nutzung ist die unberechtigte Administration (A).

Elementare Gefährdungen; G 0.30 Unberechtigte Nutzung oder Administration von Geräten und Systemen; S. 74/900

{Patch – Merkwürdiger Aussagesatz mit dem doppelt verwendeten Eigenschaftswort/Adjektiv [unberechtigt /-e = 140x]. Überhaupt diese Hervorhebung „besonders wichtiger Spezialfall". Nein, es handelt sich um einen schwerwiegenden Fall, wenn Angreifende es geschafft haben, die Verwaltung von Geräten, einem Netzwerk oder einer gesamten Infrastruktur zu übernehmen. Von mir aus auch [Administration], wenn es gefällt...\}

02. Hinzu kommt (1H), dass mobile Endgeräte (Mobile Devices) besonderen Gefahren ausgesetzt sind (2NI){,\} und die Administration sich in grundlegenden Punkten von anderen IT-Systemen unterscheidet (3NI).

SYS.3.2.2: Mobile Device Management (MDM); 1.1 Einleitung; S. 611/900

{Patch – Sind es tatsächlich „besondere Gefahren"? Und eignet sich im Teilsatz 3NI tatsächlich das Wort [Administration], das Verwalten? Ich denke, dass es bei mobilen Geräten grundsätzlich auf das Einrichten derselben ankommt. Zum anderen benötigen diese Geräte – sie sind ja, wie der Name sagt, unterwegs, sie sind mobil – weit reichende Vorkehrungen für den Schutz für was auch immer...\}

[Administration, die] = als Bestimmungswort, das differenziert und die Bedeutung des Grundwortes/Letztwortes erweitert in den folgenden zusammengesetzten Wörtern (Komposita):

[Administration(s) + Konzept, das = 2x]; Rarität. Ein Konzept, wie eine ordnungsgemäße Administration vorgenommen wird und auszusehen hat. Das könnte klappen **[+]**.

[Administration(s) + Netz, das = 10x]. Das ist schrullig **[–]**. Würde von einem [Netzwerk] gesprochen, über das die Administration eines Unternehmens erledigt wird, dann gäbe es eine kleine Chance, aber so...

[Administration(s) + Rolle, die = 1x]; Rarität. Das ist schwierig **[–]**, weil ich mit der Verwendung der [Rolle] wie in einem Theaterstück (z.B. Heinrich III.) oder in einem Film (z.B. Matrix) in der IT oder erst recht nicht in der TI nichts anfangen kann. Siehe hierzu auch [Rolle, die = Top-25).

[Administration(s) + System, das = 3x]. Wenn es sich um die Art und Weise (= System) handeln soll, mit der administriert wird, dann ist das teilweise nachvollziehbar **[+]**. Wenn nicht, vergiss es schnell.

[Adressen + System, das = 1x]; Rarität. Das ist trist **[–]**. Die Art und Weise, das [System, das = Top-25, siehe dort], wie eine Ordnung in Adressen gebracht wird. Weil es hier nicht um Postadressen geht, sondern um so genannte IP-Adressen, was nicht gesagt wird.

* * * * *

~ Adverb/Umstandswort – Grammatik: Wortart (part of speech)

Adverbien oder Umstandswörter: (unflektierbares) Wort, das ein im Satz genanntes Verb, ein Substantiv, ein Adjektiv oder ein anderes Adverb seinem Umstand nach näher bestimmt; Umstandswort (www.dwds.de). Außerdem kannst du es nutzen, um Sätze zu organisieren, Zeit, Ort, Grund, Bedingung, Ziel zu nennen, bestimmte oder unbestimmte Zahlen ins Rennen zu schicken oder um schließlich deine Bewertung einzufügen. Mehr zu Adverb/Umstandswort und die Top-5 derselben findest du im Abschnitt Umstandswort/Adverb.

IT-Grundschutz-Kompendium

> In der Praxis kann **nie** ausgeschlossen werden (1H), dass Sicherheitsvorfälle auftreten (2NI).
>
>> DER.2.1: Behandlung von Sicherheitsvorfällen; 2.1 Ungeeigneter Umgang mit Sicherheitsvorfällen; S. 308/900

{Patch – Nicht dekliniert wird in dem Teilsatz Nr. 1 (1H) das Wörtchen [nie = 2x], das bedeutet, zu keiner [Zeit, die = 72x], zu keinem [Zeit + Punkt, der = 35x]. Allerdings könnte es sein, dass du die [Relevanz, die = 2x] dieses ganzen Satzes nicht sofort in dein Denken und Handeln verankerst.

Deswegen eine Alternative: *[Sicherheit(s) + Vorfälle, die = 209x], die sind nie(mals) auszuschließen.* Mehr zu Adverb/Umstandswort und die Top-7 der für die digitale Sicherheit eingesetzten Adverbien findest du in dem Abschnitt Umstandswort....\}

* * * * *

System-Nachricht eHealth (TI) [Sys-02] - KIM

> Aktuell kann es zu Einschränkungen (Versand und Empfang von Nachrichten) bei der Nutzung des Dienstes Kommunikation im Medizinwesen (KIM) der BITMARCK Service GmbH kommen. Dies kann Anwendungen wie die elektronische Arbeitsunfähigkeitsbescheinigung (eAU) oder den elektronischen Arztbrief betreffen. Die Ursachenanalyse läuft. Weitere Informationen folgen zeitnah nach neuem Kenntnisstand.
>
> Letzte Aktualisierung: 12.06.2024 13:45Uhr

{Patch – Achte darauf, wie das Modalverb [kann] funktionieren soll. Bist du auch der Meinung, für das Umstandswort/Adverb [zeitnah = 40x] sollte man besser schreiben: *Wir haben auch keine* Ahnung...\}

* * * * *

[alt = 11x; Eigenschaftswort/Adjektiv] = 1. gibt das Alter, die Lebensjahre an / 2. bejahrt, reich an Jahren / 3. gebraucht / 4. schon lange bestehend / 5. in gegensätzlicher Bedeutung zu modern / 6. früher.

[alt] = als Bestimmungswort, das differenziert und die Bedeutung des Grundwortes/Letztwortes erweitert in den folgenden zusammengesetzten Wörtern (Komposita):

[Alt + Anwendung = 3x]. Das ist muffig [–]. Um eine eindeutige Aussage hinzubekommen, könntest du eine der aufgeführten Erklärungen verwenden . Versuche etwa „bejahrte, reich an Jahren" Anwendung, oder eine „schon lange bestehende" Anwendung, irgendwie funktioniert das nicht.

[Alt + System = 2x]; Rarität. Das ist misslich [–]. Gemeint ist vermutlich ein früher eingerichtetes [System, das = Top-25], genauer beispielsweise ein früher eingerichteter Rechner .

[Analyse + System, das = 1x]; Rarität. Das ist gewagt [–]. Wird mit dem Ausdruck eine Software gemeint, deren Aufgabe und einziger [Sinn, der = 23x] in der [Analyse, die = 30x] von was auch immer besteht. Oder ist die Art und Weise gemeint, mit der analysiert wird, etwa die [Gefahr, die = 122x], dass ein Server ausfällt.

[Änderung, die = 152x] = Veränderung, Umgestaltung

<u>IT-Grundschutz-Kompendium</u>

> Schon die Änderung eines einzigen Bits eines kryptografischen Schlüssels führt dazu (1H), dass sämtliche damit verschlüsselten Daten nicht mehr entschlüsselt werden können (2NI).
>
> CON.1: Kryptokonzept, 2.7 Fehler in verschlüsselten Daten oder kryptografischen Schlüsseln; S. 139/900

{Patch – Einwandfreie Verwendung des gesuchten Wortes – und es zeigt, wie minimal invasiv ein Angriff ausgehen kann. Auf der anderen Seite, warum sollte man das Bit nicht finden, welches da geändert wurde. Wer weiß...\}

[Änderung, die] = als Bestimmungswort, das differenziert und die Bedeutung des Grundwortes/Letztwortes erweitert in den folgenden zusammengesetzten Wörtern (Komposita):

[Änderung(s) + Anforderung, die = 10x] Das ist erschreckend [–]. Die [Anforderung, die = Top-25] lässt erwarten, dass es um eine Erwartung geht, oder um eine Voraussetzung oder Bedingung. Hier könnte [Vorgabe, die = 143x] gemeint sein, eine Vorgabe für eine [Änderung, die = 152x], eine [Änderung(s) + Vorgabe, die = UNGENUTZT].

* * * * *

Top-25: [Anforderung, -en, die = 2.759-mal] - [Anforderung] wird 18-mal modifiziert für die digitale Sicherheit

A.) - Erklärung/Wortbestimmung

Abgeleitet wurde [die Anforderung] von dem Verb „jemand oder etwas fordern" = etwas verlangen und jemanden zum Zweikampf aufrufen!

Im allgemeinen Sprachgebrauch drückt eine [Anforderung] der Definition folgend eine bestimmte Erwartung aus, die jemand hat. Diese Erwartung oder auch Voraussetzung oder geforderte Eigenschaft wird formuliert gegenüber einer anderen Person, oder konkret gerichtet an eine Sache oder an einen Gegenstand.

Um die IT und eben auch die Telematik Infrastruktur TI wirkungsvoll und nachhaltig zu schützen, wird das Hauptwort/Substantiv [Anforderung, die] 2.759-mal zum Beschreiben von sicherheitsrelevanten Inhalten eingesetzt. So häufig, wie kein anderes Hauptwort.

Im Internet finde ich zwei Definitionen für [Anforderung, die]:

> 1. Bestellung
>
> Beispiele: eine schriftliche Anforderung; die Anforderung von Ersatzteilen, Baumaterialien
>
> 2. Anspruch, Forderung (meist Plural)

Beispiele: große, hohe Anforderungen (an jmdn., etw.) stellen; den Anforderungen entsprechen, gerecht werden; allen Anforderungen genügen

www.dwds.de/wb/Anforderung, Stand 19.05.23

Als gebräuchliche Synonyme für die Definition Nr. 2 und natürlich abhängig von dem jeweiligen Satzzusammenhang werden aufgeführt: [Erfordernis, die = 5x] - [Notwendigkeit, die = 4x] - [Voraussetzung, die = 15x] // [Anspruch, der = 8x] - [Bedarf, der = 51x] - [Forderung, die = 5x] // [Bestimmung(en), die = 13x] - [Rahmenbedingung(en), die = 64x] - [Regelung(en), die = 292x] - [Vorgabe(n), die = 207x]. Nicht als Synonyme erkannt und genannt werden z.B. [Kriterium, das = 25x], [Merkmal, das = 9x], [Eigenschaft, die = 16x]. Die praktische Konsequenz, diese Synonyme wären nicht gebräuchlich und deswegen unangemessen.

IT-Grundschutz-Kompendium

> 01. Es SOLLTE geprüft werden (1H), ob die verwendeten Geräte die Anforderung an die Verfügbarkeit erfüllen (2NV).

SYS.4.4: Allgemeines IoT-Gerät, SYS.4.4.A22
Systemüberwachung, S. 660/900

{Patch – [SOLLTEN] = Anregung, unverbindliche Empfehlung, so und so zu handeln – siehe Modalverben.

Bestellt wird, oder der Anspruch besteht, dass eingesetzte [Geräte] möglichst stets verfügbar, erreichbar, nutzbar sind. Deswegen muss grammatisch korrekt in dem Verhältnis-Teilsatz (2NV) stehen *„...die verwendeten Geräte die Anforderung der Verfügbarkeit erfüllen."* Ein Genitiv, der die Eigenschaft der Geräte benennt...\}

> 02. Darüber hinaus SOLLTEN die Software-Tester über die Anwendungsfälle und mögliche weitere Anforderungen der Software informiert werden (A).

OPS.1.1.6 Software-Tests und -Freigaben, OPS.1.1.6.A6
Geordnete Einweisung der Software-Tester, S. 226/900

{Patch – [SOLLTEN] = Anregung, unverbindliche Empfehlung, so und so zu handeln – siehe Modalverben.

Nun springt es dir vor Augen: Über was sollten Software-Tester informiert werden? Möglicherweise über weitere [Eigenschaften] der Software, die sie aktuell bereits hat. Oder über weitere Feature, die bei der Software bestellt worden waren. Grammatisch korrekt umformuliert werden muss hier die Phrase mit den [Anforderungen]: *„... mögliche weitere Anforderungen an die Software ...".*

Wie jetzt, könntest du fragen. Im Satz Nr. 01 wird das Verhältniswort/Präposition [an] herausgenommen, in Satz Nr. 02 wieder hinzugefügt? Semantisch ganz einfach zu erklären: Eine Software selbst ist keine handelnde Person und kann keine Ansprüche entwickeln, sie wird entwickelt...\}

Wird das Hauptwort/Substantiv [Anforderung] in Sätzen eingesetzt, muss überlegt vorgegangen werden. Stets ist im IT-Alltag auf die Voraussetzungen zu achten, aufgrund derer [Ansprüche] formuliert werden könnten.

Um das zu illustrieren, Beispielsätze:

> a) *Die Funktionalität des Routers wird unseren Anforderungen gerecht.* (A)
>
> Voraussetzung: Denn wir wissen, wo der Router eingesetzt werden soll und was er dort zu leisten hat, welche Funktionen er auszuführen hat.
>
> b) *Die Qualität der Praxissoftware genügt unseren Anforderungen.* (A)
>
> Voraussetzung: Denn wir kennen unsere täglich sich wiederholenden Abläufe und erwarten eine optimale Unterstützung.
>
> c) *Das Menü der Prozesssteuerung entspricht nicht unseren Anforderungen (1H), die wir aufgrund der Analyse des Arbeitsplatzes zusammengestellt haben (2NR).*
>
> Die Voraussetzung wird in einem relativen Teilsatz ausdrücklich genannt.

Wie kommt es, dass im IT-Grundschutz und für die IT-Sicherheit mit dem Hauptwort/Substantiv häufig bis hin zu inflationär arbeitet? Wie kann es sein, dass so fahrlässig und kritische Sachverhalte verschleiernd vorgegangen wird? Es ist der „Markt".

Irgendwer oder die unsichtbare Hand (invisible hand) des Marktes ist auf die Internetseite www.rfc-editor.org/rfc/rfc2119.txt, (Stand 19. Mai 2021) gelangt.

Dort geht es um „Key words for use in RFCs to Indicate Requirement Levels (Die Abkürzung [RFC] steht für Request for Comments), es geht um Schlüsselwörter. [Anforderung, die] ist ein Schlüsselwort. Das Ziel ist für technische Begriffe sollen Quasi-Standards aufgestellt werden. „Quasi" deswegen, weil es keine verantwortliche Redaktion oder Kommission gibt.

Welche Übersetzung wird für „Requirement" angeboten, flugs zu einem marktgängigen Übersetzungsprogramm wie z.B. leo.org: die Anforderung, die Voraussetzung, der Anspruch, die Auflage, der Bedarf, die Bedingung.

Es gewinnt wie in den Beispielsätzen Nr. 1 und Nr. 2 gesehen: die Anforderung. Aber da ist noch etwas zu berücksichtigen:

<u>IT-Grundschutz-Kompendium</u>

> 03. Die International Organization for Standardization (ISO) gibt in der Norm ISO/IEC 27001:2013 im Annex A.14 „Security requirements of information systems" Anforderungen an die

Informationssicherheit von IT-Systemen (1H), die auch bei der
Auswahl und dem Einsatz von Software berücksichtigt werden
sollten (2NR).

APP.6 Allgemeine Software, 4.1. Wissenswertes, S. 480/900

{Patch – Verräterisch steht das Verhältniswort/Präposition [an] in dem
Hauptsatz herum. Gehört es zu dem Verb „etwas angeben", etwas
kennzeichnen oder gehört es wie in den Beispielsätzen gesehen zu den
[Anforderungen]. Wie dem auch sei, korrekt und für eine Weiterarbeit passend
zu übersetzen sind die „Security requirements" mit „... *Bedingungen an/für die
Informationssicherheit...*". Deswegen wird innerhalb der TI eine Anforderung
als Spezifikation von Eigenschaften oder Leistungsmerkmalen eines
Produktes, Systems oder Prozesses verstanden. (Quelle: Gematik) ...\}

Zusammenfassung und Ansprüche an die Weiterarbeit mit dem
Hauptwort/Substantiv: [Anforderung, die = 2.757x]:

1. [Anforderung, die] wird für den IT-Grundschutz und gleichzeitig für
    Sicherheit der IT inflationär genutzt. Das Wort verliert auf diesem
    Weg dramatisch an Präzision. Beschriebene und erklärende
    Sachverhalte und Inhalte verflachen, sind wie ein ruhendes Meer
    ohne bewegte Wellen. [Anforderungen] gleich welcher Ausprägung
    oder was man dafür hält werden nicht mehr wahrgenommen.

2. Meine Forderung an die Verwendung der [Anforderung, die] ist für
    den IT-Grundschutz ausschließlich entsprechend der oben
    gegebenen Bedeutungen zu verwenden. Als Hilfestellung, was
    gemeint ist, dient die Frage: Was ist die Voraussetzung für die
    [Anforderung].

3. Gerade bei den zusammengesetzten Hauptwörtern, den Komposita,
    ist deswegen leider in jedem Einzelfall zu entscheiden, geht es um
    eine Bestellung, oder geht es um eine Forderung, die jemand an
    jemanden oder an etwas stellt, geht es aktuell um Bedingungen,
    Kriterien, Merkmale, Eigenschaften usw.

<u>IT-Grundschutz-Kompendium</u>

04. Wenn die Anforderungen nicht zweifelsfrei erfüllt werden können,
SOLLTE eine Konformitätserklärung vom Hersteller angefordert
werden.

SYS.2.3: Clients unter Linux und Unix, SYS.2.3.A12 Sicherer Einsatz von
Appliances, S. 586/900

{Patch – Klarer Fall, es muss aus Gründen der Eindeutigkeit heißen: „*Wenn
die Kriterien nicht zweifelsfrei erfüllt werden ... „*.

Und ja, das Verb „anfordern", von dem ja das Wort die [Anforderung]
abgeleitet ist (Substantivierung!), wird korrekt und passend eingesetzt...\}

* * * * *

B.) - [Anforderung, die] wird in den folgenden zusammengesetzten Wörtern (Komposita) differenziert und eingeschränkt (= Grundwort/Letztwort) durch ...

Änderung(s) + A. = 10x / Basis + A. = 1x / Datenschutz + A. = 1x / Echtzeit + A. = 3x / Hochverfügbarkeit(s) + A. = 3 / Integration(s) + A. = 1x / Kompetenz + A. = 1x / Mindest + A. = 4x / Notfall + A. = 1x / Qualität(s) + A. = 1x / Schutz + A. = 1x / Schutzbedarf(s) + A. = 1x / Sicherheit(s) + A. = 144x / Skalierbarkeit(s) + A. = 1x / Teil + A. = 7x / Verfügbarkeit(s) + A. = 16x / Vertraulichkeit(s) + A. = 1x / Wiederanlauf + A. = 1x

C.) - [Anforderung, die] = nun als Bestimmungswort, das differenziert und die Bedeutung des Grundwortes/Letztwortes erweitert in den folgenden zusammengesetzten Wörtern (Komposita):

[Anforderung(s) + Analyse, die = 21x]. Natürlich soll hier keine [Analyse] der ermittelten Kriterien oder realen Anforderungen vorgenommen werden, was semantisch ebenfalls passend wäre. Vielmehr geht es wahrscheinlich um die Auswertung oder Beobachtung, also um die Analyse einer Situation. Die leitende Frage: Was wird von was auch immer benötigt, was ist erforderlich, welche Anforderungen an etwas sind zu formulieren. Das ist so gesehen teilweise nachvollziehbar **[+]**.

<u>IT-Grundschutz-Kompendium</u>

> Vor der Beschaffung oder Erweiterung einer TK-Anlage MUSS eine Anforderungsanalyse durchgeführt werden (A).
>
> NET.4.1: TK-Anlagen, NET.4.1.A1 Anforderungsanalyse und
Planung für TK-Anlagen; S. 777/900

{Patch – [MUSS/MÜSSEN] = Notwendigkeit, Pflicht, so und keinesfalls anders zu handeln – siehe Modalverben.

Ziemlich abgehoben, finde ich, hier von einer Analyse (= zergliedernde Untersuchung; www.dwds.de) zu sprechen. Untersucht werden muss in dieser Sache keineswegs. [Bedarf] muss festgestellt werden. [Vorgaben] müssen gemacht werden. Übernimmst du diesen Vorschlag für den Titel, kommt er doch ganz anders daher: Vorgaben für und Planung einer TK-Anlage. Wow, das wird was...\}

[Anforderung(s) + Fall, der = 4x]. Das ist erstaunlich **[--]**. Eventuell könnte hier die [Bestellung] irgendwo im Hinterkopf herumgeistern. Doch das bleibt fraglich.

[Anforderung(s) + Katalog, der = 19x]. Eine Liste, eine Zusammenstellung der relevanten Vorgaben, Kriterien, Anforderungen, etwa an eine Firewall. Das wäre nachvollziehbar **[+]**.

<u>IT-Grundschutz-Kompendium</u>

> Wenn Software beschafft wird (1H), MUSS auf Basis des Anforderungskatalog eine geeignete Software ausgewählt werden (2H).

APP.6 Allgemeine Software; APP.6.A3 Sichere Beschaffung von Software; S. 478/900

{Patch – [MUSS/MÜSSEN] = Notwendigkeit, Pflicht, so und keinesfalls anders zu handeln – siehe Modalverben.

Die Software muss ausgewählt werden, die die relevanten Vorgaben, Kriterien Anforderungen am besten erfüllt, und zudem wirtschaftlich ist und in die vorhandene IT-Struktur des Unternehmens, der Organisation oder der Arztpraxis passt…\}

[Anforderung(s) + Liste, die = 19x] – entspricht dem, was zu [Anforderung(s) + Katalog] geschrieben wurde, siehe dort.

[Anforderung(s) + Manager, der = 6x]. Das ist abgefahren **[--]**.Eine Mitarbeitende, ein Mitarbeiter, jemand wird aufgewertet zu einem [Manager, der = 6x], dessen Aufgabe was sein soll?!

<u>IT-Grundschutz-Kompendium</u>

> Der Anforderungsmanager (Compliance Manager) ist verantwortlich dafür (1H), die für die Institution relevanten gesetzlichen, vertraglichen und sonstigen Vorgaben zu identifizieren {,\} (2NI) und deren Einhaltung zu prüfen (3NI).

Rollen; 29/900

{Patch – Eines der vielen Beispiele, bei denen ein englischer Ausdruck ohne Sinn und Verstand nicht nur in den IT-Grundschutz gewürgt wird. „Compliance" wird übersetzt mit Anforderung, irre. Was dazu auf unserer Zeugenseite www.dwds.de zu finden ist, hier bitte:

> [Wirtschaft] Vereinbarung von allgemeinen Vorschriften und Verhaltensmaßregeln in einem Unternehmen (auf der Grundlage der gesetzlichen Regelungen) sowie die Kontrolle ihrer Einhaltung durch das Unternehmen selbst. (www.dwds.de)

Eine Begriffsbestimmung für die IT (oder die Digitalisierung) findet sich nicht. Ich verstehe die „Rolle" als eine, die sich um die IT kümmern soll, etwa um die Relevanz der DSGVO oder – was weiß ich…\}

[Anforderung(s) + Management, das = 16x]. Das ist ulkig **[--]**. Entweder die genannten Anforderungen werden erfüllt, oder sie werden zum Teil erfüllt, oder sie werden nicht erfüllt. Das ist einfach festzustellen. Das jedoch [Management, das = 255x] zu nennen, ist überzogen und überflüssig.

IT-Grundschutz-Kompendium

Ein mangelndes Anforderungsmanagement vor der Cloud-Nutzung
kann jedoch dazu führen (1H), dass die Erwartungen nicht erfüllt
werden (2NI) {,\} und {dass\} der Dienst nicht den gewünschten
Mehrwert, z. B. hinsichtlich der Verfügbarkeit, liefert (3NI).

OPS.2.2: Cloud-Nutzung; 2.3 Mangelhaftes Anforderungsmanagement bei
der Cloud-Nutzung; S. 281/900

{Patch – Handelt es sich um ein mangelhaftes, mit Mängeln behaftetes
„Management" oder um ein mangelndes, ein nicht durchgeführtes
„Management". Wie auch immer, wie bereits bei dem [Anforderung(s) +
Manager] erkannt, der Komposition fehlt die Referenz zum IT-Grundschutz
bzw. zur gesamten IT und eben auch der Telematikinfrastruktur (TI). Weg
damit, um nicht zu irritieren…\}

[Anforderung(s) + Profil, das = 4x]. Das ist mulmig **[--]**. Wie soll denn ein
solches Profil aussehen, wenn die [Anforderungen] oder [Vorgaben] oder
[Kriterien] sinnigerweise bereits sauber abgegrenzt festgelegt wurden.
Hoffentlich.

[Anforderung(s) + Spezifikation, die = 26x]. Es gilt der gleiche Ansatz wie
bei dem [Anforderung(s) + Profil, siehe dort]. Eine [Anforderung] oder
[Vorgaben] oder [Kriterien] müssen sauber abgegrenzt werden. Für den Fall,
dass unsauber also dreckig gearbeitet wurde, muss nachgebessert werden.
Das kann im Ergebnis eine [Spezifikation, die = 11x] sein, also eine
[Klarstellung, die = UNGENUTZT] oder eine [Verfeinerung, die =
UNGENUTZT]. In dem Moment ist das nachvollziehbar **[+]**.

IT-Grundschutz-Kompendium

Dabei (= Netzimplementierung) MÜSSEN die Sicherheitsrichtlinie
sowie die Anforderungsspezifikation beachtet werden (A).

NET.1.1: Netzarchitektur und –design; NET.1.1.A13 Netzplanung; S. 722/900

{Patch – [MUSS/MÜSSEN] = Notwendigkeit, Pflicht, so und keinesfalls anders
zu handeln – siehe Modalverben.

Soll ein [Netzwerk, das = 2x] eingerichtet, implementiert werden, solltest du
dir unter anderem auch Vorgaben überlegt haben, die selbstverständlich zu
100% erfüllt werden müssen. Die [Anforderungsspezifikation] ist ein
verdammter Wortnebel…\}

* * * * *

**System-Nachricht eHealth (TI) [Sys-03] - Störung sektoraler Identity
Provider**

01. Derzeit liegt erneut eine Störung an dem von der IBM
betriebenen sektoralen IDP vor. Dadurch kann es zu

Beeinträchtigungen bei der Nutzung der Gesundheits-ID für verschiedene digitale Gesundheitsanwendungen für Versicherte der AOK Nordost, HEK, VIAKTIV kommen. Die Anmeldung via GesundheitsID in der E-Rezept-App kann dadurch gestört sein. Die Einlösewege via eGK, Ausdruck oder App mit PIN sind davon nicht betroffen. Die IBM ist bereits in der Analyse, um die Ursache schnellstmöglich zu beheben. Weitere Informationen folgen zeitnah nach neuem Kenntnisstand.

Letzte Aktualisierung: **02.07.2024 07:32** Uhr

02. Der von der IBM betriebenen sektoralen IDP ist seit ca. 02:50 Uhr wieder verfügbar und die Beeinträchtigungen bei der Nutzung der Gesundheits-ID für verschiedene digitale Gesundheitsanwendungen für Versicherte der AOK Nordost, HEK, VIAKTIV sind somit behoben. Weitere Informationen folgen zeitnah nach neuem Kenntnisstand.

Aktualisierung: **02.07.2024 03:15** Uhr

03. Derzeit liegt eine Störung an dem von der IBM betriebenen sektoralen IDP vor. Dadurch kann es zu Beeinträchtigungen bei der Nutzung der Gesundheits-ID für verschiedene digitale Gesundheitsanwendungen für Versicherte der AOK Nordost, HEK, VIAKTIV kommen. Die Anmeldung via GesundheitsID in der E-Rezept-App kann dadurch gestört sein. Die Einlösewege via eGK, Ausdruck oder App mit PIN sind davon nicht betroffen. Die IBM ist bereits in der Analyse, um die Ursache schnellstmöglich zu beheben. Weitere Informationen folgen zeitnah nach neuem Kenntnisstand.

Erstmeldung: **02.07.2024 02:40** Uhr

{Patch – Wie geht das zu, [Störung, die = 129x] fällt auf um 02:40 Uhr, wird als beseitigt gemeldet um 03:15 Uhr, und wird dann erneut [auffällig = 1x] um 07:32 Uhr...\}

* * * * *

Top-25: [Angreifer, -, der/die = 337x] - [Angreifer] wird 0-mal modifiziert für die digitale Sicherheit

---

A.) - Erklärung/Wortbestimmung

Wie häufig bei Personenbezeichnungen so auch hier, am Anfang seiner Wortgeschichte steht ein Verb, hier im 9.Jh. das Althochdeutsche [anagrīfan]. Dieses entwickelte sich im Mittelhochdeutschen weiter zu [an(e)grīfen] und bedeutete ganz harmlos „berühren, anfassen". Erst seit dem 16.Jh., also nach

---

Reformation mit der Bibelübersetzung ins Deutsche durch Luther, und nach der heftigen Gegenreformation, kam dann diese Bedeutung in Gebrauch: „anfallen, feindlich entgegentreten".

Nebenher lief das Hauptwort „Angriff", dass dann um etwa die gleiche Zeit die Bedeutung bekam: „feindliche Berührung, Tätlichkeit".

Eine Tätlichkeit geht nicht ohne Täter, unser Angreifer kam ins Spiel.

Also jetzt: Mensch, Person, der/die einen [Angriff, der = 210x im IT-Grundschutz] plant, ausführt oder ausgeführt hat. Ein Erfolg oder Misserfolg ist dabei ohne Bedeutung. Für den IT-Grundschutz wird ausnahmslos diese maskuline Form verwendet. Man könnte sagen, für das BSI, für den IT-Grundschutz und dem folgend auch für die Telematikinfrastruktur (TI) sind es die herrschsüchtigen Kerle, die die IT angreifen. Das diskriminiert, entspricht aber scheinbar der Wahrnehmung und Erfahrung.

Ich plädiere für die Einführung und Verwendung der Vokabel [Angreifende/r, die/der = UNGENUTZT]. Handelt es sich um einzelne Mensch, ist die Angreifende weiblich, der Angreifende männlich, und alle zusammen: die Angreifenden.

Außerdem steckt in dem abgeleiteten Partizip [angreifend] ein starke, aktive Bedeutung. Ganz nebenbei kannst du [angreifend] auch noch als starkes Eigenschaftswort/Adjektiv einsetzen oder als Umstandswort/Adverb. Keine dieser Möglichkeiten wird für den IT-Grundschutz genutzt.

IT-Grundschutz-Kompendium

> 01. Wenn das Passwort allerdings unverschlüsselt über die Leitung geschickt wird (1NV), ist es einem Angreifer unter Umständen möglich, dieses auszulesen (2H).
>
> Elementare Gefährdungen, G 0.14 Ausspähen von Informationen (Spionage), S. 58/900

{Patch – Gleich testen, wie sich mein Plädoyer in der IT-Praxis macht. „Wenn das Passwort allerdings unverschlüsselt (...) geschickt wird", *könnten Angreifende dieses auslesen, kapierst du das! ...*\}

> 02, Angreifer könnten versuchen (1H), Daten oder Software auf einem eingebetteten System zu manipulieren (2NI), indem sie die standardmäßig vorgesehenen Kommunikationsschnittstellen und -protokolle für ihre Zwecke missbrauchen (2NV).
>
> SYS.4.3: Eingebettete Systeme, 2.7 Eindringen und Manipulation über die Kommunikationsschnittstelle von eingebetteten Systemen; S. 649/900

{Patch – Zweiter Versuch: [Angreifende] werden zum Subjekt der Satzkonstruktion, das ist gut. Nun nehme ich von dem Modalverb [können] die Möglichkeitsform/Konjunktiv und ergänze [Angreifende könnten ...]. Nun ergänze ich die Objekte, nämlich [Daten, die = 731x im IT-Grundschutz], [Inhalte, die = 104x] sowie [Software = 698x] und gewinne nun diese

Aussage: *Angreifende könnten Daten, Inhalte, und selbst Software manipulieren …*

Nun fehlt noch das Angreifen, und das ist in diesem Fall der [Missbrauch, der = 88x] von „Kommunikationsschnittstellen und -protokollen."

So könnte der überarbeitete Satz aussehen: *Angreifende könnten Daten, Inhalte, und selbst Software manipulieren, indem sie Kommunikationsschnittstellen und -protokolle missbrauchen.*

Nicht sicher bin ich mir, ob die „eingebetteten Systeme" dringend genannt werden müssen...\}

[Angreifer, der] oder [Angreifer, die]? Eigenart der Wortbedeutung

Doch, es gibt sie, [die Angreifer = 5x], also Angreifende in der Mehrzahl mit dem bestimmten Artikel *die* direkt benannt. Alle weiteren Nennungen kommen ohne bestimmte oder unbestimmte Artikel aus, also 97%.

Abgesehen davon, dass das Wort [Angreifer] für den IT-Grundschutz keine weibliche Form kennt, lässt sich nur durch Beobachtung der Umgebung sagen, ist es einer, sind es mehrere. Eine grammatische Frage.

Ist es ein Angreifer, der sich da austobt, wird er mit einem bestimmten oder einem unbestimmten Artikel, manchmal mit einem zwischengeschobenen Eigenschaftswort/Adjektiv, aus der unübersehbaren Menge der Vielen herausgehoben.

Zunächst zu diesen einsam angreifendem Wolf, der Einzahl, dem Singulären: der Angreifer. Er kommt im IT-Grundschutz häufiger vor als die Angreifenden. Warum gibt es diese numerische Bevorzugung?

In 66% der Verwendung wird ein unbestimmter Artikel verwendet, also [ein = 84x], [eines = 3x], [einem = 27x], [einen = 3x]. Für die Wahrnehmung ist es einfacher, nur von einer Person zu sprechen, und diese auch im Unbestimmten, im Unscharfen, Undurchsichtigen, Schattenhaften zu lassen. Wenn man schon von ihm sprechen muss, was selbstverständlich niemand mag. Die ständige Verdrängung!

In der Grammatik markiert *ein* in der Deklination den 1.Fall/Nominativ, und der wiederum häufig das Subjekt eines Satzes. Dann *eines* ist gleich 2. Fall/Genitiv, häufig Objekt. Wie auch *einem* mit dem 3.Fall/Dativ und wie *einen* mit dem 4.Fall/Akkusativ. Was sagt das stark vereinfacht aus? In 84x Fällen ist der Angreifer der Aktive, in 33x Fällen 'widerfährt' dem Angreifer irgendetwas. Möglicherweise wird er enttarnt.

IT-Grundschutz-Kompendium

> 01.) Ein Angreifer könnte z. B. durch ungültige Anmeldeversuche erreichen, dass Benutzerkonten gesperrt werden.
>
> APP.3.2: Webserver, 2.3 Denial of Service (DoS); S. 402/900

{Patch – Wieso ist nur einer aktiv (1.Fall/Nominativ), und wie dramatisch aufweckend sieht das anders aus: *Angreifer könnten z.B. mit falschen Angaben* erreichen, dass Benutzerkonten *automatisch* gesperrt werden...\}

02.) Unsichere oder veraltete kryptografische Algorithmen lassen sich von einem Angreifer mit vertretbaren Ressourcen brechen.

CON.1: Kryptokonzept, 2.6 Unsichere kryptografische Algorithmen
oder Produkte, S. 138/900

{Patch – Vorschlag: *Ein kryptografischer Algorithmus, ob veraltet oder mit Fehlern entwickelt, lässt sich von Angreifern offenlegen und einsehbar machen.* Die „vertretbaren Ressourcen" ergeben keinen Sinn, auch das „Brechen" bagatellisiert diese Situation, während *offenlegen* und *einsehbar* werden gleich wahrscheinlich Folgen impliziert...\}

Der bevorzugte bestimmte Artikel ist [*der* = 39x]. *Der* ist eindeutig, das ist *der* einsame, einzelgängerische Wolf, das ist der Angreifer. Die übrigen Artikel spielen keine Rolle.

Auffallend ist, dass *„der Angreifer"* keinen Satz eröffnet, immer wird ein anderes Wort, eine andere Wortart dazwischen geschoben, siehe auch den folgenden Beispielsatz.

<u>IT-Grundschutz-Kompendium</u>

03.) Indem der Angreifer Insiderwissen vorgibt und gleichzeitig an die Hilfsbereitschaft appelliert, kann er sein Wissen in weiteren Schritten ausbauen.

ORP.3: Sensibilisierung und Schulung zur Informationssicherheit,
2.9 Social Engineering; S. 199/900

{Patch – Unglückliche Wahl des Verbs (vorgeben, vorgibt), denn das Insiderwissen wird *vorgetäuscht.* Der Angreifer spielt den Wolf im Schafspelz. Er (oder vielleicht doch sie!) erhält *weitere Informationen,* die in einem zweiten Schritt ausgewertet und interpretiert werden, um einen gezielten und unauffälligen Angriff vorzubereiten und, wenn der Zeitpunkt günstig ist, zu starten. Das Ganze ist das Perfide, „Wissen in Schritten ausbauen", das ist kalt...\}

Ein Ausnahme ist ausgerechnet der Einsatz des Genitivs, also *des Angreifers.* Eine Aufgabe des Genitivs ist es, etwa Eigenschaften und Besitz an unseren Angreifer anzuheften.

<u>IT.Grundschutz-Kompendium</u>

04.) Die Beantwortung dieser Frage (= lohnt es sich?) ist sehr von den individuellen Möglichkeiten und Interessen des Angreifers abhängig.

Elementare Gefährdungen, G 0.15 Abhören, S. 59/900

{Patch – Das wirkt wie eine Verschleierung der Tätigkeit des oder der Abhörenden. Noch ist er oder sie nicht im Angriffs-Modus. Man hört erst einmal, man lauscht, wie in dem Film 'Das Leben der anderen'. Ob sich die Sache „lohnt", wird dann abhängig von den Erfolgsaussichten – oder von den finanziellen Angeboten im Darknet...\}

Jetzt zu dem Wolfsrudel ....

Nun zu dem Wolfsrudel, der Mehrzahl, zu den vielen Angreifern, sie stehen an 156 Stellen im IT-Grundschutz im Satz-Dunkeln herum. Sie brechen nahezu regelmäßig ohne einen bestimmten oder unbestimmten Artikel aus dem Unterholz eines Satzes oder Teilsatzes hervor.

Etwa nach einem Satzende [= 19 Stellen] – oder an einem Satzanfang, wie im Satz Nr. 2 (S2-1H)

IT-Grundschutz-Kompendium

> Ein Angriff ist eine vorsätzliche Form der Gefährdung (S1-1H],
> nämlich eine unerwünschte oder unberechtigte Handlung mit dem
> Ziel (S1-2EL), sich Vorteile zu verschaffen (S1-3NI) bzw. einen
> Dritten zu schädigen (S1-4NI). **Angreifer** können auch im Auftrag
> von Dritten handeln (S2-1H), die sich Vorteile verschaffen wollen
> (S2/2NR).

Glossar „Angriff"; S. 33/900

{Patch – Auf verstörende Weise ist das eine niedliche Definition von [Angriff = 210x]. Im ersten Satz fällt auf, dass es dort keine (!) handelnde Personen gibt. Das Reflexivpronomen [sich] hat keinen reflexiven Bezug, du musst ihn ergänzen. Ob ein [Angriff] gleichgesetzt werden sollte mit einer [Gefährdung], ist fraglich. Eine besondere Rolle wird den [Dritten = 153x] zugeschrieben. Im ersten Satz sind es die [Geschädigten = UNGENUTZT], im zweiten Satz sind es die [Auftraggeber = 17x] der: [Angreifer], ohne bestimmten oder unbestimmten Artikel am Anfang des zweiten Satzes.

Wie gesagt, niedlich das ganze, wenn es nicht so ernst wäre...\}

Ohne bestimmten oder unbestimmten Artikel werden die Angreifenden nach dem ersten Teil eines mehrteiligen Verbs/Prädikats genannt:

> a) [können _ Angreifer], sie sind fähig und in der Lage für einen Angriff;

> b) [könnten _ Angreifer]; sie haben die Chance, die Möglichkeiten für einen Angriff.

Sicher zu erkennen ist das angreifende Wolfsrudel, wenn ein Adjektiv oder ein als Adjektiv eingesetztes Partizip vorangestellt wird. Beispiele sind [wiederkehrende _ Angreifer]; [externe _ Angreifer].

Ebenfalls sicher auszumachen sind die Angreifenden bei vorangestellten Umstandswort/Adverb z.B. [nur _ Angreifer], [da _ Angreifer] und bei vorangestellten Verhältniswort/Präposition z.B. [durch _ Angreifer], [für _ Angreifer]. In jedem Beispiel könnte etwa zur Verdeutlichung, dass es sich um das Wolfsrudel handelt, auch ein Artikel eingefügt werden.

Sicher zu erkennen sind die Angreifenden ebenfalls bei einem Verbindungswort/Konjunktion, wenn nicht durch einen unbestimmten oder bestimmten Artikel vereinzelt wird z.B. [oder _ Angreifer], [dass _ Angreifer], [und _ Angreifer]. Auch bei den Verbindungswörtern könnte mit einem Artikel das Wolfsrudel eindeutig bezeichnet werden.

Auffallend ist die Beobachtung, dass die Angreifenden regelmäßig begleitet oder angekündigt werden von einer anderen Wortart, wie Eigenschaftswort/Adjektiv, Verhältniswort/Präposition, Umstandswort/Adverb oder auch Verbindungswort/Konjunktion. Das gilt nicht für die einsame Angreifende, für den einsamen Angreifenden.

Bemerkenswert ist eine weitere Beobachtung, die in dem IT-Grundschutz für das Wolfsrudel gilt. Die Angreifenden werden häufig vor den ersten Teil des Verbs/Prädikats gestellt, etwa als Subjekt eines Satzes. Oder sie folgen unmittelbar auf diesen ersten Teil.

IT-Grundschutz-Kompendium

> Anstatt zu drohen (1NV), können Angreifer auch gezielt Geld oder andere Vorteile anbieten (2H), um Mitarbeiter oder andere Personen zum Instrument für Sicherheitsverletzungen zu machen (Korruption) (3NV).
>
> Elementare Gefährdungen; G 0.35 Nötigung, Erpressung oder Korruption; S. 79/900

{Patch – Welch ein Wort-Nebel. Es geht um Bestechung. Die entscheidende Frage ist: Wer besticht wen? Und ist es tatsächlich das Wolfsrudel, was ich einfach nicht glauben will.

Welcher einsame Wolf, welche einsame Wölfin ist das überhaupt, die oder der die Absicht hat, jemanden zu bestechen. Ich sage mal: eine kriminelle Person. Sie hat die Absicht, auf die eine oder andere - eigentlich ist das belanglos – Art zu bestechen. Diese kriminelle Person sucht im Unternehmen, in der Organisation, in der Arztpraxis eine korrupte,korrumpierbare, eben eine bestechliche Person. Das allein ist die kritische Situation – aus der heraus die Sicherheit der IT/TI zu einem späteren Zeitpunkt in Gefahr geraten kann...\}

Welches Wolfsrudel mir außer den bisherigen noch auffiel:

IT-Grundschutz-Kompendium

> Schaffen es Angreifer (1H), mit administrativen Rechten auf einen Webserver zuzugreifen (2NI), können sie darüber eine manipulierte Webseite ausliefern (Defacement) (3H).
>
> APP.3.2: Webserver, 2.1 Reputationsverlust; S.402/900

{Patch – Der Satz ist mir aufgefallen, weil ich nach [Angreifer,] gesucht habe. Das Komma trennt diesen Satz außerhalb jeglicher Regel, die Setzung ist falsch. Auch sonst ist der Satz kritisch zu sehen...\}

* * * * *

B.) - [Angreifer, der/die] wird in den folgenden zusammengesetzten Wörtern (Komposita) differenziert und eingeschränkt (= Grundwort/Letztwort) durch ...
(UNGENUTZT = gibt es keine!)

C.) - [Angreifer, der/die] = nun als Bestimmungswort, das differenziert und die Bedeutung des Grundwortes/Letztwortes erweitert in den folgenden zusammengesetzten Wörtern (Komposita):

[Angreifer + Aktivität, die = 1x, Rarität]; das ist düster **[--]**. Wenn es um einen Angriff selbst geht, dann auch Angriff als solchen nennen. Wenn es hingegen um die Handlung geht, die auf einen Angriff abzielt und ihn vorbereitet, dann die [Vorbereitung, die = 3x] eines Angriffs.

* * * * *

Rand-Notiz Nr. 01: Hacker-Angriff auf Microsoft war gravierend

> Im Juli hatten sich Hacker Zugang zu Outlook-E-Mail-Konten von 25 Organisationen verschafft. Nun gab Microsoft zu, dass sich die Hacker, die aus China kommen sollen, offenbar 2021 weitgehende Befugnisse in der Microsoft-Cloud verschafft hatten.
>
> tagesschau.de - Stand: 08.09.2023 12:03 Uhr

{Patch - Sieh sie dir an im IT-Grundschutz, diese Schlüsselwörter, sofern sie genutzt werden: [Hacker, der/die = 1x], [Zugang, der = 127x], [E-Mail-Konto, das = UNGENUTZT], [Organisation, die = 60x], [Befugnis, die = 2x], [Cloud, die = 309x].

Wie werden zum Beispiel im IT-Grundschutz die so relevanten [Befugnisse] thematisiert?

IT-Grundschutz-Kompendium

> Die Befugnisse, Aufgaben und Pflichten der Administratoren SOLLTEN in einer Arbeitsanweisung oder Richtlinie verbindlich festgeschrieben werden (A).
>
> OPS.1.1.2: Ordnungsgemäße IT-Administration; OPS.1.1.2.A7 Regelung der IT-Administrationstätigkeit; S. 198/900

{Patch – [SOLLTEN] = Anregung, unverbindliche Empfehlung, so und so zu handeln – siehe Modalverben.

Etwas verwirrend, was für die Administratoren in einer Arbeitsanweisung festgehalten werden soll. [Befugnis, die] hatte im 16. Jh. die Bedeutungen 'Zuständigkeit, Recht' (https://www.dwds.de/wb/Befugnis; Stand 11.09.23).

Zunächst [Zuständigkeit, die = 268x]: Nach meinem Verständnis sind Administratoren ganz schlank für die Administration „zuständig". Dann [Rechte = 81x]. In dem Blogbeitrag von Microsoft in Sachen Hacker-Angriff ist lediglich von einer Person die Rede, dessen Account gehackt wurde: „successfully compromise a Microsoft engineer's corporate account". Über diesen Account bekamen die Angreifer nun Zugang zu dem Entwicklungsbereich (debugging environment) – und schon war für sie der Weg frei zu geschätzt 25 Organisationen via E-Mail-Konten und/oder Clouds. Also unkontrollierte Prozesse, oder sollte ich sagen eine nachlässig und irgendwie selbstherrliche Administration? Was können da festgeschriebene „Befugnisse, Aufgaben und Pflichten" bewirken....\}

* * * * *

[Angriff(s) + Erkennung(s) + System, das = 1x]; Rarität. Das ist ernst [–]. Es könnte die Art und Weise gemeint sein, mit der [Angriffe, die = 210x] erkannt werden sollen. Das ist ein Konjunktiv, das ist ein [Versprechen, das = UNGENUTZT].

[Anlagen + Netz, das = 1x]; Rarität. Das könnte ein [Netzwerk, das = 2x] sein, welches innerhalb einer Produktionsanlage funktioniert. Oder welches mehrere Anlagen miteinander verbindet. Das wäre teilweise nachvollziehbar **[+]**.

[Anmelde~ = unselbstständiges Wort]

Ein eigenständiges Wort [*Anmelde*] existiert nicht. Übernommen wird die Bedeutung von dem Verb [anmelden], im Sinne von a) etwas ankündigen oder b) sich bei einer (staatlichen) Stelle melden oder registrieren.

Grammatisch werden die Elemente, die einem Eigenschaftswort, Verb, oder Hauptwort vorangestellt werden können, als Präfixe bezeichnet, nur dass du das mal gelesen hast. Ein solcher Präfix kann ein eigenständig funktionierendes Wort sein (z.B. an + melden) oder ein unselbstständiges Wort, wie dieses [anmelde]. Ein Präfix darfst du nicht verwechseln mit der Vorsilbe.

Um etwa die [Anmelde + Daten] erläutern zu können, wird die zweite Bedeutungs-Variante interessant, die aus dem Staatswesen bzw. aus der Bürokratie. Sie wird übertragen auf das Digitale, auf eine digitale Bürokratie, die sich weiter entwickeln soll zu einer digitalisierten Bürokratie. So läuft die Geschichte.

[Anmelde~] = als Bestimmungswort, das differenziert und die Bedeutung des Grundwortes/Letztwortes erweitert in den folgenden zusammengesetzten Wörtern (Komposita):

[Anmelde + Daten, die = 3x]. Das sind deine Angaben und Daten, die du eingegeben hast, um dich etwa bei Google zu registrieren, und um dich nach einer hoffentlich erfolgreichen Registrierung wieder und wieder bei Google anmelden zu können. Gleiches gilt für technische Anlagen, Zugang zu Gebäuden und so weiter. Das ist nachvollziehbar [+].

[Anmelde + Information, die = 3x]. Das ist ungemütlich [–]. Handelt es sich bei diesen so genannten Informationen um [Inhalte, die = 104x] und [Zahlen, die = 8x], [Ziffern, die = 1x], [Daten, die = Top-25], die für eine Anmeldung notwendig sind? Oder geht es um Inhalte und Zahlen, Ziffern, Daten, die erst durch eine Anmeldung etwa in einem Verzeichnis generiert werden.

[Anmelde + Komponente, die = 1x]; Rarität. Das ist vermurkst [–]. Wegen des bisher zu [*Anmelde*] Gesagten lässt sich eine bedeutungstragende Erläuterung nicht entwickeln.

[Anschluss + Komponente, die = 1x]; Rarität. Das ist trübe [–]. Ein Teil, eine Komponente, die wahrscheinlich auf irgendein anderes Teil, auch irgendeine andere Komponente folgen könnte oder sollte. Vielleicht so.

* * * * *

~ Anweisen – Grammatik: Imperativ (imperative form)

Anweisen = [gehoben] jmdn. beordern, beauftragen, etw. zu tun oder etw. zu unterlassen; ⟨angewiesen sein, dieses oder jenes zu tun / zu unterlassen⟩

IT-Grundschutz-Kompendium

> Mitarbeiter (1Ha), die vertrauliche Fax-Dokumente versenden möchten (2NR), SOLLTEN **angewiesen** werden (1Hb), sich den vollständigen Erhalt vom Empfänger bestätigen zu lassen (3NI).
>> NET.4.3: Faxgeräte und Faxserver; NET.4.3.A15 Ankündigung und Rückversicherung im Umgang mit Faxsendungen; S. 791/900

{Patch - [SOLLTEN] = Anregung, unverbindliche Empfehlung, so und so zu handeln – siehe Modalverben.

Den siehst du sofort, diesen [Konflikt, der = 5x], der zwischen der unverbindlichen Empfehlung [SOLLTEN] und dem verbindlichen [Anweisen, das = UNGENUTZT] sich lächelnd dir in den Weg stellt. Verstehbar wird der Konflikt durch die Unklarheiten, die diese [Bestätigung, die = 2x] nach sich zieht. Wie soll das praktisch aussehen? Soll telefoniert werden, soll eine E-Mail geschickt werden, etwa so: Ja, ich habe die 3 Seiten mit vertraulichen Inhalten erhalten? Oder reicht das einfache Ok. auf dem [Versand + Protokoll, das = UNGENUTZT]. Überlege es dir, ehe du solche verbindlichen [Anweisungen, die = 15x] notierst...\}

Sieh dir den Abschnitt [befehlen] an, um in der Sprachhandlung klarer zu sehen.

* * * * *

{Patch – Welche Chancen hat die Praxis jetzt? Welche Handlungsmöglichkeiten haben MFAs (m/w/d) jetzt. Es ist ein Freitagmorgen, noch eben schnell vor dem Wochenende nachsehen lassen ...\}

* * * * *

Top-25: [Anwendung, -en, die = 515x] - [Anwendung] wird 11-mal
    modifiziert für eine digitale Sicherheit

A.) - Erklärung/Wortbestimmung

Am Anfang der Wortentwicklung steht das Verb [anwenden], Im 16. Jhdt. bedeutete dieses, etwas zu einem bestimmten Zweck, mit einer bestimmten Absicht gebrauchen. Der [Zweck, der = 34x] oder die [Absicht, die = 1x] müssen in der Handlung enthalten und erkennbar sein.

Im Deutschen kann ein Verb ein Upgrade bekommen und wird so zum Hauptwort/Substantiv. Das wird dann nicht nur am Satzanfang großgeschrieben, sondern auch an anderen Stellen im Satz. Zusätzlich kann es mit einem bestimmten oder unbestimmten Artikel versehen werden, und erhält dadurch ein Geschlecht, meist das Sächliche/Neutrum, z.B. [Anwenden, das = wurde aus dem IT-Grundschutz im Vergleich zu 2019 gestrichen].

Der Vorteil dieses Upgrades: Du kannst dieses nun als Subjekt und/oder als Objekt `verwenden´.

Im Deutschen gibt es für ein Verb einen zweiten Weg, ein Upgrade hinzubekommen: Die Erweiterung des Grundstamm um die bedeutungslose Endsilbe (Suffix) [-ung] ergibt die [Anwend-ung = 515x]. Wird etwas angewendet, kann dieses Etwas eine [Anwendung] genannt werden.

So vorbereitet, der Blick in das Internet und die Begriffsbestimmungen dort:

---

1. Verwendung

a) Gebrauch

b) Übertragung von etw. Allgemeinem auf einen besonderen Fall

2. [Medizin] medizinische oder therapeutische Maßnahme

3. [Informations- und Telekommunikationstechnik] Software für die Lösung eines bestimmten Problems. www.dwds.de

Selbstverständlich fragst du dich, du wacher und aufmerksamer Geist, warum man das nicht gleich nur [Software] nennt. Stilistisch könnte man die Begriffsstimmung Nr. 3 als euphemistisch, also als beschönigend oder verschleiernd bezeichnen. Denn statt der Nennung eines [Problems, das = 75x] und der Hervorhebung, dass man da schon eine [Lösung, die = 128x] hat: Anwendung. Ein wenig sickert die medizinische Bedeutung herüber, aber eben nur zum Teil. Allerdings hat die Gleichsetzung IT/TI-Anwendung mit (medizinischer) Therapie schon ihren Reiz. Hier wie da ist ein Erfolg nicht sicher und muss abgewartet werden – was ja durch die „agile" Entwicklungsmethode, Scrum aufgenommen und kommerzialisiert wird.

Als Synonyme werden angeboten:

> Applikation / Computerprogramm / Programm / Softwareanwendung / Softwaresystem // Anwendungssoftware. www.dwds.de

Die [Software, siehe Top-25 Software] selbst wird dort stumpf als Sammelbegriff genannt, stumpf deswegen, weil es sich bei den Synonymen um Komposita handelt. Sie tauchen im IT-Grundschutz-Kompendium in dieser Häufigkeit auf:

[Applikation, die = 17x] – [Computer + Programm, das = UNGENUTZT] - [Programm, das = 88x] - [Software + Anwendung, die = UNGENUTZT] - [Software + System, das = UNGENUTZT] - [Anwendung(s) + Software = die = 4x].

Menschen, die mit einer Anwendung arbeiten, werden im IT-Grundschutz [Anwender, der/die = 58x] genannt. Ach ja, es gibt eine weibliche Form [Anwenderin, die = 1x], und geschlechtsneutrale [Anwendende = UNGENUTZT] gibt es überhaupt nicht.

Ein Ratschlag: Bevor du dieses Wort [Anwendung] schreibst, kläre für dich: Schreibst du von dem [Anwenden] beispielsweise eines digitalen Verfahrens? Oder schreibst du von der [Anwendung], von einer [Software], in der irgendwo in der Tiefe ein digitales Verfahren wirkt? Gelegentlich ist es dann klarer, von eben diesem digitalen Verfahren zu sprechen, oder einfach von Software.

* * * * *

B.) - [Anwendung, die] wird in den folgenden zusammengesetzten Wörtern (Komposita) differenziert und eingeschränkt (= Grundwort/Letztwort) durch ...

Alt + A. = 3x / Büro + A. = 1x / Fach + A. = 7x / Geschäft(s) + A. = 1x / Gewalt + A. = 1x / Infrastruktur + A. = 1x / Internet + A. = 1x / Netz + A. = 1x / Protokoll + A. = 1x / Server + A. = 1x / Web + A. = 149x

C.) - [Anwendung, die] = nun als Bestimmungswort, das differenziert und die Bedeutung des Grundwortes/Letztwortes erweitert in den folgenden zusammengesetzten Wörtern (Komposita):

{Patch – Achtung: Gefährliches Gewusel. Ich zähle in dem IT-Grundschutz-Kompendium 27 Komposita, bei denen die [Anwendung] als Bestimmungswort/Erstwort differenziert wird. Von diesen sind 19 Komposita (=70,4%) so genannte Raritäten, das heißt, sie werden nur ein oder zwei Mal für den IT-Grundschutz genutzt. Innerhalb dieser Gruppe (= 100%) lässt sich bei 14 Komposita (=73,7%) die Bedeutung, ihre Semantik, nicht plausibel erklären. Meist handelt es sich um persönlich ausgedachte Ad-Hoc Bildungen. Frei nach dem Motto, merkt schon keiner, oder, wird schon gut gehen. Für einen effizienten IT-Grundschutz ist dieses ein gefahrvolles und risikoreiches Gewusel [–] ...\}

[Anwendung(s) + Architektur, die = 1x]; Rarität. Das ist geringschätzend [–]. Üblicherweise geht es bei einer Architektur in die Höhe, sie umfasst die drei Dimensionen. Diese werden bei einer Anwendung nicht aufgebaut.

Bei der Gelegenheit, es wird ebenfalls von einer [Software + Architektur, die = 4x, siehe dort] gesprochen.

<u>IT-Grundschutz-Kompendium</u>

> Die Auswahl eines ungeeigneten Produktes oder Schwachstellen beispielsweise in der Anwendungsarchitektur oder im Netzdesign können zu Sicherheitsproblemen führen (A).
>
> Elementare Gefährdungen; G 0.18 Fehlplanung oder fehlende Anpassung; S. 62/900

{Patch – Die Dokumentation der sogenannten „Elementaren Gefährdungen" ist bereits an anderer Stelle mit befremdender Wortwahl aufgefallen. [Schwachstellen] gehören nicht per se zu einer Fehlplanung bzw. fehlenden Anpassung, wie es hier behauptet wird. Erst *„erkannte und nicht beseitigte* Schwachstellen" in einer Anwendung können zu Sicherheitsproblemen führen...\}

[Anwendung(s) + Beispiel, das = 3x]. Ein Beispiel, wie etwas aussehen könnte, wenn man die Lösung, die Anwendung anwendet. Das ist nachvollziehbar **[+]**.

[Anwendung(s) + Bereich, der = 3x]. Das ist bedrückend **[–]**. Denn die Anwendung (siehe Definition Nr. 3) ist bereits eine Lösung für ein erkanntes und definiertes Problem. Denkbar wäre eine [*Anwendung(s) + Lösung*], jedoch eine solche kennt man nicht.

[Anwendung(s) + Betrieb, der = 1x]; Rarität. Das ist erstaunlich [–] und gehört herausgenommen. Eine Anwendung könnte bildlich gesprochen *laufen* oder eben *funktionieren*.

[Anwendung(s) + Daten, die = 2x]; Rarität. Das könnten Ziffern sein, Zahlen sein, die sich auf eine Anwendung beziehen oder die von dieser erzeugt und ausgeworfen werden. Das ist nachvollziehbar **[+]**.

[Anwendung(s) + Dienst, der = 5x]. Das ist absonderlich [–]. Gemeint sein könnte die Anwendung selbst, interpretiert als ein [Dienst, siehe Top-25 Dienst]. Sie könnte durch dieses Wörtchen einen dünnen Zuckerüberguss bekommen, was auch immer ich damit sagen will.

[Anwendung(s) + Ebene, die = 3x]. Das ist problematisch [–]. Die Anwendung(s) + Architektur war bereits sinnlos und wurde in die Tonne befördert, hoffentlich. Dann ist es folgerichtig, wenn die Dimension der Ebene den gleichen Weg geht.

[Anwendung(s) + Eigner, der = 2x]; Rarität. Das ist eigenartig [–]. Der oder die „Eigner" sind eine Querübertragung aus dem RACI-Modell. R steht für Responsible (= verantwortlich), A steht für Accountable (= rechenschaftspflichtig), C steht für Consulted (= beratend), und I steht für Informed (= informiert). Oder anders gesehen, es gibt den/die sogenannten [Prozess + Eigner, der/die = UNGENUTZT], den Verantwortlichen für einen Prozess oder einen Teilprozess.

[Anwendung(s) + Entwicklung, die = 5x]. Wird eine Lösung für ein IT-Probleme oder ein Problem in der TI gefunden und entwickelt, dann kannst du das so nennen. Das ist nachvollziehbar **(+)**.

<u>IT-Grundschutz-Kompendium</u>

> Um die Informationen in den Datenbanken durchgängig zu schützen (1NV), sollten bereits in der Anwendungsentwicklung Sicherheitsanforderungen an den Aufbau der Datenbanktabellen und den Zugriff auf die Datenbank beachtet werden (2H).
>
> APP.4.3 Relationale Datenbanken, 1.3. Abgrenzung und Modellierung; S. 437/900

{Patch – Ich glaube, dass man Eindeutigkeit erreicht, wird der [Aufbau, der = 46x] aus dem Spiel gelassen. Und natürlich müssen es Kriterien sein, die Sicherheit gewähren...\}

Vergleiche: [Software + Entwicklung]

[Anwendung(s) + Entwicklungsprozess, der = 1x]; Rarität. Das ist kümmerlich [–]. Wie bei der [Anwendung(s) + Entwicklung] gesehen, kann sie sehr gut auf eigenen Füßen stehen. Jeder Prozess ist ein Wort zu viel.

[Anwendung(s) + Erkennung, die = 1x]; Rarität. Das ist gespenstisch [–]. Zwei zum Subjekt/ Hauptwort hochgeschraubte Verben treffen aufeinander. Erst „etwas anwenden", dann „etwas erkennen". Was um alles in der Welt sollte die Anwendung erkennen?

[Anwendung(s) + Fall, der = 7x]. Das ist eigenartig [–]. Ich sehe hier eine Überlagerung aus der Medizin, eine therapeutische Maßnahme ist wohl angezeigt. Mal schauen, was ein Beispielsatz hergibt.

IT-Grundschutz-Kompendium

> E-Mail-Filterregeln sowie die unkontrollierte, automatische Weiterleitung von E-Mails MÜSSEN auf notwendige Anwendungsfälle beschränkt werden (A).
>
> APP.5.3: Allgemeiner E-Mail-Client und -Server, APP.5.3.A1 Sichere Konfiguration der E-Mail-Clients, S. 469/900

{Patch – [MUSS/MÜSSEN] = Notwendigkeit, Pflicht, so und keinesfalls anders zu handeln – siehe Modalverben.

Wieder einmal fehlt die begriffliche Präzision, das führt dann leider in die Büsche der fehlenden Umsetzung. Das Eigenschaftswort/Adjektiv [notwendige] hat hier ebenfalls nichts zu suchen. Bei den Filterregeln könnte es beispielsweise gehen um die Beschränkung auf bestimmte Absender oder um bestimmte Inhalte...\}

[Anwendung(s) + Funktionstest, der = 1x]; Rarität. Wird eine Anwendung getestet, dann geht das um ein sicheres [Funktionieren, das = 1x]. Das denke ich, so ist das Kompositum trotz einer gewissen Überladung gerade eben noch nachvollziehbar **[+]**.

[Anwendung(s) + Gebiet, das = 1x]; Rarität. Das ist lichtlos [–]. Zum einen ist das ein Synonym zu dem bereits abgestürzten [Anwendung(s) + Bereich, der]. Zum anderen, die [Anwendung] hat etwas mit Herausforderung, mit Problem und deren Lösung zu tun. Gibt es viele Herausforderungen, deren Ausdehnung, dessen Hügel und Täler du kaum überblicken kannst, bleiben es weiterhin [Herausforderungen, die = 8x].

[Anwendung(s) + Komponente, die = 1x]; Rarität. Das ist aberwitzig [–]. Vorstellbar, dass ein Teil einer Anwendung gemeint sein soll. Dann musst du das aber so benennen.

Bei der Gelegenheit, es wird in dem IT-Kompendium auch von einer [Software + Komponente, die = 5x] gesprochen.

[Anwendung(s) + Kontext, der = 2x]; Rarität. Der IT-technische Zusammenhang, oder der TI-technische Zusammenhang, innerhalb derer die konkrete Anwendung richtig gut zu schnurren hat, zu laufen hat. Das ist nachvollziehbar **[+]**.

[Anwendung(s) + Modul, das = 1x]; Rarität. Das ist dürftig [–]. Irgendwie denke ich bei einem [Modul] stets an Hardware, die man anschließen kann, die man stecken kann und so weiter.

IT-Grundschutz-Kompendium

> Diese (= sicherheitsrelevanten Konzeptionsfehler) ergeben sich häufig daraus (1H), dass Anwendungsmodule und Protokolle (2NIa),

---

die für einen bestimmten Zweck vorgesehen sind (3NR), in anderen
Einsatzszenarien wiederverwendet werden (2NIb).

APP.7: Entwicklung von Individualsoftware; 2.2 Software-
Konzeptionsfehler, S. 484/900

{Patch – Ein überladener und nicht nur deswegen unklarer Satz. Wird etwas
fehlerhaft entwickelt, also konzeptioniert, und ist deswegen die Sicherheit in
Gefahr, dann ist der Fehler bereits entstanden, er muss sich nicht erst
„ergeben".

Überhaupt scheinen in dem Inhalts-Teilsatz (2NIa + b) ökonomische Gründe
oder Bequemlichkeit oder Ahnungslosigkeit oder Sorglosigkeit das Thema zu
sein. All das führt dazu, dass eine Anwendung, eine Software oder ein Teil
davon, welches für eine bestimmte Aufgabe entwickelt wurde, hergenommen
und in einer völlig anderen Umgebung eingefügt wird. Tja, so ist sie, die
Entwicklungskultur, erst der Markt, dann die Sicherheit...\}

Bei der Gelegenheit, es wird in dem IT-Kompendium auch von einem
[Software + Modul, das = 1x] gesprochen.

[Anwendung(s) + Programm, das = 16x]. Das ist verwickelt [–]. Das
Anwenden, das Ausführen unserer Anwendung muss sauber ausgearbeitet
sein, muss sauber entwickeltet sein, muss glatt programmiert sein. Die
Ergänzung mit dem [Programm, das = 88x] ist überflüssig.

<u>IT-Grundschutz-Kompendium</u>

01. Alle benötigten Anwendungsprogramme SOLLTEN als Teil der
Distribution direkt verfügbar sein (A).

SYS.2.3: Clients unter Linux und Unix, SYS.2.3.A2 Auswahl einer
geeigneten Distribution, S. 585/900

{Patch – [SOLLTEN] = Anregung, unverbindliche Empfehlung, so und so zu
handeln – siehe Modalverben.

Eindeutiger Fall, hätte man von Software gesprochen, wäre die Forderung
gegenüber einem Distributor, also einem Verteiler oder einer Bezugsquelle,
eine eindeutige Sache. Was du dir unter dem „Teil der Distribution" vorstellen
sollst, weiß der digitalisierte Himmel...\}

02. Es SOLLTE darauf geachtet werden (1H), dass die Hersteller
geeignete Mechanismen entwickeln und integrieren (2NI), die die
Integrität und Authentizität von Konfigurationsdaten und
Anwendungsprogrammen auf dem Logiksystem oder auf den damit
verbundenen Sensoren und Aktoren gewährleisten (3NR).

IND.2.7: Safety Instrumented Systems, IND.2.7.A12 Sicherstellen der
Integrität und Authentizität von Anwendungsprogrammen und
Konfigurationsdaten, S. 704/900

{Patch – [SOLLTEN] = Anregung, unverbindliche Empfehlung, so und so zu
handeln – siehe Modalverben.

Man sieht sich in dem Satz gezwungen, den Begriff aus der Überschrift weiter zu verwenden. Wieso denn bloß? Nur wegen der Kohärenz? Bereits die Überschrift hat Schwächen, die wegen der Wiederholung verstärkt werden und in dem Nicht-Beachten enden. Also, in der Überschrift erst von den „Konfigurationsdaten" sprechen, dann von Software, die neben anderen Sachen selbstverständlich erst konfiguriert werden muss. Dann in dem Satz identische Abfolge und Software, Software, Software...\}

Bei der Gelegenheit, eine [Software + Anwendung] gibt es in 2022 nicht; aber in 2019 tatsächlich 2-mal.

[Anwendung(s) + Protokoll, das = 1x]; Rarität. Das ist unangenehm [–]. Eine Anwendung verarbeitet oder rechnet mit Daten, speichert sie gegebenenfalls. Jeder Schritt wird mit einem Datum und der Zeit versehen. Das ist Standard, ohne dass eine Protokoll zu schreiben und zu unterzeichnen wäre.

[Anwendung(s) + Schicht, die = 1x]; Rarität. Das ist negativ [–]. Einfach: Abteilung Tonne.

[Anwendung(s) + Schnittstelle, die = 1x]; Rarität. Eine Anwendung, eine Software, sollte sich mit anderen Anwendungen, mit anderer Software verbinden können. Für diese Verbindung braucht es eindeutig definierte Übergangspunkte, die du zusammengefasst auch [Schnittstelle, die = 162x] nennen kannst. Das ist nachvollziehbar **[+]**.

[Anwendung(s) + Signatur, die = 1x]; Rarität. Das ist fatal [–]. In der IT bzw. besonders in der Telematik-Infrastruktur (TI) ist eine Signatur eine Art digitaler Schlüssel, um Daten etwa von Patienten ungestört und sicher verschicken zu können. Vermutlich ist hier eine Art Passwort gemeint, mit der man sich bei der betreffenden Anwendung anmelden soll.

[Anwendung(s) + Software, die = 4x]. Das ist bedrohlich [–]. Also entweder Anwendung oder Software, nicht beides in ein Kompositum ballern. Aus die Maus.

[Anwendung(s) + Steuerung, die = 1x]; Rarität. Das ist knifflig [–]. Da es bei der Anwendung im weitesten Sinne um die Lösung eines oder mehrerer Probleme geht, enthält diese Lösung logischerweise bereits ein festgelegtes Verfahren – was sollte oder könnte dabei gesteuert (= jemand oder etwas in eine bestimmte Richtung bewegen oder lenken) werden?

[Anwendung(s) + Szenarium, das = 1x]; Rarität. Das ist schrullig [–]. Wenn wir uns bei der Anwendung auf die Lösung eines Problems einigen könn(t)en, dann reicht das [Problem, das = 75x] vollkommen aus, und du musst mir keine Szene machen.

[Anwendung(s) + Weise, die = 2x]; Rarität. Möglicherweise ist das (programmierte) Verfahren gemeint, mit dem ein erkanntes Problem gelöst werden soll. Dann wäre das zumindest teilweise nachvollziehbar **[+]**.

[Anwendung(s) + Zweck, der = 2x], Rarität. Das ist mulmig [–]. Noch einmal: Ziel und Zweck einer Anwendung ist eine Lösung. Diese ist inhärent, sie ist der Anwendung innewohnend. Das muss nicht besonders genannt werden.

∗ ∗ ∗ ∗ ∗

[Anzeige, die = 8x] = 1. Annonce, Inserat, gedruckte Mitteilung eines besonderen familiären Ereignisses; 2. Meldung an eine Behörde, a) wegen einer strafbaren Handlung, b) wegen eines Krankheitsherdes; 3. entsprechend der Bedeutung von anzeigen (1); 4. [veraltet] Nachricht

<u>IT-Grundschutz-Kompendium</u>

> Die Anzeige von vertraulichen Informationen auf dem Sperrbildschirm MUSS deaktiviert sein (A).
>
> > SYS.3.2.1: Allgemeine Smartphones und Tablets; SYS.3.2.1.A4 Verwendung eines Zugriffsschutzes; S. 604/900

{Patch – [MUSS/MÜSSEN] = Notwendigkeit, Pflicht, so und keinesfalls anders zu handeln – siehe Modalverben.

Moment mal, wenn du „die Anzeige ... auf dem Sperrbildschirm" de-aktivierst, siehst du dann nicht erst recht die möglicherweise „vertraulichen Informationen"? Funktion eines [Sperr + Bildschirm, der = 4x] ist doch das Verhindern von Anzeigen gleich welcher Art. Irrtum meinerseits gestehe ich gern ein, aber nachdenken solltest du mal darüber, wie das bei deinem Smartphone ist...\}

[Anzeige, die] = als Bestimmungswort, das differenziert und die Bedeutung des Grundwortes/Letztwortes erweitert in den folgenden zusammengesetzten Wörtern (Komposita):

[Anzeige + Funktion, die = 1x]; Rarität. Das ist ungewöhnlich [–]. Vollkommen ausreichend, wenn du von [Anzeige, die] sprichst. In diesem ist das Verb *etwas anzeigen* enthalten. Nein, nicht jemanden bei der Polizei anzeigen, du Rabauke.

[Anzeige + System, das = 2x]; Rarität. Das meint entweder die Systematik, die Art und Weise, wie etwas angezeigt wird, oder die Software oder ein Gerät, welche oder welches das Anzeigen übernimmt. Das wäre unter Umständen nachvollziehbar **[+]**.

[Applikation, die = 17x] = in der Informations- und Telekommunikationstechnik ein Synonym zu [Anwendung(s) + Programm] sein.

<u>IT-Grundschutz-Kompendium</u>

> Ein Angreifer kann das Opfer bitten (1H), ihm unbekannte Befehle oder Applikationen auszuführen (2NR), z. B. weil dies bei einem IT-Problem helfen soll (3NV).

{Patch – Das ist ein Beispiel für einen eben so hingewischten, mehrteiligen Satz mit sehr ernstem Hintergrund. Im Hauptsatz wird von einem [Opfer, das = 12x] gesprochen. Das ist meines Wissens niemand gern und fühlt sich deswegen niemand angesprochen. Also es sind [Mitarbeitende].Natürlich ist der [Angreifer] aktiv, er bittet z.B. Mitarbeitende. Im folgenden relativen Nebensatz (2NR) kann sich das Fürwort/Pronomen sowohl auf das [Opfer] als auch auf den oder die [Angreifende/n = UNGENUTZT] beziehen, deswegen streichen. Ist etwas [unbekannt], vermeidet man das Unbekannte. Der oder die [Angreifende] bittet, dass bestimmte Befehle ausgeführt werden und/oder Programme gestartet werden. Nun fehlt ein Grund, wozu die Befehle ausführen, wozu die Programme starten. Der dritte Teilsatz (3NV) spricht von IT-Problemen – und macht sich sofort unglaubwürdig. Woher wissen Angreifende von IT-Problemen? Du musst keinen Grund nennen, es reichen die fahrlässigen Handlungen...\}

[Applikation, die] = als Bestimmungswort, das differenziert und die Bedeutung des Grundwortes/Letztwortes erweitert in den folgenden zusammengesetzten Wörtern (Komposita):

[Applikation(s) + Komponente, die = 1x]; Rarität. Das ist ulkig **[–]**. Es reicht doch vollkommen aus, wenn du von [Applikation] sprichst. Die Komponente ist Müll.

[Applikation(s) + Server, der = 6x]. Das kann ein zentraler Rechner sein, ein Server, der verbundene Rechner mit Programmen versorgt. Das ist nachvollziehbar **[+]**.

[Applikation(s) + Software, die = 1x]; Rarität. Das ist beklemmend **[–]**. Wenn eine Applikation eine [Anwendung, die = Top-25] sein sollte und eine [Software, die = Top-25], dann ist es nicht erforderlich, die Sache mit der Software extra hervorzuheben.

[Arbeit(s) + Daten, die = 1x]; Rarität. Das ist monströs **[–]**. Sollten das Daten sein, mit denen du rechnen sollst. Oder die du nur kurz zu Gesicht bekommst, ehe sie gespeichert werden und deswegen verschwinden.

[Archiv, das = 17x] = 1. Sammlung von Schriftstücken, Urkunden, Akten; 2. Aufbewahrungsort für eine Sammlung von Schriftstücken, Urkunden, Akten.

IT-Grundschutz-Kompendium

> Ein IT-Verfahren zur Aufbewahrung elektronischer Dokumente wird als „Archivsystem" bzw. „digitales Archiv" oder „Langzeitspeicher" bezeichnet (A).

OPS.1.2.2: Archivierung; 1.1 Einleitung; S. 243/900

{Patch – Die Definition passt, der [Langzeitspeicher, der = 1x] muss entsorgt werden...\}

[Archiv, das] = als Bestimmungswort, das differenziert und die Bedeutung des Grundwortes/Letztwortes erweitert in den folgenden zusammengesetzten Wörtern (Komposita):

[Archiv + Daten, die = 7x]. Das sind Zahlen und Ziffern, die du hoffentlich im Archiv von was auch immer finden wirst oder kannst. Das ist nachvollziehbar **[+]**.

[Archiv + System, das = 26x]. Eine Ordnung, wie Dokumente archiviert werden können oder soll. Nicht auszuschließen ist, dass es bei der herrschenden Willkürlichkeit in der Wahl der Worte auch eine Software im Rennen sein könnte. Das wäre nachvollziehbar **[+]**.

* * * * *

~ Artikel/Pronomen/Fürwort – Grammatik: Wortart (part of speech)

Ein Artikel legt das Geschlecht eines Hauptwortes/Substantivs fest, zeigt dir Einzahl/Singular oder Mehrzahl/Plural, und zeigt dir, um welchen Fall es konkret geht. Du findest bestimmte Artikel [der = 7.483x, die = 9.532x, das = 1.789x] im Dienst der digitalen Sicherheit, du findest unbestimmte Artikel wie z.B. [ein, eine, einen, einem, einer, eines = 5.542x].

Weil das so übersichtlich ist, funktioniert ein Artikel auch als Stellvertreter für ein vorher genanntes Hauptwort/Substantiv. Entweder wird es dann zu einem Relativ-Pronomen und leitet einen Nebensatz ein. Mehr zu findest du in dem Abschnitt [Relativer Nebensatz (eNR) = Teilsatz Typ III. – (e) wird ausgefüllt durch Pronomen, Artikel].

Oder es wiederholt eben als Stellvertreter ein Hauptwort/Substantiv aus einem vorangegangenen Satz, du musst also noch mal zurück in deinem Leseprozess, was so gut wie nie gemacht wird.

IT-Grundschutz-Kompendium

> **Das** Spektrum von unzureichenden Regelungen reicht dabei von unklaren Zuständigkeiten und Kontrollfunktionen über unverständlich oder zusammenhanglos formulierte Vorgaben bis hin zu komplett fehlenden Regelungen (A).
>
> OPS.2.1: Outsourcing für Kunden; 2.1 Fehlende oder unzureichende Regelungen zur Informationssicherheit; S. 272/900

{Patch – Das hier genutzte [das] wird als Artikel verwendet. Das Geschlecht von [Spektrum, das = 7x] ist Neutrum, die Sache läuft im Singular. Würde es dir um die Mehrzahl gehen, hier bitte: *Die Spektren...*\}

Fortsetzung: Mehr zu Artikel/Pronomen und die Top-10 der für die digitale Sicherheit eingesetzten Artikel/Pronomen findest du in dem Abschnitt [Pronomen, das] oder Fürwort oder Artikel = nenne es das „Ersatzteam"] ....\}

* * * * *

Auch am heutigen Morgen kommt es zu Problemen beim Erstellen und Einlösen von E-Rezepten sowie beim Versichertenstammdaten-Abgleich. Grund dafür ist erneut eine Beeinträchtigung des OCSP-Responders des Trust Service Providers medisign bei der SMC-B/HBA. Die Probleme treten nach aktuellem Erkenntnisstand weiterhin nur in den Morgenstunden zwischen 8 und 9 Uhr auf. Ein mehrfaches Stecken der Versichertenkarte oder ein erneuter Versuch nach wenigen Minuten können zwischenzeitlich helfen. Der Anbieter medisign hat bereits mehrere Maßnahmen zur Eindämmung des Problems durchgeführt und arbeitet weiter an einer nachhaltigen Lösung, um die Ursache schnellstmöglich zu beheben. Weitere Informationen folgen zeitnah nach neuem Kenntnisstand.

Letzte Aktualisierung: 07.03.2024 08:40 Uhr

{Patch – Welche Chancen hat die Praxis in diesem Augenblick, um 8:40 Uhr. Es ist ein Donnerstag. Die Praxis hat seit 8:00 Uhr Patienten, Patienten mit Termin, Patienten ohne Termin, vielleicht darunter auch Notfälle, vielleicht ein Kind, welches sich an der Anmeldung erbricht – „ein mehrfaches Stecken der Versichertenkarte … können zwischenzeitlich helfen"...\}

* * * * *

[Audio + Daten, die = 1x]; Rarität. Das ist schrill [–]. Audio ist Lateinisch und bedeutet: ich höre! Kannst du Zahlen und Ziffern hören?

[Audit + Funktion, die = 1x]; Rarität. Das ist so was von jämmerlich [–]. Ein [Audit, das = 93x] ist eine Form einer [Prüfung, die = 82x]. Du sitzt also mit Prüferinnen und Prüfern zusammen und musst zeigen, was du von IT-Grundschutz verstanden hast und was du für diesen umgesetzt hast.

[Aufgabe, die = 185x]; - 1. eine aufgegebene Arbeit, a) Arbeit, die für die Schule bewältigt werden muss, b) Arbeit, die ausgeführt werden muss, Auftrag; 2. das Aufgeben, die Trennung von etwas (www.dwds.de). Das ist kompliziert, denn für den IT-Grundschutz werden an erster Stelle [Rollen, die = Top-25] beschrieben. Sie haben bestimmte [Aufgaben] zu übernehmen und sie tragen die [Verantwortung, die = 10x] für eine sachgerechte [Umsetzung, die = 216x].

IT-Grundschutz-Kompendium

01. In den Anforderungen der Bausteine werden die Rollen genannt (1H), die für die jeweilige Umsetzung zuständig sind (2NR).

Aufbau des IT-Grundschutz-Kompendiums; Beschreibung der Rollen; S. 18/900

{Patch – Natürlich werden hier keine [Aufgaben] genannt, du musst diese aus der [Zuständigkeit, die = 268x] ableiten. Spannend ist bei diesem Wort die dramatische Veränderung zwischen der Ausgabe IT-Grundschutz Kompendium 2019 und der von mir untersuchten: [Zuständigkeit – 2019 = 30x], also eine Häufigkeit um das 9-fache. Das ist ein Merkmal für ein Umdenken, nur in welche Richtung? Wie gesagt, das ist kompliziert und dürfte deswegen in der Praxis wirkungs- und folgenlos bleiben...\}

> 02. Für alle Mitarbeiter MÜSSEN die Aufgaben und Kompetenzen bei Sicherheitsvorfällen festgelegt werden (A).
>
> DER.2.1: Behandlung von Sicherheitsvorfällen; DER.2.1.A3 Festlegung von Verantwortlichkeiten und Ansprechpartnern bei Sicherheitsvorfällen; S. 309/900

{Patch - [MUSS/MÜSSEN] = Notwendigkeit, Pflicht, so und keinesfalls anders zu handeln – siehe Modalverben.

Wie gesagt, die Sache mit den Rollen ist semantisch eine wackelige Angelegenheit. Der Aussagesatz nennt Eigenschaften, die das BSI mühsam in ein [Rollen + Konzept, das = 8x] gepresst haben will. Es sind die [Aufgaben], es sind die [Kompetenzen, die = 15x]. Und es ist ein konkreter Anlass: [Sicherheit(s) + Vorfälle, die = 209x]. Wozu braucht es Rollen?...\}

[Außendienst + Mitarbeiter, der/die = 1x]; Rarität. Mitarbeitende, deren Arbeitszeit überwiegend außerhalb des Unternehmens oder der Organisation abläuft. Nicht verwechseln darfst du das mit dem Home-Office, also mit einem Heimarbeitsplatz. Das ist nachvollziehbar **[+]**.

[Ausfall + Risiko, das = 1x], das könnte das Risiko sein, dass es einen [Ausfall, der = 251x] eines [Servers, der = Top-25] gibt. Das ist schwach nachvollziehbar **[+]**.

[Ausgabe, die = 12x] = 1. das Ausgeben an eine größere Anzahl von Personen; 2. Verbrauch an Geld; 3. das von einem Autor, Editor, Verlag nach bestimmten Richtlinien Herausgegebene, die Publikationsform, Edition; 4. Nummer einer Zeitung, Zeitschrift; 5. [Informations- und Telekommunikationstechnik] (Darstellung von) Daten, die ein Programm (als Ergebnis) auf einen Bildschirm oder an einen Drucker leitet

[Ausgabe] als Bestimmungswort, das differenziert und die Bedeutung des Grundwortes/Letztwortes erweitert in den folgenden zusammengesetzten Wörtern (Komposita):

[Ausgabe + Daten, die = 3x]. Das ist merkwürdig **[–]**. Gemeint sind Daten, die dir angezeigt werden oder die ausgedruckt vor dir liegen und die 100 Rätsel zu haben scheinen.

[Ausgabe + Gerät, das = 2x]; Rarität. Das ist trübe **[–]**. Irgendeine "Kiste" zeigt dir irgendetwas an, druckt irgendetwas aus, blinkt vielleicht voller Panik in einem wilden Rhythmus vor sich hin. Und du? Wie regierst du? Die [Ausgabe] von was auch immer ist bei einem Drucker oder einem Monitor naheliegender.

[Auskunft(s) + Dienst, der = 1x]; Rarität. Das ist blöd [–]. Um eine [Auskunft, die = 6x] kannst du jemanden bitten, der oder die das passende Wissen hat und autorisiert ist, dir das [Wissen, das = 15x] zu vermitteln. Eine Telefonauskunft, zum Beispiel.

* * * * *

~ Aussage-Satz (Typ I) – Grammatik: Syntax (syntactic)

Der Aussagesatz (simple sentence), quasi das Basismodell aller Satz-Arten. Bereits mit einem Hauptwort/Substantiv (oder einem aus dem Ersatzteam) plus einem Verb/Prädikat geht er an den Start.

In der Regel hat ein Aussagesatz in seinem Inneren keine weiteren Satzzeichen. Ich kennzeichne den Aussagesatz mit (A). Gibt es eine Aufzählung, dann gibt es Kommata.

Du kannst zwei oder mehrere Aussagesätze hintereinander stellen, dann bilden [und] sowie [oder] die häufigste Verbindung. Ich bevorzuge es, ein Komma vor das Verbindungswort/die Konjunktion zu setzen, wenn die Aussagesätze jeweils eigene Verben/Prädikate haben.

Wird ein Aussagesatz in einem mehrteiligen Satz verwendet, wird der Aussagesatz zum Hauptsatz.

IT-Grundschutz-Kompendium

> Zusätzlich zu den allgemeinen Schulungsmaßnahmen **SOLLTE** die Institution die Benutzer über die Gefahren von Rest- und Zusatzinformationen in Dokumenten und Dateien **informieren** (A).
>
> CON.9: Informationsaustausch; CON.9.A5 Beseitigung von
Restinformationen vor Weitergabe; S. 185/900

{Patch - [SOLLTEN] = Anregung, unverbindliche Empfehlung, so und so zu handeln – siehe Modalverben.

Der Aufbau eines Aussagesatzes hat eine einheitliche Struktur. Suche das erste genutzte Verb, hier [SOLLTE]. Was vor diesem steht, ist das so genannte „Vorfeld". Meist findest du hier das Subjekt des Satzes, oder es wird auf einen vorangehenden Satz verwiesen und so eine Verbindung hergestellt. Zu einem Satzteil gehört alles, was du auch an einer anderen Stelle des Satzes platzieren könntest.

Was nach dem zuerst genutzten Verb kommt, und vor einem letzten Verbteil, wird „Mittelfeld" genannt. Auch in diesem gibt es Satzteile, die nach dem gleichen Prinzip wie eben erwähnt funktionieren. Den Schluss bildet dann ein zweiter Teil des Verbs/Prädikats.

Die Abgrenzung der Satzteile ist manchmal nicht einfach. Ist sie schwierig, sind das Vorfeld oder das Mittelfeld schlecht organisiert. Alles zusammengenommen ergibt das diese Satzstruktur:

Vorfeld	Verbteil 1	Mitte 1	Mitte 2	Mitte 3	Verbteil 2
Zusätzlich zu den allgemeinen Schulungsmaß-nahmen	SOLLTE	die Institution	die Benutzer	über die Gefahren von Rest- und Zusatz-informationen in Dokumenten und Dateien	informier en.

Du siehst sofort, schwierig ist der mit relevanten Inhalten (z.B. [Gefahren, die = 122x] aufgeladene Satzteil „Mitte 3". Besser wäre es, ihn in das Vorfeld zu stellen.

Alternative 1:

Vorfeld	Verbteil 1	Mitte 1	Mitte 2	Mitte 3	Verbteil 2
Über die Gefahren von Rest- und Zusatz-informationen in Dokumenten und Dateien	SOLLTE	die Institution	die Benutzer	zusätzlich zu den allgemeinen Schulungsmaßnahm en	informier en.

Eine andere, gute Möglichkeit ist, den Satzteil aufzulösen und in einen Relativsatz umzubauen:

Alternative 1a:

[Über die Gefahren, die von Rest- und Zusatzinformationen in Dokumenten und Dateien ausgehen, SOLLTE...]

Eine hervorgehobene Satzstellung wäre, den Satzteil „Mitte 2" in das Vorfeld zu bringen:

Alternative 2:

[Die Benutzer SOLLTE die Institution ... informieren, zusätzlich zu ...]

In diesem Fall ergänzt du nach dem Verbteil 2 ein sogenanntes „Nachfeld".

Achtung, du bist für den Aufbau eines Aussagesatzes in der [Verantwortung, die = 10x]. Das bedeutet erstens, lege die für dich oder für die Adressaten relevanten Inhalte vorher fest. Zweitens, entscheide dich für geeignetes Verb/Prädikat, denn dieses hat Einfluss auf die Reihenfolge der Inhalte. Drittens entscheide dich für eine klare Abfolge der Inhalte.

IT-Grundschutz-Kompendium

01. Jeder mobile Mitarbeiter **muss** über die Gefahren fremder IT-Systeme **aufgeklärt werden** (A).

INF.9: Mobiler Arbeitsplatz; INF.9.A4 Arbeiten mit fremden IT-Systemen; S. 842/900

{Patch - Du siehst, die Teile des Verbs/Prädikates sind an zweiter Stelle und an letzter Stelle, also ein Aussagesatz (A). Würde es sich um einen mehrteiligen Satz handeln, wäre es ein Hauptsatz (xH).

Alles was vor der zweiten Stelle steht, kann das Subjekt, eine adverbiale Bestimmung oder eben auch ein Objekt. In diesem geht es entweder um eine Verbindung zu einem vorangehenden Satz, oder es wird ein neues Thema, eine neue Perspektive eingeführt, für die du die Aufmerksamkeit der Lesenden haben willst.

In dem Beispielsatz entdeckst du im Vorfeld: [Jeder mobile Mitarbeiter] – wenn damit nicht jemand gemeint wird, der gerade aus der Reha kommt, dann ist dieses Vorfeld schwierig. Es lenkt einfach ab. Eindeutiger ist von [Mitarbeitenden, die = UNGENUTZT] zu sprechen, die extern arbeiten.

Im Mittelfeld taucht natürlich prompt wieder eine komplexe Phrase auf. Du könntest diese auch in das Vorfeld stellen, dann rauschen die [Mitarbeitenden] ab ins Mittelfeld, soll der Aussagesatz seine „Aussage" behalten. Eigentlich alles nachvollziehbar und übersichtlich...\}

> 02. Eine weitere Gefahr für Personen bzw. Beschäftigte **ist** ein falsch angesetzter Schutzbedarf ihrer personenbezogenen Daten (A).

> CON.2: Datenschutz, 2.2 Festlegung eines zu niedrigen Schutzbedarfs; S. 147/900

{Patch – In diesem Aussagesatz gibt es das Verb/Prädikat nur an zweiter Stelle [ist]. Im Vorfeld wirst du wieder mit dem Alarm-Wort [Gefahr] konfrontiert. Allerdings ist es keine Gefahr für die [Menschen, die = 14x] selbst, sondern für die [Daten, die = Top-25], mittels derer sie identifizierbar werden und die deswegen zu schützen sind...\}

> 03. Die Kommunikation über öffentliche und interne Netze mittels unsicherer Protokolle **stellt** eine potenzielle Gefahr **dar** (A).

> OPS.1.2.5 Fernwartung; 2.5. Verwendung unsicherer Protokolle in der Fernwartung; S. 258/900

{Patch – Auch wenn es zunächst nicht so aussieht, das Verb/Prädikat findest du an zweiter Stelle [stellt] und an letzter Stelle [dar]. Das Verb ist [darstellen] = 1. etw., jmdn. im Bilde, in einer Nachbildung wiedergeben; 2. eine Rolle auf einer Bühne spielen; 3. etw., jmdn. in Worten vor Augen führen, schildern, beschreiben. Tja, auch ich kann mich nicht zwischen der Bedeutung Nr. 1 und Nr. 2 entscheiden. Das aber ist es nicht allein, was den Satz schwächt. In das Vorfeld, also vor dem Verb/Prädikat, werden zwei Phrasen hineingepackt:

> [Die Kommunikation über öffentliche und interne Netze] [mittels unsicherer Protokolle] stellt …

Das ist schon heftig, und platzt beinahe. Wie anders würde eine Umstellung wirken:

> *Die Kommunikation über öffentliche und interne Netze **stellt** mittels unsicherer Protokolle eine potenzielle Gefahr **dar**.*

Durch das [mittels] wird dir nun vollkommen klar: Die unsicheren Protokolle spielen eine verdammt gefährliche Rolle, also Bedeutung Nr. 2...\}

* * * * *

System-Nachricht eHealth (TI) [Sys-06] – eGK (wurde im Archiv gelöscht – festgestellt am 13. November 2024)

> Derzeit kann es zu Einschränkungen bei der Nutzung von elektronischen Gesundheitskarten (eGK) des Kartenherausgebers BITMARCK Technik GmbH kommen.
>
> Dadurch sind u. a. unmittelbare Auswirkungen auf die Nutzung der Anwendungen, die mit einer eGK durchgeführt werden, z.B. das Einlesen der Karte am Terminal in einer Praxis (VSDM - Versichertenstammdatenmanagement) oder das Einlösen von neuen Rezepten in einer Apotheke per eGK möglich.
>
> Die BITMARCK Technik GmbH ist bereits in der Analyse, um die Ursache schnellstmöglich zu beheben. Weitere Informationen folgen zeitnah nach neuem Kenntnisstand.
>
> Letzte Aktualisierung 26.10.2023 10:15 Uhr

{Patch – Es ist ein Donnerstag, Viertel nach zehn. Die ersten Patienten sind versorgt, neue sind hinzugekommen. Die ersten Patienten kümmern sich bereits um ihr Rezept. In Apotheken werden weitere Terminals besetzt. Und jetzt? Welche realistischen Handlungsoptionen haben die Handelnden, die Beteiligten?...\}

* * * * *

[Authentifizierung(s) + Dienst, der = 4x]. Das ist krumm [–]. Eine [Authentifizierung, die = 6x] ist die Prüfung des Identitätsnachweises, sie ist ein Vorgang und spricht für sich und läuft für sich auf einem Rechner.

[Authentisierung, die = 118x]; das Authentisieren; das Authentisiertwerden (www.duden.de), also etwas oder jemand glaubwürdig, rechtsgültig machen.

IT-Grundschutz-Kompendium

> Authentisierung bezeichnet den Nachweis oder die Überprüfung der Authentizität (A). Glossar; S. 33/900

{Patch – Gleich ein alternativer Vorschlag: *Authentisierung bedeutet, die Echtheit oder Identität von jemanden oder einer Sache zu bestätigen...*\}

[Authentisierung] als Bestimmungswort, das differenziert und die Bedeutung des Grundwortes/Letztwortes erweitert in den folgenden zusammengesetzten Wörtern (Komposita):

[Authentisierung(s) + Daten, die = 6x]. Das ist befremdlich [–]. Die [Authentisierung, die = 118x] ist ein Vorgang, mit dem du dich und deine

Person und deinen Job zu erkennen gibst, als diejenige oder derjenige, die oder der du seit Geburt bist.

[Authentisierung(s) + Funktion, die = 1x]; Rarität. Das ist befremdlich [–]. In der Authentisierung enthalten ist bereits eine Handlung oder ein Vorgang, eine [Funktion, die = Top-25] ist überflüssig.

[Authentisierung(s) + Information, die = 3x]. Das ist herb [–]. Sich ausweisen, sich authentisieren, das geht nur mit Daten wie ein [Geburt(s) + Datum, das =1x] und mit Inhalten wie z.B. ein [Geburt(s) + Ort, der = UNGENUTZT].

[Authentisierung(s) + Komponente, die = 3x]. Das ist jämmerlich [–]. Welche Prüfung der Identität, welche Authentisierung sollte denn da möglich sein?

[Authentisierung(s) + Server, der = 1x]; Rarität. Das ist eigenartig [–]. Ein Server, dessen einzige Aufgabe das Authentisieren von jemanden oder von sonst was ist, das ist in dem Augenblick vorstellbar, wenn es um sehr viele sehr plötzliche Authentisierungen gehen würde.

[Automatisierung, die = 21x]; 1. das Automatisieren, das Einführen von Automaten (in die Produktion) - 2. das Automatisiert-sein, der Zustand, bei dem Automaten (in der Produktion) arbeiten.

IT-Grundschutz-Kompendium

> Nur ein kleiner Kreis von Personen SOLLTE berechtigt sein (1H), Prozesse der Automatisierung zu definieren (2NI).
>
> APP.4.4 Kubernetes; APP.4.4.A3 Identitäts- und Berechtigungsmanagement bei Kubernetes; S. 448/900

{Patch – [SOLLTEN] = Anregung, unverbindliche Empfehlung, so und so zu handeln – siehe Modalverben.

Der Kontext, aus dem dieses Zitat stammt, ist das [Kubernetes]. Bei Wikipedia finde ich dazu: „Kubernetes (auch als K8s bezeichnet, deutsche Aussprache: [ˌkuːbɐˈneːtəs]) ist ein von Google entwickeltes Open-Source-System zur Verwaltung von Container-Anwendungen." Auf anderen Seiten fällt Google weg. Die Verwaltung scheint nun automatisiert zu werden. Wie diese Automatisierung geplant werden soll, das bestimmt „ein kleiner Kreis von Personen". An Ungenauigkeit und Nebel ist das nicht zu überbieten. Aber das kennst, wenn du dich ein wenig mit Google und dessen Philosophie-Geschwafel vertraut machst...\}

[Automatisierung] als Bestimmungswort, das differenziert und die Bedeutung des Grundwortes/Letztwortes erweitert in den folgenden zusammengesetzten Wörtern (Komposita):

[Automatisierung(s) + Funktion, die = 5x]. Das ist erstaunlich [–]. Eine [Automatisierung, die] kannst du einrichten, starten, beim Lauen zusehen, beenden. Das ist schon alles.

[Automatisierung(s) + Gerät, das = 1x]; Rarität. Das ist deprimierend [–], denn was könnte das sein?

[Automatisierung(s) + Software, die = 3x]. Eine Software, mit der eine Automatisierung von irgendetwas abgestoßen, geregelt und kontrolliert wird. Das ist nachvollziehbar [+].

[Automatisierung(s) + System, das = 2x]; Rarität. Das ist befremdlich [–]. Eine Automatisierung ist ein geregelter und durchdachter Vorgang mit dem Ziel, Prozesse, Abläufe und Handlungen zu automatisieren.

[Autorisierung, die = 16x] 1. ⟨Autorisierung (für, zu etw.)⟩ Ermächtigung, Schaffung einer rechtlichen Grundlage – 2. [Informations- und Telekommunikationstechnik] das Zulassen des Zugriffs auf bestimmte Verzeichnisse und Daten nach erfolgter Authentifizierung - 3. [Medien] Genehmigung zur Veröffentlichung bestimmter Inhalte eines Interviews, einer Biografie oder von Bildern einer Person.

IT-Grundschutz-Kompendium

> In einem z/OS-Betriebssystem ist für die Authentisierung von Benutzern und deren Autorisierung auf Ressourcen ein spezielles Sicherheitssystem zuständig (A).
>
> SYS.1.7 IBM Z; 2.2. Fehlerhafte Konfiguration des z/OS-Sicherheitssystems RACF; S. 536/900

{Patch – Du kannst nur *für* etwas autorisiert werden. In diesem Satz wirst du autorisiert, die angesprochenen [Ressourcen, die = 128x] *für* deine Arbeit zu nutzen...\}

[Autorisierung] als Bestimmungswort, das differenziert und die Bedeutung des Grundwortes/Letztwortes erweitert in den folgenden zusammengesetzten Wörtern (Komposita):

[Autorisierung(s) + Daten, die = 1x]; Rarität. Das ist befremdend [–]. Die [Autorisierung, die = 16x] ist wie die [Authentisierung] ebenfalls ein Vorgang, mit dem du beweist, dass du du bist und dass du das darfst, was du darfst.

[Autorisierung(s) + Komponente, die = 3x]. Das ist dürftig [–]. Welche Ermächtigung, welche Autorisierung sollte denn da vorgenommen werden.

* * * * *

B wie [Beschränkung, die = 7x] im IT-Grundschutz – [Beschränkung] wird 7-mal modifiziert

Zwei Bedeutungen werden angeboten: 1. das Beschränken, das Sichbeschränken; 2. etwas Beschränkendes

<u>IT-Grundschutz-Kompendium</u>

> Der IT-Betrieb SOLLTE bei mehreren Benutzern auf dem Fileserver prüfen (1H), Beschränkungen des Speicherplatzes für einzelne Benutzer (Quotas) einzurichten (2NI).
>
> APP.3.3: Fileserver, APP.3.3.A11 Einsatz von Speicherbeschränkungen; S. 412/900

{Patch - [SOLLTE] = Anregung, unverbindliche Empfehlung, so und so zu handeln – siehe Modalverben.

Oje, wem wird denn hier etwas empfohlen, oder wer ist der [IT-Betrieb, der = 476x]? Und wird ein [Speicher + Platz, der = 16x] beschränkt oder wird er nicht vielmehr begrenzt? Und woher kommt dieses merkwürdige [Quota, der/die/das (?) = 5x], was nicht viel anderes ist als eine [Begrenzung, die = UNGENUTZT] eben eines [Speicherplatzes]. Dann gehört dieses Quata-was-auch-immer hinter eben solchen und nicht hinter [Benutzer, der/die = Top-25]. Bitte mehr [Sorgfalt, die = 1x]...\}

[Bandbreitenmanagement + Funktion, die = 1x]; Rarität. Das ist schlicht der verbale Wahnsinn [–], und braucht nicht aufgelöst zu werden.

* * * * *

Top-25: [Basis, Basen, die = 330x] - [Basis] wird 2-mal modifiziert für eine digitale Sicherheit

A.) - Erklärung/Wortbestimmung

> 1. Grundlage, Grundlinie, Grundfläche
>
> [Kunstgeschichte] Sockel; [Mathematik] Grundzahl einer Potenz, eines Logarithmus
>
> 2. [DDR, Marxismus] ökonomische Struktur der Gesellschaft in einer Etappe ihrer Entwicklung - www.dwds.de/wb
>
> 3. etwas, worauf sich etwas gründet, stützt, was den festen Grund für etwas bildet, worauf jemand aufbauen kann.
>
> DUDEN Bedeutungswörterbuch, 1985, 2. Aufl.

<u>IT-Grundschutz-Kompendium</u>

> 01. Der Baustein bildet die übergeordnete Basis (1H), um Informationssicherheit in einer Institution umzusetzen (2NV).

{Patch – Das sind die Sätze im IT-Grundschutz, die einen verzweifeln lassen. Denn wie kann etwas Übergeordnetes, also oben, zu einer Basis werden, also unten. Ich werte das als eine unverzeihliche Nachlässigkeit, die letzten Ende die notwendige Einführung eines IT-Grundschutzes in Unternehmen, Organisationen und Arztpraxen gefährdet...\}

02. Der IT-Betrieb MUSS Datensicherungspläne je IT-System oder Gruppe von IT-Systemen auf Basis der festgelegten Verfahrensweise für die Datensicherung erstellen (A).

CON.3 Datensicherungskonzept, CON.3.A4 Erstellung von Datensicherungsplänen, S. 152/900

{Patch – [MUSS/MÜSSEN] = Notwendigkeit, Pflicht, so und keinesfalls anders zu handeln – siehe Modalverben.

Nein, die „Datensicherungspläne" müssen *entsprechend* der festgelegten [*Verfahren, das/die* = 159x im IT-Grundschutz] erstellt werden werden...\}

03. Auf Basis der Strategie für die Cloud-Nutzung MUSS eine Sicherheitsrichtlinie für die Cloud-Nutzung erstellt werden (A).

OPS.2.2: Cloud-Nutzung; OPS.2.2.A2 Erstellung einer Sicherheitsrichtlinie für die Cloud-Nutzung, S. 283/900

{Patch – [MUSS/MÜSSEN] = Notwendigkeit, Pflicht, so und keinesfalls anders zu handeln – siehe Modalverben.

Finde den Unterschied: *Anhand der Strategie für die Cloud-Nutzung MUSS für diese eine Sicherheitsrichtlinie erstellt werden...\}*

04. Diese Handlungsanweisungen SOLLTEN den relevanten Personengruppen bekanntgegeben (*werden*,1H) und auf Basis neuer Erkenntnisse regelmäßig aktualisiert werden (2H).

DER.2.1: Behandlung von Sicherheitsvorfällen, DER.2.1.A17 Nachbereitung von Sicherheitsvorfällen, S. 312/900

{Patch – [SOLLTEN] = Anregung, unverbindliche Empfehlung, so und so zu handeln – siehe Modalverben.

Satz entscheidend ist entweder ein Zeitpunkt oder eine Bedingung, eine Voraussetzung. Das Verhältniswort/die Präposition [bei] bietet sich an: ... *und bei neuen Erkenntnissen aktualisiert werden...\}*

B.) - [Basis, die] wird in den folgenden zusammengesetzten Wörtern (Komposita) differenziert und eingeschränkt (= Grundwort/Letztwort) durch ...

Code + B. =1x / Daten + B. = 2x

C.) - [Basis, die] = nun als Bestimmungswort, das differenziert und die Bedeutung des Grundwortes/Letztwortes erweitert in den folgenden zusammengesetzten Wörtern (Komposita):

[Basis + Anforderung, die = 1x] - Rarität. Wenn eine Anforderung **an** eine Software aufgestellt wird, ohne die die komplette Software nicht an den Start gehen könnte, dann könntest du das Geforderte eine [Basis + Anforderung] nennen. Das ist nachvollziehbar **[+]**.

[Basis + Betriebssystem, das = 1x] - Rarität, das ist verbissen **[--]**, denn ein Betriebssystem ist stets eine Grund, mit dem dann z.B. eine Praxisverwaltungssystem (PVS) erst funktionieren kann.

[Basis + Dienst, der = 1x] – Rarität, das ist gewagt **[–]**, gemeint ist vermutlich ein Dienst, ohne den andere Dienste nicht funktionieren würden.

[Basis + Härtung, die = 3x], das ist bizarr **[--]**, geeigneter wäre von einer ersten Härtung zu sprechen.

[Basis + Installation, die = 1x] – Rarität, das ist unsicher **[--]**. Geht es um eine erste Installation oder geht es um eine Installation, auf die dann weitere aufbauen oder aufsetzen?

[Basis + Konzept, das = 1x] – Rarität, das ist wolkig **[--]**. Nimm entweder ein erstes Konzept, oder nimm das Konzept, auf dem weitere aufbauen werden.

[Basis + Lösung, die = 1x] – Rarität, das ist gestört **[--]**. Nimm eine erste Lösung, von mir aus.

[Basis + Station, die = 2x] – Rarität, es handelt sich in der IT/TI meist um eine stationäre „Kiste", in der etwa ein mobiles Telefon wieder mit Energie versorgt wird. Das ist nachvollziehbar **[+]**.

[Baugruppen + Funktion, die = 1x]; Rarität. Das ist dunkel **[–]**. Eine [Baugruppe, die = 4x] ist ein Einheit, üblicherweise ist es Hardware.

* * * * *

~ Befehlen – Grammatik: Direktive Sprachhandlung (instruction)

<u>Funktion:</u> Konzepte für Handlungen oder Verhalten werden verbindlich/verpflichtend auf eine andere unbekannte Person übertragen. Diese hat keine Wahl, sie <u>muss</u> den Befehl ausführen.

An die Stelle von [Personen, die = 207x] treten im IT-Grundschutz die Ausführenden von definierten Aufgaben. Sie werden wie in einem Drama [Rollen, die = Top-25] genannt – was in galoppierenden Digitalisierung sehr gut passt, das Drama.

Aus den [Konzepten, die = 139x] werden im IT-Grundschutz grob gesagt [Aufgaben, die = 185x]. Mit diesen soll eine hohe Sicherheit, ein starker Schutz für die digitalen Prozesse, Strukturen und Inhalte erreicht werden – was leider oft an den Interessen oder den Kompetenzen der beteiligten IT-Unternehmen und IT-Dienstleister scheitert, das muss mal gesagt werden.

Also das direktive Verb [etwas/jemandem befehlen = UNGENUTZT] = 1. jmdm. einen Befehl geben, jmdn. bindend beauftragen, etwas zu tun, jmdm. etw. gebieten; 2. jmdn., etw. an eine bestimmte Stelle beordern, etw. kommen lassen; 3. ⟨(über) jmdn., etw. befehlen⟩ über jmdn., etw. die Befehlsgewalt haben, herrschen.

Synonyme sind [etwas administrieren = 36x] – [etwas anordnen = 1x] – [etwas/jemandem anweisen = UNGENUTZT] – [etwas/jemand beauftragen = 15x] – [etwas/ jemand bestimmen = 18x] – [etwas festlegen = 245x] – [etwas veranlassen = 4x] – [etwas/jemandem vorschreiben = 4x].

Wie befiehlst du jemanden etwas (= Satz-Typ Ia)

1. *Ich befehle Ihnen/dir/euch, dieses Update zu installieren* = Einsatz der performativer Formel [befehlen]

2. *Installieren Sie das Update!* = Du stellst das Verb an den Satzanfang und nennst den Handelnden:

3. *Das Update installieren!* = Du stellst die Sache, um die es dir geht, an den Satzanfang und nutzt die Grundform des Verbs. Außerdem das Satzzeichen [!], welches nicht im IT-Grundschutz vorkommt.

4. *Das Update muss installiert werden!* = Du willst der Sache / dem Update Nachdruck geben, dann erweiterst du das Verb mit dem Modalverb [muss].

5. *Du sollst das Update installieren!* = Du willst ebenfalls Druck in der Sache / bei dem Update machen, also direkte Ansprache und das Verb wird erweitert mit [sollen].

6. *Dieses Update ist zu installieren, Schluss und aus* = der Infinitiv in Kombination mit [ist] stellt die bindende Anweisung dar.

Diese üblichen und erprobten sprachlichen Verfahren werden für die digitale Sicherheit nicht eingesetzt. Statt dessen werden die Modalverben genutzt, indem ihnen eigene Definitionen zugeordnet werden. Das lähmt das Formulieren der Anweisungen, das bremst das Umsetzen der Anweisungen. Aus Sicht einer KI sind [MUSS] und [SOLLST] natürlich eindeutige und identifizierbare Marker.

Aus Sicht der tagesaktuellen Praxis, aus Sicht eines real existierenden IT-Grundschutz ist das Vorgehen – wie der Beispielsatz 01. zeigen wird – schlichtweg das Chaos, aus dem kein Schutz entstehen kann und wird. Was also tun: Du musst (!) genau begründen, in welcher Situation, bei welcher Handlung und bei welchen Prozessen du so etwas wie das Befehlen einsetzt.

> 01. So können beispielsweise Datenschutzgesetze vorschreiben (1H), dass adäquate kryptografische Verfahren eingesetzt werden müssen (2NI), um personenbezogene Daten zu schützen (3NV).
>
> CON.1: Kryptokonzept; 2.2 Verstoß gegen rechtliche Rahmenbedingungen beim Einsatz von kryptografischen Verfahren, S. 138/900

{Patch – Natürlich fragst du dich, welches Wort in diesem mehrteiligen Satz erfüllt die Bedingung, ein bindender Befehl zu sein. Wie ist es mit dem Verb/Prädikat [vorschreiben] im Teilsatz Nr.1 (1H)? Wie verhält es sich mit dem Verb/Prädikat [eingesetzt werden müssen] im Teilsatz Nr.2 (2NI)? Und wie deutest du den Infinitiv [zu schützen] in Verbindung mit dem Verbindungswort/Konjunktion [um] im Teilsatz Nr. 3 (3NV). Genau, in allen drei Teilsätzen sind mehr oder weniger offensichtlich Imperative eingebaut. Tatsächlich aber handelt es sich um Aussagen, die aufgepumpt und wichtig gemacht werden.

Meine Alternativen, unter Beibehaltung der gegebenen Satzstruktur: *Datenschutzgesetze legen fest (1H), dass adäquate kryptografische Verfahren eingesetzt werden (2NI), damit personenbezogene Daten geschützt werden (3NV).*

Sowohl den Teilsatz Nr. 2 (2NI) als auch den Teilsatz Nr. 3 (3NV) bringe ich in das Passiv. So mache ich deutlich, welche Konsequenzen oder Folgen du aus den Gesetzen für den Datenschutz ableitest. Schon werden aus dem Vorschreiben, dem Müssen, dem Um...zu reine Informationen...\}

> 02. Die Institution MUSS ihren Mitarbeitern vorschreiben (1H), wie mobile Arbeitsplätze in geeigneter Weise ausgewählt und benutzt werden sollen (2NV).
>
> INF.9: Mobiler Arbeitsplatz; INF.9.A1 Geeignete Auswahl und Nutzung eines mobilen Arbeitsplatzes; S. 841/900

{Patch - [MUSS/MÜSSEN] = Notwendigkeit, Pflicht, so und keinesfalls anders zu handeln – siehe Modalverben.

Ein schönes Beispiel für einen gut (+) funktionierenden Befehl, wie kommt denn das? 1. Wer ist der Anweisende? Die [Institution, die = Top-25]. 2. Was sorgt für das Bindende? [MUSS] ...[vorschreiben]. 3. Wer ist der Ausführende? [Mitarbeiter, der = Top-25].

Jedoch, dünn wird es, wenn du dir den eigentlichen Inhalt des „Befehlens" ansiehst. Da ist von einer [Auswahl, die = 112x] die Rede und von einer [Benutzung, die = 9x]. Das Vorgehen für die [Auswahl] wird grob definiert als „in geeigneter Weise". Keine Ahnung, was damit gemeint ist. Eng an einer alltäglichen [Praxis, die = 25x] wäre es, dass die [mobilen] [Arbeit(s) + Plätze, die = 135x] passend zu den [Aufgaben, die = 185x], die zu erledigen sind, eingekauft werden. Das wiederum nimmt die [Verantwortung, die = 10x] von den [Mitarbeitenden, die = UNGENUTZT] und gibt sie zurück an die [Institution]. Schon verändert sich die [Vorschrift, die = 28x]. Soll die Sache dennoch geklärt werden, hier ein Vorschlag: *Das Unternehmen, die Organisation, sie bestimmen, welches Aufgaben-Profil welchen mobilen Arbeitsplätzen zugeordnet wird.* Dass das zu leidenschaftlichen [Diskussionen, die = UNGENUTZT] führt, und warum der und ich nicht, das ist klar und gewollt...\}

* * * * *

System-Nachricht eHealth (TI) [Sys-07] - Störung sektoraler IDP von IBM

> Die notwendigen Maßnahmen zur Behebung der Störung, die die Anmeldung mit der GesundheitsID über die TK-Ident App für die E-Rezept-App der gematik betrifft, dauern weiterhin an. Alternativ stehen Versicherten der Techniker Krankenkasse (TK) weiterhin die Anmeldung mittels eGK und PIN für die E-Rezept-App der gematik sowie die Einlöseoptionen mit der Gesundheitskarte als auch dem Papierausdruck zur Verfügung.

Letzte Aktualisierung 22.12.2023 10:45 Uhr

{Patch – Welche Chancen hat die Praxis in diesem Augenblick? Es ist ein Freitag, noch zwei Tage bis zum 24. Das Quartalsende ist in Sichtweite. Der Aussage der System-Nachricht: irgendwo eine „Störung" – unklar die augenblicklichen Auswirkungen. Irgendwer ist tätig, aber mit der „Störung" musst du augenblicklich weiterhin rechnen. Welche realistischen Chancen für die Abläufe, die Prozesse?...\}

* * * * *

Top-25: [Benutzer, der/die = 642x] - [Benutzer] wird/werden 8-mal modifiziert für eine digitale Sicherheit

---

A.) - Erklärung/Wortbestimmung

Abgeleitet ist dieses Wort von dem Verb [benutzen]:

> a) Gebrauch machen von etwas, sich einer Sache ihrem Zweck entsprechend bedienen,
>
> b) Jemanden/etwas für einen bestimmten Zweck einsetzen, verwenden,
>
> c) Ausnutzen, auch im negativen Sinn.

Ein [Benutzer] ist ein Mensch, der ein anderes Lebewesen oder eine Sache benutzt in Situationen, die in a) bis c) gegeben sind. Eine weibliche Form kommt im IT-Grundschutz nicht vor.

Synonyme sind: [Anwender, der/die = 58x + Anwenderin, die = 1x!!!], [Nutzer, der/die = 8x], [User, der/die = 25x]. Synonyme im konkreten Zusammenhang sind [Mitarbeiter, der/die = 522, siehe Top-25] und alle Personen, die in und mit der IT in der einen oder der anderen Form zu tun haben.

- 51 -

<u>IT-Grundschutz-Kompendium</u>

> Verantwortung der Benutzer
>
> Die beste Technik und solide Sicherheitsmaßnahmen können keine ausreichende Informationssicherheit gewährleisten (1-1H), wenn der Mensch als Akteur nicht angemessen berücksichtigt wird (1-2NV).
>
> Dabei geht es vor allem um das verantwortungsvolle Handeln des Einzelnen (2-A).
>
> Dazu ist es notwendig (3-1H), aktuelle Informationen über Sicherheitsrisiken und Verhaltensregeln im Umgang mit der IT zu beachten (3-2NI).
>
> IT-Grundschutz – Basis für Informationssicherheit; Warum ist
Informationssicherheit wichtig?; S. 16/900

{Patch – Du siehst, ein Textabschnitt mit Schlüssel-Charakter. Wird diese Passage bei der Arbeit an einem IT-Grundschutz oder bei der Arbeit an der Sicherheit der Telematik-Infrastruktur nicht verstanden und praktisch eingebaut, wird das nichts!

Der Textabschnitt besteht aus einer Überschrift und 3 Sätzen, einem einfachen Aussagesatz in der Mitte, eingerahmt von den zwei mehrteiligen Sätzen.

Satz Nr. 1 stellt im Teilsatz (1H) eine Behauptung auf. Ihr wird im folgenden Teilsatz (2NV), einem mit der Konjunktion [wenn] vorbereiteten Nebensatz, eine Bedingung angefügt. Die Bedingung ist: angemessene Berücksichtigung. Wer legt wann fest, was „angemessen" ist. Wer legt wann und für welche [Benutzer] fest, welche inhaltliche Tiefe die „Berücksichtigung" haben muss. Wem soll das nützen? Irrtum, nicht dem [Benutzer] oder der [Benutzerin], sondern dem Menschen im allgemeinen, wenn er zum [Akteur] oder zu einer [Akteurin] wird, wenn der Mensch handelt. Das ist eine merkwürdige Aussage, denn wann handelt der Mensch nicht? Einverstanden, wenn es um den Schutz der Umwelt geht, scheint Handeln eingestellt zu sein. Um die geht es hier jedoch nicht.

Es geht – das liefert der Teilsatz (1H) – um erstens [Technik, die = 276x] und zweitens um [Sicherheit(s) + Maßnahmen, die = 233x]. Ihnen wird grammatisch eine Aufgabe oder Funktion zugeschrieben, nämlich die [Information(s) + Sicherheit, die = 397x] zu gewährleisten. Zu dem Kompositum gibt es einiges zu sagen, wirf einen Blick in den Eintrag unter [Information].

Der Eindruck entsteht, hier gibt es IT-Technik, dort [Mensch, der = 14x] – und keinesfalls der/die Benutzer. Der Mensch soll berücksichtigt werden. Der erste Satz ist schief.

Satz Nr. 2 eröffnet mit dem Pronominaladverb [dabei] in der Bedeutung von „was das eben Geschriebene angeht". Üblicherweise bezieht sich [dabei] auf das im vorangehenden Satz zuletzt geschriebene, also diese

---

Berücksichtigung des handelnden Menschen. Statt berücksichtigt zu werden, wird er und sein Handeln in die Verantwortung gebracht. Ein scharfer Sprung ist das. Weil es plötzlich diese Schärfe gibt, verschwindet der [Mensch] und wird zum [Einzelnen, der = 2x]. Schon klar, das Verb [berücksichtigen] sollte besser ersetzt werden durch [beteiligen]. Dann würde man jedoch nicht mehr so selbstherrlich von „bester Technik" erzählen können, oder von „soliden Sicherheitsmaßnahmen"

Leider geht der Abschnitt mit dem Satz Nr. 3 weiter. Eröffnung zum zweiten Mal auf so engem Raum mit einem Pronominaladverb, jetzt [dazu] etwa in der Bedeutung „was diese Sache angeht", die im vorangehenden Satz gesagt wurde: Der Einzelne muss verantwortungsvoll in der Technik (?) und mit den Sicherheitsmaßnahmen handeln.

Allerdings fällt in dem mehrteiligen Satz ein handelndes Subjekt, ein Einzelner, ein Mensch, ein Benutzer einfach weg und aus. Dennoch sollen „aktuelle Informationen" beachtet werden, also keine allgemeinen Inhalte, eventuell Dokumentation, Blogs, FAQs oder ohnehin schlecht gepflegte interne oder externe User-Groups.

Als erstes genannt werden [Sicherheit(s) + Risiken, die = 14x]. Sie spielen an auf das Aktuelle, was im Übrigen ohne Not eingeführt wird. Dann folgen die [Verhalten(s) + Regeln, die = 9x]. Besser wäre der umgekehrte und dann etwas differenzierte Weg: Erst Arbeits-, Bedienungs- oder Benutzungsregeln, zweitens [Gefahren] einzuführen.

Zusammengefasst, mein Vorschlag:

Verantwortungsvolles Handeln innerhalb der IT (oder der TI) bedeutet praktisch für Benutzerinnen und Benutzer das strikte Befolgen der Bedienungsregeln und die ständige Wachsamkeit/Aufmerksamkeit für drohende Gefahren...\}

Bei der Gelegenheit, wann sprichst du von Benutzenden oder Benutzerinnen und Benutzern, wann von Mitarbeitenden?

Das kommt auf den Zusammenhang an. Ist die IT oder die TI das Thema, dann sind es die Benutzenden, die Benutzerinnen und Benutzer, die mit der IT oder der TI umgehen müssen. Ist hingegen das Unternehmen, die Organisation oder die Arztpraxis das Thema, dann Mitarbeitende. Der IT-Grundschutz kann zum Beispiel nur von Mitarbeitenden umgesetzt werden, weil es auch um den Schutz ihrer Arbeitsplätze geht.

B.) - [Benutzer, der/die] wird in den folgenden zusammengesetzten Wörtern (Komposita) differenziert und eingeschränkt (= Grundwort/Letztwort) durch ...

Dialog + B. = 1x / Domänen + B. = 1x / End + B. = 3x / Notfall + B. = 4x / Schnittstellen + B. = 1x / Standard + B. = 5x / System + B. = 1x / Telefon + B. = 1x

C.) - [Benutzer, der/die] = nun als Bestimmungswort, das differenziert und die Bedeutung des Grundwortes/Letztwortes erweitert in den folgenden zusammengesetzten Wörtern (Komposita):

[Benutzer + Account, der = 2x]; Rarität. Die Daten, mit denen ein Benutzer/eine Benutzerin identifizierbar wird. Oder das Online-Formular auf einer Internetseite, wo diese Daten und eine eventuelles Passwort eingetragen wird. Das ist nachvollziehbar **[+]**. Synonyme können je nach Satzkontext sein: [Benutzer + Konto, das = 25x], [Benutzer + Profil, das = 3x].

[Benutzer + Administration, die = 1x]; Rarität. Gemeint sein könnte das Anlegen und Einrichten eines Benutzers/einer Benutzerin, oder das Verwalten. Das ist nachvollziehbar **[+]**.

[Benutzer + Authentisierung, die = 7x]. Abgeleitet von dem Verb [authentifizieren] mit den Bedeutungen etwas/jemand glaubwürdig oder rechtsgültig machen. Demnach wird hier das Handeln der [Benutzer] für rechtsgültig erklärt. Das ist teilweise nachvollziehbar **[+]**. Benutzerinnen erhalten dieses Privileg nicht. Das ist nicht nachvollziehbar und muss geändert werden.

[Benutzer + Berechtigung, die = 2x]; Rarität. Das ist schrullig **[–]**. Ein Benutzers z.B. eines Rechners ist kraft seines Namens berechtigt, diesen Rechner zu nutzen.

[Benutzer + Dokumentation, die = 1x]; Rarität. Das ist befremdlich **[–]**, wenn etwa das Handeln der Benutzer dokumentiert wird. Gemeint ist wahrscheinlich eine Dokumentation, ein Handbuch, eine Anleitung z.B. für eine Software, die von Benutzern genutzt werden soll.

[Benutzer + Eingabe, die = 6x]. Das ist befremdlich **[–]**. Nein, die Benutzer haben keine „Eingabe" an den parlamentarischen Petitionsausschuss vorbereitet, in der sie mehr Transparenz und Nachvollziehbarkeit für digitale Prozesse, insbesondere für den IT-Grundschutz und den eHealth-Bereich. Gemeint ist wahrscheinlich das Online-Formular, in das du deinen Namen eingibst, und dein leicht zu erratendes Passwort und weiteres in diese Richtung.   /

[Benutzer + Freundlichkeit, die = 3x]. Das ist putzig **[–]**. Keinesfalls darfst du glauben, die Benutzerinnen oder die Benutzer seien freundlich gestimmt und würden laufend jauchzen. Irgendjemand ist der Meinung, sich in unzählige Benutzer hineinversetzen zu können und dann zu wissen, was jene in der Bedienung z.B. einer Software oder einer Maschine für freundlich halten könnten.

[Benutzer + Gruppe, die = 15x]. Mehrere Benutzende, die in Bezug auf IT, auf Software, auf Hardware, wenigstens eine Gemeinsamkeit haben, können zu einer Gruppe zusammengefasst werden. Das ist nachvollziehbar **[+]**.

<u>IT-Grundschutz-Kompendium</u>

> Oft sollen spezielle Funktionen einer Webanwendung oder eines Webservices nur bestimmten Benutzergruppen vorbehalten bleiben (A).
>
> APP.3.1 Webanwendungen und Webservices, 2.4. Unzureichende Authentisierung; S. 394/900

{Patch – Selbstverständlich sind die „speziellen Funktionen" keine „besonderen" Funktionen, die da freigegeben werden. In der Regel gehören die Funktionen zu bestimmten Aufgaben, bei denen erkennbar bleiben muss, wer was wann gemacht hat. Was in diesem Satz allerdings die [Web + Service, der = 54x] zu suchen hat, ein Rätsel. Überhaupt, was soll das sein, ein Webservice...\}

[Benutzer + Information, die = 2x]; Rarität. Das ist schlumpfig **[–]**. Ist das nun eine [Information, die = Top-25], gedacht für BenutzerInnen, oder ist sie von BenutzerInnen, die Google so hungrig sammelt in seinen digitalen Schlund?

[Benutzer + Interaktion, die = 1x]; Rarität. Das ist hoffnungslos **[–]**. Aufeinander bezogenes Handeln, so die Definition, oder das Reden zweier Personen, auch das ist Interaktion.

[Benutzer + Kennung, die = 27x]. Wenn mit der [Kennung, die = 23x] gemeint sind „Zeichen oder Gesamtheit charakteristischer Merkmale" (www.dwds.de), also eindeutige Zahlen, angereichert eventuell mit Buchstaben, dann ist das nachvollziehbar **[+]**.

<u>IT-Grundschutz-Kompendium</u>

> Zur besseren Verständlichkeit wird in diesem Baustein der Begriff „Benutzerkennung" bzw. „Kennung" synonym für „Benutzerkonto", „Login" und „Account" verwendet (A).
>
> ORP.4: Identitäts- und Berechtigungsmanagement; 1.1 Einleitung; S. 123/900

{Patch – Wie die [Verständlichkeit] verbessert werden soll, ist mir schleierhaft. Denn [Benutzerkonto, das = 25x] oder [Account, der = 35x] sind eindeutig...\}

[Benutzer + Konto, das = 25x]. Eine Stelle in dem digitalen Universum oder innerhalb einer Software, an der viele oder auch alle Angaben zur Person gespeichert sind. Das ist teilweise nachvollziehbar **[+]**. Siehe ebenfalls [Benutzer + Account = 2x] oder [Benutzer + Profil = 3x]. Das Konto hat den praktischen Vorteil: Irgendein Konto haben nahezu alle.

<u>IT-Grundschutz-Kompendium</u>

> 01. Dazu (= eine sichere Grundkonfiguration vornehmen) MUSS er insbesondere den Webserver-Prozess einem Benutzerkonto mit minimalen Rechten zuweisen. (A)
>
> APP.3.2: Webserver, APP.3.2.A1 Sichere Konfiguration eines Webservers; S. 403/900

{Patch – [MUSS/MÜSSEN] = Notwendigkeit, Pflicht, so und keinesfalls anders zu handeln – siehe Modalverben.

Mir ist danach: Müdigkeit legt sich über meine Gedanken. Dann springt es dennoch hervor, wie ein Kobold hinter einer Hecke. Geht es um eine „sichere Konfiguration" oder um einen „sicheren Webserver", um einen Rechner, der die Verbindung zu dem Internet aufbaut und hält? Ist mit dem „Webserver-Prozess" jene Verbindung gemeint?

Siehst du einen Unterschied zwischen „minimalen Rechten", also kleinen, gar winzigen Rechten, und „wenigen" Rechten im Vergleich mit „allen" Rechten. Entscheide dich...\}

> 02. Dieser Client-Baustein setzt voraus (1H), dass neben dem Administrator dauerhaft nur eine unveränderte Person mit einem interaktiven Benutzerkonto aktiv ist (2NI).

SYS.2.3: Clients unter Linux und Unix; 1.3 Abgrenzung und Modellierung; S. 584/900

{Patch – Im IT-Grundschutz-Kompendium wird mit „Bausteinen" an einem Gebäude der digitalen Sicherheit gearbeitet, das ist die Idee. Dieser Idee folgend gibt es sagen wir in 35 Bausteinen einen Abschnitt zu [Benutzer + Konto]. Weil es für die 35 Bausteine sagen wir auch 35 Teams gibt, gibt es 35, meist individuelle Versuche, mit dem universellen [Benutzer + Konto] sprachlich umzugehen. Das kann gelingen, das kann misslingen. Was könntest du unter einem „interaktiven Benutzerkonto" verstehen, welches auch noch aktiv ist?

Es könnte sein, dass dieses gemeint wird: ... *dass neben dem Administrator nur ein zweites Benutzerkonto angelegt ist....*\}

[Benutzer + Kontensteuerung, die = 7x]. Das ist jämmerlich [–]. Ein Konto kannst du verwalten. Es lässt sich nicht steuern, wie ein SUV.

[Benutzer + Kreis, der = 2x]; Rarität. Das ist angestrengt [–]. Anders als eine [Benutzer + Gruppe] benötigt ein IT-Grundschutz-Stuhlkreis kein gemeinsames Merkmal, ist also unbestimmt.

Apropos, wir haben den 28. September 2023, Tagesschau.de meldet: Eine massive IT-Störung bei Volkswagen hatte die Infrastruktur lahmgelegt - und damit die Produktion in mehreren Werken. Nun ist das Problem behoben, meldet der Autobauer.

[Benutzer + Name, der = 9x]. Genau genommen, und ich nehme es in Sachen IT-Grundschutz genau, wird dieser Name selbstgewählt, als z.B. Bond007 oder P§t$n2022. Das ist nachvollziehbar [+].

[Benutzer + Oberfläche, die = 3x]. Das ist farblos [–]. Von welchem See, von welcher Tischplatte, von welchem zu putzenden Fenster soll hier die Rede sein. Gemeint ist vermutlich das, was du siehst, wenn du einen Computer-Bildschirm schaust. Kann aber auch was ganz anderes sein.

[Benutzer + Passwort, das = 1x]; Rarität. Ein [Passwort, das = 138x], welches ein Benutzer angelegt hat. Das ist nachvollziehbar **[+]**. Bemerkenswert, dass es sich um eine Rarität handelt. Dabei ist doch die umsichtige Mitarbeit der Benutzenden gerade bei dem Anlegen eines kryptischen Passwortes das A und O im IT-Grundschutz und für die digitale Sicherheit.

[Benutzer + Profil, das = 3x]. Das Kompositum ist ähnlich dem [Benutzer + Konto]. Alle Angaben, alle Rechte eben all so etwas zusammengefasst in einer Datei. Sie trägt (vielleicht) den Namen „Profil". Das ist nachvollziehbar **[+]**. /

[Benutzer + Recht, das = 6x]. Das ist dunkel **[–]**. Gemeint sein könnten die [Rechte, die = 81x], die für bestimmte Funktionen oder Aufgaben eingeräumt werden. Oder aber das Recht auf die informationelle Selbstbestimmung. Sieh dir das mal an!

[Benutzer + Richtlinie, die = 10x]. Das ist verzwickt **[–]**. Eine [Vorschrift, die = 28x], wie Benutzende vorzugehen haben, oder wie [Benutzer + Profile] einzurichten sind. Irgendetwas in der Art.

IT-Grundschutz-Kompendium

> Die Benutzerrichtlinie MUSS ein klares Verbot enthalten (1H), ungenehmigte Access Points an das Netz der Institution anzuschließen (2NI).
>
> NET.2.2: WLAN-Nutzung, NET.2.2.A1 Erstellung einer Benutzerrichtlinie für WLAN; S. 749/900

{Patch – [MUSS/MÜSSEN] = Notwendigkeit, Pflicht, so und keinesfalls anders zu handeln – siehe Modalverben.

Natürlich geht es in diesem Satz nicht um dich, den Benutzer, die Benutzerin. Es geht um die Person, die die WLAN-Nutzung anlegt und verwaltet, und was sie zu beachten hat...\}

[Benutzer + Rolle, die = 1x]; Rarität. Das ist verbissen **[–]**. Aus welchem Grund sollte eine Benutzerin oder ein Benutzer eine Rolle in welchem Theaterstück übernehmen. Sie spielen ja ohnehin keine Rolle – das ist jetzt doppeldeutig.

[Benutzer + Schnittstelle, die = 1x]; Rarität. Das ist verquer **[–]**. Soll hier ein technisch definierter Übergang (= Schnittstelle) für die Übertragung von Daten, Inhalten einfach und frech auf Benutzende angepasst werden?

[Benutzer + Service, der = 1x]; Rarität. Eine Service-Abteilung, ein Service oder Support-Center, das Benutzenden Hilfe bieten soll. Das ist nachvollziehbar **[+]**, aber in der Regel und meistens nicht erreichbar.

[Benutzer + Sitzung, die = 2x]; Rarität. Das ist gediegen **[–]**. Nein, du darfst keine Versammlung erwarten, kein langweiliges Meeting. Gemeint sein könnte die Anmeldung oder Registrierung eines Benutzers, einer Benutzerin bei einem Rechner, oder in einem Netzwerk.

[Benutzer + Verhalten, das = 2x]; Rarität. Das ist befremdend **[–]**. Das Benutzen einer Software oder einer Hardware wie einer Maschine, ist derart eng vorgegeben, dass du einfach nicht von [Verhalten, das = 13], einer sozialwissenschaftlichen Kategorie, sprechen kannst.

[Benutzer + Verwaltung, die = 6x]. Es liegt in der Natur der IT und der TI, dass z.B. [Benutzer + Profile] geändert oder angepasst werden müssen, etwa wenn es um zusätzliche Rechte geht, oder wenn Rechte reduziert werden müssen. Das als Verwalten zu bezeichnen, ist nachvollziehbar **[+]**.

[Benutzer + Verzeichnis, das = 1x]; Rarität. Wer darf sich anmelden, wer ist angemeldet, wer hat sich wann nach wie langer Zeit wieder abgemeldet. Das ist nachvollziehbar **[+]**.

[Benutzer + Wechsel, der = 4x]. Das ist geisterhaft **[–]**. Wie geht das, individuell angelegte Benutzende zu wechseln, also einen oder eine andere … ja, wen denn.

[Benutzer + Zugang, der = 5x]. Das ist entmutigend **[–]**. Die [Anmeldung, die = 19x] eines Benutzers oder einer Benutzerin, das würde ausreichen. Deswegen muss kein Zugang gelegt werden, wie bei einer Infusion. Oder aber man meint das [Benutzer + Konto].

[Benutzer + Zugriffsrecht, das = 1x]; Rarität. Das ist unangenehm **[–]**. Soll es um die Rechte gehen, die Benutzenden gegeben werden, um etwa [Daten] zu kopieren oder zu verändern. Oder geht es grundsätzlich um das Recht, sich bei einer Produktionsanlage anzumelden, um Arbeitsschritte kontrollieren zu können.

* * * * *

Rand-Notiz Nr. 02 – Dezember 2024, ein kariertes DIN A4 Blatt in der Galerie Für Fotografie (GAF)…..

… Hannover, Zettel neben der Fotografie einer Frau, die auf eine Organspende wartet...

> Die Wartezeit ist wie eine Fahrstuhl fahrt. Es geht nur in zwei Richtungen. Nach oben oder nach unten. Es gibt Tage wo es dir nicht so gut geht, und man viel überlegt über diese Situation. Und dann gibt es Tage, wo die Sonne scheint, alles stabil ist und man Besuch bekommt. Aber die Wartezeit ist, hart und sehr eintönig. Mit meinen Bildern, liebe Leute, bitte ich euch Organspender zu werden. Denn ihr könnt Leben retten. Lg. J.K.

{Patch – Und, fragst du dich, was hat dieses Blatt hier bei dem IT-Grundschutz zu suchen? Die Organspenden und Organspendene werden digital aufgenommen und koordiniert, die Operationen werden digital koordiniert, die Operationen werden digital unterstützt, die kommunikative Vernetzung, digital. All das!

Ich habe das Geschriebene nicht korrigiert, weil es bemerkenswerte, grammatisch-semantische Missgeschicke gibt. 1. Die [Fahrstuhl fahrt] ist kein Kompositum, die Wörter sind getrennt, sie stehen nebeneinander, entsprechend der als unwirklich erlebten Gesamtsituation. Weil das Warten als quälend erfahren wird, wird aus dem Substantiv [Fahrt] die kleingeschriebene, unauffällige [fahrt].

2. Es wird ein Komma ausgelassen, um ja keine Pause entstehen zu lassen, wenn es in die schlimmen Phasen geht: „Es gibt Tage {,\} wo es dir nicht so gut geht." Allein, dass das Schlimme euphemistisch als „nicht so gut" bezeichnet wird…

3. Die Bedeutung des Verbs „überlegen" wird so beschrieben: etw. bedenken, durchdenken, bevor man sich zu etw. entschließt (www.dwds.de). Deutlicher würde die Sache mit dem Verb „nachdenken", welches bedeutet: sich im Stillen über etw. klar zu werden suchen, etw. gründlich überlegen, erwägen. Man versucht, sich im Stillen über „diese Situation" klar zu werden, was schwierig umzusetzen ist. Denn die Situation ist „über" einen regelrecht hereingestürzt, man konnte sie nicht kommen sehen.

4. Es wird (korrekterweise) ein Komma gesetzt, um eine Pause entstehen zu lassen, denn es folgt das Gute, das Aufmunternde, das gekannte Normale. Als erstes die „Sonne", dann ein „stabiler" Zustand, dann „Besuch." Der persönliche Zustand wird durch das Pronomen „alles" neutralisiert, es ist ein Neutrum. Auch das „man" ist neutral.

5. Die „Wartezeit" auf ein Spenderorgan besteht aus jenen und diesen Tagen. Der Inhalt dieser Zeit: Härte, Strenge, oder auch Stärke und Intensität, oder auch Heftigkeit und Schärfe, oder auch Schwierigkeit und Last. All das steckt in dem Wort „Härte". Und dazu die Eintönigkeit, ein Zustand, der Langeweile verursacht.

6. Die Beschreibung der Situation endet jetzt. Aus dem Text heraus sieht J.K. dich an. Erstmalig gibt es ein Possessivpronomen „meine". Es sind „meine" Bilder oder die Fotografien, die mich zeigen, die „meine" schwer zu beschreibende „Wartezeit" zeigen, und die Tage, die Tage, die Tage. All das schaut dich an. Nur dich anschauen. Allerdings traut sich J.K. nicht, diese Direktheit in Worte zu bringen. Ein hilfloses Ausweichen: „liebe Leute". Wegen der gleichlautenden Konsonanten, der Alliteration auf „L" zwar ein emotionaler Appell, aber doch eher neutral, wie in der folgenden Gedichtzeile von J. von Eichendorf:

"Leute gehen und kommen, und alles bleibt still in der Nacht."

7. Eine Bitte leuchtet am Himmel dieser stillen Nacht: werdet Organspender! Wäre die Bitte konkreter, würde etwas weniger Zukunft aufschimmern, würde dort stehen: Seid jetzt und heute Organspender?

Und auch die Verwendung von dem Modalverb „könnte", hilft das wirklich auf den Weg, den Spender-Ausweis auszufüllen? Wäre es nicht näher und klarer, würde dort stehen: Denn ihr rettet Leben!

J.K. – ich wünsche dir alles Gute, und dass deine Wartezeit ein gutes Ende findet.

Liebe Grüße

Nachtrag im Januar 2025:

Die ZEIT (16. Januar 2025) widmet dieser Ausstellung eine ganze Seite. Das Foto von J.K. ist nicht unter den gezeigten. „Seit März vergangenen Jahres gibt es ein neues Online-Register für Organspenden. Ob dieses zu mehr Spenden führen wird, ist noch unklar."

Warum wird auf der Zeitungs-Seite keine Web-Adresse aufgeführt?

Der Link lautet: https://www.organspende-info.de/organspende-register/ - und ja, ich habe schon seit Jahren einen Spenderausweis, täglich bei mir. Auf, auf...\}

* * * * *

[Berechtigung(s) + Rolle, die = 2x]; Rarität. Das ist Müll [–]. Eine Berechtigung ist das, was sie besagt, eine [Berechtigung, die = 186x]. Ende.

[Betrieb, der = 362x]; 1. Einrichtung, die eine organisierte, räumliche und technische Einheit einer größeren Anzahl von Menschen zur zweckbestimmten, produktiven Arbeit umfasst, Unternehmen; - 2. (produktive) Tätigkeit, Arbeit

<u>IT-Grundschutz-Kompendium</u>

> 01. Jede Institution benötigt eine hierfür zuständige Dienststelle (1H), um den allgemeinen Betrieb zu steuern und zu regeln sowie um Verwaltungsdienstleistungen zu planen, zu organisieren und durchzuführen (2NV).
>
> ORP.1: Organisation; 1.1 Einleitung; S. 105/900

{Patch – Der Satzanfang nennt die [Institution, die = Top-25] als Subjekt des mehrteiligen Satzes. Mach dir keine Gedanken, gemeint sind Unternehmen, Organisationen oder auch Einrichtungen des Gesundheitswesens. Das Verb/Prädikat [benötigt] gibt einen Zwang an, etwas für den Fall der Fälle bereitzuhalten. Das folgende Pronominaladverb [hierfür] hängt komplett in der Luft. Das Objekt ist die [Dienststelle, die = 1x; Rarität!], passender eine Abteilung oder ein Team, etwas in der Art. Ihre vorgesehene Eigenschaft ist [zuständig] zu sein. Was gehört zu der [Zuständigkeit, die = 268x]? Steuern, regeln, planen, organisieren, durchführen. Geht es sparsamer? Gesteuert und geregelt werden soll nur der [Betrieb], vermutlich eine „organisierte, räumliche und technische Einheit". Sie muss die Eigenschaft aufweisen, [allgemein = 291x Adjektiv] zu sein.

Angemessener ist es, wenn du von einem *primären Betrieb* sprechen würdest, oder von einem *elementaren Betrieb*...\}

02. Es SOLLTE überwacht werden (1H), ob die IoT-Geräte oder
Sensor-Systeme nur mit IT-Systemen kommunizieren (2NV), die für
den Betrieb der IoT-Geräte notwendig sind (3NR).

SYS.4.4: Allgemeines IoT-Gerät; SYS.4.4.A17 Überwachung des
Netzverkehrs von IoT-Geräten; S. 659/900

{Patch – [SOLLTEN] = Anregung, unverbindliche Empfehlung, so und so zu
handeln – siehe Modalverben.

Wenn es bei dem [Überwachen, das = UNGENUTZT] bleibt, dann gehört dort
das Modalverb *muss* hin. Wenn es um das [Kontrollieren, das =
UNGENUTZT], scheint mir das Modalverb *sollte* angemessen. Ohnehin geht
es um die [Nutzung, die = Top-25] oder die [Funktion, die = Top-25] der IoT-
Geräte, dass diese nicht wie wild in der Gegend herumerzählt werden...\}

[Betrieb] = als Bestimmungswort, das differenziert und die Bedeutung des
Grundwortes/Letztwortes erweitert in den folgenden zusammengesetzten
Wörtern (Komposita):

[Betrieb(s) + Daten, die = 1x]; Rarität. Das ist absonderlich **[–]**. Handelt es
sich um eine Fertigung, die betrieben wird. Handelt es sich um Prozesse, oder
handelt es sich um eine Gesellschaft mit beschränkter Haftung (GmbH).

[Betrieb(s) + Funktion, die = 1x]; Rarität. In welcher Funktion oder mit
welcher Aufgabe da etwas betrieben wird, so könnte die Übersetzung lauten.
Das wäre nachvollziehbar **[+]**.

[Betrieb(s) + System, das = 270x] = in der Informations- und
Telekommunikationstechnik: Software, mit der die Hardware eines Computers
oder eines ähnlichen datenverarbeitenden Systems sowie die Verbindung zu
den Ein- und Ausgabegeräten gesteuert werden (www.dwds.de)

<u>IT-Grundschutz-Kompendium</u>

01. Bei ICS-Komponenten lässt sich neben dem
Anwendungsprogramm auch das Betriebssystem (Firmware)
verändern (A).

IND.2.1: Allgemeine ICS-Komponente; 2.9 Manipulierte Firmware;
S. 683/900

{Patch – Die Abkürzung ICS steht für ein „Industrial Control System", in das
Deutsche übertragen ein „industrielles Steuerungssystem", welches in einer
Hardware integriert ist. So weit, so gut. Jetzt kommt der Hammer: Das
[Betriebssystem] wird in dem Aussagesatz mit der [Firmware, die = 36x]
gleichgesetzt. So jedenfalls ist die Schreibweise mit der Klammer zu
verstehen.

Das ist nicht ganz richtig. Denn [Firmware] ist „...Basisfunktionen
bereitstellende Software, die vom Hersteller eines technischen Gerätes
vorinstalliert wurde und ohne die das Gerät nicht funktioniert (www.dwds.de)."

- 61 -

Lass das [Betriebssystem] weg, streiche die Klammer, schon hast du einen
funktionierenden Satz...\}

> 02. „Klassische" Mobiltelefone verfügen in der Regel nicht über einen
> Touchscreen und ein Betriebssystem (1H), auf das zusätzliche Apps
> installiert werden können (2NR).

SYS.3.3: Mobiltelefon; 1.1 Einleitung; S. 631/900

{Patch – Der Satz verunglückt auf eine merkwürdige Weise. Die
Mobiltelefone, das Subjekt des Hauptsatzes, sind natürlich aus einer anderen
Zeit, also z.B. *frühere Mobiltelefone,* oder *ältere Mobiltelefone.*Und sie *hatten
kein Touchscreen.* Ob sie ein [Betriebssystem] hatten, kann ich als älterer
Nutzer älterer Mobiltelefone nicht beurteilen. Das Entscheidende oder das
Relevante wird in den relativen Nebensatz (2NR) ausgelagert: Du konntest
keine Apps installieren! Brutal wie falsch der relative Anschluss gestaltet wird.
Wenn überhaupt muss bei der Präposition [auf = ca. 2.000x] der Dativ folgen
als Ortsangabe: auf dem {Betriebssystem}...\}

> 03. Ein oft genutztes Betriebssystem für Smartphones und Tablets ist
> Android von Google. - SYS.3.2.4: Android; 1.1 Einleitung; S. 627/900

{Patch – Korrekt, [Android] ist das [Betriebssystem] von Google. Warum ein
Betreiber einer Suchmaschine ein Betriebssystem in den Markt bringt – weil
es Kohle bringt. Wichtiger jedoch ist, wer Inhaber des Betriebssystem ist, der
kann auch beobachten, auswerten, ausspionieren, was da läuft. Der perfekte
Zugang. Keine Kontrolle durch irgendwen! Der Android-Welt ist egal. Nicht
egal ist mir jedoch das Eigenschafts/Adjektiv vor dem Betriebssystem „oft
genutzt". Du hast keine Wahl, wenn du dir ein Smartphone kaufst, jedenfalls
wenn es kein iPhone ist. So wie früher jeder PC mit DOS bzw. Windows
ausgeliefert wurde, jedenfalls wenn es kein Apple war. Ich hatte noch das
Glück, mit Microsoft OEM-Lizenzen von DOS bzw. Windows abzurechnen.
Das oft installierte Betriebssystem ist Android, so sollte es heißen...\}

[Betrieb(s) + System, das] als Bestimmungswort, das differenziert und die
Bedeutung des Grundwortes/Letztwortes erweitert in den folgenden
zusammengesetzten Wörtern (Komposita):

[Betriebssystem + Funktion, die = 1x]; Rarität. Das ist bizarr [–]. Ein
Betriebssystem ist ein Betriebssystem ist ein Betriebssystem – und keine
Funktion. Allerdings gemeint sein könnte eine Funktion, die zu dem
Betriebssystem gehört, z.B. Nutzende auszuspionieren.

[Betriebssystem + Komponente, die = 11x]. Das ist verzwickt [–]. Ein
Betriebssystem ist eben nur ein Betriebssystem und fertig ist.

[Bewegung(s) + Daten, die = 1x]; Rarität. Zahlen, Ziffern, anhand derer du
erkennen könntest, dass dein KI-gesteuerter Gabelstapler tatsächlich die 21
Sekunden gebraucht hat, um ein Paket Taschentücher vom Regal A zum
Regal B zu bringen. Das ist nachvollziehbar **[+]**.

[Beweis + Daten, die (Evidence Records) = 2x]; Rarität. Das ist schrottig **[–]**. Es handelt sich um eine Übertragung von [Evidence Records]. Vermutlich wäre der [Beleg, der = UNGENUTZT] die passendere Übertragung.

[Binär + Daten, die = 1x]; Rarität. Das ist verquer **[–]**. Bekannt und geläufig sind binäre [Zahlen, die = 8x], also [0], [I].

[Bot + Netz, das = 12x] – sieh dich um in dem Abschnitt: Welche „Schädlinge" sind eine [Gefahr]

[Brand + frühest + Erkennung(s) + System, das = 2x]; Rarität. Das ist katastrophal **[–]**, weil es Un-Sinn ist. Vergiss es!

[Browser + Komponente, die = 1x]; Rarität. Das ist ärgerlich **[–]**. Ein Browser ist ein Browser, vielleicht nennst du ihn noch Software.

[Büro + Anwendung, die = 1x]; Rarität. Nein, es kommt niemand in dein Büro und arbeitet so richtig deine ewig verspannten Muskeln durch. Gemeint sind etwa die Office-Programme. Das ist teilweise nachvollziehbar **[+]**.

[Bürokommunikation(s) + Netz, das = 1x]; Rarität. Das ist gruselig **[–]**. Ein [Netzwerk, das = 2x] ist für alle und alles da. Es ist ihm egal, welche Software du nutzt.

[Bus + System, das = 1x]; Rarität. Gemeint ist kaum ein Plan für öffentliche Busse. Gemeint ist eine technische Einheit in einem Rechner. Das wäre nachvollziehbar **[+]**.

* * * * *

Rand- Notiz Nr. 03 [Body Mass Index (BMI), der] ein Begriff aus der Medizin in der IT/TI

> Der Body Mass Index ist ein aus Körpergröße und Körpergewicht abgeleiteter Indexwert. Er wird in der Praxis verwendet, um die Ausprägung eines Übergewichts bzw. einer Adipositas zu erfassen ...
>
> https://flexikon.doccheck.com/de/Body_Mass_Index

{Patch - Andrew Whitworth (2009) nutzt das Konzept BMI, um das Übergewicht bzw. die Adipositas von [Informationen, die = Top-25] zu beschreiben. Sieh dich um bei [information obesity] oder Informations-Adipositas. Genial...\}

* * * * *

C wie [Cache, der = 8x] im IT-Grundschutz – [Cache] wird nicht modifiziert
für die Sicherheit

Der Cache ist: [Informations- und Telekommunikationstechnik] Speicher, in
dem Daten vorübergehend gespeichert werden, damit Programme schneller
auf sie zugreifen können.

[Chat + Software, die = 1x]; Rarität. Willst du mit mir chatten, dann müssen
wir uns zuerst auf ein Programm verständigen und dann die vereinbarte
Software auf unseren „Kisten" zum Laufen bringen. Das ist nachvollziehbar
[+].

* * * * *

Top-25: [Client, -s, der = 442x] - [Client] wird 1-mal modifiziert für eine
digitale Sicherheit

A.) - Erklärung/Wortbestimmung

Informations- und Telekommunikationstechnik: Endgerät (z. B.
Computer) oder darauf ausgeführtes Programm, das in einem
Netzwerk mit einem Server in Verbindung steht, um dessen Dienste
zu nutzen. - www.dwds.de

Rechtsanwältinnen und Rechtsanwälte haben Klienten, englisch clients.
Deren Rechtsanspruch müssen sie gegenüber dem Gericht und ähnlichen
Einrichtungen vertreten und durchsetzen, das ist ihre Dienstleistung. Der
Client in der IT/TI verhält sich ähnlich, er nutzt innerhalb eines Netzwerkes die
Dienstleistungen, die ein Server bietet. Weil der Client in der Regel auch die
(manchmal virtuellen) Benutzer*innen meint, wird das Wort hin und wieder
synonym für eben diese verwendet.

IT-Grundschutz-Kompendium

01. Mobile Datenträger und Clients SOLLTEN dabei vor Reiseantritt
durch den Benutzer oder den IT-Betrieb verschlüsselt werden (A).

CON.7: Informationssicherheit auf Auslandsreisen, CON.7.A10
Verschlüsselung tragbarer IT-Systeme und Datenträger, S. 168/900

{Patch – [SOLLTEN] = Anregung, unverbindliche Empfehlung, so und so zu
handeln – siehe Modalverben.

Die Frage nach dem Objekt in einem Aussagesatz, der in das Passiv gesetzt
wird: Wen oder was sollst du verschlüsseln? Erstens den „mobilen
Datenträger", den kannst du in die Hand nehmen, das Verschlüsseln
verstehst du und kannst es umsetzen. Zweitens „Clients", den kannst du nicht
in die Hand nehmen. Denn anders als auf www.dwds.de erklärt, sollte ein
Client nur als Software verstanden werden. Er ist das Fenster, mit dem du

dich in einem Netzwerk mit einem Server verbindest. Das Fenster kannst du nicht verschlüsseln. Du kannst es jedoch mit einem starken und verwirrten Passwort absichern, die Rollläden herunter lassen. Dann mach das auch, nicht nur bei Auslandsreisen...\}

> 02. Auf einem Client hat ein Angreifer eine Schadsoftware platziert, deren Arbeitsweise und Ziel nur im laufenden Zustand analysiert werden kann.
>
> DER.2.1: Behandlung von Sicherheitsvorfällen, 2.2 Zerstörung von Beweisspuren bei der Behandlung von Sicherheitsvorfällen, S. 308/900

{Patch – Weil ein Client eine Software ist, kann die [Schad + Software, die = 97x im IT-Grundschutz] nur IN den Client eingeschoben werden, möglichst unbemerkt. Das teuflische an der Sache ist, die Software muss, nachdem sie erkannt wurde, kontrolliert und unter Aufsicht [Schaden, der = 135x] anrichten, um ihre Funktionsweise zu begreifen und die Auswirkungen zu durchschauen...\}

> 03. Werden keine ausreichenden Sicherheitsmaßnahmen geplant, ist es auch möglich, dass die E-Mail-Clients anfälliger für E-Mails sind, die Schadsoftware enthalten.
>
> APP.5.3: Allgemeiner E-Mail-Client und -Server, 2.1 Unzureichende Planung der E-Mail-Nutzung; S. 468/900

{Patch – Dies ist eine saubere Gleichsetzung des Clients mit einem Programm, mit einem E-Mail Programm. Das Umstandswort/Adverb „anfälliger" trifft es jedoch nicht. Fehlt die Sicherheit oder ist sie nur schwach, dann ist ein Client offener für Bösewichte gleich welcher Art...\}

B.) - [Client, der] wird in den folgenden zusammengesetzten Wörtern (Komposita) differenziert und eingeschränkt (= Grundwort/Letztwort) durch ...

Fax + C. = 1x

C.) - [Client, der] = nun als Bestimmungswort, das differenziert und die Bedeutung des Grundwortes/Letztwortes erweitert in den folgenden zusammengesetzten Wörtern (Komposita):

[Client + Gruppe, die = 1x] - Rarität, wenn sich mehrere Clients etwa in einem Großraum oder im virtuellen Raum verteilt auf einen identischen Server 'zugreifen', kannst du das [Gruppe, die = 44x] nennen. Das ist nachvollziehbar **[+]**.

[Client + Seite, die = 2x] - Rarität, das ist verschroben **[--]**. Es gibt in der Client-Sache nur ein Oben (= Server) und ein Unten (= Client).

[Client + System, das = 1x] – Rarität, das ist spukhaft **[–]**. Wenn, wie bereits gesagt, alles von oben (= Server) kommt, dann kann dieser Strom von Auf- und-ab-Daten kein [System, das = Top-25] bilden.

* * * * *

<u>**Rand-Notiz Nr. 04 - Musk schaltet sich in deutschen Wahlkampf ein**</u>

US-Milliardär Musk hat sich auf seiner Plattform X erneut als Anhänger der AfD positioniert. Die feiert den Zuspruch des Trump-Beraters. Aus anderen Parteien kamen Vorwürfe der Wahleinmischung.

Nach seinem Einsatz im US-Wahlkampf hat sich US-Milliardär Elon Musk kurz vor der Bundestagswahl in die deutsche Innenpolitik eingeschaltet. "Nur die AfD kann Deutschland retten", schrieb der Berater des designierten US-Präsidenten Donald Trump auf seinem Kurzbotschaftendienst X auf Englisch und reagierte damit auf den Post einer AfD-nahen Influencerin.

Tagesschau, Stand: 20.12.2024 16:56 Uhr

{Patch - Die Plattform X, ehemals Twitter, gehört zu dem erweiterten Kreis von Social Media. Wenn diese Nachricht kein Fake ist, dann hat diese Demokratie ein fettes Problem. Und wenn es jetzt in Grünheide die Anweisung geben sollte, wie zu wählen ist, andrerseits hier sind die Papiere.

Bereits in der griechischen Mythologie gab es sie, die Hydra. Sie ist ein vielköpfiges Ungeheuer, deren Kopf in der Mitte nicht gelöscht werden kann, also unsterblich ist. Die Nachrichten des Ungeheuers sind vergiftet, nein, sein Hauch ist tödlich. Löschst du einen Kopf, nein, trennst du einen Kopf ab, ploppen sofort zwei neue hoch, nein, wachsen sofort zwei neue nach...\}

* * * * *

[Code + Basis, die =1x]; Rarität. Das ist gruselig [–], weil es keine plausible Erklärung gibt. Sehr weit über der Nordsee, am unteren Rand des Horizontes tiefziehende Gewitterwolken, eben dort dümpelt statt dessen etwas wie [Standard, der = Top-25].

* * * * *

D wie [Defekt, der = 15x] im IT-Grundschutz – [Defekt] wird 1-mal
    modifiziert für die digitale Sicherheit

Das Wort bedeutet: (durch Beschädigung entstandener) Fehler, Fehlfunktion, Ausfall. (www.dwds.de)

<u>IT-Grundschutz-Kompendium</u>

Wird der Quellcode bzw. die Versionsverwaltung nicht hinreichend vor einem Datenverlust geschützt (1H), folgen daraus verschiedene Gefährdungen (2H), unabhängig davon (3EL), ob der Datenverlust z. B. durch einen technischen Defekt oder durch menschliches Versagen ausgelöst wird (4NV).

{Patch – Das Thema des mehrteiligen Satzes ist der [Quell + Code, der =
17x]. Dieser ist eine „Folge von Instruktionen für ein Gerät mit elektronischer
Datenverarbeitung", die „mit den Ausdrücken und nach den Regeln einer
formalen Programmier- oder Auszeichnungssprache" entwickelt wird (vgl.
www.dwds.de). Man ist der Meinung, durch einen technischen [Defekt] könnte
es zu einem [Daten + Verlust, der = 82x] kommen. Das nachzuvollziehen, das
fällt mir schwer. Wie ist es mit dir...\}

* * * * *

Rand-Notiz Nr. 05. - Bericht: Offenbar 800.000 E-Autos von Datenleck bei VW betroffen

Wegen eines Softwarefehlers seien über Monate Daten von VW-,
Seat-, Audi- und Skoda-Fahrzeugen aus Europa in einem Amazon-
Cloudspeicher zugänglich gewesen, schreibt das
Nachrichtenmagazin "Der Spiegel". Zu 460.000 Fahrzeugen sollen
demnach präzise Standortdaten einsehbar gewesen sein, die
Rückschlüsse auf die Lebensführung der Pkw-Besitzer zugelassen
hätten. Zu den Betroffenen zählt demnach unter anderem die
niedersächsische Landtagsabgeordnete der Grünen, Nadja
Weippert. Weippert ist auch Bürgermeisterin von Tostedt im
Landkreis Harburg.

Tagesschau.de - Stand: 27.12.2024 18:58 Uhr

* * * * *

~ **darf**, Modalverb – siehe Eintrag: [dürfen]

~ **[dass = 1.248x]** – Grammatik - siehe Abschnitt
Verbindungswort/Konjunktion

Bei www.dwds.de findest du diese Definition: [dass] leitet einen Teilsatz ein,
meist einen Inhalts-Teilsatz. Sieh dich dort um.

* * * * *

[Datei, die = 143x] = unter einem gemeinsamen Namen auf einem
Datenträger gespeicherte und zugreifbare Menge von Daten.

IT-Grundschutz-Kompendium

Die Benutzer SOLLTEN jede Datei und jedes Dokument vor der
Weitergabe auf unerwünschte Restinformationen überprüfen (A).

CON.9: Informationsaustausch; CON.9.A5 Beseitigung von
Restinformationen vor Weitergabe; S. 185/900

{Patch – [SOLLTEN] = Anregung, unverbindliche Empfehlung, so und so zu
handeln – siehe Modalverben.

Moment, ist ein (digitales) Dokument keine Datei? Was genau ist mit [Restinformationen, die = 12x] gemeint? Welche [Restinformationen] sind erwünscht? Wichtige Fragen, keine Antworten...\}

* * * * *

Rand-Notiz Nr. 06. - Hackerangriff auf Hörgeräte-Kette Kind: 600 Filialen betroffen (Stand: 15.02.2024 14:04 Uhr)

> Wegen einer Cyberattacke können die 600 Filialen des Hörgeräte-Herstellers Kind aus der Region Hannover derzeit nicht wie gewohnt arbeiten. Kundendaten sind dem Unternehmen zufolge offenbar nicht betroffen.
>
> Allen bisherigen Analysen zufolge gebe es bis jetzt keine Hinweise darauf, dass Kundendaten entwendet oder verändert wurden, sagte ein Kind-Sprecher am Donnerstag in Großburgwedel. Das Computersystem sei sofort heruntergefahren worden, als am Dienstag vergangener Woche Unregelmäßigkeiten im Sicherheitssystem aufgefallen seien.
>
> www.tagesschau.de

{Patch – Die [Cyber + Attacke, die = UNGENUTZT] ist im IT-Grundschutz nicht vorgesehen, könnte man meinen, wenn nur die Zahlen zählen. Allerdings gibt es den [Cyber + Angriff, der = 1x]. Möglicherweise ist es nachhaltiger, allgemein von [Angriffen, die = 210x] zu sprechen. Alles was auf den Namen [Cyber] hört ist eben irgendwie spacig, nicht von dieser Welt, nicht von dieser Realität. Ausrichten kannst du auch nichts. Die [Kunden + Daten, die = 2x] spielen im IT-Grundschutz keine Rolle. Ein [Computer + System, das = UNGENUTZT] wird im IT-Grundschutz ebenfalls eingespart. Das ist sinnvoll, da das Unternehmen sicherlich mehrere „Computersysteme" hat. Heruntergefahren werden bei einem Angriff üblicherweise alle Netzwerkverbindungen sowie alle Server. Die auffällig gewordenen [Unregelmäßigkeiten, die = 6x] scheinen für den IT-Grundschutz kaum bedeutsam zu sein. Das [Sicherheit(s) + System, das = 8x] wird im IT-Grundschutz vernachlässigt. Es ist auch die Frage, ob es ein solches überhaupt geben kann. Zusammengefasst, die Tagesschau-Meldung ist bemüht, keine Unsicherheit aufkommen zu lassen. Sie nutzt dafür grob gesagt Wörter, die im BSI IT-Grundschutz-Kompendium sehr selten bis nicht vorkommen...\}

* * * * *

[Datei, die] = als Bestimmung, die differenziert und die Bedeutung des Grundwortes/Letztwortes erweitert in den folgenden zusammengesetzten Wörtern (Komposita):

[Datei + Funktion, die = 1x]; Rarität. Das ist freudlos [–]. In einer [Datei, die] kannst du Zahlen speichern oder Werte oder Texte oder Bilder oder Diagramme, ohne dass sich die Datei bewegt.

[Datei + Server, der = 3x]. Das ist sonderlich [–]. Üblicherweise befinden sich alle Dateien, die ein Netzwerk-Server für seine Arbeit benötigt, auf eben diesem. Werden dagegen Dateien irgendwo auf Rechner, die keine Server sind.

[Datei + System, das = 41x]. Das ist kritisch [–]. Die Ordnung könnte es sein, die einer Datei zugeordnet wird? Ein Verfahren, wie Dateien gespeichert oder geordnet werden. Vielleicht ist auch nur das [Format, das = 9x] einer Datei gemeint.

IT-Grundschutz-Kompendium

> Der IT-Betrieb SOLLTE eine Anforderungsliste erstellen (1H), nach der die Dateisysteme des Fileservers bewertet werden (2NR).

> APP.3.3: Fileserver; APP.3.3.A7 Auswahl eines Dateisystems; S. 412/900

{Patch – [SOLLTE/N] = Anregung, unverbindliche Empfehlung, so und so zu handeln – siehe Modalverben.

Du siehst hier eine Anweisung. Das Subjekt ist keine handlungsfähige Person, sondern der abstrakte „IT-Betrieb". Wie der angewiesen werden kann, wissen die Götter. Inhalt der Anweisung: eine Liste mit Kriterien aufstellen (ich übersehe mal diese unseligen Anforderungen). Mit diesen Kriterien sollen später [Dateisysteme] bewertet werden. Was sind hier [Dateisysteme]? Du wirst es nicht erfahren, ehe du beim BSI eine Rückfrage stellen wirst, was du aus Zeitgründen natürlich nicht tun wirst...\}

* * * * *

Top-25: [Daten, die = 731x] - [Daten] werden 63-mal modifiziert für eine digitale Sicherheit

---

A.) - Erklärung/Wortbestimmung

Als Einordnung: Das Hauptwort [Daten] wird im IT-Grundschutz-Kompendium (Ausgabe 2022) 731-mal eingesetzt. Das sind 74 Einsätze weniger im Vergleich zu der Ausgabe von 2019.

Innerhalb der Top-25 belegen die [Daten] in 2022 den 8ten Platz.

Als Grundwort eines Kompositums kommt es auf 63 Einsätze. Damit liegt es an zweiter Stelle.

An die 110-mal wird es zum Bestimmungswort innerhalb eines Kompositums. Ich beziehe hier solche Konstruktionen ein wie [Datenbank], [Datenschutz] oder [Datensicherung].

Geschichtlich hängen die [Daten] mit dem [Datum = 12x] zusammen. Das
lateinische „datum" ist das Partizip Perfekt von „dare" = geben. Das [Datum]
ist das Gegebene, das Tages-Datum etwa. Im weiteren Zeitenverlauf saugt es
Nuancierungen in der Bedeutung auf: eine gegebene Größe oder einen
Beleg. Allerdings wird das Wort [Daten] nur in der Mehrzahl, im Plural
gebraucht. Der korrekte Plural von dem lateinischen Datum ist Data, ähnlich
wie Frittata. Das eroberte im Deutschen keine Marktanteile, da das
Konkurrenzwort [Daten] irgendwie erfolgreicher war, also Daten:

> (durch Aufzeichnungen, Beobachtungen, Messungen, statistische
> Verfahren o. Ä. gewonnene) Informationen
>
> a) [Informations- und Telekommunikationstechnik] Zeichen, die
> Informationen darstellen; elektronisch gespeicherte
> Informationseinheiten
>
> b) [Mathematik] Informationen, besonders Zahlenwerte, die für eine
> Berechnung benötigt werden oder einer Berechnung zugrunde liegen
>
> www.dwds.de

{Patch – Schon haben wir den Salat, der eigentlich zu der Frittata gehört. Es
tauchen nämlich aus dem Nichts die [Informationen] auf. Sie ersetzen das
Gegebene aus dem lateinischen „datum". Unbekümmert arbeiten sie in der
weiteren Begriffsbestimmung mit dem Wort [Information]. So gäbe es
[Zeichen], „die Informationen darstellen." Saussure würde sich im Grabe
umdrehen. Auch in der Mathematik seien sie unverzichtbar, hier seien sie
„Zahlenwerte" - die ja an sich bereits ausreichen würden, um dem
Gegebenen, dem lateinischen „datum" zu entsprechen. Was soll dieser
Unsinn?!...\}

Ein anderes Web-Angebot, um bei der Bedeutung des Wortes [Daten] klarer
zu sehen, ist das unautorisierte Wikipedia. Immerhin ist man dort so aufrichtig
um festzustellen, dass es eine „einheitliche Definition" des Wortes bisher nicht
gibt.

Vielleicht deswegen kommt der Verweis auf eine merkwürdige Institution, die
International Organization for Standardization abgekürzt ISO. Der Sitz ist
Genf, man versteht sich als

> independent, non-governmental international organization with a
> membership of 168 national standards bodies.
> (https://www.iso.org/about-us.html, Stand 13.04.23)

In Deutschland ist es der DIN e.V. - tja, und all diese verdienen haufenweise
Geld, indem sie Standards und Normen für alles mögliche definieren und
deren Einhaltung kontrollieren. Alles dient der Sicherheit, der Kompatibilität
und so weiter. Vereinfacht gesagt, entwickele ein Produkt, schicke einen
Vertreter oder eine Vertreterin in einen Ausschuss, mache dort ordentlich
Wind, schon könnte dein Produkt zum Standard werden und alle anderen
haben sich danach zu richten. Nein, es geht nicht um Patente. Nein, es geht

nicht um Marken und deren Schutz. Die Standardisierung oder Normierung von technischen Sachen ist interessensgeleitet, nicht fachlich und ökonomisch motiviert.

Egal, es geht mir um [Daten] und was du mit diesem Wort in einem Satz für Möglichkeiten hast. Auf der Seite www.din.org gibt es eine Rubrik „Terminologie" mit Suchfunktion. Allerdings führt meine Suche nach der Bedeutung von [Daten] zu einem Fehler: Die von Ihnen gewünschte Seite ist leider nicht verfügbar.

Dieser gescheiterte Ausflug führt mich zurück zu dem unautorisierten Wikipedia-Eintrag, denn der liefert noch eine Bedeutung für [Daten] eben aus der ISO-Welt:

Gemäß Terminologie der geltenden Norm des internationalen Technologiestandards ISO/IEC 2382-1 für Informationstechnik (seit 1993) sind Daten – Data: „a reinterpretable representation of information in a formalized manner, suitable for communication, interpretation, or processing" – eine wieder interpretierbare Darstellung von Information in formalisierter Art, geeignet zur Kommunikation, Interpretation oder Verarbeitung. (https://de.wikipedia.org/wiki/Daten / Stand 12.04.23)

{Patch – Geschenkt, dass da wieder mit [Information] gearbeitet wird statt z.B. mit Zahlenwerten oder gleich mit Zeichen. Einverstanden, das läuft nur in einer formalisierten Art (a formalizd manner). Dann aber wird es bunt: Unsere [Daten] seien passend (für), geeignet, angemessen, tauglich, brauchbar, verwendbar (suitable for) für …

> … Kommunikation, wenn Kommunikation ohne Worte (= Einsatz der paradigmatische Achse) und Grammatik (= Einsatz der syntagmatische Achse) auskommt und zusammenschrumpft auf ein Hin und Her von Ziffern (untergemischt hin und wieder Buchstaben).

> … Interpretation, wenn das Wort aus der Welt des Verstehens, Erklärens und Deutens (= allgemein Hermeneutik) geraubt wird, so wie einst das Feuer den griechischen Göttern durch Prometheus geraubt wurde, für die Menschheit zum Nutzen und zum Schaden,

> … Prozesse (processing). Genau, [Daten] sind einzig und allein für Rechenoperationen geeignet, tauglich, brauchbar. Zack! KI zum Beispiel rechnet mit [Daten], KI berechnet mit ihnen einzig und allein (!) Wahrscheinlichkeiten. Zack. Ende...\}

Ich wage es hier und an dieser Stelle mit meiner Arbeits-Definition:

> *[Daten] sind ein formalisierter und strukturierter Haufen von Ziffern.*

Mal sehen, wie weit ich damit komme.

<u>IT-Grundschutz-Kompendium</u>

01. Mit Datenschutz wird daher der Schutz personenbezogener Daten vor etwaigem Missbrauch durch Dritte bezeichnet (nicht zu verwechseln mit Datensicherheit) (A).

Glossar, Datenschutz, S. 34/900

{Patch – Am besten, ich versuche es mit einer Ersetzungsprobe in dieser Art:

... der Schutz des formalisierten und strukturierten Haufens von personenbezogenen Ziffern...

Abgesehen von dem ökonomischen Nachteil, es werden mehr Buchstaben benötigt, hat diese Formulierung einen gewissen Charme. Die Qualität dessen, was in den [Daten] steckt, wird offensichtlich. Die Probe funktioniert...
\}

02. Aufgrund von fehlerhaft administrierten Zugriffsrechten kann ein Mitarbeiter Daten ändern (1H), ohne die Brisanz dieser Integritätsverletzung einschätzen zu können (2NI).

ORP.1: Organisation, 2.2 Nichtbeachtung von Regelungen, S. 105/900

{Patch – Ersetzungsprobe:

...kann eine Mitarbeiterin oder ein Mitarbeiter den formalisierten und strukturieren Haufen von Ziffern ändern....

Ich finde, so wird deutlich, worin die Verletzung der Unversehrtheit (Integrität) konkret bestehen könnte. Du verletzt die Form, du verletzt die Struktur, du manipulierst die Ziffern – all das sind die Punkte für mögliche Angriffe. Außerdem zeichnet sich wegen der Ersetzung die mühsame und komplizierte Arbeit der Forensiker ab, wenn sich in dem Haufen jemand eingenistet hat und es nun um die Stecknadel geht.

Allerdings ist der Ausdruck [Brisanz] vollkommen unangemessen...\}

03. Dadurch (= *technische Defekte, Stromausfälle oder absichtliche Zerstörung*; GFG) könnten bereits verschlüsselte Daten nicht mehr entschlüsselt werden (1H), solange das erforderliche Kryptomodul nicht mehr verfügbar ist (2NI).

CON.1: Kryptokonzept, 2.5 Ausfall eines Kryptomoduls, S. 138/900

{Patch – Ersetzungsprobe zum Dritten:

... bereits verschlüsselten, (formalisierten und strukturierten) Haufen von Ziffern nicht mehr entschlüsselt werden ...

Vollkommen verständlich, wenn der Schlüssel, ob Krypto oder sonst was, dir etwa wegen Stromausfall aus der Hand genommen wurde, stehst du dumm da und musst Geduld haben, bis der Strom wieder läuft. Warum dann in dem Satz explizit von einem „erforderlichen Krpytomodul" gesprochen wird, ist hingegen nicht verständlich...\}

B.) - [Daten, die] werden in den folgenden zusammengesetzten Wörtern (Komposita) differenziert und eingeschränkt (= Grundwort/Letztwort) durch ...

Anmelde + D. = 3x / Anwendung(s) + D. = 2x / Arbeit(s) + D. = 1x / Archiv + D. = 7x / Audio + D. = 1x / Ausgabe + D. = 3x / Authentisierung(s) + D. = 6x / Autorisierung(s) + D. = 1x / Betrieb(s) + D. = 1x / Bewegung(s) + D. = 1x / Beweis + D. (Evicence Records) = 2x / Binär + D. = 1x / Diagnose + D. = 1x / Echtzeit + D. = 1x / Eingabe + D. = 5x / Entwicklung(s) + D. = 1x / Fax + D. = 2x / Firmen + D. = 1x / Fitness + D. = 1x / Formular + D. = 2x / Gebäude + D. = 1x / Gesundheit(s) + D. = 1x / Historien + D. = 1x / Index + D. = 2x / Kalender + D. = 1x / Konfiguration(s) + D. = 12x / Kontakt + D. = 2x / Kunden + D. = 2x / Log + D. = 3x / Medien + D. = 1x / Melde + D. = 1x / Meta + D. = 15x / Monitoring + D. = 2x / Nutz + D. = 8x / Nutzer + D. = 4x / Nutzung(s) + D. = 3x / Original + D. = 1x / Ortung(s) + D. = 2x / Papier + D. = 2x / Patienten + D. = 1x / Produktiv + D. = 11x / Projekt + D. = 1x / Projektierung(s) + D. = 1x / Protokoll + D. = 10x / Protokollierung(s) + D. = 55x / Rechnung(s) + D. = 1x / Roh + D. = 1x / Scan + D. = 1x / Schlüssel + D. = 1x / Sekundär + D. = 1x / Sensor + D. = 1x / Sitzung(s) + D. = 2x / Sozial + D. = 1x / Statistik + D. = 1x / Steuer + D. = 3x / Steuerung(s) + D. = 3x / System + D. = 2x / Telemetrie + D. = 1x / Test + D. = 9x / Verbindung(s) + D. = 2x / Verzeichnis + D. = 1x / Video + D. = 1x / Zugang(s) + D. = 38x /

C.) - [Daten, die] = nun als Bestimmungswort, das differenziert und die Bedeutung des Grundwortes/Letztwortes erweitert in den folgenden zusammengesetzten Wörtern (Komposita):

[Daten + Abfluss, der = 7x]. Klarer Fall, Daten fließen und sie irgendwo angekommen sind, dann blinkt es oder es flackern Lämpchen, vielleicht. Das ist nachvollziehbar **[+]**.

[Daten + Ablage, die = 2x]**, Rarität. Das ist verfänglich **[–]**. Gerade sitze ich in einem pünktlichen ICE der Deutschen Bahn. Schräg rechts von mir, da sehe ich eine [Ablage, die = 3x]. In der Ablage haben Reisende Koffer abgelegt. Nein, mit Sicherheit könnten dort keine Daten abgelegt werden, oder auch an keinem anderen Ort.

[Daten + Analyse, die = 1x]**, Rarität. Wenn du dich in dem zauberhaften Haufen der Ziffern gezielt umschaust, wenn du zählst, wenn du vergleichst, ja dann könntest du sagen, du analysierst den Haufen, die Daten. Das ist nachvollziehbar **[+]**. Warum sie keine Rolle spielt für die IT-Sicherheit, warum keine Rolle für den IT-Grundschutz, das begreife ich nicht. Denn auch Viren sind z.B. Daten, die genau analysiert werden sollten.

[Daten + Aufkommen, das = 1x]; Rarität. Das ist angestrengt **[--]**. Gemeint sind viele [Daten], oder sehr viele [Daten]. Welche Verbindung es zu einem [Beginn], einer [Entwicklung], einer [Entstehung] eben einem [Aufkommen] geben soll, ist unklar.

[Daten + Austausch, der = 24x]. Werden [Daten] hin und her geschickt, dann kannst du das auch [austauschen] nennen. Das ist nachvollziehbar **[+]**.

<u>IT-Grundschutz-Kompendium</u>

> Für Gateways und IT-Systeme (1Ha), die dem Datenaustausch dienen (2NR), MUSS ein geeignetes Virenschutzprogramm ausgewählt und installiert werden (1Hb).
>
> > OPS.1.1.4: Schutz vor Schadprogrammen, OPS.1.1.4.A3 Auswahl eines Virenschutzprogrammes, S. 211/900

{Patch – [MUSS/MÜSSEN] = Notwendigkeit, Pflicht, so und keinesfalls anders zu handeln – siehe Modalverben.

Denkt das BSI, dass auch noch etwas anderes als Daten in der IT ausgetauscht werden? Wozu diese Erwähnung. Und selbstverständlich wird für ALLE IT-Systeme ein Virenschutzprogramm notwendig – leider wurde das viel zu lange nicht beachtet (oder in den supergeilen und visionären IT-Projekten meist aus Kostengründen nicht aufgenommen!)...\}

[Daten + Austauschsystem, das = 1x]; Rarität. Das ist verbissen **[--]**. Ein Austausch sollte auch ohne ein dezidiertes [System] in formalisierter und strukturierter Art und Weise vor sich gehen.

[Daten + Bank, die = 99x], dies ist ein etablierter Begriff **[+]**. Gemeint sind meist mächtig anwachsende, formalisierte und strukturierte Haufen von Ziffern. In einer [Datenbank] werden sie sortiert, gespeichert und so weiter.

<u>IT-Grundschutz-Kompendium</u>

> 01. Qualitätsmängel in diesen Skripten und Malware können sowohl die Vertraulichkeit als auch die Integrität und die Verfügbarkeit der in den Datenbanken abgelegten Daten gefährden (A).
>
> > APP.4.3 Relationale Datenbanken, 2.8. Malware und unsichere Datenbank-Skripte, S. 439/900

{Patch – Es sind *Schwachstellen und Fehler* in diesen Skripten oder auch Malware, die die schlimmen Folgen haben können. Und die Folgen betreffen natürlich die [Datenbank] selbst.

Weil aber irgendwer Schlaues die [Vertraulichkeit], die [Integrität] und die [Verfügbarkeit] stets auf [Daten] bezogen hat, muss man sie auch in einem solchen Satz erwähnen und so die Perspektive verändern...\}

> 02. Es SOLLTE vorab definiert werden (1H), wie initial oder regelmäßig Daten in eine Datenbank übernommen werden sollen (2NV).
>
> > APP.4.3 Relationale Datenbanken, APP.4.3.A17 Datenübernahme oder Migration, S. 441/900

{Patch – [SOLLTE/N] = Anregung, unverbindliche Empfehlung, so und so zu handeln – siehe Modalverben.

Diese gefährlichen Ungenauigkeiten nerven. Beschrieben werden soll erstens die Anlage bzw. das erste Füllen einer [Datenbank] mit [Daten], so interpretiere ich [initial]. Zweitens geht es um folgende Speicherungen oder Übernahmen, wobei auch weitere Datenbanken gemeint sein könnten. Drittens geht es um den Austausch oder den Wechsel einer [Datenbank], so interpretiere ich die nicht in diesem Satz genannte „Migration". Jüngst musste ich in der unserer Praxis eine solche SQL-Datenbank von der einen Version auf eine neuere übertragen. Eine Routine war zugesagt, bereits der dritte Schritt brachte diese Routine zum Absturz. Die Entwickelnden hatten, wie sich später herausstellte, eine Abfrage an eine Cloud eingebaut, die nicht erforderlich war. Selbstverständlich habe ich meine Arbeitszeit niemanden in Rechnung stellen können...\}

[Daten + Bankabfrage, die = 2x]; Rarität. Das kann nun einmal bedeuten, dass die [Datenbank] irgendwelche Geschichten irgendwo abfragt – wie eben in dem Beispielsatz Nr. 02 gesehen. Oder aber ich setze mich an einen Rechner und recherchiere bestimmte Inhalte in der Datenbank, auch das kannst du abfragen nennen. Das alles ist nachvollziehbar **[+]**.

[Daten + Bankanbindung, die = 2x]; Rarität. Wird eine Datenbank mit einer zweiten und einer dritten und so weiter verknüpft, kannst du das auch eine [Anbindung, die = 77x] nennen. Das ist teilweise nachvollziehbar **[+]**.

[Daten + Bankdatei, die = 3x]. Geht es um ein konkretes [Format, das = 9x] für eine Datenbank, dann ist das teilweise nachvollziehbar **[+]**.

[Daten + Bankfeld, das = 1x], Rarität. Eine Datenbank hat definierte Kästchen, auch Felder genannt. In die sollst du etwas eintragen, etwa deinen Namen, dein Geburtsdatum, deine Kontonummer oder die Nummer der Kreditkarte, die Nummer deines Ausweises und all solche Sachen – wenn die Datenbankfelder entsprechend vorbereitet sind. Das ist nachvollziehbar **[+]**.

Achtung, schau genau hin, von welcher Seite springen dich die Felder an, von welcher Datenbank.

[Daten + Bankmanagementsystem, das = 22x]; das ist beängstigend **[–]**. Manche Leute scheinen Spaß daran zu haben, Komposita derart aufzudonnern und mit Bedeutungen zu überlagern, dass sich diese wie ein Tropfen Öl nicht mit dem Wasser vermischen mögen. Das Kompositum ist schlicht zu angereichert, zu voll.

<u>IT-Grundschutz-Kompendium</u>

> 01. Falls Daten an ein Datenbankmanagementsystem (DBMS) weitergeleitet werden (1NV), MÜSSEN die Entwickler Stored Procedures bzw. Prepared SQL Statements einsetzen (2H).
>
> CON.10 Entwicklung von Webanwendungen, CON.10.A9 Schutz vor SQL-Injection, S. 190/900

{Patch – [MUSS/MÜSSEN] = Notwendigkeit, Pflicht, so und keinesfalls anders zu handeln – siehe Modalverben.

Im Dokument ist dieses die erste Textstelle, an der das Kompositum eingesetzt wird. Im Internet finde ich diese Quasi-Definition:

> Ein Datenbankmanagementsystem, kurz DBMS, bildet gemeinsam mit der Datenbasis ein Datenbanksystem (häufig wird für letzteres auch der allgemeine Begriff „Datenbank" verwendet).

www.ionos.de/digitalguide/hosting/hosting-technik/
datenbankmanagementsystem-dbms-erklaert

Entscheidend für mich ist der Hinweis in Klammern, nennen wir das also einfach [Datenbank, die = 99x]. Diese wird zu einem [System, das = 2.107x, Top-25], wenn es da [Daten] gibt. So verstehe ich die [Daten + Basis, die = 2x].

Weil in dem Beispielsatz Nr. 01. jedoch die Rede von [Daten] ist, die weitergeleitet werden, geht das nur an eine [Datenbank]. Das [System] setzt diese ja voraus ..... usw. usw...

Allerdings sage ich damit nicht, dass ein DBMS kein bedeutungsvoller Fachbegriff sein kann, siehe etwa die weiteren Ausführungen an der zitierten Stelle. Entscheidend ist der unmittelbare Kontext bzw. die unmittelbare Situation, die erklärt werden soll. Kontext und Situation sind der IT-Grundschutz...\}

> 02. Bei der Erstinstallation bzw. im Auslieferungszustand eines Datenbankmanagementsystems sind Benutzer- und Administrationskonten häufig nicht oder nur mit Passwörtern gesichert (1H), die öffentlich bekannt sind (2NR).

APP.4.3 Relationale Datenbanken, 2.2. Aktivierte Standard-
Benutzerkonten, S. 438/900

{Patch – So, alle weiteren Einsätze dieses Kompositums sind in dem Kapitel „Relationale Datenbank", sonst nirgendwo! In der bereits für Satz Nr. 01 herangezogenen Internet-Quelle finde ich weitere Erläuterungen:

> Das Datenbankmanagementsystem ist der wichtigste Bestandteil eines Datenbanksystems. Ohne das DBMS könnte die Datenbasis weder verwaltet, noch gesteuert oder kontrolliert werden.

www.ionos.de/digitalguide/hosting/hosting-technik/
datenbankmanagementsystem-dbms-erklaert

Statt [Datenbanksystem, das =39x] könnte auch von einem [Datenbankmodell, das = UNGENUTZT] gesprochen werden. Von diesen gäbe es das Relationale Datenbankmodell, das hierarchische, das netzwerkorientierte, das objektorientierte und das „dokumentorientierte". Im IT-Grundschutz auf den Seiten 437ff geht es jedoch um Relationale Datenbanken. Was ist mit den anderen?

Hier offenbart sich eine konzeptionelle und paradigmatische Schwäche: es fehlt dem Kompendium hier (wie vermutlich auch an anderen Stellen) die klare Konzeption, ein sichtbarer Roter Faden. Dieses Kapitel könnte als Roten Faden das Thema Datenbanken und alles was dazu gehört haben, und dann würde ein Subthema die DBMS sein. Oder man bewertet die technische, organisatorische und wirtschaftliche Relevanz dieser DBMS höher und macht sie zu einem eigenen Thema bzw. gibt ihm ein eigenes Kapitel.

Das alles bedeutet für den Satz Nr. 02: Vergebe oder ändere alle Passwörter sofort, nachdem die Datenbank, das Datenbankmodell, das Datenbanksystem, das Datenbankmanagementsystem … uff, nachdem das installiert und eingerichtet ist!...\}

[Daten + Bankprivileg, das = 1x]; Rarität. Das ist hoffnungslos [–], weil es in diesem Zusammenhang keinen Sinn ergibt (oder weil es so was von Fachsprache ist …).

[Daten + Bankprodukt, das = 1x]; Rarität. Das ist ulkig [–], denn eine Datenbank ist eine Datenbank. Du kannst sie kaufen, du kannst sie einrichten, du kannst sie nutzen. Auf dem Flohmarkt verkaufen kannst du sie aber nicht.

[Daten + Bankskript, das = 1x], Rarität. Das ist sonderlich [–]. Eine Datenbank wird programmiert oder aus einzelnen Elementen zusammengesetzt. Ein [Skript, das = 29x] wird, wie der Name bereits sagt, geschrieben, ist ein Geschriebenes. Das schreibt für eine Datenbank tue dieses, tue jenes, tue jenes, tue dieses … und so weiter bis zum Ende.

[Daten + Banksystem, das = 39x]. Auch dieses Kompositum ist eher beängstigend [–], selbst wenn das [Management, das = 255x] herausgefallen ist. Sollte eine Datenbank keine Formalismen haben, keine Struktur haben, also das, was du als System zusammenfassen könntest, dann ist es auch keine Datenbank. Irrtum meinerseits sei zugestanden.

<u>IT-Grundschutz-Kompendium</u>

> 01. Sie umfassen unter anderem Programme zur Textverarbeitung, Tabellenkalkulation und Erstellung von Präsentationen sowie Zeichenprogramme und einfache Datenbanksysteme (A).

> APP.1.1: Office-Produkte, 1.1 Einleitung, S. 351/900

{Patch – Der IT-Grundschutz für die Office-Produkte, das soll als Thema entwickelt werden. Office-Produkte sind mittlerweile beruflicher und Home-Office- also privater Alltag. Ob man diesen fragilen und komplexen Alltag mit [Datenbanksystemen] anstatt mit [Datenbanken] überfrachten sollte, genau das ist fraglich und überheblich zu gleich...\}

> 02. Eine Datenbank ist eine Zusammenstellung von Daten samt ihrer Beschreibung (Metadaten) (1H), die dauerhaft im Datenbanksystem abgelegt werden (2NR).

> APP.4.3 Relationale Datenbanken, 1.1. Einleitung, S. 437/900

{Patch – Was geschieht in diesem mehrteiligen Satz: Die im Hauptsatz (1H) genannten [Daten] werden durch die grammatische Konstruktion erstes Mal in der [Datenbank, 1H] abgelegt und ein zweites Mal im [Datenbanksystem, 2NR]. Das ist natürlich nicht beabsichtigt, wie also hat es sich eingeschlichen. Die grammatische Struktur der Sätze, wobei die Verben/Prädikate ihre feste Position haben, sowie das Pronomen [die] in 2NR. Die anderen [...], die kannst du nicht auseinander nehmen und du kannst sie an andere Positionen bringen, du kannst sie umstellen.

> 1H: *[Eine Datenbank] [ist] [eine Zusammenstellung] [von Daten samt ihrer Beschreibung (Metadaten)]*,

> 2NR: *[die] [dauerhaft] [im Datenbanksystem] [abgelegt werden]*.

Sofort springt dir (hoffentlich) der Komplex, man nennt das auch Phrase, am Ende des Hauptsatzes auf. Der Kern der Phrase sind die [Daten], sie sind im Plural. Ergänzt werden sie durch die [Beschreibung], die ist im Singular. Nun bekommt die [Beschreibung] noch einen weiteren Namen, nämlich [Metadaten, die = 15x], die sind wieder ein Plural.

Der nach dem Komma folgende relative Teilsatz (2NR) wird eröffnet mit [die], also Plural, was auch durch die Verbendungen gestützt wird. Die [Metadaten] als relativer Bezug fallen aus, sie sind kein vollwertiges Mitglied der Phrase, was durch die Klammersetzung angezeigt wird. Die [Beschreibung] ist im Singular, ebenfalls kein relativer Bezug möglich. Es bleiben die [Daten], sie sind der Kern der Phrase, sie sind im Plural. Schon passt es.

Ausgesagt werden soll allerdings etwas ganz anderes, und da bin ich sehr unsicher und überlasse es dir, dir Gedanken zu machen.

[Daten + Banktabelle, die = 2x], Rarität. Du kannst dir die Inhalte einer Datenbank auch in einer Tabelle ansehen. Das ist nachvollziehbar **[+]**.

[Daten + Banktransaktion, die = 1x], Rarität. Das ist widrig **[–]**. Es gibt das Verb transagieren, das als Partizip zu einer [Transaktion, die = 4x] werden kann. Dieses Verb ist allerdings derart außer Gebrauch, so dass es kaum wahrnehmbar ist. Ausgedrückt werden soll vermutlich mit dem Kompositum, dass irgendetwas von A nach B übertragen, transferiert wird. Soll es die Datenbank selbst sein? Wie gesagt, das ist widrig.

[Daten + Banktrigger, der = 1x], Rarität. Das ist dunkel **[–]**. Ich habe keinen Schimmer, keine Ahnung, was gemeint sein könnte.

[Daten + Bankverbindung, die = 2x], Rarität. Das kann eine digital hergestellte Verbindung zu einer Datenbank sein, oder eben zwischen Datenbanken. Das ist nachvollziehbar **[+]**.

[Daten + Bankzugriff, der = 1x], Rarität. Das ist unsicher **[–]**. Welche unsichtbare Hand greift denn hier nach der Datenbank wie ein kleines Kind bei der Erkundung einer leuchtend gelben Butterblume.

[Daten + Basis, die = 2x]; Rarität. Das ist knifflig **[–]**. Sehr wahrscheinlich wird eine [Grundlage, die = 46x] gemeint, auf der Daten erhoben werden. Eindeutiger wäre noch das [Material, das = 11x], welches ausgewertet oder analysiert wurde, und welches letztendlich die Daten liefert.

[Daten + Bestand, der = 21x], das ist dürftig **[–]**. Wenn es Daten gibt, dann haben sie selbstverständlich auch einen [Bestand, der = 1x].

<u>IT-Grundschutz-Kompendium</u>

> Wenn Datenbestände zwischen mobilen IT-Systemen und stationären IT-Systemen synchronisiert werden (1NV), kann es durch Unachtsamkeit oder Fehlfunktion zu Datenverlusten kommen (2H).

Elementare Gefährdungen, G 0.45 Datenverlust, S. 89/900

{Patch – Das beschäftigt mich sehr: Warum fällt die freie Entscheidung über die Wortwahl auf die Datenbestände, warum gibt es nicht die Entscheidung für die schlichten Daten?...\}

[Daten + Bus, der = 1x]; Rarität. Das ist zunächst befremdend **[–]**. Denn meines Wissens gibt es für die Daten keine Haltestelle, an der zugestiegen werden könnte. Gemeint ist hier eventuell etwas scheinbar fachspezifisches, mal sehen:

> Datenbus, bidirektionaler Datenweg. Es wird dabei zwischen internen und externen Datenbus unterschieden. Der interne Datenbus (Bus) verbindet innerhalb des Prozessors die unterschiedlichen Funktionseinheiten (z.B. arithmetisch-logische Einheit, Akkumulator) miteinander. Der externe Datenbus verbindet den Prozessor mit den Modulen des Computersystems. Entsprechend der Generation des Mikroprozessors, bzw. der Anzahl der Bits die parallel verarbeitet werden können, besteht der externe Datenbus aus 8 bis 64 parallelen Leitungen (Datenbusbreite).

www.spektrum.de/lexikon/physik/datenbus/2753; Stand 27.04.23

{Patch – Das habe ich begriffen. Ich erspare mir aber jetzt den Blick in das Kompendium, um mir den Satz mit dieser Vokabel anzusehen. Es ist ja nur eine Rarität...\}

[Daten + Dienst, der = 2x]; Rarität. Das ist absurd **[–]**. Es gibt für das zusammengesetzte Substantiv keine sinnvolle Auflösung. Es scheint die absolute Notwehr oder Hilflosigkeit zu sein.

[Daten + Durchsatz, der = 3x]; wie viele Daten gehen durch das Nadelöhr? Oder wie viele Daten können in einer Millisekunde übertragen werden. Das ist teilweise nachvollziehbar **[+]**.

[Daten + Erhebung, die = 1x]; Rarität. Irgendwo musst du die Daten ja herbekommen. Die Tätigkeit, die das beschreibt, nennt sich *erheben,* das ist nachvollziehbar **[+]**.

[Daten + Fehler, der = 1x]; Rarität, und die ist dysfunktional **[–]**. Daten an sich können richtig oder falsch sein, darauf beruht das Prinzip. Manchmal können sie auch unscharf sein, sie sind fuzzy. Was aber durchaus denkbar ist, dass etwa in einer Kette von Daten sich Fehler einschleichen – oder absichtlich eingearbeitet werden. Dann hat die Datenkette Fehler. Datenketten sind im IT-Grundschutz jedoch nicht vorgesehen.

[Daten + Fluss, der = 1x]; Rarität. Korrekt, Daten fließen. Was fließt, das kannst du bildlich auch einen Fluss nennen. Das ist nachvollziehbar **[+]**.

[Daten + Format, das = 13x]. Zwar sind alle Daten digital. Allerdings kann das Digitale unterschiedlich codiert sein, einen unterschiedlichen Code haben. Diese Codierung wird auch als [Format, das = 9x] bezeichnet. Das ist nachvollziehbar **[+]**.

IT-Grundschutz-Kompendium

> Die Dokumentstruktur des ausgewählten Datenformats MUSS eindeutig interpretierbar und elektronisch verarbeitbar sein (A).
>
> OPS.1.2.2: Archivierung, OPS.1.2.2.A9 Auswahl geeigneter Datenformate für die Archivierung von Dokumenten; S. 246/900

{Patch – [MUSS/MÜSSEN] = Notwendigkeit, Pflicht, so und keinesfalls anders zu handeln – siehe Modalverben.

Ähm, ich bin etwas verwirrt und würde meine Verwirrung in dieser Weise auflösen: *Das ausgewählte Datenformat des Dokuments MUSS...*\}

[Daten + Haltung, die = 12x]. Das ist schrullig **[–]**. Denn Daten lassen sich nicht halten wie etwa Hühner. Sollte etwas anderes gemeint sein, dann schreibt das auch, verdammt noch mal. Und lasst bitte die Hühner aus dem Spiel.

IT-Grundschutz-Kompendium

> Für die zur Datenhaltung verwendete Datenbank MUSS sichergestellt werden, dass die verwendete Version kompatibel ist.
>
> APP.2.3: OpenLDAP, APP.2.3.A1 Planung und Auswahl von Backends und Overlays für OpenLDAP, S. 388/900

{Patch – [MUSS/MÜSSEN] = Notwendigkeit, Pflicht, so und keinesfalls anders zu handeln – siehe Modalverben.

Ganz einfach die schrullige Datenhaltung ersetzen durch [Datenspeicherung, siehe D.]. Fertig...\}

[Daten + Kabel, das = 2x]; Rarität. Ein Draht, ein Kabel durch welche Daten rauschen und übertragen werden, das ist nachvollziehbar **[+]**. Auch wenn verwunderlich ist, warum das Datenkabel keine Lobby zu haben scheint und eine Rarität ist.

[Daten + Kommunikation, die = 1x]; Rarität. Das ist gestört [–]. Daten lassen sich übermitteln, lassen sich von A nach B übertragen. Dass sie allerdings mit leiser Stimme etwas flüstern, dass sie kommunizieren, nein.

[Daten + Kommunikationsprotokoll, das = 1x]; Rarität. Das ist lumpig [–]. Siehe auch [Daten + Kommunikation].

[Daten + Kontext, der = 1x]; Rarität. Das ist fatal [–]. Daten sind nun mal Ziffern auf einem Haufen und kein Text. Folglich fällt streng genommen auch jeglicher Kontext in die Schublade.

[Daten + Leck, das = 1x]; Rarität. Das ist heikel [–]. Unser Haufen von Ziffern, also die [Daten], dieser Haufen kann zwar ein Loch haben, um im Bild zu bleiben. Allerdings fließt da nichts, weder aus wie ausfließen noch ab wie abfließen.

[Daten + Löschung, die = 1x]; Rarität. Wenn du das als Handlung begreifst, ist das nachvollziehbar [+]. Wenn du das als Vorgang begreifst, ist das ebenfalls nachvollziehbar [+]. Wenn das allerdings ein Zustand sein soll, dann geht das nicht [–]. Denn bereits Tucholsky (dt. Schriftsteller) stellte fest: Ein Loch (= Gelöschtes) ist da, wo nichts ist.

[Daten + Logger, der = 1x]; Rarität. Das ist ärgerlich [–]. Hier musst du dich selbst auf die Suche machen und wirst leider nichts finden. Irgendwer hatte halt so eine Idee...

[Daten + Managementmodell, das = 1x]; Rarität. Das ist schrullig [–]. Wofür sollte eine Verwaltung, ein Management ein Modell benötigen? Eher schon eine bestimmte Art und Weise des Managements, von mir aus ein „Schule", eine „Management-Schule" oder ganz weit draußen von Praxis: Management-Theorie.

[Daten + Menge, die = 6x]. Purzeln sehr viele Daten über den Bildschirm, dann kannst du das eine Menge von Daten, eine Datenmenge nennen. Das ist nachvollziehbar [+].

[Daten + Missbrauch, der = 2x]; Rarität. Vertickerst du Daten im Darknet oder auf einem USB-Stick auf dem Marché du pucet, auch Flohmarkt genannt, dann ist das ein [Verbrechen, das = kommt nicht vor (UNGENUTZT)], dann ist das ein [Missbrauch, der = 88x]. Das ist nachvollziehbar [+]. Warum ist dieses mehrteilige Hauptwort eine Rarität? Bezogen auf [Daten] scheint es für einen wirkungsvollen IT-Grundschutz unübersichtlich zu werden, weswegen man sich mit der Nennung sehr, sehr zurückhält. Vielleicht ein unbewusster Reflex auf die öffentliche Diskreditierung der Datenschutzgrundverordnung (DSGV).

[Daten + Netz, das = 62x]. Das ist grotesk [–]. Ein Netz (siehe Top-25: [Netz, das]), gebildet und gestaltet aus Daten, wie soll das aussehen. Gemeint wird ein [Netz] oder ein [Netzwerk], durch welches unsere formalisierten und strukturierten Haufen von Ziffern, abgekürzt Daten, lustig wandern.

<u>IT-Grundschutz-Kompendium</u>

> 01. Es SOLLTE eine Richtlinie für die Zugriffs- und Zugangskontrolle von IT-Systemen, IT-Komponenten und Datennetzen erstellt werden (A).
>
> > ORP.4: Identitäts- und Berechtigungsmanagement, ORP.4.A16 Richtlinien für die Zugriffs- und Zugangskontrolle, S. 127/900

{Patch – Klarer Fall: Ersetze Datennetze durch *Netzwerke*, und jede und jeder ist sofort im Bild...\}

> 02. Wird auf die Fernwartungszugänge von IT-Systemen im internen Netz über ein öffentliches Datennetz zugegriffen (1H), SOLLTE ein abgesichertes Virtuelles Privates Netz (VPN) genutzt werden (2NV).
>
> > OPS.1.2.5 Fernwartung, OPS.1.2.5.A8 Sichere Protokolle bei der Fernwartung, S. 260/900

{Patch – Der Hauptsatz ist eine grammatische Katastrophe. Ausgelöst wird sie durch die Aneinanderreihung von Ergänzungen (Appositionen). Sie werden verbunden durch die Verhältniswörter/Präpositionen: [von] – [im] – [über]. Das Anliegen ist die mittlerweile (aus ökonomischen Gründen) als Service-Standard anzusehende [Fernwartung, die = 157x] der IT-Systeme und auch der Rechner in einer Arztpraxis. Ein eben solcher Standard sollte für die Fernwartung ein Virtuelles Privates Netz (VPN) sein.

Wo aus welchen Gründen auch immer dieses nicht möglich ist, dort sollte die Fernwartung über gesicherte, externe Netzverbindungen laufen – also so auf keinen Fall in der kritischen Infrastruktur und so nicht innerhalb der Telematik-Infrastruktur (TI). Um das klarzustellen...\}

[Daten + Paket, das = 7x]. Einverstanden, das nähert sich unserem Bild (Metapher) von dem Haufen von Ziffern deutlich an. Das ist nachvollziehbar **[+]**.

[Daten + Panne, die = 1x]; Rarität. Das ist wundersam **[–]**. Einen platten Reifen, also eine Panne im alltäglichen Sinn, das schaffen Daten nun mal nicht.

[Daten + Rate, die = 2x]; Rarität. Das könnte eine Einheit von Daten sein, ein einzelner Haufen der Ziffern, die in einer Zehntel-Sekunde oder schneller verschickt werden. Das ist teilweise nachvollziehbar **[+]**.

[Daten + Restaurierung, die = 1x]; Rarität. Das ist kühn **[–]**. Restauriert werden üblicherweise Kunstobjekte wie Gemälde. Man bessert aus, man frischt Farben auf, man zeichnet Linien der Augen nach. Wie sollten Daten ausgebessert werden, ohne sie gleichzeitig zu verändern? Etwas vollkommen anderes ist die **[Daten + Wiederherstellung**, siehe dort].

[Daten + Quelle, die = 6x]. Irgendwo müssen die Daten entstehen, irgendwo müssen sie hervorsprudeln, vielleicht aus deinen persönlichen medizinischen Daten, die du vertrauensselig deiner Krankenkasse anvertraut hast. Wenn du für den Ort der Herkunft das Bild einer Quelle nutzt, dann ist das nachvollziehbar [+] und macht eine spätere [Daten + Flut, die = UNGENUTZT] anschaulich.

[Daten + Sammlung, die = 1x]; Rarität. Wenn ein formalisierter und strukturierter Haufen von Ziffern neben einem anderen und dieser wiederum neben einem weiteren neben einem weiteren und so weiter gestellt wird, dann bist du kein Jäger, keine Jägerin, dann könntest du eine Sammlerin sein, ein Sammler. Gutes Gelingen. Das ist nachvollziehbar [+].

[Daten + Satz, der = 6x]. Digitale Ziffern, die zum Beispiel einzig und allein zu einer Person gehören, ob lebend oder schon gestorben, die werden in einem Satz, einem Datensatz zusammengefasst und angeordnet. Das ist nachvollziehbar [+].

[Daten + Schnittstelle, die = 2x]; Rarität. Das ist erstaunlich [–]. Als [Schnittstelle, die = 162x] wird in der IT/TI ein Übergang oder ein Tor von A nach sagen wir B bezeichnet. Naheliegend, dass es unsere Daten sind, die durch das hoffentlich sichere Tor hüpfen.

[Daten + Schutz, der = 54x]. Ich wünschte mir deutlich häufiger einen dichten Schirm, der meine persönlichen Daten, aber nicht nur die, beschirmt und abschirmt. Also schützt. Schützen ist das zum Schutz gehörende Verb. Wie häufig wird im IT-GrundSCHUTZ geschützt? Das Kompositum ist – wenn auch zu selten und zu wenig konsequent umgesetzt – der Datenschutz ist nachvollziehbar [+].

<u>IT-Grundschutz-Kompendium</u>

> 01. Werden WLAN-Komponenten beschafft (1H), SOLLTE neben Sicherheit auch auf Datenschutz und Kompatibilität der WLAN-Komponenten untereinander geachtet werden (2H).
>
>> NET.2.1: WLAN-Betrieb, NET.2.1.A11 Geeignete Auswahl von WLAN-Komponenten, S. 743/900

{Patch – Bedauerlicherweise hat die Beschaffung von WLAN-Komponenten eine andere Priorisierung. In der Regel sind es technisch ausgerichtete Personen, die bei der Auswahl als erstes auf Funktionalität und eng verbunden damit auf das Einbinden in vorhandene Strukturen, auf die Kompatibilität achten. Das schreibe ich, ein ehemaliger Einkäufer von diesen Sachen. Sicherheit spielt nur auf Nachfrage eine Rolle – oder wird mit dem Hinweis auf ein entsprechendes Label abgeschmettert. Das ist fatal, ist aber so. Und der [Datenschutz], sofern er überhaupt bei den WLAN-Komponenten thematisiert werden kann, der läuft im flatternden Mantel der trügerischen Sicherheit irgendwie mit...\}

> 02. Werden zur Anmeldung Online-Konten, wie z. B. ein Microsoft-Konto oder Konten anderer Anbieter von Diensten zum Identitätsmanagement, verwendet (1H), SOLLTE darauf geachtet

werden (2H), dass der Anbieter vertrauenswürdig ist und der
Datenschutz eingehalten wird (3NI).

SYS.2.2.2: Clients unter Windows 8.1, SYS.2.2.2.A10 Integration
von Online-Konten in das Betriebssystem, S. 571/900

{Patch – Wie geht das praktisch vor sich, dieses „darauf achten". Das kann
nicht funktionieren. Bein Anbietern wie Microsoft und anderen gilt für den
Datenschutz nur ein Versprechen. Ob es immer eingehalten wird, oder hin
und wieder nicht, du kannst es nicht prüfen, nicht beobachten, nicht
kontrollieren. Das gilt auch für eine Vertrauenswürdigkeit. Schützender wäre,
wenn Unternehmen, Organisationen oder auch medizinische Einrichtungen
Anbieter meiden würden, die mit Online-Konten arbeiten...\}

[Daten + Schutzanforderung, die = 1x]; Rarität. Das ist heuchlerisch [–]. Ist
denn ein Schutz nicht bereits eine komplettes Kriterium, wenn [Anforderung,
die = Top-25] in dieser Weise übersetzt wird.

[Datenschutz + Anforderung, die = 1x]; Rarität. Die Bedingung, die durch
den Datenschutz in die Welt gekommen ist, das ist nachvollziehbar **[+]**.

[Daten + Schutzaspekt, der = 1x]; Rarität, und die ist unerquicklich [–]. Ein
Schutz ist in der IT/TI unentbehrlich. Deswegen sollte keineswegs mit
Perspektiven oder Aspekten gearbeitet werden.

[Daten + Schutzbeauftragter, der = 27x]; eine Datenschutzbeauftragte kennt
das BSI offensichtlich nicht. Bedauerlich, denn auf diesem einsamen Weg
verpasst die IT/TI eine Menge an Vorsicht, Zurückhaltung und Intuition. Hat
man(n) die Absicht, Daten wirkungsvoll zu schützen, dann braucht es diese
drei Eigenschaften. Das da jemand überhaupt beauftragt wird, die Daten zu
schützen, das ist gut. Also ein nachvollziehbares Kompositum **[+]**. Allerdings,
wie Daten durch den oder die Beauftragte geschützt werden können, das
weiß man nicht und erfährt es auch nicht. Es gibt ja nur die Beauftragung. Von
der praktischen Umsetzung steht da nichts.

<u>IT-Grundschutz-Kompendium</u>

>01. Ein Datenschutzbeauftragter ist eine von der Behörden- bzw.
>Unternehmensleitung bestellte Person (1H), die auf den
>datenschutzrechtlich korrekten bzw. gesetzeskonformen Umgang mit
>personenbezogenen Daten im Unternehmen bzw. in der Behörde
>hinwirkt (2NR). - Rollen, S. 29/900

{Patch – Ich komme nicht umhin, es braucht einen kurzen Seitenblick auf
dieses aufgeschlagene Kapitel des IT-Grundschutz-Kompendium mit dem
Titel: [Rolle, -n, die = 307x im IT-Grundschutz-Kompendium]

>Mir gilt die Welt nur wie die Welt,

>Ein Schauplatz, wo man eine Rolle spielt.

W. Shakespeare, Der Kaufmann von Venedig, I.,1

Das Hauptwort/Substantiv [Rolle, die = 307x im IT-Grundschutz-Kompendium]
hat einen mittel-französischen Ursprung: roul(l)e = Papierrolle, Verzeichnis. In
der Bedeutung Walze, aufgerollte Schriftrolle taucht es dann im 15. Jh. Im
Frühneuhochdeutschen auf. Allerdings auch als von Schauspielenden
darzustellende Gestalt.

Dieses Kapitel liefert nun eine „Besetzungs-Liste". Es werden ausnahmslose
männliche Akteure aufgezählt, für die Rollen geschrieben worden sind. Rollen
müssen in Szene gesetzt werden, ihre Auftritte müssen geplant werden. ihre
Handlungen, Gesten, Mimik, Worte, all das muss geplant werden. Die
Ausleuchtung muss geplant werden, und all so was.

Was von dem ist für die Rolle des Datenschutzbeauftragten vorgesehen? Er
soll auf etwas „hinwirken„, also den Schutz zu erreichen suchen, anzustreben
(Synonyme www.dwds.de/wb/hinwirken). Er hat also nicht die Aufgabe, Daten zu
schützen. Wie dramatisch. Wie wirkungslos. Wie überflüssig.

Der Datenschutzbeauftragte kann nicht anweisen, nicht vorschreiben, nicht
sanktionieren. Nein, eine Rolle ist das keinesfalls, eine Marionette ist es, die
in der Welt der IT und der TI herum hampeln darf...\}

> 02. Bei der Planung, Konzeption und eventuellen Auswertung von
> Videoaufzeichnungen MUSS der Datenschutzbeauftragte immer mit
> einbezogen werden (A).
>
> INF.2 Rechenzentrum sowie Serverraum, INF.2.A24 Einsatz von
> Videoüberwachungsanlagen, S. 812/900

{Patch – [MUSS/MÜSSEN] = Notwendigkeit, Pflicht, so und keinesfalls
anders zu handeln – siehe Modalverben.

Wie soll das gehen mit dem Einwirken? Nun, indem man den
Datenschutzbeauftragten „einbezieht", also den wirkungslosen Kerl
„mitnehmen", wenn man auswertet, wenn man plant. Warum die Konzeption
genannt wird, wenn bereits die Planung eingeführt wurde – nun, es ist eine Art
von Dreieinigkeit, bei der der Datenschutzbeauftragte mitgenommen oder
einbezogen wird. Allerdings mitentscheiden, davon ist nicht die Rede...\}

[Daten + Schutzbehörde, die = 3x]. Es ist nun keinesfalls so, dass die
Beauftragten (w/m/d) für den Datenschutz auch gleich Angestellten dieser
Behörde sind. Ohnehin gibt es sie in dieser Form nicht. Grob gesagt ist es der
Bundesbeauftragte und sind es die Landesbeauftragten, die quasi in
Personalunion die jeweiligen Behörden sind. Ausnahme Österreich, hier gibt
es tatsächlich eine Einrichtung mit diesem Namen (www.dsb.gv.at). Wenn es
in Deutschland eine solche Datenschutzbehörde mit vielleicht
bundeshoheitlichen Rechten und Pflichten geben würde, die durchgreifen
könnte, die stilllegen dürfte, die Strafen kassieren dürfte, dann wäre die
Bedeutung des Kompositums nachvollziehbar **[+]**.

[Daten + Schutzbestimmung, die = 1x]; Rarität. Das ist beklemmend **[–]**.
Was sollte bei einem Datenschutz bestimmt werden außer dem Schutz selbst.

Wie wäre es mit [Auflagen, die = 3x] für einen wirkungsvollen Datenschutz. Zusammengestellt und herausgegeben von einer noch zu gründenden (siehe Datenschutzbehörde) Bundes-Daten-Schutz-Behörde (BDSB) – oder praktikabler und einfacher umzusetzen vom BSI.

[Daten + Schutzeinstellung, die = 3x]. Das ist herb **[–]**. Welche Einstellung könnte gemeint sein. Entweder ein Datenschutz ist eingestellt, ist aktiv. Oder ein Datenschutz ist eingestellt, Daten werden nicht weiter geschützt. Letzteres ist ja zunehmend die von wirtschaftlichen Interessen geleitete Praxis.

[Daten + Schutzgesetz, das = 10x]. Da ist sonderbar **[–]**. Ich bin mir nämlich nicht sicher, ob das die zutreffende Bezeichnung ist oder ob man nicht einfach aus Zeitersparnis, Bequemlichkeit oder Unachtsamkeit das so geschrieben hat.

Genau, es lautet zutreffend Bundesdatenschutzgesetz (BDSG). Dieses „B" ist zum Beispiel deswegen wichtig, weil es zeigt, dieses Gesetz, das vorschreibt, das (persönliche) Daten zu schützen sind, dieses Gesetz gilt im gesamten Bundesgebiet.

[Daten + Schutzkonferenz, die = 1x]; Rarität. Sollte es diese Konferenz unter diesem Namen geben, wäre dieser nachvollziehbar **[+]**. Eine Konferenz, auf der es darum gehen könnte, wie auch deine persönlichen Daten geschützt werden könnten/sollten/müssten.

[Daten + Schutzmanagement, das = 1x]; Rarität. Das ist absonderlich **[–]**. Datenschutz braucht kein Management, keine Verwaltung, keine Verwaltenden. Datenschutz muss ganz einfach immer und überall Daten schützen. Punkt.

[Daten + Schutzmodell, das = 6x]. Das ist bedrückend **[–]**. Ein Schutz von Daten gleich welcher Art und Inhalt sollte schlicht ein Schutz sein, ohne Wenn und ohne Aber. Ein Schutz. Da brauchst du kein [Modell, das = 21x], das brauchst du einen klaren und funktionierenden [Plan, der = 5x].

[Daten + Schutzverstoß, der = 1x]; Rarität. Das ist schrullig **[–]**. Wie soll denn das funktionieren, gegen einen [Schutz, der = 228x] zu verstoßen? Du kannst den Schutz verletzen, durchbrechen, aushebeln, überwinden. So etwas in der Art.

[Daten + Schutzvorschrift, die = 3x]. Eine [Vorschrift, die = 28x], wie in diesem Unternehmen, in jener Behörde, in jeder Organisation oder in den vielen medizinischen Einrichtungen dieses Landes Daten geschützt werden. Bemerkenswert, dass im IT-Grundschutz-Kompendium dieses richtungsweisende Kompositum lediglich 3-mal vorkommt. Das ist nachvollziehbar **[+]**.

[Daten + Sicherheit, die = 4x]. Sichere Daten, das ist es! Eine Sicherheit für die Daten, auch das ist es. Somit Datensicherheit, sie ist das A und O der Digitalisierung, sie ist für die Wirtschaft aber nur das als Variable zu verstehende X. Datensicherheit ist das, was wegen dem ständigen Fließen der Daten die größte Herausforderung ist, und deswegen von der IT-Industrie lieber ausgeschwiegen wird. Auch rechtliche Folgen und Konsequenzen werden höchstens geflüstert, geht die Datensicherheit mal Baden, oder sie liegen im Ungefähren, sind X. Weil das Schweigen herrscht, gibt es im IT-Grundschutz-Kompendium die Datensicherheit genau 4-mal, eine für jede Jahreszeit. Das Kompositum ist nachvollziehbar **[+]**.

[Daten + Sicherung, die = 147x]. Wörtlich geht es jetzt um das Speichern (!) von Daten, um die Produktion (!) von Sicherheit, um den Vorgang oder um die praktische Handlung des [Sicherns = UNGENUTZT !!!].

Semantisch (und im Verlauf einer gedankenlosen Nutzung) hat die Sicherung, unser Sichern, ein Problem. Auch das Gesicherte, mithin die Datensicherheit könnte (und wird bei Gelegenheit) als Sicherung bezeichnet werden. Im schlampigen, Interesse geleiteten Sprachgebrauch verschwimmt die Deutlichkeit von Sicherheit und Sicherung (siehe: Sicherung).

<u>IT-Grundschutz-Kompendium</u>

> 01. Eine Datensicherung soll gewährleisten (1H), dass durch einen redundanten Datenbestand der Betrieb der Informationstechnik kurzfristig wiederaufgenommen werden kann (2NI), wenn Teile des aktiv genutzten Datenbestandes verloren gehen (3NV).

CON.3 Datensicherungskonzept; 1.1. Einleitung; S. 149/900

{Patch – Dieses ist ein mehrteiliger Schlüsselsatz. Dieser mehrteilige Satz ist Schrott. Warum ist er das? Im Hintergrund, quasi in der Kulisse findet eine Gleichsetzung von [Datensicherung] aus dem Hauptsatz (1H) und [Datenbestand] aus den Teilsätzen (2NI) und (3NV) statt. Deswegen schrieb ich eben von einem semantischen Problem.

Kompliziert wird die Angelegenheit durch die jeweils vorangestellten Eigenschaftswörter/Adjektive, einmal „redundant", einmal „aktiv genutzt". Redundant bedeutet „mehrfach, überflüssig" (siehe https://www.dwds.de/wb/redundant; Stand 14.06.23). Wie bitte, könntest du jetzt sagen, ein überflüssiger Datenbestand!!!!! Ersetze den „redundanten Datenbestand" durch *gesicherte Daten* und du siehst wieder Land. Natürlich kann dann *mit den gesicherten Daten die Datenverarbeitung* (= aktiv genutzt) wieder an dieser Stelle neu aufgenommen werden – wenn es in der späteren Verarbeitung eine Störung oder einen Verlust gegeben hat. Klar, nun fragst du dich, wie häufig du eine Datensicherung machen solltest. Das ist eine Frage der Abwägung...\}

> 02. Alle Mitarbeiter MÜSSEN über die Regelungen zur Datensicherung informiert sein (A).

CON.3 Datensicherungskonzept; CON.3.A5 Regelmäßige
Datensicherung, S. 153/900

{Patch – [MUSS/MÜSSEN] = Notwendigkeit, Pflicht, so und keinesfalls anders
zu handeln – siehe Modalverben.

In diesem Abschnitt geht es um eine zu bestimmten Zeiten, in bestimmter
Weise immer wiederkehrend, also regelmäßige Datensicherung. Hingegen
können die in der Anweisung genannten „Regelungen" erst auf einer weiteren
Bedeutungsebene bezogen auf Zeiten verstanden werden. Außerdem trifft
das Verb „informieren" nicht den Sachverhalt.Geeigneter wäre der Hinweis,
wie und wann die *Mitarbeitenden* von einer Datensicherung betroffen sein
könnten, und dass sie während der Sicherung mit ihren Arbeiten innehalten...
\}

> 03. Diese Checkliste SOLLTE mindestens Aspekte zur
> Datensicherung weiterhin benötigter Daten und dem anschließenden
> sicheren Löschen aller Daten umfassen (A).

SYS.4.4: Allgemeines IoT-Gerät, SYS.4.4.A20 Geregelte
Außerbetriebnahme von IoT-Geräten, S. 659/900

{Patch – Spannend wird es nun, denn wir tauchen ein wenig in den Alltag ein.
Ein IoT-Gerät könnte dein Kühlschrank sein. Und dein Kühlschrank speichert
Daten, die er dann gelegentlich an den Hersteller übermittelt. Wer weiß. Wenn
du deinen Kühlschrank einer WG spenden willst, weil du eine noch bessere
Version kaufen willst, dann solltest du die Daten, die die WG zum
Weiterbetrieb des Kühlschrankes benötigt, die solltest du sichern – bevor du
den Stecker ziehst. Alle anderen Daten solltest du natürlich löschen – bevor
du den Stecker ziehst. Was geht es die WG an, dass du im Milchprodukte
regelmäßig hast versauern lassen, weil die digitale Haltbarkeitsangabe nicht
funktionierte.

Der Kühlschrank ist natürlich nur ein einfaches Beispiel aus unserem Alltag.
Wenn nun aber dieser IoT-Kühlschrank in einem Unternehmen steht, oder
einer Organisation oder gar in einer medizinischen Einrichtung, dann ist eine
Checkliste sehr sinnvoll. Allerdings mit eindeutigen Angaben, so z.B.: *Wird
ein IoT-Gerät außer Betrieb genommen, prüfen, wie und wo Daten gesichert
werden, wie alle Daten gelöscht werden.* So braucht es keine Checkliste
mehr...\}

[Daten + Sicherungsgerät, das = 1x]; Rarität. Das ist komisch [–].
Üblicherweise werden Daten auf internen oder extern Speichermedien wie
z.B. eine Festplatte gesichert. Gemeint sein könnte auch ein Gerät für das
Erfassen von Daten.

[Daten + Sicherungsgeschwindigkeit, die = 1x]; Rarität. Das ist heiß [–]
und schlicht unübersichtlich. Weil das Hauptwort/Substantiv [Sicherung] eine
Bewegung enthält, wäre das Wort [Zeit, die = 72x] eine deutlichere
Alternative.

[Daten + Sicherungsintervall, der = 1x]; Rarität. Die Zeitpunkte, an denen
eine Sicherung der Daten stattfindet, automatisiert oder entsprechend einer
[Arbeitsanweisung, die = 2x]. Das ist nachvollziehbar **[+]**.

[Daten + Sicherungskonto, das = 1x]; Rarität. Das ist beklagenswert **[–]**.
Welche Bank würde ein solches Konto einrichten. Konto kommt ja bekanntlich
aus dem Italienischen, aus dem Bankwesen.

[Daten + Sicherungskonzept, das = 55x]. Ein Plan, was alles, wann, wo,
wohin, wie, durch wen verbindlich gesichert werden muss. Anschließend
muss protokolliert werden und protokolliert sein, was alles, wann, wo, wohin,
wie, durch wen endgültig gesichert wurde und gesichert ist. Kurz, ein [Plan,
der = 5x], ein Konzept für die Sicherung von Daten. Das ist nachvollziehbar
[+].

<u>IT-Grundschutz-Kompendium</u>

> 01. Zu einem vollständigen Datensicherungskonzept gehört nicht nur
> der Aspekt (1H), wie Datensicherungen präventiv erstellt werden
> (Backup) (2NV), sondern auch (3EL), wie angefertigte
> Datensicherungen auf dem Ursprungssystem wiederhergestellt
> werden (Restore) (4NV) .

> CON.3 Datensicherungskonzept, 1.1. Einleitung, S. 149/900

{Patch – Einer dieser typisch durchgeknallten, mehrteiligen Sowohl-als-auch-
Sätze. Da ist dieses als Umstandswort/Adverb genutzte
Eigenschaftswort/Adjektiv „präventiv" gleich vorbeugend, verhütend. Wie
vielleicht schon an anderer Stelle gesagt, eine Sicherung ist eine Sicherung
ist eine Sicherung. Sie kann nicht vorbeugend sein, also auch nicht präventiv.

In dem Verhältnis-Teilsatz (4NV) wird dann irgendetwas, naheliegend sind
Daten gemeint, „wiederhergestellt". Nein, die gesicherten Daten werden
kopiert, und zwar auf Festplatte, auf Server, in die Cloud, von wo sie gesichert
wurden. Das wird beispielsweise nach einem Absturz gemacht, oder immer
dann, wenn Daten verloren gegangen sind...\}

> 02. Im Notfallplan für DNS-Server MUSS ein
> Datensicherungskonzept für die Zonen- und Konfigurationsdateien
> beschrieben sein (A).

> APP.3.6: DNS-Server, APP.3.6.A9 Erstellen eines Notfallplans für DNS-
> Server, S. 424/900

{Patch – [MUSS/MÜSSEN] = Notwendigkeit, Pflicht, so und keinesfalls
anders zu handeln – siehe Modalverben.

Wenn ich mich nicht irre, sind bei einer Sicherung von Daten stets
dynamische, bearbeitete Daten gemeint. Das Gegenteil sind statische, einmal
eingestellte Daten wie sie bei der Konfiguration eines Servers in einer Datei
abgespeichert werden. Diese Datei mit den entsprechenden Einstellungen

---

muss selbstverständlich auch ein zweites Mal und außerhalb des Systems vorhanden sein...\}

[Daten + Sicherungslösung, die = 2x]; Rarität. In der Regel ein Programm, eine Software, mit der Daten gesichert werden könn(t)en. Das ist nachvollziehbar **[+]**.

[Daten + Sicherungsmaßnahme, die = 2x]; Rarität. Das ist kühn **[–]**. Werden Daten gesichert, so ist das bereits ein Vorgang, eine [Maßnahme, die = 159x], die nicht differenziert werden muss.

[Daten + Sicherungsplan, der = 5x]. Ein Plan, was alles, wann, wo, wohin, wie, durch wen verbindlich gesichert werden muss. Das ist nachvollziehbar **[+]**. Siehe auch [Datensicherung(s) + Konzept].

[Daten + Sicherungssystem, das = 7x]; das ist wolkig **[–]**. Leider wiederholt es sich, dass ein substantiviertes Verb-Upgrade, hier *sichern* wird zu *Sicherung*, aufgedonnert wird durch ein angehängtes [System, das = Top-25].

[Daten + Sicherungstresor, der = 1x]; Rarität. Das ist trostlos **[–]**. Vermutlich der Marketing-Ausdruck eines Herstellers.

[Daten + Sicherungsverfahren, das = 2x]; Rarität. Die Art und Weise, wie die Sicherung, das Sichern durchgeführt wird. Wie Daten gesichert werden. Das ist nachvollziehbar **[+]**. Vergleichbare Bedeutung (Synonym) mit [Datensicherungsplan] oder [Datensicherungskonzept].

[Daten + Sparsamkeit, die = 3x]. Das ist mulmig **[–]**. Theoretisch kannst du an Daten sparen, indem du sie einfach nicht erhebst. Dann hast du sie ausgelassen, weggelassen, nicht erhoben, übersehen, dann sind sie nicht. [Sparsamkeit, die = UNGENUTZT], so kannst du das nicht nennen.

[Daten + Speicher, der = 5x]. Ein digitaler Speicher, der für Daten reserviert ist – für was wohl sonst. Das ist nachvollziehbar **[+]**.

[Daten + Speicherdienst, der = 1x]; Rarität. Das ist grotesk **[–]**. Ja, Daten können gespeichert werden und werden gespeichert. Du nennst das dann richtigerweise [Speichern, das = 4x] oder die [Speicherung, die = 21x]. Einen Diener musst du deswegen nicht beauftragen.

[Daten + Speicherung, die = 4x]. Daten können gespeichert werden, keine Frage. Das ist nachvollziehbar **[+]**.

* * * * *

<u>Rand-Notiz Nr. 07. -</u> <u>Der Medizinische Dienst Niedersachsen ist Opfer eines Cyberangriffs geworden.</u>

> Nach Informationen des NDR in Niedersachsen hat der Gutachterdienst zum Schutz alle Systeme vom Netz genommen. - Stand: 12.06.2023 13:12 Uhr

"Die internen Sicherungssysteme haben dies festgestellt und den Angriff gestoppt", heißt es auf der Website des Medizinischen Dienstes. Bereits am Freitag hatten interne Sicherheitssysteme den Angriff bemerkt. Auf Daten sei bei der Cyberattacke nach jetzigem Stand nicht zugegriffen worden, teilte ein Sprecher dem NDR in Niedersachsen mit. (…)

Der Medizinische Dienst erstellt beispielsweise Pflegegutachten und prüft Pflegegruppen, kontrolliert aber auch Pflegeheime und Krankenhäuser. Seit dem Cyberangriff finden keine Termine mit Gutachtern statt. Auch per Telefon oder E-Mail ist der Gutachterdienst momentan nicht erreichbar. Lediglich die Website ist von dem Angriff nicht betroffen und soll laufend aktualisiert werden.

Wie lange der Medizinische Dienst eingeschränkt bleibt, ist noch nicht klar. Man rechne mit etwa einer Woche, sagte ein Sprecher. IT-Experten überprüfen nun die Systeme und untersuchen, was genau passiert ist. Auch das Landeskriminalamt sei informiert worden, so der Sprecher.

* * * * *

[Daten + Spiegelung, die = 2x]; Rarität. Es handelt sich um ein älteres, aber nicht überholtes Verfahren, Daten zu sichern. Zu einem festgelegten Zeitpunkt werden die Daten A „gespiegelt". Es gibt dann gleichzeitig die Daten A'. Das ist teilweise nachvollziehbar [+].

[Daten + Strom, der = 10x]; das ist riskant [–]. Zwar könnte ein Datenfluss akzeptiert werden, weil ein einfaches Fließen ausgedrückt wird. Das dieses jedoch zu einem Strom anwachsen sollte, passt nicht ins Bild. Es könnte auch ein (elektrischer) Strom für die Daten gemeint sein, doch auch das ist unsinnig [–].

[Daten + Struktur, die = 1x]; Rarität. Weil die Daten stets in der Mehrzahl (Plural) auftreten, können sie so gesehen auch eine Struktur oder einen strukturierten Auftritt haben. Das ist nachvollziehbar [+].

[Daten + Technik, die = 1x]; Rarität. Eine [Technik, die = 276x], die die Daten nutzt. Das ist teilweise nach vollziehbar [+].

[Daten + Transfer, der = 1x]; Rarität. Transfer bedeutet Übertragung. Daten können übertragen werden. Das ist nachvollziehbar [+].

[Daten + Transferschnittstelle, die = 1x]; Rarität. Das ist eigentümlich [–], da ein Transfer von A nach B selbstredend ermöglicht werden muss, etwa durch ein Kabel. Dieses muss selbstverständlich irgendwo hineingesteckt oder angeschlossen werden.

[Daten + Transferverfahren, das = 1x]; Rarität. Das ist kauzig [–]. Wie viel unterschiedliche [Verfahren, das = 159x] sollte es denn geben, wenn Daten von A nach B übertragen, also transferiert werden?

[Daten + Träger, der/die = 270x]. Das ist ein echter Ort, an dem du deine Daten speicherst (oder auch sicherst. Diesen kannst du [Datenspeicher, der = 5x] nennen oder eben Datenträger. Das ist nachvollziehbar **[+]**.

<u>IT-Grundschutz-Kompendium</u>

> 01. Der Aufbewahrungsort (*für Speichermedien,* GFG) SOLLTE so klimatisiert sein (1H), dass die Datenträger entsprechend der zeitlichen Vorgaben des Datensicherungskonzepts aufbewahrt werden können (2NI).
>
> > CON.3 Datensicherungskonzept, CON.3.A12 Sichere Aufbewahrung der Speichermedien für die Datensicherungen, S. 153/900

{Patch – In welchem Zusammenhang die Klimatisierung mit den zeitlichen Vorgaben stehen soll, ist unklar, verwirrt, und lenkt vom Wesentlichen ab: Auch Datenträger haben, wenn sie intensiver Hitze ausgesetzt werden, ihre Grenzen. Wie das bei intensiver Kälte ist, weiß ich nicht...\}

> 02. Unter dem Begriff Datenträger werden in diesem Baustein analoge Datenträger wie Papier oder Filme, sowie digitale Datenträger wie Festplatten, SSDs oder CDs zusammengefasst (A).
>
> > CON.6: Löschen und Vernichten, 1.1 Einleitung, S. 157/900

{Patch – Mal eben die Erklärung ohne Gewähr, was denn nun SSDs sind:

> Ein Solid-State-Drive bzw. eine Solid-State-Disk (kurz SSD; aus dem Englischen entlehnt), seltener auch Halbleiterlaufwerk oder Festkörperspeicher genannt, ist ein nichtflüchtiger Datenspeicher der Computertechnik.
>
> > https://de.wikipedia.org/wiki/Solid-State-Drive; Stand 04.05.2023

Gespeichert werden Daten im 100er Terra-Byte Bereich. Damit gut. Nicht erwähnt werden die weit verbreiteten USB-Sticks.

Die hauptsächliche Kritik geht so: Erstens, wieso wird eine solche umfassende Begriffsbestimmung nicht an zentraler Stelle, etwa im Glossar, geliefert? Zweitens, warum wird nicht der wesentlich eindeutigere Begriff der [Speichermedien, die = 36x] anstatt [Datenträger] verwendet, und zwar durchgängig? Der semantische Vorteil liegt in der Motiviertheit des Kompositums. Was ein Medium ist, ist klar. Welchen Zweck das Medium hat, das benennt das Speichern...\}

> 03. Darüber hinaus könnten die Personen (1Ha), die Datenträger entwendet haben (2NR), vertrauliche Informationen einsehen und offenlegen (1Hb).
>
> > INF.6: Datenträgerarchiv, 2.4 Diebstahl, S. 824/900

{Patch – Zunächst befinden sich auf unseren Datenträgern natürlich Daten. Erst wenn du sie interpretierst, kommst du möglicherweise an Informationen. Die könntest du zum Schlechten benutzen. Dies ist ein anderer Sachverhalt oder Ablauf, der von dem „Einsehen und Offenlegen" nicht annähernd erfasst wird...\}

[Daten + Trägerarchiv, das = 28x]. Wenn mit diesem Kompositum ein verschließbarer, beschrifteter Schrank gemeint ist, oder eine feuerfeste "Kiste" (z.B. Tresor) oder gar ein mit Feuertür gesicherter, eigener Raum, dann kann das ein Archiv genannt werden, dann ist das teilweise nachvollziehbar **[+]**.

Andrerseits fällt auf, dass dem [Datenträgerarchiv] ein eigenes Kapitel gewidmet wird, und das verwundert. Ich habe vorgeschlagen, statt von [siehe Daten + Träger, der/die] von [Speichermedien] zu sprechen, wegen der Motiviertheit. Und wegen der Motiviertheit würde ich [Archiv, das = 17x] ersetzen durch [Aufbewahrungsort, der = 1x]. Von mir aus dann ein Kapitel schreiben mit dem Thema: Gesicherte Aufbewahrungsorte für Speichermedien … und schon ist ein schöner Weg frei.

[Daten + Trägerart, die = 1x]; Rarität. Der Träger kann etwa ein USB-Stick sein oder eine externe Festplatte und so weiter. All das kann als [Art, die = 103x] bezeichnet werden und das ist nachvollziehbar **[+]**.

[Daten + Trägerschleuse, die = 2x]; Rarität. Das ist ernst **[–]**. An der Küste sichert eine Schleuse bei Flut, dass die nicht in einen Flusslauf hineindrängt. Ist Ebbe, öffnet sich die Schleuse, der Fluss kann unbedrängt wieder ins Meer fließen. Was das bezogen auf Datenträger bedeuten kann, kann nicht ermittelt werden.

[Daten + Trägertransport, der = 5x]. Ist etwas unhandlich, aber Datenträger müssen auch mal transportiert werden. Das ist nachvollziehbar **[+]**.

[Daten + Trägerverschlüsselung, die = 1x]; Rarität. Ist etwas umständlicher als eine [siehe Daten + Verschlüsselung, die = 2x]. Aber auch Datenträger sollten verschlüsselt werden – was in der Praxis eher selten umgesetzt wird. Das ist nachvollziehbar **[+]**.

[Daten + Trägerverwaltung, die = 4x]. Das ist seltsam **[–]**. Sollte mit [Verwaltung, die = 101x] etwa eine Liste gemeint sein, dann wäre das nachvollziehbar. Ich glaube jedoch nicht, dass das mit dem Kompositum gemeint ist.

[Daten + Typ, der = 1x]; Rarität. Wird mit dem Typ das [Format, das = 9x] angesprochen, wäre das nachvollziehbar **[+]**.

[Daten + Übermittlung, die = 1x]; Rarität. Ein Synonym zu [siehe Daten + Übertragung = 14x] oder [siehe Daten + Transfer = 1x], also ist das nachvollziehbar **[+]**.

[Daten + Übernahme, die = 2x]; Rarität. Das ist abfällig **[–]**. Geht die [Datenübermittlung] und Verwandte von einem Weg von A nach B aus, wechselt in diesem Wort die Perspektive und B schaut zu A. Vermutlich ist dieser Standortwechsel willkürlich entschieden.

[Daten + Übertragung, die = 14x]. Eine der bereits genannten drei Freundinnen wie [Datenübernahme]. Das ist nachvollziehbar **[+]** und im Vergleich mit den anderen mein Favorit.

[Daten + Verarbeitung, die = 9x]. Daten werden grob gesagt in [Rechnern, der/die = 7x] und von Rechnern verarbeitet. Das ist nachvollziehbar **[+]**.

[Daten + Verarbeitungsaufgabe, die = 2x]; Rarität. Das ist verschroben **[–]**. Du kannst die Datenverarbeitung starten. Und solltest du sie aufgeben, dann stoppst du sie, dann hört sie auf. Punkt.

[Daten + Verbindung, die = 9x]; das ist verzwickt **[–]**. Ich habe geschrieben, dass du dir Daten (immer in der Mehrzahl, im Plural) als einen Haufen von Ziffern vorstellen mögest. Ausgestattet ist der Haufen mit einer Ordnung und Struktur. Wie sich nun eine Verbindung herstellen lassen soll, das kann ich mir nicht vorstellen.

[Daten + Verkehr, der = 12x]. Ja, passend fand ich bereits den [Datenfluss]. In dem Kompositum mit dem [Verkehr, der = 2x] wird ein Bild aus dem Leben herangeholt. In der Tat rauschen die Daten auch über große Entfernungen. So kann von einem Verkehr gesprochen werden, das ist nachvollziehbar **[+]**.

[Daten + Verlust, der = 82x]. Wie geht das, wenn Daten verloren gehen? Wenn du Geld verlierst, liegt das auf der Straße. Ich habe einmal in Paris vor der Sorbonne ein 5-Cent-Stück gefunden, welches jemand verloren und diesen Verlust nicht bemerkt hatte.

Frage dich, kannst du Daten wie das 5-Cent-Stück auf der Straße finden? Kannst du nicht! Einen USB-Stick, den könntest du auf der Straße finden. Keineswegs ist gesagt, dass du eventuell Daten auf diesem USB-Stick finden kannst.

Mit [Datenverlust] muss also etwas anderes beschrieben werden. Ändern wir ein wenig die Perspektive oder den Standpunkt, dann könnten gelöschte (!) Daten auch verlorene Daten sein. Du hast wegen deines Löschens einen [Datenverlust] erlitten.

Oder ein erfolgreicher [Angriff, der = 210x] ist gelaufen. Die Bösewichter haben deine Daten kopiert, sie existieren nun ein zweites Mal. Auch dann könntest du sagen, du hättest die Daten verloren, du hättest wegen der Bösewichter einen [Datenverlust erlitten. Obgleich du sie noch hast.

Wird vom Datenverlust gesprochen, immer auf die konkrete Perspektive achten. Denn davon sind deine weiteren [Handlungen, die = 51x] oder von mir aus [Maßnahmen, die = 159x] abhängig, willst du erfolgreich sein. Das ist nachvollziehbar **[+]**.

<u>IT-Grundschutz-Kompendium</u>

> 01. Datenverlust kann unter anderem durch eine defekte Festplatte oder einen Dieb entstehen (1H), der die Festplatte stiehlt (2NR).

{Patch – Soll der Dieb die defekte Festplatte stehlen, sie ist doch defekt. Nein, im Ernst. Eine defekte Festplatte bedeutet nicht zwangsläufig einen Datenverlust. Auch eine zerstörte Festplatte bedeutet das nicht zwangsläufig. Mit mehr oder weniger großen Aufwand lassen sich diese Daten wiederherstellen (siehe Daten + Wiederherstellung, die = 1x, Rarität]. Ein [Dieb, der = 1x !!!] als Verursacher eines Datenverlustes via Festplatte, ist zu vernachlässigen...\}

> 02. Ein Datenverlust ist ein Ereignis (1H), das dazu führt (2NR), dass ein Datenbestand nicht mehr wie erforderlich genutzt werden kann (Verlust der Verfügbarkeit) (3NI).

Elementare Gefährdungen; G 0.45 Datenverlust, S. 89/900

{Patch – Der zwanghafte Versuch, den Datenverlust definieren zu müssen, dieser Versuch verhindert, dass ein Datenverlust nicht ernst genommen wird. Steile These. Ja, genau! Lasst diesen verbalen Unfug. Einfacher so: *Gehen Daten verloren, wird das Datenverlust genannt. Es gibt unterschiedliche Gründe/Situationen ...* und nun folgen absteigend nach Häufigkeit all die Geschichten, an deren Ende dieser Datenverlust stehen könnte...\}

> 03. Bei Wechseldatenträgern ist das Risiko von Datenverlusten höher als bei stationären Systemen (A).

SYS.4.5: Wechseldatenträger, 2.3 Diebstahl oder Verlust von
Wechseldatenträgern, S. 664/900

{Patch – Nun ja, zunächst ist der Wechseldatenträger weg. Nur wenn da Daten mit erheblicher Relevanz gespeichert waren, entsteht ein gewisses Risiko, dass der Wechseldatenträger in falsche Hände gelangt. Mit anderen Worten, von einem Datenverlust kann seriös noch nicht die Rede sein...\}

[Daten + Verschlüsselung, die = 2x]; Rarität. Das Bild: Unser formalisierte und strukturierte Haufen von Ziffern bekommt ein virtuelles Schloss bestehend aus wirren und verwirrenden Ziffern, begleitet von obskuren Buchstaben und rätselhaften Zeichen wie %&§??. Schwer zu knacken, das Ganze. Das ist nachvollziehbar **[+]**. /

[Daten + Versorgung, die = 1x], Rarität. Das ist finster **[–]**. Versorge mal jemand anderes mit Daten, der kommt nicht weit. Oder statte mal jemand mit Daten aus. Geht nicht, du kannst mit Daten kein Loch stopfen.

[Daten + Volumen, das = 1x]; Rarität. Das ist platt **[–]**. Daten sind immer in der Mehrzahl und blasen sich nicht auf wie ein Frosch oder ein Ballon. Daten sind zählbar, es gibt eine [Datenmenge, die = 6x].

[Daten + Wiederherstellung, die = 1x], Rarität. Auch gelöschte Daten können wieder hergestellt werden, also sichtbar gemacht werden. Das kostet aber viel Zeit, und Geld, und man braucht Erfahrung. Das ist nachvollziehbar **[+]**.

[Daten + Zugriff, der = 2x]; Rarität. Das ist merkwürdig [–]. Daten kannst du anlegen oder erzeugen (generieren). Du kannst sie kopieren oder löschen, jedoch zugreifen? Natürlich, Daten kannst du lesen. Zu einer „Daten-Lese", welches eine interessante Analogie wäre, oder zu einer „Daten-Lesung" fehlte dem IT-Grundschutz die Phantasie. Lieber kalt technisch, anstatt bildlich.

* * * * *

Rand-Notiz Nr. 08. - Schwieriger Zugriff auf Daten

> ICE 881, 14:44h zwischen Lüneburg und Hannover Fetzen eines Dialoges zwischen einer Frau und einem Mitarbeiter der DB. Es wird die aktuelle Bahncard erbeten. Doch, die sei auf dem Smartphone. Nun ja, da ist nur die alte Bahncard. Aktualisieren Sie bitte. Ui, jetzt ist da die neue. An mir und meinem Platz geht der Mitarbeiter der DB vorbei. Ich habe den Comfort-Check-In genutzt. Ich bin halt ein alter Hase, der ich auch bin, zumindest alt.
>
> Irgendwann April 2024

* * * * *

[Detektion(s) + System, das = 21x]. Die [Detektion, die = 52x] bedeutet das Aufspüren etwa von Viren, Trojanern und die ganze Familie. Und genau das sollte schon systematisch ablaufen, ohne deswegen gleich aufgepumpt zu werden zu einem System. Trotz der Bedenken, teilweise nachvollziehbar [+].

[Diagnose + Daten, die = 1x]; Rarität. Zahlen, die du wegen einer hoffentlich sehr gründlichen Untersuchung, einer Diagnose ermittelt hast. Das ist nachvollziehbar [+].

[Dialog + Benutzer, der/die = 1x]; Rarität. Ein Sprachwissenschaftler könnte bei einem solchen Konstrukt durch die Decke gehen [–]. Ein [Dialog, der = UNGENUTZT, der IT-Grundschutz ist kein Dialog mit niemandem!!] ist per definitionem eine Wechselrede, wie es bereits Wilhelm von Humboldt festhielt. Ein Hin und Her, ein ich, dann du, dann ich, dann du. Wie könntest du da zum Benutzer/zur Benutzerin werden?

[Diebstahl + Risiko, das = 1x], ausgedrückt werden soll vermutlich die Wahrscheinlichkeit, mit der z.B. deine persönlichen [Daten, die = Top-25] gestohlen werden. Das ist sehr schwach nachvollziehbar [--].

* * * * *

Top-25: [Dienst, -e, der = 446] – [Dienst] wird 34-mal modifiziert für eine
digitale Sicherheit

A.) - Erklärung/Wortbestimmung

Das Wörterbuch (1985) versteht unter [Dienst] eine berufliche Arbeit etwa in
einer staatlichen, kirchlichen Institution, die bestimmte Pflichten umfasst. Als
Beispiele werden aufgeführt „ein anstrengender Dienst" oder „der militärische
Dienst".

Der [Dienst] scheint ein leicht unübersichtliches Wort geworden zu sein, wie
im Jahr 2023 die im DWDS aufgereihten Bedeutungen zeigen: 1. einen
bestimmten Pflichtenkreis umfassende, bezahlte Arbeitstätigkeit in einem
öffentlichen Amt, im Beruf; 2. unbezahltes, meist freiwillig verrichtetes Amt; 3.
Hilfe, Unterstützung; Gefälligkeit (z.B. **Dienst am Kunden**); 4. (staatliche)
Organisation, Gruppe, die für eine bestimmte Arbeit vorgesehen ist;
Tätigkeitsbereich dieser Organisation; 5. [Wirtschaft] Synonym zu Dienstleister
oder Synonym zu Dienstleistung; 6. [Informations- und
Telekommunikationstechnik] wie a) Methode, Service der Übermittlung von
Informationen über ein Telekommunikationsnetz; b) Angebot an virtuellen
Inhalten, Funktionen; c) nutzbare Anwendung, Hilfsmittel, Instrument

www.dwds.de

{Patch – In der Wirtschaft sei, so DWDS, der [Dienst] ein Synonym a) zu
[Dienstleister, der/die = 280x im IT-Grundschutz] und b) zur [Dienstleistung,
die = 43x]. Dieses sind keine redaktionellen Aussagen, sondern sie sind
mittels KI aus Wirtschaftsteilen überregionaler Zeitungen wie DIE WELT
ermittelt. Weil dieses eher beiläufig in der Begriffsbestimmung auftaucht, fällt
der Unsinn auch nicht auf.

Ob ein Synonym funktioniert oder nicht, kannst du mit einer Ersetzungsprobe
herausfinden. Sie geht so:

a) Gegeben sei der Satz: *Der Dienstleister ist äußerst unzuverlässig*.
Ersetzungsprobe: *Der Dienst ist äußerst unzuverlässig.* - Wessen Rechnung
muss gekürzt werden? Antwort: Die Rechnung des Dienstleister, denn nur der
kann Rechnungen stellen. Der Dienst funktioniert nicht als Synonym für
Dienstleister.

b) Gegeben sei der Satz: *Die Dienstleistung ist nicht im Budget
berücksichtigt.* Ersetzungsprobe: *Der Dienst ist nicht im Budget
berücksichtigt.* - Wird in einem Budget eine Leistung oder ein Dienst in
Zahlen ausgewiesen? Antwort: Nur die erfolgte Dienstleistung hat einen Wert,
der Dienst muss funktionieren. Der Dienst funktioniert auch nicht als Synonym
für Dienstleistung.

Einer Redaktion wäre das schon von vornherein klar gewesen. Eine KI kann
nur stumpf und vor allem automatisiert Wörter auswerten, vergleichen,
Korrelationen herstellen – aber die Wörter nicht verstehen!

Trotzdem ist sind die Synonyme in der Welt. Hier im kleinen siehst du, wie Fake News entstehen könnten. Weil irgendein Schwachkopf (oder die KI) Korrelationen herstellt, die die Realität oder im Fall von Wörtern die Referenzen ausblenden...\}

Ich habe den Verdacht, dass sich das BSI der vielen Bedeutungen beim Erstellen des IT-Grundschutz-Kompendiums nicht bewusst gewesen ist.

Außerdem gibt es neben diesen Bedeutungen die Übersetzung des englischen „service" in das Deutsche, unter anderem eben auch als „Dienst".

<u>IT-Grundschutz-Kompendium</u>

> 01. Ein mangelndes Anforderungsmanagement vor der Cloud-Nutzung kann jedoch dazu führen (1H), dass die Erwartungen nicht erfüllt werden (,2NI) und der **Dienst** nicht den gewünschten Mehrwert, z. B. hinsichtlich der Verfügbarkeit, liefert (3NI).
>
> OPS.2.2: Cloud-Nutzung, 2.3 Mangelhaftes Anforderungsmanagement bei der Cloud-Nutzung, S. 281/900

{Patch – Die Bedeutung des Kompositums [Anforderung(s) + Management] ist problematisch – siehe auch den entsprechenden Eintrag unter Top-25: [Anforderung]. Das folgende Verhältniswort / die Präposition [vor] ist falsch. Sie kündigt kein Ziel des [Managements] an. Angebracht ist das Verhältniswort [für].

Eine Fehlbesetzung sind in dem Teilsatz (2NI) die [Erwartungen], da bereits in dem vorangehenden Hauptsatz (1H) von wie auch immer gemeinten [Anforderungen] gesprochen wurde.

Der nun im Teilsatz (3NI) genannte [Dienst] kommt in der Einzahl / im Singular daher, während die im Hauptsatz (1H) aufgeführte Nutzung garantiert vielfältiger ist und nicht auf einen [Dienst] beschränkt ist.

In welcher Absicht ein „gewünschter [Mehrwert = 3x]" angeführt wird, ist nicht nachvollziehbar. Tatsächlich relevant und dieses unter wirtschaftlicher Perspektive ist die [Verfügbarkeit = 235x] der Cloud und der dort ausgelagerten Dienste. Sie muss nicht nur innerhalb der Telematik-Infrastruktur dicht vor 100% liegen, sondern bei jeder „Cloud-Nutzung"...\}

> 02. Im Rahmen der Auswahl MUSS auch entschieden werden (1H), ob die Systeme als Cloud- oder lokaler **Dienst** betrieben werden sollen (2NV).
>
> APP.5.2: Microsoft Exchange und Outlook, APP.5.2.A2 Auswahl einer geeigneten Exchange-Infrastruktur, S. 461/900

{Patch – [MUSS/MÜSSEN] = Notwendigkeit, Pflicht, so und keinesfalls anders zu handeln – siehe Modalverben.

Ganz so daneben wie der erste Satz ist das zweite Beispiel nicht. Der [Dienst] wird in einen Teilsatz (2NV) / Nebensatz ausgelagert – und kann gelöscht werden! Die Entscheidung fällt zwischen einem Betrieb der Systeme in der Cloud oder einem lokalen Betrieb, etwa auf eigenen Servern im Unternehmen, in einem Rechenzentrum einer Organisation oder in der Praxis...\}

> 03. Hierbei MÜSSEN mindestens die Art der Protokollverletzung bzw. des ACL-Verstoßes, Quell- und Ziel-IP-Adresse, Quell- und Zielport, **Dienst**, Datum und Zeit sowie, falls erforderlich, die Verbindungsdauer protokolliert werden (A).
>
> NET.3.2: Firewall, NET.3.2.A9 Protokollierung, S. 762/900

{Patch – [MUSS/MÜSSEN] = Notwendigkeit, Pflicht, so und keinesfalls anders zu handeln – siehe Modalverben.

In diesem Satz bin ich mir wegen der Angemessenheit eines [Dienstes] nicht sicher. Ich sehe mich deswegen im Windows-Betriebssystem, dort in der Systemsteuerung ein wenig um und finde:

> Protokollname: System – Quelle: Service Control Manager - Dienst "Volumeschattenkopie" befindet sich jetzt im Status "Beendet".
>
> Protokollname: System - Quelle: Service Control Manager - Dienst "Defragmentierung" befindet sich jetzt im Status "Beendet".
>
> Protokollname: System – Quelle: Service Control Manager - Dienst "Windows-Zeitgeber" befindet sich jetzt im Status "Ausgeführt".
>
> „Mein Windows", Ereignisanzeige lokal, System, Stand 09.03.23

Mir ist bewusst, dass diese Beispiele nur ein winziger Ausschnitt sind, mir kommt es jedoch auf das Prinzip an.

Grammatisch gibt es in dem Satz Nr. 3 eine unklare, semantische Beziehung zwischen dem [Protokoll], welches ja verletzt wurde, bzw. zwischen der Access Control List (ACL), gegen die verstoßen wurde und dem [Dienst].

Wäre es grammatisch nicht eindeutiger, den [Dienst] durch das [Protokoll] zu ersetzen, so lange es wirklich um die dokumentierten Verletzungen bzw. Verstöße geht? Wie geschrieben, ich bin mir da nicht sicher. Eine andere Situation ergibt sich, wenn nur von Verletzungen gesprochen werden würde, oder nur von Verstößen. Dann könnten die [Dienste] bleiben wo sie sind ...\}

> 04. Router und Switches MÜSSEN so konfiguriert sein (1H), dass nur zwingend erforderliche **Dienste**, Protokolle und funktionale Erweiterungen genutzt werden (2NI).
>
> NET.3.1: Router und Switches, NET.3.1.A1 Sichere Grundkonfiguration eines Routers oder Switches, S. 753/900

{Patch – [MUSS/MÜSSEN] = Notwendigkeit, Pflicht, so und keinesfalls anders zu handeln – siehe Modalverben.

Jetzt passen die [Dienste], endlich. Nur sollte die Dramatik des „zwingend erforderlich" ersetzt werden durch „benötigt". Außerdem das Verb/Prädikat erweitern: „genutzt werden können"...\}

> 05. So können die Server oder **Dienste** beispielsweise vorübergehend nicht verfügbar sein (,1H) oder es können Datenverluste auftreten (2H).
>
> SYS.1.1 Allgemeiner Server, 2.4. Überlastung von Servern, S. 492/900

{Patch – Da ja die Dienste irgendwie auf Servern laufen, wäre es in dem Satz Nr. 5 naheliegend von einzelnen Diensten zu sprechen, die nicht verfügbar sind, obwohl der Server schnurrend läuft wie ein Spinnrad...\}

B.) - [Dienst, der] wird in den folgenden zusammengesetzten Wörtern (Komposita) differenziert und eingeschränkt (= Grundwort/Letztwort) durch ...

Anwendung(s) + D. = 5x / Auskunft(s) + D. = 1x / Authentifizierung(s) + D. = 4x / Basis + D. = 1x / Daten + D. = 2x / Datenspeicher + D. = 1x / Drucker + D. = 1x / Druck + D. = 2x / Fernwartung(s) + D. = 4x / Festspeicher + D. = 1x / Funk + D. = 1x / Gesundheit(s) + D. = 1x / Infrastruktur + D. = 1x / Internet + D. = 1x / Kommunikation(s) + D. = 1x / Netz + D. = 7 / Online + D. = 2x / Ortung(s) + D. = 1x / Pförtner + D. = 5x / Reputation(s) + D. = 1x / Server + D. = 5x / Sicherheit(s) + D. = 4x / Speicher + D. = 1x / Sprach + D. = 1x / Synchronisation(s) + D. = 2x / System + D. = 1x / Telekommunikation(s) + D. = 1x / Telemetrie + D. = 1x / Verbund + D. = 2x / Verzeichnis + D. = 163x / Web + D. = 2x / Wetter + D. = 1x / Zeit + D. = 1x

C.) - [Dienst, der] = nun als Bestimmungswort, das differenziert und die Bedeutung des Grundwortes/Letztwortes erweitert in den folgenden zusammengesetzten Wörtern (Komposita):

[Dienst + Account, der = 1x]; Rarität, das Kompositum ist kauzig **[--]**. Den [Account = 35x] entweder verstanden als [Anmelde + Formular] oder als [Nutzer + Profil], beides näher bestimmt durch das Hauptwort/Substantiv [Dienst], was soll das aussagen?

[Dienste + Anbieter, der/die = 47x]; das ist gediegen **[--]**. Gemeint sind die [Dienste], die innerhalb eines Systems bestimmte Funktionen übernehmen, was naturgemäß etwas schwierig umgesetzt werden kann. Werden hingegen [Dienst + Leistungen] angeboten, dann muss eben auch von einem [Dienstleistung(s) + Anbieter] gesprochen werden und es darf nicht gedankenlos verkürzt werden. Einen solchen Anbieter gibt es im IT-Grundschutz bezeichnender Weise nicht. Aus diesem Grund wird der [Dienstleister] eingeführt.

IT-Grundschutz-Kompendium

> In diesem Fall (= die Kündigung eines Outsourcing, GFG) ist es schwierig bis unmöglich (1H), den ausgelagerten Cloud-Dienst

zeitnah beispielsweise auf einen anderen Diensteanbieter zu
übertragen (2NI,) oder ihn wieder in die eigene Institution
einzugliedern (3NI).

OPS.2.2: Cloud-Nutzung, 2.9 Unzureichende Regelungen für das Ende eines
Cloud-Nutzungs-Vorhabens, S. 282/900

{Patch – Das ist die Falle, kurzfristig, also „zeitnah" ist ein Problem bis hin zu
einem „unmöglich". Ist in dem Geschäft ein kurzfristiger Wechsel denkbar?
Wenn es etwa eine Insolvenz gibt, kann die Situation eintreten, wenn es eine
Übernahme gibt, wenn es ein Zusammenschluss gibt, wenn es einen Streik
gibt, wenn es einen erfolgreichen und folgenreichen Angriff gibt. Du, der du
ausgelagert hast, du bist dann machtlos, einflusslos, und du wirst auch nicht
alles erfahren, was du erfahren solltest. Um kurzfristig ...\}

[Dienst + Anweisung, die = 1x]; Rarität. Eine Anweisung, die die Eigenschaft
hat, dienstlich zu sein und die sich dienstlich legitimiert, das ist
nachvollziehbar **[+]**.

[Dienst + Betreiber, der/die = 1x]; Rarität, und die ist spukhaft **[--]**. Sind im
IT-Grundschutz die [Dienste] tatsächlich Teil eines Systems, dann kann es
auch nur einen [System + Betreiber] geben. Den aber gibt es im IT-
Grundschutz nicht.

[Dienst + Güte, die = 2x]; Rarität. Das ist verbissen **[--]**. Mit [Güte], die im IT-
Grundschutz als solche nicht mehr vorkommt, wird die [Qualität] gemeint,
ohne dieser genauer zu beschreiben. Eine [Dienste + Qualität] ist nicht
vorgesehen, eine [Dienstleistung(s) + Qualität] schon. Nämlich genau 1-mal!

[Dienst + Konto, das = 9x]; das ist komisch **[--]**. Ich sehe hier eine gewisse
Ähnlichkeit zu dem kauzigen [Dienst-Account]. Das [Konto] stammt aus der
italienischen Finanzsprache. Noch heute heißt es, wenn es um die Rechnung
im Restaurant geht: Il conto, per favore. Auf ein Konto zahlt man Geld ein, von
einem Konto hebt man Geld ab. Ohne Konto bekommst du z.B. keine EC-
Karte, erst recht keine Credit-Card. Ein dienstliches Konto ... nein.

[Dienst + Leister, der/die = 260x]; ein (hoffentlich) wirtschaftlich arbeitendes
Unternehmen. Oft Teil eines Konzerns, hin und wieder Start-Up. Hin und
wieder an einer Börse vertreten. In erster Linie soll dann mit den angebotenen
und verkauften [Dienstleistungen] ein Gewinn erzielt werden, und dann
natürlich auch eine anständige Dividende ausgeschüttet werden.

Im Laufe der Zeit ist dieses Kompositum zu einem Oberbegriff geworden, will
sagen, du hast einen inflationären Gebrauch. Sonst eher unverdächtige,
irgendeine Leistung erbringende Unternehmungen schlüpfen unter den
Schirm der Dienstleister. Selbst im Gesundheitswesen, die Ärztin, der Arzt,
eben Dienstleister.

Trotz allem, das Kompositum ist semantisch nachvollziehbar **[+]**: Ein [Dienst +
Leister] übernimmt Aufgaben, die einem Unternehmen, einer Organisation
oder Arztpraxen unterstützen.

>01. Zu beachten ist außerdem (1H), dass Dienstleister ebenfalls häufig auf Unterauftragnehmer zurückgreifen (2NI), um ihre Leistungen gegenüber dem Auftraggeber zu erbringen (3NV).
>
>Elementare Gefährdungen, G 0.11 Ausfall oder Störung von Dienstleistern, S. 55/900

{Patch - Die Empfehlung „zu beachten ist", sie ist an Schwäche nicht zu unterbieten. Traditionell kommen Dienstleister mit der Aussage daher: alles aus einer Hand. Geht es dann in Richtung Auftrag oder Vertrag, purzeln regelmäßig diese „Unterauftragnehmer" auf den Tisch. Dank der DSGVO müssen Dienstleister alle [Unterauftrag(s) + Nehmer] mit allen relevanten Informationen auflisten. Und du als Auftragsgeber musst gegenüber jedem deine Einwilligung zur Verarbeitung DEINER Daten geben. So taucht dann plötzlich ein chinesisches Unternehmen auf – und du fragst dich, willst ich das? Ich bin jetzt nur auf der Vertragsebene. Wird der Vertrag gelebt, die Dienstleistung also ausgeführt, ergeben sich ganz praktische Probleme, wie sich bei der gehackten Arztpraxis in Niedersachsen gezeigt hatte. Dienstleister war die T-Systems, Unterauftragnehmer war ein Lieferant für Router – das sind die „Kisten", mit denen die Verbindung zur Telematik-Infrastruktur hergestellt wird. Der Router wurde gehackt, und alle Türen und Fenster der Arztpraxis waren offen. Wer ist verantwortlich, wer muss aktiv werden, werden kommt für den Schaden auf. Das alles muss in der Empfehlung stecken...\}

>02. Alternativ SOLLTE für den Fall (1Ha), dass defekte Datenträger ausgetauscht oder repariert werden (2NV), vertraglich mit dem hierzu beauftragten Dienstleister vereinbart werden (1Hb), dass diese Datenträger durch den Dienstleister sicher vernichtet oder gelöscht werden (3NI).
>
>CON.6: Löschen und Vernichten, CON.6.A13 Vernichtung defekter digitaler Datenträger; S. 161/900

{Patch – [SOLLTEN] = Anregung, unverbindliche Empfehlung, so und so zu handeln – siehe Modalverben.

Ich plädiere erst für das – wenn möglich – Löschen defekter Datenträger und dann für ein kräftiges „Zerstören". Ohnehin ist die Frage, ob das Unternehmen, die Organisation oder die Arztpraxis defekte Datenträger nur ersetzt, und der Dienstleister baut ein und überspielt die Daten von der letzten Sicherungskopie. Wie Sicherungskopie??? ...\}

>03. Außerdem könnten sich Benutzer, Administratoren oder externe Dienstleister falsch verhalten (1H), sodass Systemparameter sicherheitskritisch geändert werden (2NV) oder sie gegen interne Richtlinien verstoßen (3NV).
>
>DER.2.1: Behandlung von Sicherheitsvorfällen, 1.1 Einleitung, S. 307/900

{Patch – In welcher Weise „Benutzer" an [System + Parameter, der/die = 1x im IT-Grundschutz] herankommen und verändern, ist schleierhaft und überflüssig zu erwähnen. Es ist kein „falsches Verhalten", wenn die anderen dort herumfuhrwerken. Es sind Fehler bei den Änderungen. Sie können Folgen für die Sicherheit haben. Ob das gleich als ein [Sicherheit(s) + Vorfall = 209x] eingeordnet werden kann, ist fraglich. Schließlich ist unklar, wen das Fürwort/Personalpronomen [sie] im Teilsatz (3NV) ersetzen soll. Grammatisch können es die [System + Parameter] im Teilsatz (2NV) sein, oder die Personen im Teilsatz (1H). So oder so, gegen welche Richtlinien, die zudem nur intern sind, wird verstoßen.

Welches Spiel in dem gesamten Satz die [Dienstleister] spielen, ist unklar. Sollten sie jedoch verantwortlich für eventuelle Fehler sein, dann könnten die dem Satz zufolge sich herausreden. Sie hätten die Richtlinien nicht können, die seien intern und sie, die Dienstleister nun mal extern...\}

[Dienst + Leistung, die = 43x]; um klarer zu sehen, der Blick in den Deutschen Wortschatz, dort wird definiert:

> 1. Dienst, den jmd. freiwillig oder auftragsgemäß leistet
>
> 2. [Wirtschaft] nichtproduktive Leistungen für den gesellschaftlichen und individuellen Konsum

www.dwds.de

Das Kompositum ist mittlerweile in aller Munde, wie an anderer Stelle bereits gesagt. Das Schneiden der Haare geschieht auftragsgemäß, also ist es eine Dienstleistung. Google bietet angeblich Antworten, das Antworten ist eine nicht produktive Leistung, sie wird gesellschaftlich oder individuell konsumiert. Also ist Google gern ein anerkannter Dienstleister, Antworten sind eine Dienstleistung. Ach, das ist alles so nachvollziehbar **[+]**.

<u>IT-Grundschutz-Kompendium</u>

> 01) Beim Outsourcing lagern Institutionen (Outsourcing-Kunden) Geschäftsprozesse und Dienstleistungen ganz oder teilweise zu externen Dienstleistern (Outsourcing-Dienstleistern) aus (A).

OPS.2.1: Outsourcing für Kunden, 1.1 Einleitung, S. 271/900

{Patch – Oje, das geht aber in die falsche Richtung los. Dass [Geschäft(s) + Prozesse ausgelagert werden, ist richtig. Bei der oder den Dienstleistungen ist es vertraglich eben andersherum, sie werden eingekauft. Eine Dienstleistung nur teilweise beziehen zu wollen, das ist erfahrungsgemäß schwierig. Teilweise Haare schneiden? Teilweise Antworten bekommen. Naja...\}

> 02) Es SOLLTE geregelt sein (1H), wie der Betrieb aufrechterhalten werden kann (2NI), falls einer der Kooperationspartner keine Dienstleistungen mehr anbietet (3NV).

IND.1: Prozessleit- und Automatisierungstechnik, IND.1.A11 Sichere Beschaffung und Systementwicklung, S. 677/900

{Patch – Das muss deutlicher formuliert werden, etwa so: *falls einer der Kooperationspartner die Zusammenarbeit aus welchen Gründen auch immer und unangekündigt einstellt.* Genau das ist die Situation, auf die man vorbereitet sein muss...\}

[Dienst + Programm, das = 4x]; das ist schrullig **[--]**. Ein Dienst, für den es ein Programm geschrieben werden muss? Oben hast du gesehen, dass Dienste im IT-Grundschutz einzelne Funktionen innerhalb eines Systems sind. So kann etwa die Umwandlung deiner hart verdienten Euros in Kryptowährung ein solcher Dienst sein. Aber alles was über eine Funktion hinausgeht schlüpft dann unter den Mantel der Dienstleistungen.

[Dienst + Reise, die = 1x]; Rarität. Eine dienstlich veranlasste Reise, die Ausgaben musst du dir dann von der Personalabteilung zurückholen, wenn es eine solche gibt. Du darfst nur bestimmte Hotelkategorien buchen, muss Spesen angeben usw. Das Kompositum wie auch alles drumherum ist nachvollziehbar und etabliert **[+]**.

[Dienste + Verwaltung, die = 1x]; Rarität. Eine Funktion, ein Formular, ein Menü, mit der oder mit denen Dienste verwaltet werden können. Im Betriebssystem Windows übernimmt diese Aufgabe die Systemsteuerung. Das Kompositum ist teilweise nachvollziehbar **[+]**.

[Dienst + Weg, der = 1x]; Rarität. Ein bildhafter Weg, der einen dienstlichen Grund hat: „Du musst nun mal den Dienstweg einhalten", das bedeutet, deinen Antrag auf ein neues Notebook in einem (digitalen) Formular ausfüllen und dieses dann durch die Hierarchien, Pardon, durch die vorgesehenen Abteilungen und über die vorgesehen Tische/Rechner wandern zu lassen. Bis nach einer unbestimmbaren Wartezeit dir dein Notebook genehmigt wird. Mit Glück bringt dir jemand das Notebook vorbei – auch das wäre ein [Dienst + Weg]. Nachvollziehbar das Kompositum **[+]**.

* * * * *

Rand-Notiz Nr. 09. - Smartphone-Apps Datenhandel außer Kontrolle?

Millionen von Standortdaten aus Apps fließen an Datenhändler ab - das zeigen Recherchen des BR mit internationalen Partnermedien. In Deutschland sticht eine populäre Wetter-App besonders hervor. Experten sprechen von "Kontrollverlust".

Ein Datensatz, den der Bayerische Rundfunk mit netzpolitik.org und internationalen Partnermedien ausgewertet hat, gibt tiefe Einblicke in das Leben von Millionen App-Nutzenden weltweit - darunter fast 800.000 Menschen aus ganz Deutschland. Ihre Standortdaten werden auf internationalen Datenmarktplätzen gehandelt.

Tagesschau.de - Stand: 15.01.2025 05:55 Uhr

{Patch – Nun ja, sich mit der Situation abfinden heißt aufgeben heißt resignieren. Können sich zivile, demokratische Gesellschaften das leisten? Ich denke nicht...\}

* * * * *

[Dokumentation(s) + System, das = 1x]; Rarität. Das ist abfällig [–]. Eine regelgerechte Dokumentation hat schon eine plausible [Systematik, die = 1x], was aber kein System ist.

[Dokumenten + Management(s) + System, das = 2x]; Rarität. Das ist empfindlich [–]. Auch eine Verwaltung, ein Management von Dokumenten hat eine Ordnung. Andernfalls wäre es nicht das, wofür es sich ausgibt.

[Dokumenten + Verarbeitung(s) + System, das = 1x]; Rarität. Das ist trostlos [–]. Möglicherweise ist ein Schredder gemeint, das wäre mal was.

[Domänen + Benutzer, der/die = 1x]; Rarität. Das ist furchteinflößend [–]. In der IT ist eine [Domäne, die = 35x] ein eigener, abgegrenzter Bereich. In diesem kannst du dich aufhalten, aber diesen nicht benutzten – möglicherweise nutzen.

[Dritt~ + N]; kommt nicht als eigenständiges Wort vor. [Dritt~] ist ein Wortbildungs-Affix. Er übernimmt die Bedeutung von der Ordinalzahl 3., an dritter Stelle stehen. So wie du dir eine Zweit-Meinung in einer Sache einholen kannst, so könntest du dir auch eine Dritt-Meinung besorgen, wenn du das bezahlen kannst.

[Dritt~] = nun als Bestimmungs-Affix, der differenziert und die Bedeutung des Grundwortes/Letztwortes erweitert in den folgenden zusammengesetzten Wörtern (Komposita):

[Dritt + Netz, das = 1x]; Rarität. Das ist dysfunktional [–]. Eine „Dritt + Meinung" kennst du vielleicht, wenn ein dritter Gutachter das Gefahrenpotenzial deines Netzwerkes ermittelt. Aber ein [Dritt + Netz]...

[Dritt + Software = 1x]; Rarität. Das ist schwierig [–]. Gemeint sein könnt die Software eines dritten Anbieters, aber sicher ist das keinesfalls.

[Druck, der = 7x] = 1. [Physik] Kraft, die auf eine Fläche wirkt, a) die statisch auf eine Fläche wirkt, b) die dynamisch auf eine Fläche wirkt; 2. das Zusammenpressen; 3. [übertragen] Zwang [umgangssprachlich] Bedrängnis

!!! Nicht aufgeführt wird der Druck z.B. einer Zeitung, eines Buches etc. Der Grund des Fehlens, diese Version kam in dem ausgewerteten Fundus vom DWDS nicht vor, also gibt es ihn nicht. Dies ist ein Beispiel von künstlich verursachter und unkontrollierter Wortauslese. Das sollte weiter verfolgt werden..!!!

IT-Grundschutz-Kompendium

> Weiterhin könnten auch Dritte Druck auf Administratoren ausüben (1H), oder {sie könnten\} Anreize für diese schaffen (2H), um mit

ihrer Hilfe missbräuchlich auf Daten oder IT-Systeme zuzugreifen (3NV).

OPS.1.1.2: Ordnungsgemäße IT-Administration, 2.3 Missbrauch von administrativen Berechtigungen; S. 196/900

{Patch – Wie um alles in der Welt sollten denn unpersönliche [Dritte] die Administrierenden in [Bedrängnis, die = UNGENUTZT] bringen? Wer bedrängt wird, fühlt sich gezwungen oder wird direkt gezwungen, Daten oder IT-Systeme für Bösewichter freizugeben. So interpretiere ich den zitierten Versuch...\}

[Druck, der] = als Bestimmungswort, das differenziert und die Bedeutung des Grundwortes/Letztwortes erweitert in den folgenden zusammengesetzten Wörtern (Komposita):

[Druck + Dienst, der = 2x]; Rarität. Das ist bekloppt [–], und alles weitere schau dir bei [Drucker + Dienst an].

[Druck + Infrastruktur, die = 1x]; Rarität. Das ist haarig [–]. Ich denke, der [Druck, der = 7x] ist ein physikalische Größe, die du messen kannst. Das geht also nicht zusammen mit einer [Struktur, die = 42x], die du eher als eine Grundlage verstehen kannst.

[Druck + Server, der = 5x]. Ein solcher kann ein einzelner Rechner sein, der die Verwaltung der Druckaufträge zentral regelt. Oder es kann eine Software sein, die diese Verwaltung zentral übernimmt und ebenfalls Server genannt wird. Das ist nachvollziehbar **[+]**.

[Drucker + Dienst, der = 1x]; Rarität. Das ist ungut [–]. Üblicherweise brauchst du ein paar Treiber, das ist ein klein wenig Software, um etwa innerhalb eines Netzwerkes einen zentralen Drucker nutzen zu können. Auch hier kannst du getrost auf einen Diener verzichten. /

* * * * *

~ [dürfen, darf] – Grammatik: Modalverb (modal verb)

Die Bedeutungen, die du dir unter www.dwds.de ansehen kannst:

> 1. ⟨dürfen + Infinitiv⟩, a) jmds. Erlaubnis, Einwilligung zu etw. Haben, b) unabhängig von jmds. Erlaubnis zu etw. berechtigt sein, c) in meist verneinten Sätzen, die einen Wunsch, eine Bitte ausdrücken.

> 2. ⟨dürfte [+ Infinitiv]⟩ steht in vorsichtigen Feststellungen und mildert eine bestimmte Behauptung, Aussage; drückt eine Wahrscheinlichkeit aus. (www.dwds.de)

Ein vergleichsweise bescheidenes Dasein im IT-Grundschutz hat das Modalverb [dürfen, darf = 256x]. Das verwundert, wird es doch als ein „Requirement Level" (Art der Handlungsaufforderung; GFG) vom BSI eingeführt:

| MUST NOT (alternativ: SHALL NOT) | DARF NICHT/DÜRFEN NICHT (13x/33x) / DARF KEIN/DÜRFEN KEIN (2x/3x) | Nicht dürfen (alternativ: soll nicht) |

IT-Grundschutz-Kompendium

Server DÜRFEN NICHT als Arbeitsplatzrechner genutzt werden (A). Als Arbeitsplatz genutzte IT-Systeme DÜRFEN NICHT als Server genutzt werden (A).

SYS.1.1 Allgemeiner Server, SYS.1.1.A1 Geeignete Aufstellung; S. 493/900

{Patch – Im Prinzip kein Einwand, das [Verbot, das = 6x] wird deutlich. Jedoch ist der Wechsel vom [Arbeitsplatz + Rechner, der = 3x] zum [IT-System] welches ein [Arbeitsplatz, der = 135x] ist, nicht nachvollziehbar. Würdest du nur von [Arbeitsplatz] sprechen, wäre das weniger kompliziert und entspricht der Wahrheit...\}

Auffallend ist, dass für den IT-Grundschutz Schreibweisen genutzt werden, die zwar die Großschreibung haben, die aber nicht zu dem Schema der „Requirement Level" gehören:

[DÜRFEN = 79x] - [DÜRFEN ... NUR = 7] - [DÜRFEN ... NICHT = 8]

IT-Grundschutz-Kompendium

Außerdem DÜRFEN Programme NUR von gesicherten Quellen und über nachvollziehbare Methoden (z. B. SMP/E) installiert werden (A).

SYS.1.7 IBM Z, SYS.1.7.A2 Absicherung sicherheitskritischer z/OS-Dienstprogramme; S. 537/900

{Patch – Nach dem [Verbot], umgesetzt durch das [DÜRFEN NICHT], folgt nun etwas wie eine [Erlaubnis, die = 2x] oder [Zustimmung, die = 2x]. Beides wird durch das Umstandswort/Adverb [NUR] eingeschränkt oder konkretisiert. Fraglich ist, ob nicht die [sicheren = 408x] [Quellen, die = 85x] gemeint sind. Fraglich ist ebenfalls, ob nicht ein – sagen wir – [zuverlässiges = 7x] [Tool, das = 17x] gemeint ist, statt einer [nachvollziehbaren = 2x] [Methode, die = 34x]. Denn das Beispiel [SMP/E] wird auf der Seite ibm.com als „a tool for installing and maintaining software" eingeführt...\}

Mehr dazu und den gesamten Zusammenhang findest du in dem Abschnitt Modalverben.

* * * * *

System-Nachricht eHealth (TI) [Sys-08] - Einschränkungen bei elektronischen Gesundheitskarten (eGK), Versichertenstammdatenmanagements (VSDM) und elektronische Patientenakte (ePA) - BITMARCK Technik GmbH

Im Zuge von angekündigten Wartungsarbeiten bei der BITMARCK Technik GmbH kommt es aktuell zu unerwarteten Einschränkungen bei der Nutzung von elektronischen Gesundheitskarten (eGK), dem Versichertenstammdatenmanagement (VSDM) und der elektronischen Patientenakte (ePA) führen können. Betroffen sind Versicherte mehrerer Krankenkassen, darunter DAK, hkk, IKK, Knappschaft, SVLFG, Allianz, KKH und Mobil BKK. Diese Störungen können Probleme beim Einlesen der eGK und beim Einlösen von E-Rezepten verursachen. Die BITMARCK Technik GmbH ist mit dem verantwortlichen Drittdienstleister bereits in der Analyse der Ursachen. Weitere Informationen werden zeitnah bereitgestellt.

Letzte Aktualisierung: 21.09.2024 08:00 Uhr

{Patch – Nun ja, ein Samstag im September, 8:00 Uhr. Samstags stellen die ärztlichen Notdienste die Versorgung sicher. Entweder in eigener Praxis, einem MVZ, oder in Räumlichkeiten eines Krankenhauses. Notdienst heißt, alles ist möglich, jede Patientin, jeder Patient ist aus Sicht der Verwaltungssysteme neu, unbekannt, nicht registriert. Ausgezeichnet, dass die „Einschränkungen" nicht „erwartet" wurden. Ausgezeichnet, dass niemand genau zu wissen scheint, was da eigentlich los ist – lies bitte den ersten Satz der Nachricht laut, sehr laut. Spürst den Anakoluth (Sprachwissenschaft), zu deutsch: spürst du den Satzbruch...\}

* * * * *

E wie [Effizienz, die = 4x] im IT-Grundschutz – [Effizienz] wird 1-mal modifiziert für die digitale Sicherheit

Die Bedeutung: günstiges Verhältnis zwischen erbrachtem Aufwand und erzieltem Ergebnis, hoher Wirkungsgrad, Wirtschaftlichkeit (www.dwds.de)

IT-Grundschutz-Kompendium

Überprüfung der Effizienz des Managementsystems zur Behandlung von Sicherheitsvorfällen (EL)

DER.2.1: Behandlung von Sicherheitsvorfällen; DER.2.1.A22 Überprüfung der Effizienz des Managementsystems zur Behandlung von Sicherheitsvorfällen; S. 313/900

{Patch – Was stellt den [Aufwand, der = 29x] dar? Wann kann eine [Software, die = Top-25], deren Aufgabe wahrscheinlich das [Ordnen, das =

UNGENUTZT] und [Steuern, das = 6x] von [Prozessen, die = 201x] ist,
effizient sein. Welches sind dann die [Ergebnisse, die = 96x], ist die
[Bereinigung, die = 40x] von [Sicherheit(s) + Vorfällen, die = 209x] ein
Ergebnis oder nicht doch vielmehr ein [Ziel, das = 143x]. Ach, was soll das
hier mit der [Effizienz]...\}

[Echtzeit, die = 7x] = 1. mit der aktuellen Zeit (fast) übereinstimmende Zeit im
Gegensatz zu Verzögerungen, Aufzeichnungen o. Ä.; 2. reale Zeit(dauer), im
Gegensatz zur dargestellten, empfundenen, erinnerten o. ä. Zeit(dauer)

<u>IT-Grundschutz-Kompendium</u>

> SAP HANA kann in Echtzeit große Datenmengen für alle
> Geschäftsbereiche analysieren (A).
>
> APP.4.2: SAP-ERP-System; 1.1 Einleitung; S. 429/900

{Patch – Da wundern wir uns, dass ein Hersteller wie SAP einen Weg
gefunden hat, hier im Kompendium aufzulaufen. Nicht nur deswegen wirkt der
Aussagesatz wie vom Marketing in den Raum geschleudert. Du kannst dir
sicher sein, die Firma weiß genau, welche [Daten + Menge, die = 6x] mit
welchen Inhalten in welcher Zeit analysiert werden. Das wird variieren. Aber
[Echtzeit], das ist cool...\}

[Echtzeit, die] = als Bestimmungswort, das differenziert und die Bedeutung
des Grundwortes/Letztwortes erweitert in den folgenden zusammengesetzten
Wörtern (Komposita):

[Echtzeit + Anforderung, die, = 3x]; Rarität. Das ist muschelig [–]. Ein
(digitaler) Prozess muss stets in realer Zeit ablaufen, andernfalls kann er nicht
funktionieren. Etwas anderes ist eine [Abfrage, die = 4x] oder ein [Monitoring,
das = 20x].

[Echtzeit + Betrieb(s) + System, das = 1x]; Rarität. Das ist quälend [–].
Vollkommen ausreichend wäre die Bezeichnung, ein Betrieb, der in [Echtzeit,
die = 7x] abläuft. In welcher Zeit denn sonst? Das scheint jedoch nicht
gemeint.

[Echtzeit + Daten, die = 1x]; Rarität. Das ist eigentümlich [–]. Gemeint sein
könnten Zahlen, die dir jetzt gerade in diesem Augenblick angezeigt werden
… und jetzt … und jetzt … und jetzt. Passender könnten die aktuellen oder
aktualisierten Daten sein.

* * * * *

~ Eigenschaftswort/Adjektiv – Grammatik: Wortart (part of speech)

Ein Eigenschaftswort/Adjektiv steht nicht einsam und allein in einem Satz
herum. Es braucht stets eine tragfähige Begleitung. Sieh dir die folgenden
Sätze an:

Gesundheitsdaten sind die <u>sensibelsten</u> und <u>schutzwürdigsten</u> Daten
überhaupt (1-A). Entsprechend sicher ist die <u>digitale</u> Patientenakte
TK-Safe konzipiert und umgesetzt (2-A).

Die Eigenschaftswörter/Adjektive in der Reihe ihres Auftretens sind
[sensibelsten = Steigerungsstufe 2, Höchststufe/Superlativ; Grundform
sensibel = 15x], [schutzwürdigsten = Steigerungsstufe 2,
Höchststufe/Superlativ; Grundform schutz + würdig = 3x] in dem ersten
Aussagesatz (1-A) und [digitale = 53x] in (2-A).

Das kleingeschriebene [sicher] wird in dem Satz nicht dekliniert, also ist es
hier als Umstandswort/Adverb unterwegs. Es soll dem [Konzipieren, das =
UNGENUTZT] und der [Umsetzung, die = 216x] richtig Kraft verleihen. Du
sollst annehmen, die Eigenschaft der [Patienten + Akte, die = UNGENUTZT]
könnte auch mit den folgenden Synonymen von [sicher] perfekt genannt
werden, sie sei [sicher], sie sei zum Beispiel...

[fehlerlos = UNGENUTZT], [unangreifbar = UNGENUTZT], [fehlerfrei
= 4x Adj.; 3x Adv.], [gefahrlos = UNGENUTZT], [unumstritten =
UNGENUTZT], [amtlich = UNGENUTZT; 1x Adv.], [zuverlässig = 7x
Adj.; 11x Adv.], [vorschriftsmäßig = UNGENUTZT], [perfekt = 1x],
[smart = UNGENUTZT], [verbindlich = 12x Adj.; 10x Adv.],
[zweifelsfrei = UNGENUTZT; 3x Adv.], [gut = 7x Adj.; 11x Adv.],
[transparent = 2x Adj.; 4x Adv.], [geschützt = 42x], [risikolos =
UNGENUTZT], [offiziell = 2x], [korrekt = 24x Adj.; 67x Adv.],
[unfehlbar = UNGENUTZT], [vollkommen = UNGENUTZT; 1x Adv.],
[abgeschirmt = UNGENUTZT].

Manche Eigenschaftswörter/Adjektive sind von einem Verb abgeleitet und
treten in der Form eines deklinierten Partizips in den Satz. Andere sind
mehrteilig, also zusammengesetzt.

<u>So funktionieren Eigenschaftswörter/Adjektive:</u>

Eigenschaftswörtern/Adjektiven definieren, beschreiben oder grenzen ein
Hauptwort/Substantiv etwa von einem ähnlichen ab. Dabei könnte es um eine
Eigenschaft oder Qualität gehen, um eine physikalische Größe, um
Präzisierung, Eindeutigkeit, Korrektheit, oder um einfache Bewertungen, die
vielleicht du dir ausgedacht hast. Manchmal übernehmen sie auch die
Aufgabe, den Satz oder den Textabschnitt zu organisieren.

Sie werden dekliniert, d.h. die 3-fach Sicherung musst du anwenden. Sie
stehen immer vor einem Substantiv (oder einem Stellvertreter). Sie passen im
Fall/Kasus, Einzahl/Mehrzahl und Geschlecht/Genus sich diesem Substantiv
an. Du musst also ein Stückchen weiterlesen, um zu erfahren, um wen oder
was es mit dieser Eigenschaft geht.

Ein Eigenschaftswort/Adjektiv wird immer kleingeschrieben, nur am Satzanfang wird es großgeschrieben.

~ Top-5 Eigenschaftswörter/Adjektive – Grammatik

Die Rangliste der Top-5, in den Spalten findest du, mit welcher Häufigkeit welche der möglichen Endungen (-e / -s / -r / -n / -m) eingesetzt wird:

Rang	Eigenschaftswort/ Adjektiv	Häufigkeit	-e	-s	-r	-n	-m
01.	elementar	665	137	-	-	528	-
02.	folgend	530	159	1	1	369	-
03.	weiter	438	325	9	7	97	-
04.	sicher	408	231	24	59	94	-
05.	spezifisch	330	142	5	7	176	-

Nr. 1: [elementare N. = 665x] – kann bedeuten a) naturhaft, Natur- ; b) grundlegend; c) primitiv, wie ein Anfänger.

Rang 1 resultiert aus der Entscheidung des BSI, statt mit den eindeutigen [Gefahren, die = 122x] für die IT bzw. TI zu arbeiten, von [elementaren Gefährdungen] zu sprechen. Jedoch wird das Wort [Gefährdung, die = Top-25] semantisch nicht überzeugend erklärt – sieh dir das in dem Eintrag [Gefährdung, die] an.

IT-Grundschutz-Kompendium

> 01. Das BSI hat aus den vielen spezifischen Einzelgefährdungen der Bausteine der früheren IT-Grundschutz-Kataloge die generellen Aspekte herausgearbeitet und in 47 sogenannte **elementare** Gefährdungen überführt (A).
>
> Aufbau des IT-Grundschutz-Kompendiums; Elementare Gefährdungen; S. 18/900

{Patch – Neben dem in Beispiel-Satz Nr.1 interessierenden Eigenschaftswort/Adjektiv [elementar] gibt es noch eine Reihe weiterer dieser Art. Es handelt sich um diese, gleich in Verbindung mit dem dazugehörenden Hauptwort:

> [Einzel + Gefährdungen, die = 1x]: sind [viele = 214x] und sind [spezifische = 330x]
>
> [IT-Grundschutz-Kataloge, die]: sind [frühere = 1x]
>
> [Aspekte, die = 219x]: sind [generelle = 17x]

[Gefährdungen, die = Top-25] werden [sogenannte = 66x] und sind
eben [**elementar**] – gemeint sein könnte leider keine der oben
aufgeführten Bedeutungen.

 Auch wenn durch das vorangestellte [sogenannte] von den aufgeführten
Bedeutungen abgewichen werden soll, bleibt der Eindruck, das funktioniert
nicht in diesem Satz, in dem es um die Herleitung dieses Elementaren gehen
soll...\}

02. Anhand dieser Tabelle lässt sich ermitteln (1H), welche {der\}
elementaren Gefährdungen durch welche {der\} Anforderungen
abgedeckt sind (2NR).

ORP.4: Identitäts- und Berechtigungsmanagement; 5 Anlage:
Kreuzreferenztabelle zu elementaren Gefährdungen; S. 128/900

{Patch – Im Beispielsatz Nr. 2 werden die [Gefährdungen] in Beziehung
gesetzt zu den [Anforderungen, die = Top-25]. Die Beziehung wird
beschrieben mit dem Verb/Prädikat [abdecken], also etwas [herunternehmen]
oder etwas [mit einem Schutz versehen] oder in den Ausgaben für etwas
[enthalten] sein. Die Bedeutungen eignen sich alle nicht, und das liegt an der
Verwendung dieses schwierigen [Anforderungen, die = Top-25), die mal
Kriterien für etwas sind, mal Anforderungen <u>an</u> etwas oder jemand. Sieh es dir
in dem entsprechenden Abschnitt an. [Gefährdungen] oder deutlicher
[Gefahren], denen kannst du ausweichen, mit denen musst du im Falle eines
Falles umgehen, und auf diese könntest du dich vorbereiten. Dieses machst
du, indem du ihr Eintreffen dir plastisch ausmalst, mit allem Licht, mit allem
Schatten und in den grellsten Farben. Das nennt man Antizipieren,
[Anforderungen] sind das nicht...\}

03. Durch die Umsetzung der aus den Anforderungen abgeleiteten
Sicherheitsmaßnahmen wird den entsprechenden **elementaren**
Gefährdungen entgegengewirkt (A).

Zum Beispiel: IND.2.3: Sensoren und Aktoren, 5 Anlage:
Kreuzreferenztabelle zu elementaren Gefährdungen; S. 695/900

{Patch – Überlegter wird mit den [elementaren Gefährdungen] in dem Satz Nr.
3 umgegangen. Alles das, was ich bei Satz Nr. 2 aufgezählt habe an
[Handlung(s) + Möglichkeiten, die = UNGENUTZT] kannst du
zusammenfassen in den [Sicherheit(s) + Maßnahmen, die = 233x] oder auch
[Sicherung(s) + Maßnahmen, die = 11x]. Erst recht zeigt sich in diesem
Zusammenhang die fehlende Eignung der unseligen [Anforderungen, die =
Top-25] als Grundlage für die [Sicherheit(s) + Maßnahmen]. [Gefährdungen],
angemessener [Gefahren] musst du gefasst ins nervös zuckende Auge
blicken...\}

Nr. 2: [folgende N. = 530x] – kann bedeuten a) als Nächstes; b) anknüpfend;
c) (zeitlich) folgend.

<u>IT-Grundschutz-Kompendium</u>

> 01. Die **folgenden** Darstellungen beschränken sich auf die Konfiguration der SAP-Basis und gehen nicht auf Module oder Applikationen ein (A).

> APP.4.2: SAP-ERP-System; 1.3 Abgrenzung und Modellierung; S. 429/900

{Patch – Gemeint sein könnten die *als Nächstes* gelieferten [Inhalte, die = 104x] des Aussagesatzes. Allerdings werden nicht alle denkbaren Inhalte genannt, sondern nur jene, die für eine [Konfiguration, die = 233x] relevant sind. Damit ist alles gesagt. Dass der Satz weitergeführt wird, ist überflüssig und kann weg – das wird die [Aufmerksamkeit, die = 4x] für die Konfiguration erhöhen...\}

> 02. Gemeinsam mit den Basis-Anforderungen entsprechen die **folgenden** Anforderungen dem Stand der Technik für diesen Baustein (A).

> SYS.1.5 Virtualisierung; 3.2. Standard-Anforderungen; S. 518/900

{Patch – Irgendwie kurios, dieser Satz, und der [Ort, der = 51x], an dem er gebracht wird. Du siehst die [Basis + Anforderungen, die = 1x], du siehst die nackten [Anforderungen, die = Top-25], die *als Nächstes* angekündigt werden. Und du siehst in dem Nachweis für das Zitat die [Standard + Anforderungen, die = 119x]. Dieses Gewusel ist abenteuerlich, weil die semantischen Zusammenhänge den Bach hinunter rauschen...\}

> 03. **Folgende** spezifische Bedrohungen und Schwachstellen sind für den Baustein DER.2.2 Vorsorge für die IT-Forensik von besonderer Bedeutung (A):

> DER.2.2: Vorsorge für die IT-Forensik; 2 Gefährdungslage; S. 316/900

{Patch – In diesem Aussagesatz wird sauber gearbeitet, so mein Eindruck. Das Eigenschaftswort/Adjektiv eröffnet den Satz, es bekommt eine ankündigende Funktion und das passt sehr gut. Das bleibt auch so, wenn du siehst, wie der weitere [Verlauf, der = 5x] des Satzes die Kurve zu einer funktionierenden Aussage verpasst. Welche Aufgabe übrigens das zweite Adjektiv [spezifische] übernehmen soll, wird nicht erkennbar...\}

Nr. 3: [weitere N. = 438x] – kann bedeuten a) hinzukommend, hinzutretend, zusätzlich; b) außerdem.

<u>IT-Grundschutz-Kompendium</u>

> 01. Wurde jedoch zuvor von den IT-Systemen keine forensische Kopie angefertigt (1H), können Spuren vernichtet werden (2H), die für eine **weitere** Aufklärung des Vorfalls oder sogar für ein Gerichtsverfahren notwendig wären (3NR).

> DER.2.3: Bereinigung weitreichender Sicherheitsvorfälle; 2.2 Vernichtung von Spuren; S. 322/900

{Patch – Du findest das gesuchte Eigenschaftswort/Adjektiv im letzten
Teilsatz, einem relativen Nebensatz (3NR). Nach meinem [Verständnis, das =
5x] enthält dieser die entscheidende Aussage, zusammengefasst in dem
Hauptwort [Aufklärung, die = 4x]. Das Adjektiv gibt diesem die Eigenschaften
hinzukommend oder *zusätzlich,* also eine Aufklärung, die zusätzlich ist. Das
ist natürlich Unsinn, denn es geht schlicht und einfach um Aufklärung, das
Adjektiv solltest du streichen...\}

> 02. Oft wird durch den so auf den Clients geladenen Schadcode
> **weitere** Schadsoftware nachgeladen (1H), die dann auf den Clients
> mit den Rechten der Benutzer ausgeführt wird (2NR).

APP.1.2 Webbrowser; 2.2. Exploit Kits; S. 358/900

{Patch – Absolut geeignet ist das Eigenschaftswort in dem Satz Nr. 2.
Möglicherweise wären Synonyme plakativer, etwa *hinzukommende* oder
zusätzliche [Schad + Software, die = 97x]. Letztendlich deine Entscheidung..\}

Nr. 4: [sichere N. = 408x] – kann bedeuten a) nicht von Gefahr bedroht,
ungefährdet; b) zuverlässig, verlässlich; c) ohne Zweifel, gewiss; d)
selbstbewusst, selbstsicher.

<u>IT-Grundschutz-Kompendium</u>

> 01. Es MÜSSEN **sichere** Kommunikationsverfahren mit diesen
> internen und externen Stellen etabliert werden (A).

DER.2.1: Behandlung von Sicherheitsvorfällen; DER.2.1.A5 Behebung von
Sicherheitsvorfällen; S. 310/900

{Patch - [MUSS/MÜSSEN] = Notwendigkeit, Pflicht, so und keinesfalls anders
zu handeln – siehe Modalverben.

In dieser [Anweisung, die = 15x], die sich auf die sehr selten verwendeten
[Kommunikation(s) + Verfahren, die = 2x] bezieht, ist nicht erkennbar, um
welches [Verfahren, das = 159x] es eigentlich gehen soll. Zwei Möglichkeiten
gibt es: Die [Kommunikation, die = 220x] als solche darf nicht gefährdet
werden, sie darf z.B. keinesfalls abgehört oder mitgeschnitten werden. Oder
es geht um ein technisches Verfahren, um die [Zuverlässigkeit, die = 10x], um
das [Verlässliche, das = UNGENUTZT]. Diese Mehrdeutigkeit musst du
unbedingt auflösen, denn es geht um dramatische [Sicherheit(s) + Vorfälle,
die = 209x]...\}

> 02. Deswegen ist ein Mobile Device Management (MDM) besonders
> in Institutionen mit einer größeren Anzahl von Smartphones, Tablets
> und Phablets unabdingbar für einen geregelten und **sicheren** Betrieb
> dieser Geräte (A).

SYS.3.2.2: Mobile Device Management (MDM); 1.1 Einleitung; S. 611/900

{Patch – Gegenstand des Aussagesatzes sind [Smartphones, die = 114x],
[Tablets, die = 100x], [Phablets, die; Kreuzung aus Phone & Tablet = 4x] und
ihren [Gebrauch, der = 3x]… den die Dame neben mir im Ruhebereich des
ICEs von Hannover nach Bonn intensiv und irgendwie schamlos ausführt.

Rücksichtslos! Also Gebrauch, oder [Benutzung, die = 9x] - statt [Betrieb]. Die Frage ist, welche [Eigenschaften, die = 16x] oder [Qualität, die = 11x] sind angemessen für diese Benutzung? Das könnte sein [kompetente = 1x] oder [umsichtige = UNGENUTZT] oder [aufmerksame = UNGENUTZT] oder [konzentrierte = UNGENUTZT] ... so wie das konzentrierte Hämmern der Dame auf der [Tastatur, die = 4x], welches das [Telefonieren, das = 1x] vorübergehend abgelöst hat. Eine sichere Benutzung, die erreichst du keineswegs allein mit einem Management...\}

Nr. 5: [spezifische N. = 330x] – kann bedeuten - aus der Eigenart einer Sache, einer Person sich ergebend und für sie kennzeichnend, arteigen.

<u>IT-Grundschutz-Kompendium</u>

    01. Danach SOLLTEN die **spezifischen** Prozesse für das Netzmanagement eingerichtet werden (A).

NET.1.2: Netzmanagement; NET.1.2.A16 Einrichtung und Konfiguration von Netzmanagement-Lösungen; S. 733/900

{Patch - [SOLLTEN] = Anregung, unverbindliche Empfehlung, so und so zu handeln – siehe Modalverben.

Thema dieses Satzes ist das [Netz + Management, das = 103x], eine für Unternehmen, Organisationen und all die anderen relevante und zentrale Angelegenheit. Natürlich wird mit einem [Management, das = 255x], wenn es nicht einfach nur Theorie sein soll, mit [Prozessen, die = 201x] gearbeitet. Eine Anregung könnte nun sein, spreche doch die Prozesse an, die zu diesem Typ Management gehören. An diesen ist jedoch nichts eigenartiges, [seltsames = 1x], eben nichts spezifisches – hört sich aber irgendwie [souverän = UNGENUTZT] an...\}

    02. Dies umfasst einerseits die eingesetzten Produkte und Lösungen, andererseits aber gerade auch Besonderheiten der Einsatzumgebung und der **spezifischen** Konfiguration (A).

OPS.1.1.2: Ordnungsgemäße IT-Administration; 2.2 Personalausfall von Kernkompetenzträgern; S. 196/900

{Patch – In diesem Satz stellst du dir die Frage, was will man mit dem Eigenschaftswort/Adjektiv plus dem mit der Eigenschaft versehenen Hauptwort [spezifische Konfiguration] erreichen. Denn dass es um eine Eigenart geht, um etwas [Ungewohntes, das = UNGENUTZT] geht, darauf wird bereits mit dem Hauptwort [Besonderheiten, die = 17x] aufmerksam gemacht. Neben den Besonderheiten der [Einsatz + Umgebung, die = 25x] gibt es eine Konfiguration...\}

* * * * *

Aktuell kann es zu Beeinträchtigungen bei der Nutzung des E-Rezeptes kommen. Die festgestellte Beeinträchtigung betrifft das Einstellen von E-Rezepten.

Die Ursache der Störung ist bereits identifiziert worden. Eine Behebung ist innerhalb der nächsten Stunden zu erwarten. Weitere Informationen folgen zeitnah nach neuem Kenntnisstand. Bei Beeinträchtigungen der Nutzung des E-Rezeptes empfehlen wir als Ausweichlösung das "Muster 16" zu verwenden.

Letzte Aktualisierung 03.07.2023 09:45 Uhr

{Patch – Diese Hilfsbereitschaft, die da in dem „Empfehlen" steckt. Als hätte die Praxis nicht gefühlt hundert Jahre und millionenfach mit dem „Muster 16" gearbeitet...\}

* * * * *

[Eingabe + Daten, die = 5x]. Zahlen, die du unbedingt z.B. in ein Formular eingeben solltest, andernfalls könntest du ein Problem bekommen. Das ist nachvollziehbar **[+]**.

* * * * *

Top-25: [Einsatz, Einsätze, der = 333x] – [Einsatz] wird 4-mal modifiziert für eine digitale Sicherheit

---

A.) - Erklärung/Wortbestimmung

Das Hauptwort/Substantiv wird abgeleitet von dem Verb [etwas/jemand einsetzen] = a) in etwas einfügen, einbauen; b) ernennen, (für ein Amt, eine Aufgabe) bestimmen, etwas oder jemand planmäßig für eine bestimmte Aufgabe verwenden; c) beim Spiel als Einsatz geben; d) (zu einem bestimmten Zeitpunkt) beginnen; e) sich bemühen, etwas/jemand in etwas zu unterstützen.

Als Hauptwort/Substantiv hast du dann diese Möglichkeiten der Bedeutung:

1. eingesetzter Teil

2. [Musik] das Einfallen einer Stimme in einem mehrstimmigen Satz

3. die in einem Spiel, einer Wette eingesetzte Summe

4. das Aufs-Spiel-Setzen, Risiko

5. das Eingesetzt-werden - a) Verwendung, Gebrauch, b) Dienst, c) [Militär] Gefecht

https://www.dwds.de/

<u>IT-Grundschutz-Kompendium</u>

01. Viele IT-Systeme haben Schnittstellen für den Einsatz austauschbarer Datenspeicher, wie z. B. Zusatzspeicherkarten oder USB-Speichermedien (A).

Elementare Gefährdungen; G 0.23 Unbefugtes Eindringen in IT-Systeme; S. 67/900

{Patch – Eine [Schnittstelle, die = 162x im IT-Grundschutz] kann für einen „austauschbaren", also mobilen Datenspeicher eingerichtet werden, keinesfalls für einen Einsatz...\}

02. Der Einsatz von Verzeichnisdiensten MUSS sorgfältig geplant werden (A).

APP.2.1: Allgemeiner Verzeichnisdienst; APP.2.1.A2 Planung des Einsatzes von Verzeichnisdiensten [Datenschutzbeauftragter ... ; S. 373/900

{Praxis – [MUSS/MÜSSEN] = Notwendigkeit, Pflicht, so und keinesfalls anders zu handeln – siehe Modalverben.

Sofort von der [Einführung, die = 18x] zu schreiben, das ist näher an dem IT/TI Alltag. Oder alternativ von der [Verwendung, die = 91x]...\}

03. Die Authentisierung SOLLTE durch den Einsatz mehrerer Faktoren wie Wissen, Besitz oder Biometrie zusätzlich abgesichert werden (A).

IND.1: Prozessleit- und Automatisierungstechnik; IND.1.A14 Starke Authentisierung an OT-Komponenten; S. 678/900

{Patch – Ich finde einige Stellen im IT-Grundschutz, in denen das gesuchte Wort [Einsatz] ein überflüssiges ist, und die beabsichtige Aussage einschränkt oder verstellt. Ein Beispiel ist dieser Aussagesatz, er gerät ohnehin in Schieflage, obgleich es um die wichtige Sache einer „starken Authentisierung" geht. Eingesetzt werden sollen [Faktoren = 24x], das geht nicht. Einer dieser Faktoren sei [Wissen = 15x], zu fragen ist sofort: welches Wissen und von welcher Person (oder welchem BOT)? Ein anderer sei [Besitz = 6x], welcher Besitz, wessen Besitz? Schließlich gibt es noch einen Dritten, die [Biometrie = 2x]. Diese drei sollen eine „zusätzliche" Absicherung werden, das verlangt dieser Satz.

Was zeigt die Auswertung?

Eine erste Absicherung der „OT-Komponenten" - OT steht für Operation Technology – ist bereits geplant und wird eingesetzt. Das impliziert das Umstandswort/Adverb „zusätzlich". Die zusätzliche Absicherung soll eingesetzt werden bei der [Authentisierung = 118x], also bei der persönlichen Anmeldung an Geräte, die zur Operation Technology gehören. Der Text meint die sogenannte Zwei-Faktor-Authentisierung, nennt es so aber nicht. Ein schweres Versäumnis.

Statt dessen werden Begriffe in den Satz geworfen, wie Zucker in einen Keksteig. Der Ausdruck „Wissen" steht bei der Zwei-Faktor-Authentisierung für einen Nutzer-Namen und ein persönliches Passwort, das hoffentlich nur von dem Nutzer oder der Nutzerin gewusst wird. Der „Besitz" steht z.B. für ein Smartphone, welches der Nutzer oder die Nutzerin in der Hand hält, um etwa eine PIN zugeschickt zu bekommen. Das ist dann einer der möglichen zweiten Faktoren, der Besitz eines Smartphones. Ein anderer möglicher zweiter Faktor ist dann z.B. der persönliche Daumenabdruck, der ebenfalls über ein Smartphone aufgerufen werden kann – um sich als der oder die auszuweisen, der oder die zu seien man vorgibt. Das Verfahren gehört zur Biometrie. Sie wird übrigens in dem IT-Grundschutz lediglich in zwei Sätzen genutzt wird.

Und auf all diese Fährten bringt einen die (linguistische) Auswertung. Das Resümee: Der Aussagesatz kann nicht nachvollzogen werden und ist schädlich für das BSI...\}

B.) - [Einsatz, der] wird in den folgenden zusammengesetzten Wörtern (Komposita) differenziert und eingeschränkt (= Grundwort/Letztwort) durch ...
Kampf + E. = 1x / Ressourcen + E. = 3x / Rettung(s) + E. = 1x / Unternehmen(s) + E. = 1x

C.) - [Einsatz, der] = nun als Bestimmungswort, das differenziert und die Bedeutung des Grundwortes/Letztwortes erweitert in den folgenden zusammengesetzten Wörtern (Komposita):

[Einsatz + Art, die = 3x], also die Art und Weise, wie eine Sache verwendet wird. Das ist nachvollziehbar **[+]**.

[Einsatz + Bedingung, die = 2x] – Rarität, die Voraussetzungen, der Ausgangspunkt für einen Einsatz. Das ist nachvollziehbar **[+]**.

[Einsatz + Bereich, der = 1x] - Rarität, wenn ein Gebiet oder eine Abteilung gemeint ist, in dem oder in der ein Einsatz ausgeführt wird oder werden soll, dann ist das nachvollziehbar **[+]**.

[Einsatz + Betrieb, der = 1x] - Rarität, das ist misslich **[--]**. Vielleicht ein Unternehmen, eine Organisation oder eine Arztpraxis, in der ein Einsatz stattfinden soll?

[Einsatz + Dauer, die = 1x] - Rarität, welche Zeit ein bestimmter Einsatz benötigt, das ist nachvollziehbar **[+]**.

[Einsatz + Fähigkeit, die = 1x] – Rarität, das ist deprimierend **[--]**. Die Tauglichkeit, oder die Qualifikation, das sind Synonyme von Fähigkeit, auch sie sperren sich gegen eine Verknüpfung mit einem Einsatz.

[Einsatz + Fahrzeug, das = 4x]; nun ja, etwa die Feuerwehr hat solche Fahrzeuge. Das ist nachvollziehbar **[+]**.

[Einsatz + Gebiet, das = 3x]; das ist klarer als der [Einsatz + Bereich], also nachvollziehbar **[+]**.

[Einsatz + Kriterium, das = 3x]; die Merkmale oder die Kennzeichen, die einen Einsatz begründen. Das ist nachvollziehbar **[+]**.

[Einsatz + Möglichkeit, die = 1x] – Rarität, an welcher Stelle innerhalb eines Netzwerkes könnte eine Firewall eingesetzt werden. Das ist nachvollziehbar **[+]**.

[Einsatz + Ort, der = 5x]; in gewisser Weise ein Synonym zu Einsatz + Bereich, zu Einsatz + Gebiet, etwas konkreter, wenn der Ort geografisch bestimmt werden kann (z.B. Ausland). Das ist nachvollziehbar **[+]**.

[Einsatz + Software, die = 1x] – Rarität, das ist jämmerlich **[--]**. Ist das eine Software, die eingesetzt wird oder die sich auf einen konkreten Einsatz bezieht?

[Einsatz + Stabilität, die = 1x] – Rarität, das ist gediegen **[--]**. Wie soll ein Einsatz statische Stabilität bekommen, er soll reibungslos ablaufen.

[Einsatz + Szenario, das = 14x]; das ist seltsam **[--]**. Denn nun ereilt uns wieder das Theater. Beschrieben werden soll wohl, wann etwas oder jemand einen Auftritt hat, oder wie der Auftritt auszusehen hat, oder was du dir bei dem Auftritt unbedingt vorstellen und ausmalen solltest, oder ....

<u>IT-Grundschutz-Kompendium</u>

> 01. Die Schulungsinhalte SOLLTEN immer den jeweiligen Einsatzszenarien entsprechend angepasst werden (A).
>
>> CON.1: Kryptokonzept; CON.1.A14 Schulung von Benutzern und Administratoren; S. 142/900

{Patch – [SOLLTEN] = Anregung, unverbindliche Empfehlung, so und so zu handeln – siehe Modalverben.

Wie gesagt, Theater – das allerdings auch so aussehen könnte: *Die Schulungsinhalte müssen entsprechend der konkreten Einsätze entwickelt werden...*\}

> 02. Sie (= die Einführung eines Samba-Servers) MUSS abhängig vom Einsatzszenario definieren (1H), welche Aufgaben der Samba-Server zukünftig erfüllen soll (, 2NR) und in welcher Betriebsart er betrieben wird (3NR).
>
>> APP.3.4: Samba; APP.3.4.A1 Planung des Einsatzes eines Samba-Servers; S. 417/900

{Patch – [MUSS/MÜSSEN] = Notwendigkeit, Pflicht, so und keinesfalls anders zu handeln – siehe Modalverben.

Abgesehen davon, dass in einer Einführung lediglich *definiert werden* kann, brauchst du hier wieder kein Theater und kannst bei einem konkreten *Einsatz* bleiben...\}

[Einsatz + Umfeld, das = 1x] - Rarität, das ist kümmerlich **[--]**. Gemeint sein könnte ein [Einsatz + Gebiet] oder aber auch unser durchgefallenes Theaterstück [Einsatz + Szenario]. Gemeint sein könnte aber ebenso die zeitliche oder räumliche [Situation = 22x], in der es zu einem Einsatz kommt.

[Einsatz + Umgebung, die = 25x], in der Bedeutung ähnlich wie das [Einsatz + Umfeld], allerdings wegen der Substantivierung des Verbs [etwas umgeben] bildlicher und vorstellbarer. Das ist nachvollziehbar **[+]**.

<u>IT-Grundschutz-Kompendium</u>

>01. Neben diesen Einflüssen (= schädigende Umwelteinflüsse) ist auch die Einsatzumgebung mit ihrem unterschiedlichen Sicherheitsniveau zu berücksichtigten (A).
>
>>INF.9: Mobiler Arbeitsplatz; 2.2 Beeinträchtigung durch wechselnde Einsatzumgebung; S. 840/900

{Patch – Wie kann das, was einen „Einsatz" umgibt, ein [Sicherheit(s) + Niveau, das = 47x] haben? Angemessener wäre so oder so, von [Situation] zu sprechen. Allerdings kennt auch die kein Sicherheitsniveau. Der folgende Satz liefert keine ausreichende Erklärung, höchstens den vagen Hinweis, dass mit der Einsatzumgebung eigentlich andere „IT-Systeme" gemeint sein könnten, mit denen sich mobile Geräte verbinden könnten...\}

>02. IoT-Geräte SOLLTEN in der Einsatzumgebung vor Diebstahl, Zerstörung und Manipulation geschützt werden (A).
>
>>SYS.4.4: Allgemeines IoT-Gerät; SYS.4.4.A21 Einsatzumgebung und Stromversorgung [Haustechnik]; S. 659/900

{Patch – [SOLLTEN] = Anregung, unverbindliche Empfehlung, so und so zu handeln – siehe Modalverben.

Schade, wie mit einem nachvollziehbaren Kompositum dennoch Unsicherheit entstehen kann. Was ist die Botschaft des Aussagesatzes: *Schütze deine IoT-Geräte IMMER vor Diebstahl, Zerstörung und Manipulation, und zwar gerade und besonders bei dir in deinen vier Wänden/zu Haus...\}*

[Einsatz + Zeit, die = 1x] - Rarität, das ist befremdend **[--]**. Ist der Zeitpunkt gemeint, oder ist es eher die nachvollziehbare [Einsatz + Dauer]?

[Einsatz + Zeitraum, der = 6x]; das ist kauzig **[--]**. Eine lokale Vorstellung (= Raum) wird mit einem Vorgang (= Einsatz) verknüpft. Da hatten wir doch schon die [Einsatz + Dauer] und konnten diese als nachvollziehbar bezeichnen.

<u>IT-Grundschutz-Kompendium</u>

> Dabei SOLLTE darauf geachtet werden (1H), dass der Hersteller der
> Virtualisierungslösung über den geplanten Einsatzzeitraum auch
> Support für die betriebene Hardware anbietet (2NI).
>
> SYS.1.5 Virtualisierung; SYS.1.5.A13 Auswahl geeigneter Hardware für
> Virtualisierungsumgebungen; S. 519/900

{Patch – [SOLLTEN] = Anregung, unverbindliche Empfehlung, so und so zu
handeln – siehe Modalverben.

Natürlich reicht es aus, von der *Einsatzdauer* zu sprechen. Und natürlich
kannst du da auch nichts achten. Ein Hersteller weiß ja nicht, wie lange du die
Virtualisierungslösung auf dem Server XY laufen lassen willst. Das weißt du ja
selbst nicht.

Und überhaupt, was soll dir dieser Satz mit auf den Weg geben, wenn meine
Interpretation nicht passend ist...\}

[Einsatz + Zweck, der = 33x]; also das Ziel, das angestrebte Resultat,
weswegen eine Sache genutzt wird. Das ist teilweise nachvollziehbar **[+]**.

<u>IT-Grundschutz-Kompendium</u>

> 01. In Abhängigkeit von Einsatzzweck und Schutzbedarf MÜSSEN
> sichere Passwörter geeigneter Qualität gewählt werden (A).
>
> ORP: Organisation und Personal; ORP.4.A22 Regelung zur
> Passwortqualität; S. 126/900

{Patch – [MUSS/MÜSSEN] = Notwendigkeit, Pflicht, so und keinesfalls anders
zu handeln – siehe Modalverben.

Nein, in der IT/TI gibt es für die Festlegung eines Passwortes keine
Abhängigkeiten von irgendetwas oder irgendwem...\}

> 02. Da die sichere Konfiguration stark vom Einsatzzweck abhängt
> (1NV), SOLLTEN die unterschiedlichen Anforderungen der Geräte in
> der Konfigurations-Checkliste berücksichtigt werden (2H).
>
> NET.3.1: Router und Switches; NET.3.1.A12 Erstellung einer
> Konfigurations-Checkliste für Router und Switches; S. 755/900

{Patch – [SOLLTEN] = Anregung, unverbindliche Empfehlung, so und so zu
handeln – siehe Modalverben.

Nein, eine „sichere Konfiguration" hängt einzig von der hergestellten
Sicherheit ab. Und dann rauscht mit den [Anforderungen] ein weiteres Top-25
Hauptwort/Substantiv – nein, es rauscht DAS Top-25 Hauptwort/Substantiv in
den folgenden Hauptsatz. Schon geht die Aussage befremdliche Wege. Nun
sind es die Anforderungen, die die Vorgaben für eine Konfiguration machen,
nicht mehr der Einsatzzweck..\}

* * * * *

Fjolla (16) – Meine beste Freundin schreibt mir Infos über ihren Tag, die ich nach zwei Sekunden wieder vergesse (…) Auf meinem Handy ist alles, was mich ausmacht.

Fritz (14) – Ohne mein Handy wäre mir sehr langweilig. Ich wüsste nicht, was ich machen sollte.

Jonah (15) – Bis vor einer Woche habe ich über WhatsApp mein Leben geregelt.

Melissa (11) – Bis 19 Uhr darf ich am Handy sein, dann schalte ich es auf stumm. Ohne könnte ich maximal einen Tag aushalten.

Die Verben/Prädikate, mit denen das Verhalten oder der Zustand beschrieben wird:

[vergessen, vergisst = 15x] - kann bedeuten 1. etw., jmdn. aus dem Gedächtnis verlieren, sich nicht mehr an etw., jmdn. Erinnern; 2. ⟨sich vergessen⟩ die Beherrschung verlieren, sich nicht beherrschen können.

IT-Grundschutz-Kompendium

Somit sind Laptops einem höheren Diebstahlrisiko ausgesetzt {,} (1H) und können zudem leicht *vergessen* oder verloren werden (2H).

SYS.3.1: Laptops, 2.2 Diebstahl und Verlust von Laptops; S. 596/900

{Patch - Irgendwie niedlich, du kannst also – so macht das Kompendium glauben - deinen Laptop [leicht = 64 als Umstandswort/Adverb] vergessen, wenn das so ist, wird es so sein...\}

[ausmachen, ausmacht = 1x] - kann bedeuten:1. [umgangssprachlich] etw. Ausschalten, etw. Auslöschen; 2. [umgangssprachlich] etw. mit jmdm. zum Abschluss bringen oder etw. vereinbaren, abmachen; 3. etw. bilden, darstellen oder etw. ist charakteristisch für jmdn.; 4. [umgangssprachlich] etw. macht jmdm. etwas aus.

IT-Grundschutz-Kompendium

Da Webanwendungen nur einen sehr geringen Anteil aller ABAP-Anwendungen in SAP-Implementierungen *ausmachen* (1NV), stehen Web-Schwachstellen nicht im Fokus dieses Dokuments (2H).

APP.4.6: SAP ABAP-Programmierung, 1.3 Abgrenzung und Modellierung; S. 453/900

{Patch – Bemerkenswert, Fjolla (16) meint, dass sie durch das Handy zu Fjolla wird. Dagegen ist es in dem Zitat eben nur ein sehr geringer Teil, der durch [Web + Anwendungen, die = 149x] gebildet wird...\}

[regeln, regelt, geregelt = 159x] – kann bedeuten: etw. durch Vorschriften, Maßnahmen in eine bestimmte Ordnung bringen, ordnen, regulieren.

[schalten, geschaltet = 2x] – kann bedeuten: (ein Gerät, eine Anlage schalten) die für ein Gerät, eine Anlage bestimmten Schalter betätigen und dadurch einen technischen Vorgang auslösen.

[aushalten, ausgehalten = UNGENUTZT] – kann bedeuten: 1. etw. Ertragen [umgangssprachlich] in Korrelation mit unpersönlichem »es«; 2. ausharren, durchhalten; 3. [abwertend] ⟨jmdn. aushalten⟩ für den Unterhalt von Personen zweifelhaften Charakters sorgen.

* * * * *

[Einzel~ + N; Wortbildungs-Affix] = [einzel~] ist kein eigenständiges Wort; der Affix kennzeichnet hier die Konzentration auf eine Sache, auf ein Thema, auf einen Gegenstand – unter vielen.

[Einzel~] als Bestimmung, die differenziert und die Bedeutung des Grundwortes/Letztwortes erweitert in den folgenden zusammengesetzten Wörtern (Komposita):

[Einzel + Gefährdung, die = 1x]; Rarität. Das ist absurd [–]. Ist dein Tenniseinzel gefährdet, wird es wahrscheinlich ausfallen. Oder du wirst es wahrscheinlich verlieren. Man wird es nicht wissen.

[Einzel + Gerät, das = 2x]; Rarität. Angenommen, du willst dir ein neues Notebook kaufen, und im Geschäft oder im Webshop steht nur noch ein einziges herum, dann kannst du das Einzelgerät nennen. Das wäre nachvollziehbar [+].

[Einzel + System, das = 2x]; Rarität. Das [System] als Synonym für einen Rechner, der völlig vereinsamt seinen Platz in der Besenkammer hat. Das ist nachvollziehbar [+].

[Elektro + Gerät, das = 2x]; Rarität. Ein wenig aus dem Sprachgebrauch gerutscht, aber z.B. ein elektrisch betriebener Backofen, in dem du deine Lammhaxe garen kannst, das ist ein Elektrogerät. Das ist nachvollziehbar [+].

* * * * *

~ Ellipse/Kurzsatz (Typ V) – Grammatik: Syntax (syntactic)

[Sprachwissenschaft] unvollständiger, aber verständlicher Satz. Du findest in dem Abschnitt Kurzsatz mehr zu diesem Satztyp.

* * * * *

[Empfänger, der/die = 56x] = 1. Person, Firma, Institution o. Ä., an die eine Postsendung, ein Schreiben oder eine elektronische Nachricht gerichtet ist; 2. Person, Firma, Institution o. Ä., die etw. von jmdm. bekommt oder entgegennimmt, vor allem eine Lieferung, Zahlung oder Dienstleistung; 3. Person oder Sache, die Informationen, Reize oder Signale erhält.

> In der Regel täuscht er hierzu dem Absender einer Nachricht vor (1H), der eigentliche Empfänger zu sein (2NR), und er täuscht dem Empfänger vor (3H), der eigentliche Absender zu sein (4NR).
>
> Elementare Gefährdungen; G 0.43 Einspielen von Nachrichten; S. 87/900

{Patch – Es geht um die „Man-in-the-Middle-Attacke", die hier anschaulich beschrieben werden soll. Funktioniert das? Du könntest das so sehen: Der Absender einer [Nachricht, die] weiß nicht, dass der oder die Empfängeradressen von einem Bösewicht übernommen wurde. Und der Empfänger seinerseits erfährt nicht, das die Absenderadresse von dem gleichen Bösewicht übernommen wurde. Nur der Bösewicht, der weiß alles. Das ist ja das Böse...\}

[Empfänger, der/die] = nun als Bestimmungswort, das differenziert und die Bedeutung des Grundwortes/Letztwortes erweitert in den folgenden zusammengesetzten Wörtern (Komposita):

[Empfänger + Gerät, das = 1x]; Rarität. Ebenfalls etwas in die Sprachjahre gekommen ist das trotzdem eine "Kiste", mit der du z.B. Filme empfangen konntest. Das war nachvollziehbar **[+]**.

[Empfänger + System, das = 1x]; Rarität. Das [System] gleichbedeutend mit mit Rechner, der die komfortable Eigenschaft besitzt, z.B. E-Mails empfangen zu können. Das wäre nachvollziehbar **[+]**.

* * * * *

~ Empfehlen – Grammatik: Direktive Sprach-Handlung (instruction)

Funktion: Konzepte für Handlungen oder für Verhalten werden einer anderen Person unverbindlich vorgeschlagen. Du empfiehlst, etwas zu tun oder zu unterlassen. Die Person kann die Empfehlung annehmen oder ignorieren. Wird das Empfohlene zu einem Problem, kannst du dich rechtfertigen, indem du auf die Unverbindlichkeit der Empfehlung verweist. Trotzdem ist es deine Pflicht, das Empfohlene bezogen auf die konkrete und aktuelle IT-Situation zu überprüfen. Ist die Situation kritisch oder könnte es werden – nun, du bist volljährig und geschäftsfähig und wandelst deswegen die Empfehlung in einen Befehl oder eine verbindliche Anweisung um. Leider kennt der IT-Grundschutz keine individuellen Situationen, er spricht sie nicht an, was keineswegs hilfreich ist und vor allem, niemanden weckt!

Ich meine nicht die unglücklichen „Elementaren Gefährdungen"!

Wie empfiehlst du jemanden etwas [siehe Satz-Typ Ia], Formulierungs-Vorschläge

> 1. Ich empfehle Ihnen/dir/euch, das und das zu machen oder zu unterlassen.

2. Möglicherweise hilft eine/hilft keine Firewall.

3. Würde/könnte eine Firewall helfen.

4. Haben Sie / habt Ihr an eine Firewall gedacht.

5. Sie sollten das und das tun.

Synonyme von [empfehlen] sind: [etwas anregen = 2x] – [etwas/jemandem raten = UNGENUTZT] – [etwas/jemandem vorschlagen = 1x].

IT-Grundschutz-Kompendium

01. Unter Umständen empfehlen sie dann in ihrem Prüfbericht nicht die nötigen oder sogar die falschen Korrekturmaßnahmen (A).

DER.3.2: Revisionen auf Basis des Leitfadens IS-Revision; 2.5
Unzureichende Qualifikation des Prüfers; S. 337/900

{Patch – Überlege dir zunächst, welche Stufe der Aufforderung ist in dem Hauptwort [Maßnahme, die = 159x] enthalten, das das Grundwort des Kompositums [Korrektur + Maßnahmen, die = 9x] ist. Eine [Maßnahme] ist eine „zweckbestimmte Handlung oder Regelung". Der [Zweck, der = 34x] wird dir als Bestimmungswort geliefert, eine [Korrektur, die = 1x], die bei was auch immer vorzunehmen ist. Wird ein digitaler [Prozess, der = 201x] nicht korrigiert, fliegt dir möglicherweise die ganze [Produktion, die = 10x] um die Ohren. Der Satz differenziert, in dem er als Anlass für die [Korrektur] eine [Prüfung, die = 82x] nennt, die einem [Prüf + Bericht, der = 2x] vorausgegangen sein muss. Ein solcher [Bericht, der = 15x] wurde von einem [Prüfer, der = 6x] angefertigt. Alles in einem eine sensible Situation, in der offensichtlich zu handeln wäre. Andernfalls wäre Bericht, also Ergebnis und Prüfung witzlos. Das [Empfehlen, das = UNGENUTZT] gehört hier nicht her.

Finde etwas anderes, was die Personen, die in dem Satz mit dem Fürwort/Pronomen [sie] genannt werden, und bei denen eine „unzureichende" [Qualifikation, die = 12x] vorzuliegen scheint, was durch diese Personen tatsächlich Unzureichendes oder gar Falsches „empfohlen" werden könnte und warum das so wäre...\}

02. Durch Nachlässigkeit und fehlende Kontrollen kommt es immer wieder vor (1H), dass Personen die ihnen empfohlenen oder angeordneten Sicherheitsmaßnahmen nicht oder nur teilweise umsetzen (2NI).

NET.2.2: WLAN-Nutzung; 2.2 Nichtbeachtung von Sicherheitsmaßnahmen;
S. 748/900

{Patch – Ein zweites Mal geht es um das [Befolgen, das = UNGENUTZT] und das [Einhalten, das = UNGENUTZT] von [Maßnahmen, die = 159x], die der digitalen [Sicherheit, die = 177x] dienen und zu dieser führen sollen. Ein zweites Mal wird mit dem Verb [empfehlen] gearbeitet. Und wieder geht das nicht zusammen.

Schwierig ist bereits der an die erste Stelle gebrachte Teilsatz (1H). Um wessen [Nachlässigkeit, die = 3x] geht es, und wer hat die [Kontrolle, die =

- 125 -

56x] nicht wahrgenommen oder ausfallen lassen oder ist letztendlich einfach nur [nachlässig] gewesen. Du könntest das für spitzfindig halten. Aber denke daran, es geht um die [Sicherheit] DEINER IT. Grundlose oder anlasslose [Maßnahmen], also digitale l´art pour l´art, die darf es nicht geben...\}

* * * * *

<u>System-Nachricht eHealth (TI) [Sys-10] - Störung E-Rezept</u>

> Aktuell kann es bei der Nutzung des E-Rezeptes vereinzelt zu längeren Antwortzeiten kommen. Die gematik hat gemeinsam mit beteiligten Betreibern technisch relevanter Komponenten den Sachverhalt bereits analysiert. Weitere Informationen folgen zeitnah nach neuem Kenntnisstand. Bei Beeinträchtigungen empfehlen wir, das Ausstellen bzw. Einlösen wenige Minuten später erneut zu versuchen.

Letzte Aktualisierung: 25.09.2024 09:30 Uhr

{Patch – Es ist ein Mittwoch im September: „Das Wetter am Mittwoch, den 25.09.2024, ist je nach Region sehr unterschiedlich. Im Süden kommt die Sonne hervor, doch weiter im Norden und Westen ist es regnerisch." (www.wetter.de). Welche Fragen könnte die Anmeldung in einer Praxis haben? Etwa: Was ist eine [Antwort + Zeit, die = UNGENUTZT]. Oder was sind „technisch relevante [Komponenten, die = Top-25]? Augenblick, der Wecker klingelt, man muss zu der Urin-Probe sehen, der Patient (13) wartet etwas ungeduldig, es ist ja noch Unterricht. Oder was bedeutet [zeitnah = 40x mal als Umstandswort]? Augenblick, der Patient (13) mit Erziehungsberechtigten kann die Praxis trotz unauffälliger Urin-Probe nicht verlassen. Denn das E-Rezept kann wegen eines weiteren Befundes noch nicht ausgestellt werden...\}

* * * * *

[End~ + N; Wortbildungs-Affix] = [End~] ist kein eigenständiges Wort; ein Affix kennzeichnet, welche besondere Bedeutung das folgende Hauptwort/Substantiv bekommt. Hier geht es um ein Letztes in einer Reihe, eine [Endabrechnung, die = UNGENUTZT]; eine [Endstation, die = UNGENUTZT], ein [Endbescheid, der = UNGENUTZT], ein [Endspiel, das = UNGENUTZT]. Manchmal hat die politisch gewollte [Digitalisierung, die = 1x!!!!] etwas endgültiges und endloses

[End~] = nun als Bestimmungs-Affix, der differenziert und die Bedeutung des Grundwortes/Letztwortes erweitert in den folgenden zusammengesetzten Wörtern (Komposita):

[End + Benutzer, der/die = 3x]. Das ist ungemütlich [–]. Da wird das merkwürdige Wort „End + Verbraucher, der/die", der oder die alle Produkte ohne Fragen zu stellen kaufen, da wird dieses Wort adaptiert und frisch als

[End + Benutzer] in den Markt gebracht, ohne dabei natürlich die geschilderten Eigenschaften aufzugeben.

[End + Gerät, das = 131x]. Das ist trotz der Häufigkeit karg **[–]**, und wuchert in dem Garten der Bedeutungen wild und lustig herum. Eine "Kiste", die am Ende von irgendetwas steht oder kommt, häufig gleichbedeutend mit Smartphone, Kartenlesegerät, Terminal usw.

<u>IT-Grundschutz-Kompendium</u>

> 01. Außerdem MÜSSEN Benutzer über angemessen sichere Zugangsdaten verfügen (1H), um sich gegenüber dem Endgerät und dem Netz der Institution erfolgreich zu authentisieren (2NV).

> CON.7: Informationssicherheit auf Auslandsreisen; CON.7.A7 Sicherer Remote-Zugriff auf das Netz der Institution; S. 167/900

{Patch – [MUSS/MÜSSEN] = Notwendigkeit, Pflicht, so und keinesfalls anders zu handeln – siehe Modalverben.

Was sind [Zugang(s) + Daten, die = 38x], was sind [Nutzer + Daten, die = 4x], was sind [Anmelde + Daten, die = 3x]. Drei unterschiedliche Komposita für einen relativ einfach Vorgang: Deine [Anmeldung, die = 19x] von außerhalb. Nicht die Angaben, mit denen du dich „zu Haus" anmeldest, in dem internen Netzwerk, an einem internen Drucker, nicht sie müssen sicher sein, sondern die Anmeldung selbst. Zu bedenken ist, dass natürlich nicht jedes interne „Endgerät" für dich von außen erreichbar ist oder sein sollte...\}

> 02. Ist es den Mitarbeitern erlaubt (1H), dienstliche Geräte auch privat zu nutzen (2NI), SOLLTEN Lösungen für getrennte Arbeitsumgebungen auf dem Endgerät eingesetzt werden (3H).

> SYS.3.2.1: Allgemeine Smartphones und Tablets; SYS.3.2.1.A25 Nutzung von getrennten Arbeitsumgebungen; S. 607/900

{Patch – [SOLLTEN] = Anregung, unverbindliche Empfehlung, so und so zu handeln – siehe Modalverben.

Die [Geräte, die = Top-25] tauchen in dem zweiten Teilsatz (2NI) vollkommen überflüssig auf, mit anderen Worten: Nenne die Dinger bei ihrem Namen, als Smartphone und Tablett. Dann fallen auch die [Endgeräte] im dritten Teilsatz (3H) weg. Schon wird erkennbar, dass eine private Nutzung eines dienstlichen Smartphones oder Tabletts schwer bis unmöglich von der dienstlichen Nutzung abzutrennen ist. Ein Sicherheitsproblem...\}

[Entdeckung(s) + Risiko,das = 1x], gemeint sein könnte die [Gefahr, die = 122x], das irgendetwas oder irgendjemand auffliegt, also entdeckt wird. Das funktioniert **[+].**

[Entwicklung, die = 147x] = 1. das Vorwärtsschreiten in einem Prozess; 2. Reifeprozess des Menschen; 3. Bildung, Entstehung; 4. Verbesserung, Schaffung von Dingen der Technik

> Viele Anwendungen enthalten vom Hersteller eingebaute,
> undokumentierte Funktionen (1H), häufig für die Entwicklung oder
> zum Support der Anwendung (2EL).
>
> APP.7: Entwicklung von Individualsoftware, 2.3 Undokumentierte
> Funktionen; S. 484/900

{Patch – Gib es zu, die kanntest du nicht, die „hidden functions" in deiner
teuer erworbenen Software. Das ist selbstverständlich eine unangenehme
Sache. Deswegen kommt auch die Konstruktion des Satzes etwas ins
Stolpern.Das Komma zeigt dir, hier soll ein zweiter Teilsatz abgegrenzt
werden. Es fehlen eine Überleitung und ein Verb/Prädikat. In dem Teilsatz
wird dir ein Ziel, eine Folge präsentiert, die nicht nachvollziehbar ist. Ist die
Software ausgeliefert, was ist dann noch zu entwickeln? Auch der genannte
Support läuft, wenn er läuft, über eigene Tools, etwa für eine Fernwartung.
Was allerdings [heimlich = 3x; Adverb] abläuft, ist das Kontrollieren und das
Aufzeichnen von etwa Störungen...\}

[Entwicklung, die] = als Bestimmungswort, das differenziert und die
Bedeutung des Grundwortes/Letztwortes erweitert in den folgenden
zusammengesetzten Wörtern (Komposita):

[Entwicklung(s) + Daten, die = 1x]; Rarität. Das ist gewagt [–]. Eine
[Entwicklung, die = 147x] ist eine Entwicklung. Da bewegt sich also etwas
oder jemand. Du musst schon den Punkt angeben, um von Daten sprechen
zu können.

[Entwicklung(s) + System, das = 2x]; Rarität. Das ist knifflig [–]. Geht es um
einen Rechner, der einzig für die [Entwicklung] vorgesehen ist, für die
Abteilung wie für die Entwicklung selbst. Geht es um die Art, wie in deinem
Start-Up Software entwickelt wird. Du wirst es nicht erfahren.

[Ersatz + Gerät, das = 3x]. Gibt mal eine "Kiste" den Geist auf, verweigert
eine andere die Arbeit, macht wieder eine andere schlapp, dann würdest du
einen Ersatz möglicherweise sehr begrüßen. Am besten sofort. Allerdings ist
genau das heute bei den knappen Beständen und irren Produktzyklen selten
möglich. Für den Fall, ich drücke dir die Daumen. Das ist nachvollziehbar [+].

[Existenz + Gefährdung, die = 1x]; Rarität. Die wirtschaftliche Existenz eines
Start-Up, eines Unternehmens ist in der digitalen Welt sehr häufig gefährdet,
aber das Sein, das Leben, die Existenz. Das ist nachvollziehbar [+].

* * * * *

F wie [Fehler, der/die = 145x] im IT-Grundschutz– [Fehler] wird 17-mal modifiziert für die digitale Sicherheit

Die möglichen Bedeutungen: 1. als Vorgang oder Ergebnis: etw., das man tut oder denkt, das sich danach als falsch herausstellt; negative Folgen, an denen man schuld ist; 2. Eigenschaft, die nicht der erwarteten oder üblichen Qualität von Dingen oder Systemen entspricht; 3. störende Eigenschaft, die das positive Gesamtbild beeinträchtigt; 4. negative Eigenschaft des Charakters einer Person; 5. dauerhafte Einschränkung einer körperlichen Funktion einer Person.

IT-Grundschutz-Kompendium

> Werden Fehler nicht korrekt behandelt (1H), sind sowohl der Betrieb als auch der Schutz der Funktionen und Daten eines Webservers nicht mehr gewährleistet (2H).

APP.3.2: Webserver; 2.6 Fehlende oder mangelhafte Fehlerbehebung; S. 402/900

{Patch – Wie wäre es einfach mit: *Werden Fehler nicht konsequent und nachhaltig beseitigt...*\}

[Fach + Anwendung, die = 7x]. Auch wenn sich die [Fach + Abteilungen, die = 13x] langsam auflösen – Generalisten sind gefragt – ist hier eine Software gemeint, die für einen eigenen [Fach + Bereich, der = 3x] entwickelt wird. Das ist teilweise nachvollziehbar **[+]**.

[Falsch + Information, die = 1x]; Rarität. Eine Nachricht, eine Meldung, eine Information, die gelogen ist, die falsch ist, die gefälscht ist. Das ist nachvollziehbar **[+]**.

[Fax, das = 28x] = mithilfe eines Faxgeräts beim Sendenden erzeugte Kopie, die der Empfänger erhält (www.dwds.de).

IT-Grundschutz-Kompendium

> Viele Multifunktionsgeräte können digitalisierte Papierdokumente per E-Mail und Fax verschicken (A).

SYS.4.1: Drucker, Kopierer und Multifunktionsgeräte;2.5 Unberechtigter Versand von Informationen; S. 639/900

{Patch – Das Problem in diesem Aussagesatz ist das Verhältniswort/Präposition [per = 32x]. Mit [per] wird das Mittel bezeichnet, wodurch etw. befördert, übermittelt wird (vgl. www.dwds.de). Die [Papier + Dokumente, die = 3x] werden allerdings als eine E-Mail oder als ein Fax auf die Reise geschickt...\}

[Fax, das] = als Bestimmungswort, das differenziert und die Bedeutung des Grundwortes/Letztwortes erweitert in den folgenden zusammengesetzten Wörtern (Komposita):

[Fax + Client, der = 1x]; Rarität. Ein [Client, der = Top-25] ist eine Art untergeordneter Rechner, meist mit einer eigenen, spezifischen Aufgabe, wie in diesem Fall Faxe zu empfangen und zu versenden. Das wäre nachvollziehbar **[+]**.

[Fax + Daten, die = 2x]; Rarität. Das ist schrottig **[–]**. Kann sein, dass eine Nummer für eine Fax-Gerät gemeint ist. Kann sein irgendwelche Sendezeiten, Dauer der Sendung oder was weiß ich.

[Fax + Funktion, die = 1x]; Rarität. Solltest du eine Software nutzen, mit der du auch ohne Faxgerät ein Fax verschicken und empfangen kannst, dann würde das passen mit der [Funktion], und wäre nachvollziehbar **[+]**.

[Fax + Gerät, das = 45x]. Klare Angelegenheit, wurde übrigens angeblich in Schortens/Nds. entwickelt, aber dann vernachlässigt und vergessen. Das ist nachvollziehbar **[+]**.

[Fax + Nutzung, die = 4x]. Auch wenn mit der [Nutzung, die] bereits eine Handlung oder ein Vorgang wie das Faxen ausgedrückt wird, kann zur Hervorhebung von einer [Fax + Nutzung] gesprochen werden, das wäre nachvollziehbar **[+]**.

[Fax + Server, der = 44x]. Das kann ein einzelner Rechner sein, der die Verwaltung von 99 Faxgeräten übernommen hat. Oder es ist eine Software, die das Senden und Empfangen von Faxen – sagen wir – koordiniert, Protokolle anlegt und so weiter. Das ist nachvollziehbar **[+]**.

<u>IT-Grundschutz-Kompendium</u>

> Außerdem MUSS regelmäßig die Verbindung vom Faxserver zur TKAnlage beziehungsweise zum öffentlichen Telefonnetz auf ihre Funktion geprüft werden (A).
>
> NET.4.3: Faxgeräte und Faxserver; NET.4.3.A3 Sicherer Betrieb eines Faxservers; S. 789/900

{Patch – [MUSS/MÜSSEN] = Notwendigkeit, Pflicht, so und keinesfalls anders zu handeln – siehe Modalverben.

IT-Grundschutz ist eines der wichtigen Themen in den modernen Gesellschaften. Deswegen sind brauchen wir auch eine Ökonomie der Inhalte. Die verbindliche Anweisung, die in dem Zitat enthalten ist, ist völlig außerhalb jeder alltäglichen Erfahrung. Was soll da geprüft werden, was soll da regelmäßig geprüft werden? Ob ein Fax verschickt wird, das siehst du schon. Ob ein Fax empfangen werden kann, auch das bekommst du mit. Die Anweisung ist überflüssig, sie steht anderen wichtigen im Weg...\}

[Fehl + Funktion, die = 66x]. Nehmen wir eine digitale arbeitende Funktion. Sie hat einen Start, einen programmierten Verlauf, sowie ein Ende. Wenn z.B. der Start nicht startet, kann das ein [Fehler, der = 158x] sein, es kommt zu einer Fehlfunktion. Das wäre nachvollziehbar **[+]**. Schauen wir mal:

<u>IT-Grundschutz-Kompendium</u>

> Wenn Datenbestände zwischen mobilen IT-Systemen und stationären IT-Systemen synchronisiert werden (1NV), kann es durch Unachtsamkeit oder Fehlfunktion zu Datenverlusten kommen (2H).
>
> Elementare Gefährdungen; G 0.45 Datenverlust; S. 89/900

{Patch – Die Verwendung der [Fehlfunktion] entspricht nicht der vorgeschlagenen Definition. Daten werden synchronisiert, also miteinander abgeglichen und auf einen gemeinsamen Stand gebracht. Ein automatisierter Vorgang. Entweder er klappt, dann ist alles ok. Oder er wird abgebrochen, weil etwas nicht synchronisiert werden kann. So läuft das zum Beispiel bei einer Datensicherung, da kannst du zusehen...\}

[Fernwartung, die = 157x] = in der Informations- und Telekommunikationstechnik standortferner Zugriff auf ein digitales Gerät über eine Schnittstelle (wie das Internet oder ein lokales Netzwerk), um bestimmte (Reparatur- oder Wartungs-) Arbeiten durchzuführen.

<u>IT-Grundschutz-Kompendium</u>

> Die Fernwartung MUSS hinsichtlich technischer und organisatorischer Aspekte bedarfsgerecht geplant werden (A).
>
> OPS.1.2.5 Fernwartung, OPS.1.2.5.A1 Planung des Einsatzes der Fernwartung; S. 259/900

{Patch – [MUSS/MÜSSEN] = Notwendigkeit, Pflicht, so und keinesfalls anders zu handeln – siehe Modalverben.

Die Fernwartung bekommt ein eigenes Kapitel innerhalb des Kompendiums. Bemerkenswert, es wird nicht erkennbar, wer die Adressaten sind. Deutlich wird das in diesem Zitat, in dem es um die konkrete Planung geht. Der Support eines Herstellers ist ein [Adressat, der = 2x]. Mit welcher Fernwartungs-Software soll gearbeitet werden. Welche meist technischen Voraussetzungen müssen auf der Kunden-Seite erfüllt sein, um eine Fernwartung durchführen zu können.

Ein zweiter Adressat ist dem folgend der Kunde, er hat neben den technischen Voraussetzungen auch die organisatorischen Voraussetzungen zu klären bzw. festzulegen, insbesondere die Verwaltung der Rechte. In der Praxis ist es leider oft so, dass der Kunde der Fernwartung auf Gedeih und Verderb ausgeliefert ist. Ich bilde mir ein, ein wenig die Kontrolle zu behalten, da nur ich die Passwörter kenne, ich gebe sie ein, ich schalte sie frei – trotz aktiver Fernwartung.

Ein dritter Adressat ist ein interner Support. Dieser kann in der Regel schalten und walten, wie er will.

All dieses wird in einer vernünftigen (!) Planung aufgenommen. Der [Bedarf, der = 51x] ergibt sich aus den technischen Problemen von selbst...\}

[Fernwartung, die] = als Bestimmungswort, das differenziert und die Bedeutung des Grundwortes/Letztwortes erweitert in den folgenden zusammengesetzten Wörtern (Komposita):

[Fernwartung(s) + Dienst, der = 4x]. Das ist lumpig [–]. Eine Fernwartung ist nun mal eine Wartung, die aus der Ferne in deinem Netzwerk stattfindet. Wenn die geeignete Software installiert ist, die Verbindung steht und du die Sache freigibst. Ein geflissentlicher Diener, nö.

[Fernwartung(s) + Funktion, die = 3x]. Wenn sich dein Dienstleister in dein [Netzwerk, das] einschaltet – natürlich musst du das erlaubt haben – dann wartet er aus der Ferne dein Netzwerk. Das ist nachvollziehbar **[+]**.

[Fernwartung(s) + Komponente, die = 7x]. Das ist übel [–]. Eine Fernwartung wird in der Regel mittels einer bestimmten Software meist über ein Netz veranstaltet.

[Fernwartung(s) + Software, die = 1x]; Rarität. Nur wenn deine Produktion den gleichen Typ der Fernwartung einsetzt, wie dein Dienstleister, dann funktioniert das auch. Oft genug, das ist nachvollziehbar **[+]**.

[Fernwartung(s) + System, das = 2x]; Rarität. Das ist schwierig [–]. Eine Fernwartung ist eben eine Fernwartung, ein Vorgang mit bestimmten, einzuhaltenden Regeln. Pass dabei sehr gut auf, sei [aufmerksam = 1x; Adverb], sei [kritisch = 6x; Adverb].

[Fernwirk + Gerät, das = 1x]; Rarität. Das ist spukhaft [–], da es keine sinnvolle Übertragung in die gegenwärtige Welt geben kann.

[Fernzugriff(s) + Funktion, die = 2x]; Rarität. Wenn sich ein Dienstleister oder ein Software-Support in dein Netzwerk einschaltet – selbstverständlich musst du ihm das vorher erlaubt haben und du musst die ganze Zeit zuschauen können, was sie oder er da treibt – dann arbeitet die oder der aus der Ferne in deinem Netzwerk. Das ist nachvollziehbar **[+]**.

[Festspeicher + Dienst, der = 1x]; Rarität. Das ist schmerzlich [–]. Mich durchzuckt es bereits bei dem merkwürdigen Wort [Fest + Speicher, der = 3x].

[File + Server, der = 67x]. Ein [File, das = UNGENUTZT] ist ein englisches Wort für [Datei, die = 143x]. Demnach handelt es sich um einen Server, der alle möglichen anderen Rechner mit dieses Files versorgt, sie verwaltet, sie speichert. Vermutlich ist diese Bezeichnung längst überholt, antiquiert, stammt aus einer anderen Zeit. Dennoch ist das das mehrteilige Wort nachvollziehbar **[+]**.

[Firmen + Daten, die = 1x]; Rarität. Wenn damit beispielsweise Umsatzzahlen gemeint sind, oder die Zahl der Mitarbeitenden, oder das Jahr der Gründung, so etwas eben, dann könnte das funktionieren **[+]**.

[Firmware + Funktion, die = 1x]; Rarität. Das ist sonderlich [–]. Die [Firmware, die = 36x] ist eine besondere, vom Hersteller einer Hardware vorab eingebauten Software. Nicht zu verwechseln mit [Betriebssystem, das =

270x]. Gemeint sein könnte eine einzelne Aufgabe, die die [Firmware] übernimmt.

[Fitness + Daten, die = 1x]; Rarität. Das ist seltsam [–]. Möglicherweise wird aus der Welt der Sport-Center ein Begriff in die digitale Welt übertragen, möglicherweise. Daten kennen keine Sportlichkeit, Rechner eben sowenig.

[Formular + Daten, die = 2x]; Rarität. Das könnten [Zahlen, die = 8x] sein, die du in ein (digitales) [Formular, das = 2x] eintragen sollst oder bereits eingetragen hast, das ist nachvollziehbar [+].

[Forschung(s) + Institution, die = 1x]; Rarität. Das ist ernst [–]. Handelt es sich um ein womöglich angesehenes [Forschung(s) + Institut, das = UNGENUTZT]? Handelt es sich um eine [Einrichtung, die = 6x], in der geforscht wird, oder handelt es sich um [Einrichtung], die in der Forschung führend ist oder gar Standard gesetzt hat?

[fremd = UNGENUTZT; Umstandswort/Adverb] = 1. einem anderen Land, Volk, Ort, einer anderen Gegend angehörend, aus einem anderen Land, Volk, Ort, einer anderen Gegend stammend; 2. nicht sein eigen; 3. nicht bekannt; 4. nicht zu etw., jmdm. passend, nicht in etw. gehörig.

> Als ich ihn nach langer Zeit wiedersah, sah er fremd und verändert aus - www.dwds.de

{Patch – Die lange Zeit brachte die Veränderungen mit sich, machte ihn fremd. Diese Software ist mir so was von fremd...\}

[fremd] = als Bestimmungswort, das differenziert und die Bedeutung des Grundwortes/Letztwortes erweitert in den folgenden zusammengesetzten Wörtern (Komposita):

[Fremd + Gerät, das = 1x]; Rarität. Ein Gerät, welches nicht zu deinem Netzwerk gehört oder zu den freigegebenen Geräten deines Konzerns. Das ist nachvollziehbar [+].

[Fremd + Institution, die = 1x]; Rarität. Das ist grausam [–]. Keine Ahnung, was das in der realen Welt sein könnte. Vergiss es!

[Fremd + Netz, das = 2x]; Rarität. Das ist bedrückend [–]. Das Gegenteil des Eigenschaftswortes [fremd] könnte [bekannt = 87x] sein oder [vertraut = 6x]. Das würdest du aber in keinem Fall vor ein Netz oder ein Netzwerk packen. Oder etwa doch?? Nein!!!

[Fremd + Nutzung, die = 1x]; Rarität. Das ist gruselig [–], keine Lust herauszufinden, was das sein soll oder sein könnte.

[Fremd + System, das = 2x]; Rarität. Das ist gespenstisch [–], weil es nur durch eine individuelle, subjektive Perspektive wahrnehmbar ist.

* * * * *

~ [für = 3.517x] - Grammatik - siehe Abschnitt Verhältniswort/Präposition

Das www.dwds.de gibt an: [für] Präposition, I. in zielender Funktion, II. in anderen Funktionen

~ Fürwort/Artikel/Pronomen – Grammatik: Wortart (part of speech)

So genannte motivierte Bezeichnung, ein Fürwort oder Pronomen ist stets ein Stellvertreter für ein Hauptwort/Substantiv oder ein anderes Fürwort/Pronomen. Es unterstützt die Ökonomie der Sprache. Verwendest du es als Artikel, dann spezifiziert es ein Hauptwort/Substantiv in Sachen Geschlecht/Genus, Einzahl oder Mehrzahl und konkreten Fall/Kasus.

IT-Grundschutz-Kompendium

> Das bedeutet {= Linux ist freie Software,} (1H), dass sie von **jedem** genutzt, kopiert, verteilt und verändert werden darf (2NI).
>
> SYS.2.3: Clients unter Linux und Unix; 1 Beschreibung; S. 583/900

{Patch – Genau, auch du darfst Linux nutzen. Das drückt das Fürwort/Pronomen [jedem] an dieser Stelle aus, da könntest du dich freuen, oder.

Mehr zu Fürwort/Pronomen und die Top-5 der für die digitale Sicherheit wichtigen findest du im Abschnitt [Pronomen]...\}

* * * * *

System-Nachricht eHealth (TI) [Sys-11] Einwahl TI (Meldung wurde aus dem „Archiv" gelöscht – festgestellt am 13. November 2024)

> Derzeit ist keine Neueinwahl in die TI möglich. Alle TI-Anwendungen (elektronische Patientenakte, das E-Rezept, Kommunikation im Medizinwesen, das Versichertenstammdatenmanagement und der VPN-Zugangsdienst) können momentan nicht genutzt werden.
>
> Letzte Aktualisierung: 02.07.2023 11:30 Uhr

{Patch – Es ist ein Sonntag, nicht weit vom Mittag. „Das Wetter am Sonntag, den 02.07.2023, wird insbesondere im Norden Deutschlands stürmisch. Sonst erwartet uns ein Mix aus Sonne, Wolken und Schauern." (www.wetter.com). Also bundesweit sind die Notdienste am Start. In den Mittagsstunden wird es ruhiger, die Kleinen schlafen noch. Ältere Kinder halten die mittägliche Ruhe ein, vielleicht. In den Rettungswachen spielt man vielleicht Tisch-Tennis. Badeunfälle eher unwahrscheinlich. Wenn nun doch eine Patientin oder ein Patient irgendwo in diesem Land zu dieser Zeit, nicht weit vom Mittag, ihre oder seine elektronische Gesundheitskarte (eGK) in irgendein Terminal steckt: Nö, is nich.

Und man fragt sich, was genau bedeutet [Neu + Einwahl, die = UNGENUTZT]. Ist das Stecken dieser eGK bereits ein solche? Man weiß es nicht. Das ist ein sehr finsterer Moment in dem Gesundheitswesen, abhängig gemacht von der Digitalisierung und diese Abhängigkeit tritt feixend auf, High Noon.

Noch nicht klar ist an diesem Sonntag, nicht weit vom Mittag, dass da angesichts eines [Total-Ausfalles, der = 3x] vielleicht der IT-Grundschutz versagt hat, die digitale Sicherheit durchbrochen wurde...\}

* * * * *

[Funk, der = 3x] = 1. drahtlose Übermittlung von Informationen durch elektromagnetische Wellen mit hoher Schwingungszahl, die von besonderen Geräten gesendet oder empfangen werden; 2. Rundfunk

<u>IT-Grundschutz-Kompendium</u>

> Da es sich bei Funk um ein Medium handelt (1NV), das sich mehrere Benutzer teilen können („Shared Medium") (2NR), können die über WLANs übertragenen Daten problemlos mitgehört und aufgezeichnet werden (3H).
>
> NET.2.1: WLAN-Betrieb; 2.7 Abhören der WLAN-Kommunikation; S. 741/900

{Patch – In dem Satz geistert mit dem Wort [Medium, das = 27x] ein Missverständnis herum. Denn der Funk ist mit seinen Wellen etwas Immaterielles. Du würdest schlicht ins Leere greifen, wolltest du versuchen, ihn zu fassen. Gesendet und Empfangen wird er von [Geräten, die = Top-25], und nicht von Benutzern. Aus welchem Grund dieser englische Ausdruck „Shared Medium" adaptiert werden muss, erschließt sich mir nicht. Beschreibe die Dinge, wie du sie siehst...\}

[Funk, der] = als Bestimmungswort, das differenziert und die Bedeutung des Grundwortes/Letztwortes erweitert in den folgenden zusammengesetzten Wörtern (Komposita):

[Funk + Dienst, der = 1x]; Rarität. Das ist phantasievoll **[–]**. Eigentlich wäre mit [Funk + Gerät, das = UNGENUTZT!!!] das Wesentliche ausgedrückt und angesprochen, eben auch die Handlung [Funken, das = UNGENUTZT!!!].

[Funk + Netz, das = 33x]. Das ist eine klare Angelegenheiten, nämlich ein Netz von Funkstationen, über welches mittels Funk kommuniziert werden kann. Das ist nachvollziehbar **[+]**.

<u>IT-Grundschutz-Kompendium</u>

> In Funknetzen werden Informationen mittels elektromagnetischer Funkwellen übertragen (1-A). Strahlen andere elektromagnetische Quellen im selben Frequenzspektrum Energie ab (2-1H), können diese die drahtlose Kommunikation stören und im Extremfall den Betrieb des WLANs verhindern (2-2H).

{Patch – Zunächst eine Wiederholung der Definition, was [Funk] tatsächlich
bedeutet und wie er innerhalb eines [Funknetzes] praktisch funktioniert. Dann
im zweiten zitierten Satz das, was diese Kommunikation unterbrechen kann,
eine wichtige Klarstellung...\}

[Funk + System, das = 1x]; Rarität. Das ist gestört [–], denn ein Funk hat
eigene Gesetze oder Regeln. Wenn die eingehalten werden und gut
zusammenspielen, klappt das mit dem Funk.

* * * * *

Top-25: [Funktion, -en, die = 335x] – [Funktion] wird 46-mal modifiziert für
eine digitale Sicherheit

A.) – Erklärung/Wortbestimmung

1. Aufgabe, (innerhalb eines Ganzen) in einer bestimmten Weise
wirksam, tätig zu sein

a) Tätigkeit

b) Amt, das jmd. (in einer Demokratie, demokratischen Organisation)
ausübt

2. [Wissenschaft, Mathematik] gesetzmäßige Abhängigkeit einer
Veränderlichen von einer oder mehreren anderen Veränderlichen

www.dwds.de

IT-Grundschutz-Kompendium

01. Es MUSS festgelegt werden (1H), welche Zutrittsberechtigungen
an welche Personen im Rahmen ihrer Funktion vergeben bzw. ihnen
entzogen werden (2NR).

ORP.4: Identitäts- und Berechtigungsmanagement; p.125/900

{Patch – [MUSS/MÜSSEN] = Notwendigkeit, Pflicht, so und keinesfalls anders
zu handeln – siehe Modalverben.

Gemeint sind [Aufgaben], die eine Person zu übernehmen hat. Die Aufgabe
bestimmt, welche „Zugriffsrechte" erteilt werden müssen, um die Aufgabe
erfüllen zu können...\}

02. Es SOLLTE einen Prozess geben (1H), mit dem die Funktion der
Kommunikationspartner auf beiden Seiten geprüft wird (2NR).

OPS.2: Betrieb von Dritten; p. 275/900

{Patch – Ein weiteres Mal ist es passender, die [Funktion] durch [Aufgabe],
durch [Zuständigkeit] oder durch [Verantwortlichkeit] zu ersetzen. Wie
allerdings das [Prüfen] oder der [Prozess] gestaltet werden kann, ist ein

---

Rätsel. Genau hier treten die Schwierigkeiten in den Vordergrund, die ein Unternehmen, eine Organisation oder eine Arztpraxis mit Dienstleistern in Bezug auf Zuordnung von Aufgaben und Zuständigkeiten, also mit [Dritten] ständig haben...\}

> 03. Die Funktion zur Autovervollständigung von Daten SOLLTE deaktiviert werden {A}.

> APP.1: Client-Anwendungen, p.360/900

{Patch – Vollkommen ausreichend ist diese Aussage: *Das „Autovervollständigen" (von Text und Daten) SOLLTE deaktiviert werden –* wenn ich mich der Schreibweise mit dem SOLLTE anschließe....\}

> 04. Viele mobile Betriebssysteme verfügen über eine Funktion {1H}, die es ermöglicht {2NR}, Mitteilungen von aktivierten Widgets und Push-Nachrichten auf dem Sperrbildschirm anzeigen zu lassen {3NI}.

> SYS.3.2: Tablet und Smartphone, p. 603/900

{Patch – Ein sehr wichtiger Inhalt wird auf brutale Weise zerfleddert: *Einige Betriebssysteme von Mobilgeräten zeigen trotz aktivierten Sperrbildschirm Mitteilungen von Widgets oder erhaltene Nachrichten an –* so, meine Lieben, kommen Fremde an die genannten Mitteilungen und/oder Nachrichten. Und ihr fragt euch, wie das sein konnte? ...\}

Zusammengefasst, die auf der Seite DWDS gegebenen Begriffsbestimmungen werden für den IT-Grundschutz selten übernommen. Gleichzeitig wird das Hauptwort/Substantiv [Funktion] in Sätzen eingefügt, bei denen der genannte Vorgang (z.B. Autovervollständigen) bereits die ausreichende und klare Bedeutung enthält. Eine für den IT-Schutz und eben auch für die IT und die TI nachteilige Situation.

B.) - [Funktion, die] wird in den folgenden zusammengesetzten Wörtern [Komposita] differenziert oder eingeschränkt, in der Grammatik wird es zum [Grundwort] und/oder [Letztwort]:

Anzeige + F. = 1x / Audit + F. = 1x / Authentisierung(s) + F. = 1x / Automatisierung(s) + F. = 5x / Bandbreitenmanagement + F. = 1x / Baugruppen + F. = 1x / Betrieb(s) + F. = 1x / Betriebssystem + F. = 1x / Datei + F. = 1x / Fax + F. = 1x / Fehl + F. = 66x / Fernzugriff(s) + F. = 2x / Fernwartung(s) + F. = 3x / Firmware + F. = 1x / Geräte + F. = 1x / Grund + F. = 1x / Härtung(s) + F. = 2x / Kern + F. = 1x / Komfort + F. = 1x / Kontroll + F. = 2x / Lösch + F. = 1x / Management + F. = 1x / Mobilfunk + F. = 1x / Produkt + F. = 1x / Protokollierung(s) + F. = 3x / Regel + F. = 2x / Schad + F. = 8x / Schlüssel + F. = 1x / Schutz + F. = 2x / Selbsttest + F. = 1x / Sicherheitsaufzeichnung(s) + F. = 1x / Sicherheit(s) + F. = 51x / Sicherheitsprüf + F. = 1x / Funktion – Suchfunktion (30.11.22) 1x / System + F. = 2x / Teil + F. = 1x / Telefon + F. = 2x / Telemetrie + F. = 2x /

Überbuchung(s) + F. = 1x / Verschlüsselung(s) + F. = 4x / Verwaltung(s) + F.
3X / Virtualisierung(s) + F. = 3x / Vorbild + F. = 1x / Vorschau + F. = 4x /
Weiterleitung(s) + F. = 1x / Zusatz + F. = 1x /

C.) - [Funktion, die] = nun als Bestimmungswort, das differenziert und die
Bedeutung des Grundwortes/Letztwortes erweitert in den folgenden
zusammengesetzten Wörtern (Komposita):

[Funktion(s) + Ausführung, die = 2x] - Rarität; eine Aufgabe wird gleich
ausgeführt [Handlung / Vorgang] oder sie wurde ausgeführt [Zustand,
Resultat]. Das ist nachvollziehbar **[+]**.

[Funktion(s) + Baustein, der = 3x]; das ist abenteuerlich **[--]**. Ein Baustein
(welcher Art?), der eine Funktion enthält oder selbst eine solche ist?

[Funktion(s) + Bereich, der = 4x]; das ist kraftlos **[–]**. Ein Bereich, also ein
„Gebiet von bestimmter Abgrenzung und Ausdehnung", in dem etwas
funktioniert oder der/das, der für eine bestimmte Funktion steht?

<u>IT-Grundschutz-Kompendium</u>

> Es handelt sich um einen Funktionsbereich {1H}, der insbesondere
> verschiedene TGA-Anlagen umfassen kann {2NR}.

INF: Infrastruktur; Gewerk, p. 893/900

{Patch – Erklärt werden soll der Begriff „Gewerk". Gesagt werden soll, dass in
einem „Gewerk" auch TGA-Anlagen zu den vorgesehenen Arbeiten gehören
können...\}

[Funktion(s) + Beschreibung, die = 1x] - Rarität, die Beschreibung einer
bestimmten Funktion, einer bestimmten Aufgabe. Das ist nachvollziehbar **[+]**.

[Funktion(s) + Code, der = 2x] - Rarität, das Kompositum ist dysfunktional
[--], eine Erklärung kann nicht abgeleitet werden. Fragwürdig ist, warum
dieses Kompositum nur in einem Abschnitt des IT-Grundschutzes
aufgenommen wird: APP.4: Business-Anwendungen; APP.4.6.A7
Berechtigungsprüfung während der Eingabeverarbeitung; S. 455/900.

[Funktion(s) + Einheit, die = 1x] - Rarität. Das ist instabil **[--]**. Eine
einheitliche Funktion oder die Funktion als eine Einheit.

[Funktion(s) + Erhalt, der = 1x] - Rarität, eine bestimmte Funktion
konservieren. Das ist teilweise nachvollziehbar **[+]**.

[Funktion(s) + Fähigkeit, die = 13x]; eine Fähigkeit, eine Qualifikation, die
eine Funktion haben soll. Das kann nur die Funktion selbst sein und eventuell
ihr ungehindertes Funktionieren. Das Kompositum ist unbrauchbar **[--]**.

<u>IT-Grundschutz-Kompendium</u>

> Damit die Sicherheit und Funktionsfähigkeit von IT-Systemen und Anwendungen {1NIa}, auf die nur aus der Ferne zugegriffen werden kann {2NR}, gewährleistet wird {1NIb}, ist eine professionelle und regelmäßige Fernwartung erforderlich {3H}.
>
> OPS.1.2: Weiterführende Aufgaben, 2.4. Fehlerhafte Fernwartung, S. 258/900

{Patch – Die Aufmerksamkeit sollte sich weniger auf eine Fähigkeit konzentrieren, sondern auf das Funktionieren! Zur Seite gesprochen: Das Substantiv [Funktionieren, das] wird im IT-Grundschutz ein einziges Mal genutzt: „...einer Konfiguration, die das Funktionieren des Schadprogramms verhindert." Glossar, Gefährdung (englisch „applied threat"), S. 35/900.

Wird über vermeintlich hochwertige IT-Systeme gesprochen, wird denen Funktionsfähigkeit zugeschrieben, nur Schadprogramme kennen das gnadenlose, niederträchtige Funktionieren...\}

[Funktion(s) + Kette, die = 2x] – Rarität, das ist zerrüttet **[--]**. Eine Kette der Funktionen oder die Funktion als Kette.

[Funktion(s) + Level, das = 1x] – Rarität, das ist gestört **[--]**. Ein Prozess funktioniert, funktioniert teilweise, funktioniert nicht. Das ist doch kein Abenteuerspiel.

[Funktion(s) + Liste, die = 1x] - Rarität, eine Liste, die die Funktionen aufzählt. Das ist nachvollziehbar **[+]**.

[Funktion(s) + Störung, die = 1x] - Rarität, eine Funktion, also eine Aufgabe, ein Vorgang läuft nicht so, wie vorgesehen. Das ist nachvollziehbar **[+]**. Erstaunlich, dass es im IT-Grundschutz lediglich 1-mal verwendet wird.

[Funktion(s) + Taste, die = 1x] - Rarität, ein stehender Begriff, wenn damit die F-Tasten auf der Tastatur gemeint sind. Nur dann ist es nachvollziehbar **[+]**.

[Funktion(s) + Test, der = 8x]; wenn der Ablauf einer Funktion überprüft wird, dann kann das ein Test sein. Das ist nachvollziehbar **[+]**.

[Funktion(s) + Träger, der/die = 2x] - Rarität, das ist schlaff **[--]**. Wenn jemand oder etwas eine Aufgabe übernommen hat, dann könnte man den oder die oder das als Träger bezeichnen.

[Funktion(s) + Trennung, die = 7x]; das ist instabil **[--]**. Eine Stelle innerhalb einer Aufgabe, an der sie getrennt werden könnte. Oder an der die Aufgabe bereits getrennt ist. Wäre es dann nicht angemessener, von einer Teilung zu sprechen.

<u>IT-Grundschutz-Kompendium</u>

> Für unvereinbare Funktionen MUSS eine Funktionstrennung
> festgelegt und dokumentiert sein {A}. Auch Vertreter MÜSSEN der
> Funktionstrennung unterliegen {A}.
>
> ORP: Organisation und Personal; ORP.1.A4 Funktionstrennung zwischen
> unvereinbaren Aufgaben, S. 107/900

{Patch – [MUSS/MÜSSEN] = Notwendigkeit, Pflicht, so und keinesfalls anders
zu handeln – siehe Modalverben.

Wenn etwas unvereinbar ist, dann ist es nicht auf einen gemeinsamen Nenner
zu bringen. Oder wenn etwas unverträglich ist, dann ist eine Trennung bereits
zum Ausdruck gebracht. Man wird nicht erfahren, was aus diesen (und auch
aus den anderen) Sätzen für praktische Konsequenzen für den IT-
Grundschutz oder für eine TI gezogen werden sollen...\}

[Funktion(s) + Trennung(s) + Prinzip, das = 1x] - Rarität. Das ist riskant.
Der sprachliche Unfug geht in eine zweite Runde.

[Funktion(s) + Überwachung, die = 1x] - Rarität der Ablauf einer Funktion
wird beobachtet und kontrolliert. Das ist nachvollziehbar **[+]**.

[Funktion(s) + Umfang, der = 17x]; nein, weder ist die zeitliche oder
räumliche Länge (= Umfang) einer Aufgabe gemeint, noch die Ausdehnung
(= Umfang). Gemeint sein könnte die Gesamtheit einer Aufgabe, die Summe
dessen, was eine Aufgabe beinhaltet. Das ist teilweise nachvollziehbar **[+]**.

<u>IT-Grundschutz-Kompendium</u>

> Durch den großen Funktionsumfang der Skriptumgebung können
> Angreifer Skripte umfangreich für ihre Zwecke missbrauchen {A}.
>
> SYS.1: Server, 2.2 Ausnutzbarkeit der Skriptumgebung, S. 510/900

{Patch – Wie wäre es so: *Wegen der zahlreichen Funktionen der* ... oder so ...
wegen der zahlreichen Skripte können Angreifer? Denn je höher die Zahl
von ausführbaren Skripten, Funktionen, Aufgaben, desto schwerer ihre
kontinuierliche Kontrolle, ist doch logisch.

Nun ja, welchen [Zweck, der = 34x] verfolgen eigentlich [Angreifer, der/die =
324x] ?

* * * * *

Quelle: www.tagesschau.de

{Patch – Mal angenommen, die HAW wollte anhand des IT-Grundschutz-Kompendiums diese Situation aufarbeiten. Die Hochschule käme nicht weit. Denn auf den 900-Seiten tummelt sich gerade mal ein [Hacker, der = 1x]. Keine [Hacker + Gruppe, die = UNGENUTZT], keine [Cyber + Attacke, die = UNGENUTZT]. Wohl aber ein [Cyber + Angriff, der = 1x]. Ich denke, es gehört durchaus zu der Qualität eines Kompendiums, Wortfelder bzw. Synonyme für relevante Wörter aufzunehmen. Etwa so, ein/e [Angreifende/r, die/der = UNGENUTZT] könntest du auch bezeichnen als [Hacker, der/die (ugs.) = 1x], [Nerd, der (ugs.) = UNGENUTZT], [Computer + Freak, der = UNGENUTZT], [Aggressor, der = UNGENUTZT], [Angreifer, der/die = Top-25], [Attackierender, der = UNGENUTZT], [Eindringling, der = UNGENUTZT]. Natürlich sind die Bezeichnungen unbedingt zu erweitern um eine weibliche Rolle, was für unsere patriarchalisch geprägten Sprache eine dringende und drängende Angelegenheit sein muss...\}

* * * * *

[Funktion(s) + Unterschied, der = 1x] - Rarität, die Differenz zu einer vorher oder folgend genannten Aufgabe. Wenn der Kontext zutrifft, ist das nachvollziehbar **[+]**.

[Funktion + Weise, die = 5x]; die Art, wie eine Aufgabe abgearbeitet wird. Das ist nachvollziehbar **[+]**.

* * * * *

G wie [Gewinn, der = 2x] im IT-Grundschutz – [Gewinn] wird 1-mal
   modifiziert für die digitale Sicherheit

Die Bedeutungen sind: 1. das Gewonnene, der Ertrag, Reinertrag eines Unternehmens; 2. Nutzen (www.dwds.de)

IT-Grundschutz-Kompendium

> Einbrecher könnten versuchen (1H), durch Erpressung oder Weitergabe der Daten an Konkurrenzunternehmen einen höheren Gewinn als durch den Verkauf der Hardware zu erzielen (2NI).

INF.8: Häuslicher Arbeitsplatz; 2.7 Erhöhte Diebstahlgefahr am häuslichen Arbeitsplatz; S. 835/900

{Patch – Funktioniert der Einsatz des Wortes [Gewinn]? Wie ist es mit dem Wort [Beute, die = UNGENUTZT] oder einfach nur *einen höheren Betrag*.

Außerdem das Verb/Prädikat weiter nach vorn, und anschließend der Vergleich zu der [Hardware, die = 90x]...\}

[Gebäude, das = 231x] = größeres Bauwerk des Hochbaus oder Industriebaus, das zum Aufenthalt von Menschen oder als Produktionsstätte dient.

<u>IT-Grundschutz-Kompendium</u>

> 01. Ein Gebäude umschließt alle stationären Arbeitsplätze, die verarbeiteten Informationen sowie die aufgestellte Informationstechnik (A).

INF.1: Allgemeines Gebäude; 1.1 Einleitung; S. 795/900

{Patch – Sehe ich solche Sätze, hockt meine sprachwissenschaftlich fundierte Verzweiflung auf einem sehr dünnen Ast über dem riesigen Abgrund der vielen Kapitel des IT-Grundschutz-Kompendiums. Unglaube geht der Verzweiflung voraus, der Unglaube, dass solche Sätze im BSI erdacht werden können. Aber in Richtlinien des technischen Dokumentierens oder eines Qualitätsmanagements steht: Du musst Definitionen auch für das Selbstverständliche niederschreiben.

So kommt es zu dem Kapitel „Allgemeines Gebäude". Eine Garage, ein Praxis, eine Fabrik, eine Werkhalle, ein Museum, all das sind keine [allgemeinen = 56x], „überall verbreiteten (www.dwds.de)" Gebäude, sondern ganz eigene, für ihre Aufgabe hergerichtete [Bauwerke, die = 5x]. Nun soll in dem Kapitel INF.1 gesagt werden, dass wirklich alles, nicht nur die IT, was im Inneren ist, ein Dach hat und durch eine Tür betreten werden kann, in der Ausarbeitung eines IT-Grundschutzes berücksichtigt werden muss...\}

> 02. Das Sicherheitskonzept für das Gebäude SOLLTE mit dem Gesamt-Sicherheitskonzept der Institution abgestimmt sein (A).

INF.1: Allgemeines Gebäude; INF.1.A9 Sicherheitskonzept für die Gebäudenutzung; S. 798/900

{Patch – [SOLLTEN] = Anregung, unverbindliche Empfehlung, so und so zu handeln – siehe Modalverben.

Was mich an dieser Vorschrift stört: das Verb/Prädikat [abstimmen]. Eine Definition: 1. durch Stimmabgabe seinen Willen äußern; 2. den Klängen von etw. eine gewünschte Tonhöhe geben und dann als Unterpunkt: [im übertragenen Sinn] etw. einander anpassen, aufeinander einstellen. Praktisch geht das BSI davon aus, dass es zwei [Konzepte, die = 139x] gibt. Wie eine [Anpassung, die = 93x] vorgenommen werden könnte, fehlt mir die Phantasie. Nein, es muss ein einziges Sicherheitskonzept geben für das jeweilige Unternehmen, für die jeweilige Organisation sowie für Behörde oder Einrichtungen des Gesundheitswesen. Jedes Gebäude und dessen Sicherung ist dann ein Teil von dem Sicherheitskonzept...\}

[Gebäude + Daten, die = 1x]; Rarität. Das ist lichtlos [–]. Wie kann etwa eine Produktionshalle zu Daten kommen. Auf jeden Fall musst du konkret werden.

[Gebäude + Infrastruktur, die = 1x]; Rarität. Ja, das kann zusammengehen. Alle technischen Geräte mit diversen, meist digitalen [Aufgaben, die = 185x], ob im Netzwerk zusammengeschlossen oder nicht. Und das innerhalb eines Gebäudes. Das ist nachvollziehbar [+].

[Gebäude + Nutzung, die = 2x]; Rarität. Was in diesem oder jenem Bauwerk wie ein Krankenhaus oder ein Amtsgericht und anderes gemacht wird, das kannst du als [Nutzung, die = Top-25] beschreiben. Das ist nachvollziehbar [+].

[Gefahr, -en, die = 122x] - [Gefahr] wird 2-mal modifiziert für eine digitale Sicherheit

A.) - Erklärung/Wortbestimmung

Erklärung: ein drohendes Unheil, Unglück, ein drohender Unfall

So definiert das Bundesamt für Sicherheit in der Informationstechnik (BSI) das Wort [Gefahr]:

> „Gefahr" wird oft als übergeordneter Begriff gesehen, wohingegen unter „Gefährdung" eine genauer beschriebene Gefahr (räumlich und zeitlich nach Art, Größe und Richtung bestimmt) verstanden wird.

IT-Grundschutz Kompendium 2022, Glossar, S. 35/900

{Patch – Das ist ein schwerwiegender, semantischer Bug. Du solltest davon ausgehen, das BSI hat bei der Wahl der Worte größte Sorgfalt walten lassen, ist also sehr behutsam zu Werke gegangen. Wie konnte es da passieren, dass sich ein solch kleines, unscheinbares Umstandswort/Adverb wie [oft] in die Erklärung geschummelt hat. Wer verbirgt sich hinter diesem [oft], wer hat dieses [oft] gezählt. Du wirst es niemals erfahren.

Ich sage es dir, [oft] ist ein referenzloses, also bedeutungsleeres Argument. Auch die folgende Aussage, dass „Gefährdung" eine „genauer beschriebene Gefahr" sei, ist Nonsens. Wenn eine Gefahr konkret wird, wirklich zum Anfassen wird, dann hat das weder mit [Raum, der = räumlich] zu tun, noch mit [Zeit, die = zeitlich]. Die [Gefahr] ist einfach da! Könnte die [Gefahr] eine bestimmte [Art, die = modal] haben? Nein, du kannst Gefahren aufzählen, deswegen verändert sie aber keineswegs ihre Art und Weise, eben eine [Gefahr] zu sein. Wie auch immer, bedenke, dass das Wort [Gefahr] eine größere und nachhaltige Signalwirkung besitzt..\}

Real existierende Gefahren für die Digitale Sicherheit

Die tatsächlichen [Gefahren] sind 7, wie die 7 Todsünden, wie das Buch mit 7 Siegeln...

I. Vernichtung / Löschung, trifft zu für [Rechner, die] – [Daten die/Inhalt der] – [Gebäude, das/die];

II. Beschädigung, trifft zu für [Rechner, die] – [Daten die/Inhalt der] – [Netzwerk, das] - [Gebäude, das/die]:

III. Veränderung / Manipulation, trifft zu für [Daten die/Inhalt der] – [Netzwerk, das];

IV. Kopien werden erstellt, trifft zu für [Daten die/Inhalt der]

V. Mitgelesen, „über die Schulter geschaut", trifft zu für [Rechner, die] – [Daten die/Inhalt der] – [Netzwerk, das]

VI. Entwendet / gestohlen / vergessen, trifft zu für [Rechner, die] – [Daten die/Inhalt der];

VII. Gesperrt / abgeschlossen / vorübergehend unlesbar, trifft zu für [Rechner, die] – [Daten die/Inhalt der] – [Netzwerk, das] - [Gebäude, das/die].

{Patch – Eigentlich ist es nebensächlich, ob das Eintreten der einen oder anderen [Gefahr] wahrscheinlich ist, denn Ärger macht jede.

Ist ein [Angriff, der] eine [Gefahr]? Ein [Angriff] kann scheitern oder abgewehrt werden, oder er ist erfolgreich. In diesem Fall kann die eine oder andere der sieben Gefahren zu leben beginnen. Ein Angriff ist keine Gefahr, allerdings kann er gefährlich werden.

Ich empfehle grundsätzlich, das Abstraktionsniveau bei der Verwendung des Wortes [Gefahr] deutlich zu senken, dann für jeden Satz fragen, ob es das tatsächlich angemessene Wort ist, und schließlich alltäglicher werden in den Beschreibungen.

Welche Personen könnten für [Gefahren] verantwortlich werden und verantwortlich sein?

a) Aktiv Bedrohende, die könntest du bezeichnen als...

[Angreifer = 329x, keine weibliche Form! Top-25], [Aggressor, der = UNGENUTZT], [Attackierender, der = UNGENUTZT], [Eindringling, der = UNGENUTZT] / [Bösewicht, der = UNGENUTZT] / [Cyber + Kriminelle = 2x] / [Dieb, der =1x] / [Extremist, der = UNGENUTZT] / [Hacker, der = 1x] / [Krimineller, der = 1x] / [Spion, der = UNGENUTZT], [Informant, der = UNGENUTZT] / [Täter der/die = 16x, keine weibliche Form], [Innentäter, der/die = 5x], [Straftäter, der/die = UNGENUTZT], [Verbrecher, der/die = UNGENUTZT], [Verbrecherin, die = UNGENUTZT], [Terrorist, der = UNGENUTZT], [Terroristin, die = UNGENUTZT].

Wichtig: Sie alle sind in der überwältigenden Mehrheit männlich (!), häufig in der Mehrzahl.

b) Potenzielle Gefährdende oder fahrlässig Handelnde, das könnten sein:

[Administrator, der = 166x] /// [**Benutzer = 661x, keine weibliche Form; Top-25**], [User, der/die = 27x] / [Beschäftigter, der = 12x], [Angestellte/r, die/der = UNGENUTZT], [Arbeiter, der = 4x], [Arbeiternehmer, der/die = 1x] / [CEO = UNGENUTZT], [Geschäftsführer = UNGENUTZT], [Geschäftsführung = 2x], [Leiter, der/die = 30x] / [Team, das = UNGENUTZT], [Teamleiter, der/die = UNGENUTZT] / [Manager, der = UNGENUTZT], [Compliance-Manager, der = 6x], [Beauftragter, der = 74x], [Informationssicherheitsbeauftragter, der = 442x] / [**Mitarbeiter, der/die = 524x; Top-25**], [Mitarbeiterin, die = 6x] / [Supporter, der/die = UNGENUTZT], [Entwickler, der = 81x], [Programmierer, der = 1x], [Tester, der/die 26x] / [Techniker, der/die = UNGENUTZT], [Informatiker, der = UNGENUTZT], [Konstrukteur, der = UNGENUTZT], [Mechaniker, der/die = UNGENUTZT] / [Vorstand/Vorstände = 1x] / [Verantwortliche/r die/der = 180x], [Person, die = 208x], [Personal, das = 168x].

c) Aktiv und potenziell Gefährdende:

KI/AI (Künstliche Intelligenz/ Artificial Intelligencs) = 12x

* * * * *

Rand-Notiz Nr. 12 – warum ich die KI als Gefährdende für die digitale Sicherheit sehe

Irgendwann kommt irgendwer auf die Idee, KI/AI auf Texte / Dokumente loszulassen, in denen es um IT-Sicherheit oder einen IT-Grundschutz geht. Das wird wegen der Marktgängigkeit des Unsinns unweigerlich irgendwann kommen. Und dann? Dann wird KI/AI auf das IT-Grundschutz-Kompendium losgelassen, und sie wird stolpern: Wie man die aktuelle Bedeutung der mehr als 3.300 Komposita ausarbeitet. Wie man die vielen Bugs und Schwachstellen der Grammatik auflöst, die da eingearbeitet wurden ohne dass man ihre Existenz auch nur ahnte. Wie man die schiefen Konstruktionen der Sätze verarbeitet, die die Inhalte durchwachsen wie Efeu eine Hauswand.

Kaum jemand wird das und jenes und dieses erkennen. So wird die KI/AI zu einer Gefährdenden.

* * * * *

Welche Bedrohungen oder „Schädlinge" sind zu nennen.

Sie werden zu einer unkalkulierbaren [Gefahr], wenn sie gezielt, automatisiert oder fremdgesteuert aktiviert werden. Das sind im IT-Grundschutz z.B. die folgenden:

[Gefahr: Advanced Persitent Threats, die = 32x] - deutsch etwa hochentwickelte anhaltende Bedrohung:

Ein Advanced Persistent Threat (APT) liegt dann vor, wenn ein gut ausgebildeter, typischerweise staatlich gesteuerter, Angreifender zum Zweck der Spionage oder Sabotage über einen längeren Zeitraum hinweg sehr gezielt ein Netz oder System angreift, sich unter Umständen darin bewegt und/oder ausbreitet und so Informationen sammelt oder Manipulationen vornimmt.

www.bsi.bund.de/DE/Themen/Unternehmen-und-Organisationen/
Informationen-und-Empfehlungen/Empfehlungen-nach-Gefaehrdungen/APT/
apt.html / Stand 13.09.23

[Gefahr: Angriff, der = 208x] = feindlicher Vorstoß, Überfall (www.dwds.de), [Angriff(s) + Art, die = 3x], [Angriff(s) + Technik, die = 1x],

[Gefahr: Ausfall, der = 251x] = materieller, geistiger oder personeller Verlust, Einbuße; das Nichtstattfinden; (spezieller) das Versagen, z. B. eines technischen Gerätes oder Körperteils (www.dwds.de).

[Gefahr: Botnetz, das = 12x, auch Botnet]:

Ein Botnet ist die Sammlung von Rechenleistung in einem Netzwerk, um Routineaufgaben durchzuführen, wie E-Mails zu versenden oder Webseiten aufzurufen. Zwar lassen sich solche Netze auch für produktive Aufgaben einsetzen, am bekanntesten sind sie aber als Strategie von Cyberkriminellen.

www.ionos.de/digitalguide/server/sicherheit/was-ist-ein-botnet/
Stand 13.09.23

[Gefahr: DNS Reflection = 4x] = A DNS Reflection Attack, also known as a DNS Amplification Attack, is a form of a Distributed Denial of Service (DDoS) attack. In this attack, hackers use open DNS servers to amplify their their attack traffic by up to 100 times the original source traffic performing the attack.

[Gefahr: DDoS-Angriffe = 10x], [DoS-Angriffe = 3x] = Wenn beispielsweise ein Server oder Webdienst mit einer Vielzahl von Anfragen so lange überflutet wird, bis er mit der Beantwortung der Anfragen nicht mehr hinterherkommt und dadurch überlastet ist, spricht man von einer DDoS-Attacke. Um DDoS-Attacken auszuführen, bauen sich Hacker zuvor ein Botnetz im Internet auf. Dieses sendet dann für sie Anfragen an ein Zielsystem. Somit zielt ein DDoS-Angriff auf den Ausfall eines IT-Systems ab.

(https://www.heise.de/tipps-tricks/DDoS-Angriff-was-ist-
das-6680165.html)

[Gefahr: Exploit-Kit, das = 2x] = Exploit Kits sind eine Art Baukasten für Malware. Im englischsprachigen Umfeld sind Exploit Kits auch unter einer Reihe von anderen Bezeichnungen geläufig, als da wären: Infection Kit, Crimeware Kit, DIY Attack Kit und Malware Toolkit

(https://www.computerweekly.com/de/definition/Exploit-Kit)

[Gefahr: Fehlfunktion, die = 66x] = wenn eine Software oder eine Hardware nicht so funktioniert wie vorgesehen, kann man von einer Fehlfunktion sprechen.

<u>IT-Grundschutz-Kompendium</u>

> Ursachen für Fehlfunktionen gibt es viele (1H), z. B. Materialermüdung, Fertigungstoleranzen, konzeptionelle Schwächen, Überschreitung von Grenzwerten, nicht vorgesehene Einsatzbedingungen oder fehlende Wartung (2EL).
>
> Elementare Gefährdungen; G 0.26 Fehlfunktion von Geräten oder Systemen, S. 70/900

{Patch – Die Frage nach Ursachen ist relativ eindeutig: Warum funktioniert eine Software oder Hardware nicht so, wie vorgesehen, wie angekündigt, wie geplant, wie in der Anleitung beschrieben, wie sie noch gestern funktionierten. Ist das festgestellt, geht es in die mühselige Erforschung – möglicherweise bei laufenden Betrieb und bei Nichterreichbarkeit eines kompetenten Supports. Will sagen, die aufgezählten Beispiele sind nicht geeignet, ein erforderliches Verständnis für [Fehlfunktionen] zu wecken...\}

[Gefahr: Feuer, das = 29x] = Synonyme sind [Brand, der], [Feuer(s) + Brunst, die], [Flammen + Meer, das]

[Gefahr: Hijacking, das = 5x] = [übertragen] als unerwünscht angesehene, wahrgenommene Handlung, die auf eine Übernahme der Kontrolle über etw. abzielt (www.dwds.de)

[Gefahr: Infektion, die = 19x] = (Medizin) Ansteckung durch eingedrungene Krankheitserreger, die eine lokale oder allgemeine Störung des Organismus zur Folge hat (www.dwds.de)

[Gefahr: Katastrophe, die = 6x] = ein furchtbares, verhängnisvolles Ereignis; ein Unglücksfall großen Ausmaßes; ein Zusammenbruch, Untergang (www.dwds.de)

[Gefahr: Malware, die = 11x] = Malware ist ein Sammelbegriff für "bösartige" Programme, die dazu entwickelt wurden, Nutzern Schaden zuzufügen. Es gibt zahlreiche Unterarten von Malware - zum Beispiel Viren, Trojaner, Rootkits, Würmer, Botnets, Ransomware, Adware oder Spyware. Alle Arbeiten anders und haben verschiedene Aufgaben. Ein Ziel haben Sie jedoch gemein: Ihnen zu schaden.

(https://praxistipps.chip.de/was-ist-malware_28542)

[Gefahr: Man-in-the-Middle-Attacke/Angriff, die = 4x] = Bei einem Man-in-the-Middle-Angriff platziert sich der Angreifer logisch oder physisch zwischen dem Opfer und den verwendeten Ressourcen. Er ist dadurch in der Lage, die Kommunikation abzufangen, mitzulesen oder zu manipulieren.

https://www.security-insider.de/was-ist-ein-man-in-the-middle-angriff-a-775391/

[Gefahr: Natur + Katastrophe, die = 13x] = durch Naturgewalten (Erdbeben,
Überflutung, Feuer) hervorgerufene Katastrophe (www.dwds.de)

[Gefahr: Phishing, das = 5x], = Versuch, auf betrügerische Weise an
Passwörter und andere sensible Daten zu kommen, um mit deren Benutzung
jmdm. vor allem finanziell zu schaden (www.dwds.de)

[Gefahr: Ransomware, die = 4x] = Der Begriff Ransomware steht für eine Art
von Schadprogrammen, die den Zugriff auf Daten und Systeme einschränken
oder unterbinden. Für die Freigabe wird dann ein Lösegeld (englisch:
Ransom) verlangt. Entweder sperrt ein solches Schadprogramm den
kompletten Zugriff auf das System oder es verschlüsselt bestimmte
Nutzerdaten. Besonders verbreitet ist Ransomware, die sich gegen Windows-
Rechner richtet. Prinzipiell aber können alle Systeme von Ransomware
befallen werden.

https://www.bsi.bund.de/DE/Themen/Verbraucherinnen-und-Verbraucher/
Cyber-Sicherheitslage/Methoden-der-Cyber-Kriminalitaet/Schadprogramme/
Ransomware/ransomware_node.html

[Gefahr: Schadsoftware, die = 97x] = [Informations- und
Telekommunikationstechnik] einzelnes Computerprogramm, das für den
Zweck entwickelt ist, ohne Wissen und Zustimmung der jeweiligen Benutzer
auf deren elektronische datenverarbeitende Geräte eingebracht zu werden
und bei Ausführung Funktionsstörungen oder Schäden an Soft- oder
Hardware zu verursachen bzw. Daten der Benutzer an Dritte weiterzugeben
(www.dwds.de)

[Gefahr: Schwachstelle, die = 306x, siehe auch den gleichnamigen Eintrag
unter S.] = Punkt, an dem etw., ein komplexes System, eine Argumentation
o. Ä. durch verdeckte oder offene Mängel besonders anfällig für Störungen
und Angriffe ist (www.dwds.de)

[Gefahr: Sicherheit(s) + Mechanismus, der fehlerhafte S. = UNGENUTZT –
der eingeschränkte S. = 1x – der unzureichende S. = 3x] = statt einer
Erklärung eine aktuelle Beschreibung: In Sozialen Netzwerken wird ein Video
verbreitet, auf dem nach einer Injektion mit einer Spritze keine Nadel mehr zu
sehen ist. Es wird suggeriert, dass sie im Arm stecken geblieben oder die
Impfung ein Betrug sei. Es handelt sich jedoch um einen
Sicherheitsmechanismus; die Kanüle zieht sich in die Spritze zurück.

https://correctiv.org/faktencheck/2021/02/25/nach-injektion-verschwundene-nadel-ist-
kein-betrug-sondern-ein-sicherheitsmechanismus/

[Gefahr: Social Engineering, das = 33x] = Beim Social Engineering werden
menschliche Eigenschaften wie Hilfsbereitschaft, Vertrauen, Angst oder
Respekt vor Autorität ausgenutzt, um Personen geschickt zu manipulieren.
Cyber-Kriminelle verleiten das Opfer auf diese Weise beispielsweise dazu,
vertrauliche Informationen preiszugeben, Sicherheitsfunktionen auszuhebeln,

Überweisungen zu tätigen oder Schadsoftware auf dem privaten Gerät oder
einem Computer im Firmennetzwerk zu installieren.

https://www.bsi.bund.de/DE/Themen/Verbraucherinnen-und-Verbraucher/Cyber-
Sicherheitslage/Methoden-der-Cyber-Kriminalitaet/Social-Engineering/social-
engineering_node.html

[Gefahr: Störung, die = 137x, siehe auch gleichnamigen Eintrag unter S.] =
Synonyme sind [Panne, die = UNGENUTZT], [Schaden, der = 135x], [Krise,
die = 4x], [Behinderung, die = 1x], [Beeinträchtigung, die = 20x], [Kurzschluss,
der = 9x], [Stromunterbrechung, die = UNGENUTZT], [Unterbrechung, die =
5x].

[Gefahr: Strahlung, die = 17x] = [Physik] in Form von verschiedengearteten
Strahlen von einer Strahlenquelle aus sich geradlinig fortbewegende Energie

[Gefahr: Überflutung, die = 1x] = ein Serverraum wird unter Wasser gesetzt,
er wird überflutet. Synonyme: [Überschreitung, die = 7x], [Überschwemmung,
die = 4x], [Hochwasser, das = 9x], [Flut, die = UNGENUTZT].

Nicht im IT-Grundschutz genannte Bedrohungen oder „Schädlinge" sind:
[Adress-Spoofing = UNGENUTZT], [Amplification = UNGENUTZT], [Femtocell
Spoofing, das = UNGENUTZT], [Hotspot, der unsichere H. = UNGENUTZT],
[Klima, das = UNGENUTZT], [Malware-Infiltration, die = UNGENUTZT],
[Spear Phishing, das = UNGENUTZT], [Systemzugriff, der unautorisierte S. =
UNGENUTZT]

* * * * *

Nun bist du vorbereitet, nun kannst du dich getrost in den Alltag des IT-
Grundschutzes begeben und dich dort wegen der [Gefahren] umsehen.

<u>IT-Grundschutz Kompendium</u>

> 01. **Gefahr** besteht auch (1H), wenn Geräte, Produkte, Verfahren
> oder andere Mittel zur Realisierung der Informationsverarbeitung
> nicht sachgerecht eingesetzt werden (2NV).

IT-Grundschutz Kompendium 2022, G 0.18 Fehlplanung oder fehlende
Anpassung, S. 62/900

{Patch – Es muss von [Gefahren] gesprochen werden, da man eventuelle
Folgen zu diesem Zeitpunkt nicht absehen kann…\}

> 02. Zudem besteht die **Gefahr** (1H), dass die Angreifer die infizierte
> Umgebung genau beobachten (2NI) und {dass sie\} auf Versuche zur
> Bereinigung reagieren (3NI), indem sie ihre Spuren verwischen
> (4NV) und {indem sie \} die Untersuchung sabotieren (5NV).

IT-Grundschutz Kompendium 2022, G 0.18 Fehlplanung oder fehlende
Anpassung, S. 62/900

{Patch – Der Sachverhalt, der in diesem Satz beschrieben wird, ist keine
[Gefahr] entsprechend der Worterklärung. Die Angreifenden „sabotieren" nicht
die Untersuchung, sie unterlaufen diese und verfälschen deren Ergebnisse.

- 149 -

Deswegen sollte eindeutiger von der [Möglichkeit] gesprochen werden, dass die Angreifenden weiterhin in den Kulissen am Spiel beteiligt sind...\}

> 03. Durch aufwendige Vorkehrungen wie z. B. Sicherheitstüren oder einem Pförtnerdienst ist dort (in einem Unternehmen oder in einer Behörde) die **Gefahr** (1Ha), dass jemand unbefugt in das Gebäude eindringt (2NI), weitaus geringer als bei einem Privathaus (1Hb).
>
> INF.8: Häuslicher Arbeitsplatz; 2.7 Erhöhte Diebstahlgefahr am häuslichen Arbeitsplatz; S. 835/900

{Patch – Ersetze die [Gefahr] durch [Wahrscheinlichkeit, die = 3x], um für Klarheit zu sorgen...\}

B.) - [Gefahr· die] wird in den folgenden zusammengesetzten Wörtern (Komposita) differenziert und eingeschränkt (= Grundwort/Letztwort) durch: Brand + G. = 3x / Diebstahl + G. = 1x.

C.) - [Gefahr, die] = nun als Bestimmungswort, das differenziert und die Bedeutung des Grundwortes/Letztwortes erweitert in den folgenden zusammengesetzten Wörtern (Komposita):

[Gefahren + Meldung, die = 3x]. Das ist problematisch [–]. Erst wenn du Rauch riechst, erst wenn du Flammen lodern siehst, erst dann kommst du darauf, dass da eine Gefahr besteht. Laut rufst du Feuer, Feuer – und geistesgegenwärtig suchst du den Feuerlöscher, nachdem du eine Meldung an Telefon 112 abgesetzt hast. Wie funktioniert das aber, wenn z.B. Daten und Inhalte, Mitteilungen verändert, manipuliert oder fremdgesteuert werden (siehe Gefahr Nr. 3). Wie, wenn [Angreifende, die = UNGENUTZT] all die hübschen Sachen kopieren, und du bekommst nichts mit (siehe Gefahr Nr. 4). Oder bei der Gefahr Nr. 5, die Sachen werden mitgelesen, mitgehört – wie könnte da eine Meldung funktionieren? Die Gefahr Nr. 6, der Diebstahl, der Download – melde das mal, bevor Verbrecher die digitale Gelegenheit für sich nutzen. Und schließlich die Gefahr Nr. 7, Daten und Inhalte sind abgesperrt, sind abgeschlossen, und du erfährst davon vielleicht erst, wenn ein [Krimineller, der = 1x] bei Social Media mit dem digitalen Schlüssel winkt.

[Gefahren + Melde + Anlage, die = 20x]. Erklärung vielleicht so: eine Anlage, deren Funktion das Melden von Gefahr ist. Ein Brandmelder wäre so ein Teil. Das ist teilweise nachvollziehbar [+]. Allerdings wird es für die meisten der oben aufgezählten Gefahren für die IT oder die TI eine solche „Anlage" nicht geben können. Mal dir das mal aus, dein Rechner piepst und meldet, da werden gerade Daten manipuliert. Das ist das Heimtückische der Gefahren.

<u>IT-Grundschutz Kompendium:</u>

> Es SOLLTE eine den Räumlichkeiten und den Risiken angemessene Gefahrenmeldeanlage geben (A).
>
> IT-Grundschutz Kompendium 2022, INF.1.A34 Gefahrenmeldeanlage, S. 801/900

{Patch – [SOLLTEN] = Anregung, unverbindliche Empfehlung, so und so zu handeln – siehe Modalverben.

Das erste Mal, dass in dem Dokument die [Gefahrenmeldeanlage] genannt wird. Sie wird also nirgendwo erklärt, was die Umsetzung dieser Anweisung (SOLLTE) behindert...\}

[Gefahren + Potenzial, das = 2x]; Rarität. Das ist kompliziert [–]. Das Wort [Potenzial, das = 1x] soll in etwa bedeuten: „Gesamtheit der vorhandenen Mittel und Möglichkeiten, vorhandene Leistungsfähigkeit, Wirkungsfähigkeit, besonders in der Technik, Ökonomie, Wissenschaft" (www.dwds.de). Dieses auf die sieben Gefahren für Daten, Inhalte und Mitteilungen zu übertragen, verwässert das, was tatsächlich ist: nämlich eine permanente Wahrscheinlichkeit in der IT und der TI, dass eine der sieben Gefahr wahr wird, also eintritt.

IT-Grundschutz-Kompendium

> Die Komplexität moderner Webbrowser bietet ein hohes Potenzial für gravierende konzeptionelle Fehler und programmtechnische Schwachstellen (A).

> APP.1.2 Webbrowser; 1.1. Einleitung, S. 357/900

{Patch – Wie angemessen und wahr gesprochen! Besser von „Schwachstellen" im Programm oder in der Software sprechen...\}

[Gefahren + Quelle, die = 4x]. Das ist sonderbar [–]. Wenn sich eine Gefahr verwirklicht, braucht es keine Quelle. Passender ist es, von [Ursachen, die = 45x] oder [Grund, der = 25x] zu reden.

[Gefahren + Situation, die = 2x]; Rarität. Das ist lichtlos [–]. Das Eintreten einer Gefahr, das wirklich Werden einer Gefahr, das ist dann so und muss nicht [Situation, die = 22x] genannt werden.

IT-Grundschutz-Kompendium

> Es MUSS regelmäßig kontrolliert werden (1H), dass die Fluchtwege benutzbar und frei von Hindernissen sind (2NI), damit das Gebäude in einer Gefahrensituation schnell geräumt werden kann (3NV).

> INF.1: Allgemeines Gebäude, INF.1.A3 Einhaltung von Brandschutzvorschriften; S. 797/900

{Patch – [MUSS/MÜSSEN] = Notwendigkeit, Pflicht, so und keinesfalls anders zu handeln – siehe Modalverben.

Ach, wie überzeugend wäre es, hätte im Teilsatz Nr. 3 gestanden: *damit das Gebäude bei Gefahr schnell geräumt werden kann...*\}

* * * * *

Fragen wir uns, ist der Ausdruck [Gefährdung, die] angemessen?

Die Arbeit mit dem Hauptwort/Substantiv [Gefährdung, die] ist in dem
kompletten IT-Grundschutz ungenügend und fehlerhaft. Das führt zu
inhaltlicher Unklarheit, und im Weiteren zu einer schwachen Aufmerksamkeit
bis hin zur praktischen Ignoranz in der IT, in der TI gegenüber tatsächlichen
[Gefährdungen], deutlicher tatsächlichen [Gefahren], weswegen ich mich für
diese zu einem eigenen Eintrag entschieden habe.

A.) - Erklärung/Wortbestimmung

Die Definition, die das BSI vorgenommen hat:

> Gefährdung (englisch „applied threat"): Eine Gefährdung ist eine
> Bedrohung (1H), die konkret über eine Schwachstelle auf ein Objekt
> einwirkt (2NR). Eine Bedrohung wird somit erst durch eine
> vorhandene Schwachstelle zur Gefährdung für ein Objekt (A).
>
> Glossar, Gefährdung (englisch „applied threat"); S. 35/900

Offensichtlich wird das englische Wort „threat" (= Bedrohung, Drohung,
Gefahr, leo.org) übersetzt mit [Gefährdung]. Das „applied" (= angewandt,
praktisch), wo bleibt das. Es findet sich in dem Suffix [-ung].

Die Entscheidung des Bundesamtes für Sicherheit in der Informationstechnik
(BSI) für das Wort [Gefährdung] ist jedoch nicht nachvollziehbar.

Das Verb [gefährden] bedeutet jemanden/etwas in Gefahr (!) bringen: „sein
eigenmächtiges, unkluges Handeln hat das ganze Unternehmen, die
Sicherheit, seinen Ruf gefährdet (Beispiel www.dwds.de)".

Das Verb [bedrohen] hingegen bedeutet jemandem drohen (!), ihm Gewalt
anzutun. Beispiele: sich bedroht fühlen; die Stadt ist von Feinden bedroht; das
steigende Wasser bedroht das Land mit Überschwemmung.

Wie an den Beispielen zu sehen, benennt das Verb [bedrohen] eine
Handlung. Demgegenüber beschreibt [gefährden] tendenziell eher einen
Vorgang, ein Geschehen.

Für einen wirksamen IT-Grundschutz ist deswegen das [Bedrohen]
produktiver und konsequenter.

IT-Grundschutz-Kompendium

> Falls die Systemmanagement-Lösung die zu verwaltenden IT-
> Systeme nicht vollständig unterstützt (1NV), können bestimmte
> Aktionen nicht wie geplant durchgeführt werden (2H). Diese
> Gefährdung kann auch bei einer Aktualisierung der Systeme
> auftreten (1H), bei der die Management-Schnittstellen verändert
> werden (2NR).

{Patch – Grammatisch semantische Schwachstelle: „diese Gefährdung"!
Durch das Demonstrativpronomen „diese" wird eine Zusammenfassung
angekündigt. Man zeigt, das im Satz zuvor Gesagte stelle eine [Gefährdung]
da. Das ist unzutreffend. Hätte man statt dessen das Pronomen *das*
eingefügt, wäre der Sinn wieder hergestellt gewesen...\}

Mehr als 95% wird unsere [Gefährdung] in der Mehrzahl eingesetzt. Das liegt
hauptsächlich an der Arbeit mit so genannten „Elementaren Gefährdungen",
die ein eigenes Kapitel innerhalb des IT-Grundschutz-Kompendiums
ausmachen. Sie werden nummeriert, die Kennung ist „G". Beispiele:

<u>IT-Grundschutz-Kompendium</u>

      01. G 0.9 Ausfall oder Störung von Kommunikationsnetzen

Elementare Gefährdungen; S. 53/900

{Patch - Ist denn ein [Ausfall, der = 251x] gefährdet oder ist eine [Störung, die
= 129x] des Kommunikationsnetz gefährdet? Das funktioniert nicht, also
sprich von der [Möglichkeit, die = 68x], dass die Kommunikationsnetze
ausfallen oder gestört sein können...\}

      02. G 0.16 Diebstahl von Geräten, Datenträgern oder Dokumenten

Elementare Gefährdungen; S. 60/900

{Patch – Gefährdet ein [Diebstahl, der = 65x] irgendetwas oder irgendwen?
Oder wird der Diebstahl eine Tatsache, und Geräte, Datenträger oder
Dokumente sind in Gefahr, z.B. zerstört, ausgewertet, bei eBay verkauft zu
werden...\}

      03. G 0.18 Fehlplanung oder fehlende Anpassung

Elementare Gefährdungen; S. 62/900

{Patch – Nein, [Fehlplanung, die = 83x] oder fehlende [Anpassung, die = 93x]
kann keine Gefährdung sein. Die Fehlplanung, die fehlende Anpassung,
welche kritischen Folgen sie haben, das muss sich noch zeigen...\}

      04. G 0.22 Manipulation von Informationen

Elementare Gefährdungen; S. 66/900

{Patch - Die reale Gefahr, in der Daten, Inhalte oder Mitteilungen,
zusammengefasst zu Informationen, schweben, das ist die Manipulation, ihre
gezielte und heimtückische Veränderung...\}

Wie verhält es sich mit dem Hauptwort/Substantiv [Gefährdungen] in Sätzen?
Schauen wir mal.

      05. Alle Mitarbeiter MÜSSEN in den Sicherheitsprozess integriert
      sein (A). Hierfür MÜSSEN sie über Hintergründe und die für sie
      relevanten Gefährdungen informiert sein (A).

{Patch – [MUSS/MÜSSEN] = Notwendigkeit, Pflicht, so und keinesfalls anders zu handeln – siehe Modalverben.

Von welchen [Hintergründen, die = 6x] ist die Rede. Angenommen, gemeint seien die [Sicherheitsprozesse, die = 28x], dann wäre [Motiv, das = UNGENUTZT] oder [Grund, der = 25x] passender.

Überhaupt die [Sicherheit(s) + Prozesse], auch hier wäre der Klarheit wegen ein Wortaustausch besser, z.B. *Prozesse, die der IT/TI-Sicherheit dienen.*

Dann wäre das mit den „relevanten *Gefahren*" sofort greifbar...\}

Als sinnverwandt mit [Gefährdung] wird im Wörterbuch nur [Gefahr, die] genannt. Der Wettbewerb zwischen den beiden Wörtern im Vergleich zwischen den zwei Ausgaben des IT-Grundschutz-Kompendiums:

IT-Grundschutz-Kompendium...	2022	2019
[Gefährdung, die]	776	548
[Gefährdung, die] wird differenziert und eingeschränkt (ist gleich Grundwort/Letztwort)	3x	4x
[Gefährdung, die] differenziert und schränkt selbst ein (ist gleich Bestimmungswort/Erstwort)	5x	4x
[die Gefahr]	122	129
[Gefahr, die] wird differenziert und eingeschränkt (ist gleich Grundwort/Letztwort)	2x	1x
[Gefahr, die] differenziert und schränkt selbst ein (ist gleich Bestimmungswort/Erstwort)	3x	3x

Erstaunlich ist die starke Zunahme bei der [Gefährdung], deswegen nun die Gegenüberstellung, wie denn in einem Bedeutungswörterbuch (1985[2]) mit diesem seltsamen Paar umgegangen wird:

[Gefährdung, die]	[Gefahr, die]
Das Gefährden, jmdn. In Gefahr bringen	Möglichkeit, dass jmd. Etwas zustößt, dass ein Schaden eintritt
Verb: gefährden	Verb: --
Beispiel: der Fahrer des	Beispiel: eine drohende, tödliche

[Gefährdung, die]	[Gefahr, die]
Omnibusses gefährdete (!) die Fahrgäste durch sein unvorsichtiges Fahren.	Gefahr; die Gefahr eines Krieges, einer Entfremdung
Synonym: Gefahr	Synonyme: Bedrohung, Ernst, Gefährlichkeit
Kompositum: Staatsgefährdung	Komposita: Ansteckungsgefahr, Feuergefahr, Einsturzgefahr, Unfallgefahr

Fazit: Die Wahrscheinlichkeit ist sehr hoch, dass das Wort [Gefährdung / -en] durch [Gefahr / -en] in den meisten Sätzen zu ersetzen ist. Erst dann würde der Weg zu einem wirkungsvollen IT-Grundschutz besser einzuschlagen sein. Nun wirf einen Blick in den Eintrag [Gefahr, -en, die = 122x], viel Vergnügen

---

B.) - [Gefährdung, die] wird in den folgenden zusammengesetzten Wörtern (Komposita) differenziert und eingeschränkt (= Grundwort/Letztwort) durch ...

Einzel + G. = 1x / Existenz + G. = 1x / Hochwasser + G. = 2x

C.) - [Gefährdung, die] = nun als Bestimmungswort, das differenziert und die Bedeutung des Grundwortes/Letztwortes erweitert in den folgenden zusammengesetzten Wörtern (Komposita):

[Gefährdung(s) + Analyse, die = 1x]; Rarität. Das ist verwickelt [–]. [Gefahren] als angemessenes Synonym für [Gefährdung] musst du nicht analysieren, du musst sie erkennen. Bei diesem Kompositum geht es eher um [Wahrscheinlichkeit, die = 3x] oder um ein [Risiko, das = 110x], die zu analysieren sind.

[Gefährdung(s) + Lage, die = 133x]. Das ist verworren [–]. Jemanden oder etwas gefährden ist ein aktiver Vorgang (!), hatte ich festgestellt. Er bedeutet, jemanden oder etwas in eine schwierige, komplizierte, bedrohliche, mitunter gefährliche Lage bringen. Wie soll innerhalb eines Vorganges, der in dem substantivierten Verb [Gefährdung] bereits enthalten ist, eine statische, festgefügte [Lage, die = 26x] ergeben? Genutzt wird die [Gefährdung(s) + Lage] in einigen Fällen (23x) als Überschrift für einen Abschnitt. Außerdem ebenfalls häufig (23x) eine Art „Standardsatz" - siehe Beispielsatz Nr. 2.

<u>IT-Grundschutz-Kompendium</u>

01. Die Institutionsleitung SOLLTE sich regelmäßig über den Stand der Informationssicherheit informieren (1H), insbesondere über die

aktuelle Gefährdungslage sowie die Wirksamkeit und Effizienz des
Sicherheitsprozesses (2EL).

ISMS.1: Sicherheitsmanagement; ISMS.1.A12 Management-Berichte zur
Informationssicherheit; S. 100/900

{Patch – [SOLLTEN] = Anregung, unverbindliche Empfehlung, so und so zu
handeln – siehe Modalverben.

Umgekehrt wird ein Schuh daraus, eine so genannte [Institution(s) + Leitung,
die = 109x] muss informiert werden. Über was muss sie informiert werden?
Schon klar, weil die [Gefährdung] ein Vorgang ist, ist eine „aktuelle" Lage
immer im Fluss. An welcher Stelle sollte man ihn stauen? Das alles ist Unfug.
Ebenso das, was mit [Wirksamkeit, die = 7x] oder mit [Effizienz, die = 4x] zu
informieren wäre. Wo sind wir denn?...\}

02. Da IT-Grundschutz-Bausteine nicht auf individuelle
Informationsverbünde eingehen können (1-1NV), werden zur
Darstellung der Gefährdungslage typische Szenarien zugrunde
gelegt (1-2H). Die folgenden spezifischen Bedrohungen und
Schwachstellen sind für den Baustein APP.4.3 Relationale
Datenbanken von besonderer Bedeutung (2-A).

APP.4.3 Relationale Datenbanken; 2. Gefährdungslage; 437/900

{Patch – Die Unklarheit, was denn nun „individuelle Informationsverbünde"
sind, führt zu einem semantischen Totalausfall. Deswegen geht unter, dass
das Wort [Darstellung, die = 28x] hier ebenfalls inhaltsleer ist. Und dann wird
im folgendem Satz aus der merkwürdigen „Gefährdungslage" oder den
„typischen Szenarien" (?) die „spezifischen Bedrohungen". Welchen Sinn das
Erwähnen der „Schwachstellen" hier hat, erschließt sich nicht.

Der komplette Absatz ist wegen seiner verwirrten und verwirrenden
Inhaltsleere gefährlich für die Entwicklung eines effektiven IT-
Grundschutzes...\}

[Gefährdung(s) + Potenzial, das = 5x]. Das ist verkracht [–]. Das Ergebnis
eines Vorganges – etwas/jemand wird gefährdet (Passiv) – lässt sich vielleicht
wegen vorhandener, praktischer Erfahrungen erahnen. Dieses mit gegebenen
Möglichkeiten, mit Potenzialen zu beschreiben, trifft es nicht.

[Gefährdung(s) + Relevanz, die = 2x]; Rarität. Das ist prekär [–]. Hört sich
gewichtig an, schrumpft jedoch mächtig. Passender wäre entweder von Risiko
oder von Wahrscheinlichkeit zu sprechen.

[Gefährdung(s) + Szenario, das = 1x]; Rarität. Das ist peinlich. Ein Vorgang
oder ein Geschehen wie eine Gefährdung ist bereits eine Art Szene, die du dir
ausmalen oder ausdenken könntest. Das ändert nichts an der Einschätzung:
Vermeide ein solches Wort.

* * * * *

A.) - Erklärung/Wortbestimmung

Ein Gerät ist und wird bestimmt als...

[Technik] Maschine, Apparat; [Informations- und Telekommunikationstechnik] elektronisches Gerät zur Datenverarbeitung und Nutzung digitaler Medien (Computer, Smartphone usw.), auch mit diesem verbundene Komponente (Drucker, Modem usw.) (www.dwds.de)

Auffallend, wie das Wort [Gerät] erklärt wird mit dem Wort [Gerät], ergänzt um das Eigenschaftswort/Adjektiv [elektronisch].

Du hättest z.B. sagen können, ein [Gerät] ist ein [Gegenstand, der = 34x], oder ist ein [Objekt, das = 35x].

Die Häufigkeit des Wortes ergibt sich aus dem Umstand, dass es bei der Bezeichnung diverser „Elementarer Gefährdungen" eingesetzt wird. Werden sie für ein Thema relevant, werden sie dort aufgeführt.

<u>IT-Grundschutz-Kompendium</u>

01. Jeder Mensch und jedes technische Gerät hat einen Temperaturbereich (1H), innerhalb dessen seine normale Arbeitsweise bzw. ordnungsgemäße Funktion gewährleistet ist (2NR).

Elementare Gefährdungen; G 0.2 Ungünstige klimatische Bedingungen; S. 64/900

{Patch – Was für ein dummer, verächtlicher Satz! Den Anfang blende ich deswegen aus und springe: „Jedes technische Gerät" ist das Thema. Das [Gerät], Nominativ, Singular, kommt auf 11,2% Anteile, wird also seltener eingesetzt. Diese Aussage wäre fassbarer, würdest du von Temperaturschwankungen sprechen, die über den Durchschnitt hinausgehen. Sowohl nach oben, als auch nach unten. Tritt eines von denen ein, kann ein technisches Gerät nicht mehr wie vorgesehen funktionieren oder das Funktionieren einstellen. Erst dann wird es gefährlich für die Daten, die Inhalte und auch für Mitteilungen...\}

02. Elektrische Geräte strahlen elektromagnetische Wellen ab (A).

Elementare Gefährdungen; G 0.13 Abfangen kompromittierender Strahlung; S. 57/900

{Patch – Oh, das ist ein Pfund. Unsere [Geräte] sind hier im Plural, sie haben einen Anteil von 33,3%. Weil das Thema, was hier angesprochen wird wenigen bewusst und klar ist, ein umfangreicher Seitenblick zum BSI:

Jedes elektrisch betriebene, datenverarbeitende Gerät sendet elektromagnetische Strahlung aus. Dies gilt somit gleichermaßen für

z. B. Analog-Telefone und elektrische Schreibmaschinen wie für elektronisches Gerät aller Art, also u. a. Fotokopierer und Telefax, sowie für alle IT-Geräte wie Bildschirme, Computer, Router etc.; das ist aufgrund fundamentaler physikalischer Gesetzmäßigkeiten unumgänglich.

Für die Wahrung der Vertraulichkeit sind nun jene Anteile der Abstrahlung eines VS-verarbeitenden Geräts als kritisch zu betrachten, welche "klare", also unkryptierte Informationen enthalten. Diese Anteile, aus denen VS-Information rekonstruiert werden kann, bezeichnet man als kompromittierende Abstrahlung.

https://www.bsi.bund.de/DE/Themen/Oeffentliche-Verwaltung/
Geheimschutz/Abstrahlsicherheit/Kompromittierende-Abstrahlung/
kompromittierende-abstrahlung_node.html

Die „kompromittierende Abstrahlung" an sich ist ein physikalisches Faktum, keine Gefährdung. Wird die Abstrahlung von Bösewichtern und Bösewichtinnen genutzt, wird mitgehört und ausgewertet, erst dann entstehen Gefahren...\}

03. Hierbei (= zweiter Faktor für die Authentifizierung; GFG) SOLLTE darauf geachtet werden (1H), dass eventuell benötigte Sensoren oder Schnittstellen in allen verwendeten Geräten vorhanden sind (2NI).

APP.1.4: Mobile Anwendungen (Apps); APP.1.4.A14 Unterstützung
zusätzlicher Authentisierungsmerkmale bei Apps; S. 367/900

{Patch – [SOLLTEN] = Anregung, unverbindliche Empfehlung, so und so zu handeln – siehe Modalverben.

Die [Geräte] sind im Plural, hier konkret im Dativ, der einen Ort angibt. Mehr als die Hälfte (55,5%) wird so genutzt, nicht nur im Dativ, sondern auch im Akkusativ als Objekt – oder auch im Nominativ, dann als Subjekt, um das es in dem Satz geht. Etwas schwierig nachzuvollziehen ist die Aussage des Teilsatz Nr. 2, ein Inhaltsnebensatz. Das Thema sind „Mobile Anwendungen (Apps)", also Software. Gesprochen wird jedoch von Hardware...\}

B.) - [Gerät, das] wird in den folgenden zusammengesetzten Wörtern (Komposita) differenziert und eingeschränkt (= Grundwort/Letztwort) durch ...

Ausgabe + G. = 2x / Automatisierung(s) + G. = 1x / Datensicherung(s) + G. = 1x / Einzel + G. = 2x / Elektro + G. = 2x / Empfänger + G. = 1x / End + G. = 131x / Ersatz + G. = 3x / Fax + G. = 45x / Fernwirk + G. = 1x / Fremd + G. = 1x / Handfunk + G. = 1x / Klein + G. = 1x / Klima + G. = 1x / Labor + G. = 1x / Lade + G. = 1x / Mess + G. = 1x / Mikrowellen + G. = 1x / Mobil + G. = 3x / Multifunktion(s) + G. = 78x / Peripherie + G. = 7x / Programmier + G. = 7x / Sabotage + G. = 1x / Sende + G. = 1x / Support + G. = 1x / Wiedergabe + G. = 1x

C.) - [Gerät, das] = nun als Bestimmungswort, das differenziert und die Bedeutung des Grundwortes/Letztwortes erweitert in den folgenden zusammengesetzten Wörtern (Komposita):

[Geräte + Administration, die = 1x]; Rarität. Das ist sonderlich **[–]**. Ein handelsübliches [Gerät] kannst du z.B. einschalten, ausschalten. Du kannst gegebenenfalls dieses oder jenes einstellen, aber administrieren ist dann doch zu hochgeschraubt.

[Geräte + Administrator, der = 1x]; Rarität. Das ist spukhaft **[–]**. Wo kein Administrieren, da kein A.

[Geräte + Anschlussleitung, die = 1x]; Rarität. Das ist erstaunlich **[–]**. Frage dich, welches Gerät sollte da wo angeschlossen werden und dann auch noch mittels einer [Leitung, die = 27x].

[Geräte + Art, die = 1x]; Rarität. Das ist putzig **[–]**. Üblicherweise werden [Geräte] in [Typen, die = 9x] eingeteilt. An [Geräte + Typen] wird im IT-Grundschutz nicht gedacht.

[Geräte + Ausfall, der = 1x]; Rarität. Wird z.B. die Stromversorgung unterbrochen, etwa bei einem erfolgreichen Angriff auf die Telematik-Infrastruktur, dann kann ein solches Teil ausfallen. Das ist nachvollziehbar **[+]**.

[Geräte + Aussonderung, die = 1x]; Rarität. Das ist qualvoll **[–]**, weil eine plausible Bedeutung nicht erarbeitet werden kann.

[Geräte + Ausstattung, die = 1x]; Rarität. Wie eine "Kiste" ausgestattet ist, mit Netzteil etwa oder Prozessoren, das kannst du [Ausstattung, die = 14x] nennen. Das ist nachvollziehbar **[+]**.

[Geräte + Code, der = 1x]; Rarität. Das könnte eine Zahlenfolge sein, die du eingeben musst, um ein Gerät zu bedienen. Das ist nachvollziehbar **[+]**. /

[Geräte + Einstellung, die = 1x]; Rarität. Stell dir ein Messgerät vor, du willst irgendetwas messen, das musst du dann entsprechend einstellen. Das ist nachvollziehbar **[+]**.

[Geräte + Funktion, die = 1x]; Rarität. Geeigneter wäre wahrscheinlich von einer [Aufgabe, die = 185x] zu sprechen, die von dem Gerät oder mit dem Gerät erfüllt werden soll. Das ist teilweise nachvollziehbar **[+]**.

[Geräte + Generation, die = 3x]. Das ist schwierig **[–]**. Eine [Generation, die = 4x] wird eine Gruppe von Menschen genannt, die etwa innerhalb eines Jahrzehntes geboren worden. Dass Geräte geboren werden, glaubst du wohl selbst nicht. Dieses Kompositum ist ein weiterer Beleg für die Anthropomorphisierung, für die versuchte Vermenschlichung von digitaler Technik.

[Geräte + Gruppe, die = 1x]; Rarität. Ja, einige oder ein paar von diesen Teilen kannst du etwa um einen Server gruppieren, ein Stuhlkreis sozusagen, das ist nachvollziehbar **[+]**.

[Geräte + Hersteller, der = 2x]; Rarität. Irgendwer muss diese „Kisten"
gebaut haben, muss sie verkaufen (wollen), muss Garantie leisten, muss
Service anbieten. Das könnte auch für dich nachvollziehbar sein [+].

[Geräte + Information, die = 1x]; Rarität. Das ist bedenklich [–], weil nicht
erkennbar ist, ob es sich um [Information] über das Gerät handelt, oder um
[Information], die du von diesem Teil angezeigt bekommst.

[Geräte + Kamera, die = 1x]; Rarität. Vermutlich ist die [Kamera, die = 17x]
an deinem Notebook gemeint oder die an deinem Smartphone, mit der
Google oder Huawei dir in dein Angesicht schaut. Das wäre teilweise
nachvollziehbar [+].

[Geräte + Klasse, die = 2x]; Rarität. Mit [Klasse] wird eine Systematik, eine
Ordnung angesprochen. In deiner Schulzeit hast du mehrere Klassen
durchlaufen – möglicherweise. Das ist teilweise nachvollziehbar [+].

[Geräte + Konfiguration, die = 2x]; Rarität. In der Arztpraxis ist ein zweites
[Kartenlese + Gerät] eingetroffen, damit E-Rezepte signiert werden können,
ohne das [Kartenlese + Gerät] an der Anmeldung zu belegen. Dieses nennt
man Digitalisierung des Gesundheitswesens. Egal. Auch das zweite
[Kartenlesegerät] muss ich nun in das Netzwerk einbinden, ich muss es dafür
einrichten oder konfigurieren. Das ist nachvollziehbar [+].

[Geräte + Managementsoftware, die = 1x]; Rarität. Das ist misslich [–].
Denn gerade eben hatten wir die [Konfiguration, die = 233x], und die passte.
Dieses Wortungetüm, nein!

[Geräte + Modell, das = 1x]; Rarität. Genau, von dem Kartenlesegerät gibt es
zwei Modelle. Das eine ist das stationäre Gerät, Pardon, die zwei sind die
stationären Geräte. Das andere ist das mobile Gerät. Obgleich [Modell, das =
21x] ein klein wenig werbetechnisch übertrieben klingt, bleibt es teilweise
nachvollziehbar [+].

[Geräte + Name, der = 2x]; Rarität. Das ist heikel [–]. Vermutlich ist mit dem
[Namen, der = 70x] nicht das Modell, nicht die Klasse usw. gemeint, sondern
die Bezeichnung des Gerätes innerhalb eines Netzwerkes. Sicher sein kannst
du dir nicht.

[Geräte + Passwort, das = 5x]. Eine gute und perfekte Idee, Geräten ein
Passwort zu verpassen. Das ist nachvollziehbar [+].

[Geräte + Registrierung, die = 2x]; Rarität. Das ist verfänglich [–]. Handelt
es sich um die Registrierung beim Hersteller zum Zwecke einer möglichen
Garantie? Handelt es sich um die Inventarisierung, die du auch Registrierung
nennen kannst. Oder handelt es sich um die Registrierung innerhalb eines
Netzwerkes. Wer kann das wissen ...

[Geräte + Schloss, das = 1x]; Rarität. Hat ein Gerät welcher Typ auch immer
kein Passwort, dann ist ein Schloss die perfekte Alternative. Das ist
nachvollziehbar [+].

[Geräte + Sicherung, die = 1x]; Rarität. Das ist ulkig **[–]**. Gegen was oder für was sollte das Gerät gesichert werden?

[Geräte + Speicher, der = 1x]; Rarität. Wenn dein Gerät z.B. wiederkehrende Aufgaben speichern könnte, wäre die Arbeit mit ihm richtig komfortabel, oder etwa nicht. Das ist nachvollziehbar **[+]**.

[Geräte + Sperrcode, der = 2x]; Rarität. Das ist kurios **[–]**. Welche Aufgabe sollte der Code für ein Gerät sonst haben, außer dieses zu sperren.

[Geräte + Status, der = 1x]; Rarität. Das ist seltsam **[–]**. Nenne die Dinge so, wie sie sind. Dein Gerät ist eingeschaltet, ist ausgeschaltet, ist kaputt, zu langsam, abgesoffen, explodiert...

[Geräte + Verwaltung, die = 2x]; Rarität. Das ist ungünstig **[–]**. Wieder ist nicht klar, geht es um deine Infrastruktur, geht es um das, was du in deinem Gerät zum Spielen bringen willst, oder geht es einfach um die Inventarisierung oder Registrierung.

[Geräte + Verwaltungssoftware, die = 1x]; Rarität. Wenn schon die „reine" [Geräte + Verwaltung] als ungünstig bewertet wurde, dann ist es eine [Software, die = Top-25] erst recht, nämlich schwindelerregend **[–]**.

* * * * *

Rand-Notiz Nr. 13 - Mal angenommen, eine Software würde....

Die Strukturen und Funktionen einer komplexen Software wie ein Praxisverwaltungssystem (PVS) würden in einem „Pflichtenheft" geplant und beschrieben. Das „Pflichtenheft", übrigens ein vom Markt genommener Begriff, ist dann die Vorlage für die Programmierung. Mal angenommen, dieses Pflichtenheft gleich folgende Dokumentation würde durch eine KI erstellt. Wie versteht eine KI [Sicherheit, die = 177x], wie versteht eine KI [Schutz, der = 228x]? Egal, angenommen, die KI übernimmt die Programmierung. Versteht KI, was ein [Bug, der = UNGENUTZT] sein könnte, was unter welchen Bedingungen eine [Schwachstelle, die = 267x] ist? Egal, mal angenommen, die KI erhält die Aufgabe, in das PVS neue Programme zu integrieren, sagen wir die elektronische Patientenakte (ePA). Weiß die KI, welche Schnittstellen sie anpassen muss? Weiß die KI, wann und wenn sie die Programmierung neu ansetzen muss?

Und könnten Angreifende über diese KI in die Programmierung eingreifen... oder reicht es aus, ein einziges PVS zu hacken, um dann nach Belieben zu handeln...

* * * * *

[Gesamt = 110x; Eigenschaftswort/Adjektiv] = ausnahmslos alle, die zu einer bestimmten Gruppe gehören, alles, was zu einer komplexen Sache gehört, alle, alles zusammen

<u>IT-Grundschutz-Kompendium</u>

01. Eine Videoüberwachung SOLLTE in das gesamte Sicherheitskonzept eingebettet werden (A).

INF.2 Rechenzentrum sowie Serverraum; INF.2.A24 Einsatz von Videoüberwachungsanlagen; S. 812/900

{Patch – [SOLLTEN] = Anregung, unverbindliche Empfehlung, so und so zu handeln – siehe Modalverben.

Das Thema ist [Zutritt(s) + Kontrolle, die = 20x] und [Video + Überwachung, die = 2x]. Sehr unwahrscheinlich, dass du auf die Idee kommen solltest, eine Videoüberwachung nur in einem Teil eines Konzeptes der Sicherheit und des IT-Grundschutzes aufzunehmen. Was sollte das bringen...\}

02. Die jeweiligen Hersteller von IT- und Betriebssystem SOLLTEN für den gesamten geplanten Nutzungszeitraum Patches für Schwachstellen zeitnah zur Verfügung stellen (A).

SYS.2.1 Allgemeiner Client; SYS.2.1.A11 Beschaffung von Clients; S. 561/900

{Patch – [SOLLTEN] = Anregung, unverbindliche Empfehlung, so und so zu handeln – siehe Modalverben.

Doch, es ist zum Verzweifeln. Selbstverständlich müssen die Hersteller Updates und Patches erbringen, und zwar so lange es der abgeschlossene Vertrag vorsieht. Geht die tatsächliche Nutzung über die Vertragszeit hinaus, muss entweder der alte Vertrag verlängert werden, oder ein neuer abgeschlossen werden. Die Phrase „den gesamten geplanten Nutzungszeitraum" kannst du dir so was von hinter den Spiegel hämmern...\}

[Gesamt] = als Bestimmungswort, das differenziert und die Bedeutung des Grundwortes/Letztwortes erweitert in den folgenden zusammengesetzten Wörtern (Komposita):

[Gesamt + Netz, das = 3x]. Das ist schwierig [–]. [Gesamt] als Eigenschaftswort definiert entweder ein gesamtes [Netz, das = Top-25] wie das Internet oder es definiert ein gesamtes [Netzwerk, das = 2x], von dem der IT-Grundschutz zu extrem selten spricht.

[Gesamt + System, das = 5x]. Wenn du wie einst der Taugenichts von J. Eichendorff auf einen Baum klettern würdest und von dort oben auf dein gesamtes soziales oder rein technisches Netzwerk schaust, dann könntest du von dieser Position von einem Gesamtsystem sprechen. Wo aber wachsen noch Bäume... Das wäre nachvollziehbar [+].

[Geschäft(s) + Anwendung, die = 1x]; Rarität. Das ist kauzig [–]. Ein [Geschäft, das = 1x] ist ein Geschäft, in der Abteilung „Einkauf" werden z.B. Geschäfte abgewickelt. Dann brauchst du Software, die dir den Einkauf erleichtert, keineswegs für das hoffentlich mit einem komfortablen Deckungsbeitrag ausgestattete Geschäft.

[Gesundheit, die = 5x] = 1. Zustand des Gesundseins, körperliches und geistiges Wohlbefinden; 2. [veraltend] Trinkspruch auf jmds. Wohl

<u>IT-Grundschutz-Kompendium</u>

> Fehlerhaft konfigurierte Klimatisierung (1EL), die zu Überhitzung und Ausfall von IT-Systemen oder bei entsprechenden Wetterlagen sogar zu Beeinträchtigungen der Gesundheit von Personen führen kann (2NR).
>
> INF.14 Gebäudeautomation, 2.4. Fehlerhafte Konfiguration der
Gebäudeautomation; S. 885/900

{Patch – Sympathisch und zugleich emphatisch wäre es, wenn du für die Gesundheit der Mitarbeitenden, die durch eine fehlerhaft arbeitende Klimaanlage gefährdet ist, einen eigenen Punkt anlegst. Das bist du denen einfach schuldig. Fürsorge und so weiter...\}

[Gesundheit, die] = als Bestimmungswort, das differenziert und die Bedeutung des Grundwortes/Letztwortes erweitert in den folgenden zusammengesetzten Wörtern (Komposita):

[Gesundheit(s) + Daten, die = 1x]; Rarität. Das ist eigenartig [–]. Stell dir vor, deine Produktionsanlage für Papiertaschentücher bekommt plötzlich einen Schnupfen, du sagst „Gesundheit", es sagt „danke", du sagst „bitte". Was soll das werden? Überhaupt, können emotionslose, sachliche Daten gesund sein?

[Gesundheit(s) + Dienst, der = 1x]; Rarität. Das ist quälend [–]. Völlig unklar, was gemeint sein könnte im digitalen Zusammenhang. Es wird sich wohl nicht um einen Betreuungsdienst handeln, etwa für kränkelnde Rechner oder einem hustenden Server. Allerdings bei der Vielzahl der [Viren, die = 8x].

[Gewalt + Anwendung, die = 1x]; Rarität. Wird wie häufig rohe [Gewalt, die = 1x] angewandt, ist das schlecht, aber das Kompositum ist gerade deswegen nachvollziehbar [+].

[Grund, der = 25x] = a) [Boden, der = UNGENUTZT]; b) [Ursache, die = 45x], [Veranlassung, die = UNGENUTZT]

<u>IT-Grundschutz-Kompendium</u>

> Änderungen an der Konfiguration SOLLTEN sorgfältig dokumentiert werden (1H), sodass zu jeder Zeit nachvollzogen werden kann (2NV), wer aus welchem Grund was geändert hat (3NR).
>
> APP.3.4: Samba; APP.3.4.A2 Sichere Grundkonfiguration eines Samba-
Servers; S. 417/900

{Patch – [SOLLTEN] = Anregung, unverbindliche Empfehlung, so und so zu handeln – siehe Modalverben.

Eleganter und ausdrucksstärker wäre es, den relativen Teilsatz (3NR) an den Anfang zu stellen: *Wer aus welchen Gründen was wann geändert hat, das ist genau zu dokumentieren.*

Das Umstandswort [genau = 41x] legt fest, worauf es ankommt: Exaktheit der Dokumentation. Im Gegensatz dazu meint [sorgfältig = 49x] die Art und Weise der Dokumentation...\}

[Grund, der] = nun als Bestimmungswort, das differenziert und die Bedeutung des Grundwortes/Letztwortes erweitert in den folgenden zusammengesetzten Wörtern (Komposita):

[Grund + Einstellung, die = 4x]; eine [Einstellung, die = 66x], die als erstes kommt, vor allem anderen. Das ist nachvollziehbar **[+]**.

[Grund + Funktion, die = 1x]; Rarität. Nun gut. Wenn eine Funktion die Voraussetzung für die Lauffähigkeit weiterer Funktionen ist, dann könnte man das als eine solche bezeichnen. Unter diesen Gegebenheiten ist das nachvollziehbar **[+]**.

[Grund + Information, die = 1x]; Rarität. Das ist schwach **[–]**. Es könnte ein zeitlich gesehen erste Information geben (oder vielleicht auch noch eine grundlegende Information).

[Grund + Konfiguration, die = 18x]. Weil es nicht in den „gegenwartssprachlichen lexikalischen Quellen vorhanden" (www.dwds.de) ist, würde ich schätzen **[?]**, es handelt sich um die erstmalige Konfiguration von was-auch-immer.

[Grund + Lage, die = 46x]. Das ist die „unterste Lage, auf der sich etw. anderes aufbaut, Unterlage, Basis, Fundament" (www.dwds.de). Das ist nachvollziehbar **[+]**.

<u>IT-Grundschutz-Kompendium</u>

> Diese Richtlinie SOLLTE allen Administratoren und anderen Personen (1Ha), die an der Beschaffung und dem Betrieb der Server beteiligt sind (2NR), bekannt {sein,\}(1Hb) und {sollte\} Grundlage für deren Arbeit sein (2H).
>
> SYS.1.1 Allgemeiner Server, SYS.1.1.A11 Festlegung einer Sicherheitsrichtlinie für Server; S. 494/900

{Patch – [SOLLTEN] = Anregung, unverbindliche Empfehlung, so und so zu handeln – siehe Modalverben.

Nein, du darfst keinesfalls an dir zweifeln: Eine [Richtlinie, die = 148x] ist bereits deine perfekte Basis für die Beschaffung und dem Betrieb eines Servers. Der Hinweis im zweiten Hauptsatz (2H) auf die [Grundlage] ist überflüssig...\}

[Grund + Menge, die = 1x]; Rarität. Das ist mutmaßlich **[?]** eine [Menge, die = 19x] von irgendetwas Erstmaligen. Jedenfalls ist es nicht die Menge vorgegebener Elemente aus der Mathematik.

[Grund + Recht, das = 2x]; Rarität. Das ist **[+]** „zumeist in einer Verfassung fixiertes oder abgeleitetes für das Verhältnis von Bürger und Staat konstitutives, dauerhaftes, einklagbares Recht, insbesondere zur Abwehr von unzulässigen, die bürgerliche Freiheit einschränkenden Eingriffen des Staates"(www.dwds.de).

[Grund + Rechtsausübung, die = 1x]; Rarität. Das ist etwas umständlich formuliert, und meint **[+]** das Wahrnehmen dieser Grundrechte. Es meint, wenn du LandesdatenschützerInnen eine E-Mail schickst, weil du vermutest, dass deine Elektronische Patientenakte (ePA) Daten hat, die dort nicht sein sollten.

[Grund + Regel, die = 4x]. Schätzungsweise **[?]** könnte eine [Hauptregel, die = UNGENUTZT] gemeint sein.

[Grund + Satz, der = 9x]. Das ist **[+]** die „feste Regel, die das Denken und Handeln eines Menschen bestimmt, Grundprinzip" (www.dwds.de).

[Grund + Schutz, der = 181x]. Erstaunlich, das Kompositum ist „nicht in unseren gegenwartssprachlichen lexikalischen Quellen vorhanden" (www.dwds.de). Auch im Glossar findest du keine Erklärung. Dennoch wird das Kompositum neben der Verwendung mit Titel IT-Grundschutz-Kompendium häufig eingesetzt und immer als Doppel-Kompositum [IT-Grundschutz]. Für was wird es eingesetzt? Ein Grund, das hast du oben in der Wortbestimmung gesehen, kann auch ein Boden sein, etwa ein Ackerboden. Dort wächst dann etwas in die Höhe, möglicherweise ein IT-Schutz. Der Ackerboden, auf dem ein digitaler Schutz wächst **[?]**.

<u>IT-Grundschutz-Kompendium</u>

> Der IT-Grundschutz betrachtet die drei Grundwerte der Informationssicherheit (1H): Vertraulichkeit, Verfügbarkeit und Integrität (2EL).

> Glossar; Grundwerte der Informationssicherheit; S. 35/900

{Patch und Pardauz: Da stehen wir beide staunend vor der wunderbaren Welt der Substantive [IT-Grundschutz, Grundwerte, Informationssicherheit], wir stehen vor der etwas kleineren Welt der Verben [etwas betrachten], und vor der unscheinbaren Welt der Zahl-Adverbien [drei]. Ich sage dir, die [Grundwerte], da kommen wir noch hin, siehe dort. Nur das Verb/Prädikat des Hauptsatzes, das ist jetzt dran. Selbstverständlich darfst du [betrachten] nicht wörtlich verstehen, sondern in einem metaphorischen, übertragenen Sinn. So wird er formuliert: „seine Gedanken, Überlegungen auf einen Gegenstand in besonderer Weise richten" (www.dwds.de). In dem Glossar-Abschnitt ist der IT-Grundschutz der Handelnde, der Aktive. Dieser richtet seine Gedanken(?) und Überlegungen(?) auf den Gegenstand, die „drei Grundwerte", wird gesagt. Das „Richten auf etwas" geschieht dann in „in besonderen Weise", kann sein...\}

[Grund + Struktur, die = 1x]; Rarität. Gegebenenfalls **[+]** wird eine erstmalige [Struktur, die = 42x] in einer Sache gemeint, eine Art strukturierter Anfang von etwas.

[Grund + Überlegung, die = 1x]; Rarität. Vermutlich **[?]** eine Art erstmals angestellte Überlegung oder so ein Satz wie „Ich denke, also bin ich." (Cogito ergo sum; Descartes). Das wird eine KI nicht hinbekommen, wahrscheinlich nicht.

[Grund + Verordnung, die = 4x]. Es ist so eine Sache mit dieser Art von Zufalls-Komposita. Man könnte vermuten **[?]**, es gäbe irgendwo eine [Verordnung, die = 3x]. Jemand habe ein bestimmtes Medikament verordnet, oder jemand anderes habe dir eine strenge Bettruhe verordnet. So etwas ist eine Verordnung, und sie hat den Grund in deiner Überanstrengung nach einem 24-Stunden Online-Gaming.

[Grund + Voraussetzung, die = 2x]; Rarität. Ich spekuliere **[?]**, eine Voraussetzung trägt einen Grund, einen Ackerboden, einen Was-auch-immer in sich.

[Grund + Wert, der = 138x]. Das könnte ein [Wert, der = 113x] sein, der an irgendeinem [Anfang, der = 2x] steht, der als [Ausgang(s) + Punkt, der = 1x] für eine ganze Reihe von folgenden Werten steht, oder den man einer [Sache, die = 3x] zu Grunde legt. Das funktioniert **[+]**.

<u>IT-Grundschutz-Kompendium</u>

> Die Buchstaben in der zweiten Spalte (C = Vertraulichkeit, I = Integrität, A = Verfügbarkeit) zeigen an (1H), welche Grundwerte der Informationssicherheit durch die Anforderung vorrangig geschützt werden (2NR).
>
>> z.B. DER.2.1: Behandlung von Sicherheitsvorfällen; 5 Anlage: Kreuzreferenztabelle zu elementaren Gefährdungen; S. 313/900

{Patch – Demnach ist [Vertraulichkeit, die = 189x] einer dieser Grundwerte. Angemessener wäre sicherlich von [Geheimhaltung, die = UNGENUTZT] zu sprechen. Die [Integrität, die = 231x] ist dann ein zweiter, angemessener wären hier die [Vollständigkeit, die = 4x] und [Unversehrtheit, die = 2x]. Bemerkenswert ist es, dass beide Eigenschaften für den IT-Grundschutz keine Bedeutung haben. Die [Integrität] ist eine Wunderkiste, die nicht differenziert. Deswegen musst du dich bei jedem [Vorfall, der = 42x] fragen, sind die [Inhalte, die = 104x] und/oder [Daten, die = Top-25] vollständig, sind sie unversehrt? Schließlich wird die [Verfügbarkeit, die = 235x] als ein dritter Grundwert genannt, und das passt.

Allerdings werden in dem relativen Teilsatz (2NR) die Grundwerte der [Information(s) + Sicherheit, die = 397x] zugeordnet. Die [Sicherheit, die = 177x] ist ja bereits eine Eigenschaft, sie gehört hier nicht hin, oder du könntest sie als eine Art Oberbegriff verstehen. Auch handelt es sich bei den aufgezählten [Grundwerten] ebenfalls um Eigenschaften, ehe du sie schützen kannst, musst du sie erst einmal sichern, musst du sie gewährleisten...\]

* * * * *

<u>System-Nachricht eHealth (TI) [Sys-12] - Störung VPN-Zugangsdienst -
Arvato Systems Digital GmbH</u>

Derzeit liegt eine Störung am VPN-Zugangsdienst (VPN – Virtual Private Network) von Arvato Systems Digital GmbH vor. Für Nutzerinnen und Nutzer des Dienstes kann es zu Einschränkungen bei der Verbindung zur Telematikinfrastruktur (TI) kommen. Dies kann unmittelbare Auswirkungen auf die Nutzung einzelner Anwendungen wie z.B. Versichertenstammdatenmanagement (VSDM), elektronische Arbeitsunfähigkeitsbescheinigung (eAU), E-Rezept oder elektronischer Arztbrief haben. Weitere Informationen folgen zeitnah nach neuem Kenntnisstand.

Letzte Aktualisierung - 20.11.2024 11:50 Uhr

{Patch – Der 20. November 2024 ist ein Mittwoch ist der Buß- und Bettag. Dieser Tag ist ein Feiertag der evangelischen Kirche. Auch ohne Zugehörigkeit zu der Kirche, auch du darfst den Tag für dich nutzen. Entstanden ist dieser Feiertag ausgerechnet in Notzeiten:

Angesichts von Notständen und Gefahr wurde die ganze Bevölkerung zu Umkehr und Gebet aufgerufen. - Wikipedia.de - unautorisiert

Die [Gefahr, die = 122x] ist ja ein echtes Schlüsselwort für den IT-Grundschutz und die digitale Sicherheit und diese Kladde. Die [Not + Stände, die = 1x] treten außerdem regelmäßig in der digitalen Welt schneller auf als du dir denken kannst.

Nun gut, wer bist du: Du bist eine [Nutzerin, die = UNGENUTZT], du bist ein [Nutzer, der = 8x].

Ein [Notstand] tritt beispielsweise ein, wenn wegen einer [Störung, die = 129x] mehr oder weniger vieles stillsteht, wenn etwa das E-Rezept nicht verschickt wird. Möglicherweise wird das Medikament SOFORT gebraucht.

Allerdings hilft da kein Beten, selbst wenn der Glaube an die Heils- und Segensbringer (m) der Digitalisierung ausgerechnet des [Gesundheit(s) + Wesen, das = UNGENUTZT] religiöse Züge angenommen hat. Auf [Rationalität, die = UNGENUTZT], auf [Vernunft, die = UNGENUTZT] gegründet ist kaum etwas in der Digitalisierung. Dennoch lässt du dich beim Beten überraschen: Bitte, bitte, [Support, der = 24x], wende dich mir zu und nimm dich meiner Sache an, meinem [System + Absturz, der= 1x], meinem [Netzwerk + Ausfall, der = UNGENUTZT]. Ich will auch Buße tun, und deine Hilfe ordentlich bezahlen, bitte, bitte, ich flehe dich an...\}

* * * * *

H wie [Hersteller, der/die = 114x] im IT-Grundschutz – [Hersteller] wird 8-mal modifiziert...

Die Bedeutung: Synonym zu Produzent, a) Unternehmen, das etw. Produziert, b) Person, die etw. Produziert. (www.dwds.de)

IT-Grundschutz-Kompendium

> Mit sämtlichen externen Benutzern, d. h. Herstellern, Integratoren und Wartungsdienstleistern MÜSSEN angemessen restriktive Regelungen für die OT-Fernwartung vertraglich vereinbart werden (A).
>
> IND.3.2 Fernwartung im industriellen Umfeld; IND.3.2.A4 Verbindliche Regelung der OT-Fernwartung durch Dritte; S. 712/900

{Patch – [MUSS/MÜSSEN] = Notwendigkeit, Pflicht, so und keinesfalls anders zu handeln – siehe Modalverben.

Damit du diese Aussage verstehen kannst, ist zunächst zu klären, was ist [OT]. Der Anfang von IND 3.2 lautet: „Die Betriebstechnik (OT) einer Institution besitzt häufig eine dezentrale Infrastruktur." Also soll die Rede in diesem Satz sein von „Benutzern einer Betriebstechnik". Mit diesen sollen für die [Fernwartung, die = 157x] bestimmte [Regelungen, die = 292x] getroffen werden und in einem [Vertrag, der = 23x] festgeschrieben werden. Wie unsere [Hersteller] als „externe Benutzer" eingebunden werden, nun, das ist etwas unreflektiert, aber du wirst es schaffen. Möglicherweise...\}

* * * * *

~ [haben, hat, gehabt] – Grammatik: Vollverb & Hilfsverb (complete/auxiliary verb)

Das www.dwds.de schreibt dazu: [haben] - 1. etw. besitzen, sein Eigentum nennen; 2. etw. bereithalten, dahaben, über etw. verfügen können; 3. ⟨etw. ist zu haben⟩ man kann etw. Kaufen; 4. drückt einen passivischen Sachverhalt aus: etw. bekommen haben; 5. etw. Müssen, a) ⟨haben + zu + Infinitiv⟩, b) drückt eine Verpflichtung aus; 8. dient bei allen transitiven, reflexiven und gewissen intransitiven Verben zur Bildung des Perfekt und Plusquamperfekt.

IT-Grundschutz-Kompendium

> 01. Die Institution SOLLTE prüfen (1H), ob die mitgeführten Informationen einen besonderen Schutzbedarf **haben** (2NV), und {ob sie\} entsprechend abstrahlarme bzw. -sichere Datenträger und Clients einsetzen (3NV).
>
> CON.7: Informationssicherheit auf Auslandsreisen; CON.7.A15 Abstrahlsicherheit tragbarer IT-Systeme; S. 169/900

{Patch - [SOLLTEN] = Anregung, unverbindliche Empfehlung, so und so zu handeln – siehe Modalverben.

Du findest [haben] als Vollverb in dem Teilsatz Nr. 2 (2NV), Thema sind die [Informationen, die = Top-25]. Wie das praktisch aussieht, wie diese [mitgeführt] werden – wie ein Hund an der Leine – das ist merkwürdig. Entscheidend ist vielmehr, ob sie einen [Schutz + Bedarf, der = 295x] besitzen oder nicht. Diese Frage steckt in dem Vollverb [haben]...\]

> 02. Um die Orchestrierung von Pods zu betreiben (1NV){,\} und {um\} diese zu verwalten (2NV), **haben sich** mehrere Produkte **etabliert** (3H), die es erlauben (4NR), auch sehr große Umgebungen zu bedienen (5NI).
>
> APP.4.4 Kubernetes; 1.1. Einleitung; S. 445/900

{Patch – Im Teilsatz Nr. 3 (3H) tritt dir das gesuchte Wort [haben] entgegen. Hier wird es allerdings als Hilfsverb/auxiliary verb genutzt. In Verbindung mit dem Verb [etablieren = 44x] bildet es ein Passiv (siehe 4.). Etwas ist den [Produkten, den = 168x] angetan wurden, sie sind [eingeführt = 11x], sie sind möglicherweise bereits [Standard, der = Top-25]...\}

> 03. Der Benutzer **hat** ebenfalls verschiedene Möglichkeiten (1H), Daten mit einer App auszutauschen (2NV), etwa lokal über eine Speicherkarte, die Zwischenablage, die Gerätekamera oder andere Anwendungen (3EL).
>
> APP.1.4: Mobile Anwendungen (Apps); 2.7 Abfluss von vertraulichen Daten; S. 365/900

{Patch – Im ersten Teilsatz (1H) findest du [hat]. Es wird als Vollverb genutzt und verbindet das Subjekt [Benutzer, der = Top-25] mit dem Objekt [Möglichkeiten, die = 68x], eine einfache Angelegenheit. Die Alternative für [hat] könnte das reflexive Verb [bieten sich = 89x] sein. Der Vorteil, die [Wahl+Freiheit, die = UNGENUTZT], die in dem Eigenschaftswort/Adjektiv [verschiedene = 146x] enthalten ist, würde betont...\}

> 04. Wenn ein Client infiziert ist (1NV), MUSS im Offlinebetrieb untersucht werden (2H), ob ein gefundenes Schadprogramm bereits vertrauliche Daten **gesammelt**, Schutzfunktionen **deaktiviert** oder Code aus dem Internet **nachgeladen hat** (3NV).
>
> SYS.2.1 Allgemeiner Client, SYS.2.1.A6 Einsatz von Schutzprogrammen gegen Schadsoftware; S. 560/900

{Patch - [MUSS/MÜSSEN] = Notwendigkeit, Pflicht, so und keinesfalls anders zu handeln – siehe Modalverben.

Bedauerlicherweise wird es nun etwas unübersichtlich, es handelt sich ja auch um einen mehrteiligen Satz. Das [hat] arbeitet als Hilfsverb/auxiliary verb und liefert dir den Hinweis, dass eine Handlung oder ein Vorgang abgeschlossen ist. In dem Teilsatz Nr. 3 (3NV) finde ich drei Angebote:

a) [gesammelt], Partizip, abgeleitet von dem Verb [sammeln = 15x], was hier
bedeutet: etw. Gleichartiges von verschiedenen Stellen zusammentragen.
Das eine grammatische Verbindung zu [hat] besteht, das musst du dir denken
und vor allem im Gedächtnis behalten.

b) [deaktiviert], Partizip, abgeleitet von dem Verb [deaktivieren = 112x], in der
Bedeutung von [ausschalten = 7x] oder etw. außer Funktion setzen oder in
einen Ruhezustand versetzen. Wieder musst du in Gedanken das arme [hat]
ergänzen und darfst es nicht vergessen.

c) [nachgeladen], Partizip von dem Verb [nachladen = 3x], etwas [ergänzen =
41x] oder etwas nicht oder nicht vollständig Geladenes erneut, noch einmal
¹laden. Und jetzt – Tusch – hüpft das [hat] an seinen festen Platz.

Ist das erlaubt, fragst du dich, so großzügig mit dem Hilfsverb umzugehen. Im
Prinzip ist das in Ordnung und wird geduldet. Unbeholfen und tendenziell ein
Fehler ist das Weglassen nach dem ersten Verb [gesammelt *hat*]. Die
mögliche Folge, Lesende und Ausführende finden sich nicht zurecht und
überlesen einfach diese so dramatische Angelegenheit...\}

> 05. Da bei Sicherheitsvorfällen häufig nicht einfach erkennbar ist
> (1NV), wie z. B. der Angriff durchgeführt wurde (2NV), welches
> Ausmaß er **hatte** oder wie manipuliert wurde (3NV), muss dies erst
> durch geeignete Untersuchungen ermittelt werden (4H).
>
> OPS.1.1.2: Ordnungsgemäße IT-Administration; 2.6 Fehlende
> Aufklärungsmöglichkeiten bei Vorfällen; S. 197/900

{Patch – Unscheinbar wirkt [hatte] im Teilsatz Nr. 3 (3NV) als Vollverb. Weil
es sich auf das Hauptwort [Ausmaß, das = 4x] bezieht, was sowohl eine
Fläche oder ein Raum sein kann, auf jeden Fall meßbar auch im
übertragenen Sinn, könntest du das Verb [erreichen = 57x] verwenden. So
wird die Vorstellung von einer Fläche oder einem Raum stärker und
deutlicher. Geht aber auch so...\}

> 06. In einem Schweizer Finanzunternehmen **hatte** ein Mitarbeiter die
> Einsatzsoftware für bestimmte Finanzdienstleistungen **manipuliert**
> (A).
>
> Elementare Gefährdungen; G 0.21 Manipulation von Hard- oder
> Software; S. 65/900

{Patch – Klarer Fall, die [Angelegenheit, die = UNGENUTZT] liegt in der
Vergangenheit, deswegen funktioniert [hatte] als Hilfsverb/Auxiliary Verb. Was
war da in der Vergangenheit? Eine [Manipulation, die = 203x], also ein
krimineller [Eingriff, der = 10x], eine strafbare [Veränderung, die = 32x], also
eine gezielte und erfolgreiche [Sabotage, die = 29x] an einer [Einsatz +
Software, die = 1x], also an [Software, die = Top-25]. Allerdings geht dieses
nur mit und bei [Finanz + Produkten, die = UNGENUTZT]...\}

* * * * *

Derzeit liegt eine Störung an einer für die elektronische Patientenakte (ePA) relevanten technischen Komponente, betrieben von ATOS/Eviden, vor. Diese kann unmittelbare Auswirkungen auf die Nutzung der ePA von Versicherten der Krankenkassen Allgemeine Ortskrankenkassen (AOK), Barmer, Hanseatische Krankenkasse (HEK), Techniker Krankenkasse (TK), Knappschaft-Bahn-See (KBS), viactiv haben. Der Sachverhalt wird derzeit geprüft. Weitere Informationen folgen zeitnah nach neuem Kenntnisstand.

Letzte Aktualisierung 06.10.2023 11:30 Uhr

{Patch – Wenn du mal etwas Zeit hast, was selbstverständlich niemals der Fall sein kann, dann nimm den ersten Satz als Anlass für eine der vielen Fragen: Wer spielt da eigentlich mit in der Digitalisierung des Gesundheitswesens? ATOS und Eviden werden genannt.

Also ATOS:

Der französische IT-Dienstleister Atos steckt in einer tiefen Krise. Mit einer Verschuldung von fast fünf Milliarden Euro steht der Konzern unter immensem finanziellem Druck. Allein bis Ende 2025 sind 3,65 Milliarden Euro zur Rückzahlung fällig. Das Unternehmen hat wichtige technologische Trends verpasst und eine Reihe schlechter strategischer Entscheidungen getroffen.

https://www.deraktionaer.de/artikel/medien-ittk-technologie/atos-die-zocker-bluten-aktie-kollabiert-komplett-20371350.html

Wir nehmen mit: Atos = IT-Dienstleister, und vielleicht kein Hersteller von Komponenten.

Also Eviden:

Die Eviden Germany GmbH hat sich mit ihrem Lösungsportfolio den Herausforderungen im Gesundheitssektor gestellt und sich zu einem wettbewerbsfähigen Anbieter im Bereich E-Health entwickelt.

https://eviden.com/de-de/industrien/healthcare-and-life-science/gesundheitswesen/

Wir nehmen mit: Kein Wort von ATOS, als Hersteller auch nicht so richtig zu erkennen.

Wir wechseln auf die Seiten der Gematik, alleinverantwortliches Unternehmen für die Digitalisierung des bundesdeutschen Gesundheitswesen. Eine Suche nach [Atos] verweist unter anderem auf diese „Komponente":

Trust Service Provider X.509 (nonQES) – HBA - Schafft Vertrauen

Innerhalb der Telematikinfrastruktur übernimmt der Trust Service Provider X.509 (nonQES) – HBA die Erstellung von Authentisierungszertifikaten und Verschlüsselungszertifikaten für Leistungserbringer. Diese Zertifikate werden auf einem elektronischen (Heil-)Berufsausweis gespeichert.

www.gematik.de

Zu dem Produkttyp findest du dann folgende Informationen: TSPX509 zugelassen durch die Gematik

a) medisign GmbH mit diesen „Produkten/Komponenten": MandantP3111 qCA fuer HBA // MandantP2118 fCA fuer SMC-B // MandantP2117 fCA fuer HBA

b) Deutsche Telekom Security GmbH _NE: TSP X509 QES HBA // TSP X509 nonQES SMC-B // TSP X509 nonQES HBA

c) D-Trust GmbH: TSP X.509 nonQES - HBA – P // TSP X.509 QES - P

d) kubus IT eGbR: TSP X509 nonQES eGK

e) BITMARCK Technik GmbH: BITMARCK-OSCP

f) Eviden Germany GmbH: TSP X.509 nonQES eGK // TSP X.509non QES SMC-B // TSP X.509 nonQES // HBA, TSP X.509 QES

g) T-Systems International GmbH (Netphen): TSP X509 nonQES eGK

h) Atos Information Technology GmbH: TSP X.509 nonQES eGK (beendet!)

Die Ergebnisse der Recherche:

1. Es kann gut sein, dass die in der System-Nachricht angesprochene und betroffene [Komponente] der [Trust Service Provider X.509] ist.

2. Zugelassen sind für den TSP 7 (!) Anbieter. Sie werden jeweils individuelle Prozesse und Strukturen entwickelt haben. Über [Schnittstellen, die = 162x] werden die Verbindungen zu den übergeordneten [Komponenten] oder dem Gesamten aufgebaut, wenn sauber programmiert wurde.

3. Im Alltag der ärztlichen Praxis begegnest du erstens dem HBA, das ist der Heilberufsausweis, ausgestellt für einen Arzt/einer Ärztin. Du begegnest zweitens der eGK, das ist die elektronische Gesundheitskarte ehemals Krankenkassenkarte. Die gehört dir. Du begegnest drittens der SMC-B Karte, das ist der Chip, mit dem das Aufrufen der eGK in einem [Lesegerät, das = UNGENUTZT] autorisiert wird.

4. Erst mit dem Einsatz von erstens bis drittens kann mit der elektronischen Patientenakte (ePA) gearbeitet werden.

5. Das [TSP X509 nonQES eGK] der Atos ist ausgelaufen und wird wahrscheinlich in dem gleichnamigen Produkt der Eviden fortgeführt.

6. Warum in der Systemnachricht ATOS/Eviden auftauchen, könnte das ein Fehler in der verbindlichen [Dokumentation, die = 147x] sein?

7. Du, klarsichtige Frau, du halbwegs klarsichtiger Mann, ihr seht auf einen Blick die hohen Wahrscheinlichkeiten für [Fehler, die = 158x] oder für [Fehl + Funktionen, die = 66x] oder für technische [Probleme, die = 75x]. Da habe ich von dem [Schutz, der = 228x] und der [Sicherheit, die = 177x] noch nicht gesprochen...\}

* * * * *

[Handfunk + Gerät, das = 1x]; Rarität. Das ist bedenklich [–]. Das ist ein [Gerät = Top-25], eigentlich gemeint ist ein [Funkgerät], welches nicht fest

installiert ist, sondern in der Hand liegt. Längst abgelöst durch Smartphone
und Co.

* * * * *

<u>**Rand-Notiz Nr. 14 - Ersatz-ICE**</u>

> Es ist Samstag, der 27. Januar 2024. Ich sitze in einem Abteil des
> Ersatz-ICEs nach Harburg. Ersatz, weil es diesen GDL-Streik gibt
> und nur 20% der regulären Züge fahren, eben auch mein Ersatz-ICE.
> Es ist ca. 17.00 Uhr. Wir passieren gerade die Stelle, an der diese
> vielen niedrigen Bäumchen neben der Bahnstrecke stehen, kurz
> hinter der Brücke, an der ein ICE zerschellte. Wegen technisch
> bedingter Verwickelungen.

* * * * *

[Härtung(s) + Funktion, die = 2x]; Rarität. Das ist haarig [–]. [Härtung, die =
10x] ist eine Substantivierung von dem Verb (etwas härten; etwas oder
jemand hart machen). In dem Wort ist bereits ein Vorgang enthalten, so dass
die [Funktion = Top-25] eingespart werden kann.

[Hardware + Komponente, die = 1x]; Rarität. Das ist befremdend [–]. Eine
[Komponente], die [Hardware] ist. Was sollte sie sonst sein. Höchstens als
Abgrenzung zu einer [Software], selbst das bleibt schwammig.

* * * * *

~ Hauptsatz (Typ Ib) – Grammatik: Syntax (syntactic / main clause)

Es handelt sich um einen selbstständigen Aussage-Satz mit allem drum und
dran wie Subjekt, Objekt, Verb/Prädikat. Das Verb/Prädikat findest du an
zweiter Stelle (und manchmal an letzter). Das Besondere ist, er ist der
übergeordnete Teilsatz (nH) innerhalb eines mehrteiligen Satzes (complex
sentence).

IT-Grundschutz-Kompendium

> Die Sicherheit kryptografischer Verfahren hängt entscheidend davon
> ab (1H), wie vertraulich die verwendeten kryptografischen Schlüssel
> bleiben (2NV).
>
> CON.1: Kryptokonzept; 2.9 Kompromittierung kryptografischer
Schlüssel; S. 139/900

{Patch – Was siehst du? Ein häufiges Muster im IT-Grundschutz: Einem
Hauptsatz mit einer vermutlich wichtigen Aussage wird in einem
untergeordneten Teilsatz/Nebensatz ein Sachverhalt angehängt. Nun werden
kryptografische [Verfahren, die = 159x] ausgedacht und entwickelt, um einen
[Zugang, der = 127x] oder einen [Zugriff, der = 262x] auf irgendetwas zu

verhindern oder zumindest zu erschweren. Das [Verhindern, das = 3x] und das [Erschweren, das = UNGENUTZT] wird auch [Sicherheit, die = 177x] genannt. Je größer die Zahl der Wissenden ist, je wahrscheinlicher die [Weitergabe, die = 11x] des Schlüssels ist, mit dem das Verfahren ausgesetzt wird, um so wahrscheinlicher leidet die Sicherheit. Das ist nun mal der Lauf der Kryptografie, ich denke an den Hasen und den Igel. Diesen Lauf, wie in dem untergeordneten Teilsatz/Nebensatz geschehen, zu umschreiben mit „etwas bleibt vertraulich", ist wolkig und unangemessen. Anders würde es aussehen, hätte man von einer „anhaltenden Sicherheit" geschrieben...\}

* * * * *

System-Nachricht eHealth (TI) [Sys-14] - Störung T-Systems - sektoraler IDP KTR

Derzeit liegt eine Störung an dem von der T-Systems betriebenen sektoralen IDP vor. Dadurch kann es zu Beeinträchtigungen bei der Nutzung der GesundheitsID für verschiedene digitale Gesundheitsanwendungen für Versicherte der Krankenkasse BARMER kommen. Die Anmeldung via GesundheitsID in der E-Rezept-App kann dadurch gestört sein. Die Einlösewege für das E-Rezept via eGK, Ausdruck oder App mit PIN sind davon nicht betroffen.

Die T-Systems ist bereits in der Analyse, um die Ursache schnellstmöglich zu beheben. Weitere Informationen folgen zeitnah nach neuem Kenntnisstand.

Letzte Aktualisierung: 08.07.2024 12:55 Uhr

{Patch - Das Wetter am Montag, den 08.07.2024, ist ruhig und sommerlich. Mit bis 28 Grad wird es auch nicht zu heiß. Das ändert sich am Dienstag, wenn die Werte wieder über 30 Grad steigen. (www.wetter.com).

[IDP] bedeutet: IDP steht für 'Identity Provider', einen Dienst, der digitale Identitäten bereitstellt und verwaltet. Er beglaubigt die Identität eines authentisierten Benutzers und die dafür erforderlichen Attribute. (www.gematik.de).

Damit du das Eigenschaftswort/Adjektiv [sektoral] einordnen kannst, nochmal die Gematik:

Die Identitäten werden nicht von einem einzigen zentralen Dienst bereitgestellt, sondern „kollektiv" durch eine Menge von Identity Providern, für die jeweils die entsprechenden identitätsbestätigenden Institutionen verantwortlich sind, welche auch für die jeweiligen Nutzergruppen zuständig sind.

https://fachportal.gematik.de/hersteller-anbieter/komponenten-dienste/
identity-provider-idp

Perfekt zu beobachten ist, wie die digitale Wirtschaft den Markt unter sich aufteilen. Das meint das Wort [Sektor, der = UNGENUTZT]. Witzig ist das Umstandswort/Adverb [kollektiv], also gemeinschaftlich. Witzig die Anführungszeichen, glaubt die Gematik nicht daran, dass das wirklich gemeinschaftlich ist?...\}

* * * * *

~ Hauptwort/Substantiv (noun) – Grammatik: Wortart (part of speech)

Hauptwörter sind im Deutschen entweder weiblich (Femininum), männlich (Maskulinum) oder sächlich (Neutrum). Hauptwörter werden immer großgeschrieben, damit du sie beim Lesen schneller erkennst.

Die Bedeutung eines Hauptwortes kannst du im Wörterbuch nachsehen, oder du kannst es so machen wie ich und im Internet nachsehen unter www.dwds.de oder www.wortschatz.uni-leipzig.de.

Achtung, einige Hauptwörter werden, weil man glaubt, das so zu müssen, häufig bis extrem häufig eingesetzt. Zwangsläufig oder ökonomischen Gesetzen folgend wird die jeweilige Bedeutung ungenauer, sie verschwimmt – das ist für die digitale Sicherheit und einen funktionierenden IT-Grundschutz von äußersten Nachteil.

Um den Bedeutungsverlust abzuschwächen, gibt es die Möglichkeit, Hauptwörter zu einem neuen Hauptwort zusammenzusetzen. So könntest du vielleicht exakte, klare Ausdrücke erreichen. Du bildest ein so genanntes **Kompositum** – ein Alleinstellungsmerkmal in den germanischen Sprachen. Sieh dir das genauer an im Abschnitt [Kompositum].

Eine perfekte Idee, die du dir ebenfalls genauer anschauen solltest: Die 3-fach Sicherung für das Hauptwort/Substantiv. Sie setzt sich zusammen erstens aus dem Geschlecht: **die/eine/diese** [Anforderung, die = Top-25] weiblich/Femininum; **der/einer/dieser** [Server, der = Top-25]; **das/eines/dieses** [System, das = Top-25]. Es folgt die Einzahl/Singular oder Mehrzahl/Plural. Und schließlich der passende Fall/Kasus, also entweder der 1. Fall (Nominativ) oder der 2. Fall (Genitiv) oder der 3. Fall (Dativ) oder der 4. Fall (Akkusativ) geben. Für das Subjekt (= wer oder was ist gefährdet) eines Satzes ist der 1. Fall/Nominativ reserviert. Mit den anderen drei Fällen bringst du Objekte ins Spiel. Die 3-fach Sicherung, die richtige Deklination funktioniert in der Regel wegen der Artikel, die für den jeweiligen Fall vorgesehen sind im Zusammenspiel mit der entsprechenden Wortendung.

IT-Grundschutz-Kompendium

> Die Informationstechnik und das gesamte Umfeld einer Behörde bzw. eines Unternehmens ändern sich ständig (A).
>
> Elementare Gefährdungen; G 0.18 Fehlplanung oder fehlende Anpassung; S. 62/900

{Patch – Die Hauptwörter/Substantive und ihre jeweilige Sicherung in diesem Satz sind: DIE [Informationstechnik, die = 63x] = 1.Fall/Nominativ, Singular, Femininum; Subjekt Nr. 1 des Aussagesatzes / DAS [...Umfeld, das = 61x] = 1. Fall/Nominativ, Singular, Neutrum; Subjekt Nr. 2 des Aussagesatzes / EINER [Behörde, die = 37x] = 2.Fall/Genitiv, Singular, Femininum / EINES [Unternehmen(s), das = 64x] = 2.Fall/Genitiv, Singular, Neutrum. Weil es zwei Subjekte gibt, wird das Verb/Prädikat [ändern] in die Mehrzahl gesetzt. Die 3-fach Sicherung in dem Satz funktioniert einwandfrei...\}

~ Top-25 der Hauptwörter/Substantive, im Einsatz für den IT-Grundschutz

Rang	Hauptwort/ Substantiv	Häufig keit	F.	M.	N.	... als Grund-wort
01.	Anforderung / Anforderungen	2.759	die/die			18
02.	System / Systeme	2.107			das/die	82 !
03.	Information / Informationen	1.456	die/die			22
04.	Institution / Institutionen	941	die/die			2
05.	Gerät / Geräte	782			das/die	26
06.	Gefährdung / Gefährdungen	776	die/die			3
07.	Server / Server	735		der/die		16
08.	Daten (nur Mehrzahl)	731	die			63
09.	Software / Software	698	die/die			19
10.	Benutzer / Benutzer	642		der/die		7
11.	Mitarbeiter / Mitarbeiter	522				3
12.	Anwendung / Anwendungen	515	die/die			11
13.	Komponente / Komponenten	513	die/die			22
14.	Netz / Netze	477			das/die	33
15.	Dienst / Dienste	446		der/die		34
16.	Client / Clients	442		der/die		1

Rang	Hauptwort/ Substantiv	Häufig keit	F.	M.	N.	... als Grund- wort
17.	Nutzung / *Nutzungen*	408	die/*die*			4
18.	Infrastruktur / Infrastrukturen	340	die/die			13
19.	Funktion / Funktionen	335	die/die			46
20.	Einsatz / Einsätze	333		der/die		1
21.	Basis / Basen	330	die/die			2
22.	Outsourcing / Outsourcings (?)	325			das/die	0
23.	Angreifer / Angreifer	324		der/die		0
24.	Rolle / Rollen	307	die/die			4
25.	Standard / Standards	307		der/die		6

Jedes der Top-25 Wörter hat einen eigenen Eintrag. Außerdem findest du dort die im IT-Grundschutz vertretenen Komposita, bei denen das Top-25 Wort in der Bedeutung differenziert und manchmal eingeschränkt wird. Das Top-25 Wort wird zum Grundwort/letzten Wort in einer Verbindung.

Und du findest alle im IT-Grundschutz eingesetzten Komposita, bei denen das Top-25 die Bedeutung eines anderen Hauptwortes/Substantivs differenziert und modifiziert. Das Top-25 Wort wird zu einem Bestimmungswort/zu einem ersten Wort in einer Verbindung.

* * * * *

System-Nachricht eHealth (TI) [Sys-15] - AOK Mein Leben App

Die von der ITSG GmbH bereitgestellte App 'AOK Mein Leben' ist derzeit nicht erreichbar. Versicherte der AOK haben aufgrund dessen zur Zeit keinen Zugriff auf ihre elektronische Patientenakte (ePA). Weitere Informationen zum Sachverhalt nach neuem Kenntnisstand.

Letzte Aktualisierung 24.05.2023 11:00 Uhr

{Patch – Es ist ein Mittwoch, vormittags: „Das Wetter am Mittwoch, den 24.05.2023, beruhigt sich wieder. Es drohen keine Unwetter mehr und die letzten Schauer ziehen ab. Hier und da hängen Regenwolken am Himmel, ansonsten wird es vielerorts sonnig." (www.wetter.com)

Herr A. von Krank sitzt gegen 11:00 Uhr im Wartezimmer von Herrn Dr. Kammer. Das ist der Name des Arztes, dem angehende MFAs (m/w/d) in ihren Prüfungsfragen der Ärztekammer Niedersachsen (ÄKN) begegnen. Herr von Krank hat seine [Gesundheit(s) + Karte, die = UNGENUTZT] an der Anmeldung einlesen lassen. Nach dem Einlesen kann sich die Praxis nun 90 Tage lang die [Gesundheit(s) + Daten, die = 1x, Rarität] von Herrn von Krank ansehen. Genau dieses Ansehen möchte der Herr gegen 11:00 Uhr im Wartezimmer ebenfalls machen, er möchte mit Dr. Kammer einen Befund des Neurologen besprechen. Er zückt sein [Smartphone, das = 114x], obwohl ein Schild darum bittet, Smartphones nicht im Wartezimmer zu benutzen.

Er zückt also sein Smartphone, klickt auf seine „AOK Mein Leben" [App, die = 166x] und nichts passiert. Was er nicht erfährt, nicht die AOK ist verantwortlich. Verantwortlich ist die informationstechnische Servicestelle der gesetzlichen Krankenversicherung (ITSG) mit Sitz in Offenbach.

> Gegenstand des Unternehmens ist die [Standardisierung, die = 1x] und [Normierung, die = UNGENUTZT] des [Daten + Austauschs, der = 24x] mit Arbeitgebern und Leistungserbringern in der gesetzlichen Krankenversicherung in Form einer Informationstechnischen [Service + Stelle, die = UNGENUTZT] der gesetzlichen Krankenversicherung (GKV).
>
> https://www.itsg.de/ueber-die-itsg/vision-ziele-massnahmen/

Also er klickt und klickt, schimpft laut über das lahme Internet in der Praxis – und da, da kommt der MFA Jerry und erklärt ihm die System-Nachricht und welche traurigen Folgen sie für Herrn von Krank hat: die aktuelle digitale Entmündigung. Draußen vor dem Fenster des Wartezimmers hängen unverdrossen die überladenen Regen-Clouds, nein, natürlich Regenwolken..\}

* * * * *

[Hersteller + Infrastruktur, die = 1x]; Rarität. Das ist verblüffend [–]. Ein Hersteller ist für sich genommen kein Gebäude, innerhalb dessen eine Infrastruktur aufgebaut werden könnte.

[Hintergrund + System, das = 6x]. Ein System, von was auch immer, das im unsichtbaren Hintergrund wirkt, etwa der KGB. Das ist, wenn nicht schön, doch nachvollziehbar **[+]**.

[Historien + Daten, die = 1x]; Rarität. Das ist dunkel **[–]**. Denn das Wort [Historien] ist die Mehrzahl/Plural von „Historie" gleich Geschichte, kein Märchen und keine Fabel. Ein weiterer Versuch, Digitalisierung und auch den IT-Grundschutz fassbar zu machen, in das Bekannte hereinzuholen. Jedoch haben Digitalisierung und IT-Grundschutz keine Vergangenheit, übrigens auch keine nennenswerte persönliche Zukunft, sie sind reine Gegenwart, etwa im Kant'schen Sinn.

[Hochverfügbarkeit(s) + Anforderung, die = 3x]. Das ist kompliziert **[–]**. Bei dir besteht aus guten Gründen die Erwartung, du forderst, dass der Server zu 99% verfügbar ist, also an 365 Tagen. Es handelt sich um ein [Kriterium, das = 25x], dann schreib das auch so.

[Hochwasser + Gefährdung, die = 2x]; Rarität. Das ist dysfunktional **[–]**. Ist das hoch angestiegene Wasser gefährdet, droht es abzusinken? Ist sein Sein auf dem Weg zu vergehen?

* * * * *

I wie [Implementierung, die = 19x] im IT-Grundschutz –
[Implementierung] wird 3-mal modifiziert

Die Bedeutung: das Umsetzen von Regeln oder Vorgaben in einem Programm oder System (www.dwds.de)

[Identität(s) + Management + System, das = 1x]; Rarität. Das ist kümmerlich **[–]**. In den Wörtern wie Verwalten, Ordnen, also dem Management innewohnend ist natürlich ein System. Das muss nicht ausdrücklich erwähnt werden.

[Index + Daten, die = 2x]; Rarität. Das könnten Zahlen sein, die du in einem [Index, der = UNGENUTZT] aufgenommen hast und die du dort ablesen würdest. Zumindest wenn die Tabelle [Index] als Titel hat, das wäre nachvollziehbar **[+]**.

[Individual + Software, die = 40x]. Hier handelt es sich um eine Software, die einzig und allein die Produktion - sagen wir - deiner Pappbecher steuert, nur für diese entwickelt wurde. Das ist nachvollziehbar **[+]**.

<u>IT-Grundschutz-Kompendium</u>

> Viele Institutionen stehen vor Herausforderungen (1-1H), die sie nicht mehr hinreichend mit unangepasster Software lösen können (1-2NR). Die mit diesen Herausforderungen verbundenen Aufgabenstellungen bedürfen häufig Softwarelösungen (2-1H), die auf die individuellen Bedürfnisse der Institutionen zugeschnitten sind (2-2NR). Im Folgenden werden diese Softwarelösungen als Individualsoftware bezeichnet (3-A).

{Patch – Sieh genau hin, erst meine kurze Bestimmung, die zu dem Ergebnis kommt, dass die Zusammensetzung funktioniert. Dann sieh dir das wortreiche Gewusel an. Der korrekte Ausdruck für „unangepasste Software" ist in der IT und Telematik-Infrastruktur [Standard + Software, die = UNGENUTZT!].Natürlich sind es keine [Herausforderungen, die = 8x], sondern es sind die alltäglichen [Arbeiten, die = 20x] oder [Prozesse, die = 201x] oder [Abläufe, die = 47x], um die es geht. Also weg mit diesen H´s. Korrekt, du kannst das [Aufgaben + Stellungen, die = 4x] nennen, es reichen der Klarheit wegen [Aufgaben, die = 185x]. Die genannte Eigenschaft „individuelle" ist passend, die [Bedürfnisse, die = 8x] sind es nicht. Individuell programmierte Software den Namen „Individualsoftware" zu geben, das passt dann...\}

[Industrie + Standard, der = 2x]; Rarität. Das funktioniert **[+]**, denn es ist ein feststehender und eingeführter Ausdruck: „Ein Industriestandard oder – vor allem im englischen Sprachraum – De-facto-Standard, seltener auch Quasistandard, ist ein technischer Standard, der nicht durch ein Normengremium verabschiedet, sondern von Industrieunternehmen definiert wurde." Quelle https://de.wikipedia.org/wiki/Industriestandard

[Infektion(s) + Risiko, das = 1x]; Rarität. Hier könnte es wegen deiner Arglosigkeit um die sehr wahrscheinliche Gefahr gehen, dass du dir einen [Virus, der = 6x] einfängst. Das Kompositum funktioniert **[+]**.

* * * * *

~ Infinitiv/Grundform - Grammatik

Nicht durch Person, Zahl oder Modus bestimmte Grundform des Verbs/Prädikats (www.dwds.de).

* * * * *

Top-25: [Information, -en, die = 1.456x] - [Information] wird 22-mal
modifiziert für eine digitale Sicherheit

A.) - Erklärung/Wortbestimmung

Abgeleitet ist das Wort von dem lateinischen Substantiv [informatio = Formung, Bildung durch Unterweisung].

In dem Fremdwörterlexikon von 1974 (BRD wird im eigenen Land Fußball-Weltmeister) gibt es zwei Worterklärungen:

1. Auskunft, Nachricht, Aufklärung, Belehrung; z.B. eine Information über jemand oder etwas geben.

2. (Kybernetik) Einwirkung eines dynamischen Systems auf ein anderes, mit dem es gekoppelt ist, wobei Nachrichten über Zustände und Vorgänge ausgetauscht werden.

Wer in dem Wörterbuch (1985) nachschaut, findet ebenfalls zwei Worterklärungen für [Information, die]:

1. das Informieren, als Synonym wird [Mitteilung, die = 1x] angegeben;

2. (auf Anfrage erteilte) über alles Wissenswerte in Kenntnis setzende, offizielle, detaillierte Auskunft; Synonyme seien [Angabe, die = 19x], [Auskunft, die = 6x], [Daten, die = 731x - Top-25], [Nachricht, die = 65x], und erneut die [Mitteilung, die = 1x]

Und im Internet finde ich diese Worterklärungen:

1. das Informieren; Unterrichtung über eine bestimmte Sache

2. mündliche oder schriftliche Mitteilung, die jmdn. über etw. in Kenntnis setzt

3. [Kybernetik] Gehalt einer Nachricht, die aus Zeichen eines Kodes zusammengesetzt ist

4. Synonym zu Auskunft

https://www.dwds.de

Natürlich schwappt bei all diesen Worterklärungen die [Informatik] herüber. Sie ist die „Wissenschaft von den elektronischen Datenverarbeitungsanlagen und den Grundlagen ihrer Anwendung" (Bedeutungswörterbuch, 1985).

Um tatsächlich und nachhaltig an die (technischen) Herausforderungen des IT-Grundschutzes heranzukommen, braucht es einen klaren Begriff von dem, was mit [Information, die] konkret gemeint wird.

Meine Empfehlung: Hast du die Absicht, das Hauptwort/Substantiv [Information, die] zu verwenden, oder spürst du den unbändigen Drang, [Information, die] mit anderen Wörtern zu kombinieren, dann achte unnachgiebig darauf, über was genau du sprechen oder schreiben willst. Das bedeutet praktisch:

A) Geht es dir um [Daten] und/oder geht es dir um [Inhalte], dann sag und schreib das auch genau so.

B) Geht es dir um eine [Mitteilung], dann nenne das [Ankündigung, die = 1x] - [Bekanntgabe, die = UNGENUTZT] - [Bekanntmachung, die = 1x] - [Benachrichtigung, die = 3x] - [Bericht, der = 15x] - [Bescheid, der = UNGENUTZT] - [Meldung, die = 31x] – [Memo, das = UNGENUTZT] - [Mitteilung, die = 1x] - [Nachricht, die = 65x] - [Neuigkeit, die = UNGENUTZT].

C) Bist du allerdings der Meinung – und kannst diese selbstverständlich auch nachvollziehbar und plausibel (!) begründen – eine Differenzierung würde für den IT-Grundschutz und die Sicherheit der digitalen Prozesse nichts, aber auch überhaupt nichts bringen, dann in Musks und Zuckerbergs und auch Gottes Namen verwende [Information].

IT-Grundschutz-Kompendium

01. Vertrauliche Daten und Informationen dürfen ausschließlich Befugten in der zulässigen Weise zugänglich sein (A).

Glossar „Vertraulichkeit"; S.41/900

{Patch – [Vertrauen, das = 4x] bedeutet eine „sichere Erwartung" oder ein „fester Glaube", dass man sich auf jemanden oder etwas verlassen kann (vgl. Bedeutungswörterbuch 1985). Daraus entwickelt sich das Eigenschaftswort/Adjektiv [vertraulich = 156x], wenn „z.B. eine Mitteilung nur

für einige besondere Personen bestimmt oder geheim" (vgl.
Bedeutungswörterbuch 1985) ist.

Was also ist mit „vertraulichen Daten" gemeint? Ich habe den Verdacht, dass
im Grunde genommen nicht öffentliche, vor der Öffentlichkeit absichtlich
verborgene, „geheime" Daten gemeint sein sollen. So ist das eindeutig.

Da nun die [Daten] genannt sind, eignen sich die [Informationen] nicht, und
sind durch [Inhalte, der/die = 104x] im Unterschied zu Daten zu ersetzen..

Alternative Formulierungen, nun mit einem angepassten
Eigenschaftswort/Adjektiv: *Schützenswerte Daten und Inhalte dürfen nur
berechtigten Personen zugänglich sein.* Oder zugespitzter durch eine
hervorgehobene Satzstellung: *Zugänglich sein dürfen schützenswerte Daten
und Inhalte nur berechtigten Personen...\}*

> 02. Beim Identitätsdiebstahl täuscht ein Angreifer eine falsche
> Identität vor (1H), er benutzt also Informationen über eine andere
> Person (2H), um in deren Namen aufzutreten (3NV).
>
> Elementare Gefährdungen, G 0.36 Identitätsdiebstahl, S. 80/900

{Patch\} – Selbstverständlich wird mit der „falschen Identität" bei einem
Diebstahl getäuscht, oder Angreifende benutzen die gestohlene Identität, um
Zugang zu Netzwerken oder Systemen zu bekommen. Und natürlich setzt
sich eine „Identität" aus ganz bestimmten Angaben und möglicherweise auch
Daten zusammen. Das Wort [die Informationen] gehören nicht in diesen
Satz...\}

> 03. Solche Regelungen (= Regeln zum Informationsaustausch) sind
> besonders dann notwendig (1H), wenn Informationen über externe
> Datennetze übermittelt werden (2NV).
>
> CON.9: Informationsaustausch; 1.1 Einleitung, S. 183/900

{Patch – Wenn schon von [Daten + Netzen] gesprochen wird, dann sind es
auch [Daten], die übermittelt werden, und unsere hervorgeholten Inhalte...\}

* * * * *

B.) - [Information, die] wird in den folgenden zusammengesetzten Wörtern
(Komposita) differenziert und eingeschränkt (= Grundwort/Letztwort) durch ...

Anmelde + I. = 3x / Authentisierung(s) + I. = 3x / Benutzer + I. = 2x / Falsch +
I. = 1x / Geräte + I. = 1x / Grund + I. = 1x / Kontakt + I. = 3x / Konto + I. = 1x /
Meta + I. = 1x / Protokoll + I. = 1x / Rest + I. = 12x / Signalisierung(s) + I. =
4x / Sprach + I. = 4x / Status + I. = 1x / Steuer + I. = 1x / System + I. = 1x /
Teil + I. = 1x / Verwaltung(s) + I. = 1x / Wiederherstellung(s) + I. = 1x / Zeit + I.
= 34x / Zugang(s) + I. = 4x / Zusatz + I. = 2x

C.) - [Information, die] = nun als Bestimmungswort, das differenziert und die
Bedeutung des Grundwortes/Letztwortes erweitert in den folgenden
zusammengesetzten Wörtern (Komposita):

[Information(s) + Abfluss, der = 1x]; Rarität. Das ist mickrig **[–]**. Um wirksam in einer herausfordernden, kritischen Situation regieren zu können, muss Klarheit herrschen. Es könnten also [Daten] sein, die abgeflossen sind. Oder [Inhalte] wie z.B. dein Vorname, dein Nachname, dein Geburtsort, deine Adresse.

[Information(s) + Austausch, der = 30x]. Das ist ebenfalls mickrig **[–]**. Weil du dich meiner Argumentation für eine Konkretisierung des verschleiernden Wortes [Information] selbstverständlich anschließen willst, sollte es bei diesem Austausch auch um [Daten] und/oder [Inhalte] gehen.

<u>IT-Grundschutz-Kompendium</u>

> 01. Ziel dieses Bausteins ist es (1H), den Informationsaustausch zwischen verschiedenen Kommunikationspartnern abzusichern (2NI).

> CON.9: Informationsaustausch, 1.2 Zielsetzung, S. 183/900

{Patch – Nun haben wir den Salat. Das BSI sieht für den erfolgreichen IT-Grundschutz einen eigenen „Baustein“ vor. Dessen Ziel ist etwas abzusichern – oder besser zu *sichern*. Was wäre zu sichern? Ein [Austausch, der = 14x], das kann sein das „Austauschen“ oder eine „gegenseitige Mitteilung“ (siehe https://www.dwds.de/wb/Austausch; Stand 28.08.23). Da rauschen also [Daten] und [Inhalte] hin und her, zwischen [Partnern]. Es sind nicht irgendwelche [Partner, der/die = 22x], sondern sie betreiben [Kommunikation, die = 220x], und die Kommunikation besteht aus [Daten] und [Inhalten], manchmal auch [Mitteilungen]. Da wäre es doch richtig geschickt, würdest du die (wechselseitige) Kommunikation *sichern*, von mir aus auch *absichern*. Mir ist schon bewusst, dass diese Argumentation oder Beweisführung das Ergebnis haben kann, dass dieser Baustein oder dieses Kapitel einen anderen Titel bekommt – oder herausgenommen wird, da die Sicherheit der Kommunikation und ihre systematische Absicherung bereits in einem anderen Kapitel ausreichend behandelt wird. So kann es gehen..\}

> 02. Wenn möglich (1NV), SOLLTEN zum Informationsaustausch dedizierte Serverdienste genutzt und direkte Verbindungen zwischen Clients vermieden werden (2H).

> SYS.2.1 Allgemeiner Client; SYS.2.1.A23 Bevorzugung von Client-Server-Diensten; S. 562/900

{Patch – [SOLLTEN] = Anregung, unverbindliche Empfehlung, so und so zu handeln – siehe Modalverben.

Ein Client ist z.B. dein Rechner, den du am Morgen anstellst. Auch ein Notebook kann als Client funktionieren, wenn er in einem Netzwerk eingebunden ist und sich anmeldet. Und was läuft dann über das Netz, unsere [Daten], [Inhalte] und natürlich [Mitteilungen]. Der [Information(s) + Austausch] ist als Zusammenfassung zu unbedeutend...\}

03. Viele interne Systeme des Fahrzeugs kommunizieren direkt über
integrierte Mobilfunkschnittstellen mit IT-Systemen der Hersteller
(1H), wobei dieser Informationsaustausch von den Anwendern in der
Regel nicht beeinflusst werden kann(2NV).

INF.11: Allgemeines Fahrzeug, 2.3 Ungeregelte Datenübertragung an Dritte
und unsichere Kommunikationsschnittstellen; S. 855/900

{Patch – Dieser Sachverhalt dürfte einigen nicht bekannt sein, mein Auto
schnattert, auch mein Auto kommuniziert. Diese Kommunikation, da kannst
du nichts machen. Du bist raus, das Auto hat übernommen und es ist noch
nicht mal autonomes Fahren, wie du denken könntest. Also [Information(s) +
Austausch] ist hier nicht, findet nicht statt. Also raus damit...\}

[Information(s) + Bestand, der = 1x]; Rarität. Das ist ulkig [–]. Sind da
[Mitteilungen] gemeint oder [Daten] oder [Inhalte], die da aufgeschüttet sind,
die da auf Halde oder in einem Lager liegen?

[Information(s) + Eigentümer, der = 4x]. Dem Anschein nach eine
männliche Person, die da etwas besitzt, das ist gefährlich [–]. Wer besitzt da
etwas, die juristische Person, die Nutzenden, die Speichernden, die
Verschickenden, wer also? Für den IT-Grundschutz und die Sicherheit muss
die oder der Besitzende eindeutig identifizierbar sein.

[Information(s) + Erhaltung, die = 1x]; Rarität. Das ist entmutigend [–].
Abgesehen von unserem „Information(s) – Grundproblem" geht es hier um
das Empfangen von was auch immer oder geht es um das Konservieren von
was auch immer?

[Information(s) + Erhebung, die = 1x]; Rarität. Das ist eigenartig [–].
Sicherlich ist kein Hügel oder Berg gemeint. Sondern dass man [Daten] oder
[Inhalte] eingesammelt hat, vielleicht als eigentlich verbotene Sammlung der
persönlichen Daten wie Geburtstag und so weiter.

[Information(s) + Fluss, der = 9x]. Das ist trübe [–]. Gemeint sein könnten
[Mitteilungen], die durch das Internet oder die Telematik-Infrastruktur
rauschen. Sie wären eine Art Fluss. Oder da sind [Daten] unterwegs, die
Hacker oder andere Bösewichte heimlich herunterfließen lassen.

<u>IT-Grundschutz-Kompendium</u>

> Dazu (= IP-basierte Datennetze sicher zu koppeln) wird mithilfe einer
> Firewall-Struktur der technisch mögliche Informationsfluss auf die in
> einer Sicherheitsrichtlinie als vorher sicher definierte Kommunikation
> eingeschränkt (A).

NET.3.2: Firewall; 1.1 Einleitung; S. 759/900

{Patch – Der Satz ist zu lang, am Ende weißt du nicht mehr, worum es am
Anfang ging. Erschwerend ist das am Anfang stehende Umstandswort/Adverb
[dazu = 340x]. Es sollen also IP-Datennetze sicher verbunden werden.
Deswegen gibt es zwischen ihnen eine Firewall. Diese Firewall lässt nur

ausgewählte und zugelassene Daten durch. Fertig. Der [Information(s) + Fluss] ist überflüssig...\}

[Information(s) + Management, das = 1x]; Rarität. Das ist quälend [–]. Denn [Inhalte] und [Daten] können strukturiert werden. Sie können angelegt werden. Sie können verwaltet werden. Ja, sie könnten organisiert werden. Aber „gemanagt", hey Digga, nö.

[Information(s) + Modell, das = 1x]; Rarität. Das ist schräg [–]. Wer kennt es nicht, das Kommunikationsmodell, mit Sender*innen und Empfänger*innen. Der schwierige Versuch, dem Sprechen eine Struktur zu geben. Der Versuch, das auf eine wie auch immer verstandene Information zu übertragen, klappt nicht.

[Information(s) + Pflicht, die = 4x]. Das ist widrig [–]. Gemeint wird die [Pflicht, die = 10x], [Mitteilung] über etwas oder jemand zu machen, jemanden zu informieren. Im IT-Grundschutz ist eine Pflicht derart wichtig, dass du sie hervorheben solltest und immer als Einzelwort nutzen musst.

<u>IT-Grundschutz-Kompendium</u>

> Häufig sehen Cloud-Anwender nur auf niedrige Kosten (1H) und schätzen die zu beachtenden rechtlichen Rahmenbedingungen (2Ha), wie Datenschutz, Informationspflichten, Insolvenzrecht, Haftung oder den Informationszugriff durch Dritte (3EL), falsch ein (2Hb).
>
> ORP.5: Compliance Management (Anforderungsmanagement), 2.1
> Verstoß gegen rechtliche Vorgaben; S. 131/900

{Patch – Subjekt des Satzes sind die hier so genannten [Cloud-Anwender, der/die = 2x]. Gemeint sind wahrscheinlich [Cloud-Kunden, die = 24x], also Unternehmen, Organisationen oder Arztpraxen, die ihre Daten und Inhalte und Mitteilung in die Wolken schicken. [Cloud-Nutzer] oder [Cloud-Benutzer] werden nicht genannt, wohl aber die [Cloud-Nutzung]. Gut, das Subjekt sind Unternehmen, Organisationen oder Arztpraxen, die eine nicht eigene, fremde Cloud oder Wolken-Datenbank nutzen.

Prädikat im Teilsatz (1H) ist das einfache [sehen]. Das Prädikat im Teilsatz (2Ha+b) besteht aus zwei Teilen, es ist das Verb [etw. oder jemanden einschätzen].

Objekt im Teilsatz (2Ha+b), in dem ja deine [Information(s) + Pflicht] genannt wird, sind die [Rahmen + Bedingungen, die = 64x]. Eine [Bedingung] ist „eine [Forderung, die = 5x], von deren Erfüllung etwas abhängt" oder sie ist eine [„Voraussetzung", die = 15x]. (https://www.dwds.de/wb/Bedingung; Stand 29.08.23).

Nun stehst du da und fragst dich, welches sind denn die Forderungen oder die Voraussetzungen, die du „einschätzen" sollst.

Zunächst der Schutz deiner Daten, das sollst „nicht falsch" einschätzen. Schwaches Verb, siehst du sofort. Versuche es mit der Alternative „beurteilen", erklärt schon eher. Wie ist es mit der Alternative „bewerten"? Das

enthält das Hauptwort/Substantiv [Wert, der] und hier bist du zu Haus.
Allerdings wie kannst du den wirklichen Schutz deiner Daten in einer Cloud
bewerten? Und wie dann unsere Pflichten zum Informieren [= Information(s) +
Pflicht]? Und wie Insolvenzrecht, um wessen Insolvenz soll es hier gehen?
Und wie die Haftung, wessen Haftung und für welchen Sachverhalt oder
Schaden? Wie den [Information(s) + Zugriff, siehe dort] durch Dritte, wie das
wohl erkannt werden soll?

Fazit: Der Satz hat ein Leiden, die inhaltliche Insuffizienz...\}

[Information(s) + Quelle, die = 3x]. Das ist dahingeredet, wie traurig [–].
Woher kommen denn die Daten, sind sie geklaut? Woher hast du die Inhalte,
über die Schulter geschaut? Oder: wer hat dich informiert. Nebenbei gesagt:
Die Informationsquelle wird im Journalismus nicht gern genannt, auch um sie
nicht in Gefahr zu bringen.

[Information(s) + Raum, der = 1x]; Rarität. Das ist schmerzlich [–]. Was
kann das sein. Mir will sich keine Fantasie offenbaren.

[Information(s) + Sammlung, die = 1x]; Rarität. Das ist entmutigend [–]. Am
ehesten wäre eine Anhäufung, ein Lager von [Mitteilungen] denkbar. Aber ...

[Information(s) + Schutz, der = 2x]; Rarität. Das ist schwach [–]. Machen wir
es kurz, es fehlt semantisch das konkrete und aktuell zu schützende Objekt.

[Information(s) + Sicherheit, die = 397x]. Trotz der überragenden
Häufigkeit, trotz der prominenten Marktführerschaft, trotz der Verwendung als
ein Schlüsselwort im IT-Grundschutz, das Kompositum ist gefährlich [–]. Auf
welches Objekt soll sich die [Sicherheit, die = 177x] beziehen,
gleichbedeutend mit der Frage nach der sprachwissenschaftlichen Referenz?

Aus diesen Gründen, ein Realitäts-Check.

<u>IT-Grundschutz-Kompendium</u>

> 01. Hierbei (= Sicherheitsmaßnahmen sorgfältig geplant, umgesetzt
> und kontrolliert werden) ist es aber wichtig (1H), sich nicht nur auf die
> Sicherheit von IT-Systemen zu konzentrieren (2NI), da
> Informationssicherheit ganzheitlich betrachtet werden muss (3NV).

IT-Grundschutz – Basis für Informationssicherheit; Warum ist Informationssicherheit
wichtig?, S. 15/900

{Patch – Auffallend sind in diesem Satz die zwei unterschiedlichen,
konkurrierenden Sicherheiten. Im zweiten Teilsatz (2NI) ist es die [Sicherheit]
von IT-Systemen, und somit nicht ausdrücklich der IT als Gesamtes.

Im dritten Teilsatz (3NV) ist es unsere [Information(s) + Sicherheit]. Ist die
Sicherheit der IT als Gesamtes in Gefahr, folgt daraus auch die Gefahr für die
Daten, Inhalte und Mitteilungen.Umgekehrt muss die Gefahr für die Daten,
Inhalte und Mitteilungen nicht gleich die Gefahr für die IT als Gesamtes sein.

Insofern ist eine Konzentration auf die Gefahren für die IT als Gesamtes der
entscheidende Anfang und Ansatz.

Erst dann folgen die Sachen, die in ihr gespeichert werden und in ihr durch
die Gegend flitzen. Sowohl das Speichern als auch das Flitzen, das ist zu
sichern, oder eindeutiger, das ist zu jeder Zeit und an jedem Ort zu schützen.
Du solltest also anstatt von [Information(s) + Sicherheit] von dem [Schutz, der
= 228x] der Daten, Inhalte und Mitteilungen sprechen. So kannst du dann
auch ein „ganzheitliches" Konzept, von mir aus [Schutz + Konzept, das =
UNGENUTZT] ausarbeiten...\}

> 02. Der IT-Grundschutz betrachtet die drei Grundwerte der
> Informationssicherheit: Vertraulichkeit, Verfügbarkeit und Integrität
> (A).

Glossar; Grundwerte der Informationssicherheit; S. 35/900

{Patch – Im ersten Beispielsatz sind wir praktisch geworden, waren also ganz
dicht dran an dem IT- und TI-Alltag. Mit dem zweiten Beispielsatz werden wir
theoretisch. Wie für Theorie nicht gerade üblich triffst du auf einen
Aussagesatz. Die Aussage: [Grundwert, der = 138x] ist gleich A und B und C.
Über diese Aussage reflektiert der IT-Grundschutz, hierüber denkt er nach, er
„betrachtet" die Aussage. So ein Mist, das hilft dem IT-Grundschutz keine
Spur...\}

> 03. Weitere generische Oberbegriffe der Informationssicherheit sind
> zum Beispiel Authentizität, Verbindlichkeit, Zuverlässigkeit und
> Nichtabstreitbarkeit (A).

Glossar; Grundwerte der Informationssicherheit; S. 35/900

{Patch – Logisch, du stolperst gleich über das Eigenschaftswort/Adjektiv
„generisch". Ich stolpere auch. Denn „generisch" bedeutet „verallgemeinernd,
allgemeine". Geht es denn nicht in dem Aussagesatz um sehr spezifische
Synonyme? Ist die Aussage des Satzes nicht etwa die: Du kannst ruhig statt
unserer [Information(s) + Sicherheit] auch den Begriff [Authentizität, die = 14x]
verwenden. Oder den Begriff [Verbindlichkeit, die = 4x]. Oder den Begriff
[Zuverlässigkeit, die = 10x; siehe Eintrag]. Oder den Begriff
[Nichtabstreitbarkeit, die = 6x]. Um den Topf zum Überlaufen zu bringen
kommen ja noch die drei Begriffe von eben dazu. Nein, wenn du überhaupt
mit diesen Begriffen arbeitet könntest, dann als sehr fadenscheinig definierte
Aspekte einer Sicherheit von „Informationen", die wir bereits zu einem Schutz
für Daten, Inhalte und Mitteilungen umgewidmet haben...\}

Zusammenfassung: Das Hauptwort/Substantiv [Information(s) + Sicherheit,
die = 397x] eignet sich keinesfalls, um irgendetwas für den IT-Grundschutz zu
leisten oder dort zu fördern. Es gehört gelöscht, oder durch ein sinnvolles
Äquivalent wie Schutz für Daten... ersetzt. Umgehend!

> Es tut uns leid, Ihre Anfrage Informationssicherheit ist nicht in
> unseren gegenwartssprachlichen lexikalischen Quellen vorhanden.

https://www.dwds.de/?q=Informationssicherheit

[Information(s) + Speicher, der = 1x]; Rarität. Das ist schlimm **[–]**. Mitteilungen kannst du speichern, Daten und/oder Inhalte kannst du speichern, aber ein Rührei-Wort wie Information, das gibt doch nur Matsch in den feinen Linien eines [Speicher + Mediums, das = 36x].

[Information(s) + System, das = 4x]. Das ist bitter **[–]**, denn ich und auch du, wir können nicht ahnen, was da beschrieben werden soll und wozu das dienen könnte, das System – oder die Systematik?

[Information(s) + Technologie, die = 1x]; Rarität. Weil diese Technologie in der Abkürzung „IT" den Status einer Marke hat, deswegen nur der Hinweis, [Information(s) + Technologie] wird üblicherweise abgekürzt als IT. Das ist eine alte Konvention **[+]**.

Du siehst bereits die [Technik, die = 276x], wie sie um die Ecke schielt. Deswegen ein kurzer Blick auf die Bedeutung des Hauptwortes/Substantivs [Technologie, die = 2x]. Zwei Erklärungen finde ich:

> 1. Wissenschaft von der rationellen, auf den neuesten Erkenntnissen der Naturwissenschaft, Mathematik, Technik und Ökonomie beruhenden Gestaltung von Prozessen und deren Abläufen, besonders des Arbeitsprozesses und Produktionsprozesses

> 2. Ausarbeitung und Zusammenfassung der einzelnen für die Fertigung eines bestimmten Produkts notwendigen Arbeitsgänge, des Arbeitsverfahrens

https://www.dwds.de

[Information(s) + Technik, die = 63x]. Das ist zunächst kümmerlich **[–]**. Denn der Verdacht drängt sich auf, dass mal wieder ein Bequemlichkeits-Hopping stattfindet. Man knallt das Wort einfach so hin und spaziert unbekümmert pfeifend weiter. Hier zeigt jedoch die Auswertung einer Häufigkeit eines Wortes, wie sie in etwa auch eine KI machen würde, ihre Grenzen und Schwächen. Gehst du hinein in die Seiten, dann siehst du, dass der Wert hauptsächlich zu Stande kommt durch die Nennung des BSI, des Bundesamt für Sicherheit in der Informationstechnik.

<u>IT-Grundschutz-Kompendium</u>

> 01. Bundesamt für Sicherheit in der Informationstechnik - Quelle: Allgegenwärtig

{Patch - 100%-ig angemessene Wortentscheidung: Das Bundesamt betreibt keine Wissenschaft und arbeitet keine Arbeitsgänge für ein bestimmtes Produkt aus. Die Wortbestimmung [Technik]:

> 1. Anwendung der naturwissenschaftlichen und mathematischen Kenntnisse in Form von Methoden, Verfahren, Apparaturen, Geräten und Maschinen zur Beherrschung der Naturkräfte auf einer gegebenen Stufe der gesellschaftlichen Entwicklung

> 2. maschinelle und industrielle Einrichtung, Ausrüstung in der (materiellen) Produktion

---

3. Konstruktion, Mechanik und Wirkungsweise einer Maschine, eines
Gerätes, Fahrzeuges, eines Gebrauchsgegenstandes, der auf
mechanischer oder elektronischer Basis funktioniert

4. Methode des rationalen Vorgehens bei der Tätigkeit in einem
beliebigen Bereich der menschlichen Praxis, des gesellschaftlichen
Lebens

https://www.dwds.de

In der Tat, das Bundesamt soll „naturwissenschaftliche und mathematische
Kenntnisse" bezogen auf die IT in den Markt bringen. Das Bundesamt soll
sich um die IT Einrichtungen und die IT-Ausrüstung Sorgen machen und
kritisch nach deren Sicherheit fragen. Das Bundesamt soll sich um
„Konstruktion, Mechanik und Wirkungsweise" eines Gerätes
herstellerunabhängig also neutral fürsorglich und auf Sicherheiten bedacht
kümmern. Das Bundesamt sollte selbstbewusst und stolz sein, einer der
wenigen ernst zu nehmenden Gegenspieler von Google & Co. zu sein...\}

02. Es ist eine große Herausforderung (1H), die in einer Institution
eingesetzten Komponenten der Informationstechnik korrekt und
zeitnah zu aktualisieren (2NR).

OPS.1.1.3: Patch- und Änderungsmanagement, 1.1 Einleitung; S. 203/900

{Patch – Passende Wortentscheidung! Es geht um die Aktualisierung der
Technik – oder geht es primär doch um die Aktualisierung der, also um die
Updates für die Komponenten?...\}

[Information(s) + Träger, der = 1x]; Rarität. Das ist gediegen [–]. Gemeint
sein kann etwa ein Speichermedium oder ein Reitender Bote, etwa einer aus
der Darstellung der Apokalyptischen Reiter von Dürer.

[Information(s) + Übermittlung, die = 3x]. Das ist ungünstig [–]. Werden
[Daten] auf den Weg geschickt, oder [Inhalte], oder geht es um [Mitteilungen]
gleich welcher Art.

[Information(s) + Verarbeitung, die = 17x]. Das ist unangenehm [–]. Du hast
gesehen, [Information, die] ist trotz ihres eindrucksvollen Top-25 Status ein
abstraktes, ein nur gedachtes Wort. Du kannst es nicht greifen, du kannst es
nicht empfangen. Was also wird konkret verarbeitet in der Verarbeitung?
Nenne es beim Namen.

[Information(s) + Verarbeitung, die = 17x]. Das ist unangenehm [–]. Du hast
gesehen, [Information] ist trotz des Top-25 Status abstrakt, nicht greifbar,
nicht empfangbar. Was wird also konkret verarbeitet in der Verarbeitung?
Nenne es beim Namen, sind es Daten, Inhalte, Mitteilungen.

IT-Grundschutz-Kompendium

Die Bedeutung dieser übergreifenden organisatorischen Regelungen
nimmt mit der Komplexität der Geschäftsprozesse und dem Umfang
der Informationsverarbeitung, aber auch mit dem Schutzbedarf der
zu verarbeitenden Informationen zu (A).

{Patch – Eine einfache, allerdings trügerische Formel: größere Komplexität gleich größere Bedeutung von Regelungen, größerer Umfang gleich größere Bedeutung, höherer Schutzbedarf gleich größere Bedeutung. Die Bedeutung oder die Wichtigkeit oder die Relevanz der Regelungen ist vollkommen unabhängig von Komplexität, Umfang oder Schutzbedarf.

Die Erwähnung scheint mir bereits der verzweifelte Versuch zu sein, Regelungen zu rechtfertigen innerhalb eines Unternehmens, einer Organisation oder einer Arztpraxis...\}

[Information(s) + Verbund, der = 212x]. Das ist kompliziert [–]. Die etymologischen Ansätze, die Fragen nach der Herkunft der Wörter prallen gegen eine unsichtbare Wand. [Information], schon klar. [Verbund] ist die Substantivierung des Verbs „verbinden, verband, hat verbunden". Beispiel: „Die Räder sind durch eine Achse verbunden." Im technischen Bereich oder in der Wirtschaft gibt es diese Bedeutungsbeschreibung:

> 1. [Technik] fester Zusammenhang, Verbindung von verschiedenen Stoffen, Bauteilen zu einer stabilen Einheit
>
> 2. Zusammenhang, Verbindung, Kooperation zwischen mehreren Bereichen, besonders von Betrieben in der Wirtschaft

https://www.dwds.de

Wie etwa die Beschreibung Nr. 2 auf den [Information(s) + Verbund] zu übertragen wäre, da stottert meine Fantasie. Wie ist das Kompositum in den IT-Grundschutz eingearbeitet?

<u>IT-Grundschutz-Kompendium</u>

> 01. Unter einem Informationsverbund ist die Gesamtheit von infrastrukturellen, organisatorischen, personellen und technischen Objekten zu verstehen (1H), die der Aufgabenerfüllung in einem bestimmten Anwendungsbereich der Informationsverarbeitung dienen (2NR).

Glossar, Informationsverbund; S. 36/900

{Patch – Es sei an den Anfang gestellt: „personelle ... Objekte", diesen Gedanken verbitte ich mir. Sehr schwierig sind auch „organisatorische ... Objekte", nenne mir bitte welche, wenn du kannst. Zur Erinnerung, „Objekt" ist ein Gegenstand und in der Grammatik und einem Satz ist es das, worüber gesprochen wird.

Schwierig sind ebenfalls „infrastrukturelle ... Objekte", auch wenn du hier mit dem einen oder anderen tatsächlichen Objekt auftreten könntest.

In Anbetracht dieser Schwierigkeiten mit dem Kompositum, wird es tatsächlich gebraucht? Um sinnvolle Sätze zu produzieren, wird es nicht gebraucht, weil die Schwierigkeiten zu groß sind.

Die Idee des BSI ist eine ganz andere: Man benutzt es als eine Kategorie für die ohnehin merkwürdige Baustein-Sammlung. Ziel scheint zu sein, einen Sammelbegriff für digitale Netzwerke, deren strukturellen Kontexte und deren Akteure zu finden...\}

> 02. Wird eine solche Software benutzt (1H), können fehlerhafte Patches und Änderungen automatisiert im gesamten Informationsverbund verteilt werden (2H), wodurch große Sicherheitsprobleme entstehen können (3NV).
>
> > OPS.1.1.3: Patch- und Änderungsmanagement; 2.5 Probleme bei der automatisierten Verteilung von Patches und Änderungen; S. 204/900

{Patch – Schon fliegt der Ausdruck [Information(s) + Verband] im hohen Bogen aus dem Fenster der Bedeutungslosigkeit. Er darf nicht verwendet werden! Denn selbstredend können „Patches und Änderungen" in Netzwerken verteilt werden, und nicht etwa in „personelle Objekte"...\}

> 03. Sind keine oder nur ungenügende Informationen über den zu schützenden Informationsverbund vorhanden (1H), kann es passieren (2H), dass wesentliche Bereiche des Informationsverbunds nicht ausreichend durch Detektionssysteme abgesichert werden (3NI).
>
> > DER.1: Detektion von sicherheitsrelevanten Ereignissen; 2.4 Fehlende Informationen über den zu schützenden Informationsverbund; S. 300/900

{Patch – Welche von den vier genannten „Objekten" sind denn die „wesentliche Bereiche", die in dem Teilsatz (3NI) angesprochen werden? Keine Ahnung! Welche von den vier „Objekten" lassen sich denn „detektieren", also lassen sich praktisch beobachten oder überwachen. Oder in welchen könntest du z.B. Angriffe erkennen, ermitteln, feststellen, was ebenfalls Synonyme von „detektieren" sind?...\}

[Information(s) + Verlust, der = 1x]; Rarität. Das ist ungut [–]. Was konkret ging verloren und lässt sich – wenn du denn wüsstest, was es gewesen – vielleicht wiederherstellen.

[Information(s) + Wirtschaft, die = 5x]. Das ist wundersam [–]. Eine Digital-Wirtschaft (mit dem unseligen Lobbyverein Bitkom), einverstanden (nicht mit den Aktivitäten des Bitkom). Zeitungen, Journale, Sender und was weiß ich noch zu einer Informationswirtschaft „Zwangs-zu-vereinen", das geht zu weit und nicht.

[Information(s) + Wirtschaft, die = 5x]. Das ist wundersam [–]. Eine Digital-Wirtschaft, einverstanden. Aber Journale, TV-Sender u.Ä. zu einer Informationswirtschaft zusammenzufassen, das geht nicht.

[Information(s) + Zugriff, der = 4x]. Das ist wolkig [–]. Man soll nur ordentlich zugreifen, so eröffnete der Vorstand des DAX-Unternehmens, oder war es ein Start-Up, egal, so eröffnete der Vorstand die Investoren-Party (oder die Party der Stakeholder?). [Zugriff, der = 262x]], eine Substantivierung des Verbs „zugreifen", welches das Plündern des Buffet erlaubt. Niemand käme auf die Idee, dieses als „Bufett-Zugriff" zu bezeichnen. Dann wäre da noch der polizeiliche Zugriff, wenn es an das Verhaften geht. Und zu guter Letzt das wiederkehrende semantische Problem: „Zugriff" auf Daten, Inhalte, Mitteilungen?

[Information(s) + Zweck, der = 1x]; Rarität. Das ist dysfunktional [–]. Ich vermute, [Informieren, das = UNGENUTZT] ist gemeint, der Zweck des Informierens und des Informiert-Werdens. Nun in den Satz zu schauen, dazu fehlt mir die Motivation.

* * * * *

Rand-Notiz Nr. 15 - Elektronische Patientenakte (ePA) oder [Information Obesity, die].

> Overweight and obesity are defined as abnormal or excessive fat accumulation that presents a risk to health
>
> https://www.who.int/health-topics/obesity/#tab=tab_1

A. Whitworth erkennt gegenwärtig in [Informationen, die = Top-25] zunehmend eine anormale und exzessive Anreicherung von Informations-Fett. Dieses gefährdet immer deutlicher die Stabilität und Funktionsfähigkeit des gesamten Informations-Systems, wie es beispielsweise durch die Telematik-Infrastruktur (TI) oder generell durch die Digitalisierung aufgebaut wird auch im Gesundheitswesen.

Die elektronische Patientenakte (ePA) zeigt alle Symptome von Übergewicht und Fettleibigkeit, also Befund Obesity.

> Vgl. Whitworth, Andrew (2009): Information Obesity; A volume in Chandos Information Professional Series, Book • 2009

* * * * *

[Infotainment + System, das = 6x]. Das ist komplex [–]. Das Wort [Infotainment] ist ein Kunstwort, eine Neuschöpfung, ein Neologismus. Es hat keine eigenständige Geschichte. Das [System] kann hier ein Rechner sein oder die Art und Weise dieses [Infotainments]. Wie gesagt, [komplex = 13; Umstand/Adverb].

* * * * *

Rand-Notiz Nr. 16 - "Anwendungsfehler" ermöglichte offenbar Abhöraktion - Stand: 05.03.2024

> Die "Taurus"-Abhöraffäre geht offenbar auf einen individuellen Fehler zurück. Ein Teilnehmer des von Russland geleakten Gesprächs

nutzte laut Minister Pistorius einen unsicheren Kanal. Prinzipiell seien die Systeme sicher.

Demnach soll einer der Teilnehmer, der sich von Singapur aus eingewählt hatte, einen offenen, nicht autorisierten Kanal genutzt haben, um an der über den Cloud-Dienst Webex geführten Schaltung teilzunehmen. Dadurch sei es zum "Datenabfluss gekommen", sagte Pistorius.

www.tagesschau.de/inland/innenpolitik/taurus-abhoeraffaere-
pistorius-100.html

{Patch – Es geht ganz schön rund in dieser Zeit. Halten zu Gnaden, Herr Pistorius, die Software, genannt die [Anwendung, die = Top-25] tat das, was sie tun sollte. Allerdings der [Anwender, der = 58x, keine weibliche Form], der hatte vorsichtig gesagt nicht alles im Blick. Das ist in der Kultur der Sozialen Medien nicht erstaunlich. Was du jedoch unter einem [Daten + Abfluss, der = 7x] verstehen sollst, das bleibt offen. Es ging ja nicht um Daten, sonder um Wörter, Sätze, Inhalte...\}.

* * * * *

Top-25: [Infrastruktur, -en, die = 340x] – [Infrastruktur] wird 11-mal modifiziert für die digitale Sicherheit

A.) - Erklärung/Wortbestimmung

[Infrastruktur] ist ein zusammengesetztes Wort. Es besteht aus dem lateinischen „infra" = darunter, unter, unterhalb. Abgeleitet ist es von dem Eigenschaftswort/Adjektiv „inferus" = unter. Gemeint sind ein Aufbau, eine Konstruktion oder eine Organisation, die bildlich gesprochen unterhalb der eigentlichen Strukturen liegen. Sie sind nicht primär da, um wirtschaftlichen Gewinn zu erzielen.

> Wirtschaft, Politik Gesamtheit an (technischen, wirtschaftlichen, gesellschaftlichen) Einrichtungen, Anlagen und Angeboten, die funktionierende Abläufe in einer geographischen Region oder einem auf bestimmte Weise definierten und organisierten Raum gewährleisten. - www.dwds.de

IT-Grundschutz-Kompendium

> 01. Die Netzmanagement-Infrastruktur besteht aus zentralen Management-Systemen, wie z. B. einem SNMP-Server, Administrations-Endgeräten mit Software für Managementzugriffe und dezentralen Managementagenten (A).

NET.1.2: Netzmanagement; 1.1 Einleitung; S. 729/900

{Patch – Eines geht nur, entweder die Verwaltung, so verstehe ich
[Management, das = 255x im IT-Grundschutz) eines Netzes. Oder es geht um
eine [Netz + Infrastruktur, die = 4x]. Verschärfend folgen auf das Verb noch
„zentrale Management-Systeme", für die ich wieder das Synonym
[Verwaltung] vorschlage, also „zentrale Verwaltungs-Systeme". Ich kann mich
irren!

Folgst du dem weiteren Verlauf des langen Aussagesatzes, stößt du auf die
[Management + Zugriffe = 2x]. Eine Verwaltung kann nun kaum auf etwas
zugreifen, also könnte es sich jetzt um Menschen in führenden Positionen
handeln. Vielleicht – jedoch uns ging es nur um die Infrastruktur, die
verschwindet irgendwie in einem Nebel...\}

> 02. In der Industrie (1Ha), zu der unter anderem auch die Kritischen
> Infrastrukturen gehören (2NR), zählen dazu insbesondere industrielle
> Steuerungssysteme (Industrial Control Systems, ICS) und
> Automationslösungen (1Hb), die dort Steuerungs- und
> Regelfunktionen aller Art übernehmen (3NR).
>
> IND.1: Prozessleit- und Automatisierungstechnik; 1.1 Einleitung; S. 671/900

{Patch – Jetzt geht es etwas über die Felder und Wiesen, denn wenn du
genau hinschaust, dann siehst du, dass der Ausdruck „Kritische Infrastruktur"
mit Großbuchstaben angefangen wird. Laut Duden wird mit dieser
Schreibweise eine feststehende Bezeichnung gekennzeichnet. Die allgemein
gültige Definition liefert das BSI:

> Kritische Infrastrukturen (KRITIS) sind Organisationen und
> Einrichtungen mit wichtiger Bedeutung für das staatliche
> Gemeinwesen, bei deren Ausfall oder Beeinträchtigung nachhaltig
> wirkende Versorgungsengpässe, erhebliche Störungen der
> öffentlichen Sicherheit oder andere dramatische Folgen eintreten
> würden.
>
> www.bsi.bund.de/DE/Themen/KRITIS-und-regulierte-Unternehmen/Kritische-
> Infrastrukturen/Allgemeine-Infos-zu-KRITIS/allgemeine-infos-zu-kritis.html ;
> Stand 02.02.23

Möglicherweise wäre es passender, von einer unverzichtbaren und stets
funktionierenden technischen Grundstruktur zu sprechen. Wie dem auch sei,
im IT-Grundschutz wird die Kritische Infrastruktur, deren Ausfall dramatische
Folgen nach sich ziehen kann, gerade 4-mal zur Sprache gebracht, wobei das
Vorwort 50% der Nennungen hat.

Die oben zitierte dritte Nennung zeigt deutlich den kaum wahrnehmbaren
Stellenwert, den die Kritische Infrastruktur im IT-Grundschutz zugewiesen
bekommt: sie wird durch den relativen Teilsatz einfach der Industrie
zugeschlagen, fertig. In gewisser Weise ist das konsequent, denn wer
Produkte in die Kritische Infrastruktur liefert, geht kaum ein finanzielles

Ausfallrisiko ein – wie aktuell bei der Digitalisierung des Gesundheitswesens zu sehen ist....\}

B.) - [Infrastruktur, die] wird in den folgenden zusammengesetzten Wörtern (Komposita) differenziert und eingeschränkt (= Grundwort/Letztwort) durch ...
Druck + I. = 1x / Gebäude + I. = 1x / Hersteller + I. = 1x / Kollaboration(s) + I. = 1x / Mobilfunk + I. = 1x / Netz + I. = 4x / Protokollierung(s) + I. = 13x / Sicherheit(s) + I. = 1x / System + I. = 2x / Telefon + I. = 2x / Virtualisierung(s) + I. = 6x

C.) - [Infrastruktur, die] = nun als Bestimmungswort, das differenziert und die Bedeutung des Grundwortes/Letztwortes erweitert in den folgenden zusammengesetzten Wörtern (Komposita):

[Infrastruktur + Anwendung, die = 1x] – Rarität, das ist gespenstisch **[--]**. Denn geht es um das grundsätzliche Funktionieren, was sollte dann eine [Anwendung, die = 515x] sein. Wirf einen Blick auf die Herausforderungen, die es bei der Verwendung des Top-25 Wortes gibt.

[Infrastruktur + Detail, das = 1x] – Rarität, eine vielleicht winzig kleine Kleinigkeit die Infrastruktur betreffend. Das ist nachvollziehbar **[+]**.

[Infrastruktur + Dienst, der = 1x] - Rarität. Das ist dysfunktional **[--]**. Bereits an dem Wort [Struktur, die = 42x] kannst du erkennen, dass es um etwas Festes, Statisches geht. Was auch immer gemeint sein soll, der Diener ist hier außer Dienst.

[Infrastruktur + Einrichtung, die = 2x] - Rarität, das ist problematisch **[--]**. Entweder geht es um den Aufbau oder die Organisation einer Infrastruktur. Die andere Möglichkeit ist, dass von einem fertiggestellten Teil die Rede ist, der zu einer Infrastruktur gehört.

[Infrastruktur + Element, das = 1x] - Rarität, ein Teil, eine Komponente, ein Gerät vielleicht, die zu einer Infrastruktur gehören. Das ist nachvollziehbar **[+]**.

[Infrastruktur + Komponente, die = 2x] - Rarität, ein Teil, ein Gerät, ein Element, die zu einer Infrastruktur gehören. Das ist nachvollziehbar **[+]**.

[Infrastruktur + System, das = 1x] - Rarität, das ist lichtlos **[--]**. Eine Struktur ist eine Struktur, so wie ein System ein System ist. Möglicherweise soll die Art und Weise der Infrastruktur angesprochen werden.

* * * * *

~ Inhalts-Nebensatz (Typ II) = Teilsatz (subclause) – Grammatik: Syntax (syntactic)

Struktur: Teilsatz (z.B. Hauptsatz) + [Verbindungswort/Konjunktion] + Inhalts-Nebensatz (nebengeordneter Teil-Satz). Das Verbindungswort ist sehr häufig: [dass = 1.325x].

Funktion: Im vorangehenden Teilsatz kündigst du etwas an, welches in (NI) als Inhalt geliefert wird. Beschreibe, dass etwas so und so ist; verbiete, dass etwas so und so nicht wird; erkläre, dass es so und so ist; sage, dass etwas so und so ist, kündige an, dass Sicherheitseinstellungen so und so zu sein haben.

Steht der eingeleitete Inhalts-Nebensatz (NI) in einem mehrteiligen Satz an erster Stelle, dann sollte sich aus Gründen der klaren Verbindung ein Hauptsatz anschließen. Wenn du Aufmerksamkeit für deinen erst genannten Inhalt bekommen möchtest.

<u>IT-Grundschutz-Kompendium</u>

> 01. Dass eine Schadsoftware die Anzeigewerte manipuliert hat (1NI), fällt somit (*nur kurz wurden ungewöhnliche Werte in einer Produktionsanlage angezeigt...*) niemandem auf (2H).

{Patch – Verdeutlicht das Verb [manipulieren = 111x] wirklich die Dramatik der Angelegenheit? Wäre es angemessener, von einem [Einmischen, das = UNGENUTZT] zu sprechen, denn die [Schad + Software, die = 97x] scheint ja weiterhin aktiv zu sein...\}

> 02. Daher ist es wichtig (1H), dass neben dem IT-Betrieb auch die Benutzer für die möglichen **Gefahren** sensibilisiert werden (2NI), die entstehen können (3NR), wenn WLANs unsachgemäß verwendet werden (4NV).

NET.2.2: WLAN-Nutzung; 1.1 Einleitung; S. 747/900

{Patch – Ein richtig satter mehrteiliger Satz. Das Bemerkenswerte, er liefert neben einem Hauptsatz alle drei Typen der Teilsätze. Am Anfang steht ein Hauptsatz (1H). Das Verb/Prädikat [ist] ist weder Vollverb noch Modalverb, hat also eine eher schwache Bedeutung. Das hat die Folge, dass das verbundene Umstandswort/Adverb [wichtig = 19x] ebenfalls blass daherkommt. Willst du das ändern, wähle für den Hauptsatz vielleicht diese Variante: *Daher muss unbedingt dafür gesorgt werden, dass...*
So weit, so gut. Der Hauptsatz bleibt also leicht unentschieden in seiner Aussage, enthält jedoch das Fürwort/Pronomen [es]. Dieses lechzt geradezu nach Inhalten, will aufgefüllt werden. Exakt das wird befriedigt durch den folgenden Teilsatz Nr. 2, einen Inhalts-Nebensatz (eNI): [es] = [dass] neben dem IT-Betrieb... sensibilisiert werden. Du könntest das [es] auch weglassen. Welche Inhalte liefert der Teilsatz Nr. 2? Es geht um eine [Sensibilisierung, die = 48x], es geht um [Aufmerksamkeit, die = 4x], um [Vorsicht, die =

UNGENUTZT] um all so was. Es geht auch um eine [Warnung, die = 4x], [Gefahren, die = 122x] ernst zu nehmen und im Blick zu behalten.
Satt dem Eigenschaftswort/Adjektiv [möglichen = 68x] wäre es deutlicher, tatsächliche Gefahren zu nennen. Damit könnte der Satz enden.
Statt dessen folgt in den beiden Teilsätzen Nr. 3 (3NR) und Nr. 4 (4NV) ein Beispiel, wie eine [Gefahr] gleichsam aktiviert werden könnte, nämlich durch eine [unsachgemäße = 9x] Nutzung eines WLANs. Mein Gott, schon wird die [Warnung] verwässert, sie verschwindet in einem Nebel der Geschwätzigkeit...\}

* * * * *

<u>System-Nachricht eHealth (TI) [Sys-16] - Einschränkung der Nutzung von VSDM der Techniker Krankenkasse</u>

Aktuell kann es zu Einschränkungen bei der Nutzung des Versichertenstammdatenmanagements (VSDM) kommen. Die Störung betrifft den Betreiber Techniker Krankenkasse. Die Techniker Krankenkasse ist bereits in der Analyse, um die Ursache schnellstmöglich zu beheben.
Es kann jedoch derzeit zu Problemen beim Einlesen von elektronischen Gesundheitskarten (eGK) der Techniker Krankenkasse kommen. Weitere Informationen folgen zeitnah nach neuem Kenntnisstand.

Letzte Aktualisierung: 18.11.2023, 10:30

{Patch – Der 18. November ist ein Samstag. Das Wetter: Heute früh gebietsweise leichter Frost, in den Alpen noch zeitweise Schneefall. Tagsüber zunächst ruhiges Wetter, nachmittags im Westen aufkommender Regen und Wind. Samstag, du weißt schon, Notdienste in ganz Deutschland. Es herrscht die begründete Klage, dass wegen Bagatellen in die Notdienste gegangen wird. Besonders Eltern von kleineren Kindern haben da enorme Defizite, wenn es etwa um Husten (wir wollen Antibiotika!) geht oder um Fieber (wir wollen Antibiotika!). Und in diese Diskussionen hinein zickt die Techniker Krankenkasse herum. Sie sei bereits in der [Analyse, die = 30x], als wenn man im Notdienst die [Störung, die = 129x] nicht wahrnehmen könnte. Was die [Störung] verursacht hat, das wäre theoretisch von Interesse. Theoretisch, weil im Notdienst das nicht sonderlich interessant ist. Und was die [Probleme, die = 75x] betrifft: Mach das mal, mit aufgebrachten Eltern über Antibiotika zu diskutieren und die verdammte eGK nicht einlesen können...\}

* * * * *

Top-25: [Institution, -en, die = 941x] – [Institution] wird 2-mal modifiziert für
die digitale Sicherheit

A.) - Erklärung/Wortbestimmung

Eine interessante und spannende Frage: Warum gelangt [Institution, die]
unter die Top-25? Hier eine Wortbestimmung:

> Institution - vom Staat, auch von der Kirche geschaffene Einrichtung,
> die der Allgemeinheit unmittelbar dient. (www.dwds.de)

In dem Fremdwörterlexikon aus dem vergangenen Jahrhundert (1974) wird
zunächst die Bedeutung des Verbs „instituieren" genannt: einrichten,
einsetzen. Deswegen wird dann eine Institution eine meist staatliche (weil
eingesetzt) Einrichtung wie z.B. Parlament oder Behörde. Auch eine staatliche
oder private Stiftung gehört zu den Bedeutungen.

<u>IT-Grundschutz-Kompendium</u>

> 01. Mit dem IT-Grundschutz bietet das BSI eine praktikable Methode
> an (1H), um die Informationen einer Institution angemessenen zu
> schützen (2NV).
>
> > IT-Grundschutz – Basis für Informationssicherheit; Warum ist
> > Informationssicherheit wichtig?, S. 15/900

{Patch - Unvorstellbar, dass in diesem Satz nur staatliche Einrichtungen
gemeint sein sollen. Aber so wird an einer frühen Stelle gleich dem Verstehen
des IT-Grundschutzes und dessen Umsetzung ein schwerer Brocken in den
Weg gelegt. Mein Vorschlag: Sprich von Unternehmen, Organisationen, zu
denen natürlich auch staatliche Einrichtungen gehören; und sprich von
Arztpraxen. Ich kenne keine andere Einrichtung, in der unsere Identitäten (=
individuelle, persönliche Daten) von der Geburt bis zum Tod „verwaltet"
werden. Gleichzeitig wird dort alles dokumentiert, was den unglaublichen
menschlichen Körper angeht, was ihn ausmacht, was ihn leiden lässt. Hier
sind zahllose wirtschaftliche Interessen nicht nur in Gestalt von Lobbyisten
unterwegs, die auf Daten, Inhalte und Mitteilungen scharf sind. Jeder Mensch
ist einmalig!

Unvorstellbar im Weiteren, dass der Schutz nur auf „Informationen"
beschränkt wird. Auch ein Server muss geschützt werden, auch eine
Steuerungsanlage, ein Netzwerk und all so etwas...\}

> 02. Ein unzureichendes Sicherheitsmanagement kann dazu führen
> (1H), dass falsche Prioritäten gesetzt werden (2NI) und {/dass} nicht
> an denjenigen Stellen investiert wird (3NI), die den größten Mehrwert
> für die Institution bringen (4NR).
>
> > ISMS.1: Sicherheitsmanagement; 2.9 Unwirtschaftlicher Umgang mit
> > Ressourcen durch unzureichendes Sicherheitsmanagement; S. 97/900

{Patch – An diesem mehrteiligen Satz kannst du perfekt den grundlegenden Konflikt beobachten, der die Diskussion und den Diskurs über IT-Sicherheit und digitale Sicherheit bestimmt. [Mehrwert, der = 3x] muss erzielt werden, andernfalls ist der ganze IT-Schutz und die Sicherheit der Digitalisierung nicht durchsetzbar, nicht vermittelbar, nicht bezahlbar.

[Mehrwert] ist gleich ein „zusätzlicher Nutzen, den eine Sache oder eine Maßnahme (für den Nutzer oder Betroffenen) bringen soll" (https://www.dwds.de/wb/Mehrwert; Stand 19.09.23).

IT-Schutz kann diesen „zusätzlichen Nutzen", möglichst in Euro für das Controlling bezifferbar, nicht liefern. Die unvermeidlichen Kosten müssen also anders „eingepreist" und kalkuliert werden.

Dass der [Mehrwert] für eine [Institution] angesprochen wird, passt dann nicht mehr. Nur Wirtschaftsunternehmen sollten [Mehrwert] generieren...\}

> 03. Die Institution SOLLTE nur Wechseldatenträger verwenden (1H), die zertifiziert sind (2NR).

SYS.4.5: Wechseldatenträger; SYS.4.5.A15 Zertifizierte Produkte;
S. 666/900

{Patch – Entscheide du über die Aussagekraft und Nachhaltigkeit dieses alternativen Satzes:

> *Jedes Unternehmen, jede Organisation oder Arztpraxis darf nur Wechseldatenträger verwenden, deren Sicherheit zertifiziert ist....\}*

> 04. Solche Netze sind nicht nur private Netze fremder Institutionen (1H), sondern {/es sind} auch andere Zonen des eigenen Netzes (2H).

IND.3.2 Fernwartung im industriellen Umfeld; 2.5. Direkte technische
Zugriffsmöglichkeiten auf ICS aus unsicheren Zonen; S. 710/900

{Patch – Wie das immer bei inflationär oder unüberlegt genutzten Wörtern der Fall ist, so auch hier. Schaust du bitte hin, es geht um ein „industrielles Umfeld". Deswegen musst du von [Industrie, die = 5x] sprechen, um sie anzusprechen und aufzuwecken. Oder du könntest von „industriellen Prozessen" sprechen, oder von „Industrie IT"...}

B.) - [Institution, die] wird in den folgenden zusammengesetzten Wörtern (Komposita) differenziert und eingeschränkt (= Grundwort/Letztwort) durch ...

Forschung(s) + I. = 1x / Fremd + I. = 1x

C.) - [Institution, die] = nun als Bestimmungswort, das differenziert und die Bedeutung des Grundwortes/Letztwortes erweitert in den folgenden zusammengesetzten Wörtern (Komposita):

[Institution(s) + Fremde, die = 3x]. Das ist ernst [–]. Der oder die [Fremde, der/die = UNGENUTZT] kommen im IT-Grundschutz nicht vor. [Unbekannte, der/die = UNGENUTZT] ebenfalls nicht. Welche Person soll oder welche

Personen sollen das sein. Die wen auch immer „Fremde" zu nennen, reicht in der digitalen Welt nicht aus.

[Institution(s) + Leitung, die = 109x]. Das wird kompliziert [–]. Die [Leitung, die = 4x] sind Menschen, sie sind weisungsbefugt und verantwortlich. Nun fragst du dich, an welchem Ort sind sie weisungsbefugt und verantwortlich. Genannt wird hier die [Institution], genau die, deren konkrete Bedeutung am Herumeiern ist. Also lass sie weg, die Institution. Versuche ohne einen Ort auszukommen. Wenn das nicht funktioniert, benutzte Synonyme für [Leitung], um die Sache klarer zu machen.

<u>IT-Grundschutz-Kompendium</u>

01. Werden die Sicherheitsverantwortlichen nicht uneingeschränkt durch die Institutionsleitung unterstützt (1H), kann es schwierig werden (2H), die notwendigen Maßnahmen einzufordern (3NI).

ISMS.1: Sicherheitsmanagement; 2.2 Mangelnde Unterstützung durch die Institutionsleitung; S. 96/900

{Patch - Wenn du genau hinschaust, kann es niemand geben, der für die [Sicherheit, die = 177x] verantwortlich gemacht werden kann. Eine widersprüchliche Aussage, denn die Sicherheit ist ja gegeben. Die Person soll verantwortlich werden für die [Herstellung, die = 5x] oder die Einrichtung von „Sicherheit" für die IT. [Sicherheit] wird zu deiner anstehenden Aufgabe!

Nennen wir die Person [Beauftragter, der = 5x] für die IT-Sicherheit. So bekommst du das Wort [Verantwortung, die = 10x] von der Sicherheit frei und könntest es direkt verwenden für die [Verantwortlichen = 43x], wer immer das auch ist, und wo immer der zugehörig ist. Der Mensch, der Sicherheit herstellen muss und soll, *der benötigt die uneingeschränkte Unterstützung durch die Verantwortlichen. Das kann sein der Vorstand, die CEO, Geschäftsführung, Verwaltungschef/in, die Ärztin, der Arzt..\}*

02. Die Institutionsleitung MUSS die Gesamtverantwortung für Informationssicherheit in der Institution übernehmen (A).

ISMS.1: Sicherheitsmanagement; ISMS.1.A1 Übernahme der Gesamtverantwortung für Informationssicherheit durch die Leitung; S. 98/900

{Patch – [MUSS/MÜSSEN] = Notwendigkeit, Pflicht, so und keinesfalls anders zu handeln – siehe Modalverben.

Verdammt, in Sachen „Sicherheitsmanagement" sind die eben genannten Verantwortlichen in der Verantwortung...\}

03. Die Institutionsleitung MUSS ausreichend für Sicherheitsfragen sensibilisiert werden (A).

ORP.3: Sensibilisierung und Schulung zur Informationssicherheit; ORP.3.A1 Sensibilisierung der Institutionsleitung für Informationssicherheit; S. 119/900

{Patch – [MUSS/MÜSSEN] = Notwendigkeit, Pflicht, so und keinesfalls anders zu handeln – siehe Modalverben.

Dir ist schon klar, es sind wieder die Personen, die ich gerade eben als beispielhafte Verantwortliche aufgezählt habe. Denen musst du auf die Füße treten, damit du was bewegen kannst und damit die IT-Sicherheit und der IT-Grundschutz in ständiger Bewegung bleiben.

Die Sensibilisierung ist niemals „ausreichend", die [Kriminellen, die = 1x] ruhen nicht...\}

[Institution(s) + Netz, das = 3x]. Das ist tapsig [–]. Ich behaupte, ein solches [Netz, das = 477x, Top-25] kann es nicht geben. Vielleicht könnte es ein [Netzwerk, das = 2x!!!] sein.

[Institution(s) + Ziel, das = 1x]; Rarität. Das ist flapsig [–]. Was könnte ein [Ziel] einer [Institution] denn sein, vielleicht überflüssig werden.

[Integration(s) + Anforderung, die = 1x] - Rarität. Das ist unerquicklich [–]. Eine [Integration, die = 37x] kann sein ein Vorgang (= jemanden/ etwas integrieren) oder ein Zustand (= jemand/etwas ist integriert).

[Internet, das = 129x] = weltweiter Verbund von Datennetzen, über die Computer und mobile Endgeräte miteinander verbunden sind

<u>IT-Grundschutz-Kompendium</u>

> 01. Ist das interne Netz mit dem Internet verbunden und der Übergang nicht ausreichend geschützt (1H), z. B. weil keine Firewall eingesetzt wird oder sie falsch konfiguriert ist (2NV), können Angreifer auf schützenswerte Informationen der Institution zugreifen und diese kopieren oder manipulieren (3H).

> NET.1.1: Netzarchitektur und -design; 2.2 Ungenügend abgesicherte Netzzugänge; S. 720/900

{Patch – Um es hervorzuheben, es ist das „interne" [Netzwerk, das = 2x], dessen Verbindung mit dem Internet nur und ausnahmslos (!) abgesichert hergestellt werden darf. Die geschilderten Gefahren sind ja ganz hübsch anzusehen, jedoch solltest du dich auf die [Offenheit, die = UNGENUTZT] und die [Verletzbarkeit, die = UNGENUTZT] deines Netzwerkes konzentrieren...\}

> 02. Grundsätzlich MUSS geregelt werden, ob mobile IT-Systeme direkt auf das Internet zugreifen dürfen (A).

> CON.7: Informationssicherheit auf Auslandsreisen; CON.7.A8 Sichere Nutzung von öffentlichen WLANs; S. 168/900

{Patch – [MUSS/MÜSSEN] = Notwendigkeit, Pflicht, so und keinesfalls anders zu handeln – siehe Modalverben.

Um es deutlich zu machen, es geht um die Nutzung „öffentlicher WLANs", etwa von dem öffentlich zugänglichen in einem Hotel in Singapur. Deswegen muss festgelegt werden, wer, wann und mit welchem Verfahren z.B. ein Smartphone sich mit diesem öffentlichen WLAN verbinden darf. Die Zeiten der Naivität sind seit Putin vorbei...\}

[Internet, das] als Bestimmungswort, das differenziert und die Bedeutung des Grundwortes/Letztwortes erweitert in den folgenden zusammengesetzten Wörtern (Komposita):

[Internet + Anwendung, die = 1x]; Rarität. Das ist schmerzhaft [–]. Das [Internet, das = 129x] ist an sich leer und bekommt erst durch das Web Inhalte eingepflanzt, die bearbeitet werden könnten.

[Internet + Dienst, der = 1x]; Rarität. Das ist ulkig [–]. Gemeint sein könnte eine Software oder ein Teil von ihr, die oder der irgendeine Verbindung zum Internet herstellt und betreibt.

* * * * *

~ [Ist, sind, sein] – Grammatik: Vollverb & Hilfsverb (complete/auxiliary verb)

Sowohl als Vollverb, als auch als Hilfsverb sind diese einschließlich [war, waren] = 4.806-mal vertreten. Die einzelnen Verwendungsmöglichkeiten:

<u>IT-Grundschutz-Kompendium</u>

> 01. Wert **ist** allerdings im Deutschen ein mit vielen Bedeutungen belegter Begriff (1H), von der gesellschaftlichen Bedeutung (2EL), die einer Sache zukommt (3NR), bis hin zur inneren Qualität eines Objekts (4EL).

Glossar, Assets; S. 33/900

{Patch – Das hervorgehobene [ist] entspricht in dem Teilsatz Nr. 1 (1H) einem Vollverb. Es liefert eine Definition, es legt eine Relation fest: [Wert, der = 113x] ist gleich ein [Begriff, der = 64x], was unbestritten ist. Dieser Begriff bekommt [Bedeutungen, die = 248x] zugewiesen, und das noch im Teilsatz Nr. 1. Die erste Bedeutung des Wortes [Wert] habe die Eigenschaft, [gesellschaftliche = 6x] zu sein, was immer inhaltlich gemeint ist. Die zweite Bedeutung des Wortes [Wert] ist dann [Qualität, die = 11x] mit der eingrenzenden Eigenschaft [inneren = 4x], was auch immer in diesem Fall gemeint wird. Die Relation [Wert] ist gleich [Begriff] schwankt bedenklich in luftiger Höhe...\}

> 02. Grundsätzlich **ist** der Fachverantwortliche für die Erfüllung der Anforderungen **zuständig** (A).

APP.7: Entwicklung von Individualsoftware; 3 Anforderungen; S. 485/900

{Patch – Das hervorgehobene [ist] entspricht in dem Satz (A) wieder einem Vollverb, es verbindet sich mit Umstandswort/Adverb [zuständig] zu einer Aussage ...\}

> 03. Wird beispielsweise ein hoch schutzbedürftiges virtuelles IT-System fälschlicherweise in einer externen Demilitarisierten Zone

(DMZ) platziert (1H), **ist** es folglich aus dem Internet erreichbar und somit einem erhöhten Risiko **ausgesetzt** (2H).

SYS.1.5 Virtualisierung; 2.2. Fehlerhafte Konfiguration der
Virtualisierung; S. 516/900

{Patch - Das hervorgehobene [**ist**] im Teilsatz (2H) bildet jetzt als Hilfsverb zusammen mit dem Verb/Prädikat [ausgesetzt] das Passiv: das virtuelle IT-System „erleidet" ein [Risiko, das = 110x] ...\}

04. AppLocker SOLLTE aktiviert und möglichst strikt konfiguriert **sein** (A).

SYS.1.2.2: Windows Server 2012, SYS.1.2.2.A8 Schutz der
Systemintegrität; S. 504/900

{Patch – [SOLLTEN] = Anregung, unverbindliche Empfehlung, so und so zu handeln – siehe Modalverben.

Das hervorgehobene [**sein**] bildet als Hilfsverb mit den beiden Verben [aktiviert] und [konfiguriert] ein Passiv. Dem [AppLocker, der = 7x] widerfährt etwas, er erleidet etwas, hoffentlich...\}

05. Im Raum für technische Infrastruktur SOLLTE es nur Leitungen geben (1H), die für den Betrieb der Technik im Raum unbedingt erforderlich **sind** (2NR).

INF.5: Raum sowie Schrank für technische Infrastruktur; INF.5.A11
Vermeidung von Leitungen mit gefährdenden Flüssigkeiten und
Gasen; S. 818/900

{Patch - [SOLLTEN] = Anregung, unverbindliche Empfehlung, so und so zu handeln – siehe Modalverben.

Wie wäre es, wenn aus einer unverbindlichen Empfehlung ein Verbot werden würde. Etwa so: Gefährliche Flüssigkeiten haben in einem Raum der Technik nichts verloren. Das wäre eindeutig, jedoch müsste man dafür diese komplizierte Regel für die MODALVERBEN umgehen...\}

* * * * *

System-Nachricht eHealth (TI) [Sys-17] - Störung E-Rezept

Aktuell kann es vereinzelt beim Einlösen von E-Rezepten mittels elektronischer Gesundheitskarte (eGK) der Barmer und AOK Nordwest, Rheinland/ Hamburg und Nordost zu Beeinträchtigungen kommen. In diesen Fällen empfehlen wir, den Papierausdruck mit Rezeptcode zu nutzen. Die gematik und Betreiber technisch relevanter Komponenten analysieren den Sachverhalt. Weitere Informationen folgen zeitnah nach neuem Kenntnisstand.

Letzte Aktualisierung 06.12.2023 09:30 Uhr

{Patch – Nikolaus fällt in 2023 auf einen Mittwoch. Es ist 9:30 Uhr. Es ist Dezember. Erkältungszeit. Volle Wartezimmer, quengelige Kleinkinder.

Erwachsene, die nur eben schnell eine AU
(Arbeitsunfähigkeitsbescheinigung) brauchen. Mit dem Umstandswort/Adverb
[aktuell = 44x] wird so getan, als sei das ganz frisch, ganz dringend. Mit
[vereinzelt = UNGENUTZT als Umstandswort/Adverb] wird ein unbestimmter
Umstand nachgeschoben. Du kannst betroffen sein, oder du bist nicht
betroffen. Oder die eGK eines deiner Kinder ist beeinträchtigt. Oder die eGK,
mit der du eigentlich deine AU abholen willst. Aber halt, ist denn die
elektronische AU (= eAU) überhaupt betroffen?

Und was ist, wenn bei einem der „Betreiber technisch relevanter
Komponenten" gerade der kundige [Produkt + Manager, der = UNGENUTZT]
krank ist, vielleicht in der Praxis sitzt, mit seiner eGK von der Barmer. Gibt es
eine [Regelung, die = 292x], wer wann in welcher Sache wen vertritt. Hat die
[Vertretung, die = 2x] die gleiche technische [Kompetenz, die = 15x]? Und
was noch viel entscheidender ist: Hat die Vertretung die gleiche [Erfahrung,
die = 7x] wie das so laufen kann bei den [Komponenten, die = Top-25], wenn
die beim Einlösen von E-Rezepten heftigen Husten bekommen...\}

* * * * *

J wie [Journal, das = UNGENUTZT] im IT-Grundschutz

* * * * *

K wie [Kosten, die (nur Mehrzahl) = 30x] im IT-Grundschutz - [Kosten] werden 5-mal modifiziert...

Die Bedeutung: die Ausgaben, der Aufwand an Geld.

<u>IT-Grundschutz-Kompendium</u>

> Werden dienstliche Mobiltelefone privat genutzt (1H), können
> außerdem zusätzliche Kosten für die Institution entstehen (2H).
>
> SYS.3.3: Mobiltelefon, 2.4 Unerlaubte private Nutzung des dienstlichen
> Mobiltelefons; S. 632/900

{Patch – Nun denn, Fakt ist, dass wegen einer privater [Nutzung, die =
Top-25] unnötige [Kosten] für deine [Arbeitgeberin, die = UNGENUTZT] oder
deinen [Arbeitgeber, der = 7x] entstehen. Nett ist das nicht...\}

[Kalender + Daten, die = 1x]; Rarität. Einverstanden, die sind
nachvollziehbar [+], auch wenn mir [Datum, das = 12x] oder so ähnlich lieber
wäre.

[Kampf + Einsatz, der = 1x]; Rarität. Das ist nicht nur heutzutage eine
traurige Realität. Etwa in der Ukraine. Soldatinnen und Soldaten werden
eingesetzt, um zu kämpfen. Das Kompositum ist erklärbar [+], der gemeinte
Sachverhalt ist idiotisch.

~ [kann, können, könnten] - Grammatik: Modalverb (modal verb)

Die Varianten [kann, können, könnte, gekonnt] kommen auf 3.166 Einsätze. Interessanterweise sind das ca. 1.000 Einsätze mehr als [muss, müsste]. Diese Bedeutungen:

> 1. können [+ Infinitiv], können [+ Akkusativobjekt] die geistige, körperliche Fähigkeit zu etw. haben, etw. verstehen, beherrschen; etw. Gelerntes wiederzugeben vermögen

> 2. jmd. kann etw. tun drückt aus, dass der im Infinitiv genannte Prozess oder Zustand auf Grund bestimmter Umstände oder Voraussetzungen möglich ist. Im Einzelnen „kann" das sein: a) jmdm. ist es möglich, etw. zu tun - b) drückt aus, dass der Inhalt des Infinitivs eine mögliche Voraussetzung für etw. Ist - c) jmd. vermag mitunter etw. zu tun - d) drückt eine logische Möglichkeit aus: es ist möglich, dass jmd. etw. tut, dass etw. eintritt

IT-Grundschutz-Kompendium

> 01. So können Angreifer z. B. Datenträger aus unzureichend gesicherten Sammelstellen stehlen {,} (1H) oder {*so können Angreifer*} an Restinformationen gelangen (2H), wenn der Dienstleister die Datenträger nicht hinreichend sicher löscht bzw. vernichtet (3NV).
>
> > CON.6: Löschen und Vernichten; 2.3 Ungeeignete Einbindung externer Dienstleister in das Löschen und Vernichten; S. 158/900

{Patch – Ich bevorzuge die Bedeutung Nr. 1. [Angreifende, die = UNGENUTZT] besitzen [Fähigkeiten, die = 11x], mit denen sie zu eben solchen Angreifenden werden. Das Erkennen von [Rest + Informationen, die = 12x] setzt ebenfalls ein bestimmte Fähigkeit voraus. Genau, [Angreifer, die = Top-25] haben es schon drauf...\}

> 02. Mitarbeitern könnte zum Beispiel Gewalt angedroht werden (1H), um sie zur Herausgabe von schützenswerten Daten zu zwingen (2NV).
>
> > CON.7: Informationssicherheit auf Auslandsreisen; 2.6 Nötigung, Erpressung, Entführung und Korruption; S. 166/900

{Patch – Nun geht es darum, dass eine [Drohung, die = UNGENUTZT] möglich wird. Die [Möglichkeit, die = 68x], dass [Gewalt, die = 1x] eingesetzt wird, wird angesprochen. Das gehört zu der Bedeutung Nr. 2, finde ich...\}

Derzeit kann es zu Einschränkungen bei der Nutzung von Heilberufsausweisen (HBA) des Kartenherausgebers D-Trust GmbH kommen. Diese betreffen das Qualifizierte Elektronische Signieren (QES).

Dadurch sind u. a. unmittelbare Auswirkungen auf die Nutzung der Anwendungen, die mit einem HBA durchgeführt werden, z.B. elektronische Arbeitsunfähigkeitsbescheinigung (eAU) und E-Rezept (betrifft die Ausstellung neuer Rezepte), möglich.

Die D-Trust GmbH ist bereits in der Analyse, um die Ursache schnellstmöglich zu beheben. Weitere Informationen folgen zeitnah nach neuem Kenntnisstand.

Letzte Aktualisierung: 12.04.2024 09:15 Uhr

{Patch – Ja, ja, der TSP X.509, dieses Mal von D-Trust. Diese Sache scheint nicht so einfach zu sein. Sieh dir das mal an unter System-Nachricht eHealth (TI) [Sys-13]. Deswegen jetzt das Wetter:

Das Wetter in Deutschland bleibt am Freitag, den 12.04.2024, recht unterschiedlich. So regnet es in einer Region, während andere die Sonne und 24 Grad genießen können. Wärmer wird es aber überall.

Und es ist 9:15 Uhr, in den Praxen stapeln sich die Patienten, eben noch schnell vor dem Wochenende dieses und das. Und die Warnungen vor frühem Sonnenbrand, gerade bei Kindern, egal.

Die drängende Frage ist natürlich, aus welchem Grund tritt diese Störung gerade jetzt auf, an einem Freitag, kurz vor dem ersehnten Wochenende. Hat da jemand einen [Angriff, der = 210x] erfolgreich abgeschlossen? Hat sich da etwa ein [Trojaner, der = UNGENUTZT] eingeschlichen? Ist [Ransomware, die = 16x] gerade jetzt aufgewacht und treibt sein Unwesen. Oder ein [Exploit, das = 8x], was Auswirkungen auf die [Anwendungen, die = Top-25] hat. Vorstellbar ist es, jedoch du wirst es nie und nicht erfahren...\}

* * * * *

[Kern, der = 59x] = 1. fester, innerer Teil eines Körpers, a) einer Frucht, Samenkern, b) einer Zelle usw. - 2. [übertragen] wichtigster, zentraler Teil; Zentrum, b) das Grundlegende, Wesentliche.

IT-Grundschutz-Kompendium

Im Fokus der Kern-Absicherung stehen zunächst die besonders gefährdeten Geschäftsprozesse und Assets (A).

Glossar; Kern-Absicherung; S. 37/900

{Patch – Das BSI ist der Meinung, das getrennt geschriebene Kompositum [Kern + Absicherung, die = 2x] benötige eine Begriffserklärung und erhalte deswegen einen eigenen Eintrag im Glossar. Es ist zum Verzweifeln!

Nirgendwo wird die [Kern-Absicherung] für den IT-Grundschutz genutzt, außer im Glossar. Meine Empfehlung: Vergiss es, vergiss ihn, bleib zuversichtlich...\}

[Kern, der] als Bestimmungswort, das differenziert und die Bedeutung des Grundwortes/Letztwortes erweitert in den folgenden zusammengesetzten Wörtern (Komposita):

[Kern + Funktion, die = 1x]; Rarität. Das ist ungut [–]. Stell dir einen Pfirsich vor, einen schönen, wohlschmeckenden Pfirsich. Den schneidest du auf. In seiner Mitte findest du einen Kern. Das Fruchtfleisch hat die Aufgabe, den Kern zu schützen. Dann könnte aus ihm in hundert Jahren ein Bäumchen wachsen, wenn die Bedingungen günstig sind.

[Kern + Komponente, die = 2x]; Rarität. Ein Gerät, eine "Kiste", eine Komponente, die das Zentrum bilden von weiteren Komponenten, „Kisten", Geräten. Das wäre nachvollziehbar **[+]**.

[Klein + Gerät, das = 1x]; Rarität. Ein Wecker ist etwa ein solches, wenn du den nicht bereits durch ein Smartphone ersetzt hast, eigentlich auch ein Kleingerät. Das ist nachvollziehbar **[+]**.

[Klima + Gerät, das = 1x]; Rarität. Das ist sonderbar [–]. Ich kenne eine [Klima + Anlage, die = 11x], welche für erträgliche Temperaturen sorgen soll. Aber ein Gerät, das liegt außerhalb der Kapazitäten meiner Vorstellung.

[Kollaboration, die = UNGENUTZT!] = 1. gegen die Interessen des eigenen Landes gerichtete Zusammenarbeit mit dem Kriegsgegner, mit der Besatzungsmacht; 2. [selten] [bildungssprachlich] Zusammenarbeit

[Kollaboration, die] als Bestimmungswort, das differenziert und die Bedeutung des Grundwortes/Letztwortes erweitert in den folgenden zusammengesetzten Wörtern (Komposita):

[Kollaboration(s) + Infrastruktur, die = 1x]; Rarität. Das ist verzwickt [–]. Kollaboration bedeutet ja auch bildungssprachlich [Zusammenarbeit, die = 1x]. Wenn jemand in einem besetzten Land mit den Besatzern zusammenarbeitet, ist sie oder er eine/ein Kollaborateur/in. Eine Infrastruktur braucht es keineswegs.

[Kollaboration(s) + System, das = 1x]; Rarität. Das ist karg [–]. Die Kollaboration ist die Zusammenarbeit, ist eine Arbeit, die zusammen angegangen wird. Das ist alles.

[Komfort + Funktion, die = 1x]; Rarität. Das ist schlicht eine Schönfärberei, ein Euphemismus [–]. Gemeint ist vermutlich eine besonders herausragende und angeblich bequeme Funktion. Lass dich nicht blenden.

[Kommunikation, die = 220x] – [Kommunikation] wird 8-mal modifiziert für die digitale Sicherheit

Bedeutung: 1. Zusammenhang, Verbindung; 2. zwischenmenschlicher Verkehr, Verständigung, besonders mit Hilfe von Sprache, Zeichen (www.dwds.de)

<u>IT-Grundschutz-Kompendium</u>

01. Die Kommunikation mit unbekannten IT-Systemen und Netzen birgt immer ein Gefährdungspotenzial für das eigene Endgerät (A).

CON.7: Informationssicherheit auf Auslandsreisen; 2.2 Offenlegung und Missbrauch schützenswerter Informationen; S. 165/900

{Patch – Diese Mehrdeutigkeit bringt Unruhe und Unsicherheit. Ist nun die Bedeutungsvariante 1. gemeint, dass also die fremden IT-Systeme mit dem „eigenen Endgerät" kommunizieren. Oder ist die Kommunikation in der 2. Variante gemeint? Außerdem, ist es tatsächlich ein [Gefährdung(s) + Potenzial, das = 5x] oder besitzt es ein [Gefahren + Potential, das = 2x]?...\}

02. In jedem Fall wird bei mangelhafter Kommunikation der Änderungsprozess ineffizient (1H), da zu viel Zeit und Ressourcen investiert werden müssen (2NV).

OPS.1.1.3: Patch- und Änderungsmanagement; 2.2 Mangelhafte Kommunikation beim Änderungsmanagement; S. 204/900

{Patch – Was kann das eingesetzte Adjektiv [mangelhafte = 25x] als Eigenschaft von [Kommunikation] bedeuten? Die Kommunikation ist fehlerhaft, sie ist mit Mängeln behaftet? Das kannst du jedoch in dem Moment nicht wissen.

Wie wäre es mit ungenügender Kommunikation, wenn es um die inhaltliche Qualität gehen soll. Dann ist die Kommunikation unverständlich, minderwertig, oder einfach nur schlecht.

Oder es handelt sich um nicht ausreichende Kommunikation, wenn es um die Quantität geht. Dann ist die Kommunikation zu kurz, unangepasst oder zu langatmig...\}

[Kommunikation, die] als Bestimmungswort, das differenziert und die Bedeutung des Grundwortes/Letztwortes erweitert in den folgenden zusammengesetzten Wörtern (Komposita):

[Kommunikation(s) + Dienst, der = 1x]; Rarität. Das ist stoffelig [–]. Erneut könnte eine Software gemeint sein, die irgendetwas für oder in der [Kommunikation, die = 220x] regelt. Nur für oder in welcher Kommunikation.

[Kommunikation(s) + Komponente, die = 1x]; Rarität. Das ist putzig [–]. Die Kommunikation ist ein Vorgang. Hier könnte vielleicht eine "Kiste" gemeint sein, mit der eben diese Kommunikation ermöglicht wird.

[Kommunikation(s) + Netz, das = 28x]. Das ist ungemütlich [–]. Zunächst wieder die Wahl, geht es um das Netz auch genannt [Internet, das = 129x] oder geht es um das Netzwerk, auch genannt [Intranet, das = 10x] oder das LAN oder das WLAN. Ganz egal, welches von denen du meinst, Kommunikation sollte immer möglich sein.

<u>IT-Grundschutz-Kompendium</u>

> Sie {IT-Verkabelung\} bildet also die physikalische Grundlage der internen Kommunikationsnetze (A).

INF.12: Verkabelung; 1 Einleitung; S. 861/900

{Patch – Seltsam, aber dieser Satz kann eingespart werden. Dann müsstest du auch nicht überlegen, ob nun wirklich physikalisch, die Physik betreffend, gemeint ist oder physisch, körperlich gegeben...\}

[Kommunikation(s) + System, das = 1x]; Rarität. Das könnte die Art und Weise sein, in der digital kommuniziert wird. Das ist nachvollziehbar [+].

[Kompetenz + Anforderung, die = 1x]; Rarität. Verlangt wird von dir fachliche [Kompetenz, die = 15x], das wäre nachvollziehbar [+]. Achte auf die Doppeldeutigkeit bei dem „von dir".

✶ ✶ ✶ ✶ ✶

Top-25: [Komponente, -n, die = 513x] – [Komponente] wird 22-mal
      modifiziert...

A.) - Erklärung/Wortbestimmung

Der Blick in das Bedeutungswörterbuch (1974): [die Komponente] ist demnach Teil eines Ganzen, Teil einer Kraft oder einer Mischung. Abgeleitet von dem lateinischen Verb „componere", übersetzt ins Deutsche: zusammensetzen, zusammenstellen, kunstvoll anordnen und aufbauen; etwas nach bestimmten Formgesetzen aufbauen und zusammenfügen. Denke an den Komponisten, an die Komponistin.

Dann gibt es die Definition: bestimmte Seite eines Ganzen, oder auch Teil (www.dwds.de/wb/Komponente).

Irgendwie wird man misstrauisch, dass so einfach und schlicht sein soll mit der Wortbestimmung. Siehst du dir die Komposita an, bei denen unsere [Komponente] in der Bedeutung differenziert wird, könnten dir Zweifel kommen. Nimm die [Netz + Komponente, die = 74x]. Welche Seite von einem Netz und nicht Netzwerk könnte das sein? Oder welcher Teil eines Netzes und nicht Netzwerk? Diese Merkwürdigkeit ist verdächtig. Deswegen ein Blick in das ohne Fachredaktion arbeitende, nicht autorisierte Wikipedia:

Eine Komponente ist im Kontext der Softwarearchitektur ein Teil einer Software (1H), der mit anderen Softwareteilen gemäß den Regeln eines Komponentenmodells zusammenwirken kann (2NR).

https://de.wikipedia.org

{Patch – Da wird mir ganz putzig im Kopf, wenn ich den zweiteiligen Satz lese. Beide Teile „wirken" zusammen, der erste Teil ist der Hauptsatz, der zweite ein relativer Nebensatz. Entsprechen diese beiden nun unseren Komponenten? Grammatik hat den Vorteil, definierte Abgrenzungen anzubieten. Wie lässt sich ein „Teil einer Software" abgrenzen? Ist meine Textverarbeitung ein Teil einer Software? Wohl kaum, sie ist die Software.

Klarer wird die Sache, würdest du dir die jeweilige Aufgabe anschauen, die durch diese oder jene Software erledigt wird oder werden soll. Etwa in der Produktion, in der Steuerung von Maschinen, in der Gestaltung der Organisation, in der Verwaltung – oder in der täglichen Arbeit an einem Rechner...\}

Ein zweiter Blick in Wikipedia, da das erwähnte „Komponentenmodell" Klarheit suggeriert, wo doch nur wieder Marktinteressen eine entscheidende Rolle spielen:

> Folgende Komponentenmodelle sind weit verbreitet: - Enterprise JavaBeans / - Cross Platform Component Object Model / - Distributed Component Object Model / - CORBA Component Model / - Common Component Architecture (CCA) / -   OSGi / - Advanced Component Framework (ACF) -
> https://de.wikipedia.org/wiki/Komponentenmodell / Stand 06.10.23

{Patch – Um einen IT-Grundschutz aufzubauen, solltest du die Dinge beim Namen nennen...\}

<u>IT-Grundschutz-Kompendium</u>

> 01. Typische IT-Systeme sind Server, Clients, Mobiltelefone, Smartphones, Tablets, IoT-Komponenten, Router, Switches und Firewalls (A).

Glossar, IT-System; S. 37/900

{Patch – Nein, es heißt „IoT-Geräte", da es in der Regel um Geräte eines gewöhnlichen Haushaltes geht. Der quasselnde Kühlschrank, das ferngesteuerte Heizungsthermostat, die Gewohnheiten aufzeichnende TV-Kiste, all so was eben...\}

> 02. Der Baustein CON.2 Datenschutz dient für Anwender in Deutschland zur Orientierung (1H), wenn in der Schutzbedarfsfeststellung Komponenten identifiziert werden (2NV), bei denen eine Verarbeitung und sonstige Nutzung personenbezogener oder -beziehbarer Daten erfolgt (3NR).

CON.2: Datenschutz, 1.3 Abgrenzung und Modellierung; S. 145/900

{Patch – Nein, es heißt „Rechner", da Daten und Inhalte nur dort verarbeitet werden...\}

> 03. Das kann er (nach einer unvollständigen Bereinigung und bei seinem zweiten Versuch) beispielsweise (1H), indem er Hintertüren nicht nur in Betriebssystemen und Anwendungssoftware platziert (2NV), sondern auch hardwarenahe Komponenten wie etwa Firmware manipuliert (3NV).
>
> DER.2.3: Bereinigung weitreichender Sicherheitsvorfälle; 2.1 Unvollständige Bereinigung; S. 322/900

{Patch – Mach dir das klar, es geht um die systematische „Bereinigung weitreichender Sicherheitsvorfälle". Der Super-GAU hat stattgefunden, die rechtlichen und wirtschaftlichen Folgen sind noch noch nicht absehbar. Deine Aufgabe ist, die gesamte Infrastruktur wieder zum Laufen zu bringen und gleichzeitig erneut und vielleicht differenziert abzusichern. Jetzt knallt man dir die „hardwarenahen Komponenten" auf den Tisch, du findest sie nirgends...\}

B.) - [Komponente, die] wird in den folgenden zusammengesetzten Wörtern (Komposita) differenziert und eingeschränkt (= Grundwort/Letztwort) durch ...

Anmelde + K. = 1x / Anschluss + K. = 1x / Anwendung(s) + K. = 1x / Applikation(s) + K. = 1x / Authentisierung(s) + K. = 3x / Autorisierung(s) + K. = 3x / Betriebssystem + K. = 11x / Browser + K. = 1x / Fernwartung(s) + K. = 7x / Hardware + K. = 1x / Infrastruktur + K. = 2x / Kern + K. = 2x / Kommunikation(s) + K. = 1x / Netz + K. = 74x / Peripherie + K. = 1x / Server + K. = 1x / Sicherheit(s) + K. = 12x / Software + K. = 5x / Speicher + K. = 3x / Standard + K. = 1x / System + K. = 4x / Technik + K. = 2x

C.) - [Komponente, die] = nun als Bestimmungswort, das differenziert und die Bedeutung des Grundwortes/Letztwortes erweitert in den folgenden zusammengesetzten Wörtern (Komposita):

(UNGENUTZT, = gibt es nicht)

* * * * *

~ Kompositum/mehrteiliges Hauptwort (compound noun) – Grammatik: Wortart (part of speech)

Zwei Wörter miteinander zu verbinden, um eine genauere Beschreibung oder Bezeichnung zu erreichen, diese Innovation des Deutschen findest du auch bei der Wortart [Verb/Prädikat] und bei der Wortart [Eigenschaftswort/Adjektiv].

Ein zusammengesetztes Hauptwort, dessen einzelnen Teile aus Hauptwörter, aus Eigenschaftswort plus Hauptwort, aus Umstandswort plus Hauptwort, oder aus Partizip plus Hauptwort bestehen können. Sie sind Substantive, werden immer großgeschrieben. Sie werden dekliniert und sind entweder weiblich (Femininum), männlich (Maskulinum) oder sächlich (Neutrum). Das letzte Hauptwort/Substantiv ist das Grundwort oder auch Letztwort. Dieses legt das Geschlecht fest, dieses deklinierst du, dieses sagt dir, um welche Sache es geht

Das vorangestellte Wort ist das Bestimmungswort oder Erstwort. Dieses sagt dir, was das Besondere an dem Grundwort ist, was das Konkrete ist, was das Individuelle ist, was die Modifikation ist, was das Spezielle ist.

Komposita findest du äußerst selten in Wörterbüchern oder auf den genannten Web-Seiten. Das liegt unter anderem daran, dass jede Autorin und jeder Autor ein solches Kompositum erfinden kann. Und du, du musst dir dann die konkrete Bedeutung erarbeiten. Ein wichtiges Kriterium ist die Plausibilität, gerade innerhalb eines Satzes. Entscheiden musst du das, du musst es mir erklären.

<u>IT-Grundschutz-Kompendium</u>

Die konkrete Festlegung erfolgt im Rahmen einer Risikoanalyse (A).

SYS.3.2.2: Mobile Device Management (MDM); 3.3 Anforderungen bei erhöhtem Schutzbedarf; S. 614/900

{Patch – Eine [Risiko + Analyse, die = 116x]; das könnte sein a) eine Analyse der möglichen Risiken sein, oder b) die Analyse eines erkannten, konkreten Risikos, oder c) ein wissenschaftliches Konzept oder ein Management-Tool.

Dieser Aussagesatz ist eine Besonderheit, denn er wird über 100-mal gebracht und jedes Mal in dem Abschnitt mit den [Anforderungen, die = Top-25] bei erhöhtem [Schutz + Bedarf, der = 295x]. Demzufolge wiederholt sich über 100-mal eine semantische Schwachstelle, wenn nicht sogar ein semantischer Bug. Der Satz funktioniert nicht so, wie beabsichtigt. Und das liegt an der präpositionalen Phrase [im Rahmen = 212x]. Ein [Rahmen, der = 218x] umgibt eine Sache, ein Bild etwa. Er liefert einen größeren Zusammenhang. Entscheidend wird für die Aussage eine zeitliche (oder kausal bestimmte) Folge. „Die konkrete Festlegung erfolgt *nach / aufgrund* einer Risikoanalyse." So passen die Verhältnisse zueinander...\}

* * * * *

<u>System-Nachricht eHealth (TI) [Sys-19] - Einschränkungen Versichertenstammdatenmanagement (VSDM) - CompuGroup Medical Deutschland AG</u>

Aktuell kann es zu Einschränkungen bei der Nutzung des Versichertenstammdatenmanagements (VSDM) kommen. Die Störung betrifft den Betreiber CompuGroup Medical Deutschland AG. Die CGM ist bereits in der Analyse, um die Ursache schnellstmöglich zu beheben.

Es kann dadurch derzeit zu Einschränkungen beim Einlesen von elektronischen Gesundheitskarten (eGK) kommen. Dies kann Auswirkungen auf die Nutzung des

Versichertenstammdatenmanagements (VSDM) und des E-Rezepts
haben. Die Einlösewege per App und Papierausdruck sind davon
nicht betroffen. Weitere Informationen folgen zeitnah nach neuem
Kenntnisstand.

Letzte Aktualisierung - 13.12.2024 08:40 Uhr

{Patch – Gelegentlich musst du völlig neu ansetzen, eine völlig neue
Perspektive entwickeln und anbieten, etwa eine wie diese:

> Ehe das Meer und die Erde bestand und der Himmel, der alles
>
> deckt, da besaß die Natur im All nur ein einziges Antlitz, Chaos
> genannt (Ovid, Metamorphosen).

So in etwa verhält es sich, wenn aus der Praxis von Dr. Kammer diese
Nachricht eintrifft: Das Kartenlesegerät stürzt bei fast jeder Karte ab … und
das im Chaos. Die Digitalisierung des Gesundheitswesen, ein IT-
Grundschutz, das alles sei [Antlitz, das = UNGENUTZT], [Chaos, das =
UNGENUTZT] genannt.

Mittels dem [Karten + Lesegerät, das = UNGENUTZT] wird die [Gültigkeit, die
= 7x] einer elektronischen Gesundheitskarte (eGK) via [Telematik +
Infrastruktur, die = UNGENUTZT] überprüft. Die System-Nachricht nennt zwar
an diesem Freitagmorgen den Verantwortlichen, die CGM. Sie verschweigt
aber die betroffenen Krankenkassen. Also steht die Praxis sehr dumm da.
Hängen die [Abstürze, die = 2x; Rarität] mit den genannten [Einschränkungen,
die = 18x] zusammen? Was soll die Praxis mit weiteren [Informationen, die =
Top-25] an diesem Freitagmorgen, wo sich kurz vor Wochenende die
Patienten drängeln, wie geschrieben: Chaos...\}

* * * * *

[Konfiguration, die = 233x] = Anordnung, a) (künstlerische) Gestaltung,
Gestalt, b) [Astronomie] Stellung der Gestirne, Aspekt, c) [Physik, Chemie]
räumliche Anordnung der Atome in einem Molekül, der Elementarteilchen in
einem Atom.

<u>IT-Grundschutz-Kompendium</u>

> 01. Für die sichere Konfiguration einer Verzeichnisdienste-
> Infrastruktur MÜSSEN neben dem Server auch die Clients (IT-
> Systeme und Programme) einbezogen werden (A).
>
> APP.2.1: Allgemeiner Verzeichnisdienst; APP.2.1.A5 Sichere Konfiguration
> und Konfigurationsänderungen von Verzeichnisdiensten; S. 374/900

{Patch - [MUSS/MÜSSEN] = Notwendigkeit, Pflicht, so und keinesfalls anders
zu handeln – siehe Modalverben.

Eingerichtet, angeordnet, also konfiguriert wird eine [Struktur, die = 42x]. In
dieser werden die [Verzeichnis + Dienste, die = 163x] in eine Ordnung
gebracht. Dieses muss das Attribut [sichere = 408x;

Eigenschaftswort/Adjektiv] aufweisen, so die Anweisung. Wie kannst du dir das praktisch vorstellen? Ich vermag es nicht. Deswegen wird die „sichere Konfiguration" für mich fragwürdig. Etwas anderes wäre es, würde von *geschützter Konfiguration* gesprochen, oder vielleicht *abgesicherte Konfiguration*. Aber davon ist hier nicht die Rede...\}

> 02. Wenn die Webanwendung RSS-Feeds oder andere Funktionen enthält (1H), die explizit für die automatisierte Nutzung vorgesehen sind (2NR), MUSS dies ebenfalls bei der Konfiguration der Schutzmechanismen berücksichtigt werden (3H).
>
> APP.3.1 Webanwendungen und Webservices; APP.3.1.A7 Schutz vor unerlaubter automatisierter Nutzung; S. 395/900

{Patch - [MUSS/MÜSSEN] = Notwendigkeit, Pflicht, so und keinesfalls anders zu handeln – siehe Modalverben.

Einen Schutz konfigurierst du nicht! Einen Schutz richtest du ein, oder legst ihn an. Ach ja, auf die [Mechanismen, die = 54x] kannst du verzichten, entweder es gibt den Schutz oder er hat Löcher oder es gibt ihn nicht...\}

[Konfiguration, die] als Bestimmungswort, das differenziert und die Bedeutung des Grundwortes/Letztwortes erweitert in den folgenden zusammengesetzten Wörtern (Komposita):

[Konfiguration(s) + Daten, die = 12x]. Das sind Zahlen, die du brauchst, um irgendein Teil korrekt konfigurieren zu können. Das ist nachvollziehbar **[+]**.

[Konfiguration(s) + Server, der = 1x]; Rarität. Das ist kompliziert **[–]**. Ein zentral aufgestellter Rechner, der alle möglichen Rechner oder Geräte mit einer Konfiguration ausstattet? Oder der vorhandene Konfigurationen aktualisiert, meist von 23:55h bis etwa 02:22h – kaum vorstellbar.

[Konfiguration(s) + Standard, der = 8x]. Das ist eine vorgesehene und stets genau in dieser Form wieder vorzunehmende Konfiguration eines Rechners oder einer Maschine oder einer Anlage. Das ist nachvollziehbar **[+]**.

* * * * *

~ Konjunktion/Verbindungswort – Grammatik: Wortart (part of speech)

Verbindungswörter oder Konjunktionen wie [und, oder] werden immer kleingeschrieben. Wenn sie am Satzanfang stehen, werden sie aber auch großgeschrieben.

<u>IT-Grundschutz-Kompendium</u>

> Wird ein Faxserver verwendet (1H), können die Rufnummern ebenfalls falsch eingegeben **oder** falsch im Adressbuch abgespeichert werden (2H).

Sieh sie dir an, die nebenordnenden und die unterordnenden
Verbindungswörter sowie die Top-7 derselben im Abschnitt
[Verbindungswörter/Konjunktionen].

* * * * *

System-Nachricht eHealth (TI) [Sys-20] - Deutschlandweite Internet Störung

Im Zeitraum von 08:30 Uhr bis 09:45 Uhr gab es eine Störung bei
diversen Internet Service Providern, die auch Auswirkungen auf
Dienste der Telematikinfrastruktur (TI) hatte. Nach aktuellem
Kenntnisstand gibt es seit 09:45 Uhr keine Einschränkungen bei den
betroffenen Internet Service Providern mehr. Wir beobachten die
Situation weiter und stehen in engem Austausch mit den beteiligten
TI-Dienstleistern.

Letzte Aktualisierung 12.01.2024 10:25 Uhr

{Patch – Wer sind denn die „diversen Internet Service Provider", und mit einen
von denen bist du verbunden?

Auf dem Breitband-Markt in Deutschland sind mehr als 300
Internetanbieter vertreten. Zu den auf unserer Haupt-Seite
„Internetanbieter" aufgeführten wichtigsten Providern kommen eine
Reihe von regionalen Anbietern hinzu.

https://www.dslregional.de/alle-internetanbieter/

So kommen wir nicht weiter, denn 300 [Anbieter, die = 33x] ansehen, die auf
der Seite alphabetisch aufgelistet werden, das ist sicherlich außerhalb deines
Zeitbudgets. Andrerseits, über irgend einem dieser Anbieter läuft dein
[Internet + Zugang, der = 3x] aus der Praxis, aus dem Krankenhaus, aus der
Krankenkasse oder Gesundheitskasse.

Vielleicht über die Telekom, diese bietet die folgenden Techniken der
[Übertragung, die = 16x] deines E-Rezeptes: [ADSL] – [VDSL] – [LTE] –
[Glasfaser] – [Satellit].

[ADSL, das = UNGENUTZT] = Asymmetric Digital Subscriber Line (ADSL,
englisch für asymmetrischer digitaler Teilnehmer-Anschluss) ist eine
Anschlusstechnik, nutzt du diese?

[VDSL, das = UNGENUTZT] = Very High Speed Digital Subscriber Line
(VDSL) ist eine DSL-Technik, die wesentlich höhere Datenübertragungsraten
über gebräuchliche Telefonleitungen liefert als beispielsweise ADSL oder
ADSL2+, VDSL nutzt für das letzte Stück der Übertragungsstrecke zum
Kunden eine (verdrillte) zweiadrige Kupferleitung. Oder gilt dieses für deine
Praxis?

[LTE, das = 2x] = Long Term Evolution [LTE] ist eine digitale Mobilfunktechnik und gilt als Nachfolger von UMTS (Universal Mobile Telecommunications System). Nun, wenn du alles in deiner Praxis drahtlos machst, vielleicht gilt das für dich?

[Glasfaser, das = UNGENUTZT] = Eine Glasfaser ist eine aus Glas bestehende lange dünne Faser. Bei der Herstellung werden aus einer Glasschmelze dünne Fäden gezogen und zu einer Vielzahl von Endprodukten weiterverarbeitet. Glasfasern werden als Lichtwellenleiter (zur Datenübertragung und zum flexiblen Lichttransport) genutzt. Möglich, dass dieses deine Verbindung ist.

[Satellit, der = UNGENUTZT] = Satellitenkommunikation ist die über einen Satelliten hergestellte bidirektionale Telekommunikation zwischen zwei Bodenstationen. Sie verläuft ähnlich dem Mobilfunk von einem Sender zum Empfangsgerät und zurück (…). Wohl eher nachrangig, wenn überhaupt genutzt.

Quellen Wikipedia

Du siehst, es gibt drei technische Wege, auf denen [Daten, die = Top-25] hin und her geschickt werden können. Die Funktechnik als erstes, via [Kabel, das = 41x] dann über ein [Telefon + Kabel, das = 2x], oder über ein Kabel aus Glasfaser. Einen dieser Wege wirst du täglich nutzen, etwa für das E-Rezept.

Um die Relevanz und Tragweite der System-Nachricht vom 12.01.2024 abzuschätzen: Physikalisch gibt es keinen Unterschied zwischen [Internet, das = 129x] oder dem [Netz, das = Top-25] und Telematik-Infrastruktur (TI).

Die TI kommt mit dem Versprechen daher, sie sei ein quasi privater, abgeschirmter Datenverkehr. Der Absender verschlüsselt das E-Rezept, es rauscht durch das Netz (!), der Empfänger entschlüsselt das E-Rezept. Dieses Verfahren nennt man Virtual Private Network (VPN, das = 100x). Ein „Absender" ist z.B. der [Konnektor, der = 5x].

Wenn nun irgendetwas an einem Kabel ist, tausende Mäuse hätten da gleichzeitig geknabbert oder [Angreifende, die = UNGENUTZT] hätten etwas mit den Kabeln gemacht, dann kann es tatsächlich sein, dass es zu großflächigen Störungen kommt. Sie können kurzfristig nicht überbrückt werden, wie die System-Nachricht besagt.

Als kleinen Eindruck eine Störungskarte der Telekom vom 17.02.2025, 14:45h

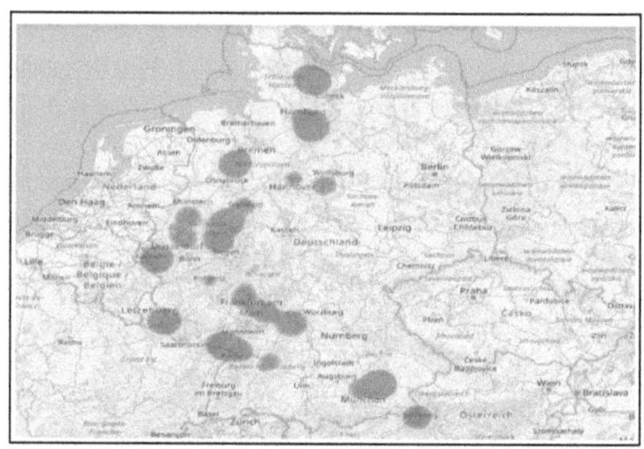

So ungefähr läuft das alles ab, Irrtümer meinerseits räume ich gern ein...\}

* * * * *

[Konsolidierung(s) + System, das = 1x]; Rarität. Das ist dürftig **[–]**. Wird etwas konsolidiert, dann ist das ein Vorgang, dann ist das eine Konsolidierung an sich.

[Kontakt, der = 4x] = 1. Berührung mit einem Lebewesen oder Gegenstand; 2. (persönliche) Verbindung zwischen zwei oder mehreren Personen (oder Institutionen), die für einen bestimmten Zeitraum besteht oder regelmäßig unterhalten wird (z. B. um soziale Bindungen zu knüpfen oder aufrechtzuerhalten, Informationen auszutauschen o. Ä.); 3. über einen (technischen) Kommunikationskanal hergestellte oder bestehende Verbindung (z. B. Funkverbindung); 4. [Informations- und Telekommunikationstechnik] in einem elektronischen Verzeichnis: die jeweils einer Person oder Institution zugeordneten Daten, mit denen man mit dieser in Verbindung treten kann, Kontaktdaten; die Person bzw. Institution selbst; 5. [Elektrotechnik] Bauteil in einem technischen Gerät zur Herstellung und Aufrechterhaltung von elektrischen Verbindungen.

[Kontakt, der] als Bestimmungswort, das differenziert und die Bedeutung des Grundwortes/Letztwortes erweitert in den folgenden zusammengesetzten Wörtern (Komposita):

[Kontakt + Daten, die = 2x]; Rarität. Zu einer anderen Zeit, als es noch nicht um Kontakte hier, Kontakte da ging, sondern um Bekanntschaften, was ja ein qualitativer und inhaltlicher Unterschied ist, also zu jener gefühlt lang zurückliegenden Zeit, da fragtest du nach einer [Adresse, die = 40x]. Sie enthielt meist auch eine Telefonnummer. Das alles ist nachvollziehbar **[+]**. /

[Kontakt + Information, die = 3x]. Alle [Angaben, die = 19x], alle [Inhalte, die = 104x], die geeignet sind, einen Kontakt zu wem auch immer herzustellen, wenn die oder der andere das bemerkt und einwilligt (siehe dazu Definition Nr. 3. und auch Nr. 4). Das ist nachvollziehbar **[+]**,

[Konto + Information, die.= 1x]; Rarität. Das könnten alle meist personenbezogenen Angaben sein, die beim Anlegen etwa eines Bankkontos erforderlich sind. Das ist nachvollziehbar **[+]**.

[Kontroll + Funktion, die = 2x]; Rarität. Werden bestimmte Prozesse kontrolliert, dann gibt es für diese Aufgabe eine Software. Sie übernimmt die Aufgabe des [Kontrollierens, das = UNGENUTZT]. Das ist nachvollziehbar **[+]**.

[Korrektur + System, das = 1x]; Rarität. Die Art, wie Korrekturen durchgeführt werden, wie korrigiert werden soll, wenn ein Prozess holperig läuft oder von sich aus aufgegeben hat. Das ist nachvollziehbar **[+]**.

[Krypto + System, das = 2x]; Rarität. Das kryptische Verfahren, für welches du dich entscheidest. So könnte die Übertragung funktionieren **[+]**.

[Kunde, der = 183x] = 1. jmd., der in einem Geschäft (häufig oder regelmäßig) etw. kauft oder eine Dienstleistung in Anspruch nimmt; 2. [umgangssprachlich, abwertend] (unangenehme) Person, Kerl; [veraltet] Landstreicher, wandernder Handwerksbursche

<u>IT-Grundschutz-Kompendium</u>

> Sind die IT-Systeme und Daten der verschiedenen Outsourcing-Kunden aber nicht ausreichend sicher voneinander getrennt (1H), besteht die Gefahr (2H), dass ein Kunde auf den Bereich eines anderen zugreifen kann (3NI).
>
> OPS.3.1: Outsourcing für Dienstleister; 2.13 Fehlende Mandantenfähigkeit beim Outsourcing-Dienstleister; S. 292/900

{Patch – Das Problem des mehrteiligen Satzes liegt in den eingesetzten Umstandswörtern/Adverbien [ausreichend = 162x; Umstandswort/Adverb] und [sicher = 174x; Umstandswort/Adverb]. Es muss um die Trennung an sich gehen, nicht um deren Qualität. Überhaupt geht es bei dem Outsourcing einmal um Software, hier IT-Systeme genannt, und zum anderen um die Speicher, hier irgendwie mit Daten vernuschelt. Dann verschärft sich die Situation: Einem Kunden sollte es [unmöglich = 5; Umstandswort/Adverb] sein, mit der Software eines anderen Kunden zu arbeiten, oder auf dessen Speicher zugreifen zu können...\}   .

[Kunde, der] als Bestimmungswort, das differenziert und die Bedeutung des Grundwortes/Letztwortes erweitert in den folgenden zusammengesetzten Wörtern (Komposita):

[Kunden + Daten, die = 2x]; Rarität. Das ist so ähnlich wie die [Firmen + Daten], also Anschrift des/der Kunden, getätigter Umsatz, möglicher Umsatz, Rabattstufe oder Neukunde, all so was, wenn ich mich nicht irre. Und das ist nachvollziehbar **[+]**.

[Kunden + System, das = 1x]; Rarität. Das ist ungünstig **[–]**. Eine Ordnung, die für Kunden bereitgestellt wird? Möglich. Eine Software nur für Kunden?

Möglich. Eine Art und Weise, die du dir vorgenommen hast, mit deinen Kunden fair umzugehen. Möglich.

* * * * *

~ Kurzsatz/Ellipse (Typ V) = Teilsatz - Grammatik

Der Kurzsatz ist ein unvollständiger, aber verständlicher Satz oder Teilsatz innerhalb eines mehrteiligen Satzes. Häufig wird auf ein Verb/Prädikat verzichtet.

IT-Grundschutz-Kompendium

> Person mit Fachkompetenz zur IT-Sicherheit (1EL), die in großen Institutionen für Aspekte rund um die IT-Sicherheit zuständig ist (2NR), **in enger Abstimmung mit dem IT-Betrieb (3EL).**

Glossar, Beauftragter für IT-Sicherheit; S. 33/900

{Patch – Im Teilsatz Nr. 1 (1EL) fehlt das Verb/Prädikat. Das könnte etwa sein: (Beauftragter) *ist eine* Person (…). Genannt wird eine [Fach + Kompetenz, die = 2x], also eine [Kompetenz, die = 15x], die in einem nicht näher definierten [Fach, das = UNGENUTZT] besteht. In dem Begriff [Kompetenz] werden grob zusammengefasst ein [Wissen, das = 15x], ein [Können, das = UNGENUTZT], und ein [Wollen, das = UNGENUTZT] in einem bestimmten Thema. Welches Thema, das Thema [IT-Sicherheit]. Leider leidet die Verständlichkeit des Teilsatzes Nr. 1, denn es müsste deutlicher heißen: *genügende Kompetenzen in der IT-Sicherheit haben.*

Es gibt ja noch einen zweiten Kurzsatz (3EL), vielleicht läuft es da besser. Das verbindende Wort aus dem vorangehenden Teilsatz Nr. 2 (2NR) ist das [zuständig = 368x als Umstandswort] sein. Formuliert wird ein Zustand, und deswegen kein Vorgang, bei dem man sich [abstimmen] könnte. Ohnehin wird das Verb [sich abstimmen] lediglich 8-mal eingesetzt, während das Vollzogene, also das Passiv 73-mal genannt wird. Letztlich auch wieder irgendwie Grütze...\}

* * * * *

System-Nachricht eHealth (TI) [Sys-21] - Störung T-Systems - sektoraler IDP KTR

> Derzeit liegt eine Störung an dem von der T-Systems International GmbH betriebenen sektoralen IDP vor. Dadurch kann es zu Beeinträchtigungen bei der Nutzung der Gesundheits-ID für verschiedene digitale Gesundheitsanwendungen für Versicherte der Krankenkasse BARMER kommen. Die Anmeldung via GesundheitsID in der E-Rezept-App kann dadurch gestört sein. Die Einlösewege via eGK, Ausdruck oder App mit PIN sind davon nicht

betroffen. Die T-Systems ist bereits in der Analyse, um die Ursache schnellstmöglich zu beheben. Weitere Informationen folgen zeitnah nach neuem Kenntnisstand.

Letzte Aktualisierung: 04.04.2024 15:45Uhr

{Patch – Der 4. April 2024 ist ein Donnerstag. Ein Nachmittag. In der Praxis von Dr. Kammer versuche zwei MFAs die Quartalsabrechnung auf den Weg zu bringen. Bei angezeigten Fehl-Einträgen müssen sie im PVS nachsehen, eventuell Patienten aufrufen, Ergänzungen vornehmen usw. Der Dritte im Bunde, MFA Jerry, sitzt an der Anmeldung. Da klingelt plötzlich das Telefon, da rauscht das Kartenterminal und jammert um die Eingabe der Qualifizierten Elektronischen Signatur (QES), und justement da ploppt die Nachricht der Gematik auf. Während MFA Jerry sich am Telefon meldet – Rückfrage wegen einer Impfung von einem Patienten, der seit zwei Jahren nicht mehr in der Praxis war – bleibt sein Blick bei der Nachricht – welches ist die Information, die relevant ist für die Praxis von Dr. Kammer. Was um alles in der digitalen Welt ist relevant...\}

* * * * *

L wie [Leck, das = 2x], Rarität im IT-Grundschutz– [Leck] wird 1-mal modifiziert...

Das bedeutet: wasserdurchlässige, undichte Stelle. (www.dwds.de)

[Labor + Gerät, das = 1x]; Rarität. Eine "Kiste", die üblicherweise ihren Platz im Labor hat. Das wäre nachvollziehbar **[+]**. Sollte jedoch – was bei dem wilden Wortgehopse nicht ausgeschlossen werden kann – sollte jedoch eine "Kiste" gemeint sein, mit der man Aufgaben eines Labors erledigt, dann bin ich raus.

[Lade + Gerät, das = 1x]; Rarität. Eine "Kiste", die du für das Laden nutzen kannst. Das ist nachvollziehbar **[+]**, auch wenn es erstaunlicherweise im IT-Grundschutz eine Rarität ist.

[Leit + System, das = 1x]; Rarität. Das ist ein Verfahren, mittels dessen du in einem 8-stöckigen Parkhaus mit deinem SUV zu einem freien und passenden Platz geführt wirst, nachdem natürlich Größe und Gewicht deines Geschosses automatisch bei der Einfahrt gescannt wurde. Ach so, du fährst keinen SUV. Sehr gut, du bist weit vorn. Danke. Das ist nachvollziehbar **(+)**.

[Lösch + Funktion, die = 1x]; Rarität. Das ist putzig **[–]**. Stell dir vor, in deiner Textverarbeitung oder einem beliebig anderen Programm würde es nicht mehr den [Befehl, der = 17x] oder den [Button, der = UNGENUTZT] geben: [Löschen]!

[Log~ + N; Wortbildungs-Affix]. Anders als der Affix [meta~] hat [log~] keine eigene Bedeutung. Vielleicht eine Abkürzung von Logarithmus...

[Log~] als Bestimmung, die differenziert und die Bedeutung des Grundwortes/Letztwortes erweitert in den folgenden zusammengesetzten Wörtern (Komposita):

[Log + Daten, die = 3x]. Nur Eingeweihte und männliche/weibliche Nerds wissen, dass mit [Log] das [Log-in] gemeint sein könnte. Also die [Angaben, die = 19x], die du machen sollst, um z.B. in das Internet hineinzukommen. Das ist unter Vorbehalt nachvollziehbar **[+]**.

[Log + Server, der = 2x]; Rarität. Das ist pure Verzweiflung oder Verlegenheit **[–]**. Gemeint sein könnte ein Server, bei dem du dich einloggen sollst. Warum und wieso, das ist die Frage.

[Logik + System, das = 9x]. Das ist kompliziert **[–]**. Die [Logik] an sich kannst du bereits als eine Ordnung ansehen. Vielleicht hier nach welchen Kriterien was auch immer angeordnet wurde oder in Zukunft noch wird.

[Logistik + System, das = 1x]; Rarität. Das geregelte Verfahren, wie etwa „Kisten" für dich angeliefert werden, wie die Logistik abgewickelt oder durchgeführt wird. Das ist nachvollziehbar **[+]**.

* * * * *

~ Lokale Satzglieder/Ergänzungen – Grammatik: Präpositionalphrase (prepositional phrase)

Ein lokales Satzglied besteht aus einem Verhältniswort/Präposition mit lokaler Bedeutung und einem Hauptwort/Substantiv: „...**in** einer isolierten Umgebung...", (S. 206/900). Satzglied deswegen, weil es als Gruppe innerhalb eines Satzes auch an eine andere Stelle gebracht werden kann. Sieh dir das an im Abschnitt „Satz/sentence".

Um den Standort eines [Servers, der = Top-25] zu beschreiben, kannst du ein Umstandswort/Adverb benutzen, welches dann als ein Satzglied bezeichnet wird. Oder aber du entscheidest dich für ein Verhältniswort/Präposition in Verbindung mit einem Hauptwort/Substantiv, dann wird die gesamte Verbindung zu einem umstellbaren Satzglied:

IT-Grundschutz-Kompendium

> Es SOLLTE beachtet werden (1H), dass mögliche Ausnahmen (2NIa), die es erlauben (3NR), Clients und Server **in** einem gemeinsamen Netzsegment zu positionieren (4NI), in den entsprechenden anwendungs- und systemspezifischen Bausteinen geregelt werden (2NIb).
>
> NET.1.1: Netzarchitektur und -design; NET.1.1.A5 Client-Server-Segmentierung; S. 721/900

{Patch - [SOLLTEN] = Anregung, unverbindliche Empfehlung, so und so zu handeln – siehe Modalverben.

Ein komplexer, mehrteiliger Satz, der da mit einer unverbindlichen [Empfehlung, die = 36x] anfängt (1H). Was wird dir empfohlen: etwas zu beachten, das wird dir empfohlen. Was sollst du beachten: dass „[Ausnahmen, die = 10x] ... werden geregelt". Die angesprochenen [Ausnahmen] sind also bereits festgelegt, in den Bausteinen. Es geht in der Empfehlung nicht um eine letztlich unverbindliche [Beachtung, die = 8x], sondern um eine konkrete [Berücksichtigung, die = 21x], wenn ein [Netz + Segment, das = 42x] eingerichtet wird.

Ein lokales Satzglied findest du in den eckigen Klammern, in dem Teilsatz (4NI): [**in** einem gemeinsamen Netzsegment...]. Ein Satzglied ist es, weil du es auch an eine andere Stelle innerhalb des Teilsatzes stellen könntest: *... die es erlauben, [in einem gemeinsamen Netzsegment] Clients und Server zu positionieren...* Ich tendiere zu dieser Möglichkeit, weil so als erstes der Ort des Geschehens genannt wird.

Ein zweites lokales Satzglied ist dann gleich Teil des unterbrochenen Teilsatzes (2NIa + b). „in den ... Bausteinen". Dass es sich um [Bausteine, die = 1.831x] handelt, die besondere Eigenschaften haben, geschenkt. Würdest du hier eine Umstellung vornehmen, würde dir sofort auffallen, wie wenig das Verb/Prädikat [geregelt werden] geeignet ist. Besser wäre ein schlichtes *geregelt ist...\}*

* * * * *

<u>**System-Nachricht eHealth (TI) [Sys-22] - Störung Eviden Germany GmbH - elektronische Patientenakte (ePA)**</u>

> Derzeit liegt eine Störung an einer für die elektronische Patientenakte (ePA) relevanten technischen Komponente, die von IBM betrieben wird. Diese hat unmittelbare Auswirkungen auf die Nutzung der Anwendungen, die mit der elektronischen GesundheitsID (GID) durchgeführt werden. Anwendungen, die über die elektronische Gesundheitskarte (eGK) genutzt werden, sind davon nicht betroffen. IBM ist bereits dabei, die Ursache zu analysieren, um das Problem schnellstmöglich zu beheben. Weitere Informationen folgen zeitnah, sobald wir neue Erkenntnisse haben.
>
> Letzte Aktualisierung: 20.09.2024 12:45 Uhr

{Patch – Weil mir in Anbetracht einer bevorstehenden, vermutlich wild verlaufenden Bundestagswahl der Sinn nach Klarheit und Struktur steht, eine grammatische Analyse der Sätze, die die entscheidenden Aussagen enthalten.

> Derzeit liegt eine Störung an einer für die elektronische Patientenakte (ePA) relevanten technischen Komponente (1-1H), die von IBM betrieben wird (1-2NR). Diese hat unmittelbare Auswirkungen auf die Nutzung der Anwendungen (2-1H), die mit der elektronischen GesundheitsID (GID) durchgeführt werden (2-2NR).

Anwendungen (3-1Ha), die über die elektronische Gesundheitskarte (eGK) genutzt werden (3-2NR), sind davon nicht betroffen (3-1Hb).

Die Struktur der drei Sätze:

Pos.	Vorfeld (= um was geht es?)	Verb_1 / Einleitung N	Mitte 1	Mitte 2	Verb_2
1-1H	Derzeit	liegt	eine Störung	an einer für die elektronische Patientenakte (ePA) relevanten technischen Komponente	-
1-2NR		die	von IBM		Betrieben wird
2-1H	Diese	hat	unmittelbare Auswirkungen	auf die Nutzung der Anwendungen	-
2-2NR		die	mit der elektronischen GesundheitsID (GID)		durch-geführt werden
3-1Ha	Anwen-dungen				
3-2NR		die	über die elektronische Gesundheitskar te (eGK)		genutzt werden
3-1Hb		sind	davon	nicht	betroffen.

01. Das Vorfeld kann zwei Aufgaben übernehmen. Erstens kann es festlegen, um was es in dem folgenden Satz geht. Zweitens kann es durch einen Rückgriff auf den vorherigen Satz eine Verbindung zu diesem herstellen. Satz Nr. 1 verwendet das Umstandswort [derzeit] und bereitet darauf vor, was denn so am 20.09.2024, einem Freitag mit der Wetteraussicht „verbreitet Wärme und viel Sonne", passiert. Satz Nr. 2 liefert mit dem Demonstrativpronomen [diese] eine noch nicht genauer erkennbare Verbindung zu Satz Nr. 1. Der folgende Satz Nr. 3 nennt zwar wieder [Anwendungen, die = Top-25] wie im vorangehenden Satz, thematisiert jedoch eine andere Sache.

02. Nach dem Vorfeld folgt bei einem Aussagesatz oder einem Hauptsatz das Verb/Prädikat, meistens mit einem ersten Teil, während der zweite Teil an das Satzende rauscht. Der Hauptsatz in Nr. 1 verwendet dem Anschein nach das

Verb [legen]. Allerdings kann eine [Störung, die = 129x] nicht einfach bequem in einem Bett liegen. Eine Störung kann [auftreten], kann [vorhanden] sein, oder kann [vorliegen]. Das Verb [vorliegen] gehört wie [auftreten] zu den Verben, die sich in einem Aussagesatz bzw. Hauptsatz aufspalten, in ein Verhältniswort/Präposition wie hier [vor] und in das Ausgangsverb. Das Verhältniswort wandert an das Satzende, während das Verb sein Platz nach dem Vorfeld behält. Im Hauptsatz des Satzes Nr. 1 wird diese Aufspaltung nicht gemacht, das Satzende bleibt leer. Eine Schwachstelle. Die Verben/Prädikate im Hauptsatz Nr. 2 und im Hauptsatz Nr. 3 sind unauffällig.

03. Meist nach einem Hauptsatz oder seltener direkt nach dem Vorfeld kann ein untergeordneter Teilsatz/Nebensatz eingebaut werden. In diesen wandert das komplette Verb/Prädikat an das Satzende. Auffallend ist, dass alle drei ausgewählten Sätze einen relativen Nebensatz haben. Der Teilsatz Nr. 1-2NR beginnt mit dem Fürwort/Pronomen [die] und schafft eine relative Verbindung zu der [Komponente, die = Top-25] im vorangehenden Hauptsatz. Auch der Teilsatz Nr. 2-2 ist ein relativer Nebensatz (NR). Eingeleitet wird er mit dem Fürwort/Pronomen [die], welches stellvertretend ist für vorher genannten [Anwendungen]. Dem gleichen Muster folgt der relative Teilsatz (NR) Nr. 3-2. Wieder sind es die [Anwendungen], die wieder aufgenommen werden. Das könnte eine weitere Schwachstelle in der System-Nachricht [Sys-22] werden.

04. Warum Schwachstelle? In dem Hauptsatz des Satzes Nr. 1 wird das Thema [Störung] genannt. Nicht funktionsfähig könnte etwa eine [Komponente] irgendwo in der Telematik-Infrastruktur (TI) sein. Allerdings sollst du begreifen, dass diese [Komponente] zu der [elektronischen Patientenakte (ePA)] gehört. Solltest du gerade mit der ePA herumhantieren: STÖRUNG! Die System-Nachricht hätte ihren Zweck erreicht.

05. Wäre da nicht der Satz Nr.2, der ja mit dem Fürwort/Pronomen [diese] eine Verbindung zu dem vorangehenden Satz erzwingt. [Diese] steht für 1. Person Singular Femininum. Suche ein solches zunächst in dem relativen Teilsatz (1-2NR). Die [Komponente] könnte die relative Verbindung zu [diese] sein. Allerdings kann semantisch eine [technische Komponente] keine [Auswirkungen, die = 67x] haben. Eine zweite Suche mit den Kriterien 1. Person Singular Femininum im vorangehenden Satz findet die [Störung]. Eine grammatische Regel besagt, dass [diese] sich auf die [Komponenten] als das letztgenannte Wort mit den Eigenschaft beziehen muss. Bau diese in den Satz Nr. 2 ein und du erhältst:

> *Die Komponente hat unmittelbare Auswirkungen auf die Nutzung der Anwendungen (2-1H), ...*

Funktioniert das? Nein! Gemeint ist selbstverständlich die [Störung], die den Stress verursacht.

06. Die zwei Typen von [Anwendungen] werden nicht in ihren Funktionen oder Aufgaben unterschieden, vermutlich sind es die gleichen.
Auseinandergehalten werden sie durch den Weg, wie sie aktiviert also

nutzbar werden. Vermutlich wird das so gesehen. Ausgedrückt wird es so zumindest.

Jetzt fragst du dich, wo und wie nutzt du die „elektronische GesundheitsID (GID)"? Keine Ahnung, keine Idee, keine Dokumentation, kein Support, sagt der MFA Jerry aus der Praxis von Dr. Kammer. Würde der MFA recherchieren, was natürlich an einem Freitagmittag vollkommen ausgeschlossen ist, er würde auf die Gläubiger-Identifikationsnummer (GID) stoßen und wahrscheinlich verzweifeln.

Man gut, dass der zweite Weg die elektronische Gesundheitskarte (eGK) ist, auch wenn sie manchmal unvorhersehbare Schwierigkeiten macht.

07. Was zeigt die grammatische Analyse? Schwachstellen, nicht nur in der Technologie von eHealth selbst, sondern ebenso in der passenden und angemessen Dokumentation. Von den sich damit verbindenden Perspektiven auf die IT-Sicherheit, nein, weit und breit nichts, rien, niente, ein einziges Trauerspiel ist das...\}

* * * * *

M wie [Mangel, der = 27x] im IT-Grundschutz– [Mangel] wird 4-mal
modifiziert ...

Die Bedeutungen sind: 1. das Fehlen, Nichtvorhandensein einer (dringend) benötigten Sache, Person;   2. Fehler, Unvollkommenheit. (www.dwds.de)

<u>IT-Grundschutz-Kompendium</u>

> Mängel in der Dokumentation des IT-Betriebs oder fehlende Aufzeichnungen können dazu führen (1H), dass Sicherheitsvorfälle nicht aufgeklärt oder nachverfolgt werden können (2NI).
>
> OPS.1.1.2: Ordnungsgemäße IT-Administration; 2.6 Fehlende Aufklärungsmöglichkeiten bei Vorfällen; S. 196/900

{Patch – Ein wenig kompliziert, diese Angelegenheit. So geht das, eine Sache führt zu einer anderen Sache. Die Abwesenheit von [Vorkehrungen, die = 7x] für die Sicherheit führt dazu, dass die Sicherheit bedroht ist. Weil du keine Vorkehrungen getroffen hast. Vorhandene Mängel führen allerdings nicht zu einer scheiternden [Aufklärung, die = 4x] eines [Sicherheit(s) + Vorfalls, der = 209x]. Mit anderen Worten, die [Mängel] funktionieren nicht in diesem mehrteiligen Satz...\}

[Management, das = 255x] – [Management] wird 33-mal modifiziert für die digitale Sicherheit

Die Bedeutung: Leitung eines Unternehmens, Geschäftsführung (www.dwds.de)

Übernommen wird das Wort aus dem Englischen, wo es so viel bedeuten soll wie 'Handhabung, Leitung, Verwaltung, Steuerung' und einiges mehr in der

Art. Als Grundwort wird es im IT-Grundschutz erstaunliche 33-mal verwendet. Das verhindert eine klare Bedeutung, sie muss jedes Mal erst zusammen mit dem Bestimmungswort/Erstwort des betroffenen Kompositums geklärt, besser erklärt werden. Im zweiten Schritt muss die Gesamtbedeutung innerhalb des Kontextes geklärt besser erklärt werden. Das geschieht im Alltag nicht, es entsteht eine semantische Schwachstelle. Da kann es hilfreich sein, wenn du dir hin und wieder die oben genannten englischen Möglichkeiten ansiehst. Das klappt aber auch nicht immer.

<u>IT-Grundschutz-Kompendium</u>

> 01. Die IoT-Geräte und Sensoren SOLLTEN in einem eigenen Netzsegment betrieben werden (1H), das ausschließlich mit dem Netzsegment für das Management kommunizieren darf (2NR).

SYS.4.4.A5 Einschränkung des Netzzugriffs; S. 657/900

{Patch – [SOLLTEN] = Anregung, unverbindliche Empfehlung, so und so zu handeln – siehe Modalverben.

Sehr, sehr selten, dass unser Wort [Management] ganz in seiner ursprünglichen Bedeutung verwendet wird. In diesem Satz fragst völlig zu Recht, was ist gemeint, um welche Bedeutung geht es. Erfahrungsgemäß passt das [Kommunizieren, das = UNGENUTZT] am besten zu einer Geschäftsführung, die eben das eher vermeidet. Auch das Umstandswort/Adverb [ausschließlich = 85x] weist in diese Richtung. Tut mir leid, du und ich, wir müssen uns um die Analyse des Satzes kümmern. Unser Wort wird in den relativen Teilsatz (2NR) verbannt. Der wird eingeleitet mit dem sächlichen Relativpronomen [das]. Der Bezug wird zu dem Objekt des Hauptsatzes [Netz + Segment, das = 59x] hergestellt. Innerhalb dieses [Netz + Segmentes] oder einfacher innerhalb dieses [Netz + Bereiches, das = 6x] befinden sich alle IoT-Geräte, so die Vorgabe oder besser die Empfehlung (= SOLLTEN). Eine Verbindung aufbauen (= kommunizieren) darf dieser Netzbereich nur mit einem anderen Netzbereich, das ist nachvollziehbar. Das Besondere an diesem anderen Netzbereich ist seine Funktion oder Zuordnung: für das Management. Das bedeutet entweder, die Leitung des Unternehmen bewegt sich innerhalb dieses Netzbereiches. Oder in diesem Netzbereich befindet sich die Verwaltung (von was?) oder die Steuerung (von wem?). Fragen über Fragen, mit denen du vom BSI allein gelassen wirst. Wie tragisch...\}

> 02. Mit Datenschutz-Management werden die Prozesse bezeichnet (1H), die notwendig sind (2NR), um die Umsetzung der gesetzlichen Anforderungen des Datenschutzes bei der Planung, Einrichtung, dem Betrieb und nach Außerbetriebnahme von Verfahren zur Informationsverarbeitung sicher zu stellen (3NV).

Glossar, Datenschutz-Management; S. 34/900

{Patch – Geringfügig konkreter scheint unser Management im zweiten Beispielsatz zu werden. Angeblich geht es um die Steuerung des Datenschutzes, oder um die Verwaltung des selbigen. Allerdings ist das sehr schwierig. Der Schutz der Daten ist ein Zustand, der Schutz ist vorhanden, er ist teilweise gegeben oder löchrig, oder er ist nicht vorhanden. Das sind Eigenschaften!

Angepasster ist es, von dem Einrichten eines Schutzes der Daten zu sprechen, von einem Bewahren dieses Schutzes, von einem Überwachen usw. Statt dessen wird das Management gleichgesetzt mit [Prozessen, die = 201x], oder mit der [Umsetzung, die = 216x] von Gesetzen. Das wird alles ins Leere laufen, leider...\}

[Management, das] = als Bestimmungswort, das differenziert und die Bedeutung des Grundwortes/Letztwortes erweitert in den folgenden zusammengesetzten Wörtern (Komposita):

[Management + Funktion, die = 1x]; Rarität. Das ist eigenartig **[–]**. In dem Wort [Management, das = 255x] ist bereits zumindest ein Vorgang enthalten.

[Management + Netz, das = 23x]. Das ist furchterregend **[–]**, denn das kann es in der Art nicht geben. Vielleicht ein Verein von Managern, eine Manager-Netzwerk. Aber nein.

<u>IT-Grundschutz-Kompendium</u>

> Das Managementnetz für das Systemmanagement SOLLTE physisch von den funktionalen, insbesondere produktiven, Netzen getrennt werden (A).
>
> > OPS.1.1.7 Systemmanagement; OPS.1.1.7.A21 Physische Trennung der zentralen Systemmanagementnetze; S. 238/900

{Patch – Fraglich, ob es sich hier tatsächlich um ein [Netz] handelt, welches für das Systemmanagement gebraucht wird. Wie wäre es mit [Verwaltung, die = 101x] des Systemmanagements, oder die [Steuerung, die = 53x], welche natürlich von dem allgemeinen IT-Prozessen zu trennen sind...\}

[Management + System, das = 19x]. Das ist putzig **[–]**. Eine Verwaltung z.B. von Software, eine Organisation z.B. von Prozessen, all das trägt eine Art und Weise bereits in sich.

<u>IT-Grundschutz-Kompendium</u>

> Das Managementsystem zur Behandlung von Sicherheitsvorfällen SOLLTE regelmäßig daraufhin geprüft werden (1H), ob es noch aktuell und wirksam ist (2NV).
>
> > DER.2.1: Behandlung von Sicherheitsvorfällen; DER.2.1.A22 Überprüfung der Effizienz des Managementsystems zur Behandlung von Sicherheitsvorfällen; S. 313/900

{Patch – Wie wäre es so: *Das vereinbarte Verfahren zur Bearbeitung von Sicherheitsvorfällen...*\}

[Manipulation(s) + Risiko, das = 1]; Rarität, vielleicht eher die [Wahrscheinlichkeit, die = 3x], dass deine Gesundheitsdaten so verändert werden, so dass du plötzlich – welch ein Glück – keine Adipositas mehr hast. Das Kompositum funktioniert sehr schwach **[+]**.

[Medien + Daten, die = 1x]; Rarität. Das ist wundersam **[–]**. Ich kenne die Mediendaten aus meiner Marketingzeit. Welche Auflage hatte die Publikation, welche Reichweite das sind Verkaufszahlen usw. Was sie im IT-Grundschutz aussagen, keine Ahnung. /

[Melde + Daten, die = 1x]; Rarität. Das ist mulmig **[–]**. Vermutlich, ja vermutlich sind vermutlich so etwas wie [Log-Daten] – oh Pardon – natürlich wie [Login-Daten] gemeint. Vermutlich.

[Mess + Gerät, das = 1x]; Rarität. Eine "Kiste", mit deren Hilfe zu [Messungen, die = 2x] anstellen kannst. Das ist nachvollziehbar **[+]**, wenn auch nur als Rarität im IT-Grundschutz.

[Meta~ + N; Wortbildungs-Affix] = Das Affix [meta~] ist im Deutschen kein eigenständiges Wort. Im Altgriechischen ist es ein Verhältniswort/Präposition mit diesen Bedeutungen:

> örtlich: inmitten, zwischen (zusammen, zugleich), mit, unter, in, bei, zu oder nach … hin / zeitlich oder in der Rangfolge: nach, hinter
>
> https://de.wikipedia.org/wiki/Liste_griechischer_Präfixe, Stand 7. Mrz 2023

Die heutige gebräuchliche Bedeutung *über einer Sache stehend*, hat sich wahrscheinlich aus den Verhältniswörtern/Präpositionen *nach* oder *hinter* entwickelt.

[Meta~] als Bestimmung, die differenziert und die Bedeutung des Grundwortes/Letztwortes erweitert in den folgenden zusammengesetzten Wörtern (Komposita):

[Meta + Daten, die = 15x]. Dieses ist ein definierter Fachbegriff, selbst wenn mir das Nachvollziehen der Bedeutung etwas schwer fällt.

<u>IT-Grundschutz-Kompendium:</u>

> Eine Datenbank ist eine Zusammenstellung von Daten samt ihrer Beschreibung (Metadaten) (1H), die dauerhaft im Datenbanksystem abgelegt werden (2NR).
>
> > APP.4.3 Relationale Datenbanken; 1. Beschreibung; S. 437/900

{Patch – Dieses ist eine schwache Wortbestimmung: [Metadaten] = Beschreibung der Daten. Was wird denn da beschrieben?...\}

> Metadaten oder Metainformationen sind strukturierte Daten (1H), die Informationen über Merkmale anderer Daten enthalten (2NR).
>
> > https://de.wikipedia.org/wiki/Metadaten; Stand 08.12.23

{Patch – Wie du siehst, so richtig klar wird das weiterhin nicht, wenn du dich auf die Suche machst. Bei einer Veranstaltung über digitale Fertigung wurde mir erklärt, diese Metadaten seien z.B. Speicherdatum, Speichergröße usw. in diese Richtung. Warum dafür ein eigener Ausdruck verwendet wird, der auch noch so altgriechisch hochtrabend daherkommt, gehört einfach zum Markt...\}

[Meta + Information, die = 1x]; Rarität. Das ist ein nicht allgemein bekanntes Fachwort. Du kannst es als Synonym zu [Meta + Daten] verstehen.

[Mikrowellen + Gerät, das = 1x]; Rarität. Es reicht vollkommen aus, wenn du von Mikrowelle sprichst. Das ist nachvollziehbar **[+]**. Hüte aber deine Anlagen oder was auch immer vor den [Strahlung, die = 9x].

[Mindest = UNGENUTZT; **mindestens** = 135x; Adverb] = wenigstens, wahrscheinlich noch mehr

<u>IT-Grundschutz-Kompendium</u>

> Diese Checkliste SOLLTE mindestens Aspekte zur Datensicherung weiterhin benötigter Daten und dem anschließenden sicheren Löschen aller Daten umfassen (A).
>
> SYS.4.4: Allgemeines IoT-Gerät; SYS.4.4.A20 Geregelte Außerbetriebnahme von IoT-Geräten; S. 659/900

{Patch – Wird für zwei Aktivitäten tatsächlich eine [Checkliste, die = 25x] gebraucht? Enthält eine Checkliste tatsächlich [Aspekte, die = 219x]? Welche weiteren [Punkte, die = 38x] könnte die Checkliste haben – denn das Umstandswort/Adverb tut ja so, als würde es noch weitere geben. Ist mit [Daten + Sicherung, die = 147x] wirklich das [Sichern, das = UNGENUTZT] der Daten in einem Speicher gemeint, der außerhalb des IoT-Gerätes ist.

[Mindest~] als Bestimmung, die differenziert und die Bedeutung des Grundwortes/Letztwortes erweitert in den folgenden zusammengesetzten Wörtern (Komposita):

[Mindest + Anforderung, die = 4x]. Das Mindeste, was du erwarten oder voraussetzen darfst, das ist nachvollziehbar **[+]**. Bemerkenswert ist die Seltenheit des Einsatzes.

[Mindest + Standard, der = 8x]. Das ist schwierig **[–]**. Ein Standard sollte kein Mehr oder Weniger sein, kein mindestens, sondern einfach: Standard. Etwas anderes ist es, wenn du als Dienstleister einem Kunde erklärst, dass er mindestens den Standard auf seinem Rechner zu installieren hat.

* * * * *

Top-25: [Mitarbeiter, der/die = 522x] – [Mitarbeiter] wird 3-mal modifiziert für eine digitale Sicherheit

A.) - Erklärung/Wortbestimmung

Wenig gibt es zu sagen, [Mitarbeiter] sind eben alle die, die in einem Unternehmen oder einer Organisation sich mit (Lebens-) Zeit, Wissen, Erfahrung und Engagement einbringen. Oder mit anderen Worten:

1. Beschäftigter, Angehöriger eines Unternehmens, einer Institution o. Ä.

2. jmd., der in untergeordneter, abhängiger Position jmdm. zuarbeitet

3. jmd., der (besonders in Wissenschaft oder Medien) neben oder gemeinsam mit anderen an einem Vorhaben, einem Werk, einer Publikation o. Ä. mitwirkt

www.dwds.de

Allerdings ist fast ausschließlich von männlichen „Mitarbeitern" die Rede. Das entspricht schon lange nicht mehr der Lebenswirklichkeit. Die Frage bleibt, warum es trotzdem nicht geändert wird. Ich halte es für entscheidend, wenn in Sachen digitaler Sicherheit eben auch Mitarbeiterinnen angesprochen und in die Pflicht genommen werden.

Allerdings besteht Hoffnung, denn erstmals wird eine Frau das BSI leiten.

Außerdem sehe ich in dem Wort [Mitarbeiter] eine Geschichte, ein Narrativ. Wer mit anderen konstruktiv zusammenarbeitet, arbeitet tatsächlich mit.

Der IT-Grundschutz ist erreichbar, ein wichtiger und entscheidender Weg dorthin ist die Loyalität aller Mitarbeitenden gegenüber dem Unternehmen, der Organisation oder der Arztpraxis.

IT-Grundschutz-Kompendium

01. Die Mitarbeiterinnen und Mitarbeiter haben dabei die wichtige Aufgabe (1H), Informationssicherheit umzusetzen (2NI).

ORP.2: Personal, 1.1 Einleitung; S. 111/900

{Patch – Dieses ist eine von fünf Stellen, an denen „Mitarbeiterinnen" im IT-Grundschutz direkt angesprochen werden. Zwei Nennungen finde ich in dem Vorwort von dem inzwischen versetzten Herrn Schönborn. Wie aber sollen Mitarbeiterinnen und Mitarbeiter [Sicherheit, die = 177x] mitwirken, wenn sie weder an der Planung noch an der Umsetzung beteiligt sind. Wenn sie in Anbetracht der Komplexität der Digitalisierung im Unklaren gelassen werden. Wenn sie nicht motiviert (!!!) werden, jeden Tag, jede Stunde, jede Minute den IT-Grundschutz mithin die Sicherheit mitzudenken...\}

02. Schutzbedürftige Informationen können versehentlich in die Hände unbefugter Empfänger gelangen (1H), wenn Mitarbeiter nicht ausreichend sensibilisiert und geschult sind (2NV).

CON.9: Informationsaustausch; 2.3 Weitergabe falscher oder interner Informationen; S. 184/900

{Patch – Warum und wann bedürfen (!) Informationen einen Schutz? Was ist das, wenn du etwas „versehentlich" tust? Wann ist jemand „unbefugt" und für was? Woran erkennst du, dass die Sensibilisierung „ausreichend" war? Warum muss sie nicht wenigstens „befriedigend" sein, warum ist sie nicht „gut"? Muss gegenwärtig die Sensibilisierung nicht sogar „sehr gut" sein? Mit welchen Schulungen solltest du die Arbeitszeit aller Mitarbeitenden beanspruchen, damit „Informationen" nicht „versehentlich" an Fremde oder Unbekannte gelangen? Spürst du, wie sich dir bei dem Wort [Fremde, der/die = UNGENUTZT!!!] oder [Unbekannte, der/die = UNGENUTZT!!!] ein Unbehagen meldet, wie ein abwehrendes Gefühl entsteht? Genau so sollte es sein...\}

Bei der Gelegenheit, wann sprichst du von Mitarbeitenden, wann von Benutzenden oder Benutzerinnen und Benutzern?

Das kommt auf den Zusammenhang an. Ist das Unternehmen, die Organisation oder die Arztpraxis das Thema, dann Mitarbeitende. Der IT-Grundschutz kann zum Beispiel nur von Mitarbeitenden umgesetzt werden, weil es auch um den Schutz ihrer Arbeitsplätze geht. Ist hingegen die IT oder die TI das Thema, dann sind es die Benutzenden, die Benutzerinnen und Benutzer, die mit der IT oder der TI umgehen müssen.

B.) - [Mitarbeiter, der/die] wird in den folgenden zusammengesetzten Wörtern (Komposita) differenziert und eingeschränkt (= Grundwort/Letztwort) durch ...

Außendienst + M. = 1x / Projekt + M. = 1x /

C.) - [Mitarbeiter, der/die] = nun als Bestimmungswort, das differenziert und die Bedeutung des Grundwortes/Letztwortes erweitert in den folgenden zusammengesetzten Wörtern (Komposita):

[Mitarbeiter + Büro, das = 1x]; Rarität. Das Büro könnte der Raum von bestimmten Mitarbeitenden sein, oder der Raum, der für Mitarbeitende vorgesehen ist. Das ist nachvollziehbar **[+]**.

[Mitarbeiter + Potenzial, das = 2x]; Rarität. Das ist kompliziert **[–]**. Gemeint sein könnte die Leistungsfähigkeit von Mitarbeitenden. Oder lediglich die Möglichkeiten, aber die Möglichkeiten in welcher Sache?

[Mitarbeiter + Vereinbarung, die = 1x]; Rarität. Eine schriftliche Vereinbarung, die z.B. zwischen der Geschäftsführung eines Unternehmens und seinen Mitarbeitenden ausgehandelt wird. Das ist nachvollziehbar **[+]**. Die Beachtung der Regeln eines IT-Grundschutzes muss unbedingt schriftlich vereinbart werden, in unternehmen, Organisationen und auch in Arztpraxen. Deswegen sollte eine solche Vereinbarung häufiger angesprochen werden.

[Mitarbeiter + Vertretung, die = 2x]; Rarität. Eine gewählte Vertretung der Interessen der Mitarbeitenden ist gesetzlich vorgeschrieben. Gelegentlich wird das auch [Betriebsrat, der = UNGENUTZT!!!] genannt. All das ist nachvollziehbar **[+]**.

* * * * *

[Mobilfunk, der = 9x] = Funksprech- bzw. Funktelefonverkehr zwischen mobilen oder zwischen mobilen und festen Stationen (www.dwds.de)

> Wenn ein schneller alternativer Fernwartungszugang, z. B. über
> Mobilfunk, geschaffen wird (1H), dieser jedoch die
> Sicherheitsanforderungen der Institution nicht vollständig erfüllt
> (2NR), dann können Angreifer leichter in das OT-Netz eindringen
> (2H).
>
> IND.3.2 Fernwartung im industriellen Umfeld; 2.6. Unsichere
> alternative OT-Fernwartungszugänge für Störungen; S. 710/900

{Patch – „OT" steht für Operational Technology, so etwas wie das
Betriebssystem nur im größeren Umfang etwa für [Industrie + Anlagen, die =
1x]. Das Wort [Mobilfunk] wirkt in diesem Zusammenhang sehr unscheinbar,
auch wenn es nur als Beispiel genommen wird. Um welche schwierige
Situation es geht, würde durch das [Smartphone, das = 114x], welches für die
Fernwartung genutzt wird, deutlicher...\}

[Mobilfunk, der] als Bestimmungswort, das differenziert und die Bedeutung
des Grundwortes/Letztwortes erweitert in den folgenden zusammengesetzten
Wörtern (Komposita):

[Mobilfunk + Funktion, die = 1x]; Rarität. Das gibt zu Befürchtungen Anlass
[–]. Ein Mobilfunk ist nun mal ein Mobilfunk und keine Funktion.

[Mobilfunk + Infrastruktur, die = 1x]; Rarität. Das sind z.B. die
allgegenwärtigen Funkmasten und alles, was sonst noch so wegen einer
Übertragung in Stadt und Land herumsteht. Das ist nachvollziehbar [+].

[Mobilfunk + Netz, das = 18x]. Das ist wie das [Funknetz] vorgesehen für
den Funk, in diesem Fall für einen als mobil verstandenen Funk. Was denn
sonst. Das ist nachvollziehbar [+].

[Mobilfunk + Standard, der = 1x]; Rarität. Das ist unsicher [–]. Ein Standard,
den du auf den Mobilfunk anwenden könntest, wie könnte er aussehen, wer
sollte ihn festlegen. Überhaupt: Welcher Mobilfunk?

[Mobil + Gerät, das = 3x]. Dein Smartphone, genau das könntest du ein
Mobilgerät nennen, und wahrscheinlich versteht man, was du gemeint hast.
Sicherheitshalber zeige es vor, wenn du davon sprichst. Du bestimmst, wo es
ist, du bestimmst, wann du es mitnehmen willst, du vergisst es ... Das ist
nachvollziehbar [+].

* * * * *

~ Modales Satzglied/Ergänzung – Grammatik: Präpositionalphrase
(prepositional phrase)

Ein modales Satzglied besteht aus einem Verhältniswort/Präposition mit
modaler Bedeutung und einem Hauptwort/Substantiv: „**Durch** eine
ungeeignete oder begrenzte Auswahl...", S. 244/900). Satzglied deswegen,

---

weil es als Gruppe innerhalb eines Satzes auch an eine andere Stelle gebracht werden kann. Sieh dir das an im Abschnitt „Satz/sentence".

Modale Verhältnisse sind solche, die auf Fragen nach einer Art und Weise antworten: Wie, wie viel, wie sehr, um wie viel, woraus, womit, mit wem/ was?

Weitere modal genutzte Verhältniswörter/Präpositionen sind: [auf], [für], [gegen], [mit], [ohne].

<u>IT-Grundschutz-Kompendium</u>

> Auch kann die Institution abgemahnt werden (1H), wenn auf ihrer Webseite Inhalte veröffentlicht werden (2NV), die gegen gesetzliche Vorschriften verstoßen (3NR).

> APP.3.2: Webserver; 2.1 Reputationsverlust; S. 402/900

{Patch – Welcher Art sind oder welche Qualität haben die [Inhalte, die = 104x], das solltest du dich fragen. Gesagt wird, dass gegen [Vorschriften, die = 28x] verstoßen wird, die du in [Gesetzen, die = 105x] finden könntest. Das ist so...\}

* * * * *

System-Nachricht eHealth (TI) [Sys-23] - Störung sektoraler Identity Provider

> Derzeit liegt eine Störung an dem von der IBM betriebenen sektoralen IDP vor. Dadurch kann es zu Beeinträchtigungen bei der Nutzung der Gesundheits-ID für verschiedene digitale Gesundheitsanwendungen für Versicherte der AOK Nordost, HEK, VIAKTIV kommen. Die Anmeldung via GesundheitsID in der E-Rezept-App kann dadurch gestört sein. Die Einlösewege via eGK, Ausdruck oder App mit PIN sind davon nicht betroffen.

> Die IBM ist bereits in der Analyse, um die Ursache schnellstmöglich zu beheben. Weitere Informationen folgen zeitnah nach neuem Kenntnisstand.

> Letzte Aktualisierung: 02.07.2024 02:40 Uhr

{Patch – Weit nach Mitternacht, der „Zwölf-Elf" hat die linke Hand schon gehoben, „die Galgenbrüder wehn im Wind, im fernen Dorf schreit ein Kind." (C. Morgenstern). Eine [Störung, die = 129x] geistert durch die Nacht. Eine [Störung] kann sein eine [Beeinträchtigung, die = 20x] - [Fehl + Funktion, die = 66x] - [Unregelmäßigkeit, die = 6x] - [Glitch fachspr., Jargon, engl. = UNGENUTZT] – [Tief, das = UNGENUTZT] - [Tiefdruck + Gebiet, das = UNGENUTZT] - [Unterbrechung, die = 5x] - [Dislokation, die = UNGENUTZT] - [Behinderung, die = 1x] - [Blockierung, die = UNGENUTZT] - [Obstruktion, die = UNGENUTZT] - [Verzögerung, die = 9x] - [Widerstand, der = 3x]. Mach dir Gedanken, was da bei der [sektoralen IDP = Identity Provider] die zutreffende Alternative sein könnte.

Sehen wir uns in dieser System-Nachricht [Sys-23] die genutzten
Verhältniswörter/Präpositionen an. Sie treten in dieser Folge auf: [an] – [von]
– [zu] – [bei] - [für, für] – [in] – [mit] – [in] – [nach]. Wenn du mehr wissen
willst, unter [*Verhältniswort/Präposition – Grammatik*] findest du es.

Jetzt sieh dir diese in dem Satz Nr. 2 an, weil dort das Verhältniswort [für]
prominent ist:

> Dadurch kann es ...
>
> [**zu** Beeinträchtigungen]
>
> [**bei** der Nutzung der Gesundheits-ID]
>
> [**für** verschiedene digitale Gesundheitsanwendungen]
>
> [**für** Versicherte der AOK Nordost, HEK, VIAKTIV]
>
> ... kommen.

Du siehst, die Verhältniswörter stehen am Anfang einer Wortgruppe/Phrase.
Jede Wortgruppe könnte auch an einer anderen Stelle des Satzes stehen.
Auffallend sind die Wortgruppen, die mit [für] beginnen. Sie folgen unmittelbar
aufeinander, das kann verunsichern. Um das zu vermeiden, könntest du
umstellen, z.B. die Versicherten nach vorn: *Dadurch kann es für Versicherte
der AOK...*

Eine andere Möglichkeit wäre, eine der Wortgruppen in einem Nebensatz
auszulagern: *Dadurch kann es für Versicherte der AOK, wenn sie die
Gesundheits-ID nutzen, zu Beeinträchtigungen...*

Schließlich hast du die Möglichkeit, einfach zwei Sätze aus dem Monstrum zu
machen. Auf diese Weise würdest du die Transparenz und die
Nachvollziehbarkeit der Inhalte dramatisch verbessern.

Die Gematik zeigt mit einem solchen schwierigen Satz, dass es tief reichende
Formulierungs- und Erklärungsdefizite gibt. Es schimmert zudem deutlich
hervor: man scheint nicht zu wissen, was erklärt werden muss, man scheint
nicht (mehr) zu wissen, was da wie zusammenhängt, und was auf was folgt.
Das „Schwarze Loch" der TI, der Digitalisierung, aufgezeigt an einer
[Störung]...}

* * * * *

~ Modalverb (modal verb) – Grammatik: Wortart (part of speech)

Verb, das die Art und Weise eines anderen Verbs, besonders die Möglichkeit,
Notwendigkeit, Ungewissheit, näher bezeichnet (www.dwds.de).

Welches Ziel hat das IT-Grundschutz-Kompendium des BSI? Dich auffordern,
selbstständig zu denken, selbstständig zu handeln, und selbst aktiv zu werden
in Sachen digitaler Sicherheit, in Sachen Schutz der IT oder auch in Sachen
Sicherheit der Telematik-Infrastruktur des so verletzlichen Gesundheitswesen.

Jemanden auffordern bedeutet praktisch und grammatisch, einen Imperativ zu verwenden: <u>Werde</u> aktiv! <u>Handele</u> selbstständig! <u>Denke</u> selbstständig!

Unterstützung bekommt der Imperativ in der Grammatik durch Modalverben. Unterstützende Modalverben sind häufig [sollen] und [müssen]. Dann wuseln als Modalverben noch herum [dürfen], [können], [wollen] oder [lassen]. Das sieht dann so aus: Du sollst aktiv werden! Du musst selbst handeln! Du darfst selbst denken! Oder auch du könntest aktiv werden.

Das alles ist gut funktionierende Sprachpraxis, das alles ist Konvention, ist Alltag und wird von jeder und jedem relativ sicher umgesetzt.

Allerdings, diese Sprachpraxis und Konvention hält das BSI nicht ein. Das ist fatal. Denn es leidet die Eindeutigkeit, Nachvollziehbarkeit und Umsetzbarkeit von Anweisungen. Und das ist fatal für den IT-Grundschutz, für die digitale Sicherheit in der IT und in der TI.

Statt dessen fordert das BSI, man möge mit BSI-eigenen Vorgaben arbeiten, die man aus der RFC 2119 (Was das ist, nutze z.B. die Suchmaschine Ecosia.org) übernommen haben will und aus dem Englischen eingedeutscht hat. Das zumindest wird so geglaubt. Die Übersicht:

	Key words for use in RFCs to Indicate requirement levels." Request for Comments 2119	IT-Grundschutz-Kompendium (BSI)	Sprachpraxis (Quelle: Leo.org)
A)	MUST (alternativ: REQUIRED or SHALL)	MUSS/MÜSSEN (2.786x) / DARF NUR/DÜRFEN NUR (13x/23x)	Müssen (alternativ: erforderlich, notwendig oder sollen)
B)	MUST NOT (alternativ: SHALL NOT)	DARF NICHT/DÜRFEN NICHT (13x/33x) / DARF KEIN/DÜRFEN KEIN (2x/3x) / DÜRFEN … NICHT = 8	Nicht dürfen (alternativ: soll nicht)
C)	SHOULD (alternativ: RECOMMENDED)	SOLLTE/N (4.318x)	Sollte (alternativ: empfohlen, vorgeschlagen)
D)	SHOULD NOT (alternativ: NOT RECOMMENDED)	SOLLTE/N NICHT (53x) / SOLLTE/N KEIN/E (10x)	Sollte nicht (alternativ: nicht empfohlen)
E)	MAY (alternativ: OPTIONAL)	---	Dürfen (alternativ: optional, wahlweise, freigestellt)

	Key words for use in RFCs to Indicate requirement levels." Request for Comments 2119	IT-Grundschutz-Kompendium (BSI)	Sprachpraxis (Quelle: Leo.org)
F)	Keine Nutzung	Genutzte, aber nicht definierte Schreibweisen: [DÜRFEN = 79x] [DÜRFEN … NUR = 7]	
G)	Keine Netzung	Keine Großschreibung: [sollen = 94x]	
H)	Keine Nutzung	Konkurrenz zu C) [sollte = 146x]	

{Patch – Du kannst die Aussagen der einzelnen Zeilen wie folgt in den IT-Grundschutz und in die digitale Sicherheit übertragen:

A) steht für die Notwendigkeit so und nicht anders zu handeln, steht für die Pflicht so und nicht anders zu handeln. A) ist Vorschrift, ist verbindliche Anweisung, ist ein sanfter Befehl.

B) steht für das Verbot so und so zu handeln, steht für ein Tabu, steht für eine Reglementierung; so und so zu handeln ist untersagt.

C) steht für die Empfehlung, so und so zu handeln, ist ein Denkanstoß, ist eine Anregung, so und so zu handeln, ist ein unverbindlicher Vorschlag

D) steht für das Abraten, so und so zu handeln, steht für das Zurückhalten, für das Bremsen, vielleicht auch für das Verleiden, so und so zu handeln.

E) steht für Alternativen, wie du handeln könntest, es ist dir freigestellt, du entscheidest.

F) – G) werden ohne Definition genutzt, entsprechen vermutlich der herkömmlichen Verwendung.

Leider erreicht das IT-Grundschutz-Kompendium keine konsequente Klarheit und verhindert so wirkungsvolles Handeln in Sachen digitaler Sicherheit.

Besonders deutlich wird das, siehst du dir die Verwendung des absoluten Marktführers [sollen/sollten] näher an. Denn dieser hat in der Form „sollte" neben anderen (siehe oben) eben auch a) die Bedeutung einer Möglichkeit und b) die Bedeutung einer Notwendigkeit. Hier unterscheidet Harvard sauber zwischen „shall" und „should".

<u>IT-Grundschutz-Kompendium</u>

01. Die Benutzer SOLLTEN verpflichtet werden (1H), sich nach Aufgabenerfüllung vom IT-System bzw. von der IT-Anwendung abzumelden (2NI).

SYS.2.1 Allgemeiner Client; SYS.2.1.A1 Sichere
Benutzerauthentisierung; S. 559/900

{Patch – [SOLLTEN] = Anregung, unverbindliche Empfehlung, so und so zu handeln – siehe Modalverben.

Durch das Verb [jmd. zu etwas verpflichten] kommt Verbindlichkeit in den Satz. Eine Verbindlichkeit kennt keine Empfehlung. Deswegen ist [SOLLTE] nicht angebracht und durch [MÜSSEN] zu ersetzen, es ist notwendig. Willst du jedoch mit [sollen] arbeiten, dann schreibe: *Die Benutzer sollen verpflichtet werden.* Allerdings sieht diese Version das BSI nicht vor. Ein ähnliches Problem findest du bei der Verwendung von [MUSS/MÜSSEN]...\}

<u>IT-Grundschutz-Kompendium</u>

01. Den Benutzern MUSS genau erläutert werden (1H), was die WLAN-spezifischen Sicherheitseinstellungen bedeuten (2NR) und warum sie wichtig sind (2NV).

NET.2.2: WLAN-Nutzung; NET.2.2.A2 Sensibilisierung und
Schulung der WLAN-Benutzer; S. 749/900

{Patch – [MUSS/MÜSSEN] = Notwendigkeit, Pflicht, so und keinesfalls anders zu handeln – siehe Modalverben.

Die Notwendigkeit steckt in dem als Umstandswort genutzten Eigenschaftswort [genau = 41x]. Das folgende Verb [erläutern] hat zudem die Bedeutung, etw. näher, ausführlich erklären. Wegen dieser Beobachtungen reicht die folgende Formulierung des Hauptsatzes (1H) aus: *Den Benutzern ausführlich erklären, ...* Klar, du erkennst natürlich, dass auch ein Infinitiv eine etwas zurückgenommene Anweisung ist. Das ist in Anbetracht des komplexen Themas [Sicherheit(s) + Einstellungen, die = 17x] angemessen. Mit anderen Worten, [MUSS] ist hier ein Vorschlaghammer, der auf eine Stecknadel knallt, die sich deswegen einfach nur verbiegt...\}

02. Außerdem MÜSSEN die Benutzer auf die Gefahren hingewiesen werden (1H), die {dann\} drohen (2NR), wenn diese Sicherheitseinstellungen umgangen oder deaktiviert werden (3NV).

NET.2.2: WLAN-Nutzung; NET.2.2.A2 Sensibilisierung und Schulung der
WLAN-Benutzer; S. 749/900

{Patch – [MUSS/MÜSSEN] = Notwendigkeit, Pflicht, so und keinesfalls anders zu handeln – siehe Modalverben.

Dieser Satz folgt auf Satzbeispiel 01), hübsch vorbereitet durch das einleitende Umstandswort [außerdem = 302x], Rang 7 der genutzten Umstandswörter/Adverbien. [Außerdem] drückt aus, dass eine weitere Person, Sache, Möglichkeit, ein unterstützendes Argument, ein zu beachtender Aspekt o. Ä. noch hinzukommt. Warum werden nur [Hinweise, die = 33x] gegeben, wo [Gefahren, die = 122x] lauern könnten. Warum werden die verbotenen Handlungen in einen untergeordneten Teilsatz (3NV) verbannt. Es versteht sich von selbst, werden die selten angesprochenen [Sicherheit(s) + Einstellungen] „deaktiviert" oder sogar als Steigerung „umgangen", drohen [Gefahren]. Angebracht ist deswegen in diesem Zusammenhang, ein Verbot auszusprechen, [Sicherheitseinstellungen DÜRFEN NICHT]...\}

Das Arbeiten mit den Modalverben für einen IT-Grundschutz und für eine digitale Sicherheit hat noch zwei weitere Besonderheiten:

Die pragmatische Zuordnung der einzelnen Modalverben zu Handlungen wird nicht gemacht. Statt dessen werden [Anforderungen, die = Top-25] genannt, die durch den Einsatz der Modalverben zu erfüllen sind. Eine [Anforderung] kann sein: a) eine Bestellung oder b) ein Anspruch, Forderung. Eine [Anforderung] ist dagegen kein [Kriterium, das = 25x], dem entsprochen wurde, kein [Attribut, das = 16x], das ergänzt wurde, keine [Eigenschaft, die = 16x], die eine Lücke geschlossen hat, kein [Merkmal, das = 9x], kein angestrebtes [Ergebnis, das = 96x]. Nichts von alle dem. Aber diese Wahlmöglichkeit und Entscheidungsfreiheit in der Bezeichnung ist für die digitale Sicherheit der entscheidende Punkt – statt die bedeutungsentleerte Inflation der [Anforderungen].

IT-Grundschutz-Kompendium

> 01. Auch in Standard-Anforderungen können Teilanforderungen mit „MUSS" gekennzeichnet werden. Hierbei handelt es sich um Forderungen, die bei der Umsetzung der Anforderung uneingeschränkt erfüllt werden müssen.
>
> Aufbau der Bausteine; Modalverben; S. 20

{Patch – Welch eine Wirrnis...\}

> 02. Darüber hinaus kann es bei Standard-Anforderungen einzelne MUSS-Teilanforderungen geben, die nur unter bestimmten Bedingungen erfüllt werden müssen.
>
> Aufbau der Bausteine; Modalverben; S. 20

{Patch – Welch ein Durcheinander...\}

Die zweite Besonderheit in der Verwendung der Modalverben ist, dass mit dem [Schutz + Bedarf, der = 295x] eine weitere Ebene eingeführt wird. So soll es für den IT-Grundschutz einen „normalen" Schutzbedarf geben mit „Basis-Anforderungen". Und es soll einen „erhöhten Schutzbedarf" geben.

Aber lasst doch die Unternehmen, die Organisationen und auch die Arztpraxen ihren individuellen Schutzbedarf ermitteln. Denn sie tragen die Verantwortung!

Weitere Modalverben, die allerdings keine strategische Bedeutung bekommen, sind [kann, können, könnte, könnten = 3.166x], [lassen, lässt =

252x] und [wollen, will = 7x]. Für [kann…] gibt es einen eigenen Abschnitt, sieh dich dort mal um.

* * * * *

System-Nachricht eHealth (TI) [Sys-24] - Störung bei Nutzung von Cherry-Kartenterminals mit der KoCoBox MED+

Aktuell kann es in medizinischen Einrichtungen, die ein Cherry-Kartenterminal in Verbindung mit der KocoBox MED+ nutzen, zu einer Störung kommen. Elektronische Gesundheitskarten können ggf. nicht eingelesen werden, können aber manuell über das Ersatzverfahren verarbeitet werden. CGM Support-Teams und Vertriebspartner sind über den notwendigen Lösungsweg informiert, der im Wesentlichen aus einer Entkopplung und Neuverbindung der Kartenterminals besteht. Die betroffenen Praxen erhalten Unterstützung für die schnellstmögliche Behebung. Wir halten auf unseren Kanälen auf dem Laufenden.

Letzte Aktualisierung 31.01.2024 12:30

{Patch – So solltest du die Anordnung und den Ablauf einer [Nutzung, die = Top-25] dir vorstellen: Kartenterminal des Herstellers Cherry (Kirsche), etwas versetzt neben der Tastatur des Rechners an der Anmeldung. [Daten, die = Top-25] werden übertragen, sobald eine eGK eingesteckt wird und irgendetwas aufleuchtet. Die KoCoBox, das ist ein [Konnektor, der = 5x], empfängt die [Daten], meist sofort. Überprüfung, ob die [Daten] – sagen wir – ok. sind. Anschließend versendet die KoCoBox die [Daten] an irgendeine Adresse (IP-Adresse) innerhalb der Telematik-Infrastruktur (TI).

Die Nachricht [Sys-24] alarmiert und meldet: Dieser versprochene Ablauf ist gestört.

Wo die [Störung, die = 129x] „sitzt", das wird nicht bekanntgegeben. Das ist sehr wahrscheinlich nicht bekannt. Das wird auch nicht weiter thematisiert, etwa durch die Floskel „mit Hochdruck an einer Lösung...".

Wo fällt die [Störung] auf? In der Notfallambulanz im Krankenhaus z.B., oder in der Arztpraxis, eben in allen medizinischen [Einrichtungen, die = 6x] fällt es auf, die sich für die beschriebene Anordnung entschieden haben, aus technischen oder wirtschaftlichen Gründen, oder weil ein eloquenter Vertriebsmensch das so angeboten hat.

Wie fällt die [Störung] auf? Die eGK wird eingesteckt und nichts geht weiter. Oder, die eGK wird eingesteckt und das Kartenterminal stürzt ab, gibt seinen Geist auf, stellt sich tot.

Was kann MFA Jerry in der Praxis von Dr. Kammer laut System-Nachricht [Sys-24] vom Mittwoch, den 31. Januar 2024 gegen Praxisschluss, was kann der oder die MFA tun?

1. Die Patientin/den Patient mithilfe einer Suche im PVS-System suchen und für Eingaben aufrufen. Denkbar, dass das mit dem „manuellen Ersatzverfahren" gemeint ist.

2. Wenn 1. nicht so richtig läuft, könnten auch [Support-Teams, die = UNGENUTZT] irgendetwas wahrscheinlich mit einer [Fernwartung, die = 157x] tun. Das ist nachvollziehbar, wenn auch zeitlich und organisatorisch (Erreichbarkeit) völlig unrealistisch. Nur nicht die [Vertriebs-Partner] ansprechen, entweder haben die keine Ahnung oder verweisen auf den [Support, der = 24x].

3. Aber siehe da, MFA Jerry könnte einen „notwendigen Lösungsweg" selbst ausprobieren oder durch das [Support-Team] ausführen lassen, denn die sind ja ebenfalls informiert.

MFA Jerry entscheidet sich wegen Handlungsdruck für den Selbst-Versuch (engl. Self-Service).

3.1. Er nimmt das Kartenterminal vom Stromnetz.

3.2. Er schließt den Tresor mit der KoCoBox auf, nachdem er den Schlüssel aus dem Praxis-Safe geholt hat.

3.3. Er zieht die Kabel der KoCoBox ab. Er startet die KoCoBox neu. Er schließt die Kabel wieder an. Er schließt den Tresor, den Safe.

3.4. Zurück am Kartenterminal startet er dieses neu.

3.5. Ergebnis: eGK kann gelesen werden, hoffen wir mal.

Dröhnender Applaus von den Personen, die auf das Einlesen ihrer eGK warten. Einen auf den Bauch vor dem Tresor liegenden MFA und leise Flüche murmelnd, diesen Event hat man nicht jeden Tag!

Was ist mit den medizinischen Einrichtungen, die keinen MFA Jerry in ihrem Team haben?

Erstens: „Die betroffenen Praxen… bla bla blups.

Zweitens: „Wir halten… blups, blups, bla.

Die Moral von der Geschichte: Gib den wartenden Patienten:innen und „einsichtsfähigen" Jugendlichen die E-Mail-Adresse des Bundesministerium für Gesundheit (BMG), welches sich derart hemmungslos von Lobbyist:innen hat bequatschen lassen...\}

* * * * *

[Monitoring + Daten, die = 2x]; Rarität. Das ist entmutigend [–]. Ein [Monitoring, das = 20x] ist ein Vorgang, der in der Regel aufmerksam einen Prozess begleitet. Aufmerksam sollte er beispielsweise Ausfälle registrieren. Zahlen oder von mir aus Daten sind das jedoch nicht, auch wenn die gemeint sein sollten.

[Multifunktion(s) + Gerät, das = 78x]. Das sollte eigentlich eine "Kiste" sein, mit der du viele, verschiedene Sachen gleichzeitig oder nacheinander machen kannst. Das ist nachvollziehbar **[+]**.

<u>IT-Grundschutz-Kompendium</u>

> Sind die Drucker, Kopierer und Multifunktionsgeräte an ein Datennetz oder direkt an Clients angeschlossen (1H), können IT-Systeme oft auch direkt auf die an Drucker, Kopierer und Multifunktionsgeräte angeschlossenen Speichermedien zugreifen (2H).
>
> SYS.4.1: Drucker, Kopierer und Multifunktionsgeräte; 2.6 Unkontrollierter Datenaustausch über Speicherschnittstellen bei Druckern, Kopierern und Multifunktionsgeräten; S. 639/900

{Patch – Eine spontane Marktbeobachtung zeigt, ein Multifunktionsgerät wird rasch zu einem Multifunktionsdrucker. Bei Wikipedia gibt es eine Definition, die so auch in meiner Welt der digitalen Erfahrungen passt. Multifunktionsgeräte vereinen nämlich „einen Drucker, einen Scanner, einen Kopierer und teilweise auch ein Fax".Großes Erstaunen, dass das BSI dieses im IT-Grundschutz deutlich anders sieht: „Drucker, Kopierer und Multifunktionsgeräte", das ist der Titel dieses Kapitels (SYS.4.1) im IT-Grundschutz. Das ist unmöglich ernstzunehmen. Man wäre aus der Sache heraus, würde man das Verbindungswort/die Konjunktion [und = 7.606x] ersetzen durch ein [oder = 3.388x]. Weil das nicht passiert, handelt es sich um eine redundante Aufzählung. Du hast einen [Drucker, der = 89x] so, du hast ihn im Multifunktionsgerät. Gleiches beim [Kopierer, der = 58x]. Der Unsinn geht noch weiter. Natürlich ist das [Daten + Netz, das = 62x] entweder durch das sprach-schlanke [Netz, das = 477x] oder durch das [Netzwerk, das = 2x] zu ersetzen. So kannst du die [Clients, die = 442x] vermeiden, deren Erwähnung nur verwirrt. Den Rest kannst du dir schenken. Eigentlich gilt das für den zweiteiligen Satz. Aber zu dem Ergebnis musst du dich erst einmal hinarbeiten, ehe du die Leiter umstoßen kannst...\}

* * * * *

<u>**Rand-Notiz Nr. 17 :** - Datenlecks können zu Schadensersatz führen</u>

> Das oberste Gericht der EU hat die Rechte von Bürgern gegenüber Firmen und Behörden gestärkt. Sollten bei Hackerangriffen persönliche Daten gestohlen werden, können Betroffene Schadensersatz geltend machen.
>
> Tagesschau.de: 14.12.2023 14:07 Uhr

* * * * *

Die Varianten [muss, müssen, müsste, müssten] kommen auf 2.194 Einsätze. Verursacht wird das hauptsächlich durch die spezielle Verwendung. Du kannst dir das in dem Abschnitt Modalverb genauer ansehen.

Diese Bedeutung: [müssen] drückt aus, dass der im Infinitiv genannte Prozess oder Zustand auf Grund bestimmter Umstände oder Voraussetzungen zwingend notwendig ist.

IT-Grundschutz-Kompendium

01. Nachdem die Frist abgelaufen ist (1NV), SOLLTE geprüft werden (2H), ob die Datenträger und Beweise noch weiter aufbewahrt werden müssen (3NV).

DER.2.2: Vorsorge für die IT-Forensik; DER.2.2.A12 Sichere Verwahrung von Originaldatenträgern und Beweismitteln, S. 318/900

{Patch - [SOLLTEN] = Anregung, unverbindliche Empfehlung, so und so zu handeln – siehe Modalverben.

Die vollständige Kleinschreibung von [müssen] zeigt, dass es nicht um eine Notwendigkeit geht, sondern um eine Notwendigkeit. Dieses ist ein Satz, an dem du gut erkennen kannst, wie destruktiv und letztlich verunsichernd die Entscheidung MÜSSEN/müssen für den IT-Grundschutz ist. Würde das BSI auf [müssen] im dritten Teilsatz (3NV) verzichten, wäre das Ergebnis der [Prüfung, der = 82x] ebenfalls „rechtssicher" ausgedrückt...\}

02. Die Ergebnisse der Überprüfung MÜSSEN sinnvoll dokumentiert werden (A).

DER.1: Detektion von sicherheitsrelevanten Ereignissen; DER.1.A1 Erstellung einer Sicherheitsrichtlinie für die Detektion von sicherheitsrelevanten Ereignissen; S. 301/900

{Patch – [MUSS/MÜSSEN] = Notwendigkeit, Pflicht, so und keinesfalls anders zu handeln – siehe Modalverben.

Jetzt gibt es eine Unsicherheit in der Interpretation von [MÜSSEN]. Bezieht sich die Pflicht auf das Umstandswort/Adverb [sinnvoll / Umstand = 47x]? Wie sieht eine „sinnvolle" [Dokumentation, die = 147x] von [Ergebnissen, die = 96x] aus. Wären die Eigenschaften [geordnet / Umstand = 2x] oder [übersichtlich / Umstand = 2x] oder [nachvollziehbar / Umstand = 81x] oder [plausibel / Umstand = 1x] nicht hilfreicher, um Ergebnisse zu dokumentieren.

Oder bezieht sich die Pflicht auf das reine [Dokumentieren, das = 3x], auf das schriftliche [Festhalten, das = UNGENUTZT] der Ergebnisse. Du weißt es nicht, wie wirst du dich vor die Aufgabe gestellt verhalten?...\}

* * * * *

Derzeit liegt eine Störung an einer für die elektronische Patientenakte (ePA) relevanten technischen Komponente, betrieben von BITMARCK Service GmbH, vor. Aktuell ist für Versicherte der Mobil Krankenkasse die Neuanlage einer elektronischen Patientenakte mittels elektronischem Identifizierungsmittel (Signaturdienst) nicht möglich. Die Neuanlage einer elektronischen Patientenakte über eGK ist davon nicht betroffen und funktioniert weiterhin.

Die Ursache ist bereits analysiert und wird bis 20 Uhr behoben.

Letzte Aktualisierung: 06.04.2024 (ohne Zeitangabe)

{Patch – Ein [Signatur + Dienst, der = UNGENUTZT] übernimmt die Aufgabe, eine individuell gültige [Signatur, die = 37x], das ist eine Zahlenreihe irgendwo in den Weiten der TI anzulegen. So wird es möglich, etwa wenn Einträge in der ePA gemacht werden sollen, blitze-schnell zu prüfen, ob die [Signatur] (weiterhin) gültig ist. Damit ist der Weg in die ePA frei.

Was mit dem abschließenden Satz der System-Nachricht gemeint sein könnte, da fehlt mir im Augenblick (= ICE787, Richtung Hannover hinter Lüneburg, wegen Bauarbeiten eine Verzögerung von 45 Augenblicken, nein Minuten) etwas die Fantasie...\}

* * * * *

N wie [Netzwerk, das = 2x] Rarität im IT-Grundschutz– [Netzwerk] wird nicht modifiziert...

Das bedeutet: [Informations- und Telekommunikationstechnik] Zusammenschluss mehrerer Computer oder anderer Apparate, die z. B. untereinander Daten austauschen. (www.dwds.de)

IT-Grundschutz-Kompendium

Beim Social Engineering baut ein Angreifer meistens einen direkten Kontakt zu einem Opfer auf, z. B. per Telefon, E-Mail oder auch über Soziale Netzwerke (A).

ORP.3: Sensibilisierung und Schulung zur Informationssicherheit; 2.9 Social Engineering; S. 119/900

{Patch – Ach welch ein starker Aussagesatz ist das! Doch halt, beginne mit dem Begriff [Social Engineering], der da wie selbstverständlich daherkommt. Ist er aber nicht: [Social Engineering] sagt meine Vokabel-App von Pons sei die „angewandte Sozialwissenschaft" und dann unter „Computer" ein „Versuch, persönliche Daten eines Computersystems durch Täuschung zu erhalten, oft über Internet." (Stand: 20.12.24). Das ist natürlich Unfug. Beim Bundesamt für Verfassungsschutz heißt es: „Social Engineering dient dazu, Informationen über Menschen zu sammeln, um sie zu einem bestimmten (sicherheitskritischen) Verhalten zu verleiten."

Das bedeutet praktisch, jeder zwischenmenschliche [Kontakt, der = 4x], ob analog oder digital, kann ein erster Schritt sein, um [Informationen, die = Top-25] über eine [Person, die = 207x} zu sammeln. In den Informationen wird nach [Inhalten, die = 104x] gesucht, mit denen eine vertrauliche [Beziehung, die = 7x] aufgebaut werden kann. Ist diese stabil, heißt es „Action", egal ob analog oder digital. Die dann aktiven Personen sind allerdings keine [Opfer, die = 12x], sie haben ja noch alle Tassen im Schrank, können denken, könnten nachdenken. Niemand zwingt sie, es sei denn, es handelt sich um eine [Erpressung, die = 16x] mit belastenden Informationen...
\}

* * * * *

System-Nachricht eHealth (TI) [Sys-26] - Störung sektoraler Identity Provider (sek IDP KTR) - T-Systems International GmbH

Derzeit liegt eine Störung an dem von der T-Systems International GmbH betriebenen sektoralen IDP vor. Dadurch kann es zu Beeinträchtigungen bei der Nutzung der GesundheitsID für verschiedene digitale Gesundheitsanwendungen für Versicherte der Barmer kommen. Die Anmeldung via GesundheitsID in der E-Rezept-App kann dadurch gestört sein. Die E-Rezept-Einlösewege via eGK, Ausdruck oder App mit PIN sind davon nicht betroffen.Die T-Systems ist bereits in der Analyse, um die Ursache schnellstmöglich zu beheben. Weitere Informationen folgen zeitnah nach neuem Kenntnisstand.

Letzte Aktualisierung - 19.12.2024 13:15 Uhr

{Patch – Sektorale IDP, was ist das? Da stellen wir uns ganz dumm. Die IDP ist eine Abkürzung. Sie steht für irgendetwas oder irgendwen, im Angebot haben wir:

a) Internetwork Datagram Protocol, ein [Netzwerk + Protokoll, das = UNGENUTZT];

b) Internally Displaced Person, eine interne Vertreibung;

c) Identity Provider, Anbieter von Single-Sign-on [Diensten, die = Top-25], [Identität(s) + Händler, die = UNGENUTZT].

Für welche Auflösung entscheidest du dich, für a) – b) – c)?

Für a) würde sprechen das vorangestellte Eigenschaftswort/Adjektiv [sektorale = UNGENUTZT]. Ein „Network", ein [Netzwerk, das = 2x] kann

<hr>

- 244 -

durchaus in [Abschnitte, die = 1x] oder [Sektoren, die = UNGENUTZT] unterteilt werden und sein.

Für b) spricht dieses englische „displaced", also umgezogen, umgesiedelt, irgendetwas in dieser Art. Auch in diesem Kontext kann das [sektoral] eine Konkretisierung bedeuten.

Für c) spricht im Vergleich mit den beiden anderen Vorschlägen zunächst wenig. Erst wenn du dir klar machst, dass sich auf dem Markt für das Wort [Identität, die = 85x] die inzwischen feststehende, lexikalisierte Abkürzung [ID] durchgesetzt hat, erst dann könnte die Variante c) wieder ins Spiel kommen. Eine kleine Hilfe liefert der folgende Satz mit dem Terminus [GesundheitsID, die = UNGENUTZT], also [Gesundheit(s) + ID]. Also was und welche?

Nun dein irrer Auftritt mit leichter erboster Stimme: In der [Headline, die = UNGENUTZT], im [Betreff, das = UNGENUTZT] wird doch schon längst erklärt, um was es geht, du Voll…

Sorry Bruder, mich interessiert das Wesentliche. Das Wesentliche ist, dass die [GesundheitsID] nicht wie vielstimmig versprochen an diesem Donnerstag, den 19. Dezember wenige Tage vor Weihnachten zur Verfügung steht und genutzt werden kann…\}

* * * * *

[Name (engl.) + Server, der = 1x]; Rarität. Ein feststehender, technischer Ausdruck. „Ein Nameserver ist ein Rechner, der die Zuordnung von Domain-Namen zu IP-Adressen verwaltet"

(www.ionos.de/hilfe/domains/glossar-domain-fachbegriffe-verstaendlich-
erklaert/nameserver/)

* * * * *

~ Nebensatz (subordinate clause) – Grammatik

Siehe [Inhalts-Nebensatz Typ II] oder [Relativer-Nebensatz Typ III] oder [Verhältnis-Nebensatz Typ IV] oder [Kurzsatz/Ellipse Typ V].

* * * * *

Top-25: [Netz, -e, das = 477x] – [Netz] wird 33-mal modifiziert für eine digitale Sicherheit

A.) - Erklärung/Wortbestimmung

Wenn jemand wissen will, wie man [das Netz] in einem Text mit technischen Inhalten einsetzen kann, dann findet sie oder er dieses in einem Bedeutungswörterbuch (1985):

- Das Netz, durch Flechten oder Verknoten von Fäden oder Seilen entstandenes Gebilde aus Maschen, das in unterschiedlicher Ausführung den verschiedensten Zwecken dient;

- Das Netz, vielfältig verflochtenes, netzartig verzweigtes System, verzweigte Anlage.

Und im IT-Grundschutz, was ist hier [Netz, das = 471x]? Was ist im Vergleich dazu ein [Netzwerk, das = 2x!].

Netzwerk, wie es im Deutschen Wortschatz (www.dwds.de) definiert wird, bedeutet demnach:

1. Netz als Material oder Struktur

2. (dichtes) Netz

Warum wird in der IT oder der Digitalisierung und hin und wieder im IT-Grundschutz von [LAN, das = 48x] gesprochen, der Abkürzung für Local Area Network, Network gleich Netzwerk. Wenn doch offensichtlich das [Netz] der Blockbuster ist?

Warum wird in der IT oder Digitalisierung und im IT-Grundschutz etwas häufiger von [WLAN, das = 186x] geschrieben, die Abkürzung für Wireless Area Network, das kabellose Netzwerk. Wenn [Netz] doch den Aufmerksamkeitserfolg feiert?

Warum wird von [VPN, das = 100x] gesprochen, der Abkürzung für Virtual Private Network, das virtuelle und abgesicherte, quasi „private" Netzwerk. Wenn [Netz] das Mittel der Wahl ist?

Ein Netz ist noch lange kein [Netzwerk]. Dieses zusammengesetzte Wort (Kompositum) hat eine bis in das 8. Jhdt. zurückreichende Geschichte, die mit dem Grundwort [das Werk] zu tun hat. Das „werc" (althochdeutsch) bedeutete damals „Tätigkeit und ihr Ergebnis", im Hochdeutsch dann „die Handlung, „die Tat", „das Geschaffene", „das Produkt", „die Fabrik". Das [Netzwerk] ist demnach sowohl „Tätigkeit" – deswegen netzwerken! – als auch „Ergebnis". Vereinfacht gesagt ist es ein Stuhlkreis, den jemand aufgestellt hat, bestehend aus miteinander verknüpften (deswegen Netz) Rechnern.

Die Favorisierung für [Netz] anstelle von [Netzwerk] ist leider keine Nebensächlichkeit, sondern eine Ungenauigkeit.

Denn ein (digitales) Netzwerk innerhalb eines Unternehmens, einer Organisation oder einer Arztpraxis ist ein LAN, gelegentlich auch Intranet genannt. Ein Netzwerk zwischen Unternehmen, Organisationen oder in der Telematik Infrastruktur ist dann ein WLAN. Ist ein Netzwerk abgeschirmt und abgesichert, wird ein LAN oder WLAN zu einem VPN.

Anders verhält es sich, wenn die Verbindungen via Funk quer durch den Globus hergestellt werden, dann ist es das Internet, dann sprich von einem [Netz, das = Top-25].

Ach ja, es gibt dann noch das fiese WLAN, das Darknet - ein Stuhlkreis der Bösewichter, der Übelwollenden, Lichtscheuen, der [Angreifenden]!

Wird im IT-Grundschutz von [Netz] geschrieben, dann kann das auch ein [Netzwerk] sein, ein LAN, WLAN oder VPN. Aber nur das [Netzwerk] ist selbsterklärend, es ist Vorgang und Ergebnis.

<u>IT-Grundschutz-Kompendium</u>

> 01. Alle Zugangsdaten MÜSSEN geändert werden (1H), nachdem das Netz isoliert wurde (2NV).

> DER.2.3: Bereinigung weitreichender Sicherheitsvorfälle; DER.2.3.A4 Sperrung und Änderung von Zugangsdaten und kryptografischen Schlüsseln, S. 324/900

{Patch – [MUSS/MÜSSEN] = Notwendigkeit, Pflicht, so und keinesfalls anders zu handeln – siehe Modalverben.

Das Thema ist ein [Sicherheit(s) + Vorfall = 209x im IT-Grundschutz]. Die Sicherheit der IT wurde unterbrochen, etwas oder jemand ist vermutlich eingedrungen. Man hat Spuren erkannt, man hat Indizien gefunden, man ist weit gekommen in der Recherche. Jetzt weiß man (hoffentlich) genug, jetzt geht es an die [Bereinigung, die = 40x], an das Entfernen der Angreifenden. Ein Schritt sei: Isolation des befallenen Netzwerkes (LAN) oder der befallenen Abschnitte.

Ein weiterer Schritt sei die [Zugang(s) + Daten = 38x] ändern. Um für die Praxis nachvollziehbar zu sein, müsste die Teilsatze umgestellt werden.

Unabhängig von der Umstellung, welche Bedeutung hat der Satz? Wird ein Netzwerk oder ein Abschnitt isoliert, dann wird es entweder heruntergefahren oder eben gegenüber anderen isoliert, es wird abgetrennt, abgeschnitten. Nach der Fahndung findet die Bereinigung statt. Dann wird das Netzwerk kontrolliert, d.h. in kleinsten Schritten, wieder gestartet oder eben wieder verbunden. Dann müssen „alle Zugangsdaten" … Aber mein Gott, welche sind denn das, wer muss, wer kann, wer darf sie ändern. Wenn es lediglich die Passwörter sind, dann das auch schreiben...\}

> 02. Die Konfigurationsdaten für die zu verwaltenden Systeme SOLLTEN automatisch über das Netz verteilt (1H,) und ohne Betriebsunterbrechung installiert und aktiviert werden können (2H).

> OPS.1.1.7 Systemmanagement, OPS.1.1.7.A14 Zentrale Konfigurationsverwaltung für zu verwaltende Systeme, S. 236/900

{Patch – [SOLLTEN] = Anregung, unverbindliche Empfehlung, so und so zu handeln – siehe Modalverben.

In diesem Satz wird deutlich, warum es übersichtlicher ist, statt vom [Netz] von [Netzwerk] zu sprechen. Niemand soll annehmen, dass das Internet mit seiner Unübersichtlichkeit eine Rolle spielen könnte...\}

> 03. Es MUSS ausgeschlossen werden (1H), dass entwendete Geräte unberechtigt verwendet werden (2NI), um auf das Netz der Institution zuzugreifen (3NV).

{Patch – [MUSS/MÜSSEN] = Notwendigkeit, Pflicht, so und keinesfalls anders
zu handeln – siehe Modalverben.

Thema, zu dem der Satz gehört: gestohlenes Smartphone, oder gestohlenes
Notebook. Ziel der hier ausgesprochenen Anweisung: Mit dem gestohlenen
Smartphone/Notebook soll nichts und niemand die Chance haben, sich in
dem Netzwerk eines Unternehmens, einer Organisation oder etwa einer
Arztpraxis anmelden zu können. Fertig...\}

B.) - [Netz, das] wird in den folgenden zusammengesetzten Wörtern
(Komposita) differenziert und eingeschränkt (= Grundwort/Letztwort) durch ...

Administration(s) + N. = 10x / Anlagen + N. = 1x / Bot + N. = 12x /
Bürokommunikation(s) + N. = 1x / Daten + N. = 62x / Dritt + N. = 1x / Fremd +
N. = 2x / Funk + N. = 33x / Gesamt + N. = 3x / Institution(s) + N. = 3x /
Kommunikation(s) + N. = 28x / Management + N. = 23x / Mobilfunk + N. = 18x
/ Produktion(s) + N. = 12x / Quell + N. = 1x / Sensor + N. = 1 /
Sonderfahrzeug + N. = 1x / Speicher + N. = 14x / Standort + N. = 1x / Strom +
N. = 1x / Stromversorgung(s) + N. = 1x / Stromverteil + N. = 2x / Sub + N. =
8x / Systemmanagement + N. = 2x / Teil + N. = 3x / Telefon + N. = 5x /
Telekommunikation(s) + N. = 1x / Test + N. = 1x / Transfer + N. = 6x /
Versorgung(s) + N. = 11x / Weitverkehr(s) + N. = 9x / Ziel + N. = 3x /
Zugang(s) + N. = 3x

C.) - [Netz, das] = nun als Bestimmungswort, das differenziert und die
Bedeutung des Grundwortes/Letztwortes erweitert in den folgenden
zusammengesetzten Wörtern (Komposita):

[Netz + Abdeckung, die = 1x]; Rarität. Das Kompositum ist qualvoll **[--]**. Das
Verb [abdecken] wird zu dem Hauptwort/Substantiv [Abdeckung]. Dieses
kann nun ein Vorgang sein oder ein Zustand. Ein [Netz] wird verhüllt oder ist
verhüllt. Das wird hier aber nicht gemeint sein. Wahrscheinlich geht es um
eine Reichweite oder etwas in der Art. Vielleicht auch nicht.

[Netz + Abschnitt, der = 7x], ein Abschnitt, ein Teilbereich innerhalb eines
Netzwerkes, wenn das gemeint ist. Das ist teilweise nachvollziehbar **[+]**.

[Netz + Adapter, der = 1x]; Rarität. Gemeint ist das Teil, welches in eine
Steckdose oder USB-Anschluss gesteckt wird, damit dein Smartphone sich
wieder aufladen kann. Das ist nachvollziehbar **[+]**.

[Netz + Administrator, der = 2x]; Rarität, die unheildrohend ist **[--]**. Das Wort
ist hingefleddert, denn von welchem Netz sollte das der Administrator sein.
Doch nur von einem Local Area Network (LAN), einem Netzwerk.

[Netz + Aktivität, die = 1x]; Rarität, die schmerzlich ist **[--]**. Ein [Netz] und
auch ein [Netzwerk] nicht kann aktiv werden oder aktiv sein. Im günstigsten
Fall fließen Daten wie von unsichtbarer Hand in das Netz oder das Netzwerk
gestoßen.

[Netz + Anbindung, die = 18x]; das Kompositum kommt leider zu häufig vor, um als entmutigend abgetan werden zu können **[--]**. Das Hauptwort/Substantiv [Anbindung = 77x] ist abgeleitet von dem Verb *etwas/jemanden z.B. mit einem Seil an etwas/jemanden anbinden.* Seil passt ja irgendwie zu Netz, hat man sich irgendwann gedacht. Sieh dir bitte den Beispielsatz an und suche dieses Seil:

IT-Grundschutz-Kompendium

> Betriebszustand, Auslastung und Netzanbindungen der virtuellen Infrastruktur MÜSSEN laufend protokolliert werden (A).
>
> SYS.1.5 Virtualisierung, SYS.1.5.A6 Protokollierung in der virtuellen Infrastruktur, S. 518/900

{Patch – [MUSS/MÜSSEN] = Notwendigkeit, Pflicht, so und keinesfalls anders zu handeln – siehe Modalverben.

Du siehst,es geht um die zu den Top-25 gehörende [Infrastruktur], die ja auch in der Telematik-Infrastruktur grundsätzlich vertreten ist. In diesem Satz wird ein bedeutsames Eigenschaftswort/Adjektiv vorangestellt: virtuell. Virtuell ist in der IT alles das, was nicht durch Kabel verbunden (!) ist, aber trotzdem mittels Funk verbunden ist. Wie verfügbar dieser Funk ist, welche starken, welche schwachen Phasen er im Laufe von 24 Stunden hatte, wann und wie lange er gänzlich ausgefallen war, das muss selbstverständlich protokolliert werden. Ein Oberbegriff für all diese „W´s" ist [Verfügbarkeit = 235x]. Bleibt die Frage, ist [Netz] hier das angemessene Wort? Ja, denn es geht tatsächlich um das Internet, oder genauer um das Wireless Area Network (WLAN). Das Kompositum [Netz + Verfügbarkeit] wäre möglich, ist jedoch dem IT-Grundschutz nicht bekannt...\}

[Netz + Anschluss, der = 6x]; es kann sich um einen Stromanschluss handeln, um einen Telefonanschluss, oder um den Anschluss, der über einen Router in das Internet/WLAN hergestellt wird. Deswegen nur ein teilweise nachvollziehbar **[+]**.

[Netz + Anwendung, die = 1x]; Rarität, kümmerlich das Ganze **[–]**. Das Hauptwort/Substantiv [Anwendung] ist wie das [Netz] eines der Top-25. Die Kombination beider ist von daher schon einer Ausdrucks-Schwäche verdächtig. Gemeint könnte vermutlich ein Programm sein, welches im Internet läuft. Oder auch nicht.

[Netz + Architektur, die = 44x]; das ist gewagt **[--]**. Weil es sich so gewichtig anhört, und auch 44-mal eingesetzt wird, ein genauerer Blick.

Zunächst die [Architektur, die = 43x]. Sie wird im IT-Grundschutz kombiniert mit der [Anwendung = 1x], der [Software = 4x], dem [System = 4x] und unserem [Netz] oder doch [Netzwerk].

Der Deutsche Wortschatz hat drei Bedeutungs-Varianten ermittelt: 1. Baukunst, 2. künstlerische Gestaltung eines Bauwerkes, Baustil, 3. [selten] Bauwerk (www.dwds.de)

Keine Variante will sich so recht zu dem [Netz] oder doch [Netzwerk] gesellen.
Woran liegt das?

Das liegt an dem Gebrauch des Wortes Architektur. In dieser Kombination
funktioniert es als eine Hyperbel, ein Stilmittel aus der Rhetorik, eine
Hervorhebung durch Übertreibung. Hätte man von einem [Netz + Aufbau =
dem IT-Grundschutz nicht bekannt] gesprochen, geschenkt, oder von einer
[Netz + Struktur = 4x], einverstanden. Aber nichts dergleichen, es muss ja
unbedingt die künstlerische Gestaltung sein, die Baukunst – deswegen ist es
eine Hyperbel. In dem Wort [Netzwerk] ist das Strukturelle bereits impliziert,
ebenso etwas wie ein Aufbau.

<u>IT-Grundschutz-Kompendium</u>

> Basierend auf der Netzarchitektur SOLLTE das Netzdesign für die
> Zonen inklusive internem Netz, DMZ-Bereich und
> Außenanbindungen entwickelt (1H,) und nachhaltig gepflegt werden
> (2H).
>
> NET.1.1: Netzarchitektur und -design, NET.1.1.A17 Spezifikation des
> Netzdesigns; S. 723/900

{Patch – [SOLLTEN] = Anregung, unverbindliche Empfehlung, so und so zu
handeln – siehe Modalverben.

Das tut mir leid, dich in diese Situation zu bringen. Andrerseits eine gute
Gelegenheit, mein Vorgehen zu erläutern. Ich werte den Wort-Bestand des IT-
Grundschutz-Kompendiums aus. Ich finde z.B. die am häufigsten
vorkommenden Hauptwörter/Substantive. Aufgrund meiner
sprachwissenschaftlichen Qualifikation habe ich die These, dass diese Top-25
besonders attraktiv sind für die kreative und im Deutschen freigegebene
Bildung von Komposita. Also sehe ich mir die auch genauer an, ihre Art der
Zusammensetzung, überprüfe sie auf ihre Fähigkeit, die gewünschte
Bedeutung zu vermitteln. Und dann erst kehre ich zurück zu dem IT-
Grundschutz-Kompendium: und sehe jetzt erst, welche große Überraschung!,
dass ein ganzes Kapitel des IT-Grundschutzes mit der [Netz + Architektur]
betitelt ist und dieses behandelt.

Um es kurz zu machen: Was ist der Unterschied zwischen der künstlerisch
wertvollen [Netz + Architektur] und dem eben so künstlerisch bedeutsamen
[Netz + Design = 9x]? Wie schlank und nachvollziehbar wäre hier eine [Netz +
Struktur]?!

[Netz + Ausfall, der = 2x]; Rarität, das ist lumpig **[--]**. Wie ein roter Faden
zieht sich die fehlende Trennschärfe durch die Netzwelt. Ist hier das Internet,
das Wireless LAN ausgefallen, oder das Netzwerk, das LAN? Du siehst es
dem Kompositum nicht an.

[Netz + Bandbreite, die = 2x]; Rarität. Trotzdem eine übersichtliche Sache,
also nachvollziehbar **[+]**:

Die Bandbreite hat in der technischen Informatik und Physik mit
Frequenzbereichen zu tun. Signalträger wie zum Beispiel Kabel
haben gewisse Frequenzbereiche, auf denen Daten übertragen
werden. Je größer die Bandbreite, desto mehr Daten können
gleichzeitig übertragen werden.

https://praxistipps.chip.de/bandbreite-was-ist-das-einfach-erklaert_41934

[Netz + Bereich, der = 6x]; das verstehe ich als Synonym etwa zu [Netz +
Abschnitt]. Teilweise nachvollziehbar **[+]**.

[Netz + Betreiber, der/die = 1x]; Rarität, das Kompositum ist hoffnungslos
[--]. Das Prinzip des Internet (= Netz) ist, keinen dezidierten Betreiber zu
haben. Die Telefonnetze, über die der Weg in das Internet führt, kennen viele
Betreiber, auch russische, chinesische, unzählige europäische. Ein Netzwerk
(LAN) wird in der Regel durch das Unternehmen, die Organisation, oder die
Arztpraxis mit eigenen Servern betrieben, oder es wird ausgelagert, siehe
Outsourcing. Dann gibt es für das gesamte bundesdeutsche
Gesundheitswesen die Telematik-Infrastruktur, hier sind die Betreiber weder
die unzählig Vielen des Internets, noch die Telefongesellschaften, noch die
Unternehmen, Organisationen, Arztpraxen – hier ist der Betreiber ein
ertüchtigtes Call Center in Gütersloh.

[Netz + Betrieb, der = 1x]; Rarität, das ist ungünstig **[--]**. Siehe die Gedanken
zu [Netz + Betreiber].

[Netz + Design, das = 9x]; das ist delikat **[--]**. Das [Design] stammt aus dem
Sachgebiet der Textilindustrie und bedeutet meist „Entwurf oder Formgebung"
(Quelle https://corpora.uni-leipzig.de). Erneut bedient sich der IT-Grundschutz
aus einem fremden Wortbereich, der wie schon die [Netz-Architektur]
künstlerischen Anspruch suggeriert. Aber der hat im IT-Grundschutz nichts
verloren.

[Netz + Dienst, der = 7x]; das ist eigentümlich **[–]**, denn es fehlt die
Information, was mit [Netz] gemeint ist. Das Domain Name System (DNS),
das lesbare Namen von Webseiten automatisch in Server-IP-Adressen
umgewandelt, wird im IT-Grundschutz als ein [Netz + Dienst] bezeichnet.

[Netz + Drucker, der/die = 3x]; das ist ärgerlich **[--]**. Es handelt sich um eine
Verkürzung unseres [Netzwerkes] plus angeschlossenen [Drucker], also um
den [Netzwerk + Drucker].

[Netz + Ebene, die = 11x]. Das ist vertrackt **[–]**. Du hast ein [Netz] als ein
[Netzwerk] kennengelernt, welches sich auf einer vertikalen Ebene in viele
Richtungen verzweigen kann, bis irgendwann eine kaum zu überblickende
Struktur gebildet hat. Auf einer horizontalen Ebene. Das Kompositum [Netz +
Ebene] bringt nun eine vertikale Achse ins Bild.

IT-Grundschutz-Kompendium

> Wenn diese Einstellung (= Einschränkung der automatischen
> Übertragung von Diagnose- und Nutzungsdaten; GFG) nicht wirksam

umgesetzt werden kann (1NV), dann MUSS durch geeignete
Maßnahmen, etwa auf Netzebene, sichergestellt werden (2H), dass
diese Daten nicht an den Hersteller übertragen werden (3NI).

SYS.2.2.3 Clients unter Windows 10, SYS.2.2.3.A4 Telemetrie und
Datenschutzeinstellungen unter Windows 10; S. 577/900

{Patch – [MUSS/MÜSSEN] = Notwendigkeit, Pflicht, so und keinesfalls anders
zu handeln – siehe Modalverben.

Nicht nur in diesem Satz wird deutlich, dass die [Netzebene]
genaugenommen durch [Netzwerk] ersetzt werden kann oder sogar ersetzt
werden muss. Denn nur dort besteht die Chance, wirksam einzuschränken...\}

[Netz + Element, das = 2x]; Rarität, und die ist dürftig **[--]**. Wie auch immer,
eine Netz ist ein Netz. Gemeint sein könnte ein [Netzknoten], den der IT-
Grundschutz nicht kennt. Ein [Netzknoten] könnte beispielsweise ein [Router
= 91x] oder ein [Switch = 97x] sein.

[Netz + Engpass, der = 2x]; Rarität. Wenn aus welchen Gründen auch immer
die Übertragungsmenge oder Bandbreite eingeschränkt ist, gibt es einen
Engpass. Das ist nachvollziehbar **[+]**.

[Netz + Ersatzanlage, die = 10x]; dieses ist ein Fachausdruck, Abkürzung
(NEA). Mit [Netz] ist das [Stromnetz] gemeint. Die alternative Bezeichnung
Notstromaggregat ist geläufiger und nachvollziehbar **[+]**, da wegen des
[Notstroms] selbstredend.

[Netz + Festplatte, die = 1x]; Rarität, das ist geisterhaft **[--]**. Wie soll eine
Festplatte in einer Netzstruktur einsam und allein vor sich hin speichern,
laden, speichern, laden....

[Netz + Freigabe, die = 2x]; Rarität, das ist schwach **[--]**. Gemeint ist deine
Autorisierung, dass du das Netz oder deutlicher das Netzwerk nutzen darfst.
Nein, das Netz hat nicht frei.

[Netz + Grenze, die = 2x]; Rarität, das ist bizarr **[--]**. Wo kein Netz ist, ist eben
kein Netz. Gemeint ist hier natürlich etwas anderes, nämlich eine begrenzte
Reichweite. Ein Übergang von einem Telefonnetz zu einem anderen.

[Netz + Implementierung, die = 1x]; Rarität. Wird ein [Netzwerk] eingerichtet,
wird es in eine Struktur gebracht. Es wird implementiert, das ist
nachvollziehbar **[+]**. Wieder einmal vernebelt das Hauptwort/Substantiv [Netz]
die Sache.

[Netz + Infrastruktur, die = 4x]; das ist knifflig **[–]**, das ist irgendwie doppelt
formuliert. Bitte schreibe von einer [Netz + Struktur = 4x], oder von einer
[Netzwerk + Struktur = die der IT-Grundschutz trotz der semantischen
Plausibilität nicht kennt], oder dann schlicht von einer [Infrastruktur, die =
340x]. Zu dieser gehört in Zeiten der Digitalisierung auch ein [Netz], in der
Regel ein [Netzwerk].

[Netz + Integrität, die = 1x]; Rarität. Das ist verzweifelt **[–]**. Wie bitte soll ein
Netz 1. vollständig sein, 2. unversehrt, unberührt sein oder werden, 3. rein,

makellos, rechtschaffen, redlich sein oder werden? Träumt weiter. Siehe auch [System + Integrität = 2x; Rarität].

[Netz + Kommunikation, die = 2x]; Rarität. Das ist bitter **[--]**, wie [siehe: Kommunikation] vereinnahmt wird. Weil das [Netz] selbst oder das [Netzwerk] selbst nicht kommunizieren können, ist möglicherweise jenes Daten-Geplaudere gemeint, welches seinen Weg über diese Verbindungen sucht. Möglicherweise, allerdings arbeiten kannst du mit dieser Definition keineswegs.

[Netz + Komponente, die = 74x]. Die [siehe: Komponente] ist abgeleitet von dem lateinischen Verb „componere" = zusammenstellen, zusammensetzen. Eine [Komponente] ist also etwas zusammengesetztes. Ein [Router] ist so etwas. Alles Zusammengesetzte und in einem [Netz] bzw. [Netzwerk] integrierbare und nutzbare ist eine [Netz + Komponente], das ist nachvollziehbar **[+]**.

<u>IT-Grundschutz-Kompendium</u>

> 01. Eine weitere wichtige Funktion (des Systemmanagements, GFG) ist das Reporting (1H), das auch als gemeinsame Plattform für IT-Systeme und Netzkomponenten angelegt werden kann (2NR).

> OPS.1.1.7 Systemmanagement, 1.1. Einleitung, S. 231/900

{Patch – Ein auswertbares Reporting solltest du bei unseren [Netzkomponenten] nicht erwarten. Entweder funktionieren sie, oder sie funktionieren nicht. Manchmal bekommst du auch nur den Hinweis, dass sie erreichbar sind und fertig...\}

> 02. Netzkomponenten wie Router, Industriesteuerungsanlagen und sogar IoT-Geräte wie vernetzte Kameras sind heutzutage ebenfalls vielfach durch Schadprogramme gefährdet (A).

> OPS.1.1.4: Schutz vor Schadprogrammen, 1.1 Einleitung; S. 209/900

{Patch – Das muss deutlicher formuliert werden, etwa so: Netzkomponenten *werden ebenfalls von* Schadprogrammen *angegriffen.* Oder: *Sei dir bewusst, Schadprogramme greifen auch Netzkomponenten an!...*\}

[Netz + Koppelelement, das = 4x]. Das ist schrecklich **[--]**. In einem [Netz] oder [Netzwerk] wird nicht gekoppelt, nicht angekoppelt – wie es zwei ICE auf ihrem Weg nach München im Hannoverschen Hauptbahnhof tun. Diese Komposition ist ein typisches Beispiel für Spontan-Bildungen, die einsam durch den IT-Grundschutz geistert.

[Netz + Laufwerk, das = 4x]. Das ist schwindelerregend **[--]**, denn ein Laufwerk ist eine Komponente oder eine Hardware, in der sich eine Scheibe dreht. Sie soll Gigabyte von Daten aufnehmen und sichern. Als einzeln herumstehende Hardware oder innerhalb eines Racks kann es natürlich innerhalb eines [Netzwerkes] passable Dienste leisten, nicht aber allgemein in dem Internet, dem [Netz].

[Netz + Management, das = 103x]. Wenn mit dem Inflations-Wort [siehe: Management] nicht eine Gruppe der Stets-wichtig-tuenden Kerle gemeint ist, die sich beharrlich weigern, gescheite Frauen mitwirken zu lassen, wenn also die nicht, sondern das systematische und überlegte Verwalten von Netzwerken gemeint ist, auch über das Internet miteinander verbunden, dann kann alles gut und nachvollziehbar sein **[+]**.

<u>IT-Grundschutz-Kompendium</u>

>01. Nicht abgestimmte Aktionen im Netzmanagement können sich negativ auf das Systemmanagement auswirken (A).
>
>OPS.1.1.7 Systemmanagement, 2.8. Unzureichende Abstimmung zwischen Systemmanagement und Netzmanagement, S. 233/900

{Patch – Dann kann alles gut sein, sagte ich und purzele nun über diesen Satz. Wann geht es um das Management von Netzwerken, wann um das von Systemen, wann um das von Netzen? Überhaupt gibt es keine Erklärung im Glossar des IT-Grundschutzes, was unter [Management] verstanden werden soll, was unter [Netzmanagement], was gegebenenfalls unter [Systemmanagement]. Kann man sich solche Abgründe in Sachen IT-Sicherheit erlauben? Nein!

Trotz allem, mögliche Handlungen können sich nicht „negativ" auswirken, denn wie wäre das zu beschreiben. Mögliche Handlungen innerhalb eines Netzwerk-Managements können sich – ob abgestimmt oder unabgestimmt - einfach gesagt störend auswirken. Damit komme erst einmal klar...\}

>02. Das Netzmanagement umfasst viele wichtige Funktionen wie z. B. die Netzüberwachung, die Konfiguration der Komponenten, die Behandlung von Ereignissen und die Protokollierung.
>
>NET.1.2: Netzmanagement, 1.1 Einleitung, S. 729/900

{Patch – Eigentlich sollte da als Begriffs-Bestimmung das Folgende stehen (nur schrieb man es nicht): *Im Netzmanagement werden Aufgaben zusammengefasst.* Und dann bitte eine logische Folge dieser Aufgaben. Sie beginnt mit der Einrichtung oder Konfiguration, es folgt die laufende Überwachung oder Kontrolle, dann die Behandlung nicht nur der kritischen Ereignisse, sowie deren Protokollierung.

Der Blick in eine Arztpraxis, was das Management des Netzwerkes angeht. Einrichtung oder Konfiguration, das passt, die Arztpraxis ist direkt einbezogen. Laufende Überwachung oder Kontrolle, das ist undurchsichtig und kann von der Arztpraxis nicht nachvollzogen oder kontrolliert werden. Das gilt für das Betriebssystem, hier Windows-Server, das gilt für das Praxisverwaltungssystem (PVS), welches ständig mit der Telematik-Infrastruktur (TI) verbinden ist, und das gilt für die TI selbst. Behandlung kritischer Ereignisse und deren Protokollierung, bezogen auf das Betriebssystem herrscht finstere, undurchdringliche Nacht. Bei dem PVS, nur wenn der Praxis-Alltag gestört wird und dann auch nur auf Anfrage oder mit

einem zeitversetzten Fernwartungstermin, Protokollierung deswegen keine.
Bei der TI ... finstere, undurchdringliche Nächte, die unterbrechungsfrei
ineinander übergehen.

In Unternehmen oder Organisationen ersetzt du die TI durch z.B. Internet,
schon hast du auf jeder Ebene die gleichen Bedingungen und Auswirkungen.
Es ist das System und es ist System!...\}

[Netz + Paket, das = 1x]; Rarität. Das ist mickrig **[--]**. Genau genommen sind
es [Daten + Pakete], die wie trunken durch jegliche Netze jagen und gejagt
werden.

[Netz + Performance, die = 1x]; Rarität; das ist hoffnungslos **[--]**. Nicht das
Theater ist gemeint, sondern eher die Leistung oder besser die Effizienz eines
Netzes wie etwa das bei einem [siehe: Strom + Netz]. Allerdings gibt es
bereits den deutlich geeigneteren Ausdruck [siehe Netz + Bandbreite].

[Netz + Plan, der = 7x]; das ist ungewöhnlich **[--]**. Denn ein [Netzplan] wird
ausgearbeitet mit einer so genannten „Netzplantechnik". Beschrieben in dem
[Netzplan] wird die „temporale und finale Verkettung von Aktionen"
(https://de.wikipedia.org/wiki/Netzplantechnik; Stand 22.03.23).
Demgegenüber wird in dem Glossar des IT-Grundschutzes ein [Netzplan]
definiert als „...eine graphische Übersicht über die Komponenten eines Netzes
und ihrer Verbindungen. (Glossar; Netzplan; S. 37/900)

An anderer Stelle wird dann diese Bedeutung angewandt:

> Zusätzlich SOLLTE ein aktueller Netzplan Zonen, Zonenübergänge
> (Conduits), eingesetzte Kommunikationsprotokolle und -verfahren
> sowie Außenschnittstellen dokumentieren (A).
>
> IND.1: Prozessleit- und Automatisierungstechnik, IND.1.A4 Dokumentation
> der OT-Infrastruktur; 675/900

{Patch – [SOLLTEN] = Anregung, unverbindliche Empfehlung, so und so zu
handeln – siehe Modalverben.

Im IT-Grundschutz wird mit einer alltäglichen Vorstellung von Plan wie etwa
Metro-Plan oder Fahrplan gearbeitet. Der Netzplan der Pariser Metro zeigt dir
den Verlauf der Linien und an welchen Stellen du von der einen in die andere
Linie wechseln kannst. Allerdings eignet sich eine Operational Technology
(OT) nicht für eine solche Darstellung, passender ist eine [siehe: Netz +
Struktur]...\}

[Netz + Planer, der/die = 1x]; Rarität, das Kompositum ist befremdend **[--]**.
Du erfährst nicht, ob es ein Planer ist, ob es mehrere Planer sind, von Frauen
überhaupt nicht zu reden. Was aber soll geplant werden? Werfe einen Blick
auf [Netz + Plan].

[Netz + Planung, die = 6x]; dem Kompositum liegt die Vorstellung zugrunde,
die Struktur nun nicht mehr eines, sondern eines [Netzwerkes], dessen
Zentrale Server sind, könne wie eine Marketing-Offensive geplant werden.
Nun gut, das ist teilweise nachvollziehbar **[+]**.

[Netz + Platzierung, die = 1x]; Rarität. Das ist negativ **[--]**, keine Ahnung, was gemeint wird.

[Netz + Port, der = 6x]; der *Port* ist ein englisches Wort. Dessen Hauptbedeutung ist [Hafen]. In einen solchen fahren Schiffe und machen dort fest, sie legen an. So kannst du dir das auch bei einem Rechner vorstellen. Das im [Netz + Port] festmachende Schiff ist das [Netzwerk + Kabel], nicht zu verwechseln mit [Netz + Kabel]. Das ist teilweise nachvollziehbar **[+]**.

[Netz + Protokoll, das = 6x]; dieses ist ein Fachwort, zudem eine Verkürzung des Kompositums … (tusch] … [Netzwerk + Protokoll]. In ihm verzeichnet sind die Regeln, die für den Austausch von innerhalb eines Netzwerkes gelten. Nennenswerte sind z.B. TCP/IP und UDP, AppleTalk oder BACnet speziell für Gebäudeleittechnik (Quelle: https://de.wikipedia.org; Stand 23.03.23). Das ist nachvollziehbar **[+]**.

[Netz + Ressource, die = 1x]; Rarität. Das ist trübe **[--]**. Eine Ressource kann verstanden werden als Hilfsmittel oder als Quelle von irgendetwas. Wie das zusammengeht mit den Wörtern [Netz] oder [Netzwerk], das liegt im Dunkel-Trüben.

[Netz + Schicht, die = 1x]; Rarität. Das ist entmutigend **[--]**. Denn in der Suchmaschine Ecosia.org finde ich diesen Eintrag: Stratum reticulare (Netzschicht), ein Fachbegriff aus der Medizin. Erst einige Fundstellen tiefer gibt es dann … tusch … die [Netzwerk + Schicht], englisch Network Layer. Was das ist, benutze mal Ecosia.org, auch wenn dein Browser stumpf gockeln will.

[Netz + Schnittstelle, die = 2x]; Rarität. Das ist eigenartig **[--]**, denn in den Internetquellen wird nur von [Netzwerk + Schnittstelle] gesprochen. Und die sei „eine Schnittstelle, die einem Computer oder einer Netzwerkkomponente den Zugang zu einem Rechnernetz ermöglicht." (Quelle: https://de.wikipedia.org; Stand: 23.03.23)

[Netz + Segment, das = 59x]. Das Wort [Segment] wird in der Mathematik und der Zoologie verwendet. Erst in einer übertragenen Bedeutung wird es zu einem [Teilstück] oder [Ausschnitt], beide Wörter kommen im IT-Grundschutz nicht vor. In eine ähnliche Richtung gehen die (siehe: Subnetze).

> Ein Netzsegment ist ein Teil eines größeren, zusammenhängenden Netzes, das virtuell und/oder physisch vom Rest des Netzes getrennt ist. (Quelle: https://de.wikipedia.org; Stand 23.03.23)

{Patch – Die Verwendung [Netz] ist angebracht, da es sowohl um Netzwerke als auch um Wireless Netze geht. Relevant für ein [Netzsegment] ist demnach die klare Abtrennung. Sie ermöglicht es, etwa bei einem Virus-Befall oder einem erfolgreichen Angriff nicht das gesamte Netz still zu legen, sondern eben nur das befallene [Netzsegment]...\}

<u>IT-Grundschutz-Kompendium</u>

01. Es SOLLTE festgelegt werden (1H), wie die Netzsegmente sich sicher voneinander trennen und schützen lassen (2NI).

SYS.1.5 Virtualisierung, SYS.1.5.A9 Netzplanung für virtuelle Infrastrukturen; S. 518/900

{Patch – [SOLLTEN] = Anregung, unverbindliche Empfehlung, so und so zu handeln – siehe Modalverben.

Ein Beispielsatz für die ständigen verbalen Unschärfen, relevante Aussagen in Sachen IT-Grundschutz zu treffen. Wie wäre es so: *Netzsegmente sind blitzsauber abzugrenzen von anderen Netzsegmenten oder einem gesamten Netz. Gleichzeitig benötigen sie einen eigenen, unabhängigen Schutz...\}*

02. Die IoT-Geräte und Sensoren SOLLTEN in einem eigenen Netzsegment betrieben werden (1H), das ausschließlich mit dem Netzsegment für das Management kommunizieren darf (2NR).

SYS.4.4: Allgemeines IoT-Gerät, SYS.4.4.A5 Einschränkung des Netzzugriffs; S. 657/900

{Patch – [SOLLTEN] = Anregung, unverbindliche Empfehlung, so und so zu handeln – siehe Modalverben.

Mein Sprachgefühl flüstert mir zu: Die IoT-Geräte und Sensoren MÜSSEN ... Denn sie sind mögliche Angriffspunkte, und müssen deswegen in einem eigenen Netzsegment sein. Klar, sie müssen auch irgendwie gesteuert werden und sie müssen auch ihre Daten übermitteln können. Dafür allerdings gleich wieder ein anderes Netzsegment zu nutzen, wie in dem Satz geschrieben wird? Ich weiß nicht...\}

03. Es DÜRFEN NUR Endgeräte in einem Netzsegment positioniert werden (1H), die einem ähnlichen Sicherheitsniveau entsprechen (2NR).

NET.1.1: Netzarchitektur und -design, NET.1.1.A6 Endgeräte-Segmentierung im internen Netz; S.721/900

{Patch – [DÜRFEN NUR] = Notwendigkeit, Pflicht, so und so keinesfalls anders zu handeln – siehe Modalverben.

Der Titel dieses Abschnitts will tatsächlich „Endgeräte" segmentieren, oh Graus. Statt dem Verb „positionieren" (= in eine bestimmte Stellung bringen, einordnen) das nachvollziehbare Verb *einfügen* (= einarbeiten, einpassen). Statt dem als Eigenschaftswort/Adjektiv eingesetzten „ähnlich" von einem *vergleichbaren* Sicherheitsniveau sprechen, denn du wirst aufgefordert, zu vergleichen. Hast du vor dem Einfügen verglichen, ja oder nein...\}

[Netz + Segmentierung, die = 6x]; ja, das Trennen einzelner Teilstück eines Netzes kann als Segmentieren bezeichnet werden, das ist nachvollziehbar **[+]**.

[Netz + Separierung, die = 1x]; Rarität, und die ist bedrückend **[--]**. Gemeint ist die eben diskutierte Trennung, die Segmentierung.

[Netz + Sicherheit, die = 2x]; Rarität. Es geht um Sicherheit im Netz und/oder Netzwerk. Diese wird im IT-Grundschutz auf 900 Seiten gerade mal 2-mal genannt??? Das Kompositum ist nachvollziehbar **[+]**, die einsame Verwendung nicht.

[Netz + Socket, der = 1x]; Rarität. Das ist schlimm, denn die Internet-Recherche liefert keine plausible Erklärung für das Kompositum. Ein Socket soll aus dem Englischen kommen und soviel bedeuten wie Sockel, Steckverbindung oder Steckdose, was eine ganze Menge unterschiedlicher Dinge sind.

[Netz + Speicher, der = 2x], Rarität. Das Kompositum ist gewagt **[--]**, denn wie sollen Verknüpfungen, aus denen ein Netz nun mal besteht, Daten speichern. Gemeint sein könnte ein Speicher, der über das Netz erreicht werden kann, das sollst du dann so aber auch sagen.

[Netz + Struktur, die = 4x]; du könntest verstanden haben, dass ich das Wort „Struktur" bevorzuge, um den Aufbau eines Netzwerkes zu beschreiben und darzustellen.

<u>IT-Grundschutz-Kompendium</u>

> Werden die Netzstrukturen unterschiedlicher Mandanten nicht durch physisch getrennte Netze, sondern durch virtuelle Storage Area Networks (VSANs) separiert (1NV), kann hierdurch die Informationssicherheit der Institution gefährdet werden (2H).
>
> SYS.1.8: Speicherlösungen, 2.5 Überwindung der logischen
Netzseparierung; S. 549/900

{Patch – Der zweiteilige Satz wirkt, als hätte er Gewicht. Das Gewicht lagert in dem zweiten Teilsatz, dem Hauptsatz: [siehe: Information(s) + Sicherheit = 397x im IT-Grundschutz]. Natürlich ist die [Sicherheit] des jeweiligen Netzes bzw. Netzwerkes gefährdet. Angriffe könnten erfolgreich sein, wenn irgendetwas nicht richtig mit dem Storage Area Network (SAN) getrennt wurde.

> Ein Storage Area Network (SAN) ist ein dediziertes Netzwerk, das auf eine bestimmte Umgebung zugeschnitten ist und Server, Speichersysteme, Netzwerk-Switches, Software und Dienste kombiniert (Quelle: www.ibm.com/de-de/topics/storage-area-network; Stand 23.03.23)

Und was es mit dem Virtuellen auf sich hat, wenn es nicht nur ein vom Marketing geprägter Begriff ist, das finde ich auf einer Herstellerseite:

> vSAN fasst alle verfügbaren lokalen Kapazitätsgeräte zu einem einzelnen, von allen Hosts im vSAN-Cluster gemeinsam genutzten Datenspeicher zusammen. (Quelle: https://docs.vmware.com/de/, Stand 23.03.23)

{Patch - Zusammengefasst verstehe ich das so: Virtuell ist der Blick, was ist wo verfügbar an Speicherplatz, das fasse ich zusammen und bilde es ab. In

---

dem Abgebildeten kann dann lustig gespeichert werden. Die Lösung heißt …
Die Sicherheit, so verstehe ich den IT-Grundschutz, kann gefährdet sein beim
Blicken, beim Zusammenfassen und Abbilden auf einem nur virtuell
existierenden „Server", und dann beim (virtuellem) Abspeichern...\}

[Netz + Technik, die = 1x]; Rarität; das ist eigenartig **[--]**. Dem Netz inhärent
ist das Verknüpfen, das eine Form von Technik ist. Also ist ein Netz eine
Technik.

[Netz + Teil, das = 6x]; das ist prekär **[--]**. Handelt es sich um das [Netzteil],
welches ich an meinen Laptop anschließe, damit dieser mit Strom versorgt
wird. Oder handelt es sich um einen Teil – du hattest oben bereits das [siehe:
Netz + Segment] – eines Netzes.

[Netz + Teillüfter, der = 1x]; Rarität. Ein Lüfter, der in einem [Netzteil] steckt,
das irgendein Gerät mit Strom versorgt. Das ist nachvollziehbar **[+]**.

[Netz + Teilnehmer, der/die = 1x]; Rarität, und die ist furchteinflößend **[--]**.
Wie soll ein Mensch an einem physischen oder virtuellen [Netz] teilnehmen?

[Netz + Topologie, die = 2x]; Rarität. Das ist trist **[--]**, denn bereits der [Netz
+ Plan] war als unangemessen durchgefallen. Dort wie auch hier gibt die
[Netz + Struktur] eine klare Vorstellung von scheinbar unendlichen
Verknüpfungen und Knoten.

[Netz + Trennung, die = 9x]. Das ist heikel **[--]**. Genau hingesehen kann in
einem Netz etwa ein Knoten aufgelöst werden. Oder es wird die Verknüpfung
zwischen Knoten A und Knoten B durchgeschnitten. Mit diesem Kompositum
kann aber auch gemeint sein, dass etwas z.B. ein Router, ein Rechner vom
Netz oder aus einem Netzwerk genommen wird. Nun ja, dann sollst du das so
schreiben.

[Netz + Übergang, der = 5x]. Das ist beklagenswert **[--]**, denn wann und von
wo nach wo und vor allem wie kann es einen Übergang, eine Brücke im
Internet oder in einem Netzwerk geben. Sollte es tatsächlich eine Verbindung
geben zwischen sagen wir Netzwerk A und einem Netzwerk B, dann muss
auch das konkret benannt werden, etwa als Router, als Switch oder hast du
nicht gesehen.

[Netz + Übertragungskapazität, die = 1x]; Rarität. Das ist lichtlos **[--]**. Mit der
[Bandbreite] ist der zutreffende und angemessene Begriff bereits eingeführt.

[Netz + Überwachung, die = 1x]; Rarität. Auf tausenden Monitoren flackern
Lichter und tänzeln Linien und Flächen. All das, um jederzeit und zu aller Zeit
das Netz, das Internet oder Netzwerke zu kontrollieren. Das ist
nachvollziehbar **[+]**. Monitoring ist ein ebenso geeignetes Wort.

[Netz + Überwachungsbehörde, die = 1x]; Rarität. Das ist delikat **[--]**. Eine
solche „Behörde" ist wünschenswert, es gibt sie jedoch nicht.

[Netz + Umbau, der = 1x]; Rarität. Ist das Internet (= umgangssprachlich
Netz) gemeint, ist das ärgerlich. Ist hingegen ein Netzwerk gemeint, sollte das
anders gesagt werden. Dann wäre es auch nachvollziehbar **[+]**.

[Netz + Umgebung, die = 3x]. Das ist wolkig **[--]**. Ein [Netz] oder auch ein [Netzwerk], beide sind ein geschlossenes System. Ja, sie können virtuell sein, welche Umgebung hat das Virtuelle?

[Netz + Verbindung, die = 25x]. Wenn du sagst, du verbindest deinen Laptop mit einem Netz, dann verschaffst du dir einen Zugang zu einem Netz. Du meldest dich bei einem Netz an. Das ist eine Handlung mit eingebauter Richtung, von dir zum Netz, zum Internet. Das bezeichnet man üblicherweise als das Verbinden! Und soweit ist die Sache nachvollziehbar **[+]**.

Wie der Wortgebrauch bei einem bestehenden, also erfolgreichen Verbinden aussieht, muss von Satz zu Satz neu bestimmt werden, was unpraktisch ist.

<u>IT-Grundschutz-Kompendium</u>

> 01. Apps können Schwachstellen enthalten (1H), über die sie direkt am Gerät oder über Netzverbindungen angegriffen werden können (2NR).
>
> APP.1.4: Mobile Anwendungen (Apps), 2.4 Software-
Schwachstellen und Fehler in Apps, S. 364/900

{Patch – Welche Aufgabe bekommen die in dem relativen Teilsatz (2NR) genannten [Netz + Verbindungen]? Das ist schwierig. Wenn sich allerdings eine App mit dem Internet verbindet, weil das nicht in den App-Einstellungen ausgeschaltet wurde, und gleichzeitig in der App eine [siehe: Schwachstelle] enthalten ist, dann könnten Kriminelle das nutzen und eindringen. Grundsätzlich, woher wissen den die, die eine App benutzen (und vermutlich wenig Ahnung von den Einstellungen haben), dass die App eine oder gar mehrere Schwachstellen hat? Unbefriedigend der Satz, und als Warnung gedacht eher in den Wind gesprochen...\}

> 02. Bei einem DoS-Angriff auf einen DNS-Server werden so viele Anfragen an ihn gesendet (1H), dass die Netzverbindung zum DNS-Server bzw. der DNS-Server selbst überlastet wird (2NI).
>
> APP.3.6: DNS-Server, 2.8 DNS-DoS, S. 423/900

{Patch – Der DNS-Server wird durch eine gezielt herbeigeführte Überlastung blockiert. Denn DoS steht für Denial of Services, also „Verweigerung des Dienstes". Und der Dienst verbirgt sich in dem DNS-Server, in dem Domain System Server. Das ist ein Bezeichnungssystem, in dem vereinfacht gesagt ein Web-Name wie www.Deutsche-Telekom.de umgewandelt wird in diese IP-Adresse: 2003:00c6:0722:4c00:289c:9665:8632:8a0d. Wird diese Umwandlung durch zig-tausende Zugriffe blockiert, ist Ende. Diese Form des Angriffes wird zunehmend auch genutzt, um Marktbegleiter zu Blockieren...\}

[Netz + Verbund, der = 1x]; Rarität. Das ist düster **[--]**, denn die Zusammenstellung ist tautologisch. Das ist ein Fachbegriff und bedeutet, dass die Bedeutung des ersten Wortes bereits in der Bedeutung des zweiten Wortes enthalten ist.

[Netz + Verkehr, der = 9x]. Das ist sonderbar **[--]**. Denn es handelt sich um einen missglückten Versuch der bildhaften Sprache. Im Netz oder Netzwerk fließen Daten, sie fließen pausenlos – und sie können sich nicht überholen.

<u>IT-Grundschutz-Kompendium</u>

> In dieser gefälschten ARP-Antwort trägt der Angreifer seine MACAdresse als Zuordnung zu einer fremden IP-Adresse ein und bringt das Opfer dazu (1H), seine ARP-Tabelle so zu verändern (2NI), dass der Netzverkehr nun zum Angreifer, anstatt zum validen Ziel gesendet wird (3NI).
>
> NET.3.1: Router und Switches, 2.8 GARP-Attacken, S. 753/900

{Patch – Um diesen komplizierten Satz zu verstehen, musst du als erstes das Subjekt des Hauptsatzes erkennen – lass dich nicht auf den falschen Pfad locken durch das, was am Satzanfang steht. Das grammatische Subjekt ist der [Angreifer]. Das grammatische Prädikat ist [eintragen]. Das Objekt des Satzes, also womit etwas passiert, das ist die [MACAdresse]. Was ist das?

> Die Media Access Control Adresse (MAC-Adresse) ist eine einzigartige Hardwareadresse jedes Netzwerkadapters, wodurch jedes Gerät eindeutig identifizierbar ist.

www.dr-datenschutz.de/mac-adressen-aufbau-funktion-und-gefahren-im-netzwerk/

Diese [MACAdresse] ist bereits eindeutig zugeordnet durch das vorangestellte Fürwort/Possessiv Pronomen [seine], trotzdem haut man noch einige Inhalte hinten dran. Du darfst jetzt nicht den Satzanfang aus dem Blick verlieren. Auch das ist ein grammatisches Objekt, nämlich ein so genanntes präpositionales Objekt. Es legt einen (virtuellen) Ort fest, die [ARP-Antwort].

> Was ist das: Das Address Resolution Protocol (dt. „Adressauflösungsprotokoll") wurde 1982 im RFC-Standard 826 spezifiziert, um die Auflösung von IPv4-Adressen in MAC-Adressen zu bewerkstelligen.

https://www.ionos.de/digitalguide/server/knowhow/was-ist-arp-
adressaufloesung-im-netzwerk/

Diese Antwort ist so manipuliert, dass die ARP-Tabellen in den angegriffenen Routern oder Switches geändert werden. Die übertragenen Daten fließen widerstandslos und im guten Glauben zum Angreifer...\}

[Netz + Virtualisierung, die = 1x]; Rarität. Verabschiedet sich ein Netz von seiner leiblichen physischen Hülle, wird es Äther, luftiger Raum. Das kannst du das auch Virtualisierung nennen. Das Netz ist irgendwo nirgendwo, das ist nachvollziehbar **[+]**.

[Netz + Virtualisierungstechnik, die = 1x]; Rarität. Das ist nun ja jämmerlich **[--]**. Denn wie gerade eben bei [Netz + Virtualisierung] geschrieben, das [Netz] wird Äther, luftiger Raum. Das ist hübsch und bedingt ein Ende des Konkreten wie [Technik]. Oder?

[Netz + Werk, das = 2x]; Rarität. Ein in tausenden und mehr Unternehmen eingerichtetes Netzwerk, ein in hunderten Organisationen, Behörden, Ämtern, Universitäten eingerichtetes Netzwerk, ein in unzähligen Krankenhäusern, Pflegeheimen, Arztpraxen gelegentlich schleppend laufendes Netzwerk: all diese Netzwerke werden als Rarität im IT-Grundschutz erwähnt. Das ist bitter! Und das ist der überragende Erfolg etwa eines egalisierenden Google-Marketings, das ist Verdrängung.

Abgesehen davon, bereits oben in der Einleitung habe ich dir zu erklären versucht, warum ich die Verwendung des Wortes [Netz] im Zusammenhang mit dem IT-Grundschutz für ausgelutscht halte. Und warum ich das [Netz + Werk] favorisiere.

[Netz + Zonenkonzept, das = 1x]; Rarität. Das Kompositum ist grotesk **[--]**. Da der IT-Grundschutz keine [Netz + Zone] nennt, muss er auch zwingend über ein mögliches [Konzept] schweigen.

[Netz + Zugang, der = 8x]. Verbindest du dich mit einem [Netz] oder einem [Netzwerk], verschaffst du dir einen Zugang. Das ist nachvollziehbar **[+]** – die Metapher wird leider zu wenig verwendet.

[Netz + Zugangskontrolle, die = 4x]. Vollkommen klar, der Zugang zu einem [Netz] oder einem [Netzwerk] darf und muss kontrolliert sein. Das ist nachvollziehbar **[+]**. Erstaunt allerdings, dass es nur 4-mal genutzt wird, diese Kontrolle. Als würde man sie aus wirtschaftlichen Gründen vernachlässigen wollen.

[Netz + Zugangspunkt, der = 1x]. Rarität, und die ist verfänglich **[--]**. Denn ein Zugang ist ein Zugang und braucht keineswegs auf einen [Punkt] beschränkt zu werden. Da würde natürlich auch die eben gelobte Kontrolle etwas schwierig sein.

[Netz + Zugriff, der = 6x]. Auch wenn es die Handlungs-Macht auf der Seite der Netz-Nutzenden scheinbar lässt, eine Anmeldung am oder im [Netz] oder [Netzwerk], die [Netz + Anmeldung] findest du nicht im IT-Grundschutz. Sie wäre klarer, authentischer, echter. Es bleibt bei einem teilweise nachvollziehbaren [Netz + Zugriff] **[+]**.

[Notfall, der = 35x] – [Notfall] wird nirgends modifiziert für die digitale Sicherheit...

Die Bedeutung: plötzlich eintretende schwierige, gefahrvolle Situation (www.dwds.de)

<u>IT-Grundschutz-Kompendium</u>

> Um die Informationssicherheit auch in einem Notfall aufrechterhalten zu können (1NV), sollten deshalb entsprechende Prozesse geplant, etabliert und überprüft werden (2H).

> DER.4: Notfallmanagement; 1.1 Einleitung; S. 343/900

{Patch – Was ist in der IT oder TI ein Notfall? Damals, da war ein Notfall, wenn wir mit dem Rettungswagen mit Blaulicht durch die Stadt fuhren. Oder, für den Notfall habe ich eine eigene Nummer von unserem IT-Dienstleister bekommen, wenn unser Praxis-Netzwerk explodiert sein sollte. Warum geht es in dem Satz ausdrücklich um die [Information(s) + Sicherheit, die = 397x], welche aufrechterhalten werden muss, im Notfall. Sind denn [Informationen, die] überhaupt vorhanden, oder sind sie vielmehr nicht erreichbar. Alles in einem, es kommt entscheidend auf den tatsächlichen Grund an, der einen [Notfall] verursacht. Du darfst hier ruhig genauer sein, und differenzieren – andernfalls stirbt die gute Absicht, wie Gott sei dank damals niemand in unserem Rettungswagen...\}

[Notfall, der] = als Bestimmungswort, das differenziert und die Bedeutung des Grundwortes/Letztwortes erweitert in den folgenden zusammengesetzten Wörtern (Komposita):

[Notfall + Anforderung, die = 1x]; Rarität. Das ist schmerzlich **[–]**. Das ist trotz der dramatischen Wortwahl [Notfall, der = 35x] bedeutungsleer.

[Notfall + Benutzer, der/die = 4x]. Das ist schlimm **[–]**. Wenn jemand einen dramatischen [Notfall, der = 35x] benutzt, um jenen für sich und seine Interessen zu nutzen.

[Notfallmanagement + System, das = 3x]. Das ist albern **[–]**. Geklärt werden muss, wie bei einem Notfall vorzugehen ist. Das erfordert kein System, aber eine [Systematik, die 1x]. Die ist allerdings im IT-Grundschutz unbekannt.

[Notfall + System, das = 1x]; Rarität. Das ist unmöglich **[–]**. Ende der Durchsage.

[Nutz + Daten, die = 8x]. Das ist furchteinflößend **[–]**. Was bedeutet das Wort [Nutz]? Du kennst vielleicht den [Nutzen, der = 4x], den [Sinn, der = 23x] und den [Zweck, der = 34x] einer Sache. Oder der [Vorteil, der = 14x], der zu erwarten ist. Auch das Verb kennst du: Den ICE881 für die Fahrt von Harburg nach Hannover <u>nutzen</u>. Möglicherweise meinen die [Nutzdaten] dieses: 1. ICE – 2. Nummer 881 – 3. Start-Bahnhof – 4. Name Harburg - 5. Ziel-Bahnhof – 6. Name Hannover. Mit etwas Fantasie könntest du einen Algorithmus vorbereiten.

[Nutzer + Daten, die = 4x]. Wahrscheinlich sind die persönlichen Angaben eines oder einer Nutzenden gemeint. Oder die Aktionen, die Nutzende in einem Rechner ausgeführt haben. Beides wäre nachvollziehbar **[+]**.

* * * * *

A.) - Erklärung/Wortbestimmung

Das Hauptwort/Substantiv Nutzung ist abgeleitet von dem Verb [nutzen]: a)
jemanden/einer Sache nutzen, gleich jemanden oder eine Sache fördern,
nach vorne bringen; b) etwas nutzbringend verwenden; c) aus einer Sache
einen Vorteil ziehen. In der ökonomisierten Welt ist die b) Variante sehr
gebräuchlich, das Verb bedeutet dann verwenden, ohne dass ein Nutzen zu
erkennen ist. In manchen Situationen wäre dann das Verb *etwas benutzen*
zutreffender; entsprechend das Hauptwort/Substantiv [Benutzung, die = 9x im
IT-Grundschutz].

Oder [Nutzung] so: das Nutzen, der nutzbringende Gebrauch (www.dwds.de).

IT-Grundschutz-Kompendium

01. Der IT-Betrieb MUSS sicherstellen (1H), dass Webanwendungen
und Webservices vor unberechtigter automatisierter Nutzung
geschützt werden (2NI).

APP.3.1 Webanwendungen und Webservices; APP.3.1.A7 Schutz vor
unerlaubter automatisierter Nutzung; S. 395/900

{Patch – [MUSS/MÜSSEN] = Notwendigkeit, Pflicht, so und keinesfalls anders
zu handeln – siehe Modalverben.

Jawohl, die *Benutzung* der Webanwendungen und Webservices ist passender
bei dieser Fernsteuerung oder feindlichen Übernahme. Wenn allerdings das
Eigenschaftswort/Adjektiv [feindlich = UNGENUTZT] nicht bekannt ist, dann
kann das ja nichts werden...\}

02. Während der Migration SOLLTE überprüft werden (1H), ob das
Sicherheitskonzept für die Cloud-Nutzung an potenzielle neue
Anforderungen angepasst werden muss (2NV).

OPS.2.2: Cloud-Nutzung; OPS.2.2.A10 Sichere Migration zu einem Cloud-
Dienst; S. 279/900

{Patch – [SOLLTEN] = Anregung, unverbindliche Empfehlung, so und so zu
handeln – siehe Modalverben.

So wie ich diesen Satz verstehe, geht es um ein generelles [Sicherheit(s) +
Konzept, das = 174x] für die Cloud, nicht nur für deren Benutzung. Besser
wäre es zudem, VOR einer Migration sich an die Arbeit zu machen. Mit
solchen Sätzen verspielt das BSI Vertrauen, gerade bei dem sehr komplexen
und umstrittenen Thema Cloud. Amazon etwa erzielt mit seiner Cloud in 2022
einen Umsatz von 21,3 Milliarden US-$, während 18.000 Stellen wegfallen
sollen (Quelle Tagesschau.de, Stand: 03.02.2023)...\}

03. Die Erhebung, Nutzung und Übermittlung dieser Daten (=
personenbezogener Daten) ist nur dann zulässig, wenn eine

Rechtsvorschrift dies erlaubt oder anordnet, oder wenn Personen
zuvor ausdrücklich eingewilligt haben (vergleiche Artikel 6 DSGVO).

CON.2: Datenschutz; 2.1 Missachtung von Datenschutzgesetzen oder
Nutzung eines unvollständigen Risikomodells; S.146/900

{Patch – Nach den bisher missglückten Einsätzen des Hauptwort/Substantivs
[Nutzung] nun ein strahlend klarer Einsatz: Es geht um den nutz- und
gewinnbringenden Gebrauch personenbezogener Daten, um deren Nutzung
in der ursprünglichen Bedeutung.

B.) - [Nutzung, die] wird in den folgenden zusammengesetzten Wörtern
(Komposita) differenziert und eingeschränkt (= Grundwort/Letztwort) durch ...

Fax + N. = 4x / Fremd + N. = 1x / Gebäude + N. = 2x / Ressourcen + N. = 1x

C.) - [Nutzung, die] = nun als Bestimmungswort, das differenziert und die
Bedeutung des Grundwortes/Letztwortes erweitert in den folgenden
zusammengesetzten Wörtern (Komposita):

[Nutzung(s) + Art, die = 2x]; Rarität, auf welche Weise ein nutzbringender
Gebrauch von etwas oder jemand gemacht wird. Das ist teilweise
nachvollziehbar **[+]**.

[Nutzung(s) + Daten, die = 3x]. Das ist bedrückend **[–]**. Denn es könnte sich
um Daten handeln, von denen nutzbringend etwas hergenommen wurde, oder
da wurde von irgendwelchen Daten einfach so Gebrauch gemacht.

[Nutzung(s) + Dauer, die = 3x]; wie lange währte denn eine bestimmte
Nutzung von irgendetwas oder vielleicht auch irgendwem. Das ist
nachvollziehbar **[+]**.

[Nutzung(s) + Konzept, das = 1x]; Rarität, ein Exposé oder ein Programm,
wie ein nutzbringender Gebrauch von einer Sache gemacht werden könnte.
Das ist nachvollziehbar **[+]**.

[Nutzung(s) + Modell, das = 1x]; Rarität, das ist verfänglich **[--]**. Welcher
semantischer Unterschied besteht zwischen einem Gebrauch von etwas oder
dem Modell von einem Gebrauch von etwas oder jemand.

[Nutzung(s) + Möglichkeit, die = 2x]; Rarität, das ist gewagt **[--]**. Da solltest
du besser von dem möglichen Gebrauch, von der umsetzbaren Nutzung
sprechen.

[Nutzung(s) + Nachweis, der = 3x]; das ist beklagenswert **[--]**. Der
[Nachweis, der = 8x im IT-Grundschutz], dass von etwas oder jemand
Gebrauch gemacht, ist die ausgeführte Nutzung selbst.

[Nutzung(s) + Phase, die = 1x]; Rarität, das ist bedrückend **[--]**. Eine
Nutzung ist eine Nutzung, selbstredend mit einer zeitlichen Ausdehnung.

[Nutzung(s) + Profil, das = 1x]; Rarität, das ist befremdlich **[--]**. Eine Nutzung
ist ein so und so vorgenommener Gebrauch von etwas. Du könntest gewisse
Regelmäßigkeiten erkennen, wiederholte Strukturen und all so was – und
dann solltest du auch von gewissen Regelmäßigkeiten reden.

[Nutzung(s) + Regel, die = 1x]; Rarität, das ist karg **[--]**. Nutzung ist ein Sammelbegriff für diverse Handlungen und Prozesse, für die es Regeln geben könnte. Deren Summe ist allerdings keine Art von Meta-Regel, die du „Nutzungsregel" taufen könntest.

[Nutzung(s) + Regelung, die = 1x]; Rarität, das ist wunderlich **[--]**.

IT-Grundschutz-Kompendium

> Wenn restriktive Nutzungsregelungen speziell für die OT fehlen (1NV), dann kann der Betreiber auch nicht angemessen kontrollieren (2H), wie OT-Fernwartungszugänge genutzt werden (3NI).
>
> IND.3.2 Fernwartung im industriellen Umfeld, 2.3. Unzureichende Regelungen für die Nutzung von OT-Fernwartungszugängen, S. 709/900

{Patch – Das Eigenschaftswort/Adjektiv „restriktiv" bedeutet „einengend, einschränkend". Ich vermute jedoch, dass es aus Schutzgründen um strenge Regelungen gehen soll, die für die Operational Technology (OT) gelten sollen. In dem folgenden Teilsatz (2H) geht es dann um Kontrolle, die für den Einsatz (!) oder die Aktivierung (!) einer Fernwartung nicht möglich ist. Ein anderes Thema...\}

[Nutzung(s) + Szenario, das = 1x]; Rarität, das ist dürftig **[--]**. Wozu bedarf die Planung oder der Entwurf eines Gebrauchs von etwas oder jemand das Theater.

[Nutzung(s) + Zeit, die = 1x]; Rarität, in dem Verb „etwas oder jemanden nutzen" ist bereits eine zeitliche Vorstellung eingeschrieben. Trotzdem, das zusammengesetzte Hauptwort ist teilweise nachvollziehbar **[+]**.

[Nutzung(s) + Zeitraum, der = 5x]; das ist angestrengt **[--]**. Die besprochene [Nutzung(s) + Dauer] ist hier angebrachter – und wort-ökonomisch sparsamer!

* * * * *

O wie [Opfer, das/die = 12x] im IT-Grundschutz– [Opfer] wird nicht modifiziert...

Die Bedeutungen sind: 1. schmerzlicher Verzicht; 2. unter schmerzlichem Verzicht dargebrachte Spende; 3. Gabe für eine Gottheit; 4. jmd., der eine Missetat, etw. Schlimmes erdulden musste. (www.dwds.de)

IT-Grundschutz-Kompendium

> Angreifer verlangen im Nachgang die Zahlung eines Lösegelds (1H), damit das Opfer die Daten wieder entschlüsseln kann (2NV).
>
> APP.3.3: Fileserver; 2.7 Ransomware; S. 410/900

{Patch – Eigentlich ein eindeutiges Muster: [Täter, der/die = 16x] auf der einen Seite, [Opfer, das/die] auf der anderen Seite. Dieses muss eine [Missetat, die

= UNGENUTZT], nämlich einen erfolgreichen [Angriff, der = 210x] hinnehmen. Aber eignet sich das Schema, wenn es um den Einsatz von [Ransomware, die = 16x] geht? Ich habe Zweifel. Wechsel in das Passiv, dann brauchst du keine Person zu nennen. Das geht so: damit *Daten wieder entschlüsselt werden können...\}*

[Online + Dienst, der = 2x]; Rarität. Das ist jämmerlich **[–]**. Möglicherweise soll das ein Synonym zu [Internet + Dienst, der] sein. Du wirst es nicht erfahren.

[Original + Daten, die = 1x]; Rarität. Das ist abfällig **[–]**. Wenn es um Daten geht, dann sind die in der Regel und per se echt, also ursprünglich, also original.

[Ortung, die = 4x] = Seewesen, Flugwesen Bestimmung des Standortes von etw.

IT-Grundschutz-Kompendium

> Wenn eine Ortung über das Mobilfunknetz verhindert werden soll (1NV), SOLLTE das Mobiltelefon abgeschaltet und der Akku entfernt werden (2H).
>
> SYS.3.3: Mobiltelefon, SYS.3.3.A13 Schutz vor der Erstellung von Bewegungsprofilen bei der Mobilfunk-Nutzung; S. 635/900

{Patch – [SOLLTEN] = Anregung, unverbindliche Empfehlung, so und so zu handeln – siehe Modalverben.

Für welche Zielgruppe ist dieser Hinweis gedacht, der an Klarheit und Eindeutigkeit keine Wünsche offen lässt. Wer ist es - bist du es etwa?...\}

[Ortung, die] = als Bestimmungswort, das differenziert und die Bedeutung des Grundwortes/Letztwortes erweitert in den folgenden zusammengesetzten Wörtern (Komposita):

[Ortung(s) + Daten, die = 2x]; Rarität. Das sind die Zahlen, Werte oder Angaben, die sagen, wo du dich gerade befindest. Oder wo sich dein Smartphone gerade in fremder Tasche auf dem Weg gemacht hat. Das ist nachvollziehbar **[+]**.

[Ortung(s) + Dienst, der = 1x]; Rarität. Der Teil einer Software, wird der aktiviert, dann kannst du die Dinge wie dein verlorenes Smartphone orten, das heißt seine jeweils aktuelle Position erkennen. Eine Sache, die wegen der vielen Drohnen im Krieg kritisch wird. Das ist nachvollziehbar **[+]**.

* * * * *

Top-25: [Outsourcing, -s, das = 325x] – [Outsourcing] wird nicht modifiziert
für eine digitale Sicherheit

A.) - Erklärung/Wortbestimmung

Die Auslagerung von Arbeitsabläufen und Dienstleistungen aus
einem Unternehmen an externe, dafür spezialisierte Unternehmen
(meist aus Gründen der Rentabilität); die Fremdvergabe von
Geschäftsprozessen eines Unternehmens. www.dwds.de

<u>IT-Grundschutz-Kompendium</u>

01. Der teilweise oder vollständige Ausfall eines Outsourcing-
Dienstleisters oder eines Zulieferers kann sich erheblich auf die
betriebliche Kontinuität auswirken, insbesondere bei kritischen
Geschäftsprozessen (A).

Elementare Gefährdungen; G 0.11 Ausfall oder Störung von
Dienstleistern; S. 55/900

{Patch – Es ist ein Mittwoch im Januar. Die gematik, verantwortlich für die
Telematik Infrastruktur (TI) schickt mir die Nachricht, dass bei dem eRezept
die Suche nach der Apotheke gestört sei. Elektronische Rezepte können also
in den Arzt-Praxen in Deutschland gerade nicht verschickt werden – diese
Dienstleistung wurde outgesourct, zu Microsoft, vielleicht außerhalb der EU in
die USA. Microsoft jedenfalls hat dieser Tage 10.000 Kündigungen
ausgesprochen und man hat gerade Probleme mit den Cloud-Rechnern,
schreibt die Tagesschau. Wie auch immer, welche Leistung gerade „teilweise
oder vollständig" ausfällt, du hast keine reelle Chance – und musst
improvisieren.

Das Hauptwort/Substantiv [Kontinuität, die = 3x] eignet sich natürlich, besser
von den konkreten betrieblichen Abläufen sprechen, um so noch eine
Steigerung ergänzen zu können: die kritischen Geschäftsprozesse. Zu denen
zähle ich auch das eRezept...\}

02. Im Notfallvorsorgekonzept zum Outsourcing SOLLTEN die
Zuständigkeiten, Ansprechpartner und Abläufe zwischen
Outsourcing-Kunden und Outsourcing-Dienstleister geregelt sein.

OPS.3.1: Outsourcing für Dienstleister; OPS.3.1.A14
Notfallvorsorge beim Outsourcing; S. 294/900

{Patch – [SOLLTEN] = Anregung, unverbindliche Empfehlung, so und so zu
handeln – siehe Modalverben.

Wie in dem ersten Beispielsatz gut zu sehen, was ist ein Notfall und wer
bestimmt, wann und wenn er konkret eingetreten ist. Sicher gibt es in der
Literatur Checklisten und Tabellen – jedoch bei uns wird es schon keinen
Notfall geben...\}

B.) - [Outsourcing¸ das] wird in den folgenden zusammengesetzten Wörtern (Komposita) differenziert und eingeschränkt (= Grundwort/Letztwort) durch ...

(UNGENUTZT, keine eingebaut)

C.) - [Outsourcing, das] = nun als Bestimmungswort, das differenziert und die Bedeutung des Grundwortes/Letztwortes erweitert in den folgenden zusammengesetzten Wörtern (Komposita):

(UNGENUTZT, keine eingebaut)

* * * * *

P wie [Performance, die = 14x] im IT-Grundschutz – [Performance] wird 2-mal modifiziert

Das bedeutet, die Leistung bzw. Effizienz eines elektronischen Geräts oder einer Software gemessen an der Laufzeit bzw. Reaktionszeit. (www.dwds.de)

[Papier + Daten, die = 2x]; Rarität. Das ist unsinnig **[–]**. Mir fehlt gerade und in diesem Augenblick die Vorstellungskraft, was um alles in der Welt gemeint sein könnte.

[Patienten + Daten, die = 1x]; Rarität. Selbst wenn sie eine Rarität sind, sie sind es nicht mehr lange und liegen mir schwer auf der Seele. Alle und jede der über 130 Krankenkassen in D. wollen und will sie haben, diese deine persönlichen Daten. Nicht nur für einen Besuch bei der Ärztin oder dem Arzt. Das ist nachvollziehbar **[+]**.

[Peripherie, die = 2x] = a) Randgebiet, besonders einer Großstadt, oder b) [bildlich] äußerer, nebensächlicher Bezirk.

[Peripherie, die] = nun als Bestimmungswort, das differenziert und die Bedeutung des Grundwortes/Letztwortes erweitert in den folgenden zusammengesetzten Wörtern (Komposita): ...

[Peripherie + Gerät, das = 7x]. Ein [Gerät, das = Top-25], welches sich am Rand oder in einem äußeren Bereich eines Netzwerkes befindet. Wahrscheinlich funktioniert das zusammengesetzte Wort **[+]**.

[Peripherie + Komponente, die = 1x]; Rarität. Das ist irgendwie daneben **[--]**. Eine [Komponente = Top-25] ist Teil eines Ganzen, wie könnte es in ein Randgebiet ausgelagert werden.

[Personal + Information(s) + System, das = 1x]; Rarität. Das ist schwierig **[–]**. Das [Personal, das = 111x] sind all die [Menschen, die = 14x], die mit deinem Unternehmen, deiner Praxis, deiner Organisation einen gültigen Arbeitsvertrag haben. Alle [Inhalte, die = 104x], alle [Daten, die = Top-25], die zu diesem Vertrag gehören, müssen naturgemäß erfasst und verwaltet werden. Dennoch, [System] ist zu hoch.

[Personal + Verwaltung(s) + Software, die = 1x]; Rarität. Eine Software, mit der du die Daten und Angaben der Mitarbeitenden organisieren und speichern kannst. Das ist nachvollziehbar **[+]**.

[Pförtner + Dienst, der = 5x]. Das ist befremdend **[–]**. Gemeint ist keineswegs die etwas ältere, grau melierte Person, ein Renten-Aufstocker, der in einem Pförtnerhäuschen Zugänge und Ausgänge kontrolliert, z.B. in einem Unternehmen, deiner Organisation. Nein, dieser Dienst kann nicht gemeint sein, was dann?

* * * * *

~ Prädikat/Verb – Grammatik: Wortart (part of speech)

Das Prädikat wird gebildet mit den Verben und ist dann eines der Satzglieder. Es gibt an eine Tätigkeit, einen Vorgang oder einen Zustand. Du wirst sehen, gelegentlich wird das Prädikat auch als Satzaussage bezeichnet.

IT-Grundschutz-Kompendium

> Um die Vertraulichkeit der gesicherten Daten zu gewährleisten (1NV), SOLLTE der IT-Betrieb alle Datensicherungen verschlüsseln (2H).
>
> CON.3 Datensicherungskonzept, CON.3.A13 Einsatz
kryptografischer Verfahren bei der Datensicherung; S. 154/900

{Patch – [SOLLTEN] = Anregung, unverbindliche Empfehlung, so und so zu handeln – siehe Modalverben.

Du siehst in dem Teilsatz Nr. 1 (1NV) das Prädikat am Ende vor dem Satzzeichen: [zu gewährleisten = 87x]. Das Verb hat die Bedeutung: etw. garantieren, sichern. [Garantiert = 5x] werden sollte eindeutig die [Geheim + Haltung, die = UNGENUTZT], anstelle der mehrdeutigen [Vertraulichkeit, die = 189x].

In dem Teilsatz Nr. 2, dem Hauptsatz setzt sich das Prädikat aus zwei Teilen zusammen. An erster Stelle steht das Modalverb [sollen = 4.754x – siehe den Abschnitt [Sollen...]], an letzter Stelle vor dem Satzzeichen das Verb [verschlüsseln = 92x]. Da in vielen Unternehmen, Organisationen und auch Arztpraxen tägliche [Daten + Sicherungen, die = 147x] durchgeführt werden, ist das mit einem täglichen [Verschlüsseln, das = 2x] so eine Sache. Wenn automatisiert (und finanzierbar), einverstanden. Wenn nicht, dann sorgfältig planen entlang Aufwand und Ergebnis.

Mehr zu dem Prädikat findest du in dem Abschnitt [Verb]...\}

* * * * *

System-Nachricht eHealth (TI) [Sys-27] - Einschränkung der Nutzung von VSDM

> Aktuell kann es zu Einschränkungen bei der Nutzung des Versichertenstammdatenmanagements (VSDM) kommen. Die Störung betrifft den Betreiber itsc GmbH. Die itsc GmbH ist bereits in der Analyse, um die Ursache schnellstmöglich zu beheben. Es kann jedoch derzeit zu Problemen beim Einlesen von elektronischen Gesundheitskarten (eGK) einiger Betriebskrankenkassen kommen. Weitere Informationen folgen zeitnah nach neuem Kenntnisstand.
>
> Letzte Aktualisierung 23.11.2023 11:00 Uhr

{Patch – Ein Donnerstag, mitten im deprimierenden November. Der Wetterbericht nennt Sturmböen, vorübergehend schwere Sturmböen, vereinzelt orkanartige Böen.

Das VSDM (Versicherten + Stamm + Daten + Management] koordiniert deine persönlichen Daten, die im digitalen Gesundheitswesen (eHealth) irgendwo vorhanden und gespeichert sind.

Die itsc GmbH sagt von sich erstens: Seit 25 Jahren eröffnen wir neue Horizonte im Gesundheitswesen.

Zweitens sagt sie: Wir bewegen den Gesundheitsmarkt mit digitalen Lösungen.

Gegründet wurde die Gesellschaft mit beschränkter Haftung im Jahr 1999. Die Gesellschaft sitzt in Hannover, Niederlassungen werden nicht genannt.

Das Management besteht aus einer Frau und sechs Männern.

Die itsc GmbH hat über 40 Gesellschafter, so genau will man das nicht sagen. Die Gesellschafter sind Krankenkassen.

In den Meldungen keinen Hinweis auf einen Geschäftsbericht mit Umsatz-Zahlen, Rückstellungen usw. Dafür solche Sachen wie „Das ITSC hat erfolgreich die ersten Systeme in die Cloud migriert und damit einen entscheidenden Fortschritt im umfangreichen Cloud-Projekt realisiert." (11. Juli 2024).

Im Bundesanzeiger finden sich diese Informationen: Der Umsatz in 2021 wird angegeben mit 37,3 Mio. € (gem. Gewinn- und Verlustrechnung), im vorangehenden Jahr waren es 37,4 Mio. €. Der verfügbare Geschäftsbericht stammt vom 19.04.2022.

In eben diesem Geschäftsbericht heißt es:

> Im Zuge der fortschreitenden Digitalisierung komplexer werdender IT-Systeme und zunehmender Internet-Kriminalität nimmt das Risiko u.a. von Cyberangriffen und den daraus resultierenden wirtschaftlichen Risiken durch Betriebsunterbrechungen zu. Die Wahrscheinlichkeit eines Cyber-Angriffes wird als möglich eingestuft. Geeignete Maßnahmen zur Abwehr eines Cyber-Angriffes wurden getroffen und werden stetig aktualisiert.

Jahresabschluss/Jahresfinanzbericht zum Geschäftsjahr vom 01.01.2021 bis zum 31.12.2021; Bundesanzeiger

Dass die [Störung] in irgendeiner Weise mit einem [Cyberangriff, der = 1x] oder einem [Cyber-Angriff, der = 6x] in Verbindung stehen könnte, ist zumindest von vornherein nicht auszuschließen. Warum zwei Schreibweisen dafür in zwei unmittelbar aufeinander folgenden Sätzen, keine Ahnung...\}

* * * * *

~ Präposition/Verhältniswort – Grammatik: Wortart (part of speech)

Die Präposition oder das Verhältniswort steht vor einem Hauptwort/Substantiv und ordnet dieses zeitlich, räumlich, als Angabe eines Grundes oder als Angabe einer Art und Weise ein.

Häufige Vertreter im IT-Grundschutz sind: [in/im], [von], [für], [auf], [bei].

<u>IT-Grundschutz-Kompendium</u>

> Die Einstellungen SOLLTEN anfangs und **bei** Änderungen **vor** Inbetriebnahme getestet werden (A).
>
> SYS.1.2.2: Windows Server 2012, SYS.1.2.2.A4 Sichere Konfiguration von Windows Server 2012; S. 508/900

{Patch - [SOLLTEN] = Anregung, unverbindliche Empfehlung, so und so zu handeln – siehe Modalverben.

Thema ist eine [sichere = 408x] Konfiguration eines Windows Servers. Deswegen darf das keineswegs eine Anregung oder Empfehlung sein. Der [Test, der = 131x] hat zu erfolgen, sowohl bei der ersten [Installation, die = 101x] als auch bei einer [Änderung, die = 152x] wie ein [Update, das = 81x] oder ein [Patch, der = 109x]. Das ist so zu machen, keine Diskussion...]

Mehr zu der Präposition unter dem Abschnitt [Verhältniswort].

* * * * *

System-Nachricht eHealth (TI) [Sys-28] - Beeinträchtigung E-Rezept

> A. Aktuell kann es zu Beeinträchtigungen bei dem eGK-basierten Abruf von E-Rezepten in Apotheken kommen. Die gematik und weitere Betreiber technisch relevanter Komponenten analysieren den Sachverhalt. Weitere Informationen folgen zeitnah nach neuem Kenntnisstand.
>
> Letzte Aktualisierung: 08.01.2025 11:40 Uhr
>
> B. Es gab von 11:00 Uhr - 11:50 Uhr eine Störung des Fachdienstes Versichertenstammdatenmanagement (VSDM) der itsc GmbH. Vereinzelte Kassen der itsc GmbH waren betroffen.
>
> behoben - Letzte Aktualisierung: 08.01.2025 12:30 Uhr

{Patch - Der 08. Januar 2025 ist ein Mittwoch.

> Auch morgen am Mittwoch, den 08.01.2025, schneit und regnet es weiter. Nur in der nördlichen Landeshälfte ist es vielerorts trocken mit ein paar Sonnenstunden. Ansonsten frischt der Wind örtlich auf. www.Wetter.com

01. Eine Meldung, die es scheinbar auf den berühmten Punkt bringt: [Beeinträchtigung, die = 20x]. Die Bedeutung von [beeinträchtigen] wird so angegeben: auf jmdn., etw. hemmend einwirken. Demnach wird auf das E-Rezept „hemmend eingewirkt", es wird behindert, ihm werden Steine in den Weg gelegt. Wie die Steine aussehen, wird nicht gesagt.

02. Gesagt wird, wann die Steine sich zeigen, nämlich wenn an diesem Mittwoch im Januar so um 11:40 Uhr Pharmazeutisch-technische Assistenten (PTA) in einer Apotheke irgendwo in Deutschland mit der eGK der Patienten nach dem E-Rezept in der [Cloud, die = 309x] suchen wollen. Dann geht das sehr wahrscheinlich nicht.

03. Dann wird gesagt, die Gematik sei einer der [Betreiber, der = 31x], das entspricht nicht der Wahrheit. Und die PTAs probieren es erneut, vergeblich.

04. Dann wird gesagt, dass es „technisch relevante Komponenten" gibt. Entschuldigung, in technischen Kontexten sind alle Komponenten [relevant], andernfalls wären sie keine Komponenten. Und die PTAs probieren es vergeblich.

05. Dann wird gesagt, es werde analysiert. Ein Stein ist ein Stein ist ein Stein und der muss aus dem Weg geräumt werden. Und die PTAs vergebens…

06. Gut, nach ca. 50 Minuten scheinen die Steine aus dem Weg zu sein, so verkündet die Meldung von 12:30 Uhr. Inzwischen haben die PTAs die betroffenen Patienten in die Praxen zurückgeschickt, dort wurde das Formular FA16 für die Patienten ausgedruckt, und die sind zurück in die Apotheken…

07. Doch halt, eine aufmerksame und interessierte PTA wirft noch einen Blick auf die Verkündigung, und ist tiefgreifend irritiert: Aus der [Beeinträchtigung], du weißt, die Steine, ist jetzt eine [Störung] geworden. Die [Störung] trat lächelnd ein bereits um 11:00 Uhr. Gemeldet wurde euch und dir die [Beeinträchtigung] erst um 11:40 Uhr. Die [Störung] trat kichernd ab um 11:50 Uhr, 10 Minuten nachdem sie oder das andere gemeldet worden war. Davon erfahrt ihr oder du erst um 12:30 Uhr etwas, also 40 Minuten nach dem kichernden Abgang. Was haben die Meldenden gemacht in der Zeit, gekickert?

08. Der aufmerksamen und interessierten PTA stockt dann der Atem. Denn die Steine lagen ja nur für „vereinzelte Kassen" der ITSC im Wege herum. Du kannst bei der Gelegenheit einen Blick werfen in die [Sys-27]. Auf der Web-Seite dieses Dienstleisters sind vereinzelte Kassen aufgeführt, etwa: mhplus Betriebskrankenkasse, Pronova BKK, Merck BKK, BKK Salzgitter, Mercedes-Benz BKK.

Und die Continentale BKK – das Testimonial, also das Lob selbiger letztgenannter Betriebskrankenkasse: Was charakterisiert für Sie das ITSC in drei Worten? – [verlässlich = 3x als Umstandswort, 3x als Eigenschaftswort], [persönlich = 5x als Umstandswort, 17x als Eigenschaftswort,], [innovativ = UNGENUTZT]. Nicht weiter verwunderlich, denn wie die ITSC hockt auch die Continentale in Hannover.

09. Was bleibt da noch zu sagen? PTAs aller Bundesländer vereinigt euch, klagt auf eine transparente und verlässliche Versorgung mit Informationen, etwa als laufendes „Nachrichten-Band" unten auf dem Monitor...\}

* * * * *

[Produkt + Funktion, die = 1x]; Rarität. So könnte das sein: Du besorgst dir irgendein Produkt. Dann machst du dir Gedanken, für was du es einsetzen möchtest, welche Aufgabe, welche Funktion es übernehmen soll. Das ist schwach nachvollziehbar **[+]**.

[Produktion, die = 10x] Die vorgeschlagenen Bedeutungen sind:

> 1. [besonders Wirtschaft] Herstellung, Erzeugung von Waren, Dienstleistungen, Energie o. Ä., meist in einem produzierenden Betrieb
>
> 2. [allgemeiner] das Produzieren, Hervorbringen, Erzeugen von etw.
>
> 3. das Hergestellte, Produkt, Erzeugnis
>
> 4. Bereich eines Unternehmens, in dem Waren, Dienstleistungen o. Ä. hergestellt, erzeugt werden

[Produktion, die] = nun als Bestimmungswort, das differenziert und die Bedeutung des Grundwortes/Letztwortes erweitert in den folgenden zusammengesetzten Wörtern (Komposita):

[Produktion(s) + Netz, das = 12x]. Vorstellbar wäre ein [Netzwerk, das = 2x] mit festen IP-Adressen, welches die Aufgabe hätte, eine Produktion zu steuern und zu überwachen. Das wäre nachvollziehbar **[+]**, als ein Netzwerk mit festen IP-Adressen, wie gesagt.

* * * * *

<u>Rand-Notiz Nr. 18</u> - Zerbrochene Strukturierung

> Wenn du dich im IT-Grundschutz-Kompendium auf die Suche machst, was inhaltlich zu dem [Produktion(s) + Netz] gesagt wird, so wirst du finden: nichts, rien, nothing!
>
> Das [Produktion(s) + Netz] ist nur der Titel eines Kapitels (Baustein IND.3: Produktionsnetz). Eine nähere Beschreibung folgt nicht. Ein Unterkapitel IND.3.1 gibt es nicht. Das Unterkapitel IND.3.2 behandelt „Fernwartung im industriellen Umfeld".
>
> Selbstverständlich wäre es geschickt, das Kapitel - Baustein genannt - **IND.3 Fernwartung** zu nennen. Denn [Fern + Wartung, die = 157x]

gibt es nicht nur im „industriellen Umfeld", sondern überall in der IT und erst recht in der Telematik-Infrastruktur (TI). Ohne diese würde das Gesundheitswesen stottern.

* * * * *

[Produktion(s) + System, das = 10x]. Das Verfahren, die Art und Weise, wie produziert wird, wie deine Produktion hoffentlich störungsfrei arbeitet. Das ist nachvollziehbar **[+]**.

[Produktiv = 10x; Adjektiv]. Die Eigenschaft besagt,

a) es werden konkrete Ergebnisse hervorgebracht, oder b) es werden Produkte hergestellt.

<u>IT-Grundschutz-Kompendium</u>

Datenbank-Skripte SOLLTEN ausführlichen Funktionstests auf gesonderten Testsystemen unterzogen werden (1H), bevor sie produktiv eingesetzt werden (2NV).

APP.4.3 Relationale Datenbanken; APP.4.3.A19 Schutz vor schädlichen Datenbank-Skripten; S. 441/900

{Patch – [SOLLTEN] = Anregung, unverbindliche Empfehlung, so und so zu handeln – siehe Modalverben.

Siehst du, das ist ein verbales Imponiergehabe und „produktiv" ist überflüssig...\}

[Produktiv sein] = nun als Bestimmungswort, das differenziert und die Bedeutung des Grundwortes/Letztwortes erweitert in den folgenden zusammengesetzten Wörtern (Komposita):

[Produktiv + Daten, die = 11x]. Das ist zum närrisch werden **[--]**, weil [Daten] an sich bereits Ergebnisse oder Produkte sind, andernfalls gäbe es sie nicht.

[Produktiv + System, das = 5x]. Ich denke **[+]**, es handelt sich um Anlagen, die hoffentlich etwas sinnvolles produzieren.

[Programm + Anforderung, die = 1x]; Rarität. Das ist nebelig **[–]**. Gemeint sein könnten Kriterien, die ein Programm zu erfüllen hat. Oder Vorgaben, die eine zu entwickelnde Software einzuhalten hat.

[Programmier + Gerät, das = 7x]. Eine "Kiste", mithilfe derer du freudig programmieren kannst. Das ist nachvollziehbar **[+]**.

[Projekt, das = 19x] = (als Entwurf vorliegende) großangelegte, geplante Unternehmung, Plan, Vorhaben.

[Projekt, das] = nun als Bestimmungswort, das differenziert und die Bedeutung des Grundwortes/Letztwortes erweitert in den folgenden zusammengesetzten Wörtern (Komposita):

[Projekt + Daten, die = 1x]; Rarität. Das sind Angaben, die Zahlen, die Ziffern, die du einem Projekt zuordnen könntest. Das ist nachvollziehbar **[+]**.

[Projekt + Mitarbeiter, der/die = 1x]; Rarität. Das sind **[+]** Mitarbeitende an einem großangelegten Vorhaben wie etwa die Digitalisierung des Gesundheitswesen, abgekürzt eHealth. Wieso dieser/diese eine Rarität ist/sind im Zusammenhang mit einem großen Vorhaben wie dem IT-Grundschutz, ist ein Rätsel.

[Projektierung(s) + Daten, die = 1x]; Rarität. Das ist unheildrohend **[–]**. Eine [Projektierung, die = UNGENUTZT] könntest du verstehen als eine [Planung, die = 218x]. Es könnte aber auch was anderes sein. Egal, [Daten] eignen sich nicht.

* * * * *

~ Pronomen/Fürwort/Artikel – Grammatik: Wortart (part of speech)

Pronomen, Fürwort, Artikel: Im Deutschen sind das Wörter wie [der], [die], [das], [ein], [eine] = nenne es das „Ersatzteam"

IT-Grundschutz-Kompendium

> (Ein Mitarbeiter eines Call-Centers erstellte, kurz bevor er das Unternehmen verlassen musste, Kopien einer großen Menge von vertraulichen Kundendaten.) Nach seinem Ausscheiden aus dem Unternehmen hat er diese Daten dann an Wettbewerber verkauft {A}.
>
> Elementare Gefährdungen; G 0.16 Diebstahl von Geräten, Datenträgern oder Dokumenten; S. 60/900

{Patch – [Seinem = Besitzanzeigendes Fürwort / Possessiv-Pronomen], wegen des Verhältniswortes / Präposition [nach] steht es im Dativ, Singular und gehört zu einer zeitlichen Einordnung.

[dem = Artikel], wird vorgegeben durch das Verhältniswort / Präposition [aus], steht im Dativ, Singular und gehört zu einer räumlichen Einordnung, hier das [Unternehmen, das = 64x].

[er = Fürwort/Pronomen]; 3. Person, Maskulinum, Singular; wiederholt den [Mitarbeiter, der/die = Top-25] aus dem vorangehenden Satz. [diese] = hinweisendes Fürwort / Demonstrativ-Pronomen, steht im Nominativ Plural, und verweist auf die [Kunden + Daten, die = 2x] im vorangehenden Satz. Du könntest das Hauptwort [Daten, die = Top-25] weglassen, die Aussage würde weiterhin funktionieren...\}.

Wie funktionieren Pronomen...

Artikel stehen vor einem Hauptwort/Substantiv und geben Hinweise auf das Genus/Geschlecht, den Kasus/Fall und die Anzahl/Singular/Plural.

Wiederhole ein Hauptwort, wenn es äußerst wichtig ist. Wenn es weniger wichtig ist, nutze ein Fürwort oder Pronomen wie [der, die, das] aus dem Ersatzteam.

Ein Fürwort oder Pronomen wird immer kleingeschrieben. Nur am Satzanfang wird es großgeschrieben – großgeschrieben werden ebenso das höfliche Sie und das höfliche Du, das unerwünscht vereinnahmende und um sich greifende Werbe-du, Marketing-euch, Social Media Nutzende-ihr.

~ Top-5 der Fürwörter/Pronomen & Artikel, im Einsatz für den IT-Grundschutz

Rang	Artikel, Fürwort, Pronomen	Häufigkeit	Artikel	Fürwort/ Pronomen	Relativ
01.	die	9.532	x	x	x
02.	der / Der	7.483	x	x	x
03.	ein, eine, einen, einem, einer, eines	5.542	x	-	-
04.	den / Den	2.720	x	x	x
05.	dies, diese, dieser, dieses, diesen, diesem	2.459	x	x	x

Auf den weiteren Rängen: [das = 1.789x] – [des = 1.557x] – [es = 1.487x] – [dem = 1.112x] - [alle, aller, alles, allen, allem = 1.048x] - [sich = 928x] – [sie = 797x] - [welcher, welche, welches,welchen, welchem = 732] - [kein, keine, keiner, keines, keinen, keinem = 327x] - [jede, jeder, jedes, jeden, jedem = 315x] - [ihrem, ihrer, ihres, ihren, ihre = 246x] – [er = 198x] - [solch, solche, solches, solcher, solchen = 170x] - [seiner, seinem, seine, seinen, seines = 168x] - [ihr, ihn, ihm, ihnen = 106x] - [wer, was, wem, wen = 97x] – [dessen = 42x].

Rang 1: [Die/die = 9.532x] = Singular/Plural Femininum; funktioniert als Artikel Fürwort/Pronomen, sowie als Relativ-Pronomen in einem relativen Teilsatz/Nebensatz – siehe Teilsatz Typ III.

IT-Grundschutz-Kompendium

> **Die** Gefahr ist ein Datenverlust (A).
>> Glossar; Gefahr; S. 35/900

{Patch – Sei dir dessen jede Stunde, jeden Tag, jede Woche, jeden Monat bewusst. Bis ein Jahr herum ist und die Gefahr wieder von vorne beginnt...\}

Rang 2: [Der/der = 7.483x] = Singular Maskulinum; funktioniert als Artikel, als Stellvertreter, Pronomen, als relativ Pronomen in einem relativen Teilsatz/Nebensatz.

<u>IT-Grundschutz-Kompendium</u>

> **Der** Angriff beruhte auf der Tatsache (1H), dass die benötigte Zeit für eine Multiplikation Rückschlüsse auf deren Operanden zulässt (2NI).
>
> SYS.4.3: Eingebettete Systeme; 2.6 Seitenkanalangriffe auf eingebettete Kryptosysteme; S. 648/900

{Patch – Lass dich nicht für dumm verkaufen, das Internet ruht nie, also ruhen Angriffe auch niemals – oder sollte etwas anderes gemeint sein. Allerdings macht mir der Teilsatz Nr.2 arge Schwierigkeiten. Könnte er meinen, dass während eines Prozesses, hier die [Multiplikation, die = 1x], erkennbar wird, welche IP für einen böswilligen Angriff genutzt werden könnte. Könnte er das meinen?...\}

Rang 3: [**ein, eine, einen, einem, einer, eines** = 5.542x] = unbestimmter Artikel, kommt selten auch als Relativ-Pronomen in einem relativen Teilsatz/Nebensatz vor.

<u>IT-Grundschutz-Kompendium</u>

> **Ein** Angriff ist eine vorsätzliche Form der Gefährdung, (...)
>
> Glossar, Angriff, S. 33/900

{Patch – Ein Synonym für das Eigenschaftswort [vorsätzliche = 7x] könnte [absichtliche = 5x] sein. Typische Eigenschaft eines Angriffes ist selbstverständlich seine Absichtlichkeit, das ist dir klar. Es geht ja auch um die [Gefährdung, die = Top-25], die durch einen Angriff heraufziehen kann – oder sollten eigentlich [Gefahren, die = 122x] gemeint sein, die ein Angriff ohne Frage mit sich bringt?...\}

Rang 4: [**Den / den** = 2.720x] = Singular; funktioniert als Artikel, Stellvertreter, Relativ-Pronomen in einem relativen Teilsatz/Nebensatz. Häufig ein Hinweis auf ein Akkusativ-Objekt.

<u>IT-Grundschutz-Kompendium</u>

> Auch könnte er **den** Angriff zunächst abbrechen oder weitere Hintertüren einrichten (1H), um **den** Angriff später fortzuführen (2NV).
>
> DER.2.3: Bereinigung weitreichender Sicherheitsvorfälle; 2.3 Vorzeitige Alarmierung des Angreifers; S. 322/900

{Patch – [Er] steht für [Angreifer], er ist das handelnde Subjekt. Was führt er im Schilde: den Angriff führt er im Schilde, der ist das Objekt. Das bleibt er auch im Teilsatz Nr. 2 (2NV). Sieh dich also vor...\}

Rang 5: [**Dies, diese, dieser, dieses, diesen, diesem** = 2.459x] = verweisendes Fürwort/Pronomen, demonstratives Fürwort/Pronomen; kann auch als Artikel und als Relativ-Pronomen eingesetzt werden.

Bei **diesen** Angriffen wurden über die Kameras Bildschirminhalte und Tastatureingaben in den Finanzinstituten ausgespäht (A).

SYS.4.4: Allgemeines IoT-Gerät; 2.1 Ausspähung über IoT-Geräte; S. 656/900

{Patch – Es sind nicht irgendwelche Angriffe, es sind ganz bestimmte Angriffe, die mit [diesen] hervorgehoben werden sollen. Das kann die Art und Weise meinen, oder der Zeitpunkt ist gemeint, oder irgendetwas anderes, was die Angriffe zu besonderen macht...\}

* * * * *

System-Nachricht eHealth (TI) [Sys-29] - E-Rezept

Zurzeit liegt eine zentrale Störung in der Telematikinfrastruktur vor. Dies kann zu Störungen beim Ausstellen des E-Rezepts, Einlesen von eGKs, Zugriff auf die elektronische Patientenakte oder auch beim Versenden von KIM-Nachrichten führen. Für das E-Rezept sollte bis auf Weiteres auf das Muster 16 zurückgegriffen werden. Alle Beteiligten arbeiten mit Hochdruck an einer Lösung. Wir informieren entsprechend nach neuem Kenntnisstand.

Letzte Aktualisierung: 14.02.2024 11:00 Uhr

{Patch – Ein bemerkenswertes Datum: Valentinstag und Aschermittwoch fallen auf einen Tag. Passend dazu eine [Störung, die = 129x] der Telematik-Infrastruktur (TI). Sie erhält die dramatische Eigenschaft [zentral = 209x als Eigenschaftswort, 44x als Umstandswort]. Das Eigenschaftswort/Adjektiv [zentral] hat diese Bedeutungsmöglichkeiten: 1. im Zentrum liegend, wegen seiner Wichtigkeit und Bedeutung an erster, vorderer Stelle stehend, entscheidend, wesentlich; 2. von einer leitenden Stelle, Zentrale ausgehend und für den zugehörigen Bereich geltend, wirksam; 3. an einer Stelle als dem Mittelpunkt zusammenlaufend, gesammelt (www.dwds.de). Mit anderen Worten: eGK, ePA, eAU etc. – alles ist betroffen! Und das am Aschermittwoch, im laufenden Praxisbetrieb, 11:00 Uhr, im Wartezimmer erbricht sich ein Kind.

Was den [Total + Ausfall, der = 3x] verursacht hat, das erfährst du nicht, die Praxis erfährt es nicht, an einem Aschermittwoch.

Wie du mit den [Patienten + Daten, die = 1x; Rarität] verfahren sollst, wie und was dokumentiert werden kann, du erfährst es nicht, die Praxis erfährt es nicht, Aschermittwoch.

Wie du die [Gültigkeit, die = 7x] einer eGK prüfen sollst – Aschermittwoch.

Allerdings, du erfährst, dass du das Papier-Rezept (Muster 16) doch nutzen könntest – wenn die Praxis nicht alle Papier-Rezepte entsorgt hätte, im Vertrauen auf die großen Versprechen. Und wenn du den

Dokumentendrucker, möglicherweise einen Nadeldrucker ohne viel Schnick
und Schnack, nicht auf dem neusten Stand gehalten hast.

Nu, einer der vielen Aschermittwoche in der mitunter schwund-süchtigen
Digitalisierung...\}

* * * * *

[Protokoll, das = 142x] = 1. detaillierte Aufzeichnung von etw., das kann
sein: a) (meist schriftliche) Aufzeichnung über den wesentlichen Ablauf und
Inhalt einer Sitzung, Verhandlung, Diskussion o. Ä.; b) (detaillierte)
Dokumentation über den Aufbau, die Durchführung, die Beobachtung und die
Auswertung eines Experiments, einer Studie o. Ä.; c) Dokument, in dem die
Arbeitsschritte bei einer bestimmten Tätigkeit aufgeführt werden; 2.
[Informations- und Telekommunikationstechnik] Synonym zu
Kommunikationsprotokoll; 3. Synonym zu Logfile

<u>IT-Grundschutz-Kompendium</u>

> 01. Aus dem Protokoll MUSS die Art des Brennstoffs, die genutzten
> Additive, das Tankdatum und die getankte Menge hervorgehen (A).
>
> INF.2 Rechenzentrum sowie Serverraum, INF.2.A14 Einsatz einer
> Netzersatzanlage; S. 811/900

{Patch – [MUSS/MÜSSEN] = Notwendigkeit, Pflicht, so und keinesfalls anders
zu handeln – siehe Modalverben.

Gemeint ist in dem Satz ein [Protokoll] entsprechend der Bedeutung 1.c. Es
geht nun nicht um Arbeitsschritte, sondern um konkrete Inhalte, die aufgelistet
werden sollen. Sehr gut kannst du hier die Erweiterung der Bedeutung
beobachten, nach Motto, wird schon passen...\}

> 02. Die Ausgabe von Informationen über das Betriebssystem und der
> Zugriff auf Protokoll- und Konfigurationsdateien SOLLTE für
> Benutzer auf das notwendige Maß beschränkt werden (A).
>
> SYS.1.3: Server unter Linux und Unix; SYS.1.3.A14 Verhinderung des
> Ausspähens von System- und Benutzerinformationen; S. 512/900

{Patch – [SOLLTEN] = Anregung, unverbindliche Empfehlung, so und so zu
handeln – siehe Modalverben.

Einverstanden, es gibt Dateien, in denen Protokolle von dem Bedeutungstyp
Nr. 2 gespeichert werden. Sie sollten selbstverständlich hinter einer Firewall
sein, so dass Außenstehende nicht an diese herankommen. Jedoch in diesem
Satz geht es um [Benutzer, die = Top-25], also Mitarbeitende. Welches
Interesse könnten sie an einem [Zugriff, der = 262x] haben? Vielleicht bei
einer inneren Kündigung? Außerdem fordert der Satz eine [Beschränkung, die
= 7x] auf eine „notwendiges Maß". Was ist wann und für wen notwendig?
Wieder keine Ahnung, der Satz rätselt herum und läuft ins Leere...\}

[Protokoll, das] = nun als Bestimmungswort, das differenziert und die Bedeutung des Grundwortes/Letztwortes erweitert in den folgenden zusammengesetzten Wörtern (Komposita):

[Protokoll + Anwendung, die = 1x]; Rarität. Das ist unerfreulich **[–]**. Eine [Anwendung] hat eine Richtung, ein Fortschreiten, da sollte sich etwas vom Status A nach B bewegen. Ein [Protokoll, das = 142x] ist statisch, es ist fertig.

[Protokoll + Daten, die = 10x]. Das sind Zahlen oder Angaben oder irgendetwas Ungenaues, das und die in einem Protokoll auftauchen, wenn du sie einträgst zum Beispiel. Das ist nachvollziehbar **[+]**.

<u>IT-Grundschutz-Kompendium</u>

> Programme (1Ha), die sicherheitsrelevante Ereignisse detektieren (2NR,) und {die\} Protokolldaten auswerten (3NR), sammeln oft viele Informationen über die Netzstruktur und die internen Abläufe einer Institution (1Hb).
>
>> DER.1: Detektion von sicherheitsrelevanten Ereignissen; 2.1 Missachtung von gesetzlichen Vorschriften und betrieblichen Mitbestimmungsrechten; S. 300/900

{Patch – Nein, du musst nicht erschrecken, das Verb [detektieren] bedeutet etwas wie ermitteln, erkennen oder auch aufdecken. Aufgedeckt werden „sicherheitsrelevante Ereignisse", indem beispielsweise Protokolldaten ausgewertet werden. Ja, aus den Protokolldaten lassen sich Rückschlüsse auf die [Netz + Struktur = 4x] ziehen. Und dann gibt es die Daten, die sich auf die digitalen Prozesse beziehen. Da darfst du nicht mit „internen Abläufen" verwechseln...\}

[Protokoll + Information, die = 1x]; Rarität. Das ist angestrengt **[–]**. Das könnte eine Zusammenfassung sein, mit der z.B. Prozesse, Abläufe und die dazugehörenden Daten gemeint sind.

[Protokollierung, die = 139x] = das Protokollieren; die Schritte, die Prozesse, die Abläufe, deren Erfolge oder Fehler aufgezeichnet, festgehalten oder eben protokolliert wurden.

<u>IT-Grundschutz-Kompendium</u>

> 01. Wird die Protokollierung nicht ausreichend geplant (1H), dann kann dies dazu führen (2H), dass IT-Systeme oder Anwendungen nicht überwacht {werden\} (3NI) und {dass\} sicherheitsrelevante Ereignisse somit nicht erkannt und angemessen behandelt werden (4NI).
>
>> OPS.1.1.5 Protokollierung; 2.4. Fehlplanung bei der Protokollierung; S. 216/900

{Patch – Wirf einen Blick auf die Überschrift für diesen Abschnitt 2.4: [Fehl + Planung, die = 86x], darum sollte es gehen. Im Satz dagegen wird von „nicht ausreichender" [Planung, die = 218x] gesprochen. So oder so, für eine

Protokollierung und was genau protokolliert wird, dafür muss man sich Punkt für Punkt entscheiden. Planen im herkömmlichen Sinn ist das nicht...\}

> 02. Der IT-Betrieb SOLLTE die Protokollierung des Exchange-Systems aktivieren (A).
>
> APP.5.2: Microsoft Exchange und Outlook, APP.5.2.A9 Sichere Konfiguration von Exchange-Servern; S. 462/900

{Patch – [SOLLTEN] = Anregung, unverbindliche Empfehlung, so und so zu handeln – siehe Modalverben.

Wie in dem Beispielsatz Nr.1. gesagt, Entscheidungen ersetzen in Sachen Protokollierung eine Planung, die den Namen verdienen würde...\}

[Protokollierung, die] = nun als Bestimmungswort, das differenziert und die Bedeutung des Grundwortes/Letztwortes erweitert in den folgenden zusammengesetzten Wörtern (Komposita):

[Protokollierung(s) + Daten, die = 55x]. Das ist irgendwie ungut [–]. Wenn überhaupt ist eine Protokollierung gleichbedeutend mit dem Anlegen oder Führen eines Protokolls, dieses per Hand oder automatisiert. Erst als Ergebnis könntest du Daten sehen.

<u>IT-Grundschutz-Kompendium</u>

> 01. Bei Webanwendungen SOLLTE ein möglicher Überlauf von Protokollierungsdaten überwacht und verhindert werden (A).
>
> CON.10 Entwicklung von Webanwendungen; CON.10.A17 Verhinderung der Blockade von Ressourcen; S. 191/900

{Patch – [SOLLTEN] = Anregung, unverbindliche Empfehlung, so und so zu handeln – siehe Modalverben.

Einen [Überlauf, der = 1x] zu erkennen oder zu bemerken, das wäre passender, als ihn überwachen zu wollen. Außerdem ist die Protokollierung selbst gemeint, die zu viel Ressourcen beansprucht und andere dafür beschränkt...\}

> 02. Die Protokollierungsdaten SOLLTEN regelmäßig ausgewertet werden (A).
>
> APP.3.2: Webserver, APP.3.2.A4 Protokollierung von Ereignissen; S. 403/900

{Patch – [SOLLTEN] = Anregung, unverbindliche Empfehlung, so und so zu handeln – siehe Modalverben.

Ich wiederhole mich gern, die Protokollierung wird ausgewertet. Wenn genügend Zeit ist, und wann ist das schon, sehe ich mir die Protokollierungen (!) auf unserem Server an. Regelmäßig ist das nicht, und auswerten ist das auch nicht. Welche Warnungen sehe ich, welche Relevanz sie haben, sehe ich nicht. Welche Fehler werden mir angezeigt, welche Relevanz leider nicht. Häufig haben sich Warnungen und Fehler bereits erledigt. Ich müsste deswegen nachsehen, ob Warnung oder Fehler ein weiteres Mal aufgetreten ist, und dann ob es sich bereits erledigt hat. Die Zeit fehlt.

Statt eine „regelmäßige Auswertung" als Anweisung (= SOLLTE) raus zu geben, in der Protokollierung erst dann nachsehen, wenn es z.B. zu Unregelmäßigkeiten oder Ausfällen kommt...\}

[Protokollierung(s) + Funktion, die = 3x]. Das ist trist [–]. Die Protokollierung ist bereits eine Handlung oder ein Vorgang, je nachdem.

[Protokollierung(s) + Infrastruktur, die = 13x]. Das ist verschroben [–]. Um den Verlauf eines Vorganges, sagen wir die digital gesteuerte Produktion von Bleistiftanspitzern, festzuhalten und bei Störungen auswerten zu können, brauchst du eine Software, die automatisch Protokoll führt.

[Prozess + Leit + System, das = 1x]. Das ist verworren [–]. Dass es ein [Leit + System] gibt, das kannst du nachschlagen unter [L wie Leck]. Wenn du dem ein Prozess hinzufügen willst, dann bitte mittels eines sauberen Genitivs: *Das Leitsystem für einen Prozess.* Das passt, wenn mit Prozess z.B. [Produktion, die = 10x] gemeint ist.

* * * * *

Q wie [Qualität, die = 11x] – [Qualität] wird 4-mal modifiziert für die digitale Sicherheit

---

Es werden zwei Bedeutungen angegeben: 1. Gesamtheit der Eigenschaften eines Produkts, die den Grad seiner Eignung für den vorgesehenen Verwendungszweck bestimmen, (vorgeschriebene) Güte, Beschaffenheit; 2. (gute) Eigenschaften, Fähigkeiten, Anlagen. (www.dwds.de)

<u>IT-Grundschutz-Kompendium</u>

> Diese Situation {= Defizite der Informationssicherheit werden nicht bemerkt\} könnte vom Outsourcing-Dienstleister ausgenutzt werden (1H), z. B. indem er drastisch die Preise erhöht (2NV) oder die Qualität seiner Dienstleistung abnimmt (3NV).
>
> OPS.2.1: Outsourcing für Kunden; 2.6 Abhängigkeit von einem Outsourcing-Dienstleister; S. 273/900

{Patch – Das ist nicht schlüssig. Warum sollten nicht bemerkte Defizite eine Preiserhöhung rechtfertigen. Und sind denn nicht bereits Defizite, ob bemerkt oder unbemerkt, eine Abnahme der Qualität? Nein, so wird das nichts mit der Wirkung...\}

[Qualität, die] = als Bestimmungswort, das differenziert und die Bedeutung des Grundwortes/Letztwortes erweitert in den folgenden zusammengesetzten Wörtern (Komposita):

[Qualität(s) + Anforderung, die = 1x]; Rarität. Klarer Fall, unbedingt brauchst du Qualität innerhalb der IT und erst recht innerhalb der Telematikinfrastruktur (TI), egal um welche Sache oder welches Thema es geht. Das musst du einfordern, anfordern, fordern, immer wieder, jeden Tag aufs Neue. Das ist nachvollziehbar **[+]**.

[Qualität(s) + Sicherung(s) + Anforderung, die = 1x]; Rarität. Das ist unheildrohend **[–]**. Wie soll das funktionieren, die Anforderung an die [Sicherung, die = 26x] und in einem Wort dann auch noch an die [Qualität, die = 11x]?

[Qualität(s) + Sicherung(s) + System, das = 2x]; Rarität. Das ist überspannt **[–]**. In der [Sicherung] steckt bereits ein Vorgang, der auch ein definiertes Ziel hat: Qualität!!!

[Qualität(s) + Standard, der = 1x]; Rarität. Ja, es gibt Augenblicke, da blicke ich aus dem Zugfenster in einen frühlingshaften Tag und verzweifele trotzdem. Dieses für den IT-Grundschutz, für die TI, für die Telematik-Infrastruktur wichtige und entscheidende Kompositum kommt hier als Rarität daher. Nein, es wird zu einer Rarität, einer Seltenheit gemacht. Genau das entspricht der aktuellen digitalen [Alltag(s) + Praxis, die = 1x]. Genau dieses sind die Erfahrungen in der digitalen (Geschäfts-)Welt, und leider auch in diesem Kompendium. Welchem Standard entspricht die Qualität deiner [Firewall, die = 157x]? Nun **[+]**?!

[Quell, der = UNGENUTZT] = [dichterisch] Synonym zu Quelle

> Viele Meetings sind nicht gerade ein Quell der Freude. (www.cio.de, gesammelt am 14.07.2022) – https://corpora.uni-leipzig.de

[Quell, der] = nun als Bestimmungswort, das differenziert und die Bedeutung des Grundwortes/Letztwortes erweitert in den folgenden zusammengesetzten Wörtern (Komposita):

[Quell + Netz, das = 1x]; Rarität. Das ist stumpf **[–]**. Was könnte das sein, ein Netz oder ein Netzwerk mit der festgeschriebenen Eigenschaft [Quelle]?

[Quell + System, das = 1x]; Rarität. Das ist abgehoben **[–]**. Gemeint sein könnte eine Software, aus deren Mitte nun kein Bach entspringt, sondern irgendetwas anderes, was ursächlich sein könnte oder ist.

* * * * *

R wie [Regel, die = 154x] – [Regel] wird 13-mal modifiziert für die digitale Sicherheit

---

Die Bedeutungen sind: 1. auf Festlegung, Übereinkunft beruhende oder durch Erkenntnis bestimmter Gesetzmäßigkeiten und durch Erfahrung gewonnene

---

Richtlinie (des Verhaltens), Vorschrift; 2. das Übliche, Gewohnte, für die Mehrzahl der Fälle Geltende.

IT-Grundschutz-Kompendium

01. Wenn sich eine Institution dafür entscheidet (1NV), einen Cloud-Dienst zu nutzen (2NI), sind daran in der Regel viele Erwartungen geknüpft (3H).

OPS.2.2: Cloud-Nutzung, 2.3 Mangelhaftes
Anforderungsmanagement bei der Cloud-Nutzung; S. 281/900

{Patch – Die inflationär eingesetzte [Formel, die = UNGENUTZT] „Wenn – Dann" kannst du natürlich und grundsätzlich als Formulierung einer [Regel] verstehen. In diesem mehrteiligen Satz taucht dann das Wort [Regel] trotzdem auf. Klarer Fall, das könntest du streichen, ohne den [Sinn, der = 23x] der Konstruktion auszubremsen. Was also soll das mit der Formulierung „in der Regel"? Ich denke, hier deutet sich ein [Misstrauen, das = UNGENUTZT] an, hier schimmern [Zweifel, der/die = UNGENUTZT] durch, ob denn diese [Erwartungen, die = 3x] wirklich eine praxisnahe Grundlage haben – auch wenn eine [Entscheidung, die = 141x] bereits getroffen ist, siehe die [Bedingung, die = 34x] im Teilsatz Nr. 1 (1NV)...\}

02. Der Einsatz von RACF für z/OS MUSS sorgfältig geplant werden (1H), dazu gehören auch die Auswahl des Zeichensatzes, die Festlegung von Regeln für User-ID und Passwort sowie die Aktivierung der KDFAES-Verschlüsselung (2H).

SYS.1.7 IBM Z, SYS.1.7.A8 Einsatz des z/OS-Sicherheitssystems
RACF; S. 538/900

{Patch – [MUSS/MÜSSEN] = Notwendigkeit, Pflicht, so und keinesfalls anders zu handeln – siehe Modalverben.

Jede Wette, dieser Text und mithin dieser Satz wurde von Mitarbeitenden der IBM verfasst (oder kopiert), mithin ein Beispiel erfolgreicher Lobbyarbeit getarnt als Kooperation.

Egal, du kannst dich auf dieses hübsche Wort [Regeln] konzentrieren. Wie würde es aussehen, würdest du dieses Wort durch [Vorgaben, die = 207x] ersetzen? Denn genau genommen geht es um diese und die konkrete Ausgestaltung liegt bei den [Menschen, die = 14x], die das einrichten bzw. nutzen wollen...\}

* * * * *

System-Nachricht eHealth (TI) [Sys-30] - Einschränkung der Nutzung von VSDM - TECHK

01. Seit ca. 12:30Uhr kann es zu Einschränkungen bei der Nutzung des Versichertenstammdatenmanagements (VSDM) und damit zu Problemen beim Einlesen von elektronischen Gesundheitskarten

(eGK) kommen. Dies kann Auswirkungen auf das Einlösen von E-Rezepten mittels eGK haben, andere Einlösewege sind nicht betroffen.

Die Störung betrifft den Betreiber Techniker Krankenkasse (TECHK). Betroffen sind demnach Versicherte der Techniker Krankenkasse. Die TECHK ist bereits in der Analyse, um die Ursache schnellstmöglich zu beheben.Weitere Informationen folgen zeitnah nach neuem Kenntnisstand.

Erstmeldung 11.01.2025 13:58

{Patch – Das Besondere an dieser System-Nachricht ist der Absender „TECHK", das ist die Techniker Krankenkasse, also kein IT-Dienstleister oder IT-Produzent.

Diese Meldung hat es in sich, was die Informationen angeht.

1. Die Störung tritt offensichtlich am späten Vormittag eines Freitags auf, sozusagen „Prime Time" vor dem Wochenende.

2. Die ersten beiden Sätze weisen die Störung dem gesamten Betrieb zu.

3. Im zweiten Absatz, der von mir eingefügt wurde, wird die Störung plötzlich eingegrenzt auf die Techniker Krankenkasse.

4. Die „Einschränkungen" treten „seit ca. 12:30 Uhr" auf, heißt es. Werden IT-Systeme automatisiert oder „mit Augenschein" überwacht, gibt es eine genaue Zeitangabe, zu der die Störung auftritt. Also besteht hier der Verdacht, dass die TK überhaupt nichts mitbekommen hat und erst auf Zuruf aus dem „Feld" aufmerksam wurde. Interessant wären da die „Regeln" des „Melde-Weges".

5.Wenn es die „Einschränkungen" seit ca. 12:30 Uhr gibt, warum gibt es dann erst eineinhalb Stunden später die Meldung an alle Einrichtungen des Gesundheitswesens, die sich für den „Service" der Gematik angemeldet haben...\}

02. Das Lagebild der gematik zeigt seit ca. 16:45Uhr keine Störung des FD VSDM mehr an, so dass die Einschränkungen für die Versicherten der Techniker Krankenkasse aufgehoben sein sollten. Das System bleibt bis zur finalen Bestätigung durch die TECHK unter Beobachtung.

Letzte Aktualisierung 11.01.2025 17:45

{Patch - Fortsetzung...

6. Nun wird es so dargestellt, als sei die Gematik diejenige, die da zugerufen hat, siehe oben Punkt 4.

7. Ein weiteres Mal wird der Eindruck erweckt, betroffen seien wiederum alle bei dem Fachdienst (= FD).

8. Die Eingrenzung auf TK-Versicherte kommt dann in dem untergeordneten Teilsatz.

---

9. Auffallend ist der Konjunktiv, die Möglichkeitsform in dem „sollte". Man ist sich nicht sicher, dass die „Einschränkungen" tatsächlich aufgehoben werden konnten.

10. Wieder die Zeitdifferenz von einer Stunde zwischen Erkenntnis (16:45 Uhr am Freitag) und Information (17:45 Uhr am Freitag).

Fazit: Welche Arbeit und Mehrarbeit entsteht dem Gesundheitswesen durch die verhinderte oder indifferente Nutzung der eGK der Techniker Krankenkasse in dem Zeitraum von 12:30 Uhr bis 17:45 Uhr an einem Freitagnachmittag – Freitagnachmittags sind die Notdienste am Start, die regelmäßig überlaufenen Notdienste...\}

* * * * *

[Rechnung(s) + Daten, die = 1x]; Rarität. Ich ziehe mich zurück und sage, das sind Zahlen (oder Angaben), die du auf deiner Rechnung etwa für dein Smartphone findest. Das ist nachvollziehbar **[+]**.

[Referenz + System, das = 1x]; Rarität. Ein System für was auch immer, welches du als ein [Vorbild, das = UNGENUTZT] nehmen kannst. Das wäre nachvollziehbar **[+]**.

[Regel + Funktion, die = 2x]; Rarität. Das ist merkwürdig **[–]**. Gemeint sein könnte eine übliche, konventionelle, eine reguläre Funktion. So steht das da aber nicht.

* * * * *

~ Relativer Nebensatz (Typ III) = Teilsatz - Grammatik

Struktur: Hauptsatz + [Fürwort/Pronomen] + Relativer Nebensatz (nebengeordneter Teil-Satz)

Aufgaben/Funktion des relativen Teilsatz (eNR): Ein nebengeordneter Relativsatz bezieht sich entweder auf ein vorangehendes Hauptwort oder dessen Stellvertreter in einem Teilsatz. Er liefert ergänzende Informationen.

Weitere Merkmale:

Das Verbindungswort (Relativpronomen) muss aus dem Ersatzteam kommen.

In bestimmten Situationen kannst du dem Fürwort/Pronomen ein Verhältniswort voranstellen.

Beispiel: [*Wenn ein Angreifer einen nützlichen Netzdienst betreibt, **an dem** ...* S. 86/900]

Zwischen den Teilsätzen muss ein Komma stehen.

Die Variante I eines nebengeordneten Relativsatzes unterbricht den Teilsatz, auf den er sich bezieht. Dein Vorteil: Du kannst sofort eine genauere Bestimmung geben oder ein wichtiges Verhältnis einführen.

[*Die Zuverlässigkeit von Informationen, **die** über das Internet verbreitet werden, ist sehr unterschiedlich. S. 64/900*]

Die Variante II eines nebengeordneten Relativsatzes beginnt nach einem Komma erst dann, wenn der vorangehende Teilsatz, häufig der Hauptsatz, abgeschlossen ist.

[*Es gibt eine Vielzahl von Ursachen, **die** zu einem Verlust von Geräten, Datenträgern und Dokumenten führen können. S. 61/900*]

* * * * *

<u>IT-Grundschutz-Kompendium</u>

> 01. Gefahrenmeldeanlagen (GMA) sind TGA-Anlagen (1H), {die\} die **Gefahren** wie Einbruch, Feuer und Rauch erkennen und melden können (2NR).

INF.14 Gebäudeautomation; Gefahrenmeldeanlage (englisch Alarm System); S. 893/900

{Patch – Das ist eine häufige Beobachtung in Texten bzw. Dokumenten mit technischen Inhalten: ein funktionierender, sauberer Übergang zu einem relativen Teilsatz. Dabei ist das eine wichtige Funktion, wie du an dem Beispielsatz sehen kannst. Ich habe das Relativpronomen [die] ergänzt. Das nennt und wiederholt die [TGA-Anlagen, die = 57x], die es ohne das [die] im Teilsatz Nr. 2 nicht geben würde.

[TGA] steht für „Technische Gebäude Ausrüstung", zu der auch die [Sicherheit(s) + Technik, die = 1x; Rarität] gezählt wird. Wenn es so gesehen wird, noch die [GMAs] einführen, die [Gefahren + Melde + Anlage, die = 20x]. Warum und wieso, das ist nicht nachvollziehbar. Warum nicht gleich mit diesen Arbeiten: *GMAs sollen Gefahren wie Überfall, Einbruch oder Feuer erkennen und melden. Fertig...*}

> 02. Für Gastzugänge und für Netzbereiche, **in denen** keine ausreichende interne Kontrolle über die Endgeräte gegeben ist, MÜSSEN dedizierte Netzsegmente eingerichtet werden.

NET.1.1: Netzarchitektur und -design; NET.1.1.A5 Client-Server-Segmentierung; S. 721/900

{Patch - [MUSS/MÜSSEN] = Notwendigkeit, Pflicht, so und keinesfalls anders zu handeln – siehe Modalverben.

Dieses als Eigenschaftswort eingesetzte [dedizierte = 51x] kommt aus dem Lateinischen und bedeutet in etwa: kundgeben, dartun, widmen (www.dwds.de). Die Verwendung ist ein gruseliger Fehler, da eigentlich das [Ziel, das = 143x] der Aktion unmissverständlich ausgedrückt werden muss. Das Ziel der notwendigen Handlung kann sein ein [eigenes = 147x] Netzsegment, oder ein [abgegrenztes = 1x] Netzsegment, um nur zwei Möglichkeiten zu nennen...\}

* * * * *

<u>**System-Nachricht eHealth (TI) [Sys-31] - Störung beim Deutsches Elektronisches Melde- und Informationssystem für den Infektionsschutz (DEMIS)**</u>

> Derzeit liegt eine Störung beim Deutschen Elektronischen Melde- und Informationssystem für den Infektionsschutz (DEMIS) vor. Adesso ist bereits in der Analyse, die Ursache wurde gefunden und es wird mit Hochdruck an der Entstörung gearbeitet. Es kann dadurch für Nutzerinnen und Nutzer des Dienstes zu Einschränkungen beim senden und abholen von Meldungen kommen. Weitere Informationen folgen zeitnah nach neuem Kenntnisstand.
>
> Letzte Aktualisierung 04.12.2023 11:00 Uhr

{Patch – Gelegentlich bekommst du das Gefühl, wenn du eine System-Nachricht erhältst, du würdest an dem Rand einer Steilküste stehen. Tief unter dir die tosenden Wellen, auf deren Schaumkronen die Namen der Dienstleister wie etwa der der adesso SE, Adessoplatz 1, Dortmund, Handelsregister: HRB 20663. Sie wirbt mit der Aussage: Kerngeschäftsprozesse optimieren durch den gezielten Einsatz moderner IT. Eine Verbindung zu dem offensichtlich vom Bundesministerium für Gesundheit (BMG) betriebenen Melde- und Informationssystem (DEMIS) ist damit noch nicht erkennbar.

In dem Vorstand der adesso findet sich ein ehemaliger Mitarbeiter der CGM und einer der BITMARCK. Reicht das bereits aus für eine Verbindung. Nun, Tendenzen deuten sich an.

Auf einer eigenen Seite verkündet eine Herr Dr. Thorsten Vogel, seines Zeichens „Leitung Line of Business Health":

> Uns treibt der Wunsch unserer Kundinnen und Kunden nach signifikanten Optimierungen durch intelligente Digitalisierung ihres Leistungsportfolios für unser Gesundheitssystem an. Dabei geht es um mehr Qualität in der Versorgung von Patientinnen und Patienten sowie um die konsequente Nutzung von Kostenpotenzialen.

Mal abgesehen von den Kleinigkeiten wie – ist Herr Vogel ein Dr. med. oder Dr. oec.? Braucht Business wirklich Health, also Gesundheit? – also abgesehen davon, ist das Zitat die Verbindung zu DEMIS? Das wäre eher denkbar.

Das Suchwort „DEMIS" auf der Webseite von adesso bringt kein Ergebnis. Dafür eine Liste von Technologie Plattformen, also unter anderem Cloud-Anbieter, die man für die eigenen Angebote nutzt, in alphabetischer Reihenfolge: AWS = Amazon Web Services, Google, Microsoft, Salesforce...

Auf welcher [Plattform, die = 16x] wird das staatliche Melde- und Informationssystem (DEMIS) betrieben, wo sind unsere Daten? Der Blick vom Rand einer Steilküste auf brüllende Wellen.

Ein anderer Blick auf das Brechen und Wühlen der Wellen, nun die digitalen [Programme, die = 88x] im Gesundheitswesen selbst. Die großen, von weit herkommenden Wellen wie eGK, ePA und all die anderen. Und die eher kleineren Wellen, unscheinbarer, leiser. Das sind dann z.B. [Dienste, die = Top-25]. Im IT-Grundschutz zähle ich 34 verschiedene [Dienste], in der IT gibt es noch wesentlich mehr. Mit dem angesprochen [Dienst] kannst du [Meldungen, die = 31x] senden und empfangen. Inhalt der Meldungen, irgendetwas mit [Infektionen, die = 19x]. Weckst du nachts unsere engagierte Auszubildende, dann sprudelt diese die Definition hervor: [Infektion] gleich Ansteckung durch eingedrungene Krankheitserreger, die eine lokale oder allgemeine Störung des Organismus zur Folge hat (www.dwds.de). Also eine sehr individuelle, persönliche Angelegenheit, jegliche [Daten, die = Top-25] sind zu schützen.

Deswegen taucht der [Infektion(s) + Schutz, der = UNGENUTZT] auf. Vermutlich bezieht er sich nicht auf ein Individuum, sondern öffnet die gesellschaftliche Perspektive.

Dir könnte auffallen, wie sich [Krankheit, die = 4x] und ein [Schutz, der = 228x] etwa vor [Ransomware, die = 16x] oder allgemeiner [Viren, die = 8x] in der Bedeutung angleichen, sich semantisch überlagern. Wer hat wen übernommen, und mit welcher Absicht?

Warum werden das gestörte [Senden, das = 1x] und das gestörte [Empfangen, das = 1x] in der Nachricht kleingeschrieben und so zu Verben? Sie müssen großgeschrieben werden, sie sind Hauptwörter/Substantive. Warum wird das nicht gleich am Anfang der Nachricht gebracht? Wieso, weshalb, warum, wer nicht fragt bleibt dumm...\}

* * * * *

[Reputation(s) + Dienst, der = 1x]; Rarität. Das ist skurril [–]. Die [Reputation, die = 9x] ist normalerweise das Ansehen, welches eine Person in einer Gesellschaft genießt. Mit dem Dienen für etwas hat das nicht das Geringste zu tun.

[Ressource, die = 128x] = Mittel für die Produktion; heute besonders im Plural Ressourcen 'Hilfs-, Rohstoffquellen, Bestand an Naturprodukten, Geldmittel, Reserven' Entlehnung von gleichbedeutenden frz. ressource f. (www.dwds.de)

IT-Grundschutz-Kompendium

>01. Werden Sicherheitsmaßnahmen festgelegt (1H), SOLLTEN die dafür erforderlichen Ressourcen beziffert werden (2H).

>ISMS.1: Sicherheitsmanagement; ISMS.1.A15 Wirtschaftlicher Einsatz von Ressourcen für Informationssicherheit; S. 100/900

{Patch – [SOLLTEN] = Anregung, unverbindliche Empfehlung, so und so zu handeln – siehe Modalverben.

Nur weil es um einen „wirtschaftlichen Einsatz" geht, musst du nicht gleich das Verb „beziffern" verwenden. Denn ohne dass es gesagt würde, mit Ressourcen werden in modernen Managementtheorien auch Menschen gemeint, also ihr IT-spezifische Erfahrung, ihr Erfindungsreichtum, ihr Improvisations-Talent, ihre Ausbildung und nicht zuletzt ihre Arbeitszeit. Das alles lässt sich schlecht „beziffern", ist aber für die Entwicklung von Sicherheitsmaßnahmen unerlässlich. Also, Ressourcen nur da verwenden, wo du auch valide Zahlen nennen kannst. Den menschlichen Faktor separat aufführen und die qualitativen Kriterien auflisten...\}

> 02. Der Outsourcing-Kunde SOLLTE ausreichende Fähigkeiten, Kompetenzen und Ressourcen bei sich behalten (1H), um die Anforderungen an die Informationssicherheit bei jedem Outsourcing-Vorhaben selbst bestimmen und kontrollieren zu können (2NV).
>
> OPS.2.1: Outsourcing für Kunden; OPS.2.1.A5 Festlegung einer Strategie zum Outsourcing; S. 274/900

{Patch – Unklar ist in der Kapitelüberschrift, sind Kunden gemeint, die Outsourcen wollen, oder ist das Outsourcing gemeint, welches du Kunden anbieten willst. Abgesehen davon geht es in dem Satz um einen Kunden, der outgesourced hat. Denn nur von dem kann gesagt werden, er sollte unter Anderem „Ressourcen bei sich behalten" (1H). In dem folgenden Teilsatz (2NV), der ein Ziel nennt, verändert sich die Situation. Nun geht es um zu planende [Vorhaben, die = 30x], für die Kriterien der zu leistenden [Sicherheit] festgelegt werden müssen. Pass auf!, da geht etwas durcheinander...\}

[Ressource, die] = nun als Bestimmungswort, das differenziert und die Bedeutung des Grundwortes/Letztwortes erweitert in den folgenden zusammengesetzten Wörtern (Komposita):

[Ressourcen + Einsatz, der = 3x]. Das ist eigenartig [–], denn auf Ressourcen sollst du eigentlich zurückgreifen können, jedoch sie einsetzen?

[Ressourcen + Nutzung, die = 1x]; Rarität. Was mit diesem oder jenem Mittel – aber bitte keine Menschen – gemacht wird, das kannst du durchaus als [Nutzung, die = Top-25] beschreiben. Das ist nachvollziehbar [+].

[Rest + Information, die = 12x]. Das ist skrupellos [–]. Eindeutig ist, wenn benötigt, von restlichen Informationen zu sprechen.

[Rest + Risiko, das = 7x], das ist gut beschrieben als übrig gebliebenes Risiko, das nicht beseitigt werden kann [+].

[Rettung(s) + Einsatz, der = 1x]; Rarität. Das ist eine traurige Realität. Wenn etwas passiert ist, dann muss sich irgendwer darum kümmern, eine Rettung wird gestartet. Das ist nachvollziehbar [+].

* * * * *

[Risiko, Risiken, das/die = 110x] – [Risiko] wird 8-mal modifiziert für eine digitale Sicherheit

A.) - Erklärung/Wortbestimmung

Unter Risiko kannst du verstehen:

> 1. Gefahr (des Verlustes) bei einer Unternehmung, deren Ablauf, Ausgang unsicher ist, Wagnis;

> 2. In der Wirtschaft Gefahr, ökonomische Mittel durch unzweckmäßigen Einsatz zu verlieren oder mögliche Vorteile für die Wirtschaft, den Betrieb nicht zu nutzen

(www.dwds.de)

Um Missverständnisse zu vermeiden, kannst du Eigenschaftswörter/Adjektive dem [Risiko] voranstellen: ein materielles / finanzielles / kommerzielles / politisches [Risiko]. Du siehst, stets geht es um Werte, stets geht es um Gewinn oder Verlust.

<u>IT-Grundschutz-Kompendium</u>

> 01. Risiko wird häufig definiert als die Kombination (also dem Produkt) aus der Häufigkeit (1H), mit der ein Schaden auftritt und {mit\} dem Ausmaß dieses Schadens (2NR).

IT-Grundschutz Kompendium 2022, Glossar, S. 38/900

{Patch – Würde man die [Häufigkeit] als einen Faktor nehmen, und eine bestimmte Sache passiert nicht, dann dürften auch keine [Risiken] zu erkennen sein. Eindeutiger ist es, von der [Wahrscheinlichkeit] zu sprechen, mit der eine bestimmte Sachen passieren könnte, und den dann möglichen, folgenden Schaden zu bewerten…\}

> 02. Aus der Sicht des Datenschutzes ist eine Institution, die personenbezogene Daten erhebt, nutzt, übermittelt oder empfängt (zusammengefasst: „verarbeitet") grundsätzlich ein Risiko für Personen (A).

IT-Grundschutz Kompendium 2022, 2.1 Missachtung von Datenschutzgesetzen oder
Nutzung eines unvollständigen Risikomodells, S. 146/900

{Patch – Mal abgesehen davon, dass der [Datenschutz] keine [Sicht] haben kann, ist die Aussage des Satzes „eine Institution (…) sei ein Risiko" falsch. Erst die „Verarbeitung" von personenbezogenen Daten könnte mit einer Wahrscheinlichkeit von x zu ungünstigen, negativen Folgen oder gar Nachteilen für einen Menschen sprich Person führen. Welcher konkrete, messbare Schaden dabei entsteht, das zu entscheiden, steht noch aus – und man (Politik, IT/TI-Industrie, der Markt) will es wohl nicht so genau wissen wollen…\}

B.) - [Risiko, Risiken· das/die] wird/werden in den folgenden zusammengesetzten Wörtern (Komposita) differenziert und eingeschränkt (= Grundwort/Letztwort) durch ...

Ausfall + R. = 1x / Diebstahl + R. = 1x / Entdeckung(s) + R. = 1x / Infektion(s) + R. = 1x / Manipulation(s) + R. = 1x / Rest + R. = 7x / Sicherheit(s) + R. = 14x

C.) - [Risiko, Risiken, das/die] = nun als Bestimmungswort, das differenziert und die Bedeutung des Grundwortes/Letztwortes erweitert in den folgenden zusammengesetzten Wörtern (Komposita):

[Risiko + Abschätzung, die = 1x]; Rarität. Das könnte sich fügen **[+]**. Eine Risiko-Abschätzung ist eine Bewertung möglicher oder vorstellbarer Folgen. Je geringer das Vorstellungsvermögen ist, desto dünner fällt die Risiko-Abschätzung aus. Was wiederum ein großes Risiko ist.

[Risiko + Analyse, die = 116x]. Eine Analyse, eine systematische und sorgfältige Untersuchung einer Sache, einer Struktur oder einer Situation, bei denen du dir gedacht hast, auha, das könnte [riskant = UNGENUTZT als Umstandswort] werden, deswegen das Urteil: kniffelig **[--]**.

<u>IT-Grundschutz-Kompendium</u>

> Die konkrete Festlegung erfolgt im Rahmen einer Risikoanalyse (A).
>> NET.4.1: TK-Anlagen; 3.3 Anforderungen bei erhöhtem Schutzbedarf;
>> beispielsweise S. 779/900

{Patch – Dieser Satz wird 74-mal gebracht, obwohl er einen beschränkten Sinn hat. Es geht um die wackeligen [Anforderungen, die = Top-25]. Sie sind wieder einmal Anweisungen, wie in einer Sache oder Situation gehandelt werden muss oder wie zu handeln empfohlen wird. Die Sache ist der [Schutz + Bedarf, der = 295x]. Er kennt Abstufungen, in diesem Zusammenhang wird er als [erhöhter] gesehen, siehe Kapitelüberschrift. Die Frage ist, wie ermittelst du einen [Bedarf, der = 51x]. Indem du überlegst, was brauchen wir. Antwort, wir brauchen [Schutz, die = 228x]. Oder andersherum: Am Anfang steht eine systematische und sorgfältige Untersuchung, welche [Gefahren, die = 122x] gibt es und welche [Folgen, die = 82x] hätten sie wahrscheinlich, würden sie bei uns eintreten. Streng genommen ist das etwas anderes als eine [Risikoanalyse]...\}

[Risiko + Appetit, der = 2x]; Rarität. Der Versuch einer Vermenschlichung scheitert, das ist qualvoll **[-]**.

[Risiko + Behandlung, die = 2x]; Rarität. Das ist erschreckend **[--]**. Mit einem [Risiko] musst du souverän umgehen, und nicht behandeln, wie eine Grippe.

[Risiko + Bereitschaft, die = 1x]; Rarität. Das ist töricht **[--]**. Zeige mir die [Bereitschaft, die = UNGENUTZT], welche ein [Risiko] haben könnte, zeige es mir!

[Risiko + Beurteilung, die = 5x]. Genau **[+]**, siehst du am digitalen Horizont für deine Sache ein [Risiko] aufziehen wie ein dunkle Wolke, wäre es gut, du würdest überlegen, kommt da ein Gewitter, ein Unwetter, ein Landregen, Hagel, das alles gehört zu einer pragmatischen Beurteilung.

[Risiko + Bewertung, die = 2x]; Rarität. Exakt **[+]**, auch das Bewerten musst du in eigener Verantwortung übernehmen.

[Risiko + Faktor, der = 1x]; Rarität. Das ist gespenstisch **[--]**, wie hier kombiniert wird. Ein [Faktor, der = 24x] ist entweder ein „mitwirkender Umstand, mitwirkende Kraft" oder in der Mathematik eine „Zahl oder Größe, die eine andere multipliziert oder mit einer anderen multipliziert wird" (www.dwds.de).

[Risiko + Konzentration, die = 1x]; Rarität. Das ist beklemmend **[--]**, wenn sich da viele Risiken zusammenballen, sich konzentrieren.

[Risiko + Management, das = 12x]. Wie du mit tatsächlich eingetroffenen [Risiken] umgehen willst, das macht schon eine Art [Management, das = 255x] erforderlich, also passt das so **[+]**.

[Risiko + Modell, das = 1x]; Rarität und die geht wieder in die Grütze **[--]**. Ein Risiko ist ein Risiko und kann kein [Modell, das = 21x] sein, welches du von allen Seiten ansehen und bewundern kannst.

[Risiko + Neigung, die = 1x]; Rarität, die mich erschöpft **[--]**. Gemeint ist wahrscheinlich eine Wahrscheinlichkeit, mit der ein Risiko vor dich hintritt und sagt, gucke mal, da bin ich.

[Risiko + Strategie, die = 1x]; Rarität. Das ist schlimm **[--]**, da ein Risiko vermutlich keine [Strategie, die = 34x] ausarbeiten kann.

[Risiko + Übernahme, die = 1x]; Rarität. Das ist schon eigentümlich **[--]**, von wem und wie ein Risiko übernommen werden soll.

* * * * *

Rand-Notiz Nr. 19. - Französisch

In den romanischen Sprachen gibt es diese Bildung der mehrteiligen Hauptwörter/Komposita nicht. Im Französischen etwa beginnt die Kombination mit dem Grundwort, das dann konkretisiert wird und gleichzeitig wird die Relation z.B. durch ein/e Verhältniswort/Präposition angegeben:

> [Risiko + Analyse, die] wird im Französischen zu [le analyse des risques];

> [Risiko + Faktor, der] wird im Französischen zu [le facteur de risque];

> [Sicherheit(s) + Risiko, das] wird im Französischen zu [la menace pour la sécurité], wobei du [la menace] übersetzt mit [Bedrohung, die = 128x];

> [Rest + Risiko, das] wird im Französischen zu [le risque non évaluable].

* * * * *

[Roh + Daten, die = 1x]; Rarität. Das ist erstaunlich **[–]**. In irgendeinem
Asterix-Band sagt ein Legionär: „Werden wir brutal." Er hätte sich auch
vornehmen können, „roh" zu werden, was auf das gleiche hinauslaufen
würde, nämlich Schläge. Rohe Eier sind nicht gekocht. Vielleicht solltest du
Daten in einem Topf ordentlich aufkochen, ehe es die KI übernimmt.

* * * * *

Top-25: [Rolle, -en, die = 307x] – [Rolle] wird 4-mal modifiziert für die
digitale Sicherheit

A.) - Erklärung/Wortbestimmung

1. (länglicher) Körper mit rundem Querschnitt, kleines Rad (mit Rille),
Walze

2. etw. Zusammengerolltes, Gewickeltes zusammengerollt
aufbewahrte Urkunde, Schriftrolle

3. Mangel, Wäscherolle

4. [Turnen] Übung auf dem Boden oder auf einem Gerät, bei der der
Körper vorwärts oder   rückwärts gedreht, gerollt wird

5. [Flugwesen] Figur des Kunstflugs, bei der das Flugzeug sich um
seine Längsachse dreht

6. von einem Schauspieler darzustellende Gestalt in einem
Theaterstück, Film, Fernsehstück (und der dazugehörige Text): eine
R. übernehmen,

Nr. 1 – 5; https://www.dwds.de/wb/Rolle, 17.01.23; Nr. 6 Wörterbuch der
deutschen Gegenwartssprache (WDG) https://www.dwds.de

Ehe ich zu der allgegenwärtigen IT komme, ein kurzer Blick in den Alltag der
Sprache. Sagt jemand, das spielt ja keine Rolle, dann meint sie oder er, das
sei ja so was von unwichtig. Hörst du jemanden sagen, der George Clooney
spielt jetzt eine Rolle am Broadway, dann ahnst du, Clooney wird auf einer
Bühne ganz vorn stehen, jemand völlig anderes spielen, vielleicht sogar einen
Faust, und wird sich dabei strikt an ein Skript halten. Spielt die Sicherheit
keine Rolle, bedeutet sie wenig.

Der IT-Grundschutz arbeitet mit dem Rollenkonzept, welches aus der
Organisationstheorie ohne nachzudenken übernommen wird. Zwischen einem
Mensch und dessen konkreten Aufgaben wird eine „Rolle" geschoben. Man
hofft, so das Organisieren eines Unternehmens oder einer Organisation
übersichtlicher zu gestalten. Wie gesagt, Theorie. Während die Veränderung
der „Rolle" der Frau eine gesellschaftspolitische Herausforderung ist, die bei
dem IT-Grundschutz noch ganz am Anfang steht – wie noch zu sehen sein
wird.

<u>IT-Grundschutz-Kompendium</u>

01. Genau eine Rolle sollte Grundsätzlich zuständig sein {A}. Darüber hinaus kann es noch Weitere Zuständigkeiten geben {A}. Falls eine dieser weiteren Rollen für die Erfüllung einer Anforderung vorrangig zuständig ist {1NV}, dann wird diese Rolle hinter der Überschrift der Anforderung in eckigen Klammern aufgeführt {2H}.

CON.3 Datensicherungskonzept, 3. Anforderungen, S. 152/900

{Patch – Eine Schlüsselstelle innerhalb des IT-Grundschutzes: das [Daten + Sicherung(s) + Konzept, das = 55x]. Handelnde sind in diesem Konzept nicht vorgesehen. Statt dessen sind es [Rollen], ein Begriff, der zu einer Managementschule gehört. Wenn es um die Organisation etwa eines Unternehmens geht, wird unterschieden zwischen „Position", „Funktion" (= beschreibt inhaltliche Aufgaben) und „Rollen":

Die "Rolle" (sozialwissenschaftlich definiert) bündelt die Verhaltens-Erwartungen an die jeweilige Funktion. Sie ist gewachsen und verändert sich in der Zusammenarbeit. Als unternehmensspezifische "Interpretation" ist sie nirgendwo dokumentiert. Sie zeigt sich im täglichen Tun – der Zusammenarbeit und wird hier ständig neu "verhandelt".

https://susannepetersen.com/podcast-18-die-rolle-im-managementsystem-
als-hebel-fuer-mehr-klarheit-in-der-zusammenarbeit/

Überträgst du diese – zugegeben nur annähernde - Begriffsbestimmung auf die Textstelle, wird es etwas ulkig. Das BSI hat bei der Rolle eher die Vorstellung von einer Theaterfigur. Sie hat eine Rolle auszufüllen, entsprechend den Regieanweisungen und Vorstellungen der Regieführenden. In der Textstelle geht es jedoch um Zuständigkeiten, was braucht es da Theaterfiguren, was braucht es da Rollen? Selbstverständlich müssen Zuständigkeiten dokumentiert werden, gerade bei der Datensicherung und wie sie möglicherweise täglich im Unternehmen, in der Organisation oder in der Arztpraxis durchgeführt werden muss. Freies Spiel mit kreativen Interpretationen ist der falsche Weg...\}

---

02. Ebenso werden häufig Berechtigungen nicht ausreichend geprüft {1H}, sondern aus der (behaupteten) Rolle implizit abgeleitet {2NV}.

ORP: Organisation und Personal, 2.3 Unzureichende Identifikationsprüfung von
Kommunikationspartnern, S. 132/900

{Patch – Auch wenn es nicht danach aussieht, hier geht es um das sogenannte Social Engineering, also um den verdeckten Versuch, an unternehmensinterne Informationen zu kommen – indem jemand Theater spielt. Etwa so, gleich als Anruf bei einem Administrator:

B: „Moin. Eigentlich bin ich hier in Leinfelden-Echterdingen im Service für Praxisverwaltungssysteme. Soll nun in der Beschaffung aushelfen und brauche dringend den Zugang. Ich muss den Bestand an Konnektoren checken, geht da was? Es muss schnell gehen, und den CEO kriegst du ohnehin nicht ..."

Nein, niemand wird hier eine Rolle spielen. Der Versuch wird konkrete und authentische Inhalte auftischen, wird mit allgemeinen Erfahrungen Plausibilität herstellen, bis der Administrator loslegt:

A: „Melde dich als Trottel2023 mit dem PW ******* an ... (kleine Pause) ... so jetzt ...\}.

---

03. - Unter anderem spielt die Reihenfolge {1Ha}, in der Namespaces geteilt werden {2NR}, eine entscheidende Rolle {1Hb}.

SYS.1.6 Containerisierung, S. 525/900

{Patch – Diese Aussage bringt die Sache mit der Rolle auf den Punkt. Erstens die Relevanz einer Rolle, sie kann entscheidend sein. Zweitens eine Rolle wird gespielt. All die 300 Fundstellen der Vokabel „Rolle" konnotieren diese Aussage, sie schwingen im Hinterkopf mit. Und nehmen so dem „Rollen-Spiel" der Management-Schule deutlich Ernst und Akzeptanz...\}

B.) - [Rolle' die] wird in den folgenden zusammengesetzten Wörtern (Komposita) differenziert und eingeschränkt (= Grundwort/Letztwort) durch ...

Administration(s) + R. = 1x / Benutzer + R. = 1x / Berechtigung(s) + R. = 2x / Server + R. = 2x

C.) - [Rolle, die] = nun als Bestimmungswort, das differenziert und die Bedeutung des Grundwortes/Letztwortes erweitert in den folgenden zusammengesetzten Wörtern (Komposita):

[Rollen + Kombination, die = 1x]; Rarität, das ist schwindelerregend **[--]**. Wenn das BSI der Ansicht ist, man könne eine [Rolle] trennen (siehe R.-Trennung), wechseln (siehe R.- Wechsel), oder teilen (siehe R.- Teilung), dann kann man [Rollen] natürlich kombinieren. Ist das dann allerdings noch die wahre, ursprüngliche Rolle? Eine Kombination von Shakespeares Macbeth und Richard III., was ist das – das ist schwindelerregend.

[Rollen + Konzept, das = 8x]; das ist angestrengt **[--]**. Wenn zwei Substantive mehr oder weniger das Gleiche sagen, nennt man das tautologisch. Eine (theatralische) Rolle sollte bereits Elemente einer Konzeption aufweisen, sowie ein Konzept auch als Rolle gelesen werden könnte.

IT-Grundschutz-Kompendium

So ist für den Schutz von Informationen mit einer normalen Vertraulichkeit ein sauber implementiertes Rechte- und Rollenkonzept besser geeignet und wirtschaftlicher als eine komplexe, zertifikatsbasierte Verschlüsselung des Fileservers (A).

{Patch – Auffallend ist der Einsatz des „Rollenkonzeptes" immer in
Verbindung mit dem „Rechtekonzept", einem Plan, wie Rechte vergeben sind.
Wozu braucht es noch Rollen, wenn etwa Zuständigkeiten oder Aufgaben den
Rechten zugeordnet werden? ...\}

[Rollen + Name, der = 1x]; Rarität, das ist aberwitzig **[--]**. Ein weiteres Mal
das Abgleiten in das Theatralische. In der IT und erst recht in der TI sollte es
um eindeutig formulierte Aufgaben gehen, verknüpft mit einer Zuständigkeit.

[Rollen + Teilung, die = 1x]; Rarität, aus einer Rolle werden wenigstens
zwei. Das ist teilweise nachvollziehbar **[+]**.

[Rollen + Trennung, die = 2x]; Rarität, das ist angestrengt **[--]**. Damit
gemeint sein könnte eine Änderung bzw. ein Wechsel, oder eine Rolle wird
stumpf in der Mitte getrennt, fertig.

[Rollen + Verständnis, das = 1x]; Rarität, das ist skurril **[--]**. Das hat sich ja
bereits oben bei der „nackten" Rolle angedeutet. Eine Zuständigkeit im
Kontext des IT-Grundschutzes darf nicht „interpretiert" werden, das verbietet
sich. Denkbar, dass mit dem Kompositum gemeint ist: Hast du deine Rolle
wirklich begriffen, hast du sie verstanden.

[Rollen + Verteilung, die = 1x]; Rarität, das ist besorgniserregend **[--]**. Du
spielst die Figur des Wladimir, du übernimmst die Figur des Estragon, und wir
alle Warten auf Godot (Samuel Beckett). Vielleicht kommt dieser morgen,
vielleicht kommt dieser nie.

[Rollen + Wechsel, der = 1x]; Rarität, das ist verquer **[--]**. Sicherlich ist hier
nicht gemeint, dass die Gute mal zur Bösen wird, oder der Böse mal zum
Guten. Eine [Änderung] wäre angemessener.

* * * * *

Rand-Notiz Nr. 20 - Cybersecurity-Krise - Sind deutsche Firmen gegen Angriffe geschützt?

Hackerangriffe auf deutsche Krankenhäuser, Fabriken, Flugzeuge
und andere kritische Infrastrukturen nehmen stetig zu. Unternehmen
fragen sich besorgt: Was kommt als Nächstes? (...)

Betroffen sind sowohl kleine Unternehmen als auch große Konzerne
- ebenso wie kritische Infrastrukturen, darunter Krankenhäuser und
staatliche Einrichtungen. Jeder, der einen Computer oder ein
Smartphone besitzt, ist potenziell gefährdet. (...)

Am 13. Oktober 2024 gab es einen Cyberangriff auf das
Johannesstift Diakonie, einen überregionalen Krankenhausbetreiber.
Alle zentralen Server der Organisation wurden durch einen
sogenannten Crypto-Überfall verschlüsselt, was zum Ausfall eines
Großteils der IT-Systeme in den Einrichtungen führte. Dies führte zu

Unterbrechungen bei der Arbeit mit Geräten wie Röntgen, CT und MRT.

Tagesschau.de Stand: 19.12.2024 12:45 Uhr

{Patch – Ich mache diese Beobachtung das erste Mal bei der Tagesschau, dass man mit dem Ausdruck „Cybersecurity-Krise" arbeitet. Im IT-Grundschutz-Kompendium wird [Krise, die] ganze 4-mal verwendet. Allerdings ist jeder irgendwie erfolgreiche [Angriff, der = 210x] auch eine mehr oder weniger große Krise eines IT-Grundschutzes. Das wird jedoch nicht herausgestellt...\}

* * * * *

S wie [Stabilität, die = UNGENUTZT] im IT-Grundschutz

Als Bedeutungen werden genannt: 1. Haltbarkeit gegenüber großer Beanspruchung; 2. das Freisein von starken Schwankungen, Beständigkeit, Dauerhaftigkeit (gegenüber fremden Einwirkungen)

[Sabotage + Gerät, das = 1x]; Rarität. Das ist unheimlich [–]. Geräte sollten auf die eine oder andere Art funktionieren. Sabotieren steht auf einem anderen Blatt, ist etwas anderes.

* * * * *

~ Satz (sentence) – Grammatik

Sehr übersichtlich, ein Satz beginnt mit einem großen Buchstaben und endet mit einem Punkt, einem Fragezeichen oder einem Ausrufezeichen:

> In sich abgeschlossene, nach bestimmten Regeln der Intonation, Grammatik, Stilistik und Logik im Allgemeinen aus mehreren Wörtern zusammengefügte, sinnvolle sprachliche Einheit. (www.dwds.de)

IT-Grundschutz-Kompendium

> Die Sicherheitsmaßnahmen SOLLTEN regelmäßig aktualisiert werden (A).

ISMS.1: Sicherheitsmanagement; ISMS.1.A7 Festlegung von
Sicherheitsmaßnahmen; S. 99/900

{Patch - [SOLLTEN] = Anregung, unverbindliche Empfehlung, so und so zu handeln – siehe Abschnitt Modalverben.

Eine [Sicherheit(s) + Maßnahme, die = 233x] ist eine Handlung, eine Aktivität, die [Sicherheit, die = 177x] herstellen soll. Eine Handlung oder Aktivität, die kannst du wiederholen. Oder du kannst dir ansehen, ob sie noch funktionieren. Und ja, das musst du [regelmäßig = 353x als

Umstandswort/Adverb] machen, wegen der schnellen [Entwicklungen, die = 147x]. Das Verb [aktualisieren = 79x] eignet sich nicht...\}

Satz-Typen in der Übersicht – (n) = Markiert die Position im mehrteiligen Satz:

		(x) = Position	Verb/Prädikat-Stellung
Typ I	Aussagesatz	(A)	Verb/Prädikat: Zweite Stelle nach der Anfangsphrase + eventuellen 2. Verbteil am Satzende
Typ Ia	Anweisung; Befehl etc. oder Frage		Verb/Prädikat: Erste Stelle
Typ Ib	Hauptsatz (+ Teilsätze)	(nH + nNx)	Mehrteiliger Satz, der Aussagesatz wird zum Hauptsatz
	Ein Hauptsatz kann unterbrochen werden...	(nHa ... nHb)	... und später fortgeführt werden.
Typ II	Teilsatz: Inhalts-Nebensatz	(nNI)	Verb/Prädikat: letzte Stelle; Einleitung mit Konjunktion wie [dass = 1.248x].
Typ III	Teilsatz: Relativer Nebensatz	(nNR)	Verb/Prädikat: letzte Stelle; Einleitung mit Fürwort/Pronomen wie [der, die, das].
Typ IV	Teilsatz: Verhältnis-Nebensatz	(nNV)	Verb/Prädikat: letzte Stelle; Einleitung mit Konjunktion/Verbindungswort, die das Verhältnis bestimmt, z.B. [wenn = 548x], um entweder ein zeitliches Verhältnis oder ein konditionales anzufügen.
Typ V	Teilsatz: Kurzsatz / Ellipse	(nEL)	Sparversion, unvollständiger, aber verständlicher Satz.

IT-Grundschutz-Kompendium

Die im Datensicherungskonzept enthaltenen technischen Informationen (1Ha), um Systeme und Datensicherungen wiederherzustellen (Datensicherungspläne) (2NV), SOLLTEN in der

Art gesichert werden (1Hb), dass Sie auch verfügbar sind (3NI),
wenn die Datensicherungssysteme selbst ausfallen (4NV).

CON.3 Datensicherungskonzept; CON.3.A6 Entwicklung eines
Datensicherungskonzepts; S. 154/900

{Patch – [SOLLTEN] = Anregung, unverbindliche Empfehlung, so und so zu
handeln – siehe Modalverben.

Der Abschnitt besteht aus vier Teilsätzen. Teilsatz Nr. 1 ist der Hauptsatz. Er
wird nach den [Informationen, die = Top-25] abgebrochen und erst nach dem
eingeschobenen Teilsatz Nr. 2 mit dem Verb/Prädikat [SOLLTEN] fortgeführt
und zu einem Ende gebracht. Der Hauptsatz enthält die Empfehlung, bei der
[Daten + Sicherung, die = 147x] einen bestimmten [Zugang, der = 127x] zu
berücksichtigen. Nun ist es Aufgabe eines [Daten + Sicherung(s) +
Konzeptes, das = 55x] zu beschreiben, wie [Daten, die = Top-25] zu sichern
sind. Gleichzeitig ist zu beschreiben, wie gesicherte Daten im Fall eines
[Verlustes, der = 83x] auf z.B. einen Server zurückgelangen. Was der
Unterschied ist zwischen einem [Datensicherungskonzept] und einem [Daten
+ Sicherung(s) + Plan, der = 5x], kann ich gerade nicht erkennen. Somit
verliert der Teilsatz Nr. 2, ein finaler, auf ein Ziel gerichteter Nebensatz (2NV),
seinen Sinn.

Egal, denn es wird spannend mit Teilsatz Nr. 3., einem Inhaltsnebensatz
(3NI). Das einleitende Verbindungswort/Konjunktion [dass] fordert nun
[Inhalte, die = 104x] und die stecken in dem Umstandswort/Adverb [verfügbar
= 101 als Adverb], also zur Verfügung stehend, vorhanden.

Wann das der Fall sein soll, das liefert Teilsatz Nr. 4, eingeleitet mit dem
Verbindungswort/Konjunktion [wenn]. Ich interpretiere das als ein [Zeit +
Punkt, der = 35x]. Du könntest aber ebenso sagen, das [wenn] nennt eine
[Bedingung, die = 34x]. Letztendlich ist es unerheblich, denn es ist [Unfug, der
= UNGENUTZT]. Es ist Konvention, dass [Daten] gesichert werden, indem sie
irgendwo anders auf irgendeinem Medium gespeichert werden, etwas auf
zusammengeschlossenen Servern oder in einer [Cloud, die = 309x],
verstanden als [Daten + Sicherung(s) + Systemen, die = 7x]. Teilsatz Nr. 4
sagt nun, falls die Server ausfallen oder gar die Cloud, müssen die
gesicherten Daten trotzdem zurückgespielt werden können. Nun ja, das ist
eine problematische [Forderung, die = 5x], die ein ganzes System zum
Wanken bringen kann. Du siehst, mehrteilige Sätze sind kurz vor dem
Abgrund der Sinnlosigkeit...\}

* * * * *

<u>System-Nachricht eHealth (TI) [Sys-32] - Einschränkungen Versichertenstammdatenmanagements (VSDM)</u>

Aktuell kann es zu Einschränkungen bei der Nutzung des
Versichertenstammdatenmanagements (VSDM) und damit zu
Problemen beim Einlesen von elektronischen Gesundheitskarten

(eGK) kommen. Ebenfalls sind Störungen beim Einlösens von E-Rezepten mittels eGK möglich. Die Störung betrifft den Betreiber GKV informatik. Betroffen sind demnach AOK NordWest, AOK NordOst, AOK Rheinland/Hamburg, BARMER. Die GKVI ist bereits in der Analyse, um die Ursache schnellstmöglich zu beheben. Weitere Informationen folgen zeitnah nach neuem Kenntnisstand.

Letzte Aktualisierung: 23.02.2024 12:30 Uhr

{Patch – Ein Freitag, der 23. Februar 2024; 12:30 Uhr. In der Praxis die letzten Arbeiten vor dem Wochenende. Hier und da werden die Notfalltaschen ein letztes Mal kontrolliert. Wichtig vor allem das für die Praxis ausgestellte mobile [Karten + Lesegerät, das = UNGENUTZT im IT-Grundschutz-Kompendium]. Die [Authentifizierung, die = 6x] der eGK erfolgt dann später, wenn die Patientendaten in das [Praxis + System, das = UNGENUTZT] überspielt werden. Der MFA Jerry in der Praxis Dr. Kammer ist der, der noch einmal einen Blick in die E-Mails wirft. Nein, er schaut nicht in KIM nach, der Kommunikation im Medizinwesen. Obschon äußerst praktisch, wird dieser [Kommunikation(s) + Weg, der = 15x] selten in eben diesem Medizinwesen genutzt. Statt dessen die [Web-Mail, die = 2x] der Praxis und siehe da: wir möchten Sie darüber informieren, dass es ein [Update, das = 81x] auf der von Ihnen abonnierten Seite "Störungen" im gematik Fachportal gab.

MFA Jerry klickt den Link an, die Seite wechselt und schon blinzelt ihm die System-Nachricht zu.

MFA Jerry – so kurz vor dem Wochenende – hat einen Flash. Grammatik des Deutschen, Grammatik in Berufsschule tendenziell zero, also Schulzeit irgendwann.

Schüler Jerry, [es kann] oder [es könnte], erkläre den Unterschied.

MFA Jerry: [es kann], Indikativ, die [Einschränkungen, die = 18x] sind wahrscheinlicher bis sehr wahrscheinlich, [es könnte], Konjunktiv, die [Einschränkungen] sind theoretisch möglich, so in etwa. Schau doch selbst unter Stichwort (~ kann, können, könnten).

Also, [aktuell = 44x als Umstandswort/Adverb] holpert - Indikativ - es mächtig beim [Einlesen, das = UNGENUTZT] der eGK.

MFA Jerry: Jau, habe jetzt aber Wochenende und tschüss...\}

* * * * *

~ Satzglieder (part of a sentence) - Grammatik

Definition: Satzglied = aus einem Einzelwort, einer Wortgruppe oder einem Gliedsatz bestehendes, eine bestimmte Funktion innerhalb des Satzes erfüllendes Glied.

Im Deutschen ist die Satzstellung bis auf die Position des Verbs/Prädikats nicht festgelegt. Mit anderen Worten, du kannst Satzglieder entsprechend deiner Absichten anordnen. Ein Satzglied kann aus einem Hauptwort, einem Umstandswort/Adverb oder einer Kombination von z.B. Artikel, Eigenschaftswort/Adjektiv, Hauptwort/Substantiv bestehen. Was alles dazu gehört, erfährst du durch eine Umstellungsprobe, hier ein Beispiel:

<u>IT-Grundschutz-Kompendium</u>

> 01. Sicherheitsvorfälle und technische Fehler sind mitunter nicht einfach zu unterscheiden (A).

> ORP.3: Sensibilisierung und Schulung zur Informationssicherheit, 2.5 Nicht erkannte Sicherheitsvorfälle; S. 118/900

Nun der Satz unterteilt in seine Satzglieder:

Sicherheitsvorfälle und technische Fehler	sind	mitunter	nicht einfach	zu unter-scheiden
Subjekt	Verb_1	Adverb Nr. 1	Adverb Nr. 2	Verb_2

Während die beiden Teile des Prädikates nicht verändert werden, hast du bei der Reihenfolge der übrigen Satzglieder, etwa auch bei dem Subjekt, freie Hand. Die Aussage des Satzes wird nicht verändert. Mögliche Varianten mit unterschiedlichem Schwerpunkt:

> *Mitunter [sind] Sicherheitsvorfälle und technische Fehler nicht einfach [zu unterscheiden].*

> **Nicht einfach [sind] mitunter Sicherheitsvorfälle und technische Fehler [zu unterscheiden].*

> 02.Während eines Gewitters sind Blitzeinschläge die größte Gefahr für Gebäude und Informationstechnik (A).

> INF.1: Allgemeines Gebäude; 2.2 Blitz; S. 796/900

Nun die Satzglieder des Satzes:

Während eines Gewitters	sind	Blitzeinschläge	Die größte Gefahr	Für Gebäude und Informations-technik	(...)
SG 1	Verb_1	Subjekt (SG2)	SG 3	SG 4	Verb_2

Nun könntest du für diesen hübschen Aussagesatz gleich eine ganze Reihe von Alternativen auffahren, die unterschiedliche Schwerpunkte setzen würden.

Blitzeinschläge [sind] während eines Gewitters die größte Gefahr für Gebäude und Informationstechnik.

**Die größte Gefahr für Gebäude und Informationstechnik während eines Gewitters [sind] Blitzeinschläge.*

***Für Gebäude und Informationstechnik [sind] die größte Gefahr Blitzeinschläge.*

****Für Gebäude und Informationstechnik während eines Gewitters [sind] Blitzeinschläge die größte Gefahr.*

Entscheide du, für was du die Aufmerksamkeit wecken möchtest.

{Patch - Wir haben heute übrigens Mittwoch, den 27.11.2024 und in der Tagesschau heißt es um 14:38 Uhr:

Nachdem ein Baum nach einem Blitzeinschlag auf eine Oberleitung gestürzt ist, gibt es weiter zahlreiche Zugausfälle und Verspätungen im Bahnverkehr. Am Abend harrten bei Lüneburg 350 Reisende Stunden in einem ICE aus.

Gestern Abend bin ich auf meiner Fahrt von Hamburg nach Hannover bereits von dem Vorfall betroffen gewesen, hatte es während der Verspätung aber warm und trocken...\}

* * * * *

System-Nachricht eHealth (TI) [Sys-33] - Störung Fachdienst VSDM ARGE AOK

Aktuell kommt es vermehrt zu Fehlern beim Einlösen von E-Rezepten mit der eGK in Apotheken. Es sind verschiedene Apotheken in unterschiedlichen Bundesländern betroffen. Die zuständigen Dienstleister arbeiten mit Hochdruck an der Analyse und sind im engen Austausch mit der gematik. Betroffenen Apotheken bzw. Versicherten wird empfohlen, alternativ den 2D-Code des E-Rezept-Ausdrucks in der Apotheke einzuscannen oder die Einlösung ihres E-Rezepts mittels der E-Rezept-App vorzunehmen.

Letzte Aktualisierung 12.12.2023 09:00 Uhr

{Patch - ARGE AOK, was ist das? Wie wäre es damit: Datenannahmestellen und Ansprechpartner der Krankenkassen im elektronischen Datenaustausch nach § 301 Abs. 4 SGB V

In dem Dokument, welches du, ja du, aufrufen kannst, folgen gültige Adressen für die Datenübermittlung durch die Krankenkassen zu den vertraglich angebundenen Annahmestellen.

Beispiel: AOK Niedersachsen übermittelt die Daten an das ARGE AOK-Rechenzentrum, also an unsere System-Nachricht [Sys-33].

Es folgen die Anschrift und Ansprechpartner Krankenkasse - oder Datenannahmestelle

Es folgt der E-Mail Kontakt Krankenkasse - oder Datenannahmestelle.

Ich zähle 7 Datenannahmestellen: ARGE AOK Rechenzentrum, BITMARCK Service GmbH, gkv informatik, ITSCare, KubusIT, Mobil ISC GmbH, T-Systems International.

Ich zähle E-Mail-Kontaktadressen und komme auf 18 (!), die von einer Krankenkasse eingestellt werden. Die große Mehrheit der Adressen sind persönlich, d.h. mit Klarname. Häufig steht vor der E-Mail auch die Telefonnummer.

Die Datenannahmestellen geben 6 E-Mail-Kontaktadressen bekannt. Das sind alles Sammeladressen.

Der Herausgeber und Bearbeiter dieses Dokumentes ist der GKV-Spitzenverband:

> Der GKV-Spitzenverband ist die zentrale Interessenvertretung der gesetzlichen Kranken- und Pflegekassen in Deutschland. Wir gestalten die Rahmenbedingungen für einen intensiven Wettbewerb um Qualität und Wirtschaftlichkeit in der gesundheitlichen und pflegerischen Versorgung.
>
> https://www.gkv-spitzenverband.de/

Ich sehe potenzielle und vielversprechende Angriffspunkte: „Echte" Namen von Mitarbeitenden einer Krankenkasse, nutzbar etwa für [Social Engineering, das = 32x]. „Echte" Telefonnummern, ebenfalls nutzbar für [Social Engineering]. „Echte" E-Mail-Adressen, nutzbar z.B. für [Phishing, das = 5x] oder Transport von böser Dateianhänge wie [Viren, die = 8x] oder böser Links. Werden letztere aktiviert, rauschen die bösen Sachen ab in das [Netzwerk, das = 2x] der Krankenkasse, und von dort möglicherweise in die Telematik-Infrastruktur (TI).

Das alles gilt auch für die Sammeladressen der [Daten + Annahmestellen, die = UNGENUTZT], wobei diese die Besonderheit haben, dass sie Dienstleister sind für mehrere Krankenkassen.

Und jetzt statt einer Moral das UNFASSBARE: Alle diese Informationen stehen frei zugänglich im Internet. WARUM?

Und es werden gedankenlos persönliche Daten im Internet zugänglich gemacht, sie gehören dort nicht hin, denn siehe das Post Scriptum...

Post Scriptum:

Dann bin ich doch etwas unsicher, könnte [Social Engineering] wirklich funktionieren? Ich nehme einen der Klarnamen, sagen wir Maria Trojaner, und nutze – nein, nicht Google – sondern die Suchmaschine „duckduckgo" und finde übersichtlich auf einer Seite das Folgende:

Maria Trojaner hat ein berufliches Profil bei LinkedIn. Sie hat ein Profil bei Facebook (Facebook gives people the power to share and makes the world more open and connected.) von Mark Zuckerberg, Trump Fan. Sie hat über Facebook den Service einer Fluggesellschaft angeschrieben. Ihre private

Adresse wird dir in „Das Telefonbuch" angezeigt. Du siehst, dass sie eine Reit-Sportlerin ist und Erfolge hat. Du siehst, dass sie wohl Beiträge für eine Themen-Webseite schreibt und veröffentlicht. Du siehst, dass sie wohl ein Pferd ihr eigen nennt, du siehst...

Ich sagte es bereits UNFASSBAR!...\}

* * * * *

[Scan + Daten, die = 1x]; Rarität. Das ist blödsinnig **[–]**. Wenn du scannst, dann scannst du und produzierst keine Daten.

[Schad~ + N; Wortbildungs-Affix] = [Schad~] ist kein eigenständiges Wort; ein Affix kennzeichnet, welche besondere Bedeutung das folgende Hauptwort/Substantiv bekommt. Hier kann es a) um eine Sache, ein Thema, oder einen Gegenstand gehen, der beschädigt ist, oder b) der einen Schaden verursacht. Im IT-Grundschutz wird die b) Variante bevorzugt.

[Schad ~] = nun als Bestimmungsfragment, das differenziert und die Bedeutung des Grundwortes/Letztwortes erweitert in den folgenden zusammengesetzten Wörtern (Komposita):

[Schad + Code, der = 14x]; auch Kode, Vorschrift für die Zuordnung von Zeichen eines Zeichensystems zu Zeichen eines anderen Systems, so dass der Gehalt an Informationen unverändert bleibt, so schreibt das mein Fremdwörterlexikon von 1974 – Deutschland wird Fußball-Weltmeister. Der hier gemeinte Kode oder Code hat das Ziel, in diesem „anderen System" Schaden anzurichten.

IT-Grundschutz-Kompendium

> Sind IT-Systeme nicht ausreichend vor Schadprogrammen geschützt (1H), können Softwareschwachstellen von Angreifern ausgenutzt werden (2H), um Schadcode auszuführen (3NV).
>
> OPS.1.1.4: Schutz vor Schadprogrammen, 2.1 Softwareschwachstellen und Drive-by-Downloads, S. 210/900

{Patch – Mal wieder fehlt die Eindeutigkeit. Ist es nun der fehlende Schutz, oder ist es die programmierte (!) Schwachstelle...\}

[Schad + Code + Detektion(s) + System, das = 1x]; Rarität. Das ist wirklich müllig **[–]**. Müll !

[Schad + Funktion, die = 8x]. Das ist schwierig **[–]**. Eine Funktion, die einen [Schaden] verursacht, würdest du wahrscheinlich nicht Funktion nennen.

IT-Grundschutz-Kompendium

> Schadprogramme sind Programme (1-1H), die in der Regel ohne Wissen und Einwilligung des Benutzers schädliche Funktionen auf einem IT-System ausführen (1-2NR). Diese Schadfunktionen können ein breites Feld abdecken (2-2H), das von Spionage über

Erpressung (sogenannte Ransomware) bis hin zur Sabotage und
Zerstörung von Informationen oder gar Geräten reicht (2-2NR).

OPS.1.1.4: Schutz vor Schadprogrammen; 1.1 Einleitung; S.
209/900

{Patch – Wunderbar beobachten kannst du hier, wie aus einem Merkmal,
welches erst mit einem Eigenschaftswort/Adjektiv gekennzeichnet wird
(schädliche Funktion; 1-2NR), in einem zweiten Schritt ein
zusammengesetztes Wort wird (Schadfunktion; 2-2H). Auch dieses soll dann
die Eigenschaft ausdrücken. So flexibel ist das Deutsche, so anpassungsfähig
an die zu beschreibenden Situationen oder Vorgänge.

Wunderbar beobachten kannst du ebenfalls, wie ein schwieriges Thema mit
sprachlichen Überflüssigkeiten aufgeladen wird, weil es als schwieriges
Thema wahrgenommen wird.

In (1-1H) reicht die [Unwissenheit, die = 1x; Rarität] oder die
[Ahnungslosigkeit, die = UNGENUTZT] aus, denn wer von nichts weiß, könnte
auch keine [Einwilligung, die = 3x] gegeben haben.

In (2-2H) muss es, wenn überhaupt verwendet, heißen: ein weites Feld, das
du nicht überschauen kannst. Das ist bei der Vielzahl der „Schadprogramme"
tatsächlich ein passendes Bild.

Der Satzanfang von (2-2H) kann eleganter gestaltet werden: *Das (=
schädliche Funktionen auf IT-Systemen ausführen) könnte dramatische
Folgen haben, wenn beispielsweise auf diesem Weg Ransomware in das IT-
System geschleust wird...*\}

[Schad + Programm, das = 159x]. Das ist unglücklich [–]. Das ist
gleichbedeutend mit [Schad + Software] – siehe bitte dort – nur ist es
ungenauer, schwammiger, könnte mit einer jugendgefährdenden Sendung
verwechselt werden. Fazit: Siehe bitte [Schad + Software], gleich nebenan.

[Schad + Software, die = 97x]. Das ist ungewöhnlich [–]. Gemeint ist kein
besonderes Programm, das du auf dem Markt oder in einem Webshop kaufen
kannst. Gemeint ist eine Software, die einen [Schaden, der = 135x]
verursacht. Immer dann, wenn du sie herunterlädst, wenn du sie installierst,
wenn du sie – natürlich neugierig geworden – startest. Und rumms, schon
geht der Feuerzauber los. Ich bin mir sicher, die semantische Spezifizierung
mit diesem [Schad + ...] verhindert, dass du die realen [Gefahren, die = 122x]
erkennst und natürlich vermeidest. Mein Plädoyer für einen unverhandelbaren
Standard: *Gefährliche Software*.

IT-Grundschutz-Kompendium

01. Hier besteht dann die Gefahr (1H), dass das Notebook mit
Schadsoftware infiziert wird und dadurch schützenswerte Daten
gestohlen, manipuliert oder verschlüsselt werden (2NI).

{Patch – Zu viel Wort-Gerümpel in einem Satz, in dem das dramatische Wort
[Gefahr] eingesetzt wird. Das temporal genutzte Umstandswort/Adverb
„dann", weg damit. Das kausale Umstandswort/Adverb plus
Eigenschaftswort/Adjektiv „dadurch schützenswerte", weg damit. Ersetze nun
die „Schadsoftware" durch unser *gefährliche Software*, schon klingelt es in
dem Satz: *Es besteht die Gefahr, dass das Notebook mit gefährlicher
Software infiziert wird und Daten manipuliert, verschlüsselt oder gestohlen
werden.*

Ganz nebenbei ergibt sich durch die Umstellung der Verben/Prädikate eine
echte Dramaturgie, die perfekt zu dem Wort [Gefahr] passt...\}

02. Die zur Veröffentlichung vorgesehenen Dateien SOLLTEN
regelmäßig auf Schadsoftware geprüft werden (A).

{Patch – [SOLLTEN] = Anregung, unverbindliche Empfehlung, so und so zu
handeln – siehe Modalverben.

Das iterative Umstandswort/Adverb „regelmäßig" funktioniert nicht und kann
weg. Du prüfst die Dateien nicht „auf Schadsoftware". Vielmehr musst du
garantieren, dass sich in die genannten Dateien keine gefährliche Software
eingeschlichen hat...\}

03. Besuchen die Benutzer bösartige Webseiten (1H), öffnen E-Mails
mit schädlichem Inhalt von privaten Konten (2H) oder kopieren
Schadsoftware über lokale Datenträger auf den Client (3H), kann
sich so die Schadsoftware über die Clients in das Netz der Institution
verbreiten (4H).

{Patch – Eine schwierige Konstruktion bietet man dir hier. So fehlt der
Übergang vom ersten Teilsatz (1H) zum zweiten Teilsatz (2H). Es fehlt das
Verbindungswort [oder = 3.391x], mit dem die Aufzählung fortgeführt werden
kann. In dem zweiten Teilsatz sollen es „schädliche Inhalte" sein, dabei sind
es hauptsächlich verderbliche [Links, die = 13x] oder bösartige [Anhänge, die
= 23x]. Nun fehlen auch die [Benutzer, die = Top-25] oder zumindest das
Personalpronomen [sie], mit dem eine Wiederaufnahme aus Teilsatz Nr. 1
gegeben wäre. Der völlige Zusammenbruch der Konstruktion erfolgt im
Teilsatz Nr. 3 (3H), wieder ein Hauptsatz. Genau, wenn du von einem [Daten
+ Träger, der/die = 270x] etwas auf einen Rechner kopierst, dann könnte
ebenfalls *gefährliche Software* kopiert werden. Zumindest dann, wenn du
dich nicht davon überzeugt hast, dass der [Datenträger] sauber ist...\}

[Schaden, der = 135x] = die Vollversion des eben besprochenen [Schad ~]
mit diesen Bedeutungen:

---

1. durch ein Ereignis, einen Umstand verursachte Beeinträchtigung eines
Gutes oder Wertminderung des ursprünglichen Zustandes einer Sache;

2. nicht heilbarer, aber oft kompensierbarer physischer Mangel,
Körperschaden ⟨jmd. erleidet Schaden, kommt zu Schaden, nimmt Schaden⟩;

3. ungünstige, negative Folge, Nachteil ⟨es ist für jmdn. ein Schaden, es ist
jmds. Schaden⟩ etw. hat für jmdn. ungünstige, negative Folgen, einen
Nachteil.

IT-Grundschutz-Kompendium

> Neben dem rein materiellen Schaden durch den unmittelbaren
> Verlust des mobilen IT-Systems kann zudem ein weiterer finanzieller
> Schaden entstehen (1H), etwa wenn schützenswerte Daten wie z. B.
> E-Mails, Notizen von Besprechungen, Adressen oder sonstige
> Dokumente offengelegt werden (2NI).
>
> INF.9: Mobiler Arbeitsplatz; 2.8 Diebstahl oder Verlust von Datenträgern oder
> Dokumenten; S. 841/900

{Patch – Du erkennst zwei Arten des Schadens, erstens den materiellen
Schaden (1H), und zweitens den finanziellen Schaden (1H). Der erste
Schaden ist unmittelbar erkennbar, ist das Mobile-Gerät gestohlen, muss es
ersetzt werden. Das kostet, das ist der materielle Schaden.

Der zweite Schaden, da hast du es nicht so einfach. Denn erst wenn
offengelegte, aufgedeckte „Daten" z.B. verkauft werden und dann etwa für
eine Erpressung genutzt werden, erst dann könnte ein finanzieller Schaden
entstehen. Man sollte schon bei den Tatsachen bleiben...\}

Die näheren und entfernteren Verwandten des Schadens, die du kennen
solltest und wie sie für den IT-Grundschutz gesehen werden: [Auslöschung,
die = UNGENUTZT] - [Beschädigung, die = 18x] - [Brand, der = 33x] - [Defekt,
der = 16x] - [Defizit, das = 5x] - [Diebstahl, der = 96x] - [Einbruch, der = 11x] -
[Explosion, die = 3x] - [Fehler, der = 193x] - [Insuffizienz, die = UNGENUTZT]
- [Löschung, die = 24x] - [Mangel, der = 91x] - [Missbrauch, der = 92x] -
[Raub, der = UNGENUTZT] - [Schädigung, die = 3x] - [Schwäche, die = 1x] -
[Schwachstelle, die = 273x] - [Unzulänglichkeit, die = UNGENUTZT] - [Verlust,
der = 269x] - [Vernichtung, die = 19] - [Verwüstung, die = UNGENUTZT] -
[Zerstörung, die = 37x] - [Zertrümmerung, die = UNGENUTZT]

[Schließ + System, das = 3x]. Die Art und Weise, wie irgendetwas
abgeschlossen wird, etwa dein Server, dein Serverraum. Ob das mit einem
echten Schlüssel geschieht oder ob der Schlüssel eine Software ist, ist gleich.
Das ist nachvollziehbar **[+]**.

[Schlüssel, der = 83x] = 1. Gegenstand aus Metall, a) zum Öffnen und
Schließen eines Schlosses, b) zum Anziehen und Lockern von Schrauben,
Schraubenmuttern, Schraubenschlüssel; 2. (nur Eingeweihten bekannte)
Darstellungsform von Informationen durch Symbole, Kode; 3. Schema für die

Verteilung, Aufteilung, Verteilerplan, Verteilerschlüssel; 4. [Musik] Notenschlüssel.

<u>IT-Grundschutz-Kompendium</u>

> 01. Außerdem MÜSSEN von ausscheidenden Mitarbeitern alle im Rahmen ihrer Tätigkeit erhaltenen Unterlagen, Schlüssel und Geräte sowie Ausweise und Zutrittsberechtigungen eingezogen werden (A).
>
> ORP.2: Personal, ORP.2.A2 Geregelte Verfahrensweise beim Weggang von Mitarbeitern; S. 112/900

{Patch – [MUSS/MÜSSEN] = Notwendigkeit, Pflicht, so und keinesfalls anders zu handeln – siehe Modalverben.

Handelt es sich um einen Schlüssel aus Metall, dann kann der ohne Probleme bei einem Weggang zurückgenommen werden. Wie aber ist das mit den Schlüsseln aus Software, die programmiert worden? Werden die nach Rauswurf zu einer heißen Ware im Darknet? Da mache dir mal Gedanken...\}

> 02. Dabei können symmetrische Verfahren (1Ha), d.h. es wird der selbe Schlüssel zum Verschlüsseln und Entschlüsseln verwendet (2H), sowie asymmetrische Verfahren (1Hb), d.h. es wird ein Schlüssel zum Verschlüsseln und ein anderer Schlüssel zum Entschlüsseln verwendet (3H), eingesetzt werden (1Hc).
>
> CON.1: Kryptokonzept; 1.1 Einleitung, S.137/900

{Patch – Hier haben wir sie nun also, die programmierten Schlüssel, und die Verfahren, wie diese zu verwenden sind: symmetrisch oder asymmetrisch. Dass das kompliziert ist, zeigt die zerfledderte Satzkonstruktion. Immer wieder eingeschobene Teilsätze, als sollten sie selbst für eine Verschlüsselung sorgen. Klarer wäre es, du würdest die beiden Verfahren in separaten Sätzen vorstellen...\}

[Schlüssel, der] = nun als Bestimmungswort, das differenziert und die Bedeutung des Grundwortes/Letztwortes erweitert in den folgenden zusammengesetzten Wörtern (Komposita):

[Schlüssel + Daten, die = 1x]; Rarität. Das ist übel [–]. Gemeint sein könnten ungeheuer wichtige Daten, die dir etwa die Arbeit eines Algorithmus erklären. Was sie selbstverständlich nicht erklären können, weil sie selbst es nicht wissen und nur so tun als ob, eine Simulation.

[Schlüssel + Funktion, die = 1x]; Rarität. Das ist seltsam [–]. Für oder in welcher Software könnte das [Schlüssel] sein? Vermutlich geht es um eine Hierarchisierung von Funktionen, dann wäre das eine [Primär + Funktion, die = UNGENUTZT], die aber vom IT-Grundschutz-Kompendium nicht gekannt wird. Bemerkenswert ist, dass es [Primär + Nutzer, der/die = 2x] gibt.

[Schnittstelle, die = 162x] = 1. trennendes oder verbindendes Element, [spezieller] Übergangsbereich zwischen Dingen, Abschnitten usw., an dem ein Austausch stattfindet; organisatorische Verbindung, die für einen reibungslosen Austausch sorgt; 2. [Informations- und

Telekommunikationstechnik] Synonym zu Interface; 3. Stelle, an der ein
Schnitt erfolgt ist.

<u>IT-Grundschutz-Kompendium</u>

> 01. Unter Umständen endet der Austausch von Informationen
> vollständig (1H), weil Schnittstellen oder Betriebsmittel nicht
> leistungsfähig genug sind oder ausfallen (2NV).
>
> CON.9: Informationsaustausch; 2.1 Nicht fristgerecht verfügbare
Informationen; S. 183/900

{Patch – Wie sinnvoll ist es, [Schnittstellen] verantwortlich zu machen für
Unterbrechungen im Informationsfluss? Wenn es hier um [Netze] oder
[Netzwerke] geht, dann gibt es wahrscheinlich eine kaum zu übersehbare
Zahl dieser Schnittstellen, die berühmte Nadel im Heuhaufen. Konstruktiver ist
es, von [Ausfällen, die = 251x] zu schreiben, denn die werden wahrscheinlich
irgendwo angezeigt...\}

> 02. Die Institution MUSS sicherstellen (1H), das nur Administratoren
> Zugriff auf administrative Schnittstellen und Funktionen haben (2NI).
>
> OPS.1.1.2: Ordnungsgemäße IT-Administration; OPS.1.1.2.A6 Schutz
administrativer Tätigkeiten; S. 198/900

{Patch – [MUSS/MÜSSEN] = Notwendigkeit, Pflicht, so und keinesfalls anders
zu handeln – siehe Modalverben.

Auch in diesem Beispielsatz ist es fraglich, ob die Schnittstellen angemessen
genutzt werden. Eine Schnittstelle ist eben eine Schnittstelle, deren
Eigenschaft eine [Trennung, die = 38x] oder eine [Verbindung, die = 101x] ist,
aber keineswegs eine [Administration]. Dass hier jemand bei den Inhalten des
Teilsatzes Nr. 2 (2NI) unsicher ist, kannst du bereits an der falschen
Überleitungen erkennen: statt dem korrekten Verbindungswort/Konjunktion
[dass = 1.245x] steht einfach das Fürwort/Pronomen [das]...\}

[Schnittstellen + Benutzer, der/die = 1x]; Rarität. Das ist ungewöhnlich **[–]**.
Üblich ist, dass von einer Software eine [Schnittstelle, die = 162x] genutzt
oder von mir aus benutzt wird.

[Schnittstellen + System, das = 2x]; Rarität. Das ist ernst **[–]**. Eine
[Schnittstelle] ist eine [Schnittstelle]. Um sie zu nutzen oder einzubeziehen,
musst du in Erfahrung bringen, wie sie funktioniert.

[Schrank + System, das = 3x]. Das zusammengesetzte Wort kommt aus der
Möbelbranche und meint z.B. Schlafzimmerschränke, die du
zusammensetzen musst, wenn du die Anleitung begriffen hast. Das ist
nachvollziehbar **[+]**.

[Schutz, der = 228x] – [Schutz] wird 28-mal modifiziert für die digitale Sicherheit

---

Die Bedeutung: etw., was jmdm., einer Sache Sicherheit, Geborgenheit vor einer Gefahr gibt, Bewahrung vor einer Gefahr, vor etw. Bedrohlichem oder Unangenehmem (www.dwds.de)

<u>IT-Grundschutz-Kompendium</u>

> 01. Sofern nicht gleich- oder höherwertige Maßnahmen, wie z. B. Ausführungskontrolle, zum Schutz des IT-Systems vor einer Infektion mit Schadsoftware getroffen wurden (1NV), MUSS eine spezialisierte Komponente zum Schutz vor Schadsoftware auf Windows 10-Clients eingesetzt werden (2H).
>
> > SYS.2.2.3 Clients unter Windows 10; SYS.2.2.3.A5 Schutz vor Schadsoftware unter Windows 10; S. 577/900

{Patch – [MUSS/MÜSSEN] = Notwendigkeit, Pflicht, so und keinesfalls anders zu handeln – siehe Modalverben.

Das springt dir sofort ins Auge: Das Substantiv [Schutz,der] wird im nebengeordneten Teilsatz (1NV) genannt und im Hauptsatz (2H). In 1NV wird ein [IT-System] geschützt, in 2H wird nicht gesagt, wer oder was geschützt wird. In 1NV soll der Schutz „vor einer Infektion mit Schadsoftware" aufgebaut werden, in 2H ist es nur „vor Schadsoftware". In 1NV besteht der Schutz aus „Maßnahmen", als Beispiel für eine Maßnahme wird eine [Ausführung(s) + Kontrolle, die = 5x] genannt. Gemeint sein könnte eine Kontrolle der laufenden Prozesse in einem Rechner oder einem Netzwerk. In 2H ist der Schutz eine [Komponente, die = Top-25], deren einzige Eigenschaft mit dem Adjektiv [spezialisiert] gekennzeichnet wird.

Machen wir es kurz, dieser Satz ist eine einzige Schwachstelle, gerade weil es um den Schutz vor „böser", krimineller Software geht...\}

> 02. Wenn biometrische Verfahren zur Authentisierung (z. B. ein Fingerabdrucksensor) genutzt werden sollen (1NV), SOLLTE geprüft werden (2H), ob dadurch ein ähnlich hoher oder höherer Schutz im Vergleich zu einem Gerätepasswort erzielt werden kann (3NV).
>
> > SYS.3.2.1: Allgemeine Smartphones und Tablets; SYS.3.2.1.A18 Verwendung biometrischer Authentisierung; S. 606/900

{Patch – [SOLLTEN] = Anregung, unverbindliche Empfehlung, so und so zu handeln – siehe Modalverben.

Die Struktur des mehrteiligen Satzes: Bedingung (1NV), Anweisung, Handlung (H), Folge, Konsequenz (3NV). Wie realistisch oder wie ausführbar ist die Handlung. Wie prüfst du den Schutz, der noch nicht existiert, denn in 1NV wird ja nur eine hypothetische Annahme formuliert (= genutzt werden sollen). Geht es überhaupt um einen Schutz, diese Frage stellt sich jetzt. Nein, es geht um die [Zuverlässigkeit, die = 10x] einer biometrischen

---

Authentisierung, oder es geht um die [Fälschbarkeit, die = 1x], wie in einem folgenden Satz geschrieben wird.

Man scheint in diesem Satz vorsichtig sein zu wollen, damit man nicht als Miesmacher dieser gehypten Techniken dasteht. Und, der wirtschaftliche Vorteil eines [Gerätepasswortes, das = 5x], du musst nichts zusätzliches kaufen und einrichten, etwa einen [Scanner, der = 2x]...\}

[Schutz, der] = nun als Bestimmungswort, das differenziert und die Bedeutung des Grundwortes/Letztwortes erweitert in den folgenden zusammengesetzten Wörtern (Komposita):

[Schutz + Anforderung, die = 1x]; Rarität. Das ist merkwürdig [–]. Den Schutz etwa deines Netzwerkes, deiner Produktionsanlage, deines Rechners, egal was auch immer: Der Schutz ist eine Selbstverständlichkeit.

[Schutz+ Bedarf(s) + Anforderung, die = 1x]; Rarität. Das ist mickrig [–]. In dem Wort [Bedarf, der = 51x] steckt bereits etwas von einer Voraussetzung, was sollte denn da noch draufgepackt werden.

[Schutz + Funktion, die = 2x]; Rarität. Eine Funktion, die die Aufgabe hat, etwas zu schützen. Das ist schlicht und nachvollziehbar [+].

[Schutzleiter + System, das = 1x]; Rarität. Das ist hinterhältig [–]. Gemeint sein könnte die Art und Weise, wie ein [Schutzleiter] geplant ist und/oder funktioniert, abgesehen davon, dass er irgendetwas schützt. Achtung, hier ist nicht die [Leiter, die] im Spiel. Ebenfalls nicht im Spiel ist der [Leiter, der].

[Schutz + Mechanismus, der = 27x] = Ein Mechanismus (= Komplex von Teilen einer Maschine, eines Gerätes, einer technischen Einrichtung, oder mechanischer, zwangsläufiger, selbsttätiger Ablauf), dessen Aufgabe ein Schutz für etwas oder jemand ist. (unautorisiert www.wikipedia.de)

IT-Grundschutz-Kompendium:

> Werden die grundlegenden Schutzmechanismen moderner Webbrowser nicht ausreichend angewendet (1H), werden die Vertraulichkeit, Integrität oder Verfügbarkeit von Informationen oder Diensten des Clients oder möglicherweise sogar der mit ihm verbundenen Netze bedroht (2H).
>
> APP.1: Client-Anwendungen APP.1.2 2.1. Ausführung von Schadcode durch Webbrowser, S. 358/900

{Patch – Klarer Fall, die [Schutz + Mechanismen] bezeichnen nicht das, worauf es tatsächlich ankommt: auf „Datenschutz & Sicherheit", so lautet ein Eintrag z.B. bei dem Webbrowser Firefox. Dort sind die entsprechenden Einstellungen vorzunehmen, um die Wahrscheinlichkeit einer ernsten Bedrohung zu verringern. Ganz auszuschließen ist die nicht, das aber hängt mit deinem konkreten Verhalten zusammen, was du herunterlädst usw. Das große Bedrohungs-Theater, wie in dem Satz aufgeführt, das braucht es hier nicht und lenkt nur ab, wie gezeigt...\}

[Schutz + Software, die = 4x]. Das ist dürftig **[–]**. Möglicherweise wird an eine Software gedacht, deren Funktion das [Schützen, das = UNGENUTZT] ist. Aber wen oder was schützt sie bei der Komplexität der Digitalisierung einschließlich der Komplexität des IT-Grundschutzes?

[Schutz + System, das = 1x]; Rarität. Das Verfahren, wie ein [Schutz] hergestellt und aufrechterhalten wird. Das wäre nachvollziehbar **[+]**.

* * * * *

Rand-Notiz Nr. 21 - DB Komfort Check-In & ein ernstes Rollen-Spiel

Ich: ICE 883 von Harburg nach Hannover. Ich checke mich ein Wagen 3, Platz 71. Anzeige „grün", Sie sind eingecheckt. Ich breite meine Unterlagen aus, beginne mit der konzentrierten Arbeit an meiner Vokabel-Kladde.

Dann: Darf ich Ihr Ticket sehen!

Ich (aufschauend, verwundert): Aber ich bin doch eingecheckt!

Dann (leicht erhobene Stimme): Nein, das sind Sie nicht!!

Ich (iPhone aus der Hosentasche kramen und im Navigator gleich DB-App nachsehen): Sehen Sie, Wagen 3, Platz 71.

Dann (ungehalten, wittert möglicherweise Manipulationen): Ich kann das aber nicht sehen.

Ich: Hier …

Dann (ändert ungefragt auf meinem iPhone den Platz): So, Wagen 3, Platz 73, Jetzt einchecken. Funktioniert.

Ich: Ja….

Dann (aktualisiert auf seinem Lesegerät die Ansicht): Oh, wieder keine Anzeige.

Ich: Nein???

Dann: Das muss ich dann melden. Alles gut.

(Ab geht Dann grußlos – und ohne ein Wort der Entschuldigung wegen der störenden Unterbrechung meiner Arbeit an der digitalen Sicherheit).

* * * * *

[Schwach + Stelle, die = 267x] = eigentlich ist die [Schwach + Stelle] auch ein zusammengesetztes Wort, das Eigenschaftswort [schwach] und das Substantiv [Stelle, die]. Mittlerweile ist es lexikalisiert, es wird als Einzelwort wahrgenommen. Die Bedeutung: Punkt, an dem etw., ein komplexes System, eine Argumentation o. Ä. durch verdeckte oder offene Mängel besonders anfällig für Störungen ist (www.dwds.de).

Das Schlüsselwort ist [Mängel, die = 27x]. Sie können für den IT-Grundschutz fatale Folgen haben, wobei eine [Störung, die = 129x] vergleichsweise leicht zu beheben sein kann.

01. Wurde durch eine forensische Untersuchung herausgefunden (1H), dass der Angreifer durch eine technische Schwachstelle in das Netz der Institution eingedrungen ist (2NI), MUSS diese Schwachstelle geschlossen werden (3H).

DER.2.3: Bereinigung weitreichender Sicherheitsvorfälle, DER.2.3.A5 Schließen des initialen Einbruchswegs; S. 324/900

{Patch – [MUSS/MÜSSEN] = Notwendigkeit, Pflicht, so und keinesfalls anders zu handeln – siehe Modalverben.

Manchmal hört sich ein mehrteiliger Satz an wie eine kaiserliche Botschaft. Die Rede ist von einer [Schwachstelle], die ein einzelner, einsamer [Angreifer, der = Top-25] entdeckt und ausgenutzt hat. Wo hat er sie entdeckt? Im [Netz, das = Top-25], nicht im [Netzwerk, das = 2x], und jetzt soll ER in dem Netz irgendetwas Böses angestellt haben. Das hat eine Untersuchung, die gerichtlichen oder kriminologischen Zwecken dient (www.dwds.de), also die forensische Untersuchung ergeben. Nun schnell die Schwachstelle schließen – oder zunächst den einzelnen, einsamen [Angreifer] finden und rausschmeißen. Ist doch logisch, dass die geschlossen wird...\}

02. Auch wenn solche SAP-Empfehlungen ignoriert werden (1NV), welche die Kommunikation oder den Schnittstellenbetrieb mittels RFC und Webservices schützen (2NR), können Schwachstellen auftreten (3H).

APP.4.2: SAP-ERP-System, 2.1 Fehlende Berücksichtigung der Sicherheitsempfehlungen von SAP; S. 429/900

{Patch – An die 90% sind es [Schwachstellen], ist es also die Mehrzahl. Das wirkt wichtiger. In diesem mehrteiligen Satz geht es im Teilsatz Nr. 1 (1NV) um eine Bedingung, eingeleitet mit dem Verbindungswort/der Konjunktion [wenn = 779x]. Wie aber funktioniert das vorangestellte Umstandswort/Adverb [auch = 1.301x]? Es fügt etwas hinzu oder verstärkt das folgende Wort, in diesem Fall das [Wenn]. Du ignorierst autorisierte Empfehlungen. Und du sollst dich nicht wundern, wenn in deiner [Kommunikation, die = 220x] oder deinem [Schnitt + Stellen + Betrieb, der = 1x; Rarität] die [Schwachstellen] hüpfend auftreten, und sie pfeifen, und sie lachen, diese Gaukler. Ja geht es noch?...\}

* * * * *

Rand-Notiz Nr. 22 - Etwas zum Jahresende 2024....

Ihre Nachricht - An: N.N.

Betreff: Praxis Nr. 11111111 - Oracle Migration und Service-Erreichbarkeit

Gesendet: Mittwoch, **4. Januar 2023** 17:41:19 (UTC+01:00)
Amsterdam, Berlin, Bern, Rome, Stockholm, Vienna

… wurde am Freitag, **20. Dezember 2024** 17:12:42 (UTC+01:00)
Amsterdam, Berlin, Bern, Rome, Stockholm, Vienna ungelesen
gelöscht. (Eigenes Material)

* * * * *

[Sekundär + Daten, die = 1x]; Rarität. Das ist schrullig [–]. Wo solche Daten
sein könnten, muss es zunächst [Primär + Daten, die = UNGENUTZT] geben
und der Reihe folgend auch [Tertiär + Daten, die = UNGENUTZT]. Dem ist
aber nicht so.

[Selbsttest + Funktion, die = 1x]; Rarität. Ein [Selbsttest, der = 1x] ist dafür
gedacht, sich selbst zu testen. Dieses als Funktion zu bezeichnen, das ist
zumindest teilweise nachvollziehbar **[+]**.

[Sende + Gerät, das = 1x]; Rarität. Eine technische, zusammengesteckte
"Kiste", mit der du senden und empfangen könntest, wenn du den Bausatz
richtig zusammengesetzt hast. Das ist nachvollziehbar **[+]**.

[Sensor, der = 58x] = 1. Messfühler; 2. durch bloßes Berühren zu
betätigende Schaltvorrichtung bei elektronischen Geräten

<u>IT-Grundschutz-Kompendium</u>

> So kann ein Sensor neben einem elektronischen Ausgabewert auch
> noch über weitere Schnittstellen verfügen, z. B. WLAN-, Bluetooth-
> oder Wireless-HART-Schnittstellen für Parametrierung und Diagnose
> (A).
>
> IND.2.3: Sensoren und Aktoren; 1.1 Einleitung; S. 693/900

{Patch – Hier wird mit dem Stilmittel der Aufzählung [weitere] gearbeitet. Da
es um den IT-Grundschutz geht, um die digitale Sicherheit, ist die Qualität der
Schnittstellen das Wesentliche, also über [andere] Schnittstellen verfügen...\}

[Sensor, der] = nun als Bestimmungswort, das differenziert und die
Bedeutung des Grundwortes/Letztwortes erweitert in den folgenden
zusammengesetzten Wörtern (Komposita):

[Sensor + Daten, die = 1x]; Rarität. Das sind die Werte oder Zahlen, die ein
Sensor z.B. ganz weit draußen auf den Flügeln eines Flugzeuges laufend
ermittelt und ins Cockpit weiterleitet. Das ist nachvollziehbar **[+]**.

[Sensor + Netz, das = 1x]; Rarität. Werden mehrere [Sensoren] miteinander
verbunden, was sinnvoll ist, da die ermittelten Werte irgendwo gesammelt
werden müssen, werden sie also zu diesem Zweck miteinander verbunden.
Trotzdem würde ich nicht von einem [Netz] oder gar [Netzwerk] reden, das ist
nachvollziehbar **[+]**.

* * * * *

Top-25: [Server[1], -, der = 735x] – [Server] wird 16-mal modifiziert für die digitale Sicherheit

A.) - Erklärung/Wortbestimmung

Weit hinten in der Wortgeschichte steht das lateinische Verb servire = Sklave sein, dienen. Dann tummelte sich das Verb im Französischen, wobei der Sklave wegfiel, das Dienen jedoch blieb. Im Englischen wurde es zu to serve = dienen. Dabei tauchte es in interessanten Redensarten auf, Beispiele: it serves no usefull purposes = es hat keinen praktischen Wert; it has served us well = es hat uns gute Dienste (!) geleistet; serves you right = (umgangssprachlich) geschieht dir ganz recht!

Aus dem Verb to serve wurde als Hauptwort [der Server], also der (vielleicht dann doch sklavische) digitale Dienende, der Diener.

Nicht zu vergessen, dass im Tennis die Person, die aufschlägt, auch [Server] genannt wird. Das nur am Rande, jetzt eine aktuelle Version:

> Computer, der in einem Netzwerk bestimmte Aufgaben für andere Computer übernimmt (z. B. die Speicherung von Daten) oder Programm, das diesem Zweck auf einem solchen Computer dient (www.dwds.de)

Statt [Computer, der/die = 24x] würde ich bei einem Server eher von [Rechner, der/die = 7x] sprechen. Am Anfang meiner beruflichen Hinwendung zu den IT-Themen entwickelten wir den Namen CUU für Computer Unterstützter Unterricht, er setzte sich am Markt nicht durch. In den 24 Fundstellen gibt es auch das Computer-Aided Facility Management, abgekürzt CAFM. Es gibt dort das Computer Emergency Response Team, abgekürzt CERT.

> Der Begriff „Server" (englisch für Diener) wird in der Informatik doppeldeutig verwendet. Als Server bezeichnet man sowohl einen Computer, der Ressourcen über ein Netzwerk zur Verfügung stellt, als auch das Programm, das auf diesem Computer läuft.
>
> www.ionos.de/digitalguide/

Zwar wird in dieser Definition auch wieder der [Computer] verwendet, aber sie liefert eine nachvollziehbare Beschreibung, was ein [Server] leistet.

IT-Grundschutz-Kompendium

> 01. Es könnte auch Wartungszugänge geben (1H), die es Angreifern ermöglichen (2NR), auf den zentralen Server zur Verteilung von Änderungen zuzugreifen (3NR).
>
> OPS.1.1.3: Patch- und Änderungsmanagement; 2.8 Manipulation von Daten und Werkzeugen beim Änderungsmanagement; S. 205/900

{Patch – Der Server wird in diesem mehrteiligen Satz in den letzten Teilsatz (3NR), wo du kaum noch hinsiehst, regelrecht versteckt. Das wäre nicht nachteilig, wenn nicht vorher von [Wartung(s) + Zugängen, die = 1x] die Rede wäre, von einem Weg, der zu diesem Server führen könnte. Seine Aufgabe, er soll [Änderungen, die = 152x] verteilen. Vermutlich tauchen diese nur deswegen auf, weil das Kapitel [Änderung(s) + Management, das = 78x] überschrieben ist, was ein schwacher Grund wäre. Um Updates geht es, um Patches, um Ergänzungen, vielleicht auch um neue Software-Pakete, die da verteilt werden. Das ist allerdings ein anderer Vorgang, als eine [Wartung, die = 32x], deutlicher noch als eine [Fern + Wartung, die = 157x]. Wird die [Fernwartung] eines Servers ungeschützt ausgeführt, dann könnte es Angreifende geben, die da mitspielen wollen...\}

02. Ist dies {Der Webserver MUSS in einer gekapselten Umgebung ausgeführt werden\} nicht möglich (1NV), SOLLTE jeder Webserver auf einem eigenen physischen oder virtuellen Server ausgeführt werden (2H).

APP.3.2: Webserver; APP.3.2.A1 Sichere Konfiguration eines Webservers; S. 403/900

{Patch – [MUSS/MÜSSEN] = Notwendigkeit, Pflicht, so und keinesfalls anders zu handeln – siehe Modalverben. [SOLLTEN] = Anregung, unverbindliche Empfehlung, so und so zu handeln – siehe Modalverben.

Nun geht es um einen Server, dessen Bedeutung in allen gesellschaftlichen und wirtschaftlichen Bereichen in den letzten Jahrzehnten dramatisch zugelegt hat. Er ist das Tor zwischen Unternehmen und Organisationen und dem Internet. Unzählige Male innerhalb von 24 Stunden geht das Tor mal in die eine, Bruchteile später in die andere Richtung auf. Jetzt könnte sich der Vorteil zeigen, statt von Computer von einem Rechner zu sprechen. Da eine Webserver sowohl Hardware als auch Software meint, ist ein solcher Webserver auf einem eigenen Rechner zu installieren. Oder eben virtuell, das heißt irgendwo „dort draußen" auf einem entfernten Rechner, in einer Rechnerfarm, in der Cloud. Was eine „gekapselte Umgebung" bedeutet, lässt sich ahnen. Das ist allerdings zu wenig...\}

03. - Es SOLLTE außerdem sichergestellt sein (1H), dass vom Server angebotene Dienste durch einen anderen Server übernommen werden (2NI), wenn dies erforderlich ist (3NV).

SYS.1.1 Allgemeiner Server, SYS.1.1.A25 Geregelte Außerbetriebnahme eines Servers; S. 496/900

{Patch – [SOLLTEN] = Anregung, unverbindliche Empfehlung, so und so zu handeln – siehe Modalverben.

Ein trauriges Beispiel moderner Geschwätzigkeit, das ist dieser mehrteilige Satz. Im Hauptsatz (1H) die Anweisung als performative Formel, Teilsatz Nr.1 (2NI) der Inhalt der Anweisung, Teilsatz Nr. 2 (3NV) eine Bedingung eingeleitet mit dem Verbindungswort/Konjunktion [wenn = 788x].

Das Thema dieses Abschnittes ist die so genannte [Außer + Betrieb + Nahme = 26x] eines Servers, das Abschalten und aus dem Netzwerk entfernen eines Servers. Sollten die auf diesem stillgelegten Server laufenden Dienste, Applikationen oder allgemein Software nicht mehr benötigt werden, hat sich die Sache erledigt. Im anderen Fall ist selbstverständlich, dass es einen Ersatz gibt. Der nachgeschobene Bedingungssatz (3NV) ist überflüssig, selbst wenn er wichtig tut...\}

B.) - [Server, der] wird in den folgenden zusammengesetzten Wörtern (Komposita) differenziert und eingeschränkt (= Grundwort/Letztwort) durch ...

Applikation(s) + S. = 6x / Authentisierung(s) + S. = 1x / Datei + S. = 3x / Druck + S. = 5x / Fax + S. = 44x / File + S. = 67x / Konfiguration(s) + S. = 1x / Log + S. = 2x / Name (engl.) + S. = 1x / Sprung + S. = 6x / Terminal + S. = 2x / Verwaltung(s) + S. = 4x / Virtualisierung(s) + S. = 31x / Webanwendung(s) + S. = 1x / Web + S. = 92x / Zeit + S. = 5x

C.) - [Server, der] = nun als Bestimmungswort, das differenziert und die Bedeutung des Grundwortes/Letztwortes erweitert in den folgenden zusammengesetzten Wörtern (Komposita):

[Server + Absturz, der = 1x]; Rarität. Gibt ein Rechner aus welchen Gründen auch immer sein Rechnen auf, wird der Monitor dunkel und nichts geht mehr. Viele Menschen werden hektisch, nicht nur das ist nachvollziehbar **[+]** - hast du mal wieder vergessen, zu sichern.

[Server + Anwendung, die = 1x]; Rarität. Das könnte bei aller Zurückhaltung eine Software sein, welche auf dem Server läuft oder nur für das Arbeiten des Servers reserviert ist. Das ist teilweise nachvollziehbar **[+]**.

[Server + Dienst, der = 5x]. Wenn bereits der [Server] aus dem Englischen übersetzt wird mit [Diener], was sollte denn da wörtlich genommen ein „Diener-Dienst" im IT-Grundschutz sein.

<u>IT-Grundschutz-Kompendium</u>

> Auf der anderen Seite gibt es Serverdienste (1H), die direkt mit den Benutzern interagieren (2NR) und {die\} nicht auf den ersten Blick als Serverdienst wahrgenommen werden (3NR).
>
> SYS.1.1 Allgemeiner Server; 1.1. Einleitung; S. 491/900

{Patch – Aha! Welche „direkte" Interaktion könnte denn das sein...\}

[Server + Komponente, die = 1x]; Rarität. Das ist nachlässig **[–]**. Ist der Server die Komponente, ist es eine Komponente und wenn ja welche, die in dem Server ist, oder die zum Server gehört?

[Server + Plattform, die = 2x]; Rarität. Das ist witzig **[–]**. Ich sehe hier den misslungenen Versuch, die zweite Bedeutung, das Programm, welches auf einem Server läuft, ins Gespräch zu bringen.

[Server + Raum, der = 31x]. Klarer Fall, es geht um Rechner, die in einem hoffentlich verschließbaren Raum stehen. Noch besser, mit einem wechselnden Code ist der [Zutritt, der = 34] zu diesem Raum gesichert. Das ist nachvollziehbar **[+]**.

<u>IT-Grundschutz-Kompendium</u>

> Wenn für einen Serverraum auf den Einsatz einer NEA verzichtet wird (1NV), SOLLTE alternativ zur NEA eine USV mit einer dem Schutzbedarf angemessenen Autonomiezeit realisiert werden (2H).
>
> INF.2 Rechenzentrum sowie Serverraum; INF.2.A14 Einsatz einer Netzersatzanlage; S. 811/900

{Patch – [SOLLTEN] = Anregung, unverbindliche Empfehlung, so und so zu handeln – siehe Modalverben.

Die Abkürzung [NEA] steht vermutlich für [Netz+Ersatz+Anlage]. Weder die Abkürzung noch das Kompositum werden in dem Glossar erklärt. Erstmalig verwendet wird die Abkürzung im Kapitel „INF.2 Rechenzentrum sowie Serverraum" auf Seite 807. Vier Seiten später (!) in dem Abschnitt mit der Überschrift „INF.2.A14 Einsatz einer Netzersatzanlage" wird im Text (!) hinter einer Netzersatzanlage die vorgesehene Abkürzung (NEA) eingeführt. Das zusammengenommen sind schwerwiegende handwerkliche Fehler. Ist die „NEA" für den IT-Grundschutz relevant, musst du einen Glossar-Eintrag vorbereiten. Gehört sie in ein untergeordnetes Thema, musst du sie dort einführen. Ein guter Ort ist in diesem Fall die Überschrift des Abschnitts: Einsatz einer Netzersatzanlage (NEA).

Eine USV ist eine Unterbrechungsfreie Strom-Versorgung, kein Glossareintrag, aber Ergänzung in Parenthese bei erster Nennung.

Noch wirst du den Satz nicht einordnen können, denn es gibt da noch die [Autonomie + Zeit, die = 1x], sie wird nur an dieser Stelle genannt. Und wie du siehst, nicht erklärt. Eine USV, die kennst du ja jetzt, ist unabhängig vom Stromnetz. Du könntest sagen, sie ist autonom, nicht zu verwechseln mit Hausbesetzenden. Was die Eigenschaft „autonom" hat, das könntest du in das Hauptwort/Substantiv „Autonomie" überführen. Oder einfacher: Wie lange kann eine USV unabhängig vom Stromnetz arbeiten. Das wiederum ist von dem Gerät selbst abhängig, und kann nicht „einem Schutzbedarf" angemessen eingestellt werden.

Jedoch ist mir weiterhin unklar, welche Aufgabe oder Funktion nun diese NEA hat. Ach lassen wir es einfach...\}

[Server + Rolle, die = 2x]; Rarität. Das ist verquer **[–]**. Wie könnte ein Server einen Auftritt in einem Film hinbekommen, er kann doch nicht lesen. Er hat nur viele Aufgaben, unzählige Prozesse und hoffentlich stets ausreichend Speicherplatz.

[Server + Schrank, der = 1x]; Rarität. Die kleinere Ausgabe eines
Serverraumes ist das oder eben ein eigener Schrank innerhalb desselben.
Das ist nachvollziehbar **[+]**.

[Server + Zertifikat, das = 1x]; Rarität. Das ist ernst **[–]** und verschroben **[–]**
zugleich. Wird der Server etwa zertifiziert, ein Server sein zu dürfen?

* * * * *

[Sicherheit, die = 177x] – [Sicherheit] wird 19-mal modifiziert für die digitale
    Sicherheit

Bedeutet = 1. das Ungefährdetsein, das Geschütztsein vor Gefahr (das
Resultat des Sicherns, der Sicherung]; 2. Zuverlässigkeit, Verlässlichkeit; 3.
Gewissheit, Bestimmtheit

<u>IT-Grundschutz-Kompendium</u>

> 01. Die Sicherheit der Betriebsumgebung, die ausreichende
> Schulung der Mitarbeiter, die Verlässlichkeit von Dienstleistungen,
> der richtige Umgang mit zu schützenden Informationen und viele
> andere wichtige Aspekte dürfen auf keinen Fall vernachlässigt
> werden (A).
>
> IT-Grundschutz – Basis für Informationssicherheit, Warum ist
Informationssicherheit wichtig?; S. 15/900

{Patch – Du bist ganz am Anfang des IT-Grundschutz-Kompendiums,
vielleicht hast du es dir heruntergeladen. Wie du es gelernt hast, so gehst du
vor – und kommst sofort ins Stolpern beim Lesen dieser Überschrift: Warum
ist [Information(s) + Sicherheit, die = 397x] wichtig? Das steht da. Du
verstehst, die Sicherheit der [Informationen, die = Top-25]. Du fragst dich, die
Sicherheit von was?

Diese Frage ahnte ich und habe deswegen unter [Information, die] einiges zu
klären versucht. In erster Linie muss es um die Sicherheit der Inhalte und der
Daten gehen, die von gesicherten Rechnern gespeichert und verwaltet
werden, und die über gesicherte Netzwerke durch die Welt rauschen. Um
diesen Typ von Sicherheit geht es, die Definition Nr. 1 ist am Start.

Das wird allerdings in dem Zitat nicht klar erkennbar. Was ist die [Betrieb(s) +
Umgebung, die = 9x]? Sagen wir, eine [Umgebung, die = 81x] ist ein Bereich,
der jemand oder etwas umgibt. Wie könnte das bei einem Betrieb sein? Ich
weiß es nicht, weil ich nicht weiß, was mit Betrieb genau gemeint ist.

Also fällt die Bedeutung der erste Phrase des Satzes in sich zusammen und
wird Sand und liefert keine Erklärung, warum gerade die Information(s) +
Sicherheit wichtig sein könnte...\}

> 02. Auch eine fehlerhafte oder nicht ordnungsgemäße Nutzung von
> Geräten, Systemen und Anwendungen kann die Sicherheit

---

beeinträchtigen (1H), vor allem (2EL), wenn vorhandene
Sicherheitsmaßnahmen missachtet oder umgangen werden (3NV).

SYS.2.1 Allgemeiner Client, 2.7. Fehlerhafte Administration oder Nutzung von
Geräten und Systemen; S. 559/900

{Patch – Kann [Sicherheit] beeinträchtigt werden, kann auf [Sicherheit]
hemmend eingewirkt werden (vgl. www.dwds.de)? Oder ist nicht vielmehr
[Sicherheit] gefährdet, ist sie durch die aufgezählten Handlungen nicht eher in
[Gefahr, die = 122x]. Ich sehe es so, und du?...\}

> 03. Die Planung SOLLTE dabei nicht nur Aspekte betreffen (1H), die
> klassischerweise mit dem Begriff Informationssicherheit verknüpft
> werden (2NR), sondern {sie sollte\} auch normale, betriebliche
> Aspekte {betreffen} (3H), die Anforderungen im Bereich der
> Sicherheit nach sich ziehen (4NR).

SYS.4.4: Allgemeines IoT-Gerät; SYS.4.4.A7 Planung des Einsatzes von IoT-
Geräten; S. 658/900

{Patch – [SOLLTEN] = Anregung, unverbindliche Empfehlung, so und so zu
handeln – siehe Modalverben.

Auffallend, die erneute Konkurrenz zwischen [Information(s) + Sicherheit /
2NR] und [Sicherheit / 4NR]. Wieder wird ein Unterschied behauptet. Der
Bezug sind technische Produkte, die im Internet hängen. Sie werden
zusammengefasst unter dem Oberbegriff „Internet of things", also IoT. Das
kann ein Kühlschrank sein, oder auch eine Hardware, die in der Produktion
genutzt wird. Weil die Teile im Internet hängen, wird dieses Hängen über
Daten gesteuert. Das muss vor Bösewichtern geschützt werden.

Das Thema dieses mehrteiligen Satzes ist [Planung, die = 218x]. Geplant
werden, aus grammatischer Sicht, zwei [Aspekte, die = 219x], also
[Betrachtungsweisen]. Betrachtet werden soll in (2NR): irgendwelche Begriffe.
Betrachtet werden soll in (4NR): Normales und Betriebliches. Letztere nur
insofern es geschützt werden muss. Mein Gott, man bekommt einen
Korkenzieher in den Kopf – und ist nicht zu verwenden in der digitalen Praxis.
Schon lauern Schwachstellen...\}

* * * * *

Rand-Notiz Nr. 23 - Denke darüber nach....

> Dass mich das Feuer brennen wird, wenn ich die Hand hineinstecke,
> das ist Sicherheit. D.h. da sehen wir, was Sicherheit bedeutet. L.
> Wittgenstein, PU 474

* * * * *

[Sicherheit, die] = als Bestimmungswort, das differenziert und die Bedeutung
des Grundwortes/Letztwortes erweitert in den folgenden zusammengesetzten
Wörtern (Komposita):

[Sicherheit(s) + Anforderung, die = 144x]. Das ist unheildrohend [–]. Die [Sicherheit] ist ein Zustand, wenn etwa deine Daten tatsächlich in Sicherheit sind. Oder wenn keine [Gefahr, die = 122x] mehr droht, wenn dein Weglaufen, dein Fliehen erfolgreich war, wenn die Stürme dir nichts mehr anhaben können, wenn dein Boot im Hafen ist, in Sicherheit. Das ist es!

<u>IT-Grundschutz-Kompendium</u>

> 01. Eine Sicherheitsanforderung beschreibt also (1H), was getan werden muss (2NR), um ein bestimmtes Niveau bezüglich der Informationssicherheit zu erreichen (3NV).
>
> Glossar, Sicherheitsanforderung, S. 39/900

{Patch – Kannst du dich mit meinem Vorschlag anfreunden, was [Sicherheit] konkret bedeutet, kannst du ihn nachvollziehen? In dem Satz und somit in der gesamten Definition muss es, um alltagstauglich zu werden, um [Kriterien, die = 25x] gehen, wann die [Sicherheit] gegeben ist. Es muss um [Voraussetzungen, die = 15x] gehen, die für die [Sicherheit] erfüllt sein müssen. Es muss um die [Merkmale, die = 9x] gehen, die dich erkennen lassen, jetzt ist [Sicherheit]. Es muss um die [Bedingungen, die = 34x] gehen, die [Sicherheit] möglich machen...\}

> 02. *Ziel des Bausteins ist es, aufzuzeigen, wie sich Zuständige einen Überblick über die verschiedenen Anforderungen an die einzelnen Bereiche einer Institution verschaffen können.*Dazu sind geeignete Sicherheitsanforderungen zu identifizieren und umzusetzen (1H), um Verstöße gegen diese Vorgaben zu vermeiden (2NV).
>
> ORP.5: Compliance Management (Anforderungsmanagement); 1.2
Zielsetzung; S. 131/900

{Patch – Auf die unüberlegte und ungenügende Umgehensweise mit den Substantiv [Anforderungen, die = Top-25] habe ich bereits hingewiesen. In diesem Abschnitt knallt es regelrecht, und der Schaden ist enorm. Der Satz, der die [Sicherheit(s) + Anforderungen] enthält, beginnt mit dem rückbezüglichen, etwas aus dem vorangehenden Satz aufnehmenden Umstandswort [dazu = 340x]. Die passende Frage: [wozu = 2x] kannst du nicht ausreichend beantworten, wie schade. Wenn du unter [Anforderungen] hier z.B. [Kriterien] verstehen willst, dann kannst du auch solche ermitteln oder identifizieren. Jedoch bei dem Versuch, sie umzusetzen, ihnen also zu entsprechen, wie es das Subjekt mit den zwei Prädikaten angibt, das funktioniert nicht. In dem Nebensatz (2NV) wird ein Ziel angesprochen, du musst [Verstöße, die = 92x] vermeiden. Verstöße gegen wen oder was, gegen [Vorgaben, die = 207x]. Weil sie mit dem Demonstrativpronomen [diese] angekündigt werden, ist die Schlussfolgerung zulässig, es handelt sich bei den Vorgaben um unsere [Sicherheit(s) + Anforderungen]. Schon verbiegt sich der Satz in einem unauflösbaren Zirkelschluss, wie schade...\}

[Sicherheit(s) + Aufzeichnung(s) + Funktion, die = 1x]; Rarität. Das ist dümmlich [–], denn mit dem Hauptwort [Aufzeichnung, die = 5x] ist alles Notwendige gesagt.

[Sicherheit(s) + Dienst, der = 4x]. Das könnte die „Security" sein, wenn die Sache außerhalb eines Rechners oder eines Netzwerkes ablaufen würde. Vermutlich ist hier eine Software gemeint, die z.B. in einem Server die Aufgabe hat, ganz allgemein für die Sicherheit zu sorgen., das wäre nachvollziehbar [+].

[Sicherheit(s) + Funktion, die = 51x]. Nun wird es leider kompliziert [–]. Die [Sicherheit] ist ein abstrakter Zustand, den du nicht anfassen und nicht kochen kannst. Willst du diesen Zustand erreichen, musst du Inhalte liefern. Und du musst in deine Software Funktionen einbauen, die die Inhalte sicher, geschützt und andauernd organisieren. So in etwa.

<u>IT-Grundschutz-Kompendium</u>

> 01. Bei der Beschaffung von Software SOLLTE festgelegt werden (1H), ob Zusicherungen des Herstellers, Vertreibers und Anbieters über implementierte Sicherheitsfunktionen als ausreichend vertrauenswürdig anerkannt werden können (2NV).
>
> APP.6 Allgemeine Software; APP.6.A14 Nutzung zertifizierter Software, S. 480

{Patch – [SOLLTEN] = Anregung, unverbindliche Empfehlung, so und so zu handeln – siehe Modalverben.

Ich sagte es, es wird kompliziert, wie dieser Satz. Die [Sicherheitsfunktionen] werden in einen nebengeordneten Teilsatz (2NV) ausgelagert. Die Verbindung von der „Beschaffung von Software (1H)" zu dem Teilsatz mit der Konjunktion/Verbindungswort [ob] ist jedoch brüchig.Keineswegs leitet es eine indirekte Frage ein, wie du bei www.dwds.de lesen kannst. Vielmehr geht es um eine Bedingung, die dort fälschlicherweise in eine „ältere Zeit" verwiesen wird. Eine [Fake, der = UNGENUTZT] Information.

Das Verb/Prädikat des Hauptsatzes fordert Inhalte, also *wann* oder *unter welchen Umständen* soll das folgende gelten. Du stolperst über das Umstandswort/Adverb [ausreichend = 162x]. Wann oder unter welchen Umständen sind [Sicherheitsfunktionen] ausreichend?

Du stolperst über das Umstandswort/Adverb [vertrauenswürdig = 11x]. Enthalten ist das schwer zu bestimmende Wort [Vertrauen, das = 4x]. Hast du Vertrauen in den IT-Grundschutz, wo das Wort so selten ist wie ein Bernstein im Nordseewatt. Oder du hast es nicht. Ich z.B., ich habe es nicht! Das Ergebnis der Satzanalyse: *Bei der Beschaffung von Software muss festgelegt sein, unter welchen Umständen Sicherheitsfunktionen für unser Unternehmen, für unsere Organisation oder auch für unsere Arztpraxis ausreichend sind...\}*

02. Die Realisierung einer Hochverfügbarkeitslösung SOLLTE den
Betrieb der Router und Switches bzw. deren Sicherheitsfunktionen
NICHT behindern oder das Sicherheitsniveau senken (A).

NET.3.1: Router und Switches, NET.3.1.A26 Hochverfügbarkeit; S. 756/900

{Patch – [SOLLTEN] = Anregung, unverbindliche Empfehlung, so und so zu
handeln – siehe Modalverben.

Die mangelhafte, ja destruktive Verwendung der Modalverben im IT-
Grundschutz-Kompendium habe ich bereits kritisiert. Trotzdem sieh es dir
(nochmal) an: [sollen, soll, sollte] oder [darf, dürfen].

In diesem Satz muss es selbstverständlich heißen: *darf nicht
Sicherheitsfunktionen behindern oder das Sicherheitsniveau absenken!...\}*

* * * * *

<u>Rand-Notiz Nr. 24 - Bundesregierung und IT-Sicherheit</u>

Viele Stellen für IT-Sicherheit in Ministerien unbesetzt - Stand:
30.01.2024 05:00 Uhr

Fachleute schätzen die Bedrohung im Cyberraum als
besorgniserregend ein. Verschiedene Bundesministerien schaffen es
aber nicht, offene Sicherheitsstellen zu besetzen. Im Schnitt ist jede
sechste Stelle unbesetzt.

Quelle Tagesschau.de

{Patch – Was um alles in der Welt ist eine [Sicherheit(s) + Stelle]? Es ist eine
Frage der Mentalität, der Aufmerksamkeit. Auf Seiten der Bösewichtel reicht
eine Stelle, nein, eine Person aus, um ein Bundesministerium cybertechnisch
abzuhängen von dem Rest der Cyberraums. Es ist eine Illusion zu glauben,
mehr [Sicherheitsstellen] würden irgendetwas an den Gefahren für die IT-
Sicherheit ändern...\}

* * * * *

[Sicherheit(s) + Infrastruktur, die = 1x]; Rarität. Das ist kühn [–]. So nett es
sich anhört, so ein Unfug ist es. Denn [Sicherheit, die = 177x] ist ein Status,
ein Zustand, ein hoffentlich zuverlässiges Ergebnis.

[Sicherheit(s) + Komponente, die = 12x]. Das ist brenzlig [–]. Die
[Sicherheit] ist hoffentlich ein hergestellter Zustand, der dich mit Zuversicht
erfüllt. Auch hier wieder die Möglichkeit, dass eine "Kiste" gemeint ist, mit der
so etwas wie Sicherheit produziert werden soll. Das ist aber nicht sicher.

[Sicherheit(s) + Kriterium, das = 1x]; Rarität. Das ist etwas paradox [–]. Weil
die [Sicherheit] ein qualitativer Zustand ist, könnte er selbst zu einem
wesentlichen Kriterium werden. Auf der anderen Seite könnten mit dieser
Zusammensetzung [Merkmale, die = 9x] oder [Kriterien, die = 25x] gemeint
sein, durch die die Sicherheit eines Servers zustande kommt.

[Sicherheit(s) + prüf + Funktion, die = 1x]; Rarität. Passender wäre es von [Überprüfen, das = UNGENUTZT] zu sprechen. Aber das [Prüfen, das = UNGENUTZT] geht auch, dann würde jedoch die Funktion verblassen. Das ist schwach nachvollziehbar **[+]**.

[Sicherheit(s) + Risiko, das = 14x]. Du erkennst ein [Risiko] für die [Sicherheit] z.B. deiner Anlage. Das ist gut nachvollziehbar **[+]**.

[Sicherheit(s) + Standard, der = 4x]. Welche [Bedingungen, die = 34x] welchen Standard der Schutz deiner IT erfüllen soll, das musst du zusammen mit jemanden, die oder der sich NACHWEISLICH auskennt und UNABHÄNGIG ist, also mit ihr oder ihm erarbeiten. Das ist nachvollziehbar **[+]**.

[Sicherheit(s) + System, das = 8x]. Das ist kurios **[–]**, denn die Sicherheit ist ein Zustand, und kein Vorgang. Gemeint sein könnte allerdings die [Lösung, die = 128x] oder das [Konzept, das = 139x] eines Dienstleisters oder gar eines bestimmten Herstellers.

[Sicherheit(s) + Vorfall, der = 209x]. Für den [Vorfall, der = 42x] gibt es zwei Bedeutungen: 1. Ereignis, Vorkommnis, 2. [Medizin] Hervortreten eines inneren Organs durch eine Öffnung des Körpers (www.dwds.de). Gemeint ist, dass ein [Ereignis, das = 151x] eingetreten ist, welches die [Sicherheit] deiner Anlage, deines Netzwerkes, deiner Produktion, deiner Praxis in akute [Gefahr, die = 122x] bringt. Aber woher sollst du das wissen, was gemeint ist. Das Kompositum ist sehr riskant **[–]**.

Eine Alternative könnte sein das [Sicherheit(s) + Risiko, das = 14x], wenn du also ein [Risiko] für die [Sicherheit] erkennst. [Risiko] meint einfach, es kann etwas unvorhergesehenes und ungeplantes passieren.

[Sicherung, die = 26x] = 1. das Sichern; 2. etw., das vor einer Gefahr schützt

<u>IT-Grundschutz-Kompendium</u>

> Archivdaten (1Ha), die mit kryptografischen Verfahren gesichert wurden (2NR), die sich in absehbarer Zeit nicht mehr zur Sicherung eignen werden (3NR), SOLLTEN rechtzeitig mit geeigneten Verfahren neu gesichert werden (1Hb).
>
>> OPS.1.2.2: Archivierung; OPS.1.2.2.A15 Regelmäßige Aufbereitung von kryptografisch gesicherten Daten bei der Archivierung; S. 247/900

{Patch – [SOLLTEN] = Anregung, unverbindliche Empfehlung, so und so zu handeln – siehe Modalverben.

Das Problem dieses Satzes liegt in dem Teilsatz, in dem die [Sicherung] eine wichtige Rolle spielt. Man geht davon aus, dass die „kryptografischen Verfahren" ein Verfallsdatum haben. Warum das so sein sollte, erschließt sich mir nicht. Ist das Verfallsdatum erreicht, müssen die Daten neu gesichert werden. Der Satz ist ein Unglück...\}

[Sicherung, die] = nun als Bestimmungswort, das differenziert und die Bedeutung des Grundwortes/Letztwortes erweitert in den folgenden zusammengesetzten Wörtern (Komposita):

[Sicherung(s) + Leitfaden, der = 1x]; Rarität. Das ist kompliziert [–]. Gemeint sein könnte eine strukturierte Anleitung, wie du dieses oder jenes in deinem Netzwerk oder deiner Produktionsanlage sichern könntest oder solltest oder müsstest.

[Sicherung(s) + Maßnahme, die = 11x]. Das ist unsicher [–]. Eine [Sicherung] ist in der IT/TI ein Vorgang, du kannst ihn starten oder wahrscheinlich vergessen. Deswegen, tue es einfach, gleich und sofort.

[Sicherung(s) + Maßregel, die = 1x]; Rarität. Das ist fatal [–]. Wie geschrieben, du kannst den Vorgang des Sicherns starten oder das wahrscheinlich vergessen. Das [Maßregeln] hat hier jedoch nichts zu suchen, kleiner Scherz.

[Sicherung(s) + Software, die = 1x]; Rarität. Das ist abfällig [–]. Eine spezialisierte Software, deren einzige Aufgabe das [Sichern, das = UNGENUTZT] ist? Das so oder so Sichern muss stets eine zentrale Funktion in jeder Software sein.

[Sicherung(s) + System, das = 1x]; Rarität. Das könnte das Verfahren sein, mit dem z.B. Daten gesichert werden. Das ist nachvollziehbar **[+]**.

[Sicherung(s) + Technik, die = 1x]; Rarität. Gemeint ist die Art und Weise, wie du die so wichtige Sicherung ausführst. Oder wie du diese Sicherung an eine bestimmte, entsprechend arbeitende "Kiste" ausgelagert hast. Damit du aus der Verantwortung bist. Das ist nachvollziehbar **[+]**.

[Sicherung(s) + Tresor, der = 1x]; Rarität. Das ist kauzig [–] und vermutlich eine Bezeichnung von Kreativen für ein spezielles Produkt. Vergiss es einfach, sehr schnell.

[Signalisierung(s) + Information, die = 4x]. Das ist hoffnungslos [–]. Bereits die [Signalisierung, die = 6x] ist in seiner Bedeutung schwierig zu erklären. Geht es um einen Zustand oder um einen Vorgang?

[Sitzung(s) + Daten, die = 2x]; Rarität. Das ist seltsam [–]. Ich ahne, was gemeint sein könnte. Das würde dir nicht weiterhelfen, mit dem Kompositum zu arbeiten.

[Skalierbarkeit(s) + Anforderung, die = 1x]; Rarität. Das ist erschütternd [–]. Das Verb [skalieren] bedeutet Messwerte in ein Maßsystem einordnen oder zuordnen (www.dwds.de). Wegen dem an den Verbstamm angehängten [-bar] wird daraus ein Umstandswort/Adverb mit der Bedeutung: Das funktioniert mit dem Einordnen oder Zuordnen. Hängst du nun noch ein [-keit] an, wechselt es wieder die Wortart und wird zu einem Substantiv: die Skalierbarkeit, eine Eigenschaft. Ob etwas skalierbar ist, ob es die Eigenschaft der Skalierbarkeit hat, das kannst du nicht anfordern wie einen Katalog.

* * * * * *

Top-25: [Software, die = 698x] – [Software] wird 19-mal modifiziert für die digitale Sicherheit

A.) - Erklärung/Wortbestimmung

Nach meiner Wahrnehmung ist das Wort [Software] in die Jahre gekommen und wird nicht mehr so häufig im IT/TI-Alltag verwendet. Das ist bedauerlich, da der Herstellungsprozess, das manuelle oder zukünftig das KI-basierte Programmieren sanft aus dem Blick gleiten und im Hintergrund verschwinden. Trotzdem die Definition, wie sie das Internet bereit hält. Software ist ...

> 1. [Informations- und Telekommunikationstechnik] Gesamtheit, Menge von Programmen, die auf einem Computer(system) oder einem anderen Gerät mit elektronischer Datenverarbeitung installiert und ausgeführt werden können (einschließlich zugehöriger Daten)

> 2. [Informations- und Telekommunikationstechnik] einzelnes Programm oder Betriebssystem zur Nutzung auf einem Computer oder einem anderen Gerät mit elektronischer Datenverarbeitung (www.dwds.de)

IT-Grundschutz-Kompendium

> Manipulationen an Hard- oder Software können unter anderem aus Rachegefühlen (1-1Ha), um einen Schaden mutwillig zu erzeugen (1-2NV), zur Verschaffung persönlicher Vorteile oder zur Bereicherung vorgenommen werden (1-1Hb). Im Fokus können dabei Geräte aller Art, Zubehör, Datenträger (z. B. DVDs, USB-Sticks), Applikationen, Datenbanken oder ähnliches stehen (2-A).

> Elementare Gefährdungen, G 0.21 Manipulation von Hard- oder Software, S. 65/900

{Patch – Völlig verunglückt ist der erste, zudem mehrteilige Satz. Im zweiten Satz wird versucht, das Ziel der Manipulation, genauer den Ort der Manipulation festzulegen. Weil man vermutlich im ersten Satz die Software genannt hat, wagt man keine Wiederholung. So zerfasert die Sache. Völlig unvermittelt tauchen die für den IT-Grundschutz selten genutzten [Applikationen, die = 17x] auf, sowie [Datenbanken, die = 99x], also einzelne Programme. Sie müssen von den Lesenden in den Sammelbegriff [Software] eingefügt werden, sonst wird das nichts mit der Gefahr der Manipulation und ihrer Abwehr...\}

Als Synonyme werden angeboten: Anwendung · Applikation · Computerprogramm · Programm · Softwareanwendung · Softwaresystem - Anwendungssoftware (www.dwds.de)

Nun wird die Top-25 [Anwendung, die = 515x] genannt. Die übrigen aufgeführten Synonyme sind [Applikation, die = 17X] – [Computer + Programm, das = UNGENUTZT] – [Programm, das = 88x] – [Software +

Anwendung, die = UNGENUTZT] – [Software + System, das = UNGENUTZT] – [Anwendung(s) + Software, die = 4x].

Jetzt der Clou: Die für die Software aufgeführten Synonyme entsprechen denen für die Anwendung. Warum ist das so? Die Auswertung, vermutlich KI-gesteuert, kapiert nicht den semantischen Unterschied zwischen [Anwendung] und [Software], wie oben angedeutet. Das ist fatal [–].

Wenn du bei Wikipedia schaust, wird diese (unautorisierte) Begriffsbestimmung geliefert:

> Software [ˈsɒf(t)wɛː] (dt. = weiche Ware [von] soft = leicht veränderbare Komponenten […], Komplement zu ‚Hardware' für die physischen Komponenten) ist ein Sammelbegriff für Programme und die zugehörigen Daten. Sie kann als Beiwerk zusätzlich Bestandteile wie z.B. die Softwaredokumentation in der digitalen oder gedruckten Form eines Handbuchs enthalten. (https://de.wikipedia.org)

Klare Sache auf den ersten Blick: Software gleich Sammelbegriff für (informations-technologische =) IT-Programme. Was aber treiben da „die zugehörigen Daten"? Möglicherweise hilft ein zweiter Blick:

> Der Begriff Software ist bis heute nicht einheitlich und auch nicht eindeutig definiert. Das geht u.a. darauf zurück, dass „innerhalb der Softwaretechnik […] eine einheitliche solide, konsistente und systematische Begriffsbildung durch eine hohe Innovationsgeschwindigkeit und Praxisnähe behindert" wird. Es existieren daher verschiedene Definitionen, die sich je nach Autor und Kontext oft auch nur in Details unterscheiden. (https://de.wikipedia.org/wiki)

Zusammengefasst, man meint mit Software einzelne Programme als auch die Gesamtheit aller Programme. Und: Software könntest du – solltest du aber nicht – wegen diesem Gewusel durch Anwendung ersetzen – solltest du aber nicht.

B.) - [Software, die] wird in den folgenden zusammengesetzten Wörtern (Komposita) differenziert und eingeschränkt (= Grundwort/Letztwort) durch ...

Anwendung(s) + S. = 4x / Applikation(s) + S. = 1x / Automatisierung(s) + S. = 3x / Chat + S. = 1x / Dritt + S. = 1x / Einsatz + S. = 1x / Fernwartung(s) + S. = 1x / Gerätemanagement + S. = 1x / Geräteverwaltung(s) + S. = 1x / Individual + S. = 40x / Personalverwaltung(s) + S. = 1x / Schad + S. = 97x / Schutz + S. = 4x / Sicherung(s) + S. = 1x / Spezial + S. = 2x / Treiber + S. = 1x / Verwaltung(s) + S. = 5x / Virtualisierung(s) + S. = 4x / Zusatz + S. = 2x

C.) - [Software, die] = nun als Bestimmungswort, das differenziert und die Bedeutung des Grundwortes/Letztwortes erweitert in den folgenden zusammengesetzten Wörtern (Komposita):

[Software + Abhängigkeit, die = 1x]; Rarität. Das ist ungewöhnlich [–]. Kann eine bestimmte Funktion, eine festgelegte Aufgabe nur mit einer bestimmten Software erledigt werden, dann ist die Funktion bzw. Aufgabe gleichsam abhängig von der Software. Allerdings beschreibt das einen Umstand, der nicht vergleichbar ist mit der Smartphone-Abhängigkeit der Vielen in unserer Gesellschaft.

[Software + Architektur, die = 4x]. Das ist mickrig [–]. Architektur arbeitet unter anderem mit der Tiefe, der Höhe und der Breite eines Gebäudes, in dem ein Rechenzentrum unterzubringen wäre. Software kennt nur ein Nacheinander von Schritten, schafft und errichtet aber keinen Eiffelturm.

Bei der Gelegenheit, es wird ebenfalls von einer [Anwendung(s) + Architektur, die = 1x, siehe dort] gesprochen.

<u>IT-Grundschutz-Kompendium</u>

> Die Entwickler SOLLTEN die Softwarearchitektur der Webanwendung mit allen Bestandteilen und Abhängigkeiten dokumentieren (A).
>
> CON.10 Entwicklung von Webanwendungen, CON.10.A11
Softwarearchitektur einer Webanwendung, S. 190/900

{Patch – [SOLLTEN] = Anregung, unverbindliche Empfehlung, so und so zu handeln – siehe Modalverben.

Die Personenbezeichnung [Entwickler, der/die = 79x, wird in der Bedeutung gegenüber 2019 nicht gesteigert], oder besser die Entwickelnden liefern eine Perspektive für die Software: Entwickelt wird eine [Struktur, die = 42x], entwickelt werden [Abläufe, die = 47x] oder [Prozesse, die = 201x]. Exakt diese sind peinlichst zu dokumentieren. Was allerdings häufig unterbleibt, oder wenn alles fertig ist, mühsam nachgeholt werden muss...\}

[Software + Ausstattung, die = 1x]; Rarität. Das ist eigentümlich [–]. Zu einer Zeit, als ein Kleidergeschäft speziell für Männer noch „Herren-Ausstatter" genannt wurde, damals gab es halt noch diese Kultur der wertigen Stoffe, der sauberen Schnitte, die Accessoires und einige Details mehr. Aber bei einer Software, Geschmack, Kultur und Sorgfalt? Das ist nicht zeitgemäß, aus Gründen des Profits.

[Software + Bestandteil, der = 1x]; Rarität. Das ist angestrengt [–]. Ein [Bestand + Teil] ist ein Teil, welches zu einem Ganzen gehört. Dieses Unterteilen funktioniert bei Software schlecht.

[Software + Bündel, das = 1x]; Rarität. Das ist brenzlig [–]. Hast du mal Holz im Wald gesammelt. Ja, sicher, wenn du soviel Äste zusammen hast, dass du sie kaum noch greifen kannst, dann nimmst du ein Band, schlingst und windest es um die Äste. Du bindest, du schnürst ein Bündel. Konntest du jemals im Wald oder auch nur im digitalen Dschungel Software sammeln?

[Software + Entwickler, der/die = 1x]; Rarität. Scheinbar für den IT-Grundschutz eine seltene, scheue Person. Männlich ist sie. Dabei wird sie

---

händeringend gesucht, dabei fehlt sie an allen Ecken. Denn sie trägt die Verantwortung für die zu entwickelnde Software. Nein, nicht im juristischen Sinn! Das ist nachvollziehbar **[+]**.

[Software + Entwicklung, die = 4x]. Software muss gestrickt werden, muss entwickelt werden. Erwähnt werden muss sie für den IT-Grundschutz oder für die Telematik-Infrastruktur (TI) mehr als selten. Vielleicht eine verschämte Verschwiegenheit. Das ist nachvollziehbar **[+]**.

Bei der Gelegenheit, es wird ebenfalls von einer [Anwendung(s) + Entwicklung, die = 5x, siehe dort] gesprochen.

<u>IT-Grundschutz-Kompendium</u>

> Während der Baustein CON.8 Softwareentwicklung auf den Softwareentwicklungsprozess und die darin enthaltenen Software-Tests (1NVa), die während des Entwicklungsprozesses notwendig sind (2NR), eingeht (1NVb), beschreibt dieser Baustein die speziellen Anforderungen (3H), die an ein Test- und Freigabemanagement gestellt werden (4NR).
>
> OPS.1.1.6 Software-Tests und -Freigaben, 1.3. Abgrenzung und Modellierung, S. 223/900

{Patch – Das ist mal so ein richtig komplexer Satz, bestehend aus vier Teilsätzen. Eröffnet wird der Satz mit einem temporalen Nebensatz mit modaler Tendenz. Hingewiesen wird auf den „Baustein CON.8 Softwareentwicklung". Diesen Baustein gibt es nicht in dieser Form. Es gibt den „CON.8 Software-Entwicklung". Der winzige Unterschied ist die Schreibweise, ist der Bindestrich zwischen Software und Entwicklung. Es konkurrieren im IT-Grundschutz zwei Schreibweisen für eine [Software-Entwicklung, die = 62x].

Weil diese Schreibweise die Mehrheit besitzt, ist sie die bevorzugte und scheinbar auch erwünschte. Dem folgend müsste in unserem Satz aus dem [Softwareentwicklungsprozess, der = 1x] der [Software-Entwicklungsprozess, der = 2x] werden. Dann würde vielleicht auffallen, dass in dem Wort [Entwicklung, die = 141x] bereits ein [Prozess, der = 201x] bedeutungstechnisch enthalten ist. Was soll das also. Bitte eine Schreibweise, die wird beibehalten und auch in weitere Wortkompositionen fortgeführt...\}

[Software + Entwicklungsprozess, der = 1x]; Rarität. Das ist problematisch **[–]**. Ein weiterer Zugang: Prozesse werden im Gerichtssaal geführt. Prozesse gewinnt man, Prozesse verliert man. Gelegentlich weiß man auch nicht, um was es in einem Prozess geht, wenn du mal Franz Kafka her nimmst. Das alles hat mit [Software] nur entfernt zu tun, wenn du verlierst oder keine Ahnung hast.

Bei der Gelegenheit, es wird ebenfalls von einer [Anwendung(s) + Entwicklungsprozess, der = 1x, siehe dort] gesprochen.

[Software + Fehler, der = 6x]. Im Gegensatz zu der „fehlerlosen" Anwendung bekennt sich Software zu eben solchen. Wann ein Fehler als Ursache eine falsche Entwicklung hat, oder wann ein Fehler eine Schachstelle ist, das kommt auf den Standpunkt an. Für die Sicherheit der IT und der TI ist das gleich verheerend, mit möglicherweise fatalen Folgen. Denn ein [Software + Fehler] macht nicht auf sich aufmerksam, er schlummert unter den Abläufen oder Prozessen, bis...

IT-Grundschutz-Kompendium

> Auch diese Werkzeuge (= softwarebasierte Werkzeuge...des Patch- und Änderungsmanagement) können Softwarefehler enthalten (1H) und dadurch unzureichende oder fehlerhafte Angaben über eine Änderung machen (2H).
>
> OPS.1.1.3: Patch- und Änderungsmanagement, 2.7 Fehleinschätzung der Relevanz von Patches und Änderungen, S. 205/900

{Patch – Nun, wie du allerdings Fehler erkennen sollst, die in der Software schlummern, die Fehler beseitigen soll, genau das ist ein nicht auflösbarer Teufelskreis. Du hast keine Chance! Signalisiert dieses „Werkzeug" eine geringe Relevanz eines Patches, solltest du dich davon nicht beeinflussen lassen und die Sache trotzdem durchziehen, denn du weißt ja nie...\}

[Software + Hersteller, der/die = 1x]; Rarität. Ein Konzern, ein Unternehmen, eine Garagenfirma, ein Start-Up mit oder ohne Erfahrung, all die produzieren Software. Ich bin der Ansicht, diese sollten wesentlich weitreichender in die Verantwortung, in den Service und in die Haftung genommen werden können, etwa bei [Softwarefehler] oder bei [Softwareschwachstellen]. Das ist nachvollziehbar **[+]**.

IT-Grundschutz-Kompendium

> Viele Softwarehersteller sehen in ihren Tools und Anwendungen Programmierschnittstellen vor (1H), sogenannte Application Programming Interfaces (APIs) (2EL).
>
> APP.5.2: Microsoft Exchange und Outlook, 2.8 Fehlfunktionen und Missbrauch selbst entwickelter Makros sowie Programmierschnittstellen unter Outlook; S. 461/900

{Patch - Irgendwie originell, dieser Satz. Es geht ausdrücklich um Microsoft, es geht um das Produkt Outlook, ein E-Mail Programm plus Kalender. Und dann wird in diesem Satz und als einzige Fundstelle im IT-Grundschutz (!) von „vielen Softwareherstellern" gesprochen. Das ist verquere Informationsverteilung. Die Frage stellt sich, warum werden [Softwarehersteller] nicht häufiger genannt?...\}

[Software + Installation, die = 2x]; Rarität. Immer häufiger wird dagegen von einem Roll-Out gesprochen. Das hört sich dynamischer an als eine sachlich nüchternes Einspielen und Einrichten von Software. Das ist nachvollziehbar **[+]**.

[Software + Komponente, die = 5x]. Das ist aberwitzig **[–]**. Gemeint ist vermutlich ein Teil einer umfangreicheren Software. Vielleicht auch eine einzelne Anwendung. Möglicherweise musst du diese extra bezahlen, mit extra Lizenzgebühren und so weiter. Bei der Gelegenheit, es wird ebenfalls von einer [Anwendung(s) + Komponente, die = 1x, siehe dort] gesprochen.

[Software + Lösung, die = 4x]. Die Lösung einer technischen Herausforderung, einer digitalen Aufgabe – beachte die Doppeldeutigkeit/Ambiguity – eines technisch-digitalen Problems auf dem Weg der Anpassung einer Software oder der Entwicklung einer Software. Das ist nachvollziehbar **[+]**.

[Software + Mittel, das = 2x]; Rarität. Das ist verworren **[–]**. Üblicherweise wird ein Ziel erreicht, indem du ein Mittel einsetzt. Ein Putzmittel etwa, um den Staub vom Monitor und dem Router zu wischen. Oder ein Mittel gegen deine Stress-Kopfschmerzen.

[Software + Modul, das = 1x]; Rarität. Das ist ungemütlich **[–]**. Ein Modul gleich welcher Art solltest du irgendwo einstecken können und etwa mit anderen Modulen zu einem komplexen Netzwerk zusammenbasteln können. Wie aber willst du Software stecken?

Bei der Gelegenheit, es wird ebenfalls von einer [Anwendung(s) + Modul das = 1x, siehe dort] gesprochen.

[Software + Paket, das = 8x]. Wenn du eine Textverarbeitung, eine Tabellenkalkulation und eine Präsentation zusammen kaufen kannst, dann könnte man dazu [Paket] sagen, auch [Softwarepaket], nur ohne Schleifchen. Das ist nachvollziehbar **[+]**.

[Software + Problem, das = 2x]; Rarität. Hat Software ein Problem, braucht sie eine gute und erfahrene Therapie. Könnte man denken. Hier geht es wahrscheinlich um ein Problem <u>mit</u> der Software. Oder wo die Software ein Problem verursacht. Du brauchst wahrscheinlich eine (schwer erreichbare) Hotline, du brauchst den (schwer erreichbaren und verfügbaren) Service. Das ist nachvollziehbar **[+]**.

[Software + Produkt, das = 7x]. Das ist lumpig **[–]**. Natürlich ist eine Software bereits etwas Hergestelltes (siehe Dünne-machen der Hersteller), selbstverständlich ist sie bereits ein Produkt. Das muss nicht hervorgehoben werden.

[Software + Quellcode, der = 1x]; Rarität. Jede Software besitzt eine Art Kern, einen Samen. Aus dem und mit dem wird alles Weitere entwickelt werden können. Das nennt man auch Quellcode. Das ist nachvollziehbar **[+]**.

[Software + Schwachstelle, die = 5x]. Eine schwache, durchlässige, poröse Stelle in einer Software ist in jedem Fall ein Ort, an dem ein Angriff gleich welcher Art erfolgreich sein kann. Das ist nachvollziehbar **[+]**. Bedenklich und tendenziell fahrlässig ist die seltene Nennung.

Ein essentieller Schwerpunkt bei der Absicherung von Druckern, Kopierern und Multifunktionsgeräten ist es (1H), die auf den Geräten installierte Software regelmäßig zu aktualisieren (2NR) und dadurch Softwareschwachstellen zu schließen (3NV).

SYS.4.1: Drucker, Kopierer und Multifunktionsgeräte, 1.3 Abgrenzung und Modellierung, S. 638/900

{Patch – Da kommt einiges auf dich zu. Hast du Erfahrungen, wie du die Software deines Druckers aktualisieren kannst? Bist du vielleicht einfach froh, dass die "Kisten" tun, was sie tun sollen? Pech gehabt. Die [Softwareschwachstellen] wirst du wohl kaum mitbekommen – erst wenn über ein automatisiertes Update (solltest du abstellen) über das Netzwerk (sollte eine Firewall haben) Übelwollende auf dein Drucker zugreifen, weil der eine Schwachstelle hat, dann, ja dann ist es zu spät...\}

[Software + Update, das = 2x]; Rarität. Würde es keine Aktualisierungen der Software, keine Updates geben, würdest du eine Schwachstelle nicht beseitigen können. Wir haben in der Praxis ca. 15 bis 20 Updates im Jahr. Das ist nachvollziehbar **[+]**.

[Software + Version, die = 2x]; Rarität. Die eben besprochenen Updates haben neben einem Datum auf eine fortlaufende, in der Regel kryptische Nummer mit auf den Weg bekommen – andernfalls würdest du die Übersicht verlieren. Das ist nachvollziehbar **[+]**.

[Software + Verteilungssystem, das = 1x]; Rarität. Das ist heiß **[–]**. Wird eine Software nicht installiert, nicht eingerichtet, tut sich nichts und läuft sie nicht. Software lässt sich in einem System nicht verteilen – wie Karten eines Kartenspiels.

* * * * *

~ [sollen, soll, sollte, sollten] – Grammatik: Modalverb

Die Varianten [sollen, soll, sollte, sollten] kommen auf 4.754 Einsätze. Verursacht wird das hauptsächlich durch die spezielle Verwendung in Großbuchstaben. Du kannst dir das in dem Abschnitt Modalverb genauer ansehen.

Diese Bedeutung: [sollen] = drückt aus, dass jmd. die Realisation des Inhaltes des Infinitivs, die er für notwendig hält, für richtig, günstig, vorteilhaft ansieht (und deshalb vorschlägt, empfiehlt); drückt aus, dass der im Infinitiv genannte Prozess oder Zustand auf Grund bestimmter Umstände oder Voraussetzungen zwingend notwendig ist.

<u>IT-Grundschutz-Kompendium</u>

> 01. Es MUSS geplant werden (1H), wie DNS-Server in das Netz des Informationsverbunds eingebunden werden sollen (2NV).
>
> APP.3.6: DNS-Server; APP.3.6.A1 Planung des DNS-Einsatzes, S. 423/900

{Patch - [MUSS/MÜSSEN] = Notwendigkeit, Pflicht, so und keinesfalls anders zu handeln – siehe Modalverben.

Es reicht vollkommen aus zu schreiben, dass DNS-Server ... eingebunden werden...\}

> 02. Wenn Samba als DNS-Server eingesetzt wird (1NV), SOLLTE die Einführung sorgfältig geplant und die Umsetzung vorab getestet werden (2H).
>
> APP.3.4: Samba, APP.3.4.A7 Sichere Konfiguration von DNS unter Samba; S.418/900

{Patch - [SOLLTEN] = Anregung, unverbindliche Empfehlung, so und so zu handeln – siehe Modalverben.

Klare Sache, die [Integration, die = 37x] eines DNS-Server setzt in jedem Fall eine Planung voraus. Selbstverständlich hat die Planung [sorgfältig / Umstand = 49x] zu sein. Oder wie wäre es mit [gründlich / Umstand = 2x] oder mit [gewissenhaft / Umstand = UNGENUTZT], um auch Moral ins Spiel zu bringen. Beide Umstände würden andere, aber wichtige Akzente setzen.

Nicht die [Umsetzung, die = 216x] testen, sondern das [Ergebnis, das = 96x] testen, das [Funktionieren, das = 1x] des DNS-Servers, bevor er in den echten Betrieb geht. Allerdings gilt beides jedes Mal, wird ein DNS-Server eingerichtet und in Betrieb genommen...\}

* * * * *

<u>System-Nachricht eHealth (TI) [Sys-34] - Störung bei der Verbindung zur TI - RISE GmbH</u>

> Derzeit liegt eine Störung am TI-Gateway der RISE GmbH vor. Die RISE GmbH ist bereits in der Analyse, um die Ursache schnellstmöglich zu beheben.
>
> Es kann dadurch für Nutzerinnen und Nutzer des Dienstes zu Einschränkungen bei der Verbindung zur Telematikinfrastruktur (TI) kommen, welche unmittelbare Auswirkungen auf die Nutzung einzelner Anwendungen wie z.B. elektronische Arbeitsunfähigkeitsbescheinigung (eAU), elektronischer Arztbrief oder E-Rezept haben.
>
> Weitere Informationen folgen zeitnah nach neuem Kenntnisstand.
>
> Letzte Aktualisierung 18.12.2024 23:15 Uhr

{Patch – Der 18. Dezember 2024 ist ein Mittwoch. Noch wenige Minuten bis Mitternacht. Die meisten, wenn nicht sogar alle Praxen im Land haben geschlossen. Krankenhäuser, [Notaufnahmen, die = UNGENUTZT] als kritische Infrastruktur sind noch da. Aber irgendwie bleibt es Nacht, bald Mitternacht. Um diese Zeit schaut niemand mehr nach derartigen [Meldungen, die = 31x]. Selbst dann nicht, wenn sie es in sich haben. Ich sage nur [dadurch = 225x]. Du wirst die Telematik-Infrastruktur (TI) nicht sicher erreichen. Die Gründe: RISE GmbH analysiert, RISE wird die [Ursache, die = 45x] [schnellstmöglich = 1x] also gleich gleich gleich beheben. Deswegen kannst du die TI nicht erreichen, wegen der Ursache und der [Analyse, die = 30x]. Deswegen.

Da wetterst du herum, dass sei doch gar nicht gemeint. Und erst die Kommunikations-Manager:innen rufen das im Chor. Nun gut, schaut euch die Funktion von [dadurch] an. Dann werdet ihr (hoffentlich) verstehen...\}

* * * * *

[Sonderfahrzeug + Netz, das = 1x]; Rarität. Das ist kompliziert [–]. Gemeint sein könnte eine Flotte von Sonderfahrzeugen oder eben eine technische Verbindung, wie die miteinander kommunizieren können. Aber wozu und mit welchen Inhalten? Würde es um autonom fahrende Fahrzeuge gehen, dann...

[Sozial + Daten, die = 1x]; Rarität. Das ist abgehoben [–]. Wie sollten Zahlen, Werte, Daten eine soziale Neigung entwickeln können? Unvorstellbar.

[Speicher, der = 26x] = 1. Gebäude, Raum zum Aufbewahren, Lagern von Vorräten; 2. [Informations- und Telekommunikationstechnik] Funktionseinheit in einem digitalen Rechensystem, die Daten und Befehle aufnimmt, aufbewahrt und abgibt

<u>IT-Grundschutz-Kompendium</u>

> Der nichtflüchtige Speicher des mobilen Geräts SOLLTE verschlüsselt werden (A).
>
> > SYS.3.2.1: Allgemeine Smartphones und Tablets; SYS.3.2.1.A11 Verschlüsselung des Speichers; S. 605/900

{Patch – [SOLLTEN] = Anregung, unverbindliche Empfehlung, so und so zu handeln – siehe Modalverben.

Lass dich nicht durch das Eigenschaftswort [nichtflüchtig], übrigens eine Wortneuschöpfung, ein Neologismus, lass dich nicht aus dem Konzept bringen. Was in der digitalen Welt „nichtflüchtig" ist, das ist fest. Es gibt in dem Kompendium noch „nichtflüchtige Daten", „nichtflüchtige Datenspeicher" und „nichtflüchtige Speichermedien". Wenn es um Gase und ihr Verhalten geht, dann eignet sich das Adjektiv und wird zu einem fachspezifischen Ausdruck.Wie eine Verschlüsselung des Speichers eines mobilen Gerätes vorgenommen werden kann, das steht auf einem anderen Blatt. Das liegt mir nicht vor...\}

[Speicher, der] = als Bestimmungswort, das differenziert und die Bedeutung des Grundwortes/Letztwortes erweitert in den folgenden zusammengesetzten Wörtern (Komposita):

[Speicher + Dienst, der = 1x]; Rarität. Das ist beängstigend [–]. Wenn das ohnehin seltene Wort [Speichern, das = 4x] nicht mehr ausreicht und man glaubt, einen Butler beauftragen zu müssen...

[Speicher + Komponente, die = 3x]. Das ist sonderlich [–]. Ein Speicher sollte eine Hardware sein, eine "Kiste", eine Festplatte, etwas in der Art. Und im weit übertragenen Sinn könnte daraus mit extrem viel Fantasie eine [Komponente] werden.

[Speicher + Netz, das = 14x]. Das ist erstaunlich [–]. Ein Netz wie das Internet oder ein Netzwerk wie z.B. ein WLAN, die speichern nichts und lassen nur durch. Allerdings gibt es im Englischen den Ausdruck [Storage Area Networks, SAN). „Storage" übersetzt gleich das Lager, das Depot, der Abstellraum und dann in einer übertragenen Bedeutung auch Speicher. So verstanden ist ein SAN ein Netzwerk, welches verteilte Lagerorte miteinander verbindet.

[Speicher + System, das = 34x]. Das ist delikat [–]. Es wird in dem Kompositum so getan, als würde es unterschiedliche Verfahren des Speicherns geben. Dabei ist [Speichern] ein Befehl , wird der ausgeführt, wird gespeichert.

<u>IT-Grundschutz-Kompendium</u>

> Als Speichersystem wird die zentrale Instanz bezeichnet (1H), die für andere IT-Systeme Speicherplatz zur Verfügung stellt (2NR).

> SYS.1.8: Speicherlösungen; 1.1 Einleitung; S. 547/900

{Patch – Was verstehst du unter einer „zentralen Instanz". Was ist denn überhaupt eine [Instanz, die = 5x]: 1. zuständige Stelle einer Behörde, eines Gerichts; 2. [Jura] Stufe des gerichtlichen Verfahrens (www.dwds.de). Nun haben wir den Wort-Salat, denn keine der Definitionen passt in unseren Zusammenhang. Gemeint ist ein physischer oder virtueller Ort, ein Lager, ein Depot, englisch storage, etwas in der Art, an dem gespeichert wird. Wegen der ungeheuren Datenmengen, die inzwischen zu speichern sind, ist es logisch, diese Orte auszubauen und miteinander zu verbinden. So gesehen ist nicht nachzuvollziehen, warum und wozu die Vokabel [Speichersystem] kreiert werden muss...\}

[Spezial + Software, die = 2x]; Rarität. Eine Software, die einzig und allein für einen Zweck, für eine Aufgabe, für eine Maschine programmiert wird. Das ist nachvollziehbar [+].

[Sprach~ + N; Wortbildungs-Affix] = [Sprach~] ist kein eigenständiges Wort; ein Affix kennzeichnet, welche besondere Bedeutung das folgende

---

Hauptwort/Substantiv bekommt. Hier geht es um etwas, was mit der gesprochenen Sprache verknüpft ist.

[Sprach~] als Bestimmung, die differenziert und die Bedeutung des Grundwortes/Letztwortes erweitert in den folgenden zusammengesetzten Wörtern (Komposita):

[Sprach + Dienst, der = 1x]; Rarität. Gemeint sein könnte eine Software, die irgendetwas mit dem gesprochenen Wort macht. Voice over IP (VoiP) wäre so etwas, die Digitalisierung des gesprochenen Wortes. Das ist nachvollziehbar **[+]**.

[Sprach + Information, die = 4x]. Eine wie auch immer aufgefüllte Information, die sprachlich übermittelt wird. Das ist nachvollziehbar **[+]**.

[Spool + System, das = 1x]; Rarität. Das ist spooky **[–]**. Das Wort „Spooling wird vor allem dann verwendet, wenn die Datenausgabe deutlich schneller erzeugt wird, als das Zielgerät die Verarbeitung vornehmen kann" (www.https://de.wikipedia.org/wiki/Spooling). In dem Wort [Spooling] ist bereits das Verfahren enthalten.

[Sprung + Server, der = 6x]. Das ist witzig **[–]**. Stell dir vor, ein Rechner, ein Server gar, der durch die Gegend hüpft, der immer auf dem Sprung ist, und wenn er dabei vom Tisch fällt?

* * * * *

Top-25: [Standard, -s, der = 307x] – [Standard] wird 6-mal modifiziert für die digitale Sicherheit

---

A.) - Erklärung/Wortbestimmung

    1. üblicher oder geforderter Grad der Qualitätsmerkmale, Wertstufe, Niveau

    2. [Technik] Ergebnis der Festlegung von Richtwerten, technischen und ökonomischen Kennziffern, von Art, Größe, Abmessung, Qualität und Muster von Erzeugnissen, Norm

www.dwds.de

Regelmäßige oder häufige Aufgaben in Unternehmen, Organisationen oder im Gesundheitswesen (z.B. Buchhaltung, Praxisverwaltung) werden durch entsprechend programmierte Software unterstützt und ausgeführt, die Software wird zu eine Art Standard für diese Einsatzgebiete. Oft wird zum Standard eben jene Software, die am häufigsten verkauft wird.

<u>IT-Grundschutz-Kompendium</u>

    01. Beantragen Mitarbeiter Berechtigungen (1NV), die über den Standard hinausgehen (2NR), DÜRFEN diese NUR nach zusätzlicher Begründung und Prüfung vergeben werden (3H).

{Patch – [DÜRFEN NUR] = Notwendigkeit, Pflicht, so und keinesfalls anders
zu handeln – siehe Modalverben.

Dieser [Standard] passt nicht in den Kontext, weil er zu spezifisch ist.
Allgemeiner sollte etwa von dem *Üblichen* gesprochen werden, welches alle
Varianten beinhaltet und in der konkreten Situation bestimmt werden kann. Es
besteht nur ein winziges Problem, die Vokabel [Übliche, das] kennt der IT-
Grundschutz und das BSI nicht...\}

02. Das Information Security Forum (ISF) macht in seinem Standard
„The Standard of Good Practice for Information Security" im Kapitel
TS1.4 „Technical Security Management; Identity and Access
Management" Vorgaben für die Behandlung von Sicherheitsvorfällen
(A).

{Patch – Kurios, in diesem Satz wird ein (digitaler?) Text mit dem englischen
Titel „The Standard of Good Practice for Information Security" zu einem
[Standard]. Das Hauptwort aus dem Titel wird als Bezeichnung genutzt.
Insgesamt 30-mal wird auf den Text Bezug genommen – und ich habe den
Verdacht, dass man Inhalte aus dem Text ins Deutsche übernommen hat,
ohne dessen Bedeutung im Englischen tatsächlich zu erfassen...\}

03. Alle Datenbankmanagementsysteme SOLLTEN nach diesem
Standard konfiguriert und einheitlich betrieben werden (A).

{Patch – [SOLLTEN] = Anregung, unverbindliche Empfehlung, so und so zu
handeln – siehe Modalverben.

Die Rede ist von einem vorab festgelegten, starren Vorgehen, wie eine
Konfiguration auszusehen hat. Was allerdings konkret konfiguriert werden
soll, ist hier unklar, ich werde es aber an andere Stelle aufnehmen...\}

B.) - [Standard, der] wird in den folgenden zusammengesetzten
Wörtern/Komposita differenziert und eingeschränkt (= Grundwort/Letztwort)
durch ...

Industrie + S. = 2x / Konfiguration(s) + S. = 8x / Mindest + S. = 8x / Mobilfunk
+ S. = 1x / Qualität(s) + S. = 1x / Sicherheit(s) + S. = 4x /

C.) - [Standard, der] = nun als Bestimmungswort, das differenziert und die
Bedeutung des Grundwortes/Letztwortes erweitert in den folgenden
zusammengesetzten Wörtern (Komposita):

[Standard + Benutzer, der/die = 5x]; das Kompositum ist gestört **[--]**.
Selbstverständlich kann es einen solchen [Benutzer] nicht geben. Gemeint ist
eher der durchschnittliche oder der alltägliche oder der typische [Benutzer].

[Standard + Benutzerrecht, das = 1x]; Rarität, das ist unsinnig **[--]**. Weil es keinen „üblichen Grad der Qualitätsmerkmale" von Benutzerinnen oder Benutzern bezogen auf deren Rechte geben kann.

[Standard + Bibliothek, die = 6x]; kurze Programme oder Teile von Programmen können in einer digitalen Bibliothek zusammengestellt werden. Das ist teilweise nachvollziehbar **[+]**.

<u>IT-Grundschutz-Kompendium</u>

> Sicherheitsfunktionen des Kernels und der Standardbibliotheken, wie z. B. Heap- und Stackschutz, DÜRFEN NICHT deaktiviert werden (A).
>
> > SYS.1: Server, SYS.1.3.A4 Schutz vor Ausnutzung von Schwachstellen in Anwendungen, S. 511/900

{Patch – [DÜRFEN NICHT] es ist verboten, es soll nicht sein, so und so zu handeln - siehe Modalverben

Das ist eindeutig und spricht für sich...\}

[Standard + Einbindung, die = 1x]; Rarität, das ist bedenklich **[--]**. Hier scheint ein Eigenschaftswort/Adjektiv klarer zu sein, z.B. eine *normale* oder *allgemeine* Einbindung.

[Standard + Einstellung, die = 10x]; die [Einstellung] ist ein Synonym zu [Konfiguration], wenn auch nicht so eindeutig. Es gibt ja noch die Einstellung, die man gegenüber der gedankenlosen Digitalisierung haben kann...\}. Das ist nachvollziehbar **[+]**.

[Standard + Funktionsbaustein, der = 1x]; Rarität, das ist schwindelerregend **[--]**. Handelt es sich um einen Baustein für eine [Standard + Funktion] oder ist es ein [Funktion(s) + Baustein], dem die Eigenschaft zugeschrieben wird, irgendeinem „geforderten Grad der Qualitätsmerkmale" zu genügen.

[Standard + Gruppe, die = 1x]; Rarität, eine Gruppe innerhalb eines Systems, die z.B. die üblichen Rechte hat. Das ist teilweise nachvollziehbar **[+]**.

[Standard + Inhalt, der = 1x]; Rarität, das ist unsicher **[--]**, denn handelt es sich um einen Inhalt, der in dieser Form immer wieder eingesetzt wird?

[Standard + Installation, die = 3x]; das ist gewagt **[--]**. Denn welchem zuvor aufgestellten Standard entspricht diese Installation? Geschickter ist es, von einer [Basis-Installation = 1x im IT-Grundschutz] zu sprechen.

[Standard + Komponente, die = 1x]; Rarität, das ist skurril **[--]**. Eine [Komponente] kann alles mögliche sein, ohne dass es deswegen gleich einer „üblichen Wertstufe" entspricht.

[Standard + Konfiguration, die = 12x]; eine Konfiguration, eine Einstellung, eine Anordnung, die in der oder der IT-Situation üblich ist – selbst wenn sie nur einem Pseudo-Standard von Google, Microsoft, SAP oder sonst wem entspricht. Das ist nachvollziehbar **[+]**.

[Standard + Konto, das = 1x]; Rarität, das ist bizarr **[--]**, denn es handelt sich keineswegs um ein Bankkonto. Gelegentlich werden die Angaben, mit denen du dich anmelden kannst, in dem Wort [Konto] zusammengefasst. Es handelt sich um eine Übernahme des englischen [Account]. Praktisch, das hört sich ähnlich an.

[Standard + Passwort, das = 4x]; das ist unheildrohend **[--]**! Gemeint ist hier natürlich kein Passwort, welches dem „üblichen Niveau" entspricht. Gemeint ist jenes Passwort, welches der Hersteller bei Installation seiner Hardware oder öfter noch Software „werksseitig" vergeben hat. Nach der Installation sollte das SOFORT in ein möglichst kryptisches Passwort geändert werden. Das wird regelmäßig vergessen – oder man hat keine Erfahrung, wie das gemacht werden könnte. Also unterbleibt es.

<u>IT-Grundschutz-Kompendium</u>

> Standardpasswörter MÜSSEN durch ausreichend starke Passwörter ersetzt {,\} (1H) und vordefinierte Kennungen MÜSSEN geändert werden (2H).

> ORP: Organisation und Personal, ORP.4.A23 Regelung für Passwort-
> verarbeitende Anwendungen und IT-Systeme, S. 126/900

{Patch – [MUSS/MÜSSEN] = Notwendigkeit, Pflicht, so und keinesfalls anders zu handeln – siehe Modalverben.

Klarer gewesen wäre es, von werksseitig vergebenen Passwörtern zu sprechen...\}

[Standard + Prinzip, das = 1x]; Rarität, ein Grundsatz, der zu einem Standard gehören soll, das ist teilweise nachvollziehbar **[+]**.

[Standard + Profil, das = 3x]; die Menge von Inhalten und Daten, die eine/n Benutzer/in beschreiben. Das ist nachvollziehbar **[+]**.

[Standard + Protokoll, das = 1x]; Rarität, das ist sonderlich **[–]**. Gemeint sind nämlich keine Aufzeichnungen von Verhandlungen oder Referaten, sondern ein technisches Protokoll. So wird die Sprache genannt, mit der Rechner im Netzwerk oder im Internet untereinander Daten austauschen können.

[Standard + Verfahren, das = 3x]; das ist seltsam **[--]**, denn es geht schlicht um übliche, alltägliche oder geläufige Verfahren.

[Standard + Verhalten, das = 3x]; das ist ebenfalls seltsam **[–]**, wieder geht es um etwas, das üblich ist, alltäglich, geläufig und zudem erwartbar.

[Standard + Werk, das = 1x]; Rarität, ein wissenschaftliches Buch, welches Normen und Regelmäßigkeiten so beschreibt, dass sie allgemein als Richtlinien anerkannt sind. Das ist nachvollziehbar **[+]**.

[Standort + Netz, das = 1x]; Rarität. Würde dort [Netzwerk] stehen, wäre es transparent und nachvollziehbar **[+]**. Bedauerlich, dass da [Netz] steht **[–]**.

[Standort + Risiko, das = 1x], Rarität. Gemeint sein könnten die [Gefahren], die an diesem oder jenem [Standort, der = 51x] geduldig auf dich warten. Das funktioniert **[+]**.

[Statistik + Daten, die = 1x]; Rarität. Das ist stumpf **[–]**. Eine [Statistik, die = UNGENUTZT] ist eine Statistik und enthält, ohne dass du es hervorheben musst, Werte, Zahlen und all so was wie auch Daten.

[Status + Information, die = 1x]; Rarität. Das ist bedrückend **[–]**. Ein [Status, der = 13x] enthält bereits alles, was wesentlich ist.

[Steuer, das (!) = 2x]; Rarität, Vorrichtung an Fahrzeugen, mit der die Richtung der Fahrt geregelt wird

[Steuer, das] = als Bestimmungswort, das differenziert und die Bedeutung des Grundwortes/Letztwortes erweitert in den folgenden zusammengesetzten Wörtern (Komposita):

[Steuer + Daten, die = 3x]. Das sind Angaben, meist Werte also Zahlen, die du für das Einrichten und Steuern einer Maschine nutzt. Das ist nachvollziehbar **[+]**.

[Steuer + Information, die = 1x]; Rarität. Das könnte eine Zusammenstellung sein, wie etwa Produktionsanlagen zu steuern sind, damit alles rund läuft. Das ist nachvollziehbar **[+]**.

[Steuer + System, das = 1x]; Rarität. Das ist ulkig **[–]**. Nicht gemeint wird wahrscheinlich das Verfahren, wie in diesem Land die Steuer erhoben wird. Wo die Reichsten nicht etwas im angemessenen Verhältnis zu ihrem Reichtum eine Steuer zu entrichten hätten. Nein, wahrscheinlich geht es um das Steuern, um die Steuerung.

[Steuerung, die = 53x] = 1. das Steuern, Beeinflussen eines Vorgangs, Prozesses zur Erzielung gewünschter Wirkungen; 2. [Technik] Vorrichtung zur Realisierung von 1.

<u>IT-Grundschutz-Kompendium</u>

> Der Einsatz von domänenlokalen Gruppen für die Steuerung der Leseberechtigung für Objektattribute SOLLTE vermieden werden (A).
>
> APP.2.2: Active Directory; APP.2.2.A7 Umsetzung sicherer Verwaltungsmethoden für Active Directory; S. 382/900

{Patch – [SOLLTEN] = Anregung, unverbindliche Empfehlung, so und so zu handeln – siehe Modalverben.

Kurz gesagt, eine [Lese + Berechtigung, die = 1x] wird entweder erteilt oder entzogen. Aber eine Steuerung ist das auf keinen Fall. In diesem Satz bezieht sich das auf die Berechtigungen einer Gruppe..\}

[Steuerung, die] = nun als Bestimmungswort, das differenziert und die Bedeutung des Grundwortes/Letztwortes erweitert in den folgenden zusammengesetzten Wörtern (Komposita):

[Steuerung(s) + Anzeige + System, das = 1x]; Rarität. Sehr kompliziert [–]. Wie bei einer Steuerung, wie ihr Verlauf, ihr Beginn, ihr Ende auf irgendeinem Monitor angezeigt wird, das erfüllt bereits seinen Zweck auch ohne System.

[Steuerung(s) + Daten, die = 3x]. Wie die [Steuer + Daten], auch hier werden Angaben, Werte, binäre Zahlen für das Steuern einer Produktion verwendet. Das ist nachvollziehbar **[+]**.

[Steuerung(s) + System, das = 9x]. Das ausgedachte und in tausenden Arbeits-Stunden programmierte Verfahren, deine Anlage so zu steuern, dass die Eierkartons nicht laufend gegen die Wand klatschen. Das ist nachvollziehbar **[+]**.

[Strom + Netz, das = 1x]; Rarität. Das ist hinlänglich bekannt, das ist das [Netz], durch welches Strom fließt, das ist nachvollziehbar **[+]**.

[Stromversorgung(s) + Netz, das = 1x]; Rarität. Das ist obskur [–]. Mit der [Versorgung, die = 11x] ist sowohl ein Vorgang als auch ein Zustand angesprochen. Das reicht völlig.

[Stromverteil + Netz, das = 2x]; Rarität. Es ist zum Weglaufen [–]. Du musst nicht ausdrücklich hervorheben, dass ein [Stromnetz] die Aufgabe hat, den [Strom, der = 18x] zu verteilen.

[Sub + Netz, das = 8x]. Wenn ein nachgeordnetes oder untergeordnetes Netzwerk bzw. Netz gemeint sein sollte, dann ist das nachvollziehbar **[+]**.

* * * * *

~ Subjekt - Grammatik

Definition: Subjekt = Satzglied, das den Träger der Handlung, des Vorganges oder des Zustandes bezeichnet, Satzgegenstand (www.dwds.de).

> Der Startvorgang des IT-Systems („Booten") MUSS gegen Manipulation abgesichert werden. (A).
>
> SYS.2.1 Allgemeiner Client, SYS.2.1.A8 Absicherung des Bootvorgangs S. 560/900

{Patch – [MUSS/MÜSSEN] = Notwendigkeit, Pflicht, so und keinesfalls anders zu handeln – siehe Modalverben.

Wenn du das Subjekt eines Satzes finden willst, dann stellst du die Frage: Wer oder was macht dieses oder jenes. Im Beispielsatz ist das Subjekt [Startvorgang des IT-Systems], das muss abgesichert werden. Mehr zu dem Satzglied Subjekt findest du in dem Abschnitt Satzglieder..\}

* * * * *

Im Zeitraum vom 01.02.-11.03.2024 bestand die Möglichkeit, dass Fehlermeldungen zu versendeten KIM-Mails nicht im Primärsystem angezeigt wurden. Für den Benutzer sieht es somit nach einer erfolgreich versendeten KIM Mail aus. Als zugestellt markierte eAUs sind hiervon nicht betroffen.

Betroffenen Leistungserbringer werden durch ihren KIM-Anbieter kontaktiert, damit relevante KIM-Mails überprüft und ggf. erneut versenden werden können. - 11.03.2024

{Patch – Diese Nachricht ist empörend, sie ist Ausdruck eines völligen oder zumindest zeitweisen [Verlust, der = 83x] der [Kontrolle, die = 56x]. Mit anderen Worten, so etwas darf nicht passieren. Passiert es dennoch, muss das binnen weniger Augenblicke erkennbar sein und erkannt werden.

Was spricht für [Kontroll + Verlust, der = 2x; Rarität]:

1. Der genannte, unvorstellbar gedehnte [Zeit + Raum, der = 32x] von ca. 6 Wochen.

2. Die ungenaue Wortwahl [Möglichkeit, die = 68x].

3. Das offensichtliche Ausbleiben von [Fehler + Meldungen, die = 16x].

4. Die [Vortäuschung, die = 2x] falscher Tatsachen: „Die Nachricht ist verschickt.“

5. Ein [Versprechen, das = UNGENUTZT], welches zeitlich und praktisch nicht eingehalten werden kann: „Betroffene Praxen (!) werden durch den [Anbieter, der/die = 33x] angesprochen.“

6. Eine falsche Person, die kontaktiert werden soll: die „Leistungserbringenden“. Stressiger Alltag ist, dass diese genau damit ausgelastet sind, ihre [Leistung, die = 33x] zu erbringen, die Behandlung von kranken Menschen.

7. Zweck des Kontaktes ist, dass die Praxis tätig wird, innerhalb der Arbeitszeit und ohne Vergütung – oder gibt es dafür eine Leistungsziffer: 7.1. Relevante KIM-Mails überprüfen und 7.2. eventuell neu versenden.

Wenn das zusammengenommen kein [Verlust] der [Kontrolle] ist, was dann? Oder handelt es sich um den Auftritt von dreien der sieben apokalyptischen Reiter?

Auftritt Reiter Nr.1 und diese Sünde: Hochmut, ja Eitelkeit, wegen all der grandios digitalisierten Verfahren, Prozesse, Strukturen, KIM, Elektronische Patientenakte (ePA) und so weiter?

Auftritt Reiter Nr. 2 und diese Sünde: Habgier – weil man sehr viel Geld bekommen kann für das Entwickeln und Betreiben der ganzen digitalisierten Geschichten, und erst recht, wenn das ganze Zeug für Jahrzehnte zu speichern ist.

Auftritt Reiter Nr.3 und diese Sünde: Maßlosigkeit gefeiert werden die vielen sagenhaften Möglichkeiten und exzellenten Chancen. Gefeiert wird all über all die Elektronische Patientenakte (ePA) – siehe Hochmut - gefeiert wird die ePA4ALL. Gefeiert wird die überwältigende Menge an Daten, die durch die Digitalisierung eingesammelt werden könnte. Gefeiert werden die phantastischen Möglichkeiten der Auswertungen, die unglaublichen Ergebnisse, die atemberaubenden Einsparungen. Das Feier in den heiligen Hallen der Digitalisierung will schier keine Ende nehmen – nun ist aber gut.

* * * * *

~ Substantiv/Hauptwort, das – Grammatik: Wortart (part of speech)

Vereinfacht gesagt, [Substantive] sind all jene Wörter, die nicht nur am Satzanfang großgeschrieben werden und die dekliniert werden. [Komposita], zusammengesetzte Hauptwörter sind ebenfalls Substantive – siehe Abschnitt [Kompositum] und siehe auch Abschnitt [Hauptwort].

Einige Substantive/Hauptwörter, die für den IT-Grundschutz genutzt werden, sind Ableitungen von Verben. So wird aus dem Verb [sichern = 105x] die [Sicherung, die = 26x]. Gemeint ist damit einmal die [Sicherung], die du auswechseln könntest, und dann der [Vorgang, der = 11x]. Eindeutiger ist es, für einen Vorgang das Verb als Substantiv zu nutzen, also das [Sichern, das = UNGENUTZT]. Merkwürdig, dass von dieser Möglichkeit des Klarstellens (!) kein Gebrauch gemacht wird.

IT-Grundschutz-Kompendium

> Alle Mitarbeiter MÜSSEN in die Lage versetzt werden (1H), {um die\} Sicherheit aktiv mitzugestalten (2NV).
>
> ISMS.1: Sicherheitsmanagement, ISMS.1.A8 Integration der Mitarbeiter in den Sicherheitsprozess; S. 99/900

{Patch - [MUSS/MÜSSEN] = Notwendigkeit, Pflicht, so und keinesfalls anders zu handeln – siehe Modalverben.

Substantive/Hauptwörter sind [Mitarbeiter, die = Top-25], [Lage, die = 26x] und [Sicherheit, die = 177x]. Wie soll das ablaufen, dieses [mitgestalten], dieses „mit anderen zusammen etw. gestalten, schaffen" (www.dwds.de)? Was bedeutet [aktiv = 41-mal als Eigenschaftswort, 18-mal als Umstandswort]? Sollst du mit einer Lupe und Pinzette ausgestattet auf die Jagd nach [Viren, die = 8x] gehen? Wird das zu deiner Pflicht, jeden Morgen etwa um 8:46 Uhr. Was bedeutet das, jemanden in die Lage zu versetzen – sollst du dir sämtliche, existierende [Sicherheit(s) + Konzepte, die = 174x] aneignen? Machen wir es kurz: der Satz ist eine hohle Phrase und kann nicht im Alltag umgesetzt werden. So gerät die Absicht des Satzes leider in die Tonne, die da ist: Jede und jeder muss in jedem Augenblick wach und aufmerksam sein, wenn die [Sicherheit], die von den meisten digital

agierenden [Konzernen, die = UNGENUTZT] aus wirtschaftlichen Gründen
vernachlässigt wird, wenn eben diese [Sicherheit] fadenscheinig, also dünn,
schäbig, durchlässig wird...\}

* * * * *

System-Nachricht eHealth (TI) [Sys-36] - Störung T-Systems - sektoraler IDP KTR

Leider liegt die Störung an dem von der T-Systems International GmbH betriebenen sektoralen IDP erneut vor. Dadurch kann es wieder zu Beeinträchtigungen bei der Nutzung der Gesundheits-ID für verschiedene digitale Gesundheitsanwendungen für Versicherte der Krankenkasse BARMER kommen. Die Anmeldung via GesundheitsID in der E-Rezept-App kann dadurch gestört sein. Die Einlösewege via eGK, Ausdruck oder App mit PIN sind davon nicht betroffen. Die T-Systems ist bereits in der Analyse.

letzte Aktualisierung: 20.03.2024 12:00 Uhr

{Patch – In jener Märzwoche des Jahres 2024 gibt es von der Gematik eine regelrechte Serie gleichlautender Meldungen über die T-Systems und der von ihr geschaffenen und betreuten „sektoralen IDP KTR".

Am selben Tag, nur etwas später, wird bei Tagesschau.de diese Nachricht eingestellt:

Datenschutzbeauftragter kritisiert E-Patientenakte (Stand: 20.03.2024 15:25 Uhr).

Während die Kritik in den Weiten der Nachrichten des Tages unbeachtet verhallt, gibt es für die System-Nachricht der Gematik erkennbare Adressaten: Versicherte der BARMER oder Barmer. Oder werden sie doch nicht angesprochen? Sondern MFA Jerry aus der Praxis von Herrn Dr. Kammer und neuerdings auch von Frau Dr. Hammer. Nein, MFAs versuchen, die Patienten des Morgens noch „abzuarbeiten", da nachmittags die Praxen geschlossen sind und sich die Mitarbeitenden um einen Monitor scharen zwecks Weiterbildung etwa in Sachen Praxisverwaltungssystem oder Infekte oder Abrechnung online.

Nun gut, seit der System-Nachricht eHealth (TI) [Sys-26] bist du vertraut mit der T-Systems-Problematik, und hast für dich klären können, was ungefähr die sektorale IDP KTR ist – oder bist du in der Online-Schulung?

Der Start dieser Märzwochen-Serie IDP KTR ist der Dienstag 14:00 Uhr. Um 14:10 Uhr wird die Störung als beseitigt gemeldet, um 14:30 Uhr ist sie wieder aktiv. In der Nacht auf Mittwoch (03:00 Uhr) wird sie wieder aufgehoben. Um 12:00 Uhr klopft dann unsere [Sys-36] wieder heftig an die Portale und rauscht in meinen E-Mail-Account.

Interessante Frage, was hat sich sprachlich geändert im Vergleich zu den vorangehenden – siehe [Sys-26] – und den dreien, die noch folgen werden?

1. Der erste Satz hat als Einleitung das Umstandswort/Adverb [leider = 2x].
Den angesprochenen Umstand könntest du bezeichnen als [Bedauern, das =
UNGENUTZT], als [Anteilnahme, die = UNGENUTZT], als [Mitgefühl, das =
UNGENUTZT]. Oder mit [leider] wird hingewiesen auf [Reue, die =
UNGENUTZT], auf [Selbstanklage, die = UNGENUTZT] auf [Zerknirschung,
die = UNGENUTZT], wegen der Störung, für die man sich [verantwortlich =
10x Umstandswort; 15x Eigenschaftswort] fühlt. Denn raus kommt man ja
nicht aus der Geschichte, die [Vorgaben, die = 207x] für diese IDP KTR
wurden von niemand anderem als der Gematik gemacht. Vielleicht liegt es ja
an den Vorgaben?

2. Ein Auftauchen aus der Menge der zahlreichen Störungen, so
könntest du noch im ersten Satz den Artikel [die] verstehen.Diese
[Störung] ist inzwischen sowohl der Praxis Dr. Kammer bekannt, als
auch der Gematik – und hoffentlich auch der T-Systems.

3. Am Ende dieses ersten Satzes wird die Bekanntheit durch das
Umstandswort/Adverb [erneut = 12x als Umstandswort] betont. Mit anderen
Worten, die [Störung] von neuem auftretend, [nochmalig = UNGENUTZT],
[wieder = 69x], [nochmals = UNGENUTZT]. Da scheint jemand leicht genervt
zu sein, warum nicht auch die Praxis Dr. Kammer?

4. Damit nicht genug, im zweiten Satz findest du ein zweites Mal das
Umstandswort/Adverb [wieder].

Jetzt solltest du bei solcher Empathie doch etwas misstrauisch werden.

Wie anders wäre es, würde für die Praxis Dr. Kammer eine genauere
Beschreibung der Problematik geliefert werden. Oder die Versicherten der
BARMER würden Informationen erhalten, gesetzt den Fall, sie erhielten
überhaupt etwas von dieser Kommunikation, Informationen, die mehr in die
Einzelheiten gehen oder Hintergründe ausleuchten.

Oder allen zusammen würde erzählt werden, was genau stört, was genau
nicht funktioniert, was halb funktioniert, was anders funktioniert als
vorgesehen, so was in der Art.

Bei diesem Vorgehen könnten die [Beeinträchtigungen, die = 20x]
herausgenommen werden, und all das, was anschließend noch folgt, raus
damit.

Und schon taucht das Konkrete, das Praktische in den Sätze Nr. 3 und Nr. 4
auf.

Moral: Wegen der Versäumnisse, wegen der Nachlässigkeit, wird das
[Bedauern, das = UNGENUTZT], die [Anteilnahme, die = UNGENUTZT], das
[Mitgefühl, das = UNGENUTZT], sie werden unglaubwürdig, fragwürdig, das
darf die Praxis Dr. Kammer zu Recht bezweifeln. An der [Reue, die =
UNGENUTZT], der [Selbstanklage, die = UNGENUTZT], der [Zerknirschung,
die = UNGENUTZT], zweifelhaft sind sie, da ist nichts dran.

* * * * *

[Such + Funktion, die = 1x]; Rarität. Das ist inzwischen eine eingebürgerte, alternative und umständliche Bezeichnung für die [Suche, die = 3x]. Teilweise ist das nachvollziehbar **[+]** /

[Support + Gerät, die = 1x]; Rarität. Das ist düster **[–]**. Ein Gerät, welches man im Support einsetzt und nutzt, so vielleicht. Das ändert aber nichts an der nächtlichen Bewertung.

[Synchronisation(s) + Dienst, der = 2x]; Rarität. Das ist entmutigend [–], denn die Synchronisation des Films „Matrix" ist vermutlich nicht gemeint.

* * * * *

Top-25: [System, -e, das = 2.107x] – [System] wird 82-mal modifiziert für die digitale Sicherheit

---

A.) - Erklärung/Wortbestimmung

Ein System könnte sein ...

... 1. (hierarchisch strukturierte) Gesamtheit von Aussagen, die eine Einheit bildet und ein wissenschaftliches Schema, ein Lehrgebäude darstellen kann.

<u>IT-Grundschutz-Kompendium</u>

> Diese Anwendungen SOLLTEN mindestens über eine verschlüsselte Datenablage und -versendung sowie ein geeignetes System zur Benutzer- und Rechteverwaltung verfügen (A).
>
> > APP.1.1: Office-Produkte; APP.1.1.A12 Verzicht auf Cloud-Speicherung; S. 354/900

{Patch – [SOLLTEN] = Anregung, unverbindliche Empfehlung, so und so zu handeln – siehe Modalverben.

Du könntest das „System zur Benutzer- und Rechteverwaltung" als eine „Gesamtheit von Aussagen" verstehen...\}

... 2. sinnvolle Ordnung, Gliederung von etw. (z.B. System in etw. Bringen〉 oder Verhaltensweise, die durch die Beachtung selbstgewählter Regeln für vorgegebene Situationen bestimmt ist)

<u>IT-Grundschutz-Kompendium</u>

> Eine Systemmanagement-Lösung SOLLTE mit einem System zur Erkennung sicherheitsrelevanter Schwachstellen automatisiert überwacht werden (A).
>
> > OPS.1.1.7 Systemmanagement, OPS.1.1.7.A22 Einbindung des Systemmanagements in automatisierte Detektionssysteme; S. 238/900

{Patch – [SOLLTEN] = Anregung, unverbindliche Empfehlung, so und so zu handeln – siehe Modalverben.

Hier könnte es um die sinnvolle Ordnung „sicherheitsrelevanter Schwachstellen" gehen...\}

... 3. Gesamtheit der sozialen Beziehungen und Institutionen in (einem Teilbereich) einer Gesellschaftsordnung, [abwertend] Regime, Staat.

IT-Grundschutz-Kompendium

In einigen Ländern dürfen beispielsweise kryptografische Verfahren nicht ohne staatliche

Genehmigung eingesetzt werden (A).

CON.1: Kryptokonzept, 2.2 Verstoß gegen rechtliche Rahmenbedingungen beim Einsatz von kryptografischen Verfahren; S. 138/900

{Patch – Dass hier von „Ländern" gesprochen wird, ist falsch und inkonsequent. Falsch, weil es natürlich das System genannt Staat ist, welches hier etwas zu sagen hat. Inkonsequent, weil der Staat dann doch in dem Adjektiv „staatliche" Genehmigung vertreten ist...\}

... 4. nach Funktion und Struktur abgrenzbarer Teilbereich der natürlichen materiellen Welt

IT-Grundschutz-Kompendium

Eine Entscheidung gegen ein solches System (RIAD-System) MUSS nachvollziehbar dokumentiert werden (A).

APP.3.3: Fileserver; APP.3.3.A2 Einsatz von RAID-Systemen; S. 411/900

{Patch – [MUSS/MÜSSEN] = Notwendigkeit, Pflicht, so und keinesfalls anders zu handeln – siehe Modalverben.

Das angesprochene „System" könnte dem „abgrenzbaren Teilbereich" entsprechen, die „Funktion" und „Struktur" steckt dann in dem RIAD = Redundant Array of Independent Disks...\}

... 5. Gesamtheit von technischen Anlagen gleicher Funktion (Netz von Transportwegen und Leitungen)

IT-Grundschutz-Kompendium

Unsachgemäß angebundene Fremdsysteme können zudem zur Folge haben (1H), dass Daten verloren gehen oder das System blockiert wird (2NI).

APP.5.2: Microsoft Exchange und Outlook, 2.4 Unerlaubte Anbindung anderer Systeme an Exchange; S. 460/900

{Patch – Mit [System] könnte hier tatsächliche eine Gesamtheit gemeint sein, etwa ein Unternehmen, eine Organisation oder eine Arztpraxis, deren gesamten Rechner über Microsoft Exchange verbunden sind...\} - Quelle für die Erklärung/Wortbestimmung: www.dwds.de/wb/System

* * * * *

<u>**Rand-Notiz Nr. 25 - Praxisverwaltungssystem**</u>

Bei der Gelegenheit: Hattest du schon mal zu tun mit einem PVS? Nein? Bist
du noch nie in einer Gesundheitseinrichtung, z.B. einer Arztpraxis, gewesen?
Hast du noch nie deine Gesundheitskarte in ein Kartenlesegerät gesteckt?
PVS steht für [Praxis + Verwaltung(s) + System]. Das ist eine der seltenen
motivierten und nachvollziehbaren Komposita mit dem Wort [System]. Es
handelt sich um ein System, mit dem nahezu alle Daten, Inhalte, Prozesse in
z.B. einer Arztpraxis verwaltet werden. In D. Gibt es davon ca. 130
unterschiedliche Systeme, was natürlich eine große Herausforderung für die
gesamte Digitalisierung ist. Es ist schlicht fahrlässig, dass sich die
Verantwortlichen keine Gedanken über diese Problematik gemacht zu haben
scheinen.

* * * * *

B.) - [System^{2,} das] wird in den folgenden zusammengesetzten Wörtern
(Komposita) 82-mal differenziert und eingeschränkt (= Grundwort/Letztwort)
durch ...

Administration(s) + S. = 3x / Adressen + S. = 1x / Alt + S. = 2x / Analyse + S.
1x / Angriffserkennung(s) + S. = 1x / Anzeige + S. = 2x / Archiv + S. = 26x /
Automatisierung(s) + S. = 2x / Basisbetrieb(s) + S. = 1x / Betrieb(s) + S. =
270x / Brandfrühesterkennung(s) + S. = 2x / Bus + S. = 1x / Client + S. = 1x /
Datei + S. = 41x / Datenaustausch + S. = 1x / Datenbankmanagement + S. =
22x / Datenbank + S. = 39x / Datensicherung(s) + S. 7x / Detektion(s) + S. =
21x / Dokumentation(s) + S. = 1x / Dokumentenmanagement(s) + S. = 2x /
Dokumentenverarbeitung(s) + S. = 1x / Echtzeitbetrieb(s) + S. = 1x / Einzel +
S. = 2x / Empfänger + S. = 1x / Entwicklung(s) + S. = 2x / Fernwartung(s) + S.
= 2x / Fremd + S. = 2x / Funk + S. = 1x / Gesamt + S. = 5x / Hintergrund + S.
= 6x / Identitätsmanagement + S. = 1x / Information(s) + S. = 4x / Infotainment
+ S. = 6x / Infrastruktur + S. = 1x / Kollaboration(s) + S. = 1x /
Kommunikation(s) + S. = 1x / Konsolidierung(s) + S. = 1x / Korrektur + S. = 1x
/ Krypto + S. = 2x / Kunden + S. = 1x / Leit + S. = 1x / Logik + S. = 9x /
Logistik + S. = 1x / Management + S. = 19x / Notfallmanagement + S. = 3x /
Notfall + S. = 1x / Personalinformation(s) + S. = 1x / Produktion(s) + S. = 10x /
Produktiv + S. = 5x / Prozessleit + S. = 1x / Qualitätssicherung(s) + S. = 2x /
Quell + S. = 1x / Referenz + S. = 1x / Schadcodedetektion(s) + S. = 1x /
Schließ + S. = 3x / Schnittstellen + S. = 2x / Schrank + S. = 3x / Schutzleiter +
S. = 1x / Schutz + S. = 1x / Sicherheit(s) + S. = 8x / Sicherung(s) + S. = 1x /
Softwareverteilung(s) + S. = 1x / Speicher + S. = 34x / Spool + S. = 1x /
Steuerungsanzeige + S. = 1x / Steuer + S. = 1x / Steuerung(s) + S. = 9x / Teil
+ S. = 1x / Telekommunikation(s) + S. = 11x / Test + S. = 6x /
Textverarbeitung(s) + S. = 1x / Ursprung(s) + S. = 2x / Verwaltung(s) + S. = 3x
/ Verzeichnis + S. = 2x / Virtualisierung(s) + S. = 1x / Warn + S. = 1x /
Wurzeldatei + S. = 2x / Ziel + S. = 7x / Zugangskontroll + S. = 2x / Zugang(s)
+ S. = 1x / Zutrittskontroll + S. = 1x /

C.) - [System, das] = nun als Bestimmungswort, das differenziert und die Bedeutung des Grundwortes/Letztwortes erweitert in den folgenden zusammengesetzten 82 Wörtern (Komposita):

[System + Abfrage, die = 1x]; Rarität. Das ist eigenartig [–]. Wer oder was will oder soll da was und vor allem wo und wie abfragen. Also etwas durch Fragen erforschen.

[System + Absicherung, die = 1x]; Rarität. Das ist erstaunlich [–]. Frage dich, um welches [System] könnte es hier gehen. Es fehlt ein konkreter Bezug, eine dem Kompositum innewohnende Referenz.

[System + Absturz, der = 1x]; Rarität. Ersetze die Wort-Variable [System] durch dein Smartphone. Das Teil kein abstürzen, gleichsam in sich zusammenfallen. Das ist nachvollziehbar [+].

[System + Administration, die = 3x]. Das ist bedrückend [–]. Verwalten, also Administrieren ist eine bedeutungsvolle und verantwortungsvolle, mit Sorgfalt auszuführende Tätigkeit, du Nerd, du. Wie soll das vor sich gehen bei einem „Keine-Ahnung-was-System".

[System + Administrationsaufgabe, die = 1x], Rarität. Das ist kurios [–]. Klar, gibst du die Administration auf (= Aufgabe), fliegt die Geschichte an die Wand.

[System + Administrator, der (!) = 9x]. Ein weiblicher Administrator, eine Administratorin wäre wahrscheinlich einfühlsamer bei der Komplexität von … wovon? Wäre das genannt, wäre das zusammengesetzte Wort teilweise nachvollziehbar [+].

[System + Änderbarkeit, die = 1x]; Rarität. Das ist vernichtend [–]. Du siehst hier eine Wort-Neuschöpfung, ein Neologismus in Zusammenhang mit dem Wort [System]. Ein solches steht ja gerade für seine Strukturiertheit, für seine Starre. Andrerseits hättest du keine saubere Basis, um die folgende Änderung vornehmen zu können.

[System + Änderung, die = 6x]. Sollte es hier nicht um das Ende eines Regimes gehen, nicht um den Wechsel von einer Autokratie zu einer Demokratie, was schade wäre, dann wäre das insofern nachvollziehbar [+], wenn Windows durch Linux ersetzt werden würde. Etwas anderes sind Änderungen an (!) einem System.

[System + Architektur, die = 4x]. Das ist sonderbar [–]. In der klassischen Architektur wird in die Breite gebaut und in die Höhe. Welches [System] würde dieses vollbringen können.

[System + Aspekt, der = 1x]; Rarität. Das ist deprimierend [–], und kann nicht aufgelöst werden, von mir jedenfalls.

[System + Aufruf, der = 2x]; Rarität. Das ist furchterregend [–]. Dieses ist der letzte Aufruf für den Flug 102030 – oder was?

[System + Ausfall, der = 3x]. Irgendeine Gesamtheit von technischen Anlagen gleicher Funktion hat sich verabschiedet, ist ausgefallen, geht nicht mehr, kaputt. Das ist so was von nachvollziehbar [+]. Wenn ich etwa auf die regelmäßigen Meldungen der Gematik bezogen auf die Telematik-Infrastruktur (TI) schaue.

[System + Auslastung, die = 2x]; Rarität. Das ist lumpig [–]. Wäre die Rede von einem Server, einverstanden. Wäre die Rede von einem Netzwerk, einverstanden. So aber...

[System + Befehl, der = 2x]; Rarität. Das ist gewagt [–]. Stell dir vor, eine Regierung versteckt sich hinter dem Staat, hinter dem System und gibt trotzdem Befehle aus, und sagt, das war das System! (Nuschel nuschel, ich weiß, mit diesem zusammengesetzten Wort sind Befehle gemeint, mit dem du glauben sollst, dass du das „Keine-Ahnung-was-System" steuern kannst. Nuschel, nuschel.)

[System + Benutzer, der/die = 1x]; Rarität. Das ist absurd [–]. Der Alleinherrscher, männlich, benutzt das System der Alleinherrschaft, um widerspenstige Personen zu entfernen.

[System + Bereich, der = 1x]; Rarität. Das ist ungewöhnlich [–]. Um dir das zusammengesetzte Wort erklären zu können, musst du wissen, ob du es mit einer Diktatur oder einer Anlage für die Flaschenabfüllung oder mit deinem IoT-Kühlschrank zu tun hast.

[System + Betrieb, der = 2x]; Rarität. Das ist karg [–]. Deutlicher könnte es werden, wenn z.B. der Betrieb oder der Gebrauch oder die Nutzung eines Rechners genannt wird. Aber auch dieses bliebe leicht grau.

[System + Datei, die = 2x]; Rarität. Eine Datei, die zu einem Betriebssystem gehört, oder die zur Systemsteuerung bei Windows gehört. Das ist nachvollziehbar [+].

[System + Daten, die = 2x]; Rarität. Das ist düster [–]. Zum wiederholten Male die Frage, was steckt hinter dem „Keine-Ahnung-was-System". Wie produziert dieses dann [Daten, die = Top-25]?

<u>IT-Grundschutz-Kompendium</u>

> Bei der Datensicherung des Netzmanagements MÜSSEN mindestens die Systemdaten für die Einbindung der zu verwaltenden Komponenten bzw. Objekte, Ereignismeldungen, Statistikdaten sowie vorgehaltene Daten für das Konfigurationsmanagement gesichert werden (A).
>
> NET.1.2: Netzmanagement, NET.1.2.A6 Regelmäßige Datensicherung; S. 731/900

{Patch – [MUSS/MÜSSEN] = Notwendigkeit, Pflicht, so und keinesfalls anders zu handeln – siehe Modalverben.

Ein Aussage-Satz, wie in Stein gemeißelt. Das Verb/Prädikat: „müssen...gesichert werden". Da gibt es für dich keinen Kompromiss. Das grammatische Subjekt des Satzes ist die [Daten + Sicherung, die = 147x]. Angehängt wird dem Subjekt (= Genitiv Attribut) das [Netz + Management,

---

das = 103x]. Das ist der Ort, an dem die Sicherung stattfinden soll. Du hältst inne und fragst dich, wo ist das? Vermutlich geht es um ein Netzwerk in einem Unternehmen, einer Organisation oder einer Arztpraxis, ein LAN oder ein WLAN. Die Datensicherung erfolgt nun nicht im [Management], sondern irgendwo im Netzwerk. Nun geht es um das grammatische Objekt, nun geht es um die [Systemdaten]. Welches System gemeint ist, kannst du weder an dem Kompositum noch anhand der folgenden Worte erkennen. Ein wildes Durcheinander wird dir präsentiert, bis hin zu einem nebulösen [Konfiguration(s) + Management, das = 4x]. Und ein bedeutungsvolles Herauskommen und sinnvolles Arbeiten mit diesem Satz ist ausgeschlossen... \}

[System + Datenbank, die = 1x]; Rarität. Eine Datenbank, die z.B. zu einem Betriebssystem gehört, so könnte es sein, und das wäre nachvollziehbar **[+]**.

[System + Definition, die = 3x]. Das ist befremdend **[–]**. Wie soll das funktionieren, das Bestimmen, das Definieren eines Systems, welches etwa eine Gesamtheit von Aussagen ist – siehe „könnte sein Nr. 1".

[System + Design, das = 6x]. Das ist befremdlich **[–]**. Ein System kann bestehen aus Funktionen und Strukturen. Warum man hier einen Designer oder eine Designerin beauftragen sollte, entzieht sich meiner Vorstellungskraft.

[System + Dienst, der = 1x]; Rarität. Das ist gediegen **[–]**. Und das Kompositum verweigert sich einer Erklärung.

[System + Dimensionierung, die = 1x]; Rarität. Das ist erstaunlich **[–]**. Welche Dimensionen werden hier angestrebt?

[System + Dokumentation, die = 3x]. Leider und zu unserer aller großen Leiden wird sich viel zu selten die Mühe und die Arbeit gemacht, ein [System] gleich welcher Art zu dokumentieren. Und dann das ständige Aktualisieren, das will kein CEO vertreten.

[System + Eingriff, der = 1x]; Rarität. Das ist ungünstig **[–]**. Soll es sich um ein Eingreifen in ein „Keine-Ahnung-was-System" handeln. Oder nimmt diese „Keine-Ahnung-was-System" den Eingriff automatisiert und natürlich KI-gesteuert selbst vor. Die Tupfer nicht vergessen.

[System + Einstellung, die = 3x]. Du justierst, du stellst irgendwelche Werte oder Rechte oder sonst was in ein System gleich welcher Art ein. Das ist teilweise nachvollziehbar **[+]**.

[System + Entwicklung, die = 1x]; Rarität. Das ist unbequem **[–]**. Irgendetwas soll in einem System oder mit System gleich welcher Art entwickelt werden.

[System + Ereignis, das = 1x]; Rarität. Das ist furchterregend **[–]** und will nicht erklärt werden.

[System + Fehler, der = 3x]. Wenn etwas in einem „Keine-Ahnung-was-System" falsch läuft, anders läuft als mal wieder geplant, dann könnte der Grund oder die Ursache eben ein [Fehler, der/die = 158x] sein. Das ist nachvollziehbar **[+]**. Warum so selten? Das widerspricht der praktischen Erfahrung, und das zunehmend.

[System + Fehlermeldung, die = 1x]; Rarität. Diese [Meldung, die = 31x] ist allein schon wegen ihrer [Häufigkeit, die = 3x] etwa in einem Praxisverwaltungssystem (PVS) im Gesundheitswesen nachvollziehbar **[+]**. Selbst wenn der Inhalt oder die Aussage oder die Meldung an sich nicht oder selten nachvollziehbar ist. Wieder die Frage: Warum wird das im IT-Grundschutz selten genannt.

[System + Funktion, die = 2x]; Rarität. Irgendetwas muss das System, gleich welcher Art, schließlich tun oder machen. Wird dieses Irgendetwas [Funktion] genannt, ist das wohl nachvollziehbar **[+]**.

[System + Generation, die = 1x]; Rarität. Das ist übel **[–]**. Bei einem „Keine-Ahnung-was-System" könntest du eher von einer [Version, die = 72x] sprechen, englisch vielleicht [Release, das = 4x].

[System + Grenze, die = 1x]; Rarität. Das ist gestört **[–]**. An welches andere Land oder vielleicht System welches auch immer soll das grenzen. Wer kümmert sich um die Kontrolle.

[System + Gruppe, die = 1x]; Rarität. Das ist unbeholfen **[–]**. Was soll das sein, eine Selbsthilfegruppe aller Systeme dieser Welt. Streng dich an, sei genau.

[System + Härtung, die = 1x]; Rarität. Das ist unbesonnen **[–]**. In dem Wort [Härtung, die = 10x] erkennst du das Wort [Abhärtung, die = UNGENUTZT]. Das ist, wenn du an einem trüben kalten Novembertag in die klare kalte Ostsee hüpfst, um deinen Körper abzuhärten. Gemeint sein könnte etwas in der Art von Resilienz, [Widerstandskraft die = UNGENUTZT] gegen Angriffe, etwas Aktives! Und spontan Aktivierbares. Das wird leider vernachlässigt.

[System + Hersteller, der/die = 1x]; Rarität. Das ist leidvoll **[–]**. Welche von den 5 vorgestellten Erklärungen des Wortes [System] sind innerhalb eines rentablen und innovativen [Herstellung(s) + Prozess = UNGENUTZT] herstellbar?

[System + Information, die = 1x]; Rarität. Das könnte eine Zusammenstellung aller Aufgaben sein, die zu einem [System, das = Top-25] gehören. Das ist nachvollziehbar **[+]**.

[System + Infrastruktur, die = 2x]; Rarität. Das ist düster **[–]**. Die Kurzform [TI] wird aufgelöst zu Telematik Infrastruktur. Sie umfasst alle Netzwerke und die mit diesen und durch diese verbundenen Rechner. Ein klarer Bezug, ein [System] ist hier keinesfalls klar. Hört sich jedoch mächtig imposant an.

[System + Integration, die = 3x]. Das ist kümmerlich **[–]**. Du kannst wahrscheinlich einen Rechner integrieren, ein ganzes „Keine-Ahnung-was-System" wahrscheinlich eher nicht.

[System + Integrität, die = 2x]; Rarität. Das ist merkwürdig **[–]**. Denn dieses bemerkenswerte Wort [Integrität, die = 231x] bedeutet 1. Vollständigkeit (eines Systems), bedeutet 2. Unversehrtheit, Unberührtheit (eines Systems), bedeutet 3. Reinheit, Makellosigkeit, Rechtschaffenheit, Redlichkeit (eines Systems). Die Bedeutungen stammen aus dem Fremdwörterlexikon des unbeschwerten Jahres (1974). Was soll ausgedrückt werden?

[System + Inventar, das = 1x]; Rarität. Das ist erschreckend [–], und ich bin müde.

[System + Kenntnis, die = 1x]; Rarität. Das ist wunderlich [–]. Wie kannst du [Kenntnis, die = 28x] erlangen, wenn du es mit einem „keine-Ahnung-was-System" zu tun hast.

[System + Kommando, das = 1x]; Rarität. Das ist doof [–]. Ein Befehl ist ein Befehl, befehle du mal einem [System]. Vergleiche die Rarität des [System + Befehl, der = 2x].

[System + Komponente, die = 4x]. Das ist unheildrohend [–]. [Komponente, die = 513x, Top-25] ist auch kein einfaches Wort. Beschaffe du etwas Schwieriges, ohne zu wissen, wofür und wozu. Das kann teuer werden.

[System + Konfiguration, die = 4x]. Das ist schwierig [–]. Wie konfigurierst du etwa eine „sinnvolle Ordnung" oder eine „Gliederung", oder sollte das nicht gemeint sein?

[System + Konto, das = 1x]; Rarität. Das ist voll Panne [–]. Welche Bank würde dem Was-auch-immer-System denn ein Konto einräumen.

[System + Lücke, die = 1x]; Rarität. Das ist geisterhaft [–]. Eine Lücke – frei nach K. Tucholsky – ist da, wo nichts ist.

[System + Management, das = 156x]. Trotz scheinbar hoher Beliebtheit, das ist beklagenswert [–]. Solange du nicht eindeutig schreibst, auf das sich das [System] in der realen und in der virtuellen Welt bezieht, bleibt es bei keine Ahnung und davon eine ganze "Kiste". Lass uns mal der Beliebtheit wegen in ein paar Sätze schauen:

<u>IT-Grundschutz-Kompendium</u>

> 01. - Ein zuverlässiges Systemmanagement ist Grundvoraussetzung für den sicheren und effizienten Betrieb moderner vernetzter Systeme (S1-A). Dazu ist es erforderlich (S2-1H), dass ein Systemmanagement alle relevanten Systeme umfassend integriert (S2-2NI).

> OPS.1.1.7 Systemmanagement; 1.1. Einleitung; S. 231/900

{Patch – Dieses sind die beiden ersten Sätze, mit dem das [System + Management] für den IT-Grundschutz und die digitale Sicherheit hereingeholt wird.

Auffallend ist, der Satz Nr. 1 (S1-A) liefert keinen Hinweis, was du bei dem Kompositum [Systemmanagement] an Bedeutung erwarten darfst. Trotzdem wird das Unbekannte oder Ungeklärte zur [Grundvoraussetzung], um „vernetzte Systeme" zu betreiben. Etwas unerwartet beginnt Satz Nr. 2 mit dem Pronominaladverb [dazu], ein Umstandswort, welches ein Substantiv z.B. aus einem vorangehenden Satz wieder aufnimmt. Allerdings gibt es keine

nachvollziehbare, geeignete Wiederaufnahme aus dem Satz Nr.1. Es folgt in
dem Teilsatz (S2-2NI) eine Bedingung, die das weiterhin ungeklärte
[Systemmanagement] erfüllen muss: Integration aller relevanten [Systeme],
welche auch immer das für diese Einleitung sind. Das ist alles grober Unfug,
mach dir keinen Kopf...\}

> 02. - Das Systemmanagement umfasst viele wichtige Funktionen wie
> z. B. die Systemüberwachung, die Konfiguration der Systeme, die
> Behandlung von Ereignissen und die Protokollierung (A).
>
> OPS.1.1.7 Systemmanagement; 1.1. Einleitung; S. 231/900

{Patch – Es geschehen noch Zeichen und Wunder. Der erste Satz des
folgenden Absatz lässt die Ahnung einer Worterklärung aufschimmern: Ein
[Systemmanagement] ist nichts anderes als eine Sammlung von [Funktionen,
die = Top-25], dabei könnte das „Managen" bereits eine solche sein. Die
Aufzählung nennt nicht alle möglichen Funktionen, sie wählt nach nicht
erkennbaren Kriterien aus. Es scheint auch keine Systematik zu geben, die
diese Reihenfolge begründet. Ganz gleich, in welche Richtung du hier
weiterdenkst, es bleibt die Frage: Handelt es sich bei dem
[Systemmanagement] um ein Verfahren, eine Methode oder um eine
Software. Eine Antwort versteckt sich wahrscheinlich irgendwo ganz tief in
diesen Satz-Wolkenkratzer. Suche nicht...\}

Von den 156 ermittelten [Systemmanagements] finden 96 einen weiteren
Partner bzw. sie bekommen einen angehängten Begleiter:

[Systemmanagement-Lösung, die = 71x] – [Systemmanagement-
Komponente, die = 8x] – [Systemmanagement-Kommunikation, die = 7x] –
[Systemmanagement-Konzept, das = 4x] - [Systemmanagement-Infrastruktur,
die = 2x] – [Systemmanagement-Sitzung, die = 2x] – [Systemmanagement-
Information, die = 1x] – [Systemmanagement-Werkzeug, das = 1x].

Wenn allerdings, wie gesehen, bereits eine nachvollziehbare Erklärung für
[Systemmanagement] nicht möglich ist, wie sollen dann diese Erweiterungen
funktionieren. Wahrscheinlich eher nicht. Ein Beispiel für die am häufigsten
genutzte [Systemmanagement-Lösung]:

> 03. Die Systemmanagement-Lösung besteht aus verschiedenen
> Systemmanagement-Komponenten (1H), zum Beispiel Agenten
> (2EL), die auf einer zugrundeliegenden Systemmanagement-
> Infrastruktur betrieben werden (3NR).
>
> OPS.1.1.7 Systemmanagement; 1.1. Einleitung; S. 231/900

{Patch – Du bist weiterhin in dem Abschnitt „Einleitung", du sollst weiterhin für
die Einführung und die Umsetzung des zauberhaften [Systemmanagement]
motiviert werden. Die Motivation besteht nun scheinbar in dem Angebot einer
[Lösung, die = 128x]. [Lösungen] sind in dieser digitalen Zeit immer gut. Nur
war ja unklar, ob es hier um ein Verfahren, eine Methode geht oder um eine
Software. Da wäre [Lösung] redundant oder wenigstens zu viel. Der
Hauptsatz liefert dann [Systemmanagement-Komponenten], dir schwant so

---

langsam, das wird nichts mit Lösung. Dein bisheriges Verstehen verdämmert am Horizont eines unwahrscheinlich werdenden IT-Grundschutz. In dem Kurzsatz/Ellipse (2EL) betritt auch noch ein [Agent, der = 4x] sprich „Aidschent" die Szene, wie der berühmte Kaspar aus der Dose. Kaum hat sich deine Überraschung gelegt, wirst du ein zweites Mal mit einem „Betreiben" konfrontiert. Du begreifst, es müssen andere [Agenten] gemeint sein, erst recht kein James Bond. Tut mir leid, da kann ich dir auch nicht helfen. Nur soviel: Das Betreiben, das Spiel braucht kein Systemmanagement per se, es braucht keine angehängte Lösung, es braucht hingegen dringend eine Infrastruktur – und schon steigt sie empor aus dem Wirrwarr der Worte: die [Systemmanagement-Infrastruktur]. Bedauernswerte, Bedauernswerter, der oder die du dich um den IT-Grundschutz und die digitale Sicherheit bemühst...
\}

Eine weitere Beobachtung bei der Verwendung des Kompositums [Systemmanagement] ist die Sparsamkeit, mit der dem Wort Eigenschaften/Adjektive mitgegeben werden. Dir wird präsentiert ein zuverlässiges (= 1x), ein einzelnes (= 1x), ein verschiedenes (= 1x), ein zugrundeliegendes (= 1x), ein notwendiges (= 1x), ein zentrales (= 3x) und ein kompatibles (= 1x) Systemmanagement.

Bis auf die Zuverlässigkeit und die Kompatibilität sind es keine inhaltlichen, qualitativen Eigenschaften, die dir weitere Hinweise auf das geben könnten, um was es beim [Systemmanagement] im IT-Grundschutz konkret geht. Es sind in der Mehrzahl strukturelle, einordnende Eigenschaften.

[System + Managementlösung, die = 2x]; Rarität. Das ist kompliziert [–]. Was sollte gelöst werden, was sollte aufgelöst werden, was sollte abgelöst werden. Oder sollte das Management erlöst werden? Wie dem auch sei, es gibt noch eine zweite Schreibweise für dieses mehrteilige Wort: [Systemmanagement-Lösung = 71x], was der Sache und der Aussage nicht dienlich ist. Siehe dazu die Ausarbeitung unter [System + Management].

[System + Management + Netz, das = 2x]; Rarität. Das ist unsicher [–]. Das Management, so steht zu vermuten, hätte gern ein Netz, um sicher alles fallen lassen zu können, sobald ein Angriff erfolgreich verlaufen ist und die Forderungen nach Schadenersatz durch den Raum geistern. Sehr wahrscheinlich ist das hier nicht gemeint.

[System + Missbrauch, der = 2x]; Rarität. Das ist finster [–], wie ein straf-besetzter Begriff auf ein wie auch immer geartetes System angewandt wird. Wie soll das gehen.

[System + Nachricht, die = 1x]; Rarität. Eine Mitteilung, eine Nachricht, die von einem Rechner automatisch erzeugt wird. Das könnte gehen [+]. Geeigneter wäre der Ausdruck [Meldung, die = 31x], um das Erzeugte nachvollziehbarer zu machen.

[System + Neustart, der = 1x]; Rarität. Bitte konkret, welches von den zig-fachen Systemen oder eventuell doch Geräte willst neu starten. Sehr häufig ist das die Ultima Ratio, das letzte Mittel, der Notausgang, um dem „System" die Chance zu geben, sich zu erholen von dem ganzen Daten-Müll. Das ist nachvollziehbar **[+]**.

[System + Parameter, der = 1x]; Rarität. Das ist merkwürdig **[–]**. So lange jedenfalls, bis das [System] konkret bezeichnet wird. Dann besser die [Parameter, der = 34x] für sich stehen lassen. Sie sind für den IT-Grundschutz relevant.

[System + Performance, die = 1x]; Rarität. Das ist mulmig **[–]**. Ich stelle mir den Auftritt, die Show einer wild durcheinander wirbelnden Tanzgruppe vor, deren Aufführung, professionell, unterhaltsam und gelungen. Dann schweift mein Blick auf eine Anlage, auf ein „Woher-soll-ich-das-wissen-System“. Ein Tanz?????

[System + Protokollierung, die = 1x]; Rarität. Das ist abgefahren **[–]**. Wer oder was (=Subjekt) protokolliert da wen oder was (=Objekt).

[System + Prozess, der = 1x]; Rarität. Das ist beklagenswert **[–]**. Ein berühmter Roman von F. Kafka lautet „Der Prozess“. Der Angeklagte erfährt nicht, wessen er angeklagt wird. Ein undurchschaubares [System] ist am Wirken.

[System + Ressource, die = 3x]. Das ist gediegen **[–]**. Eine Ressource kann ein Hilfsmittel sein, ein Arbeitsmittel, eine Quelle. Aus dieser sprudelt irgendetwas sinnvolles und nutzbares hervor.

[System + Schaden, der = 1x]; Rarität. Mache es genau, welches [System] ist beschädigt. Oder meintest du einen wiederkehrenden, innewohnenden Schaden. Teilweise könnte das nachvollziehbar sein **[+]**.

[System + Sicherung, die = 1x]; Rarität. Das ist befremdend **[–]**. Die [Absicherung, die = 157x] eines Gerätes kann nicht gemeint sein. Eine eingebaute [Sicherung], die bei einer Überlastung wie in deiner Wohnung „rausfliegt“, das wird auch nicht gemeint sein. Was also dann?

[System + Start, der = 4x]. Mache es genau, welches [System] soll aktuell gestartet werden. Dann wäre das nachvollziehbar **[+]**.

[System + Status, der = 1x]; Rarität. Das ist geringschätzend **[–]**. Gemeint ist die Frage, in welchem Zustand befindet sich das Was-auch-immer. Oder welchen Prozessschritt hat das Was-auch-immer gerade erreicht oder führt es aus. Siehe auch [System + Zustand].

[System + Steuerung, die = 1x]; Rarität. Das ist abgehoben **[–]**. Versuche bitte ein [System], welches ja aus festgelegten Strukturen und Prozessen besteht, zu steuern. Also zu steuern wie einen dieser abgehobenen SUVs auf einem Feldweg. Lass eine [Steuerung, die = 53x] am besten unverbunden und für sich.

* * * * *

ICE 696 der DB, auf der Fahrt von Hannover nach Hamburg, irgendwo hinter Uelzen. Der Zug steht. Die Durchsage: „Der Lokführer muss noch ein paar Dokumente erhalten, " dann würde die Fahrt in Kürze fortgesetzt. Stand: 13.10.2023, ca. 10:12.

Quelle: ich

* * * * *

[System + Teil, der = 1x]; Rarität. Das ist trübe **[–]**. Welches [System], welcher [Teil, der = 93x], welches System+Teil, welches Teil+System. Einfach lassen, das Ganze.

[System + Test, der = 3x]. Wenn ein Welches-auch-immer System getestet wird, dann kannst du das so nennen **[+]**.

[System + Typ, der = 1x]; Rarität. Das ist bodenlos **[–]**. Nenne es mit der konkreten Bezeichnung, das, was du benennen willst, und fertig.

[System + Überwachung, die = 12x]. Wird ein Welches-auch-immer System überwacht, kontrolliert, im Auge behalten, belauert, beobachtet, observiert – hier musst du schon sehr genau sein – wird also ein solches beaufsichtigt, kann das nachvollziehbar sein **[+]**.

<u>IT-Grundschutz-Kompendium</u>

Das Server-System SOLLTE in ein geeignetes Systemüberwachungs- bzw.Monitoringkonzept eingebunden werden (A).

SYS.1.1 Allgemeiner Server; SYS.1.1.A23 Systemüberwachung und Monitoring von Servern; S. 495/900

{Patch – [SOLLTEN] = Anregung, unverbindliche Empfehlung, so und so zu handeln – siehe Modalverben.

Zunächst, dieser Satz wird in vier Kapiteln gebracht, lediglich das Subjekt des Satzes wird ausgetauscht: Server-System, Clients, IoT-Geräte, Firewall. Deswegen scheint der Satz eine grundlegende Aussage zu sein, die für unterschiedliche Sachen relevant ist.

Du siehst, unsere gesuchte [System + Überwachung] hat noch einen kurzen Bindestrich. Dieses musst du ersetzen mit dem [Konzept], welches an dem als zweites genannte [Monitoring, das = 20x] klebt. Du fragst dich, was der Unterschied ist zwischen [Überwachung] und [Monitoring]. Das erste ist Deutsch und erinnert an einen „Überwachungsstaat", das zweite ist tendenziell Englisch und erinnert an den Orwell´schen Big Brother, der in der Allgegenwart von Google seinen Wiedergänger hat. Jedoch, es gibt keinen Unterschied, die Konstruktion ist redundant, ohne deswegen das Verständnis zu sichern. In der Sprachwissenschaft übernehmen Redundanzen genau diese Aufgabe: Absicherung des Verstehens.

Das gesamte „Systemüberwachungs-Kompositum" muss die Eigenschaft erfüllen, [geeignet] zu sein. Für was also passend, tauglich, befähigt, kurz geeignet zu sein. Keine Ahnung.

Welches ist die Handlung oder der Vorgang in diesem Aufforderungssatz, was sollst du tun: das Einbinden, „etw. zum Schutz in etw. binden, hüllen" (www.dwds.de).

Eindeutig wäre dagegen [integrieren], „in ein größeres Ganzes eingliedern, einbeziehen, einfügen" (www.dwds.de). Dann mach mal hinne.

Zurück an den Anfang dieses Kommentars: 4-mal der gleiche Unfug..\}

[System + Uhr, die = 4x]. Das ist schwach **[–]**. Du kannst nun als Detektiv/in gewandelt ermitteln: Ist eine tickende Uhr auf einem Monitor oder ist eine eingebaute Uhr gemeint, deren Aktualisierung von Windows gelegentlich vergessen wird.

[System + Umbauten, die (nur Plural) = 1x]; Rarität. Meine Bewertung: nö **[–]**.

[System + Umgebung, die = 2x]; Rarität. Sollte es sich um eine technische Anlage mit gleichen Funktionen (siehe Definition weiter oben) handeln, ist das nachvollziehbar **[+]**.

[System + Verantwortlicher, der (!) = 1x]; Rarität. Das ist grotesk **[–]**. Einerseits gibt es nur eine männliche Version. Andrerseits ist naturgemäß das [System] derartig komplex und zugleich unübersichtlich, dass das mit der [Verantwortung, die = 10x] und ihrer Einhaltung oder Überprüfbarkeit nahezu unmöglich ist. Du musst präziser werden, geht es um [Verantwortlichkeit, die = 19x].

[System + Verbund, der = 1x]; Rarität. Das ist verfänglich **[–]**. Was sollte sich da mit wem oder was verbinden können, was einen [Verbund/Verbünde der/die = 2x] einrichten.

[System + Verhalten, das = 1x]; Rarität. Das ist kühn **[–]**. [Verhalten, das = 13x] ist ein Begriff aus den Sozialwissenschaften. Die Übertragung auf ein sicherlich technisches [System] ist eine Anthropomorphisierung und in Zeiten der KI marktgängig aber nicht klug.

[System + Verwaltung, die = 4x]. Wenn das [System] konkret benannt werden würde, dann könntest du dir sicher auch eine durchdachte und funktionierende [Verwaltung, die = 101x] vorstellen. Das ist nachvollziehbar **[+]**.

[System + Verzeichnis, das = 2x]; Rarität. Das ist mickrig **[–]**. Ein Verzeichnis für eine hoffentlich sinnvolle Ordnung, für eine transparente Gliederung, für ein System eben?

[System + Voraussetzung, die = 1x]; Rarität. Das ist heiß **[–]**. Angegeben werden soll eine [Voraussetzung, die = 15x], allerdings für welches noch zu schaffende, einzurichtende [System], das ist ja noch nicht fertig.

[System + Wartung, die = 1x]; Rarität. Das ist bizarr **[–]**. Bewegliche Teile etwa einer Produktionsanlage werden üblicherweise gewartet, oder verschleißende Teile in einer Maschine. Was also ist in deinem [System] beweglich, was verschleißt. Beschreibe es!

[System + Wiederherstellung, die = 2x]; Rarität. Das ist brisant **[–]**. Stell dir vor, nach einer Revolution ist alles durcheinander. Aber du, du stellst den Staat wieder her – oder was ist in einem [System] eine Revolution, keineswegs zu verwechseln mit Innovation, die gelegentlich als Revolution angepriesen wird.

[System + Zeit, die = 16x]. Jeder Rechner, egal ob der bei dir auf dem Tisch oder der in einer industriellen Fertigung, sie haben eine so genannte [Systemzeit]. Hätten sie diese nicht, wäre eine Koordination alle der Berechnungen, Prozesse und auch Algorithmen nicht möglich.

IT-Grundschutz-Kompendium

> Wenn nicht richtig geplant wird (1NV), wie IT-Systeme ihre Systemzeit justieren können (2NV), dann können fehlerhafte Zeitinformationen in Anwendungen entstehen (3H).
>
> OPS.1.2.6 NTP-Zeitsynchronisation, 2.1. Unzureichende Planung des Einsatzes von NTP; S.266/900

{Patch – Holla die Waldfee, die Abkürzung [NTP] ist mir auch zum erste Mal über den Waldpfad gelaufen.

> NTP (Network Time Protocoll) stellt die grundsätzlichen Protokollmechanismen zur Verfügung, die dafür notwendig sind, die Zeit verschiedener Systeme bis zu einer Genauigkeit in der Größenordnung von Nanosekunden zu synchronisieren.
>
> https://www.ionos.de/digitalguide/server/knowhow/network-time-protocol-ntp/; Stand 02.11.2023

Die ganze Geschichte läuft über das Internet.

In unserem Satz jedoch ist als Bedingung (1NV) von einer Planung die Rede, statt von der Verwendung dieses Network Time Protocolls. In dem folgenden Teilsatz (2NV) ist dann von einer Modalität, von einer Art und Weise die Rede, statt die dem Network Time Protocoll zu überlassen. Der mehrteilige Satz gipfelt in der Behauptung, es würden in [Anwendungen, die = Top-25] „fehlerhafte" [Zeit + Informationen, die = 34x] aus dem Boden schießen, entstehen.

Du musst von [Zeit + Angaben, die = 2x!!!!] sprechen, damit ich das begreifen kann. Du musst außerdem von *„ungenau"* oder von *„unpräzise"* sprechen, damit mir das klar wird...\}

[System + Zugang, der = 1x]; Rarität. Das ist gestört **[–]**. Da vor dir ist also ein Gang, der wahrscheinlich an einer Tür endet. Oder du stehst gleich vor der Tür, und was jetzt? Die Tür ist zwischen dir und dem, was hinter der Tür ist. Willst du das wirklich als [Zugang] zu dem Verborgenen bezeichnen.

[System + Zugriff, der = 1x]; Rarität. Das ist doof **[–]**. Auf wen oder auf was greifst du zu. Das Verb „zugreifen", wenn du etwa bei Keksen manchmal auch Cookies genannt ordentlich zugreifst, dieses Verb wird mittels [Zugriff] zu einem Hauptwort/Substantiv.

[System + Zustand, der = 5x]. Was um alles in der Welt ist mit dem Was-auch-immer System passiert. Das ist eine berechtigte Frage. Die Antwort könnte sein: in einem leicht verwirrten Zustand. Das ist teilweise nachvollziehbar **[+]**. Siehe auch [System + Status].

* * * * *

T wie [Täter, der oder die – keine weibliche Form = 16x] im IT-Grundschutz – [Täter] wird/werden 1-mal modifiziert für die digitale Sicherheit

---

Das bedeutet, jmd., der eine Straftat begangen hat. (www.dwds.de)

IT-Grundschutz-Kompendium

> Schwachstellen von IoT-Geräten in WLANs können von Tätern als Einfallstor genutzt werden (1H), um andere wichtigere Geräte im gleichen WLAN anzugreifen (2NV).
>
> Elementare Gefährdungen; G 0.47 Schädliche Seiteneffekte IT-gestützter Angriffe; S. 91/900

{Patch – Natürlich muss es heißen: „Schwachstellen **in** IoT-Geräten". Und ebenso natürlich sind [Angreifende, die =UNGENUTZT] gemeint, die da was ausnutzen. Aus welchem Grund die Steigerung genutzt wird und von „wichtigeren Geräten" gesprochen wird, muss wohl so sein. Besser wäre es, die Sache offen und unbestimmt zu lassen, also: *„um anderes/weiteres im gleichen WLAN anzugreifen....*\}

[Technik + Komponente, die = 2x]; Rarität. Das ist mickrig **[–]**. Wenn es um eine zugewiesene Eigenschaft geht, dann solltest du auch ein Eigenschaftswort/Adjektiv verwenden.

[Teil, der = 93x] Das kann bedeuten: 1. Abschnitt, Glied, Stück von einem Ganzen; 2. Anteil an etw. a) der jmdm. zusteht, zufällt, b) den jmd., etw. zu etw. Beiträgt; 3. als selbstständig betrachtetes, für sich allein bestehendes Stück eines Ganzen, Einzelstück, Einzelteil (www.dwds.de).

01. Wenn dann eine Schwachstelle im IoT-Gerät durch einen Angreifer ausgenutzt wird (1NV), könnte dieses Gerät Teil eines Botnetzes werden (2H).

SYS.4.4: Allgemeines IoT-Gerät; 2.2 Verwendung von UpnP; S. 656/900

{Patch – Dieses UPnP bedeutet (Universal Plug and Play), das nur am Rand. Die Definition Nr. 1 eignet sich hier für das [Teil]. Bildlicher wäre jedoch das [Glied, das = UNGENUTZT], zu dem ein IoT-Gerät wird, innerhalb eines brutalen Bot-Netzes...\}

02. Ein Angreifer kann sich als Teil der WLAN-Infrastruktur ausgeben (1H), indem er einen eigenen Access Point mit einem geeignet gewählten Namen (SSID) in der Nähe eines WLAN-Clients installiert (2NV).

NET.2.1: WLAN-Betrieb; 2.8 Vortäuschung eines gültigen Access Points (Rogue Access Point); S. 741/900

{Patch – Unser Teil funktioniert in diesem Satz nicht, denn ein [Angreifer, der = TOP-25] ist eine Person. Diese könnte sich als ein [Teilnehmer, der/die = 2x] ausgeben...\}

[Teil, der] = als Bestimmungswort, das differenziert und die Bedeutung des Grundwortes/Letztwortes erweitert in den folgenden zusammengesetzten Wörtern (Komposita):

[Teil + Anforderung, die = 7x]. Du formulierst ein ganzes Paket an Anforderungen, etwa an die Steuerung deiner Anlage. Das soll sie ermöglichen, und das und das. Jedes „das" könntest du als Teilanforderung bezeichnen. Das wäre noch nachvollziehbar **[+]**.

[Teil + Funktion, die = 1x]; Rarität. Wenn du eine bestimmte Funktion in mehrere kleine Schritte aufteilst, dann könntest du bei einem solchen Einzelschritt durchaus auch von einer [Teilfunktion] sprechen. Das ist nachvollziehbar **[+]**.

[Teil + Information, die = 1x]; Rarität. Stell dir vor, auf dich rast ein Berg von Informationen zu. Das da unten rechts ganz am Rand, das könnte ein Stückchen des Berges sein, ein Teil der Information. Das ist nachvollziehbar **[+]**.

[Teil + Netz, das = 3x]. Ein Netzwerk oder ein Netz kann aus mehreren Segmenten, also Teilen bestehen, die möglicherweise gegeneinander abgegrenzt sind. Das ist nachvollziehbar **[+]**.

[Teil + System, das = 1x]; Rarität. Ein System kann eine Gesamtheit sein.
Wird diese aufgeteilt, gibt es eben solche Teilsysteme. Das ist
nachvollziehbar **[+]**.

* * * * *

~ Teilsatz – Grammatik

Einen mehrteiligen Satz kannst du mit Satzzeichen in verschiedene Teilsätze
abgrenzen. Je nach Position des Vers/Prädikats kann ein Teilsatz den
Hauptsatz stellen oder einen der drei Arten von Nebensätzen. Sieh dich um
bei [~ Hauptsatz (Typ Ib)], bei dem [~ Inhaltsnebensatz (Typ II)], bei dem [~
Kurzsatz/Ellipse (Typ V)], bei dem [~ Relativen Nebensatz (Typ III)] oder bei
dem [~ Verhältnis-Nebensatz (Typ IV).

* * * * *

[Telefon, das = 21x] = Gerät zur elektrischen Übermittlung von Gesprächen;
a) das über eine Drahtleitung mit Hilfe von Mikrofon und Hörer eine
Verbindung mit dem Gesprächspartner herstellt, Fernsprecher; b) das
drahtlos über Funk an das öffentliche Fernsprechnetz angeschlossen ist.
(www.dwds.de)

[Telefon, das] = als Bestimmungswort, das differenziert und die Bedeutung
des Grundwortes/Letztwortes erweitert in den folgenden zusammengesetzten
Wörtern (Komposita):

[Telefon + Benutzer, der/die = 1x]; Rarität. Das ist jemand, der oder die
telefoniert, telefoniert hat, telefonieren wird oder will. Das ist nachvollziehbar
[+].

[Telefon + Funktion, die = 2x]; Rarität. Wenn du dein Smartphone in die
Hand nimmst, dich anmeldest, dann siehst du sehr viele kleine Fensterchen
genannt Buttons. Die meisten gehören zu Schnick-Schnack wie etwa
zeiträuberische, hinterhältige Spiele. Auf einem aber ist ein Telefonhörer,
dahinter verbirgt sich das Telefon. In Gottes Namen, nenne es
[Telefonfunktion], das wäre nachvollziehbar **[+]**.

[Telefon + Infrastruktur, die = 2x]; Rarität. Das ist verfänglich **[–]**. Du hast –
vielleicht – ein Telefon mit Schnur und an Steckplatz, du hast also - vielleicht
– den Anschluss an ein so genanntes [Festnetz, das = UNGENUTZT], du
kannst wählen und irgendwo wird deine Wahl in die gewählte Richtung
geschaltet. Nein, [Infrastruktur, die = Top-25] zielt zu hoch. /

[Telefon + Netz, das = 5x]. Früher mal, in der Smartphone leeren Zeit, da
waren alle Telefone der Welt über Kabel miteinander verbunden, alle in einem
Netz. Das ist nachvollziehbar **[+]**.

[Telekommunikation, die = 29x] = Kommunikation, Austausch von Informationen und Nachrichten mithilfe der Nachrichtentechnik, besonders der neuen elektronischen Medien.

<u>IT-Grundschutz-Kompendium</u>

> Durch die zunehmende Verzahnung von IT und Telekommunikation können TK-Anlagen dabei sowohl analog als auch IP-basiert aufgebaut sein (A).

NET.4.1: TK-Anlagen; 1.1 Einleitung; S. 775/900

{Patch – Das ist weniger eine [Verzahnung, die = 2x], sondern das Digitale in der IT wird von der Telekommunikation übernommen, adaptiert, irgendetwas in dieser Art. Lange zurück gab es mal Voice-over-IP, du telefoniertest über das Internet. Damals schien ein Schweigen der Abbruch der Kommunikation zu sein. Sehr verwirrend...\}

[Telekommunikation, die] = als Bestimmungswort, das differenziert und die Bedeutung des Grundwortes/Letztwortes erweitert in den folgenden zusammengesetzten Wörtern (Komposita):

[Telekommunikation(s) + Dienst, der = 1x]; Rarität. Das ist unangenehm **[–]**. Kann es nicht einfach bei [Telekommunikation, die = 29x] bleiben?

[Telekommunikation(s) + Netz, das = 1x]; Rarität. Das Netz, mit dem du deine Telekommunikation abwickeln kannst. Das ist nachvollziehbar **[+]**.

[Telekommunikation(s) + System, das = 11x]. Das ist mutig **[–]**. Die Telekommunikation an sich kommt nicht ohne eine Ordnung aus, sie ist ein geordnetes Verfahren. Das braucht nicht ausdrücklich betont zu werden.

[Telemetrie, die = 5x]; in der Technik die automatische Übertragung von Messwerten über eine größere Entfernung.

[Telemetrie, die] = als Bestimmungswort, das differenziert und die Bedeutung des Grundwortes/Letztwortes erweitert in den folgenden zusammengesetzten Wörtern (Komposita):

[Telemetrie + Daten, die = 1x]; Rarität. Das ist ungesund **[–]**. Die Telemetrie wird bei dem zugänglichen www.dwds.de beschrieben als die automatische Übertragung von [Mess + Werten, die = 4x] über eine größere Entfernung. Selbstverständlich sind Messwerte ebenfalls Daten, aber sie sind nicht einer bestimmten Sache zugeordnet. Was wurde gemessen und dann übermittelt, diese Frage ist offen.

[Telemetrie + Dienst, der = 1x]; Rarität. Das ist abgefahren **[–]**. Auch in diesem Kompositum wird mit dem Bestimmungswort der Vorgang „Telemetrie" vorgegeben, das reicht aus. /

[Telemetrie + Funktion, die = 2x]; Rarität. Das ist verdächtig **[–]**. Die [Telemetrie] an sich ist bereits ein Vorgang, der keine eigene Funktion benötigt.

* * * * *

~ Temporales Satzglied/Ergänzung – Grammatik: Präpositionalphrase (prepositional phrase)

Ein temporales Satzglied besteht aus einem Verhältniswort/Präposition mit temporaler Bedeutung und einem Hauptwort/Substantiv: „**Während** des gesamten Patch- oder Änderungsprozesses...", S. 207/900). Satzglied deswegen, weil es als Gruppe innerhalb eines Satzes auch an eine andere Stelle gebracht werden kann. Sieh dir das an im Abschnitt „Satz/sentence".

Temporale Verhältnisse sind solche, die auf Fragen nach Zeitpunkt, Zeitdauer, Wiederholung, Häufigkeit usw. antworten: Wann, wie lange, wie oft etc.

Weitere modal genutzte Verhältniswörter/Präpositionen sind: [in/im], [für], [vor]

IT-Grundschutz-Kompendium

Alle Erweiterungen von Office-Produkten (1Ha), wie Add-ons und Extensions (2EL), SOLLTEN **vor** dem produktiven Einsatz genauso getestet werden wie neue Versionen (1Hb).

APP.1.1: Office-Produkte, APP.1.1.A11 Geregelter Einsatz von Erweiterungen für Office-Produkte; S. 353/900

{Patch – [SOLLTEN] = Anregung, unverbindliche Empfehlung, so und so zu handeln – siehe Modalverben.

Wann ist der [Zeitpunkt, der = 35x] gekommen, da du dich hinsetzt, da du testest die [Erweiterungen, die = 49x] zum Beispiel deines Textprogramms? Vor dem [Einsatz, der = 333x] steht dort. Es könnte auch heißen vor der [Benutzung, die = 9x], das wäre dann näher an den [Menschen, die = 14x]. Oder es würde heißen, vor der [Freigabe, das = 53x], das würde sowohl auf deinen Test hinweisen als auch darauf, dass jetzt das [Textprogramm, das = UNGENUTZT] benutzt werden darf. Das sind leuchtende [Alternative, die = 8x], die unterschiedliche Perspektiven hervorheben...\}

* * * * *

System-Nachricht eHealth (TI) [Sys-37] - Störung Implantateregister Deutschland

Derzeit scheint die Registerstelle des Implantateregisters Deutschland nicht erreichbar zu sein. Der Sachverhalt wird geprüft.

Letzte Aktualisierung 20.11.2023 13:15 Uhr

{Patch – Diese Meldung ist ungewöhnlich, weil ihr Inhalt eher ein Randthema von eHealth ist. Zu den [Implantaten, die = UNGENUTZT] zählt das Bundesministerium für Gesundheit (BMG) die folgenden:

Brustimplantate, Aortenklappen, Herzklappen und andere kardiale Implantate, implantierbare Defibrillatoren und Herzschrittmacher, Neurostimulatoren, Cochlea-Implantate, Wirbelkörperersatzsysteme und Bandscheibenprothesen, Stents.

Für diese, so beschloss es Anfang 2020 die Große Koalition, sollte ein zentrales [Register, das = 1x] angelegt werden. Medizinische [Einrichtungen, die = 6x] sollten dort das Einsetzen von Implantaten dokumentieren. [Hersteller, die = 114x] sollten ihre Produkte mit den technischen [Daten, die = Top-25] ebenfalls eintragen. Und irgendwie sollst auch du, Patientin, Patient, sollt auch ihr, einsichtsfähige Jugendliche Einblick bekommen. Jedenfalls werden im Falle eines Falles eure Daten dort registriert, was wohl auch sonst, kleiner Scherz.

Den technischen Betrieb, das so genannte [Hosting, das = 3x] übernahm D-Trust. Inwieweit es ein offenes Verfahren gegeben hat, ob die Gematik eingebunden war, ob das BSI irgendwie mitgespielt hat wegen dem Thema [Sicherheit, die = 177x], das konnte ich nicht recherchieren.

Für die Software, die die Arbeit in dem und mit dem Register organisiert, gibt es allem Anschein nach auch nur einen Anbieter. Ob es ein offenes Verfahren gegeben hat, etc. [Sicherheit] etc., das konnte ich nicht recherchieren.

Wie es dann weiterlief, das zeigt der Roll Out, also wie das Register an den Start und dann auf die Piste ging:

01.11.2023: Selbstregistrierung für Gesundheitseinrichtungen - freigeschaltet. Registrierung öffnen! (nur innerhalb der Telematikinfrastruktur erreichbar)

Medizinischen Einrichtungen können sich auf dieser Seite für die spätere Meldung an das Register anmelden. Das Gesundheitsministerium stellt einen Leitfaden zur Registrierung einer Gesundheitseinrichtung bereit. Leitfaden öffnen!

15.11.2023: Implantateregister - Patienteninformationen - veröffentlicht. Patienteninformationen öffnen!

Das Implantateregister stellt Patienteninformationen für die [Aufklärung, die = 4x] über das IRD bereit.

12.12.2024: Implantateregister - Verschiebung der [Meldepflicht, die = 1; Rarität].

Das Implantateregister verschiebt den Start der Meldepflicht für Brustimplantate auf den 01.07.2024.

01.07.2024: Start der Meldepflicht für ca. 65.000 Brustimplantate pro Jahr.

Der Einbehalt des Abschlags durch den Kostenträger greift ab dem 01.01.2025.

01.01.2025: Start der Meldepflicht für ca. 8.000 Aortenklappen pro Jahr, sowie für ca. 370.000 Hüft- und Knieimplantaten pro Jahr.

Der Einbehalt des Abschlags durch den Kostenträger ist bis zum 30.06.2025 ausgesetzt.

https://www.implantateregister.de/

Mein Eindruck: Die Komplexität eines solchen digitalen Registers wurde erneut hoffnungslos unterschätzt.

Möglicherweise gibt es gerade deswegen keine Meldung, dass die Störung nicht mehr besteht...\}

* * * * *

[Terminal + Server, der = 2x]; Rarität. Das ist schwach [–], und sollte keine weitere Aufmerksamkeit bekommen.

[Test, der = 131x] = das Testen

<u>IT-Grundschutz-Kompendium</u>

> Mit Entwickler wird im Kontext des IT-Grundschutzes eine Person bezeichnet (1H), die bei Planung, Entwicklung, Test oder Pflege von Software, Hardware oder ganzen Systemen mitarbeitet (2NR).

Rollen, Entwickler, S. 29/900

{Patch – Ich habe exzellente Entwicklerinnen kennengelernt. Die sollten unbedingt eine wichtige Rolle spielen, wenn es hier schon um die Rollenvergabe geht. Kleines Sprachspiel. In meiner Erinnerung funktionierte die [Planung, die = 218x] und [Entwicklung, die = 141x] von Software in der Regel gut, mit dem entsprechenden Enthusiasmus aufgeladen. Beim Test wurde das schon reduzierter, wer macht schon gern auf Fehler aufmerksam, die sie oder er unter Zeitdruck verursacht hat. Und die [Pflege, die = 11x], da lassen wir gnädig den Mantel des Schweigens herabfallen. Tatsächlich lieferte die Praxis immer wieder neue Aspekte, die neu geplant und neu entwickelt werden mussten, die sogenannten Updates. Sie sorgten dann an anderer Stelle wieder für etwas Neues und so weiter...\}

[Test, der] = nun als Bestimmungswort, das differenziert und die Bedeutung des Grundwortes/Letztwortes erweitert in den folgenden zusammengesetzten Wörtern (Komposita):

[Test + Daten, die = 9x]. Das sind Zahlen, Werte oder Daten, mit denen du ausprobieren könntest, ob dein elektronisches Rezept (E-Rezept) funktioniert. Das ist nachvollziehbar **[+]**.

[Test + Netz, das = 1x]; Rarität. Wahrscheinlich eher ein Netzwerk, abgegrenzt von anderen, in dem du Sachen ausprobieren könntest, etwa die Sicherheit, oder auch den Schutz. Das ist nachvollziehbar **[+]**.

[Test + System, das = 6x]. Um den üblichen Betrieb etwa einer Steuerung nicht zu stören, wird ein eigener, separater Rechner plus eventuell ein eigenes, separates Netzwerk aufgebaut. Dann wird dort entwickelt, programmiert und dann auch getestet. Ist das erfolgreich, geht es an den Start und wechselt in den Betrieb. Das ist nachvollziehbar [+].

[Text + Verarbeitung(s) + System, das = 1x]; Rarität. Das ist herb [–]. Die Textverarbeitung wird schon ihre Ordnung haben, mit der du gut und zügig arbeiten kannst. Oder ist damit Olympia Olystar 30 gemeint, ein Rechner, auf dem du nur Textverarbeitung machen konntest. Damals, vor ca. 40 Jahren.

[Transfer + Netz, das = 6x]. Das ist komplex [–], so mein Gefühl. In der Sache aber, keine Ahnung.

[Treiber + Software, die = 1x]; Rarität. Ein [Treiber, der = 2x] steuert z.B. Funktionen einer Festplatte, oder eben auch die Funktion einer Maus. Das ist nachvollziehbar [+].

* * * * *

U wie [Update, das = 81x] im IT-Grundschutz – [Update] wird 8-mal modifiziert

Das kann bedeuten: 1. aktualisierte Version einer Software; [metonymisch] Vorgang des Aktualisierens einer Software; 2. [Jargon] Aktualisierung (durch neue Informationen), Erneuerung, Überarbeitung

<u>IT-Grundschutz-Kompendium</u>

> Für alle Systeme des TGM sowie die Systeme (1Ha), die durch das TGM betrieben werden (2NR), SOLLTE bei der Beschaffung sichergestellt werden (1Hb), dass diese angemessen gehärtet werden können {,\} (3NI) und {dass\} insbesondere sicherheitsrelevante Updates für die geplante Nutzungsdauer bereitgestellt werden (4NI).

INF.13 Technisches Gebäudemanagement, INF.13.A11 Angemessene Härtung von Systemen im TGM; S. 874/900

{Patch - [SOLLTEN] = Anregung, unverbindliche Empfehlung, so und so zu handeln – siehe Modalverben.

Die Abkürzung TGM steht für „technisches Gebäudemanagement". Die Empfehlung bezieht sich allein darauf, dass etwas sichergestellt wird. Der Zeitpunkt, zu dem das zu geschehen hat, ist die [Beschaffung, die = 60x], also der [Einkauf, der = 1x] von [Systemen, die = Top-25]. Zwei Sachen sind sicherzustellen, die allerdings nichts gemeinsam haben. Als erstes die [Härtung, die = 10x], die Systeme sollen widerstandsfähig sein. Als zweites unsere [Updates], die sich nicht „sicherstellen" lassen, die aber „bereitgestellt" werden können. Der mehrteilige Satz kommt schief um die Ecke. Es muss vielmehr in den Kauf-Verträgen vereinbart werden, wie lange die Systeme genutzt werden sollen. Und dann muss vereinbart werden, dass es innerhalb der Zeit regelmäßige Updates gibt. Fertig ist die Angelegenheit. Allerdings steht das so leider nicht in dem mehrteiligen Satz...\}

[Überbuchung(s) + Funktion, die = 1x]; Rarität. Das ist furchteinflößend [–]. Gibt es etwa bei einem Flug diese [Überbuchung, die = 1x], dann ist da im System etwas schief gelaufen und dein reservierter Platz ist nicht im Flieger, sondern nur in der Wolke.

* * * * *

~ Umstandswort/Adverb, „echtes" – Grammatik: Wortart

Umstandswörter/Adverbien: Zeitliche Umstände, kausale Umstände und andere Umstände – mit Umstandswörtern/Adverbien arbeitest du diese Umstände in eine Aussage, einen Aussagesatz, einen Teilsatz ein.

Ein Umstandswort wird nicht und niemals dekliniert. Dies ist ein wichtiges Erkennungszeichen für dich!

Das bedeutet auch, wird in einem Satz ein Eigenschaftswort (Adjektiv) vor einem Hauptwort (Substantiv) nicht dekliniert, funktioniert es als Umstandswort.

Die meisten Umstandswörter können ganz allein für sich im Satz herumstehen, auch allein am Satzanfang (Vorfeld). In der Regel aber stehen sie vor einem zweiten (oder auch drittem) Umstandswort, oder einem Eigenschaftswort, oder eben vor einem Verb.

Ein Umstandswort wird immer kleingeschrieben. Nur wenn es am Satzanfang steht, wird es auch großgeschrieben.

Einige Umstandswörter können gesteigert werden. Sie vergrößern dann etwas, sie erhöhen, verstärken oder intensivieren dann etwas.

Häufig findest du Migranten. Dann ist das wie ein Adverb funktionierende Wort von einem Hauptwort oder von einem Verhältniswort oder von einem Eigenschaftswort abgeleitet oder es ist das Partizip/Verlaufsform von einem Verb.

Du setzt Umstandswörter ein, um ein einzelnes Wort zu bewerten, oder ein Satzteil, oder einen Teilsatz, oder einen Aussagesatz, eine Frage, Anweisung, Aufforderung, Bitte.

Umstandswort modifiziert/konkretisiert Umstandswort: z.B. [schnell = 54x] + [Umstandswort]

IT-Grundschutz-Kompendium

> Auch nehmen sie die Meldungen möglicherweise nicht **schnell genug** wahr (1H), da zu viele Alarme generiert werden (2NV).

{Patch – Zwei kleine Wörter [schnell = 54x] und [genug = 10x] gibt es, die
einen Umstand nennen. Zunächst [schnell], wobei die Geschwindigkeit
gemessen und in Relation zu einer Handlung gesetzt werden müsste.
Praktisch ist das in der IT oder auch der TI ausgeschlossen. Die
angesprochene Relation zu einer Handlung verbirgt sich in dem zweiten
Umstandswort [genug]. Sie ist ungenau. Warum diese Vagheit? Das liefert der
folgende, nebengeordnete kausale Teilsatz: es werden zu viele Alarme
ausgelöst. Mit anderen Worten, die Phrase „schnell genug" ist falsch. Mein
Vorschlag: *Ab und an werden zu viele Alarme ausgelöst, weswegen du den
einen oder anderen übersehen könntest. Überlege dir, wie du das verhindern
kannst...*\}

Umstandswort modifiziert/konkretisiert Eigenschaftswort: z.B. [sehr =
111x] + [Eigenschaftswort]

<u>IT-Grundschutz-Kompendium</u>

> Bei der Einbindung in die Domäne und bei der Vernetzung mit
> anderen IT-Systemen und Diensten gibt es **sehr** viele Spielräume
> (A).

{Patch – Welcher Gedanke motiviert die Steigerung des Eigenschaftswortes
[viele = 214x als Eigenschaftswort/Adjektiv]? In dem Aussagesatz geht es um
[Einbindung, die = 35x] und um [Vernetzung, die = 6x]. Beides sind
Handlungen/Vorgänge, mit denen nicht leichtfertig umgegangen werden darf.
Denn dieses könnte das Kompositum [Spiel + Räume, die = 2x] nahelegen.
Statt dessen wäre es geschickter, von [Gestaltung(s) + Möglichkeiten, die =
UNGENUTZT] zu sprechen. So wäre es leichter, auf das überflüssige
Umstandswort zu verzichten: *... gibt es viele Möglichkeiten der Gestaltung ...*\}

Umstandswort modifiziert/konkretisiert Verb/Prädikat: z.B. [stets = 110x]
+ [Verb]

<u>IT-Grundschutz-Kompendium</u>

> Der Informationssicherheitsbeauftragte (ISB) ist bei strategischen
> Entscheidungen **stets** einzubeziehen (A).

{Patch – Hier lächelt dich ein blitzsauberes Passiv an: [ist...einzubeziehen].
Weil das so klar ist, funktioniert es wie eine verbindliche Anweisung, wie ein
abgeflachter Befehl. [Anweisungen, die = 15x] und [Befehlen, die = 17x]
innewohnend ist, sie müssen immer dann ausgeführt werden, wenn es um
[strategische Entscheidungen] geht. Du brauchst also kein Umstandswort

[stets], um die Verbindlichkeit herzustellen. Achtung, dieser Satz wird für den IT-Grundschutz 72-mal kopiert!...\}

Umstandswort modifiziert/konkretisiert Hauptwort: z.B. [mehr = 233x] + [Hauptwort]

<u>IT-Grundschutz-Kompendium</u>

> 01. Auch wenn Standardgruppen genutzt und ihre Rechte an eigene Gruppen delegiert werden (1NV), etwa bei der Delegation von „Account Operators" an Helpdesk-Mitarbeiter (2EL), werden in der Regel **mehr** Rechte gewährt als tatsächlich benötigt werden (3H).
>
> APP.2.2: Active Directory; 2.5 Unzureichende Überwachung und Dokumentation von delegierten Rechten; S. 380/900

{Patch – Eindeutige Angelegenheit, tatsächlich benötigt werden – sagen wir – 10 Rechte, [gewährt] werden dann 100 Rechte. Das ist erkennbar [mehr]...\}

> 02. Wenn anonyme Zugriffe zugelassen werden (1NV), sind außerdem DoS-Attacken auf den Verzeichnisdienst leichter durchzuführen (2H), da Angreifer **mehr** Zugriffsmöglichkeiten haben (3NV), die nur schlecht kontrollierbar sind (4NR).
>
> APP.2.1: Allgemeiner Verzeichnisdienst; 2.7 Kompromittierung von Verzeichnisdiensten durch unbefugten Zugriff; S. 373/900

{Patch – In dem mehrteiligen Satz ist das Thema die so genannten Denial-of-Service-Attacken. Es werden hunderttausende Anfragen auf einen einzelnen, einsamen Server abgeschossen. Welche Chancen hat der Server? Keine, er stellt sich tot. Das ist möglich, wenn anonyme [Zugriffe, die = 262x] erlaubt sind (1NV), was auch immer dieses „anonym" konkret bedeutet. Weil es diese [Anonymität, die = UNGENUTZT] gibt, sollen [Angreifer, die = Top-25] statt 10 Möglichkeiten eines erfolgreichen Angriffs auf unseren armen Server – was bereits viel ist – statt 10 Möglichkeiten nun 100 Möglichkeiten. Ist das wirklich so, fragst du dich und ich sehe dich ratlos an...\}

Umstandswort modifiziert/konkretisiert Teilsatz: z.B. [möglich = 214x] + [Teilsatz]

<u>IT-Grundschutz-Kompendium</u>

Es SOLLTE **möglich** sein (1H), automatisch in den Datenstrom einzugreifen (2NI), um einen möglichen Sicherheitsvorfall zu unterbinden (3NV).

> DER.1: Detektion von sicherheitsrelevanten Ereignissen; INF.11.A7 Sachgerechter Umgang mit Fahrzeugen und schützenswerten Informationen; S. 858/900

{Patch – [SOLLTEN] = Anregung, unverbindliche Empfehlung, so und so zu handeln – siehe Modalverben.

Das eingesetzte Umstandswort modifiziert das, was sein sollte, was gewünscht oder erhofft wird. Auch [automatisch = 67x] wird als Umstandswort genutzt, und modifiziert ebenfalls den Teilsatz Nr.2. Dieser muss jedoch ins Passiv gebracht werden, da bei einer Automatik keine Person aktiv wird: {dass\} *automatisch in den Datenstrom eingegriffen wird.* Herausnehmen kannst du dann das Eigenschaftswort/Adjektiv [möglichen] und eleganter und klarer wäre dann die Konstruktion *einen Sicherheitsvorfall zu verhindern...\}*

Umstandswort modifiziert/konkretisiert Aussagesatz/ganzen Satz: z.B. [sicher = 170x] + [Aussagesatz]

<u>IT-Grundschutz-Kompendium</u>

> Die Ladung der Fahrzeuge SOLLTE **sicher** verstaut werden (A).
>> INF.11: Allgemeines Fahrzeug; DER.1.A17 Automatische Reaktion auf sicherheitsrelevante Ereignisse; S. 304/900

{Patch - [SOLLTEN] = Anregung, unverbindliche Empfehlung, so und so zu handeln – siehe Modalverben.

Die Bedeutungen für [sicher] sind: a) nicht von Gefahr bedroht, ungefährdet; b) zuverlässig, verlässlich; c) ohne Zweifel, gewiss; d) selbstbewusst, selbstsicher. Welche Bedeutung eignet sich nun, um die Aussage des Satzes zu konkretisieren. Deine Antwort: Keine (!) Bedeutung eignet sich. Bravo, das ist richtig. Empfohlen werden soll nämlich, dass die [Ladung, die = 1x] *gesichert* ist, abgeleitet von dem Verb „etwas/jemanden z.B. im Berg sichern“. Du bleibst bei der Wortart Umstandswort, nun jedoch mit dem Partizip/Verlaufsform *gesichert.* Schon funktioniert die Aussage perfekt...\}

~ Top-5 Umstandswörter/Adverbien - Grammatik

Rang	Umstandswort/ Adverb	Häufigkeit	Umstands- wort	Eigenschafts- wort
01.	nicht	1.905	ja	---
02.	auch	1.301	ja	---
03.	nur	607	ja	---
04.	so	456	ja	---
05.	grundsätzlich	405	ja	möglich

Nr. 1: [nicht = 1.905x] - Dient zur Verneinung eines Wortes oder eines ganzen Satzes; stellt ein Geschehen, einen Zustand in Abrede

<u>IT-Grundschutz-Kompendium</u>

> 01. Mehrere wesentliche Funktionen bzw. Rollen SOLLTEN **NICHT** durch einen einzigen Server erfüllt {werden\} (1H), sondern {sie sollten\} geeignet aufgeteilt werden (2H).

{Patch – [SOLLTEN NICHT] = steht für das Zurückhalten, Abraten, Bremsen, Verleiden, so und so zu handeln – siehe Modalverben.

Mit satt erfahrenem Blick erkennst du, dass das Verb [erfüllen] sich nicht eignet, und so das Bremsen ebenfalls in den Straßengraben rauscht. [Funktionen, die = Top-25] werden *auf* einem [Server, der = Top-25] ausgeführt. Wie das mit den [Rollen, die = 307x] ist, keine Ahnung, sachbezogen bleiben und deswegen raus aus dem Satz. Statt von [wesentlichen = 54x] Funktionen zu sprechen, eher von zentralen Funktionen sprechen. Diese dann möglicherweise auf mehrere Server verteilen – wenn das technisch möglich ist und getrennt werden kann. Das lenkt deinen Blick auf den Teilsatz Nr. 2 (2H). Eine Aufteilung wäre bereits vorbereitet, und um es hervorzuheben, könnte das [MAY], das Optionale, die Alternativen, wie du handeln könntest, angesprochen werden. Nur gibt es das nicht für den IT-Grundschutz...\}

> 02. Alle **nicht** benötigten Dienste und Anwendungen MÜSSEN deaktiviert oder deinstalliert werden, vor allem Netzdienste (A).

{Patch - [MUSS/MÜSSEN] = Notwendigkeit, Pflicht, so und keinesfalls anders zu handeln – siehe Modalverben.

Du bist in der Pflicht, etwas zu de-aktivieren. Und du musst etwas de-installieren, du hast die Pflicht, etwas rückgängig zu machen, was du wahrscheinlich nicht verursacht hast. Wie ist deine Strategie, hast du Erfahrungen mit diesen Aktivitäten? Würde es dir helfen, wäre deine Pflicht, etwas zu *löschen*. Denn das ist dir möglicherweise besser vertraut. Verneint wird in diesem Satz das Eigenschaftswort/Adjektiv [benötigte = 119x]. Erfasst werden alle [Dienste, die = Top-25], die diese Eigenschaft haben. Erfasst werden alle [Anwendungen, die = Top-25], die ebenfalls diese Eigenschaft haben, nicht benötigte zu sein. Woher aber sollst du wissen, welches die benötigten Dienste/Anwendungen sind? Das ist äußerst kompliziert, auch wenn dieser Satz zu dem scheinbar anspruchslosen Thema „Allgemeiner Server" gehört. Ich würde nicht auf diesem Satz herumreiten, wenn da nicht die Pflicht, die Notwendigkeit durch das [MÜSSEN] hineingrätschen würde...\}

> 03. Sicherheitskritische Standardeinstellungen, selbst konfigurierte sicherheitskritische Einstellungen oder fehlerhafte Konfigurationen können dazu führen (1H), dass ein DNS-Server **nicht** ordnungsgemäß funktioniert (2NI).

{Patch – Bemerkenswert, der durch unser Umstandswort [nicht] „in Abrede", also ausgesetzte und gelöschte Zustand wird für den IT-Grundschutz in einen

Nebensatz (2NI) verfrachtet. Allerdings läuft ohne einen funktionierenden [DNS-Server, der = 168x] das Netzwerk nicht. Merkwürdig ist auch die Aufzählung im Hauptsatz (1H), denn du solltest unterstellen dürfen, dass [Standard + Einstellungen, die = 10x] in keinem Fall zu einem Verweigern eines Servers führen sollten. Verneint wird durch das Umstandswort [nicht] das folgende, als Umstandswort eingesetzte [ordnungsgemäß = 19x]...\}

Nr. 2: [auch = 1.301x] - Bezeichnet das Hinzufügen, Dazukommen; a) gleichfalls, ebenso, b) fügt ein Zusätzliches an Vorhergenanntes: außerdem

<u>IT-Grundschutz-Kompendium</u>

> 01. Beim Dateitransfer zwischen Unix-Servern, Windows-Servern und Clients werden oftmals Protokolle ohne umfangreiche Sicherheitseigenschaften eingesetzt (1H), sodass sowohl Authentisierungs- als **auch** Nutzerdaten für Dritte zugänglich sind und von Unberechtigten missbraucht werden könnten (2NI).

APP.3.4: Samba; 2.1 Abhören ungeschützter
Kommunikationsverbindungen von Samba; S. 415/900

{Patch – Einfache Sache, den [Authentisierung(s) + Daten, die = 6x] werden mit dem Umstandswort [auch] die [Nutzer + Daten, die = 4x] gleichberechtigt zugeordnet. Kleine Schwäche der Konstruktion, den Unterschied zwischen den beiden zu verstehen. Geeigneter wäre deswegen der Austausch der [Daten] durch das Wort [Angaben, die = 19x]...\}

> 02. **Auch** wenn solche SAP-Empfehlungen ignoriert werden (1NV), welche die Kommunikation oder den Schnittstellenbetrieb mittels RFC und Webservices schützen (2NR), können Schwachstellen auftreten (3H).

APP.4.2: SAP-ERP-System; 2.1 Fehlende Berücksichtigung der
Sicherheitsempfehlungen von SAP; S. 429/900

{Patch – Komplizierte Sache, diese Einleitung des Teilsatzes Nr. 1 (1NV) mit dem [auch wenn]. Entweder wird ein Grund geliefert oder eine Bedingung. Das zu entscheiden hilft allerdings der gesamten Satzkonstruktion nicht auf die Beine. Im Hauptsatz (3H) wird die Möglichkeit von [Schwachstellen, die = 267x] angesprochen. Obwohl in (1NV) bereits von dem [Ignorieren, das = UNGENUTZT] bestimmter Empfehlungen des Herstellers gesprochen wird. Das passt nicht zueinander. Sinnvoller würde das Einhalten der Empfehlungen des Herstellers sein, und trotzdem tauchen [Schwachstellen] auf. Vielleicht ist das genau so gemeint, du kannst niemanden fragen...\}

> 03. Probleme können außerdem dadurch entstehen (1H), dass bestimmte Benutzerrechte oder **auch** die Ausstattung mit bestimmter Hard- oder Software als Statussymbol gesehen werden (2NI).

ORP.2: Personal; 2.8 Fehlende Akzeptanz von
Informationssicherheitsvorgaben. S. 119/900

{Patch – Einfache Sache, selbst wenn die Sache etwas schräg ist. Genannt werden [Benutzer + Rechte, die = 6x]. Von diesen wird angenommen, dass sie nicht entsprechend der Aufgaben und ihrer Bewältigung vorgegeben werden, sondern dass sie Privilegien sind. Das entspricht nicht der IT-Realität. Außerdem werden [Benutzer + Rechte] kaum im Internet veröffentlicht, höchstens nach einer erfolgreichen Angriff von Bösewichtern. Ähnlich verhält es sich mit der Software, denn du sollst ja mit dieser arbeiten und deine Jobs zügig erledigen. Nun jedoch das, was ebenfalls mit unserem Umstandswort [auch] ergänzt wird: die Hardware. Die kann, weil sie offensichtlich physisch vorhanden ist und jede und jeder ohnehin die volle Ahnung von der Symbolhaftigkeit einer Kiste hat, die Hardware kann tatsächlich Anerkennung und Preise auf dem Markt der Eitelkeiten gewinnen. Das dürfte nicht zu echten, ernst zu nehmenden [Problemen, die = 75x] führen, eher zu einer der 7 Todsünden, dem Neid und was ihm folgt...\}

Nr. 3: [nur = 607x] - Bedeutet a) schließt andere(s) aus: nicht mehr als, nichts anderes als, nichts weiter als, niemand anders als, niemand weiter als; b) schränkt die Aussage des vorhergehenden Hauptsatzes ein; c) dient meist der Verstärkung und oft der Satzbelebung; ohne eigentliche Bedeutung.

<u>IT-Grundschutz-Kompendium</u>

> 01. Benutzerkennungen und Berechtigungen DÜRFEN **NUR** aufgrund des tatsächlichen Bedarfs und der Notwendigkeit zur Aufgabenerfüllung vergeben werden (Prinzip der geringsten Berechtigungen, engl. Least Privileges und Erforderlichkeitsprinzip, engl. Need-to-know) (A).
>
> ORP.4: Identitäts- und Berechtigungsmanagement; ORP.4.A2
> Einrichtung, Änderung und Entzug von Berechtigungen; S. 124/900

{Patch – [DÜRFEN NUR] = Notwendigkeit, Pflicht, so und keinesfalls anders zu handeln – siehe Modalverben.

Mit der [Benutzer + Kennung, die = 27x] sind vermutlich die Angaben gemeint, die zu einem Menschen gehören und diesen identifizieren. Mit [Berechtigung, die = 186x] sind die Rechte gemeint, die der Mensch bekommen muss, um seine Aufgaben zu erledigen. Eigentlich alles eindeutig und nachvollziehbar. Jedoch geht es in diesem Satz um die Pflicht, wie welche Inhalte zu vergeben sind. Oder geht es um die Pflicht, nach welchen Kriterien zu handeln ist. Was weiß ich. Die Herausforderung liegt in den beiden englischen Ausdrücken [Least Privileges] und [Need-to-know]. [Least] könntest du in dem Zusammenhang übersetzen mit „minimale" Rechte oder Rechte mit minimaler Reichweite. Diese sind gerade ausreichend, könntest du [Need-to-know] übersetzen, um die Aufgaben zu erledigen.

Der [Bedarf, der = 51x] eignet sich nicht, um die minimalen Rechte zu beschreiben, denn das ist nicht die Perspektive, ausgehend von dem System. Auch die [Notwendigkeit, die = 4x] kann nicht gemeint sein. Was für die Erfüllung der Aufgaben erforderlich ist an Rechten, das trifft es eher. Auf

diesem rumpeligen Weg entwickelt sich der Satz zu einer einzigen
Schwachstelle...\}

> 02. Falls der Webbrowser eine eigene Liste von vertrauenswürdigen
> Wurzelzertifikaten bereitstellt (1NV), MUSS sichergestellt werden
> (2H), dass **nur** Administratoren diese ändern können (3NI).
>
> APP.1.2 Webbrowser; APP.1.2.A3 Verwendung von vertrauenswürdigen
> Zertifikaten; S. 359/900

{Patch - [MUSS/MÜSSEN] = Notwendigkeit, Pflicht, so und keinesfalls anders
zu handeln – siehe Modalverben.

Die Pflicht oder Notwendigkeit beziehen sich auf das [Sicherstellen, das = 1x,
Rarität], und nicht, wie du vielleicht annimmst, auf die [Administration, die =
222x]. Mit anderen Worten, die Notwendigkeit verpufft. Wie wäre es so: ...
DÜRFEN NUR Administratoren (w/m/d) diese ändern oder anpassen – das ist
dann eine saubere Anweisung...\}

Nr. 4: [so = 456x] - Kann sein a) weist auf eine durch Kontext oder Situation
näher bestimmte Art, Weise eines Vorgangs, Zustands hin ; b) bezeichnet
einen durch Kontext oder Situation näher bestimmten (hohen) Grad, ein durch
Kontext oder Situation näher bestimmtes (hohes) Maß oder einen (sehr)
hohen Grad, ein (sehr) hohes Maß; c) verweist auf eine vorher genannte oder
eine sich aus der Situation ergebende Sache oder Person von bestimmter
Beschaffenheit; d) Grammatik: adverbiell bzw. im Übergang zur Konjunktion,
fasst etwas Vorhergegangenes zusammen, weist darauf zurück und stellt so
den Anschluss her.

<u>IT-Grundschutz-Kompendium</u>

> 01. Wird der Resolving DNS-Server nach einer manipulierten
> Adresse gefragt (1H), **so** wird er erst dann wieder einen anderen
> DNS-Server anfragen (2H), wenn die Haltbarkeit abgelaufen ist
> (3NV).
>
> APP.3.6: DNS-Server; 2.6 DNS-Manipulation; s. 422/900

{Patch – Du musst nachdenken, um die Aussage dieses mehrteiligen Satzes
zu erfassen. Springen wir an den Anfang des Teilsatzes Nr. 2 (2H), denn dort
findest du als Einleitung oder Überleitung das Umstandswort [so]. Du könntest
zu Recht annehmen, dass die Bedeutung c) aktiviert werden soll. Es geht um
eine [manipulierte = 27x als Eigenschaftswort] gleich „etw. durch
Machenschaften zu seinen Gunsten lenken" Adresse, eine manipulierte ID.
Die [Manipulation, die = 203x] wird übersehen und fliegt möglicherweise erst
auf, wenn die zeitliche [Gültigkeit, die = 7x] abläuft. Das ist eine verdammt
gefährliche Geschichte, denn niemand erfährt, was alles über die Adresse
abgefragt wird oder über diese in ein [Netzwerk, das = 2x] oder in ein weit
verzweigendes [Netz, das = Top-25] eingebracht wird. „So" in etwa würde ich
die Aussage des Satzes deuten...\}

02. Alle Kriterien (1Ha), die als Bezeichnung für diese Verbindung dienen (2NR), SOLLTEN **so** abgesichert sein (1Hb), dass sie nur von berechtigten Personen und Verwaltungs-Diensten verändert werden können (3NI).

APP.4.4 Kubernetes; APP.4.4.A18 Verwendung von Mikro-
Segmentierung; S. 450/900

{Patch - [SOLLTEN] = Anregung, unverbindliche Empfehlung, so und so zu handeln – siehe Modalverben.

Nun wird das [so] in Verbindung mit dem Modalverb genutzt, um eine Sache anzukündigen. Es geht um die [Kriterien, die = 25x], sie können durch [berechtigte Personen] verändert werden. Zum anderen könnten auch [Verwaltung(s) + Dienste, die = 1x] Änderungen vornehmen an den Kriterien. „So" steht das da. Wann, wie und mit welchen [Berechtigungen, die = 186x] diese [Dienste, die = Top-25] das können sollen: oh welch ein wolkenverhangener Teilsatz Nr. 3 (3NI)...\}

Nr. 5: [grundsätzlich = 405x] - Bedeutet auf Grundsätzen beruhend, prinzipiell. Ein Umstand wird ca. 15-mal häufiger beschrieben, als eine Eigenschaft/Adjektiv [grundsätzliche = 28x].

<u>IT-Grundschutz-Kompendium</u>

01. Darin SOLLTE geregelt sein (1H), wer **grundsätzlich** informiert werden muss (2NR) {,\} und wer informiert werden darf (3NR), durch wen dies in welcher Reihenfolge erfolgt (4NR) {,\} und in welcher Tiefe informiert wird (5NR).

DER.2.1: Behandlung von Sicherheitsvorfällen; DER.2.1.A9
Festlegung von Meldewegen für Sicherheitsvorfälle; S. 310/900

{Patch - [SOLLTEN] = Anregung, unverbindliche Empfehlung, so und so zu handeln – siehe Modalverben.

Ich nenne das [fahrlässig = 1x], wie mit Modalverben gearbeitet wird. Warum fahrlässig? Sieh dir die Erklärung des Umstandswortes/Adverbs [grundsätzlich] genau an: Es geht um etwas, was unverrückbar ist, also prinzipiell ist. Also: *Darin MUSS geregelt sein, wer grundsätzlich informiert wird, durch wen sie oder er informiert wird und in welchem Umfang.*

[Umfang, der = 33x] deswegen, weil es ja um Inhalte geht. Zack, so steht der Satz wie eine Eins!

Du könntest weitere [Personen, die = 207x] ergänzen, die noch zu informieren sind. Das ändert jedoch nichts an der Grundsätzlichkeit...\}

02. Dabei muss **grundsätzlich** zwischen der elektrotechnischen Verkabelung und der IT-Verkabelung unterschieden werden (A).

INF.12: Verkabelung; 1.1 Einleitung, S. 861/900

{Patch – Ganz einfach, das gesuchte Umstandswort/Adverb [grundsätzlich] ist überflüssig und kann weg...\}

---

03. Im Gegensatz zu internen Mitarbeitern kann bei Besuchern **grundsätzlich** nicht vorausgesetzt werden (1H), dass sie mit den ihnen zugänglichen Informationen und der Informationstechnik entsprechend den Vorgaben der besuchten Institution umgehen (2NI), vor allem (3EL), da sie diese Vorgaben in der Regel nicht kennen (4NV).

INF.10: Besprechungs-, Veranstaltungs- und Schulungsräume; 2.3
Gefährdung durch Besucher; S. 848/900

{Patch - Welchen Sinn hat die Verwendung des Umstandswortes [grundsätzlich] in diesem überschaubaren Aussagesatz? Oder die Frage für die technischen Enthusiasten: Welche Funktion hat [grundsätzlich] hier? Die Antwort: keine. Sieht aber überwältigend aus, effektvoll, mega...\}

* * * * *

System-Nachricht eHealth (TI) [Sys-38] – SMC-B (wurde gelöscht)

Derzeit kann es zu Einschränkungen bei der Nutzung von SMC-B (Security Module Card Typ B - Institutionskarte, Praxiskarte) und bei der Nutzung von Heilberufsausweisen (HBA) des Kartenherausgebers SHC kommen. Dadurch sind u. a. unmittelbare Auswirkungen auf die Nutzung der Anwendungen,die mit einer SMC-B bzw. HBA durchgeführt werden, z.B. elektronische Arbeitsunfähigkeitsbescheinigung (eAU) und E-Rezept (betrifft die Ausstellung neuer Rezepte), möglich.

Weitere Informationen folgen zeitnah nach neuem Kenntnisstand.

Letzte Aktualisierung 02.09.2023 14:15 Uhr

{Patch – Die System-Nachricht Nr. 38 weist Besonderheit auf. Erstens, sie wurde aus dem Archiv aller Gematik-Meldungen ohne Ankündigung und kommentarlos gelöscht. Festgestellt habe ich dieses am 14. November 2024. Doch, ich forsche schon länger zu diesem Thema der Meldungen.

Aus welchem Grund wurde sie gelöscht? Warum gibt es keine Hinweise? Wieso sollst du diese Nachricht vergessen, wieso soll es sie niemals gegeben haben?

Zweitens, der 2. September 2023 ist ein Samstag. Samstagnachmittag. Die meisten medizinischen [Einrichtungen, die = 6x] sind im Wochenende. Nur in den Notdiensten landauf landab versucht das medizinische Personal , Wartezeiten von 3 Stunden in die Nähe von 2 Stunden zu bringen. Vergeblich.

Genau in diesem Moment ist keine SMC-B Nutzung möglich. Wartezeiten werden digital nach oben befördert, das hat auch etwas.

Drittens, dieser Kartenherausgeber [SHC], bitte um Nachsicht, den kenne ich nicht. Deswegen Recherche, niemals bei Google! Dessen [Algorithmus, der = 19x] wurde auf drohende Anweisung von Trump gerade geändert: Ausradiert wird der „Golf von Mexiko", nun „Golf von America". Geht es noch?!

Nun Bing von Microsoft. Kurzer Check, ja „Golf von Mexico".Als nächstes [SHC]. Ausgegeben wird [SHC+Care]. Warum wird das in der Meldung nicht gesagt?

Ihr vertrauensvoller Partner im Gesundheitswesen.

https://shc-care.de/uber-uns/

So ein Schrott. [Vertrauen(s) + voll = 1x]. Zauberhaft, der [Partner, der = 22x] scheint sich die Eigenschaft [vertrauensvoll] selbst gegeben zu haben. Um dich zu locken! Gemeint ist wahrscheinlich [vertrauen(s) + würdig = 74x Eigenschaftswort, 11x Umstanswort], wie sie später und an anderer Stelle selbst einsehen.

Die Produkte: [Institution(s) + Ausweis, der = UNGENUTZT] oder eben SMC-B. Du stolperst wieder einmal über diese [Institution, die = Top-25].

Dann der Heilberufsausweis (eHBA).

Dann ein beinah eidesstattliche Versicherung. Das ist: Unterstützung bei der Anbindung.

Dann [Cyber + Security, die = UNGENUTZT]. Es stellt sich heraus, dass es sich um eine Lizenz für My Cybe Risk handelt, also „mein Risiko im Cyberraum". Ist das so gemeint? Und gehört die Telematik-Infrastruktur dazu?

Jedenfalls betritt ein weiterer Dienstleister die Szene, es handelt sich um CIMA Beratung + Management GmbH, München. Das Tool „MyCyberRisk überwacht die website-basierten Systeme eines Unternehmens, erkennt bestehende Cyber-Risiken und Schwachstellen und bewertet diese, um ein Gesamtbild der Cyber Security Hygiene eines Unternehmens zu produzieren."

Ich bin mir relativ sicher, dass weder die Gematik noch das BSI hier irgendetwas geprüft hat – aber der Zugang zur TI für die CIMA könnte möglich werden...\}

* * * * *

[Unternehmen(s) + Einsatz, der = 1x]; Rarität. Das ist befremdend [–]. Seit wann werden [Unternehmen, das = 64x] im Roulette oder beim Pokern als Einsatz genutzt. Obgleich, gelegentlich kannst du schon den Verdacht bekommen, Unternehmen werden regelrecht verzockt. Oder etwa nicht?

[Ursprung(s) + System, das = 2x]; Rarität. Das ist gruselig [–]. Der [Anfang, der = 2x] aller [Anfänge], das könnte ein Ursprung sein. Ein Ursprung von was? Sicherlich von keinem System.

* * * * *

V wie [Virtualisierung, die = 29x] im IT-Grundschutz – [Virtualisierung] wird 2-mal modifiziert für die digitale Sicherheit

Das kann bedeuten a) in die virtuelle, nicht körperliche Welt übernehmen, dort stattfinden lassen, und b) EDV: simuliert stattfinden (lassen) – (www.wiktionary.org). Es handelt sich um die Substantivierung des Verbs „virtualisieren".

IT-Grundschutz-Kompendium

> Bei der Virtualisierung von IT-Systemen werden ein oder mehrere virtuelle IT-Systeme auf einem physischen IT-System ausgeführt (A).

SYS.1.5 Virtualisierung; 1.1. Einleitung, S. 515/900

{Patch – Das kannst du dir jetzt überlegen: Entweder du stammelst etwas von IT-Systemen, die eine [virtuelle = 123x] Eigenschaft haben. Oder du entscheidest dich dafür, von einem Umstand zu sprechen, der eben [virtuell = UNGENUTZT] ist. Ich bin für den Umstand, weil so die Abgrenzung zu den körperlich vorhandenen IT-Systemen besser erkennbar wird...\}

* * * * *

~ Verb/Prädikat - Grammatik

Verb, aus gleichbedeutend verbum (lat), eigentlich 'Wort, Ausdruck, (zusammenhängende) Rede, (Sinn-)Spruch' (www.dwds.de).

Das Verb ist das Zeitwort, weil es angibt, welche Zeit in dem Aussagesatz oder einem der Teilsätze für Aussagen gelten soll. Technische Inhalte werden üblicherweise in der Gegenwart/im Präsens formuliert. Eine Besonderheit im Deutschen, das Präsens kann ebenfalls die Zukunft/das Futur ausdrücken.

IT-Grundschutz-Kompendium

> 01. Angreifer versuchen häufig (1H), auf Funktionen oder Daten von Webanwendungen zuzugreifen (2NI), die nur für eine eingeschränkte Benutzergruppe verfügbar sind (3NR).

CON.10 Entwicklung von Webanwendungen, 2.1. Umgehung der Autorisierung bei Webanwendungen: S. 187/900

{Patch – Das Verb im Hauptsatz (1H) ist [versuchen = 28x], mit dem Präsens wird ausgedrückt, dass das eben immer so mit [Angreifenden, die = UNGENUTZT] ist. Durch das folgende Umstandswort/Adverb [häufig = 200x] wird das verstärkt, könnte aber gleichzeitig auch als Zukunft/als Futur verstanden werden. Das Außergewöhnliche, was mit diesem mehrteiligen Satz hervorgehoben werden soll, scheint mir erst durch den Einbau des

Adverbs/Umstandswortes [auch = Top-10 Umstandswort] wirklich gegeben zu sein: Angreifer versuchen, {auch\} auf Funktionen oder Daten von Webanwendungen zuzugreifen, die nur...\}

Willst du von tatsächlichen [Zwischen + Fällen, die = 1x] bei der IT-Sicherheit, von [Sicherheit(s) + Pannen, die = UNGENUTZT], den so genannten [Sicherheit(s) + Vorfällen, die = 209x] berichten und auf diese aufmerksam machen, reicht die einfache Vergangenheit, das Imperfekt:

> 02. Das Schadprogramm W32/Klez verbreitete sich in verschiedenen Varianten (1-A). Befallene Computer schickten den Virus an alle Empfänger im E-Mail-Adressbuch des Computers (2-A). Hatte dieser Virus einen Computer befallen (3-1H), verhinderte er durch fortlaufende Manipulationen am Betriebssystem die Installation von Virenschutzprogrammen verbreiteter Hersteller (3-2H){,\} und erschwerte so die Desinfektion der befallenen Computer erheblich (3-3H).
>
> Elementare Gefährdungen; G 0.39 Schadprogramme; S. 83/900

{Patch – Das war damals eine tragische Geschichte, weil man so unerfahren gewesen ist, weil man ahnungslos war. Ja, da kam einiges zusammen. Das Erwachen und Aufstehen der Vergangenheit geschieht durch die einzelnen Verben:

1. sich [verbreiten = 14x]; bedeutet a) etw. allgemein, vielen bekanntmachen, ⟨etw. verbreitet sich⟩; b) etw. in einen bestimmten Umkreis, ein größeres Gebiet um sich gelangen lassen; wird im Imperfekt zu [verbreitete sich] (1-A).

2. [schicken = 6x]; bedeutet etw. an einen anderen Ort, zu jmdm. bringen oder befördern lassen, senden; wird im Imperfekt zu [schickte] (2-A).

3. [haben = 406x] wird im Imperfekt zu [hatte] (3-1H).

4. [verhindern = 69x]; bedeutet bewirken, dass etw. nicht geschieht, getan wird, das Eintreten eines Ereignisses unmöglich machen; wird im Imperfekt zu [verhinderte] (3-2H);

5. [erschweren = 24x]; bedeutet etw. (durch zusätzliche Hindernisse) schwierig machen; wird im Imperfekt zu [erschwerte].

Nun ist es an dir, du kannst überlegen, ob die genannten Bedeutungen angemessen sind, in der richtigen Form des Imperfekts sind sie...\}

Eine zweite wichtige Sache: Wenn du ein Verb in einen Aussagesatz oder Teilsatz einbaust, wird es eine Art Prozessor, ohne den kein Satz funktioniert. Die anderen Wortarten hängen eng mit dem Verb zusammen, das nun Prädikat genannt wird. Ist das Hauptwort/Substantiv Singular oder Plural – schwups – du musst die Endung des Verbs/Prädikats anpassen:

<u>IT-Grundschutz-Kompendium</u>

> 01. Der Angriff beruhte auf der Tatsache (1H), dass die benötigte Zeit für eine Multiplikation Rückschlüsse auf deren Operanden zulässt (2NI).

SYS.4.3: Eingebettete Systeme; 2.6 Seitenkanalangriffe auf eingebettete
Kryptosysteme; S. 649/900

{Patch – Es handelt sich um einen [Angriff, der = 210x], der in der Vergangenheit stattgefunden hatte. Und jetzt gleich die Mehrzahl der Angriffe..\}

> 02. **Die** Angriffe **beruhten** auf der Tatsache (1H), dass die benötigte Zeit für eine Multiplikation Rückschlüsse auf deren Operanden zulässt (2NI).

Auch die Umstandswörter/Adverbien funktionieren nur mittels einer engen Anbindung an den Prozessor, Pardon, an das Verb/Prädikat. Sie modifizieren die Aktionsart des Vers/Prädikats, also entweder eine Handlung, ein Vorgang oder ein Zustand:

<u>IT-Grundschutz-Kompendium</u>

> Ähnliche Probleme ergeben sich (1H), wenn die Anbindung zwischen Cloud-Diensteanbieter und -Kunde ausfällt (2NV){,\} oder wenn die genutzte Cloud-Computing-Plattform erfolgreich angegriffen wird (3NV).

OPS.2.2: Cloud-Nutzung, 2.12 Ausfall der IT-Systeme eines Cloud-
Diensteanbieters; S. 282/900

{Patch – In dem Verb/Prädikat [angegriffen = 11x] steckt die Handlung. Sie hat funktioniert, deswegen wird das Umstandswort/Adverb [erfolgreich = 20x] vorangestellt...\}

Eine ***Anweisung***, ein ***Befehl***, ein ***Wunsch***, eine ***Frage*** – das sind alles Aktionen, die erst durch das entsprechende Verb/Prädikat zu einer Anweisung, einem Befehl, einem Wunsch oder eine Frage werden. (Zur Seite gesprochen: Das BSI hat sich zu einem sehr eigenwilligen Weg des Formulierens entschieden, sieh dir dazu den Abschnitt über die Modalverben an.)

Weiteres, welches du wissen solltest:

Du schreibst das Verb/Prädikat immer klein. Nur wenn das Verb/Prädikat am Satzanfang steht, oder als Hauptwort/Substantiv gebraucht wird, dann wird es großgeschrieben.

Neben den so genannten Vollverben gibt es denn die Modalverben, sie können in einem Satz Vollverb sein oder sie modifizieren ein Vollverb.

Dann haben wir noch die so genannten Hilfsverben/auxilary verbs, das sind [ist, sind, sein und weitere Zeiten], [haben, hat, hatte, gehabt], und [werden,

wird, wurde, geworden und Derivate]. Auch diese können in einem Satz das
Vollverb sein oder sie modifizieren ein Vollverb etwa etwa für eine
Zeitschiene.

<u>IT-Grundschutz-Kompendium</u>

> Angreifer **können** aus unterschiedlichen Gründen heraus **versuchen**
> (1H), IT-Systeme, Zubehör und andere Datenträger zu **manipulieren**
> oder zu **zerstören** (2NI).
>
> INF.7: Büroarbeitsplatz; 2.4 Manipulation oder Zerstörung von IT,
> Zubehör, Informationen und Software im Büroraum; S. 828/900

{Patch – Wie praktisch, im Hauptsatz (1H) findest du ein Modalverb [können]
und ein Vollverb [versuchen = 28x] in der Grundform/Infinitiv. Den
Modalverben wird im IT-Grundschutz eine besondere Rolle zugeschrieben,
deswegen ein eigener Abschnitt – siehe [Modalverb, das]. Im uneingeleiteten
Nebensatz (NI) gibt es dann die beiden Verben [manipulieren = 111x] und
[zerstören = 27x], beide in der Grundform/Infinitiv, gut zu erkennen an dem
[zu]. Anscheinend wird im IT-Grundschutz häufiger manipuliert und seltener
zerstört, eine bemerkenswerte Gewichtung..\}

Stellung des Verb/Prädikates im Satz: In einem Hauptsatz oder einem
Aussagesatz steht das Verb/Prädikat an zweiter und an letzter Stelle. In
einem nebengeordneten Satz kommt es an das Satzende. Eine Besonderheit
in Sachen Stellung liefern die zusammengesetzten Verben wie [ausfallen], sie
werden im Satz getrennt:

<u>IT-Grundschutz-Kompendium</u>

> Durch Verschmutzungen **verschleißen** Geräte früher und **fallen**
> häufiger **aus** (A).
>
> INF.2 Rechenzentrum sowie Serverraum; 2.9. Verschmutzung; S. 807/900

{Patch – Das ist so eine Sache mit dem [Verschleiß, der = 2x]. Normalerweise
tritt dieser auf [=auftreten], wenn ein Geräte sehr viel genutzt wird. Deswegen
wäre der folgende Satz genauer: *Durch Verschmutzung fallen Geräte früher
und häufiger aus, also alles schön sauber halten...*\}

Aktiv/Passiv; Aktiv bedeutet, du übernimmst Verantwortung, du bist aktiv.
Wenn du fein raus sein willst, oder wenn du etwas nicht so deutlich machen
willst, dann könntest du das Passiv ins Spiel bringen.

Das Passiv bildest du mit dem Hilfsverb [**werden**] und der Verlaufsform
(Partizip) des Verbs. Das Standard-Passiv setzt du ein: Wenn du
verschweigen willst, wer oder was verantwortlich ist, oder wenn du es nicht
weißt, wer oder was verantwortlich ist. Soll trotzdem eine Person genannt
werden, dann kannst du das mithilfe eines Verhältniswortes/Präposition
umsetzen.

<u>IT-Grundschutz-Kompendium</u>

> Auch eine vorhandene Wärmedämmung **wird** mit der Zeit vom Frost **überwunden** (A).
>
> Elementare Gefährdungen; G 0.3 Wasser; S. 47/900

{Patch – Natürlich, der [Frost, der = 4x] ist der [Übeltäter, der = UNGENUTZT]. Aus welchen Gründen auch immer soll das nicht so deutlich gesagt werden, was ein Satz im Aktiv leisten würde: D*er Frost überwindet mit der Zeit auch eine vorhandene Wärmedämmung.* Wie er das macht, keine Ahnung. Wann er das macht, ebenfalls keine Ahnung...\}

Das **Sein-Passiv** kannst du einsetzen, wenn du einen Zustand oder ein Ergebnis nennen willst. Dieses Passiv bildest du mit dem Hilfsverb [**sein**] und der Verlaufsform (Partizip) des Verbs.

<u>IT-Grundschutz-Kompendium</u>

> Besonders wenn zentrale Einrichtungen der Gebäudeversorgung (Hauptverteiler für Strom, Telefon, Daten) in Kellerräumen ohne selbsttätige Entwässerung untergebracht sind (1NV), kann eindringendes Wasser sehr hohe Schäden verursachen (2H).
>
> Elementare Gefährdungen; G 0.3 Wasser; S. 47/900

{Patch – Die Verlaufsform/Partizip steckt in [untergebracht], das Verb/Prädikat ist [sind], so setzt sich das Zustands-Passiv zusammen. Allerdings scheint es nicht ohne Gerumpel abgehen zu können. Zunächst die Aufzählung, die in Klammern gesetzt wird: In welchem Zusammenhang stehen [Gebäude + Versorgung, die = 2x] und die allgegenwärtigen [Daten, die = Top-25]? Dann die Frage, was du dir unter einer „selbsttätigen Entwässerung" vorstellen sollst, mir fällt das jedenfalls mehr als schwer bis unmöglich. Und zum Schluss die mängelbehaftete Strategie: Die „selbsttätig Entwässerung" hat trotz der fehlenden Erklärbarkeit eine solche Relevanz, dass sie etwa als Relativ-Nebensatz gebracht werden sollte: *...in Kellerräumen untergebracht, die keine selbsttätige Entwässerung haben, kann...*\}

* * * * *

<u>System-Nachricht eHealth (TI) [Sys-39] - Einschränkung Kommunikation im Medizinwesen (KIM) - BITMARCK</u>

> Aktuell kann es zu Einschränkungen (Versand und Empfang von Nachrichten) bei der Nutzung des Dienstes Kommunikation im Medizinwesen (KIM) der BITMARCK Service GmbH kommen. Dies kann Anwendungen wie die elektronische Arbeitsunfähigkeitsbescheinigung (eAU) oder den elektronischen Arztbrief betreffen. Die Ursachenanalyse läuft. Weitere Informationen folgen zeitnah nach neuem Kenntnisstand.
>
> letzte Aktualisierung - 17.07.2024 11:00 Uhr

{Patch – Der 17.Juli 2024 ist ein Mittwoch. Praxen sind im Urlaub. Andere Praxen übernehmen Vertretungen. Das Gesundheitswesen (eHealth) scheint gedimmt zu sein. Ungeachtet dessen werden Menschen krank, verletzten sich, verunfallen, brauchen Behandlung, brauchen Operationen etc.

Plötzlich um 11:00 Uhr die Meldung einer [Einschränkung, die = 18x]. Das kann bedeuten

a) Kommunikation ist unmöglich aufzunehmen;

b) Kommunikation unterbrochen, nachdem aufgenommen;

c) Kommunikation verzerrt, gestört, instabil, dysfunktional, all so was eben.

Jedoch „eingeschränkt", was soll das sein und welche Folgen hat das für dich, du Eilige im Gesundheitswesen, du Rastloser zwischen den Behandlungsräumen? Große Frage!

Ein zweites Mal blickst du auf die Schlagzeile. Sagt sie dir wirklich [Einschränkung Kommunikation] oder sagt sie dir [Einschränkung KIM]. Dieses [KIM] ist nämlich eine [Software, die = Top-25], ist eine [Anwendung, die = Top-25] und keineswegs in der medizinischen Bedeutung, [KIM] ist ein [Dienst, der = Top-25]. Irgendetwas in der Art. Das ist abhängig von der Perspektive, die du Eilige, die du Rastloser, einnehmen willst oder kannst.

Theoretisch sind beide Versionen möglich und plausibel. Aufgelöst wird die Angelegenheit einige Augenblicke später, die du Eilige, die du Rastloser nicht haben. Das Akronym [KIM] wird mittels einem Gedankenstrich mit dem Namen eines [Dienstleisters, der = 280x], eines [Herstellers, der = 114x], eines Profiteurs, der = UNGENUTZT] verknüpft: BITMARCK.

Nicht verwandt mit BISMARCK, Otto von, jener Politiker, der die verzettelten deutschen Staaten zusammenführte und der den Sozialstaat in Gang brachte. Das hatte unmittelbar das „SGB V Sozialgesetzbuch Gesetzliche Krankenversicherung" zur Folge, dort findest du im Paragraph §15 den Absatz (6):

> Jeder Versicherte erhält die elektronische Gesundheitskarte bei der erstmaligen Ausgabe und bei Beginn der Versicherung bei einer Krankenkasse sowie bei jeder weiteren, nicht vom Versicherten verschuldeten erneuten Ausgabe gebührenfrei. Die Krankenkassen haben einem [Missbrauch, der = 88x] der Karten durch geeignete Maßnahmen entgegenzuwirken.

Zu diesen [Maßnahmen, die = 159x] gehören untrennbar all diese Systemnachrichten, diese Kommentare, gehört die Organisation und der Betrieb eines IT-Grundschutzes, gehört zwingend eine zuverlässige und verlässliche digitale [Sicherheit, die = 177x].

Also der Hersteller BITMARCK…

Nicht die Kommunikation, die das Medizinwesen nicht nur mit Nachrichten, sondern auch mit Blutwerten, Arbeitsunfähigkeitsbescheinigungen (eAU), Arztbriefen usw. versorgt, nicht die ist gestört. Gestört ist ein [Produkt, das =

168x], ein [Artikel, der = UNGENUTZT], eine [Komponente, die = Top-25], welche eine Praxis käuflich erwerben muss, um das nutzen zu können – ohne es zu besitzen. Gestört ist ein Produkt, für welches eine Praxis zusätzlich Lizenzgebühren bezahlen muss, auch wenn es nicht tut. Und die monatliche Wartungsgebühr für den Fall, dass da was ... gestört ist?

Wie zauberhaft, dass die angekündigte [Ursachen + Analyse, die = 1x; Rarität] für die betroffenen Käufer, Pardon, Praxen kostenfrei ist. Selbstverständlich können die Ergebnisse der Analyse zu einer neuen Version für [KIM] führen, die dann über eine leichte Erhöhung der Lizenzkosten oder Wartungsgebühr refinanziert wird.

Ein vollendetes und in sich geschlossenes System der versteckten Ertrags- und Gewinnmaximierung bis hin zu einer Erhöhung der Dividende. Und alles, weil sich eine Software, eine Anwendung, ein Dienst namens [KIM] weigert, [Arbeitsunfähigkeit(s) + Bescheinigung, die = UNGENUTZT] den Krankenkassen und Arbeitgebern zuzustellen...\}

* * * * *

[Verbindung(s) + Daten, die = 2x]; Rarität. Das sind Angaben, die du machen musst, um eine Verbindung herstellen zu können, etwa bei der Anmeldung an einem geschützten oder ungeschützten Hotspot. Das ist nachvollziehbar **[+]**.

* * * * *

~ Verbindungswort/Konjunktion - Grammatik

Verbindungswörter oder Konjunktionen wie [und, oder] werden immer kleingeschrieben. Stehen sie am Satzanfang, werden sie aber auch großgeschrieben.

Mit den Verbindungswörtern oder Konjunktionen schaffst du sichere, klare und eindeutige Verbindungen und Übergänge zu einem weiteren Teilsatz.

Im Bestand sind nebenordnende und unterordnende Verbindungswörter, für alle benötigten Verbindungen ein Verbindungswort, es liegt an dir.

Die nebenordnenden Verbindungswörter [= 11.919x] reihen Wörter, Satzteile, Teilsätze oder Sätze aneinander, der Bedarf scheint groß zu sein. Handelt es sich um eine Verbindung zwischen Teilsätzen, findest du das Prädikat/Verb an der zweiten Stelle. Sieh dir das in dem Abschnitt „~Satzglied" genauer an.

Die unterordnenden Verbindungswörter [3.439x] verbinden lediglich Teilsätze mit anderen Teilsätzen. In diesen wandert das Prädikat/Verb an das jeweilige Satzende oder Teilsatzende. Sieh dir das in den Abschnitten „Verhältnis-Nebensatz" und „Inhalts-Nebensatz" genauer an.

**~Top-7 der Verbindungswörter im IT-Grundschutz-Kompendium –
Grammatik**

Rang	Verbindungs-wort/ Konjunktion	Funktion/Aufgabe	Gebraucht im IT-Grundschutz
1.	und	nebenordnend	7.607x
2.	oder	nebenordnend	3.391x
3.	dass	Unterordnend / Inhalts-Teilsatz, nach Verben des Sagens, Meinens u.Ä.	1.248x
4.	sowie	nebenordnend	596x
5.	wenn	Unterordnend – Temporal oder konditional	548x
6.	um	Unterordnend - Final	470x
7.	ob	Unterordnend – Ankündigung: Ungewissheit, Zweifel	396x

[und = 7.607x] = a) du verbindest einzelne Wörter zu einem Satzglied; oder
b) du verbindest Sätze, Teilsätze, Satzteile.

<u>IT-Grundschutz-Kompendium</u>

> Die Institution MUSS die möglichen Auswirkungen des Verlustes
> bewerten (1H){,\} und {die Institution MUSS\} geeignete
> Gegenmaßnahmen ergreifen (2H).
>
> CON.6: Löschen und Vernichten; CON.7.A6 Zeitnahe Verlustmeldung; S.
> 167/900

{Patch – [MUSS/MÜSSEN] = Notwendigkeit, Pflicht, so und keinesfalls anders
zu handeln – siehe Modalverben.

Ich ergänze das Komma vor dem Verbindungswort, weil es zwei
Verben/Prädikate gibt. Sie sind in der Bedeutung sehr unterschiedlich:
[bewerten; 1H], [ergreifen; 2H]. Wegen dieser Unterschiedlichkeit musst du für
dich klären, ob es nicht konstruktiver für die Sache ist, auf das Nebeneinander
und auf das Verbindungswort [und] zu verzichten. Die Verbindung
überdenken **[ü]**...\}

[oder = 3.391x] = a) du nutzt dieses Verbindungswort, um Alternativen gegenüberzustellen, die eine Wahl zwischen ihnen zulassen; b) achte darauf, dass die Alternativen sich einander ausschließen.

<u>IT-Grundschutz-Kompendium</u>

> Werden diese Rechte falsch vergeben (1H), kann das gesamte Administrationskonzept in Frage gestellt (2H) oder {es kann\} unter Umständen sogar die Administration des Verzeichnissystems selbst blockiert werden (3H).

APP.2.1: Allgemeiner Verzeichnisdienst; 2.4 Fehlerhafte
Administration von Zugangs- und Zugriffsrechten; S. 372/900

{Patch – Sieh dir die Alternativen genauer an. Nr. 1: [Administration(s) + Konzept, das = 2x] wird infrage gestellt. Nr. 2: [Administration, die = 222x] des [Verzeichnis + Systems, das = 2x] wird blockiert. Beide Alternativen werden als Folge von falschen vergebenen [Rechten, die = 81x] gesehen. Deutlicher von falschen [Zugang(s) + Rechten, die = 4x].

Nach meinem Verständnis verhindern falsche Rechte einen Zugang vollständig. Wo kein Zugang, da keine [Administration], die Alternative Nr. 2, ist doch logisch. Die Alternative funktioniert nicht **[–]**.

[dass = 1.248x] = leitet einen Teilsatz (NI) ein, der Inhalte liefert, die durch ein Verb des Sagens, Meinens etc. angekündigt werden

<u>IT-Grundschutz-Kompendium</u>

> Mit externen Cloud-Diensteanbietern SOLLTE vertraglich vereinbart werden (1H), dass in geeigneter Weise überprüft wird (2NI), ob das eingesetzte Personal qualifiziert und vertrauenswürdig ist (3NV).

OPS.2.2: Cloud-Nutzung; OPS.2.2.A19 Sicherheitsüberprüfung von
Mitarbeitern; S. 285/900

{Patch – [SOLLTEN] = Anregung, unverbindliche Empfehlung, so und so zu handeln – siehe Modalverben.

Das ankündigende Verb ist [vereinbart werden]. Synonyme von [vereinbaren = 17x] sind [absprechen = UNGENUTZT], [aushandeln = 1x]. Angekündigt wird, deutlicher, eingefordert wird eine [Überprüfung, die = 47x]. Die Qualität der Überprüfung wird festgelegt mit „geeigneter" [Weise, die = 74x]. Und nun stehst du da, denn du fragst dich vollkommen zurecht, wie soll die [Sicherheit(s) + Überprüfung, die = 17x] eigentlich ablaufen? Das wird nicht gehen. Der mehrteilige Satz funktioniert grammatisch **[+]**, stürzt in der inhaltlichen Umsetzbarkeit komplett ab **[–]**.

[sowie = 596x] = du verknüpfst Wörter, Satzglieder, Teilsätze in einer Aufzählung.

<u>IT-Grundschutz-Kompendium</u>

> Darin MÜSSEN Zweck und Ziel der Richtlinie definiert sowie alle Aspekte der Behandlung von Sicherheitsvorfällen geregelt werden (A).

> DER.2.1: Behandlung von Sicherheitsvorfällen; DER.2.1.A2 Erstellung einer Richtlinie zur Behandlung von Sicherheitsvorfällen; S. 309/900

{Patch – [MUSS/MÜSSEN] = Notwendigkeit, Pflicht, so und keinesfalls anders zu handeln – siehe Modalverben.

Miteinander verknüpft werden durch das Verbindungswort [sowie] zum einen die Definition von Zwecken und Zielen einer Vorschrift, einer [Richtlinie, die = 148x]. Zum anderen die umfassende [Behandlung, die = 62x] von [Sicherheit(s) + Vorfällen, die = 209x]. Handelt es sich bei der genannten Behandlung etwa um kein [Ziel, das = 143x], handelt es sich um keinen [Zweck, der = 34x]? Die Aufzählung funktioniert nicht [–].

[wenn = 548x] = 1. unter der Bedingung, Voraussetzung, dass, falls; leitet einen konditionalen Teilsatz (NV) ein; 2. leitet temporalen Teilsatz (NV) ein

<u>IT-Grundschutz-Kompendium</u>

> Oft gehen auch Beweismittel verloren (1H), wenn die Verantwortlichen flüchtige Daten nicht als relevant erkennen und sichern (2NV).

> DER.2.2: Vorsorge für die IT-Forensik; 2.2 Verlust von Beweismitteln durch fehlerhafte oder unvollständige Beweissicherung; S. 316/900

{Patch – Wie häufig bei diesem Verbindungswort zu beobachten ist, vermischt sich das Konditionale mit dem Temporalen. Weil in dem Teilsatz (2NV) diese „flüchtigen [Daten, die = Top-25]" die entscheidende Rolle spielen, hat der Zeitpunkt ein größeres Gewicht. Verpasst du den, bist du nicht aufmerksam, schon ist das [Beweis + Mittel, das = 13x] verloren. Klarer wäre es, wenn du von nicht gespeicherten Daten sprechen würdest. Sie werden nur zeitweise in einem Arbeitsspeicher nachgehalten und sie werden durch neue, andere Daten überschrieben. Wie soll man allerdings bei diesem Vorgang eine inhaltliche [Relevanz, die = 2x] erkennen können. Trotzdem, der mehrteilige Satz funktioniert [+].

[um = 470x] = 1. ⟨um … zu + Infinitiv⟩ leitet einen finalen Teilsatz ein, der die Absicht einer im Hauptsatz genannten Person oder den Zweck des im Hauptsatz genannten Geschehens ausdrückt; 2. drückt eine Folge aus

<u>IT-Grundschutz-Kompendium</u>

> Werden die erforderlichen Kommunikationskanäle zu weit gefasst oder unzureichend gesichert (1H), können Angreifer diese Zugangswege ausnutzen (2H), um auf diese zuzugreifen und um diese zu kompromittieren (3NV).

{Patch – Genau, sowohl die [Absicht, die = 1x] als auch der Zweck der
Nutzung (2H) werden sauber angesprochen. Das funktioniert **[+]**.
Problematisch ist die beschriebene Situation (1H), die diese Nutzung
ermöglichen soll. Was eine mangelhafte Sicherung der [Kommunikation(s) +
Kanäle, die = 11x] angeht, klare Sache. Was jedoch unter „zu weit gefasst"
verstanden werden soll, wabert in der absoluten Dunkelheit...\}

[ob = 396x] = leitet einen indirekten Fragesatz ein, der Ungewissheit oder
Zweifel ausdrückt

IT-Grundschutz-Kompendium

Es SOLLTE sichergestellt werden (1H), dass alle remote-fähigen
Funktionsbausteine im Programmcode explizit prüfen (2NI), ob der
Aufrufer berechtigt ist (3NV), die zugehörige Businesslogik
auszuführen (4NI).

{Patch - [SOLLTEN] = Anregung, unverbindliche Empfehlung, so und so zu
handeln – siehe Modalverben.

Fragwürdig, dass auf die Empfehlung [SOLLTEN] gleich das eindeutige Verb
[sicherstellen = 279x] folgt. Was ist [sicherzustellen]? Die [Prüfung, die = 82x],
zudem eine [explizite = 7x], eine ausdrückliche Prüfung ist sicherzustellen, so
ein Unsinn. Das Thema ist vereinfacht gesagt die [Erlaubnis, die = 2x] für eine
[Fernsteuerung, die = UNGENUTZT] von einer merkwürdigen [Business +
Logik, die = 1x]. Wer dieses darf, da bestehen berechtigte [Zweifel, die =
UNGENUTZT]. Mit anderen Worten, der mit dem [ob] eingeleitete Teilsatz, er
funktioniert **[+]**...\}

* * * * *

System-Nachricht eHealth (TI) [Sys-40] - Einschränkung bei der Nutzung von KIM

Aktuell kann es zu Einschränkungen (Versand und Empfang von
Nachrichten) bei der Nutzung des Dienstes Kommunikation im
Medizinwesen (KIM) von T-Systems International GmbH kommen.

Dies kann weitere Anwendungen wie die elektronische
Arbeitsunfähigkeitsbescheinigung (eAU) oder den elektronischen
Arztbrief betreffen. Die Einschränkungen stehen im Zusammenhang
mit geplanten Wartungsarbeiten am VPN-Zugangsdienst der T-
Systems International GmbH.

Weitere Informationen folgen zeitnah nach neuem Kenntnisstand.

Letzte Aktualisierung: 16.06.2024 10:45 Uhr

{Patch – Der 16. Juni 2024 ist ein Sonntag. Notdiensttag. Berlin 25 Grad. Vor allem im Nordwesten wiederholt Schauer und Gewitter. Schlecht für einen Notdiensttag, da kommen die Leute in Scharen, draußen droht ja Nässe. Hannover 22 Grad.

Und du, du glaubst an ein Deja-Vu, das ist eine „Erinnerungstäuschung, bei der der Eindruck entsteht, gegenwärtig Erlebtes in gleicher Weise schon einmal erlebt zu haben" (www.dwds.de). Und ja, du erinnerst dich möglicherweise an die System-Nachricht eHealth [Sys-39]. Die folgt nach dem Grammatik-Thema [Verb/Prädikat] und steht vor den [Verbindung(s) + Daten, die = 2x; Rarität]. Hast du die Erinnerungen aufgefrischt, kannst du nun einen Blick werfen auf die Besonderheiten oder Eigenheiten von [Sys-40], obschon gleiche Thematik.

01. Ähnlich sind die [Melde-Zeiten, die = UNGENUTZT] der Benachrichtigungen: [Sys-39] zeigt 11:00 Uhr, [Sys-40] zeigt 10:45 Uhr.

02. Am 16. Juni 2024 wird sofort und umgehend bereits im Titel von der [Einschränkung, der = 18x] bei der [Software, die = Top-25], der [Anwendung, die = Top-25], dem [Dienst, der = Top-25], also von [KIM] gesprochen. Das ist sehr übersichtlich und deswegen gut.

03. Der 16. Juni 2024, du erinnerst dich, Sonntag, Notdiensttag, möglicherweise und mancherorts [Gewitter, das = 1x] liefert eine sofort nachvollziehbare [Erklärung, die = UNGENUTZT], nämlich: [Wartung(s) + Arbeiten, die = 7x].

04. Der 16. Juni 2024 liefert auch den nicht nur Eingeweihten nicht mehr völlig nachvollziehbaren Ort, an dem diese [Arbeiten, die = 20x] stattfinden, nämlich: [VPN-Zugangsdienst, der = UNGENUTZT]. [VPN] steht für Virtual Private Network. Der Zugang ist die Tür, die geöffnet werden muss, damit die kaiserliche Botschaft hindurchpasst, der [Dienst] ist, wenn du dem Kaiser die Botschaft für andere nicht hörbar ins Ohr flüsterst. Was soll das mit dem kaiserlich, und dem Kaiser? Ich sage Franz Kafka, der in seinem Roman „Das Schloss" wie kein anderer diese Labyrinthe beschrieben hat, die heute [Netzwerke, die = 2x] oder auch [Netze, die = Top-25] heißen.

05. In der Folge verzichtet der 16. Juni 2024 auf dieses leere Versprechen einer [Ursachen + Analyse, die = 1x; Rarität] und macht den Weg frei für andere und weitere Schlagzeilen, dieses Sonntages, dieses Tages der nicht enden wollenden, angeblichen Notfälle, als da sind:

--- Mehrere Tote bei Hadsch in Saudi-Arabien (18:38 Uhr) wegen extremer Hitze, da kommt jeder Notdienst zu spät;

--- Geiselnahme in russischem Gefängnis blutig beendet, Notdienst machtlos (12:11 Uhr);

--- Mit künstlicher Intelligenz (KI) gegen den [Verkehr(s) + Infarkt, der = UNGENUTZT] um 08:02 Uhr. Eine medizinische Vokabel in einem anderen Zusammenhang. Notdienst quasi chancenlos, es sei denn der Patient, die Patientin klappen mit lautem Aufschrei direkt vor der Anmeldung zusammen. Dann sind [Wartungsarbeiten] im [VPN-Zugangsdienst] so was von nebensächlich..\}

* * * * *

[Verbund + Dienst, der = 2x]; Rarität. Das ist merkwürdig [–]. Verbindet der wie auch immer eingerichtete und funktionierende [Dienst] irgendwen oder irgendetwas.

[Verfügbarkeit(s) + Anforderung, die = 16x]. Das nervt [–]. Wenn du jemand oder etwas anforderst, weil du ihn/sie oder es benötigst, musst du die [Verfügbarkeit, die = 235x] voraussetzen. Andernfalls könntest du ja nicht anfordern. Im übrigen läuft die Wortentwicklung ähnlich der [Skalierbarkeit].

* * * * *

~ Verhältnis-Nebensatz / Teilsatz (Typ IV) - Grammatik

Struktur: Hauptsatz + [Verbindungswort/Konjunktion] + Verhältnis-Teilsatz

In einem Verhältnis-Nebensatz/-Teilsatz (NV) kannst du einarbeiten a) einen Grund eingeleitet z.B. mit [weil], b) ein Ziel/Zweck eingeleitet z.B. mit [damit], c) eine Zeit eingeleitet z.B. mit [während], d) eine Bedingung eingeleitet z.B. mit [wenn], e) eine Folge eingeleitet z.B. mit [sodass], f) eine Einräumung eingeleitet z.B. mit [obwohl], g) eine Einschränkung eingeleitet z.B. mit [außer dass], h) eine Qualität eingeleitet z.B. mit [wie]. Das sind viele Möglichkeiten, und alle werden für den IT-Grundschutz genutzt. Allerdings musst du darauf achten, dass die Verhältnisse wirklich funktionieren, wie du gleich sehen wirst:

a) **ein Grund** [kausal = weil, da], in [NV] wird ein Grund für den vorangehenden/nachfolgenden Teilsatz geliefert;

IT-Grundschutz-Kompendium

> Stationäre und mobile Clients sind heute ohne Webbrowser nicht vorstellbar (1H), weil sehr viele private und geschäftliche Anwendungen entsprechende Inhalte nutzen (2NV).

APP.1.2 Webbrowser; 1.1. Einleitung; S. 357/900

{Patch – Der Grund für die im Hauptsatz (1H) genannte fehlende Vorstellbarkeit: [Anwendungen, die = Top-25] nutzen [Inhalte, die = 104x]. Ich habe den Eindruck, hier fehlt das Verständnis, was ein [Browser, der = 39x] ist und wie er funktioniert. Er ist nicht mehr und nicht weniger ein Fenster, durch das du in das World-Wide-Web (WWW) blicken kannst. Ein Browser organisiert die Verbindungen, speichert die Cookies, überwacht die

Sicherheit, du kannst Verbindungen speichern, du kannst Webseiten sperren,
du kannst – was natürlich dumm wäre – Passwörter speichern und
automatisch übertragen lassen, all so etwas. Du schaust dir Web-Seiten an,
der Browser ist das Fenster. Das in dem Satz angekündigte kausale
Verhältnis zum Hauptsatz zerbröselt, wie auch weitere Aussagen in diesem
Beispiel. Also, der zweiteilige Satz funktioniert so nicht (—)...\}

b) **ein Ziel/Zweck** [final = damit, so dass, um… zu], in [eNV] lieferst du ein
erreichbares Ziel oder ein nachvollziehbaren Zweck für den
vorangehenden/nachfolgenden Teilsatzes;

IT-Grundschutz-Kompendium

> SIS (= Safety Instrumented Systems) werden eingesetzt (1H), um
> **Gefahren** für technische Anlagen, die Umwelt und Personen
> abzuwehren (2NV).

IND.2.7: Safety Instrumented Systems; 1.1 Einleitung; S. 701/900

{Patch – In dem Teilsatz Nr. 2 (2NV) geht es um ein Ziel (oder um einen
Zweck), es handelt sich um einen eingeleiteten finalen Nebensatz. Das Ziel ist
die [Abwehr, die = 2x] von Gefahren. Welche das sind, wird nicht gesagt. Du
denkst, genau das wäre sinnvoller. Genau, das denke ich auch. Dann wäre
auch klarer, was das SIS tatsächlich in der Lage ist zu leisten. Statt dessen
wird aufgezählt, wer nach Meinung des BSI von den Gefahren bedroht wird.
Man ist sich dabei auch nicht zu schade, dass ganz große Theater zu
bemühen. Technische [Anlagen, die = 201x], einverstanden. Dann die
[Umwelt, die = 3x], das ist ein sehr weites, unüberschaubares und komplex
gewordenes Feld. Dann irgendwelche [Personen, die = 207x], irgendwelche
eben, das kannst du sein, das kann ich sein, das kann der Techniker einer IT-
Firma sein. Wer auch immer, es bleibt der begründete Zweifel, dass jenes SIS
Gefahren von z.B. dem Techniker fernhält. Oder von dir! Was also soll das?...
\}

c) **eine Zeit** [temporal = als, während, seit, bevor, solange], in [eNV] werden
gleichzeitige, vorzeitige oder zeitlich folgende Inhalte zu dem
vorangehenden/folgenden Teilsatz geliefert;

IT-Grundschutz-Kompendium

> Alle Daten MÜSSEN durch ein Viren-Schutzprogramm auf
> Schadsoftware untersucht werden (1H), bevor sie auf dem Fileserver
> abgelegt werden (2NV).

APP.3.3: Fileserver; APP.3.3.A3 Einsatz von Viren-Schutzprogrammen; S. 411/900

{Patch – Zunächst, [MUSS/MÜSSEN] = Notwendigkeit, Pflicht, so und
keinesfalls anders zu handeln.

Der mit dem Verbindungswort [bevor] angebundene, temporäre Teilsatz
(2NV) legt eine Reihenfolge fest: Erst eine [Untersuchung, die = 26x], dann

---

speichern, also nachzeitig. Eine saubere Sache ist der zweiteilige Satz mit seinem temporären Verhältnis. Bis auf eine Kleinigkeit: [Daten, die = Top-25] ersetzt du besser durch [Dateien, die = 143x], das alles funktioniert (**+**)...\}

d) **eine Bedingung** [konditional = wenn, falls], der Inhalt von [eNV] nennt eine Regel, eine Gesetzmäßigkeit, eine Voraussetzung für den vorangehenden/nachfolgenden Teilsatz;

IT-Grundschutz-Kompendium

> Die Systemverantwortlichen SOLLTEN regelmäßig die Analyseparameter auditieren und anpassen (1H), falls dies erforderlich ist (2NV).

DER.1: Detektion von sicherheitsrelevanten Ereignissen; DER.1.A15 Zentrale Detektion und Echtzeitüberprüfung von Ereignismeldungen; S. 303/900

{Patch – Zunächst, [SOLLTEN] = Anregung, unverbindliche Empfehlung, so und so zu handeln – siehe Modalverben.

Die Frage ist, auf was bezieht sich die unverbindliche Empfehlung. Zur Wahl stehen die [Regelmäßigkeiten, die = UNGENUTZT], das [Auditieren, das = UNGENUTZT], oder das [Anpassen, das = 1x]. Ist der vorgesehene Bezug das Umstandswort [regelmäßig = 353x], dann ist eine Empfehlung zu schwach, denn wozu gibt es [Regeln, die = 154x]. Ist der geplante Bezug das Auditieren, dann fällt dir sofort auf, dass [Überprüfen, das = UNGENUTZT] das geeignetere Verb wäre. Das Anpassen fällt raus, weil es abhängig ist von von den Ergebnissen der Überprüfung. Der konditionale Teilsatz wäre deswegen an anderer Stelle besser aufgehoben, etwa so: ...*überprüfen und, falls erforderlich, anpassen*. Das ergibt eine klare Struktur. So aber funktioniert das Satzgebilde eher geht so...\}

e) eine **Folge** [konsekutiv = sodass], der Inhalt von [eNV] ist eine Folge des vorangehenden/nachfolgenden Teilsatzes;

IT-Grundschutz-Kompendium

> ABAP-Programme SOLLTEN NICHT systemabhängig programmiert werden (1H), sodass sie nur auf einem bestimmten SAP-System ausgeführt werden können (2NV).

APP.4.6: SAP ABAP-Programmierung; APP.4.6.A16 Verzicht auf systemabhängige Funktionsausführung; S. 456/900

{Patch - Zunächst, [SOLLTEN NICHT] = steht für ein Abraten, für ein Bremsen, vielleicht auch für ein Verleiden, so und so zu handeln.

> Eigenentwicklungen werden von Entwicklern der Institution oder von beauftragten Entwicklern programmiert. Im SAP-Umfeld wird dazu häufig ABAP (Advanced Business Application Programming) verwendet, ABAP ist demnach eine Programmiersprache.

Unbekannte Quelle

Es wird abgeraten, ein mit diesem ABAP geschriebenes Programm
ausschließlich für ein einziges [System, das = Top-25] zu erstellen. So weit,
so gut. In dem konsekutiven Teilsatz Nr. 2 (2NV) wird überflüssigerweise auf
die Folge hingewiesen. Die ist nun nicht, [sodass] das Programm auf anderen
Systemen nicht laufen kann/wird. Das wäre eine logische Folge. Was
inhaltlich folgt, ist inhaltlich eine Wiederholung der Aussage des Teilsatzes Nr.
1, dem Hauptsatz. Das funktioniert nicht (—)...\}

f) **eine Einräumung** [konzessiv = obwohl, obschon, obgleich], der Inhalt von
[eNV] nennt eine Sache, die dem vorangehenden/nachfolgenden Teilsatz
entgegensteht;

IT-Grundschutz-Kompendium

> So können sich manipulierte DNS-Informationen lange halten (1H),
> obwohl sie auf dem ursprünglich angegriffenen DNS-Server bereits
> wieder korrigiert sind (2NV).

> APP.3.6: DNS-Server; 2.6 DNS-Manipulation; S. 423/900

{Patch – Ein Domain-Name-Server (DNS) hat die Aufgabe, aus einer
Ziffernfolge genannt IP-Adresse einen Namen zu machen. Jede IP-Adresse
ist irgendwo registriert. Manipuliert werden kann die Zuordnung: entweder
übernimmt eine falsche IP-Adresse einen echten Namen, oder ein gefälschter
Name wird einer korrekten IP-Adresse zugeordnet.

Diese Zuordnung kannst du natürlich auf deinem DNS-Server rückgängig
machen. Allerdings kann es an dem unbekannten Ort, an dem die Zuordnung
registriert ist, etwas dauern. Wann es so weit ist, das kann dir niemand sagen,
auch die KI nicht. Dieses ist natürliche Komplexität des Systems. Der
konzessive Teilsatz (2NV) funktioniert (+)...\}

g) **eine Einschränkung** [restriktiv = insofern, außer (dass), außer wenn]; der
Inhalt von [eNV] liefert eine Einschränkung zu dem
vorangehenden/nachfolgenden Teilsatz

IT-Grundschutz-Kompendium

> Im folgenden Text wird nur noch der Oberbegriff Fahrzeug verwendet
> (1H), außer es ist eine bestimmte Art von Fahrzeug gemeint (2NV).

> INF.11: Allgemeines Fahrzeug; 1.1 Einleitung; S. 853/900

{Patch – Eine eindeutige Angelegenheit: Der Hauptsatz (1H) bringt eine
grundsätzliche Aussage. Sie wird im restriktiven Teilsatz (2NV) eingeschränkt.
Möglicherweise solltest du die [Art, die = 103x] ersetzten durch den [Typ, der
= 9x]. Das ändert jedoch nichts an dem Funktionieren (+) der
Satzkonstruktion...\}

h) **eine Qualität** [modal-instrumental = wie, indem]; dein Inhalt von [eNV]
könnte die Art und Weise einer Sache liefern, wie etwas auszuführen ist, was
in dem vorangehenden/nachfolgenden Teilsatz beschrieben wurde oder wird.

IT-Grundschutz-Kompendium

> Es SOLLTE dokumentiert werden (1H), wie entsprechende
> Sicherheitsanforderungen mit einer eingesetzten Appliance erfüllt
> werden (2NV).

> SYS.2.3: Clients unter Linux und Unix; SYS.2.3.A12 Sicherer Einsatz von
> Appliances; S. 586/900

{Patch – Zunächst, [SOLLTEN] = Anregung, unverbindliche Empfehlung, so
und so zu handeln – siehe Modalverben.

> Unter dem Begriff „Appliance" versteht man eine funktionelle Einheit
> aus Hard- und Software, die für eine konkrete, oft eine sehr eng
> umrissene, Aufgabe konzipiert wurde. Das Wort „Appliance"
> verdeutlicht die Analogie zu einem Ein-Zweck-Haushaltsgerät
> (englisch: „home appliance") wie einem Toaster oder einer
> Kaffeemaschine: Es geht in beiden Fällen darum, eine einzige
> Aufgabe möglichst effizient zu bewältigen.

> https://www.datacenter-insider.de/was-ist-eine-appliance-a-672239/

Die Beschreibung des Instrumentalen steht und fällt mit dem, was in dem
Teilsatz Nr. 2 (2NV) unter [Appliance, die = 7x] verstanden werden soll. Geht
es tatsächlich um eine Kaffeemaschine, die in einem Haus zu dem Typ IoT
(Internet-of-things) gehört. Dann ist das Verhältniswort/die Präposition falsch
und ist durch [bei] zu ersetzen. Das Eigenschaftswort/Adjektiv [entsprechende
= 4x als Eigenschaftswort/Adjektiv] kann raus, um die [Anforderungen, die =
Top-25] an die [Sicherheit, die = 177x] zu verdeutlichen. Dann könnte die
Konstruktion gut funktionieren (+). Blöd, wenn diese [Appliance] in einer
anderen Bedeutung genutzt werden sollte...\}

* * * * *

~ Verhältniswort/Präposition – Grammatik

Im IT-Grundschutz-Kompendium gibt es ca. 26.000
Verhältniswörter/Präpositionen wie [in/im], [von], [für], [auf], [bei]. Einen Satz
eröffnen, also am Satzanfang und deswegen großgeschrieben werden ca.
2.200. In Sätze eingearbeitet und deswegen kleingeschrieben werden ca.
24.000 dieser Verhältniswörter/Präpositionen.

Du erkennst ein Verhältniswort/eine Präposition an diesen Merkmalen:

    (1)   Ein Verhältniswort steht nicht allein in einem Satz herum.

    (2)   Ein Verhältniswort wird immer kleingeschrieben. Nur wenn es am
           Satzanfang steht, wird es großgeschrieben.

(3) Ein Verhältniswort steht immer vor einem Hauptwort [**von** Angriffen], vor einem Stellvertreter/Pronomen/Artikel + Hauptwort [**für** die Informationssicherheit], vor einem Eigenschaftswort/Adjektiv + Hauptwort [**in** komplexen Infrastrukturen], vor einem Stellvertreter/Pronomen/Artikel + Eigenschaftswort/Adjektiv + Hauptwort [**auf** die spezifischen Gefährdungen].

(4) Oder das Verhältniswort steht vor einem Vertreter aus dem Ersatzteam (Für-Wort, Pronomen): [...der Häufigkeit, **mit** der...].

(5) Wenn da ein Verhältniswort steht, aber das Folgende wird nicht dekliniert, kann das Verhältniswort ein [Umstandswort] sein.

(6) Verhältniswörter werden eingesetzt, damit es klare, angemessene und eindeutige Verhältnisse oder Relationen innerhalb technischer Inhalte gibt.

(7) Du kannst dich beispielsweise bei der Beschreibung eines [Angriffs, der = 210x] entscheiden zwischen diesen Verhältnissen:

○ Zeit: Wann, bis wann, seit wann, wie lange, wie oft?

○ Ort: Wo, wohin, woher, wie weit?

○ Grund: Warum, in welchem Fall, unter welchen Bedingungen, wozu, in welcher Absicht, trotz welchem Umstand?

○ Art und Weise: Wie, wie viel, wie sehr, um wie viel, woraus, womit, mit wem/ was?

(8) Besonderheit: Ein Verhältniswort kann sich <u>vor</u> ein Verb stellen und mit diesem eine feste Verbindung eingehen. Die Bedeutung des Verbs wird konkretisiert oder erweitert.

Beispiel für ein solches Verb: [fallen] wird in der Bedeutung konkretisiert oder erweitert durch [**aus + fallen**] = unerwartet wegfallen, etwas Vorgesehenes findet nicht statt.

IT-Grundschutz-Kompendium

01. Gibt es im Vorfeld etwa keine Testphasen, Pilot-Benutzer oder einen zeitlich begrenzten Parallelbetrieb von bestehender Infrastruktur und Cloud-Diensten (1H), {dann\} können wichtige Daten verloren gehen (2H) {,\} oder {dann können\} Dienste komplett **ausfallen** (3H).

OPS.2.2: Cloud-Nutzung; 2.7 Mangelnde Planung der Migration zu Cloud-Diensten; S. 281/900

{Patch – Der erste Teilsatz (1H) ist ein Teilsatz, der so tut, als sei er in Hauptsatz, tatsächlich tarnt er jedoch einen Bedingungs-Teilsatz (NV). Dieser würde mit dem Verbindungswort(Konjunktion) [wenn] eingeleitet. Die Bedingungen sind kompliziert und laufen grammatisch in eine schiefe Richtung. Bedingung Nr. 1: „keine Testphase" mit der Cloud. Bedingung Nr. 2: (keine) „Pilot-Benutzer" der Cloud, wobei unklar ist, wer der (!) oder die (!)

Benutzer der Cloud ist/sind, in die umgezogen werden soll. Bedingung Nr. 3. „einen zeitlich begrenzten Parallelbetrieb" - dir **fällt** das sofort **auf**. Die Bedingung Nr. 3 ist positiv, es wird nichts verneint, nichts versäumt. Vermutlich wurde das „k" bei „einen" vergessen.

Es folgen die Konsequenzen, wenn man etwa „keine Testphase" mit der Cloud durchgeführt hat: a) Daten können verloren gehen – und du fragst dich, wie und wann das. Oder b) Dienste können **ausfallen** – und du fragt sich wieder, wie und wann das, wenn du „keine Testphase" mit der Cloud durchgeführt hast. Es ist ermüdend...\}

> **02.** Außerdem werden unter Umständen Aktionen nur noch unvollständig durchgeführt (1H), zwischengespeicherte Aktionen und Daten gehen verloren (2H) {,\} oder Sicherheitsmechanismen **fallen aus** (3H).
>
> CON.10 Entwicklung von Webanwendungen; 2.3. Fehlende oder mangelhafte Fehlerbehandlung durch Webanwendungen; S. 188/900

{Patch – Nach dem Beispielsatz eben wieder eine wuselige Aufzählung. Dich interessiert hier nur das Verb **[aus + fallen]**. Denn bei bestimmten Verben, denen ein Verhältniswort vorangestellt werden kann, löst sich dieses von seinem Verb und wird wie in diesem Beispielsatz an das Ende gestellt...\}

~ **Top-5 Verhältniswörter/Präpositionen** des IT-Grundschutz-Kompendiums

Rang	Präposition/Verhältniswort	Häufigkeit	Verlangt Kasus
01.	in/im (z.B. in Anwendungen)	**4.946**	Dativ & Akkusativ
02.	Von (z.B. von Anforderungen)	**4.327**	Dativ
03.	Für (z.B. für Angriffe)	**3.517**	Akkusativ
04.	Auf (z.B. auf Aktualität)	**1.977**	Dativ & Akkusativ
05.	Bei (z.B. bei Anbindungen)	**1.368**	Dativ

[in/im = 4.946x] = Rang 1 in der Häufigkeit

IT-Grundschutz-Kompendium

> **01.** Häufig ist zu beobachten (1H), dass **in** Institutionen zwar eine Vielzahl von organisatorischen und technischen Sicherheitsverfahren festgelegt sind (2NI), {dass\} diese jedoch durch den sorglosen Umgang der Mitarbeiter umgangen werden (3NV).
>
> ORP.3: Sensibilisierung und Schulung zur Informationssicherheit; 2.7 Sorglosigkeit im Umgang mit Informationen; S. 119/900

{Patch – Wo ist etwas [häufig = 200x] zu beobachten? Genannt wird der Ort [Institutionen, die = Top-25]. Es wäre allerdings praktischer, würdest du den

Ort einfach verschweigen. Die Beobachtung wird zu einer allgemeinen, immer wieder unabhängig von einem Ort zu machen. So bekommt sie mehr Gewicht. Aber [in] funktioniert [+], die [Institutionen] dagegen nicht...\}

02. Die auf einem Mobiltelefon gespeicherten Daten SOLLTEN **in** regelmäßigen Abständen auf einem externen Medium gesichert werden (A).

SYS.3.3: Mobiltelefon; SYS.3.3.A11 Ausfallvorsorge bei Mobiltelefonen; S. 634/900

{Patch – [SOLLTEN] = Anregung, unverbindliche Empfehlung, so und so zu handeln – siehe Modalverben.

Passender wäre es, das [Mobiltelefon, das = 97x] in diesem Satz zu einem Raum zu machen, in dem Daten gespeichert werden. Diese werden doch nicht außen angeklebt. Jetzt geht es aber um die zeitliche Bedeutung von [in], genauer um den [Zeit + Punkt, der = 35x]. Den scheint es in diesem Satz nicht zu geben, also kein z.B. jeden 1. eines Monats. Welcher Regel sollen die Abstände denn folgen. Keine Ahnung, deswegen funktioniert [in] nicht richtig [–]...\}

03. *Dadurch entstehen detaillierte Bewegungsprofile der Geräte und somit auch der Benutzer.* Werden diese Daten erhoben (1H), ohne den Benutzer **in** geeigneter Weise darüber zu informieren (2NI), verstoßen die Verantwortlichen unter Umständen gegen datenschutzrechtliche Bestimmungen (3H).

SYS.3.2.2: Mobile Device Management (MDM); 2.4 Unberechtigte Erstellung von Bewegungsprofilen durch das MDM; S. 612/900

{Patch – Bereits im Teilsatz Nr.2 (2NI) wird zumindest die [Weise, die = 74x] von Art und Weise genannt. Weil diese eher fahrlässig und voller Wolken mit dem Eigenschaftswort/Adjektiv [geeigneter = 317x] definiert wird, funktioniert [in] nicht [–]...\}

04. Im Vorfeld der Detektion von sicherheitsrelevanten Ereignissen ist es wichtig (1H), dass Zuständigkeiten und Kompetenzen klar definiert und zugewiesen werden (2NI).

DER.1: Detektion von sicherheitsrelevanten Ereignissen; 1.3 Abgrenzung und Modellierung; S. 299/900

{Patch - „Im Vorfeld" kannst du auflösen zu „in dem Vorfeld" passiert das und das. Auch Sprache unterliegt ökonomischen Tendenzen. Wer damit angefangen hat? Irgendwer. Jemand anderes fand das gut, nutzte es ebenfalls und schon lief die Sache. Dessen ungeachtet, [im] funktioniert in dem Satz [+] ...\}

05. Es {Notfallhandbuch\} SOLLTE auch **im** Notfall zugänglich sein (A).

DER.4: Notfallmanagement; DER.4.A1 Erstellung eines Notfallhandbuchs; S. 345/900

{Patch – [SOLLTEN] = Anregung, unverbindliche Empfehlung, so und so zu handeln – siehe Modalverben.

Ein [Notfall, der = 35x] ist ein Notfall, ist ein Vorgang, die zeitliche Einordnung durch [im] funktioniert in dem Satz [+] ..\}

> **06.** Benutzer SOLLTEN **im** Umgang mit den Verschlüsselungsfunktionen in Office-Produkten sensibilisiert werden (A).
>
> APP.1.1: Office-Produkte; APP.1.1.A17 Sensibilisierung zu spezifischen Office-Eigenschaften; S. 353/900

{Patch – [SOLLTEN] = Anregung, unverbindliche Empfehlung, so und so zu handeln – siehe Modalverben.

In diesem Aussagesatz geht es um eine Handlung, die in dem [Umgang, der] steckt. Das Ziel der Handlung ist irgendwie nebelig. Siehst du dir das Verb/Prädikat [sensibilisieren] näher an, eignet sich [im] nicht mehr, es funktioniert nicht [–]. Du kannst nur [für] etwas sensibilisiert werden...\}

* * * * *

Randnotiz Nr. 27 - Wie das ist mit einem wahrscheinlich noch nicht modernisierten Stellwerk

Ein Freitagmorgen. ICE 886 Richtung Harburg. Arbeiten an dieser Kladde. Celle rauscht er durch, der ICE. Dann unweit vor Uelzen, bremsen, Stillstand. Ansage, etwa so: Stellwerk Uelzen ausgefallen. Sobald es weitergeht, wir geben Bescheid. Anzeige Display: Ankunft Harburg 11:25 Uhr. Weiter arbeiten. Draußen kalt, teilweise Schnee. Drinnen: warm, gedämpfte Stimmen. Weiterarbeiten. Änderung auf dem Display: Ankunft Harburg 12:45 Uhr. Ups, ist ja warm, weiterarbeiten.

Dann sanftes Anfahren des ICEs, langsam weiter, Schleichfahrt, nennt man das wohl. Wie regeln die das, wie koordinieren die das, chapeau! Schleichfahrt vor Uelzen, Schleichfahrt durch Uelzen. Fahren die diesen riesigen Zug auf Sicht?

Änderung auf dem Display: Ankunft Harburg 11:45 Uhr. Ansage, etwa so: Das merken Sie bestimmt auch, wir fahren. Leider bleibt es bei den 20 Minuten Verspätung in Harburg. Entschuldigen Sie bitte.

Ich finde, in Anbetracht der Fahrplan-Komplexität und in Anbetracht des Finanzierungsstaus war das eine perfekte Improvisation, eine sehr gute und sichere (!) Leistung. Danke!

* * * * *

[von = 4.327x] = Rang 2 in der Häufigkeit

<u>IT-Grundschutz-Kompendium</u>

01. Ursache für solche Ausfälle **von** Datenquellen können Fehler in der Hard- und Software oder auch fehlerhaft administrierte IT-Systeme sein (A).

OPS.1.1.5 Protokollierung; 2.7. Ausfall von Datenquellen für Protokollierungsdaten; S. 217/900

{Patch – Quellen sind ein Ort, an dem es sprudelt, an dem etwas hervortritt. Sie können versiegen, austrocknen. In einem übertragenen Sinn können sie dann auch ausfallen. Das Verhältniswort [von] funktioniert in dem Satz **[+]** ..\}

02. Durch eine ungeeignete oder begrenzte Auswahl **von** Ordnungskriterien könnten auch die Ziele der Aufbewahrung verfehlt werden, z. B. die Nachweisfähigkeit gegenüber Dritten (A).

OPS.1.2.2: Archivierung; 2.2 Unzureichende Ordnungskriterien für Archive; S. 244/900

{Patch – Einleuchtend, dass mit dem Wort [Kriterien, die = 25x] auf die [Ordnung, die = UNGENUTZT] verwiesen wird, die eine bestimmte Art und Weise ausdrückt, nämlich ordentlich zu sein. Allerdings solltest du besser von *„falschen"* oder *„unpassenden"* Kriterien sprechen statt von „ungeeignet". Das [Ziel, das = 143x] ist natürlich in der [Aufbewahrung, die = 16x] enthalten. Wie die [Nachweis + Fähigkeit, die = 1x, Rarität] ein Ziel sein kann, weiß vermutlich nur die schreibende Person. Trotzdem funktioniert das Verhältniswort [von] in dem Teilsatz (2NV) **[+]**...\}

03. Alle Benutzer MÜSSEN auf die geltenden Regelungen hingewiesen werden (1H), die **von** ihnen einzuhalten sind (2NR).

INF.9: Mobiler Arbeitsplatz, INF.9.A2 Regelungen für mobile Arbeitsplätze, S. 841/900

{Patch – Ein mehrteiliger Satz, bestehend aus dem Hauptsatz und einem relativen Teilsatz (Nebensatz). Das Verbindungsglied vom relativen Teilsatz zum Hauptsatz ist das Fürwort/Pronomen [die], in diesem Fall 1. Person Mehrzahl (Plural) Femininum. Die Mehrzahl leitest du ab anhand des Verbs [einzuhalten sind]. Nun gehe zurück in den Hauptsatz und suche dort den zweiten Teil der Relation. Du schaust dich also um nach einem Hauptwort in der Mehrzahl und Femininum. Du findest [Regelung, die = 292x]. Genau, sie werden im relativen Teilsatz angesprochen, und es wird geschrieben, was mit ihnen ist: „die … einzuhalten sind".

Wer hat sie einzuhalten: „alle Benutzer". Zu meinem Bedauern gibt es in dem Hauptsatz ebenfalls ein zweiteiliges Verb: „müssen … hingewiesen werden", wie entspannt das ist. Jetzt entsteht eine grammatische Auffälligkeit, denn es sind nur(!) die „Regelungen" anzusprechen, die von den Mitarbeitenden einzuhalten sind. Sind sie aus welchen Gründen auch immer gerade mal nicht einzuhalten, sind sie nicht verbindlich.

Nein, verdammt nochmal: Mache als erstes aus den „Regelungen" die [Regel, die = 154x], natürlich in der Mehrzahl. Oder nenne es [Vorschrift, die = 28x], oder nenne es [Richtlinie, die = 148x]. Denn es geht um den IT-Grundschutz bei mobilen Arbeitsplätzen, da darf keine Großzügigkeit herrschen.

Als zweites ersetze das schlappe „hinweisen auf etw." durch das gnadenlos Verb *etwas kennen*. Als drittes fliegt dann der relative Teilsatz in die Ecke. Dann könnte das herauskommen:

> *Alle Mitarbeitenden müssen die geltenden Regeln kennen und verstanden haben, die **von** dem Unternehmen, der Organisation oder der Arztpraxis für mobile Arbeitsplätze aufgestellt wurden.*

Das Verhältniswort [von] funktioniert in dem relativen Teilsatz (2NR) [+]...\}

04. Das Abnahmeprotokoll MUSS von den Teilnehmern und Verantwortlichen rechtsverbindlich unterzeichnet werden (A).

INF.12: Verkabelung, INF.12.A6 Abnahme der Verkabelung; S. 864/900

{Patch – Die Situation ist: Diverse Kabel sind „unter Putz" oder „über Putz" oder in eigenen Kabelschächten verlegt und an den vorgesehenen Stellen miteinander verknüpft. Jetzt bist du am Zug. Bist du Teilnehmer, hast du schlechte Karten. Denn Teilnehmer von was? Du bist raus, du KANNST nichts zu dem Protokoll „rechtsverbindlich" beitragen.

Bist du Verantwortlicher, hast aber wahrscheinlich keine umfangreiche Erfahrung mit dem Verlegen von Kabeln, musst du jetzt die ganze Sache überprüfen. Wie? Keine Ahnung! Also unterschreibst du das Protokoll als ausgewiesener Verantwortlicher mit deinem Namen, dass bedeutet „rechtsverbindlich". Passiert später etwas mit oder bei den Kabeln, dann könntest du ein Problem bekommen. Deswegen unterschreibe und füge hinzu: Unter Vorbehalt. Das Verhältniswort [von] funktioniert in dem Satz [+]..
\}

[für = 3.517x] = Rang 3 in der Häufigkeit

<u>IT-Grundschutz-Kompendium</u>

01. Für die Schnittstellen MÜSSEN geeignete Zeitbeschränkungen für z. B. Timeouts vorgegeben werden (A).

NET.3.1: Router und Switches; NET.3.1.A4 Schutz der Administrationsschnittstellen; S. 753/900

{Patch – [MUSS/MÜSSEN] = Notwendigkeit, Pflicht, so und keinesfalls anders zu handeln – siehe Modalverben.

Du entdeckst in dem Aussagesatz [für] am Satzanfang und im hinteren Abschnitt. Dort geht es dann auch um [Zeit, die = 72x]. Ein [Timeout, der = 3x; korrekte Schreibweise ist Time-out] ist ein englischer Fachbegriff. Wahrscheinlich wird er aus dem Sport übernommen. Wird ein Spiel unterbrochen, wird auch die Zeit angehalten. Das kannst du dann einen „Time-out" nennen. Obgleich Zeit immer läuft, tut man so, als könnte man das für den Augenblick ignorieren. In dem Satz steckt dieser Augenblick in der [Zeit + Beschränkung, die = 2x]. Es wird kompliziert, denn das Beschränken, das Begrenzen ist eigentlich das Begrenzen einer [Zeit + Dauer, die = 3x]. In dieser ist die [Schnittstelle, die = 162x] entweder erreichbar oder nicht erreichbar. Das könnte so auch „für z.B. Timeout" gelten. Mit anderen Worten, das Verhältniswort/die Präposition [für] funktioniert in diesem Aussagesatz nicht [–]...\}

02. Ausgehend von der allgemeinen Sicherheitsrichtlinie der Institution SOLLTEN die wesentlichen Kernaspekte **für** einen sicheren Einsatz von WLANs konkretisiert werden (A).

NET.2.1: WLAN-Betrieb; NET.2.1.A10 Erstellung einer
Sicherheitsrichtlinie für den Betrieb von WLANs; S. 743/900

{Patch – [SOLLTEN] = Anregung, unverbindliche Empfehlung, so und so zu handeln – siehe Modalverben.

Die Absicht, die mit [für] vorbereitet und angekündigt werden soll, die findest du in dem „sicheren Einsatz". Das funktioniert [+]...\}

03. Diese Grundwerte sind Confidentiality (C) **für** Vertraulichkeit, Integrity (I) **für** Integrität sowie Availability (A) **für** Verfügbarkeit (A).

APP.4.4 Kubernetes; 5. Anlage: Kreuzreferenztabelle zu elementaren
Gefährdungen; S. 451/900

{Patch – Ein [Grund + Wert, der = 138x] ist ein Wert oder eine Eigenschaft oder ein Zustand. Sie dürfen nicht hintergangen werden, sie dürfen nicht aufgelöst, sie dürfen nicht verändert werden. Sie sind bis in alle Ewigkeit gültig, und auch du hast dich jederzeit daran zu halten. In dem Aussagesatz werden drei dieser Grundwerte aufgezählt, mit englischen Vokabeln. Nun gibt es zwei Möglichkeiten, mit dem Verhältniswort zu arbeiten, um Klarheit herzustellen. Erstens, du lässt es unter den Tisch fallen, ergänzt aber einen Querstrich (\) nach dem (C). So wird erkennbar, das ist die Übertragung in das Deutsche.

Oder du setzt ein Komma und ergänzt das Verb [stehen]: *Confidentiality (C), steht für Vertraulichkeit.* Und so weiter. In diesem Satz funktioniert [für] nicht [–].

[auf = 1.977x] = Rang 4 in der Häufigkeit

<u>IT-Grundschutz-Kompendium</u>

01. Um die Informationen in den Datenbanken durchgängig zu schützen (1NV), sollten bereits in der Anwendungsentwicklung Sicherheitsanforderungen an den Aufbau der Datenbanktabellen und den Zugriff **auf** die Datenbank beachtet werden (2H).

APP.4.3 Relationale Datenbanken; 1.3. Abgrenzung und Modellierung; S. 437/900

{Patch – Das Verhältniswort [auf] zeigt sich im Teilsatz Nr. 2 (2H), der zugleich der Hauptsatz ist. Es geht um einen [Zugriff, der = 262x]. Zugegriffen werden soll „auf die Datenbank". Im Teilsatz Nr. 1 wird von „den Datenbanken", also in der Mehrzahl gesprochen. Das passt nicht zueinander. Kritisch wird es, wenn du in dem mehrteiligen Wort [Anwendung(s) + Entwicklung, die = 5x] unsere Datenbank ein weiteres Mal ergänzen musst, um den Satz zu verstehen. Mit den ominösen [Sicherheit(s) + Anforderungen, die = 144x] könnten [Vorgaben, die = UNGENUTZT] gemeint sein. Sie sind einzuhalten, wenn eine [Datenbank] – stellvertretend für alle Datenbanken – entwickelt wird. Sie sind ebenfalls einzuhalten, wenn es bei der Entwicklung um das Lesen, das Schreiben, das Speichern von Daten in unserer ans Herz gewachsenen Datenbank geht. Allerdings, die Kombination [Zugriff auf] funktioniert [+], auch wenn die Phrase in dem Satz unangemessen ist...\}

02. Wird **auf** akute Sicherheitsvorfälle jedoch nicht oder nicht angemessen reagiert (1H), können daraus große Schäden mit katastrophalen Folgen entstehen (2H).

DER.2.1: Behandlung von Sicherheitsvorfällen; 2.1 Ungeeigneter Umgang mit Sicherheitsvorfällen; S. 308/900

{Patch – Im Teilsatz Nr. 1 (1H) handelt es sich wegen dem Eigenschaftswort/Adjektiv [akut = 1x Eigenschaft; UNGENUTZT Umstand] um eine zeitliche Angabe. Natürlich steckt in den [Sicherheit(s) + Vorfällen, die] ebenfalls eine zeitliche Vorstellung, die durch das Bestimmungswort [Sicherheit, die] etwas überlagert wird. Das Verhältniswort [auf] funktioniert [+].

03. Auch die Personalabteilung einer Institution kann beispielsweise ein Angriffsziel sein (1H), indem etwa mit Schadsoftware infizierte Bewerbungsunterlagen **auf** elektronischem Wege zugesendet werden (2NV).

OPS.1.1.4: Schutz vor Schadprogrammen; 2.3 Gezielte Angriffe und Social Engineering; S. 210/900

{Patch – Die Nennung eines [Weges, der] im Teilsatz Nr. 2 (2NV) ist eine Lokalisierung. Dass dieser Weg ein [elektronischer] ist, ändert daran nichts, [auf] funktioniert [+].

[mit = 1.538x] = Rang 5 in der Häufigkeit

<u>IT-Grundschutz-Kompendium</u>

01. Werden die Vertrauensbeziehungen zwischen Wäldern und Domänen nicht regelmäßig daraufhin evaluiert (1H), ob sie weiterhin benötigt werden und gerechtfertigt sind (2NV), können Probleme **mit** Berechtigungen auftreten und Informationen abfließen (3H)

APP.2.2: Active Directory; 2.2 Zu viele oder nachlässige Vertrauensbeziehungen; S. 380/900

{Patch – Jetzt scheint es aktiv in die freie Natur zu gehen und die Frage stellt sich, vertraust du dem Wolf oder besser nicht. Egal, du konzentrierst dich auf das Verhältniswort [mit] und dessen Einsatz. Du findest es im Teilsatz Nr. 3 (3H), der zugleich das Wichtige enthalten sollte, denn es ist der Hauptsatz. [Probleme, die = 75x] geben immer vor, wichtig zu sein. Problematisch scheinen die [Berechtigungen, die = 186x] zu sein. Wann werden sie problematisch? Wenn sie a) nicht mehr „benötigt" werden, und wenn sie b) abgelaufen oder beendet sind. Das sollen Probleme sein? Da ist ein Wolf schon eine ganz andere Herausforderung, oder? Abgesehen davon funktioniert [mit] in dieser Phrase [+]. Gleichzeitig kannst du studieren, wie du das mögliche, mehrteilige Hauptwort [Berechtigung(s) + Problem, das = UNGENUTZT] sinnvoll auflösen kannst: Probleme mit Berechtigungen. Das bringt es!...\}

> **02.** *D*er Zugriff auf SAP-Datenbanken MUSS abgesichert werden (1-A). Administratoren SOLLTEN möglichst nur **mit** SAPTools auf die Datenbanken zugreifen können (2-A).
>
> APP.4.2: SAP-ERP-System; APP.4.2.A7 Absicherung der SAP-Datenbanken; S. 432/900

{Patch – [SOLLTEN] = Anregung, unverbindliche Empfehlung, so und so zu handeln – siehe Modalverben.

Ein nachvollziehbarer Vorschlag: Arbeiten mit SAP-Datenbanken nur mit den Instrumenten, mit den [Tools, die = 17x] von SAP. Das [mit] funktioniert instrumental [+]. Warum spreche ich von [nachvollziehbar = 2x]? In dem Satz steht [möglichst = 56x], und das Modalverb „sollen" kümmert sich wegen der Form „sollten" nicht um Eindeutigkeit...\}

> **03.** Dem Angreifer ist es **mit** dieser Man-in-the-Middle-Attacke möglich, die Kommunikation zwischen den Servern abzuhören und aufzuzeichnen.
>
> APP.3.6: DNS-Server; 2.7 DNS-Hijacking; S. 423/900

{Patch – Welches Verständnis hast du dir angeeignet von einer „Man-in-the-Middle-Attacke"? Das entscheidende Wort ist die [Attacke, die = 9x] Ist diese ein Werkzeug, wie ein Messer. Oder ist sie eine Handlung, ein Vorgang, an dem mehr oder weniger viele Menschen arbeiten? Nach meinem Verständnis ist es eine Handlung, die zu einem Vorgang wird. Indiz Nr. 1 „Man", englisch für Mann, mal wieder die! Indiz Nr. 2: Im Teilsatz Nr. 2 (2NI) ist die Rede von [Kommunikation, die = 220x], von [Abhören, das = 72x], von [Aufzeichnen, das = UNGENUTZT]. Aus dieser Beweisführung folgt, [mit] funktioniert nicht [–]. Ein geeigneter Ersatz ist das Verhältniswort [während = 73x]...\}

* * * * *

[Verschlüsselung(s) + Funktion, die = 4x]. Das ist geringschätzend [–]. Bleibe bei der [Verschlüsselung, die], sie ist im Digitalen ohnehin das A und das O, zudem äußerst komplex und kompliziert.

[Versorgung(s) + Netz, das = 11x]. Welche Gebäude auch immer, welche Geräte auch immer, was auch immer, womit auch immer die oder das ausgestattet werden, du kannst das Versorgung nennen. Den Weg, den diese Versorgung nimmt, die kannst du zu einem [Netz, das = Top-25] zusammenfassen. Das ist nachvollziehbar **[+]**.

[Vertraulichkeit(s) + Anforderung, die = 1x]; Rarität. Das ist traurig **[-]**. Eine bestimmte Forderung, die sich an die Vertraulichkeit einer Sache richtet.

[Verwaltung, die = 101x] = 1. das Verwalten; 2. Institution, die etw. verwaltet (und deren Sitz) Gesamtheit der (staatlichen) Einrichtungen, die eine verwaltende Funktion ausüben. (www.dwds.de)

IT-Grundschutz-Kompendium

01. Die Rolle Zentrale Verwaltung schließt den zuständigen Leiter der Organisationseinheit mit ein (A).

Rollen; Zentrale Verwaltung; S. 31/900

{Patch – Die strukturellen Schwierigkeiten mit dem Konzept „Rollen" in der IT bzw. Telematik-Infrastruktur habe ich bereits ausgearbeitet. Nun ist es gleich eine ganze Abteilung oder Einheit oder ein Team, die in eine „Rolle" gepresst werden. Wichtiger ist doch die Benennung Einzelner, die handeln können, dürfen, wollen und in kritischen Situationen müssen!

Zusätzlich aufgenommen in die „Rolle Zentrale Verwaltung" wird noch der „zuständige Leiter der Organisationseinheit", als ob sie oder er nicht kraft des Leitens bereits eine Rolle hätten. Oje, ich sehe Rollen-Konflikte, wenn es ernst wird. In der digitalen Welt ist jeder Augenblick...\}

02. Die Verwaltung der dafür notwendigen Informationen wird als Identitätsmanagement bezeichnet (A).

ORP.4: Identitäts- und Berechtigungsmanagement; 1 Einleitung; S. 123/900

{Patch – Jetzt geht es um das Verwalten = für die Lenkung, Regelung, ordnungsgemäße Abwicklung aller Angelegenheiten in einem bestimmten Aufgabenbereich, Sachbereich zuständig sein, sorgen (www.dwds.de). Wie geht das vor sich, das Verwalten von [Informationen, die = Top-25]? Und warum wird das dann bedeutungsschwanger [Identität(s) + Management, das = 3x] genannt? Und wieso wurde es ca. 40-mal aus der Version des Kompendiums 2022 herausgestrichen? Ach, Fragen, Fragen, Fragen, immer nur Fragen.

Das sei ein Zitat „aus dem Theaterstück "Die Physiker" von Friedrich Dürrenmatt Das Stück handelt von drei Physikern, die in einer Nervenheilanstalt untergebracht sind. Einer von ihnen hat eine bahnbrechende Entdeckung gemacht, die die Welt verändern könnte. Die anderen beiden Physiker versuchen, ihn davon abzuhalten, seine Entdeckung zu veröffentlichen, da sie befürchten, dass sie in die falschen Hände geraten könnte." - sagt die KI von Microsoft Bing und verweist auf StudySmarter.

Das alles liefert jedoch keine Antwort...\}

[Verwaltung, die] = als Bestimmungswort, das differenziert und die Bedeutung des Grundwortes/Letztwortes erweitert in den folgenden zusammengesetzten Wörtern (Komposita):

[Verwaltung(s) + Funktion, die = 3x]. Das ist entmutigend [–]. Was in der IT oder der TI soll verwaltet werden? Das Wort [Verwaltung] ist abstrakt, es muss mit Inhalten und Aufgaben aufgeplüscht werden.

[Verwaltung(s) + Information, die = 1x]; Rarität. Das ist ungemütlich [–]. Vollkommen unklar, was da verwaltet werden soll.

[Verwaltung(s) + Server, der = 4x]. Das ist heikel [–]. Was sollte ein Server verwalten. Oder sollte es der Server sein, der für die [Aufgaben, die = 185x] einer ordentlichen Verwaltungsabteilung reserviert ist, mit täglicher [Sicherung, die = 26x], mit täglicher [Verschlüsselung, die = 77x] und all so was.

[Verwaltung(s) + Software, die = 5x]. Das ist gediegen [–]. Hat die Software die [Aufgabe, die = 185x], eingesetzte Software zu verwalten, Laufzeiten zu kontrollieren und anderes mehr? Oder wird diese Software nur in einer Verwaltung eingesetzt, einer Behörde, dem lieben Finanzamt.

[Verwaltung(s) + System, das = 3x]. Das ist bedenklich [–]. Gemeint sein könnte die systematische Art, wie eine Verwaltung strukturiert ist. Das muss aber nicht so sein.

[Verzeichnis, das = 12x] = 1. Liste, Aufstellung, Register systematisch zusammengehöriger Dinge, Informationen o. Ä.; 2. [Informations- und Telekommunikationstechnik] mit einem bestimmten Namen versehener Teil des Speicherplatzes eines Speichermediums, in dem zusammengehörige Dateien aufgelistet werden, um eine benutzergerechte, übersichtliche Ordnungs- und Zugriffsstruktur zu schaffen.

<u>IT-Grundschutz-Kompendium</u>

> Als Folge (= technisches Versagen) sind die Daten im Verzeichnis temporär nicht mehr zugänglich (A).
>
> APP.2.1: Allgemeiner Verzeichnisdienst; 2.6 Ausfall von
Verzeichnisdiensten; S. 373/900

{Patch – Das ist doch klar. Interessant wäre nur dieses „temporär", also wie lange, in welchem Zustand und ob überhaupt...\}

[Verzeichnis, das] = nun als Bestimmungswort, das differenziert und die Bedeutung des Grundwortes/Letztwortes erweitert in den folgenden zusammengesetzten Wörtern (Komposita):

[Verzeichnis + Daten, die = 1x]; Rarität. Das ist bunt [–]. Üblicherweise listet ein Verzeichnis mehrere Inhalte entsprechend einer vorgegebenen Ordnung auf. In der IT-Welt hat man den Begriff adoptiert und wendet ihn nun manchmal auf eine Struktur oder Ordnung an, die in der Regel aus Werten

---

oder Zahlen oder Daten besteht. Deswegen wird das Kompositum nicht
bedeutungsreicher.

[Verzeichnis + Dienst, der = 163x]. Gemeint ist hier vermutlich eine Software
oder ein Teil davon, die oder der die Aufgabe hat, Verzeichnisse anzulegen
und zu verwalten und stets auf einem aktuellen Stand zu halten, ohne
deswegen die Historie zu vergessen. Das ist nachvollziehbar **[+]**.

<u>IT-Grundschutz-Kompendium</u>

> 01. Wenn es einem Angreifer gelungen ist (1NV), eine notwendige
> Authentisierung gegenüber dem Verzeichnisdienst erfolgreich zu
> umgehen (2NI), kann er danach unbefugt auf eine Vielzahl von
> Daten zugreifen (3H).
>
>> APP.2.1: Allgemeiner Verzeichnisdienst; 2.7 Kompromittierung von
>> Verzeichnisdiensten durch unbefugten Zugriff; S. 373/900

{Patch – Moment mal, da will jemand die [Authentisierung], also den
Nachweis, der oder die zu sein, die oder der sie vorgibt, also diesen Schritt
bei der Anmeldung zu umgehen? Was ist das denn für ein Unsinn? Der
Angreifer hat das Ding geknackt, oder nutzt eine geklaute Identität oder sonst
was aus diesem Feld...\}.

> 02. Für den Fernwartungszugriff in der OT SOLLTEN ausschließlich
> Benutzerkonten verwendet werden (1H), die in einem zentralen
> Verzeichnisdienst der OT oder der Institution verwaltet werden
> (2NR).
>
>> IND.3.2 Fernwartung im industriellen Umfeld; IND.3.2.A11 Zentrale
>> Verwaltung aller Benutzerkonten für die OT-Fernwartung; S.
>> 713/900

{Patch – [SOLLTEN] = Anregung, unverbindliche Empfehlung, so und so zu
handeln – siehe Modalverben.

Nun fragst du dich völlig zu Recht, wofür steht [OT]. Weil ich keine Definition
gefunden habe, vermute ich, die Abkürzung soll für „Operation Technology"
stehen. Auf Seite 707 heißt es: Die Betriebstechnik (OT) … Meine
Übersetzung eignet sich. Einverstanden, ein Verzeichnisdienst kann auch
[Benutzer, der/die = Top-25] und ihre [Konten, die = 39x] verwalten. Müsste
es nicht heißen „Fernwartungszugriff in die OT"? ...\}

[Verzeichnis + System, das = 2x]; Rarität. Die hoffentlich systematische Art,
wie ein Verzeichnis aufgebaut ist und verwaltet wird. Das ist nachvollziehbar
[+].

[Video + Daten, die = 1x]; Rarität. Das ist quälend **[–]**. Mir fehlt im Moment
(= ICE 881, 13:48h, zwischen Harburg und Lüneburg) schlicht die Fantasie für
eine Auflösung.

[Virtualisierung, die = 29x] = Virtualisierung bezeichnet in der Informatik die
Nachbildung eines Hard- oder Software-Objekts durch ein ähnliches Objekt

vom selben Typ mit Hilfe einer Abstraktionsschicht – nicht ausreichend bearbeiteter Text in Wikipedia.

<u>IT-Grundschutz-Kompendium</u>

> Bei der Virtualisierung von IT-Systemen werden ein oder mehrere virtuelle IT-Systeme auf einem physischen IT-System ausgeführt (A).

SYS.1.5 Virtualisierung; 1.1. Einleitung; S. 515/900

{Patch – Ein Eigenschaftswort/Adjektiv wie [virtuelle = 43x] oder [physischen = 19x] bezeichnen eine Eigenschaft. Ein Umstandswort/Adverb wie [virtuell = UNGENUTZT] oder [physisch = 25x] bezeichnet einen Umstand, ein Geschehen, einen Sachverhalt. Deine Frage nach dem Eigenschaftswort: Welche Eigenschaft hat das IT-System? Deine Fragen nach dem Umstandswort: Was läuft da? Mein Vorschlag:

> *Bei der Virtualisierung werden ein oder mehrere IT-Systeme [virtuell] auf einem physischen IT-System [virtuell] ausgeführt.*

Die Stellung eines Umstandswortes ist variabel...\}

[Virtualisierung, die] = als Bestimmungswort, das differenziert und die Bedeutung des Grundwortes/Letztwortes erweitert in den folgenden zusammengesetzten Wörtern (Komposita):

[Virtualisierung(s) + Funktion, die = 3x]. Wird also so getan, als ob ein Prozess abläuft, dann kannst du dieses So-tun-als-ob als virtuell bezeichnen, und brauchst keine Funktion. Das ist nachvollziehbar **[+]**.

[Virtualisierung(s) + Infrastruktur, die = 6x]. Das ist schmerzhaft **[–]**. Die [Virtualisierung, die = 29x], also die Nachbildung ist ein Vorgang (oder auch im Ergebnis ein Zustand). Produziert wird dieser durch eine Software.

[Virtualisierung(s) + Server, der = 31x]. Der Rechner, von dem aus die Virtualisierung gestartet und verwaltet wird. Das ist nachvollziehbar **[+]**.

[Virtualisierung(s) + Software, die = 4x]. Eine Software, die dir verspricht, reale Zustände oder Vorgänge virtuell nachzubilden. Bedenke und wende es in deinem Herzen: Das ist nur eine Kopie! Ein Simulacrum! Das ist nachvollziehbar **[+]**.

[Virtualisierung(s) + System, das = 1x]; Rarität. Das ist ungewöhnlich **[–]**. Um die Art und Weise könnte es gehen, wie Wirklichkeiten virtualisiert werden. Vermutlich ist jedoch etwas ganz anderes gemeint – wirf einen Blick auf den [Virtualisierung(s) + Server].

[Vorbild + Funktion, die = 1x]; Rarität. Ein Vorbild ist eine Person, die bei dem Gebrauch eines Smartphones alles richtig macht. Alle [Sicherheit(s) + Einstellungen, die = 17x] peinlich beachtet. Keine [Passwörter, die = 138x] speichert, keine [Einträge, die = 9x] wie Name, Telefonnummer, Geburtsdatum und so weiter speichert. Und Vorbild ist eine Person, die nach dem Gebrauch alle Einträge im [Cache, der = 8x] löscht. Eine Person, welche im Ruhebereich eines ICEs weder telefoniert noch einen Film schaut... Wie all dieses bei einer [Funktion] erfüllt sein kann und erfüllt wird, das musst du selbst herausfinden. Das ist nachvollziehbar [+].

[Vorschau + Funktion, die = 4x]. Wenn du beispielsweise ein kurzes Programmlein geschrieben hast, und du sehen willst, wie es so läuft, bevor du es speicherst und für alle verfügbar machst: Das nennt man dann [Vorschau, die = UNGENUTZT] - das ist nachvollziehbar [+].

* * * * *

W wie [Wartung, die = 32x] im IT-Grundschutz – [Wartung] wird 2-mal modifiziert

Das bedeutet, etwas warten, pflegen, instand halten.

<u>IT-Grundschutz-Kompendium</u>

> Für kritische Sicherheitsupdates SOLLTE kurzfristig eine Wartung durchgeführt werden (A).
>
> IND.2.1: Allgemeine ICS-Komponente; IND.2.1.A11 Wartung der ICS-Komponenten; S. 684/900

{Patch - [SOLLTEN] = Anregung, unverbindliche Empfehlung, so und so zu handeln – siehe Modalverben.

Ein [Sicherheit(s) + Update, das = 10x] ist ein [Update, das = 81x], welches unbedingt eingespielt werden muss. Eine [Schwach + Stelle, die = 267x] wurde erkannt, ein [Angriff, der = 210x] wurde erkannt, findet noch statt, oder wird gerade abgewehrt, das sind Gründe, um ein [Sicherheit(s) + Update] so rasch wie möglich raus zuhauen.

Eine [Wartung] dagegen ist eher gemütlich, ist regelmäßig, findet idealerweise außerhalb der [Betrieb(s) + Zeiten, die = UNGENUTZT] statt. Warum in dem Aussagesatz eine derartige Mischung präsentiert wird, grenzt an [Fahrlässigkeit, die = 3x]...\}

[Warn + System, das = 1x]; Rarität. Das ist vertrackt [–]. Möglicherweise soll das die Art und Weise sein, wie etwa vor Viren oder Trojanern gewarnt wird. Oder es ist ein Rechner mit entsprechender Software, die warnen könnte. Vielleicht. Vielleicht auch etwas ganz anderes.

[Web, das = 28x] = Gesamtheit der über das Internet verfügbaren und durch Hyperlinks miteinander verbundenen Texte und anderen Medienobjekte.

<u>IT-Grundschutz-Kompendium</u>

> Webbrowser auf dem Server DÜRFEN NICHT zum Surfen im Web verwendet werden (A).

{Patch – [DÜRFEN NICHT] es ist verboten, es soll nicht sein, so und so zu
handeln - siehe Modalverben

Warum heißen Webbrowser denn Webbrowser, wenn du nicht mit ihnen
durchs Web brausen darfst? Zumindest auf dem Server nicht? Ganz einfach:
Nenne die Sache Browser, und dann erkläre, ein Browser auf dem Server
dient für die [Fernwartung, die = 157x] – sonst käme dein Dienstleister nicht in
dein Netzwerk...\}

[Web, das] = als Bestimmungswort, das differenziert und die Bedeutung des
Grundwortes/Letztwortes erweitert in den folgenden zusammengesetzten
Wörtern (Komposita):

[Web + Anwendung, die = 149x]. Angenommen, mit den [Anwendungen] sei
in 149 Fällen ein [Programm, das = 88x] gemeint, welches ausschließlich im
Web ist und nur dort läuft, das nicht heruntergeladen werden muss.
Angenommen es sei so, dann wäre das nachvollziehbar [+]. Der Zugang zu
einer Cloud könnte eine solche Web-Anwendung sein. Ein [Portal, das], von
dem du Updates für dieses und jenes herunterladen könntest, wenn du doch
nur noch die Seriennummer deiner Software wüsstest.

IT-Grundschutz-Kompendium

> 01. Wenn sicherheitsrelevante Ereignisse von der Webanwendung
> oder dem Webservice unzureichend protokolliert werden (1NV),
> können diese unter Umständen zu einem späteren Zeitpunkt nur
> schwer nachvollzogen werden (2H).
>
> > APP.3.1 Webanwendungen und Webservices; 2.1. Unzureichende
> > Protokollierung von sicherheitsrelevanten Ereignissen; S. 394/900

{Patch – Dir wird es nun leider nicht leicht gemacht – oder weißt du sofort,
was die Unterschiede zwischen [Web + Anwendung] und [Web + Service =
54x] sind. Ich kann es irgendwo ahnen. Das Problem ist ein anderes. Wenn
per definitionem [Anwendung] und von mir aus [Service] im (!) Web
bereitgestellt werden und dort laufen, dann werden sie von fremden Anbietern
dort bereitgestellt, also von Amazon die Produkte, von Google eine der
Suchmaschinen, von der DB das Portal, auf dem du Reisen buchen kannst
und so weiter. Wenn es also dort ein „sicherheitsrelevantes Ereignis" gibt, du
erfährst es wenn überhaupt irgendwann. Ein Protokoll wird es geben, aber für
dich gibt es keinen Einblick. Das läuft unter Geschäftsgeheimnis. Nur wenn
dein Amazon-Konto zu denen gehört, in das eingebrochen wird, du wirst
vielleicht gebeten, dein Passwort zu ändern. Was aber genau geschehen ist,
das erfährst du nicht. So läuft das eben bei [Web + Anwendungen]...\}

> 02. Die Entwickler SOLLTEN die Webanwendung mit solchen
> Sicherheitsmechanismen ausstatten (1H), die eine Unterscheidung

zwischen beabsichtigten Seitenaufrufen des Benutzers von unbeabsichtigt weitergeleiteten Befehlen Dritter ermöglichen (2NR).

CON.10 Entwicklung von Webanwendungen; CON.10.A15
Verhinderung von Cross-Site-Request-Forgery; S. 191/900

{Patch – [SOLLTEN] = Anregung, unverbindliche Empfehlung, so und so zu handeln – siehe Modalverben.

In der Sache betrete ich Sand, in dem ich versinken könnte. Deswegen der grammatische Ansatz. Subjekt des Hauptsatzes sind [Entwickler, die = 79x]. Ihre Kompetenz ist es, unsere [Web + Anwendungen] auszustatten, ihnen etwas mitzugeben, was sie vorher nicht hatten. Mitzugeben sind [Sicherheit(s) + Mechanismen, die = 66x]. Das Grundwort ist [Mechanismus, der = 54x], ein mechanischer, zwangsläufiger, selbsttätiger Ablauf (www.dwds.de). Wie dieser Ablauf auf die Sicherheit angepasst werden kann, wie er die Sicherheit unterstützen kann, das erschließt sich nicht. Noch dazu die Geschichte eine „mechanische" ist. Zeige mir eine „mechanische Sicherheit in der IT", und du bekommst einen Bio-Apfel aus dem Alten Land...\}

[Web + Anwendung(s) + Server, der = 1x]; Rarität. Das ist problematisch **[–]**. Hat ein Rechner Zugang zum Internet, schubs, schon kann er Web-Programme nutzen.

[Web + Dienst, der = 2x]; Rarität. Das ist misslich **[–]**. Sieh dir die Definition [Web] an. Dann weißt du, dass das mit dem [Dienst] nicht passen kann.

[Web + Server, der = 92x]. Das ist schwierig **[–]**. Denn:

> „Der Begriff kann sich generell auf zwei verschiedene Dinge beziehen: Entweder auf die Software eines Webservers (also das Programm an sich) oder den Computer, auf dem die Webserver-Software ausgeführt wird.

https://www.ionos.de/digitalguide/server/knowhow/webserver-definition-
hintergruende-software-tipps.

<u>IT-Grundschutz-Kompendium</u>

> Ein Webserver ist die Kernkomponente jedes Webangebotes (1H), er nimmt Anfragen der Clients entgegen und liefert die entsprechenden Inhalte zurück (2H).

APP.3.2: Webserver; 1.1 Einleitung; S. 401/900

{Patch – Vergegenwärtige dir, ein [Web-Server] serviert in das Internet. Von dort aus kann er auch angegriffen werden, indem etwa 3 Mio. Anfragen gleichzeitig gestellt werden. Wird in deinem Unternehmen ein Intranet ebenfalls über diesen Web-Server betrieben, kann es kritisch werden. Wird dieser Web-Server zusammen mit anderen Serverprogrammen auf einem Rechner betrieben, kann es kritisch werden. Steckt zwischen dem Web-Server und deinem Netzwerk keine Firewall, kann es kritisch werden. Eigentlich alles sehr übersichtlich, du musst es nur ständig im Blick behalten... \}

* * * * *

Rand-Notiz Nr.28 - ICE Wagen 21 und KI

Ein Mittwoch, ein Mittwoch im Februar. Ich sitze in einem ICE, der unsere hype Hauptstadt gerade verlassen hat. Die automatisierte Anzeige von Reservierungen hat nicht funktioniert, egal. Um mich herum jüngere Geschäftsmenschen. Sie telefonieren, unüberhörbar hörbar. Dort werden persönliche Angaben erzählt, wegen dem Kauf einer Immobilie im Westen. Und dort werden technische Features einer Bestellung besprochen. Und dort hinten werden Vertragsbedingungen diskutiert, man geht an seine Schmerzgrenze und so weiter.

Jetzt, was wäre, würde eine KI das Gerede aufnehmen, würde sie es richtig den Sprechenden zuordnen, und dann die Inhalte auswerten, und im Hintergrund würde die KI die Immobilie tief im Westen identifizieren, die Kaufinteressierte identifizieren inklusive des GPS-Signals. Und im Hintergrund würde die KI die technischen Feature einer Anlage oder einer Maschine zuordnen, einem Hersteller zuordnen, und den gerade Sprechenden identifizieren inklusive seines GPS-Signals mit all dem daraus folgenden. Und im Hintergrund würde die KI die Vertragsbedingungen konkreten Verträgen zuordnen, vielleicht Gegenstände zuordnen, vielleicht Branchen zuordnen, vielleicht Unternehmen zuordnen, und den Verhandelnden einschließlich der kommentierenden Begleitung identifizieren inklusive seines GPS-Signals... Und vielleicht hätte all die Redenden bereits irgendwo ihr Stimmenprofil hinterlegt, bei einer Bank, bei einem Service-Center, bei einem Hersteller, und die KI würde ihre Schlüsse ziehen, Verbindungen herstellen, Relationen aufdecken... Ach, wäre das ein Datenfest beginnend in einem ICE, Wagen 21 mit den nummerierten Sitzplätzen 86 ff...

* * * * *

~ [werden, wird, wurde, geworden] – Grammatik: Vollverb & Hilfsverb

Die Varianten [werden, wird, wurde, geworden] kommen auf 9.834 Einsätze.

Die wichtigen Verwendungen: [Werden] = 1. bezeichnet das Übergehen, Hineingeraten in einen bestimmten (Zu-)Stand, eine neue Lage, bezeichnet eine Zustandsveränderung; 2. entstehen, sich entwickeln; 3. ⟨werden + Infinitiv⟩ = Grammatik: dient zur Bildung des Futur I. 4. ⟨werden + Partizip II⟩, Grammatik: dient zur Bildung des Passivs.

Die Verwendungen Nr. 1 und Nr. 2 werden für den IT-Grundschutz nicht genutzt.

01. Darüber hinaus wird die Datei eventuell nicht als Beweismittel vor Gericht zugelassen (1H), selbst {dann nicht\} (2EL), wenn das Dokument noch völlig korrekt ist (3NV).

OPS.1.2.2: Archivierung, 2.5 Unzureichende Erneuerung von kryptografischen Verfahren bei der Archivierung; S. 244/900

{Patch – Selbstverständlich fragst du dich, was wird in Zukunft gelten: [Datei, die = 143x] oder [Dokument, das = 264x]? Unser [werden] reicht in die Zukunft, reicht in ein vorstellbares [Gericht(s) + Verfahren, das = 1x] und blickt auf die dort vorzulegenden [Beweise, die = 6x]. Ein Dokument würde dann ausscheiden, denn es kann digital oder analog sein, also in Papierform Gegenstand eines [Verfahrens, das = 159x] werden. Da die [Kryptografie, die = 7x] anzuwenden, erinnert irgendwie an den Film mit Robert Redford: Die Tage des Condors. Was und wie auch immer, nur eine kryptografische bearbeitete Datei kann in einem digitalen Zusammenhang [Beweis + Mittel, das = 13x] werden!...\}

02. Rufnummern von Mobiltelefonen SOLLTEN NICHT veröffentlicht oder an unbefugte Dritte weitergegeben werden (A).

SYS.3.3: Mobiltelefon, SYS.3.3.A14 Schutz vor Rufnummernermittlung bei der Mobiltelefon-Nutzung; S. 635/900

{Patch - [SOLLTEN] = Anregung, unverbindliche Empfehlung, so und so zu handeln – siehe Modalverben.

Super Sache, man empfiehlt nicht, eine [Ruf + Nummer, die = 7x] herauszugeben. Schon gar nicht an diese [Unbefugten, die = 44x]. Natürlich ist dieser Satz fern der Praxis. Ich kenne [Dienstleister, der/die = 280x] und habe mit solchen zu tun, die organisieren ihren [Service, der = 144x] über ein Mobiltelefon. Und ebenso natürlich erhalte ich Anrufe von Technikern, dass sie auf der Autobahn im Stau stehen. Und ja, bei einem Dienstleister ist meine [Mobil + Nummer, die = UNGENUTZT] hinterlegt, damit der mich als [Berechtigter, der = 3x] identifizieren kann und das entsprechende [Routing, das = 13x] vornehmen kann. Die „Nicht-Empfehlung" könnte einen Sinn haben, würde man von individuellen,personenbezogenen Mobiltelefonen sprechen, die es nicht erleiden dürfen – [werden] gleich Passiv! - veröffentlicht zu werden. Ach, verehrtes BSI, am besten, Sie passen den ganzen Abschnitt [Mobiltelefon] aus Gründen der [Glaubwürdigkeit, die = UNGENUTZT] an die zugegeben sorglosen Realitäten an...\}

* * * * *

[Weiterleitung(s) + Funktion, die = 1x]; Rarität. Kannst du beispielsweise eine E-Mail zu jemand anderen weiterleiten, dann wäre das eine Möglichkeit, eine Funktion deines Programms – das ist nachvollziehbar **[+]**. /

[Weitverkehr(s) + Netz, das = 9x]. Zunächst hört sich das ein wenig umständlich an. Dann aber siehst du die deutsche Version von WLAN vor dir. Das ist etwas um die Ecke gedacht nachvollziehbar **[+]**.

[Wiederanlauf + Anforderung, die = 1x]; Rarität. Das ist befremdlich **[–]**. ein Server, der aus welchen Gründen auch immer ausfällt, den musst du selbstverständlich neu starten können. Das nennt man auch das Wiederanlaufen, dieses neue Starten. Das ist selbstverständlich.

[Wiedergabe + Gerät, das = 1x]; Rarität. Ein Gerät, etwa wie ein CD-Player, mit dem du die wunderbaren französischen Chansons anhören kannst, mit dem du sie wiedergeben kannst. Das ist nachvollziehbar **[+]**.

[Wiederherstellung(s) + Information, die = 1x]; Rarität. Das könnten alle Angaben und Handlungen sein, die du brauchst und ausführen musst, willst du einen gehackten Server wieder herstellen.

[Wetter + Dienst, der = 1x]; Rarität. Eine halb staatliche Einrichtung, die für die Vorhersage des Wetters verantwortlich ist. Das ist nachvollziehbar **[+]**.

* * * * *

~ [wollen, wollte, wollten, will = 10x] = Modalverb

Die Varianten [wollen, wollte, wollten, will] kommen auf 10 Einsätze! Diese hauptsächliche Bedeutung: [wollen] drückt aus, dass der Wille, Wunsch oder die Absicht des Subjekts darauf gerichtet ist, dass mit dem Objekt etw. geschieht, dass der Inhalt des Objekts, des Infinitivs, des »dass«-Satzes realisiert wird (www.dwds.de).

IT-Grundschutz-Kompendium

> APT-Angreifer wollen üblicherweise einen Informationsverbund dauerhaft infiltrieren (A).
>
> DER.2.3: Bereinigung weitreichender Sicherheitsvorfälle; 2.1
> Unvollständige Bereinigung, S. 322/900

{Patch - [APT] steht für Advanced Persistent Threats, frei übersetzt ein anhaltender, weitreichender und tiefreichender Angriff auf ein System wie etwa die Telematik-Infrastruktur (TI) des Gesundheitswesens. Bemerkenswert sind die beiden eingesetzten Umstandswörter/Adverbien: [üblicherweise / Umstand = 10x], den [Erwartungen, die = UNGENUTZT] oder den [Erfahrungen, die = 7x] entsprechen. Die Erwähnung dieses Umstandes ist [überflüssig = UNGENUTZT]. Und [dauerhaft / Umstand = 16x], also etwas ist von langer Dauer, hat einen langen Bestand. Auch diese Tatsache ist bereits ein [Kennzeichen, das = UNGENUTZT] dieser herausragenden, anhaltenden Bedrohung. Die relevante Information sehe ich in dem Ziel des Angriffes: [Information(s) + Verbund, der = 212x]. Wie dieses zusammengesetzte Hauptwort/Substantiv eine Rolle in dem IT-Grundschutz spielen kann, ist ein traurige [Schwachstelle, die = 267x]. Ziele dieser Angriffe sind lokale

Netzwerke, sind Netzwerke via Web (WLAN), Virtual Private Networks (VPN),
sind komplette Infrastrukturen wie die genannte TI. Das muss so deutlich
gemacht werden...\}

* * * * *

[Wurzel + Datei + System, das = 2x]; Rarität. Das ist deprimierend [–], und
lässt sich nicht bedeutungsvoll auflösen oder erklären.

* * * * *

Y wie [Yellow = 1x] im IT-Grundschutz – [Yellow] wird nirgends modifiziert
für die digitale Sicherheit

In welchem Zusammenhang [Yellow] steht, zeigt ein Zitat aus dem
Kompendium:

> Bestimmte Drucker und Kopierer drucken sogenannte „Yellow Dots"
> (auch „Machine Identification Code", „Tracking Dots", „Secret Dots")
> auf das Papier.
>
> SYS.4.1: Drucker, Kopierer und Multifunktionsgeräte; 2.2 Sichtbarkeit von
> Metadaten; S. 638/900

{Patch – Ist dann wohl so...\}

* * * * *

Z wie [Zertifikat, das = 52x] im IT-Grundschutz – [Zertifikat] wird 5-mal
modifiziert für die digitale Sicherheit

Die Bedeutung wird neben anderen bei (www.dwds.de) so angegeben:
Informations- und Telekommunikationstechnik, Internet in einem digitalen
Datensatz bestehende, durch kryptografische Verfahren auf ihre Authentizität
und Integrität überprüfbare Bestätigung bestimmter Eigenschaften (wie
insbesondere der Identität) von jmdm. oder etw. mit dem Ziel der Schaffung
von Sicherheit und Vertrauen im digitalen Verkehr.

[Zeit, die = 72x] im IT-Grundschutz... die läuft schnell ab, die hast du nicht!!!

Bedeutet = 1. Gesamtheit der ablaufenden Sekunden, Minuten, Stunden,
Tage, Wochen, Jahre; 2. Teil von Zeit, über den jmd. verfügen kann; 3.
bestimmte Stunde und Minute eines Tages, die von der Uhr angezeigt wird; 4.
Zeitpunkt; 5. Zeitraum.

<u>IT-Grundschutz-Kompendium</u>

> Gelöschte Exchange-Objekte SOLLTEN erst nach einiger Zeit aus
> der Datenbank entfernt werden (A).

APP.5.2: Microsoft Exchange und Outlook; APP.5.2.A5 Datensicherung von Exchange;
S. 462/900

{Patch – [SOLLTEN] = Anregung, unverbindliche Empfehlung, so und so zu
handeln – siehe Modalverben.

Wie lange dauert „einige Zeit"? Niemand weiß es. Geschickt würde es sein,
wenn du für diesen [Zeit + Raum, der] eine nachvollziehbare Herleitung
finden und anbieten würdest. Vielleicht so: *Gelöschte Objekte sind erst nach
5-Tagen endgültig zu entfernen...*\}

[Zeit, die] = als Bestimmungswort, das differenziert und die Bedeutung des
Grundwortes/Letztwortes erweitert in den folgenden zusammengesetzten
Wörtern (Komposita):

[Zeit + Dienst, der = 1x]; Rarität. Das ist blödsinnig [–]. Gemeint sein könnte
das schlichte Stellen einer Uhr auf dem digitalen Weg, nur im Rechner und
vom Server und der Atomuhr in Braunschweig überwacht.

[Zeit + Information, die = 34x]. Das ist so etwas von verbissen [–]. Wenn es
um einen [Zeit + Punkt, der = 35x] geht, dann geht es vielleicht um Anfang
oder Ende eines digitalen Vorganges. Wenn es um die [Zeit + Dauer, die = 3x]
geht, dann geht es um die Zeit zwischen einem Anfang und einem Ende.
Oder es geht um die Zeit, die vergeht, bis ein Prozess startet.

<u>IT-Grundschutz-Kompendium</u>

> Auch im Bereich der kryptographischen Protokolle sind genaue
> Zeitinformationen von Bedeutung (A).

OPS.1.2.6 NTP-Zeitsynchronisation; 1.1. Einleitung; S. 265/900

{Patch – Ach wie wäre dir geholfen, würde dort schlicht und aussagekräftig
[Zeit + Angaben, die = 2x] stehen... \}

[Zeit + Server, der = 5x]. Das ist mehr als sonderbar [–], denn extra einen
Rechner, einen Server für die Zeit – und es nicht die Wochenzeitung DIE
ZEIT gemeint.

[Ziel, das = 143x] = angestrebter Punkt, Ort, a) den jmd. mit der Schusswaffe
treffen will, b) den jmd. besonders auf einer Reise, Wanderung erreichen will,
c) der beim Rennen, Wettlauf den Endpunkt bildet, Ziellinie, d) [übertragen]
etw., was man als Ergebnis seines Handelns anstrebt.

<u>IT-Grundschutz-Kompendium</u>

> Eine Richtlinie zur Behandlung von Sicherheitsvorfällen MUSS
> erstellt werden (1-A). Darin MÜSSEN Zweck und Ziel der Richtlinie

definiert sowie alle Aspekte der Behandlung von Sicherheitsvorfällen
geregelt werden (2-A).

DER.2.1: Behandlung von Sicherheitsvorfällen; DER.2.1.A2 Erstellung einer
Richtlinie zur Behandlung von Sicherheitsvorfällen, S. 309/900

{Patch – [MUSS/MÜSSEN] = Notwendigkeit, Pflicht, so und keinesfalls anders
zu handeln – siehe Modalverben.

Schau nur, ein perfektes Beispiel, wie man eine entscheidende Sache
abwürgen kann. Die Absicht oder das Ziel, eine verbindliche [Anleitung, die =
5x] oder ein [Leitfaden, der = 43x] ist auszuarbeiten. Wozu eine solche
Anleitung: Jede und jeden in die Lage zu versetzen, richtig und angemessen
zu reagieren, sobald ein [Sicherheit(s) + Vorfall, der = 209x] eintritt oder
bekannt wird. Eine [Richtlinie, die = 148x] hat diesen aktiven, anleitenden Teil
nicht...\}

[Ziel, das] als Bestimmungswort, das differenziert und die Bedeutung des
Grundwortes/Letztwortes erweitert in den folgenden zusammengesetzten
Wörtern (Komposita):

[Ziel + Netz, das = 3x]. Das ist dysfunktional **[–]**. Gemeint sein könnte ein
Anschluss oder eine Verbindung, der oder die hergestellt werden soll und
über den du dann z.B. deinen Rechner in einem Netzwerk anmelden könntest
– oder von mir aus in einem Netz.

[Ziel + System, das = 7x]. Mit aller Behutsamkeit, es könnte um Rechner und
ein Netzwerk gehen, zu dem Daten geschickt werden sollen. So könnte das
sein, sicher ist das aber nicht. Das ist nachvollziehbar **[+]**.

[Zugang, der = 127x] = 1. das Hingehen zu etw., das Hineingehen in etw.,
[bildlich] das Herankommen an etw., das Verstehen, Begreifen von etw.; 2.
Gang, Weg, Straße, durch die ein bestimmter Ort, besonders ein Raum,
betreten werden kann

IT-Grundschutz-Kompendium

Wenn die Nutzung von OT-Fernwartungszugängen nur unzureichend
vertraglich geregelt ist (1NV), dann fehlen klare Vorgaben, wie der
Benutzerkreis jedes einzelnen Zugangs einzuschränken ist (2H).

IND.3.2 Fernwartung im industriellen Umfeld, 2.3. Unzureichende
Regelungen für die Nutzung von OT-Fernwartungszugängen; S. 709/900

{Patch – Die Abkürzung [OT] steht für Operational Technology. Du siehst, es
geht wahrscheinlich um eine Industrieanlage, die ebenfalls aus der Ferne bei
einer Störung oder einem Update erreichbar sein muss. Was da [vertraglich;
Umstandswort = 31x] zu regeln ist, unklar. Was bei dieser Regelung
[zureichend; Umstandswort = UNGENUTZT] oder [unzureichend;
Umstandswort = 94x] sein könnte, unklar. Mit [Störung, die = 129x] und
[Update, das = 81x] sind die Situationen festgelegt. Jetzt muss festgelegt
werden, wer die Wartung übernehmen darf, und wer die Freigabe dieser

Wartung gibt und die Wartung überwacht. Was bei „jedem einzelnen Zugang einzuschränken ist" - das ist überflüssiger Ballast...\}

[Zugang, der] = als Bestimmungswort, das differenziert und die Bedeutung des Grundwortes/Letztwortes erweitert in den folgenden zusammengesetzten Wörtern (Komposita):

[Zugang(s) + Daten, die = 38x]. Das könnte ein anderer, konkurrierender Ausdruck sein für [Anmelde + Daten, die = 3x] oder für [Nutzer + Daten, die = 4x]. Immer sind es vermutlich Angaben, mit denen du dir Zutritt verschaffen könntest, beispielsweise zu einem Netzwerk, alles natürlich legal – oder solltest du ein Bösewicht/eine Bösewicht-in sein. Das ist nachvollziehbar **[+]**.

<u>IT-Grundschutz-Kompendium</u>

> 01. IoT-Geräte sind jedoch häufig über ein WLAN verbunden und speichern die hierfür erforderlichen Zugangsdaten (A).

CON.6: Löschen und Vernichten; 1.1 Einleitung; S. 157/900

{Patch – Bei Geräten, die auch (!) internetfähig sind und die man zu dem Inter-of-.things zählt, ist klar, dass sie nur mit den entsprechenden Angaben in das WLAN kommen. Wie das mit der Speicherung der Zugangsdaten ist, das solltest du entscheiden (können)...\}

> 02. Der IT-Betrieb MUSS sicherstellen (1H), dass Zugangsdaten zur Webanwendung oder zum Webservice serverseitig mithilfe von sicheren kryptografischen Algorithmen vor unbefugtem Zugriff geschützt werden (2NI).

APP.3.1 Webanwendungen und Webservices; APP.3.1.A14 Schutz
vertraulicher Daten; S. 395/900

{Patch – [MUSS/MÜSSEN] = Notwendigkeit, Pflicht, so und keinesfalls anders zu handeln – siehe Modalverben.

An welcher Stelle verbirgt sich in diesem Satz die alles entscheidende Aussage? Ist es der Befehl „muss sicherstellen" im Hauptsatz (1H)? Ist es das Verb/Prädikat „geschützt werden" des folgenden Teilsatzes (2NI)? Ist es die Methode oder das angeblich schützende Verfahren der „kryptografischen Algorithmen"? Oder ist es das lokale Umstandswort/Adverb „serverseitig"?

Schau mal, was ich da machen kann und könnte: *Der IT-Betrieb MUSS sicherstellen (1H), dass <u>serverseitig</u> Zugangsdaten zur Webanwendung....*

Genau, weil nirgendwo Verantwortliche genannt werden, bringe wenigstens den entscheidenden Ort der Verantwortung zu einem frühen Zeitpunkt...\}

[Zugang(s) + Information, die = 4x]. Das ist ungemütlich **[–]**, wie es bereits die [Anmelde + Informationen] gewesen sind. In der Medizin, häufig auch in der Notfallmedizin, legt man einen Zugang. /

[Zugang(s) + Kontroll + System, das = 2x]; Rarität. Das ist schwierig **[–]**. Kontrolliert wird ein Zugang, etwa zu einem Netzwerk. Gemeint sein könnte deswegen der Rechner, auf dem die Kontrolle läuft, aber verhält es sich so?

[Zugang(s) + Netz, das = 3x]. Das ist trostlos **[–]**, weil auch wie beim [Zielnetz] brutal um die Ecke gedacht werden müsste. Dabei geht die Bedeutung verloren.

[Zugang(s) + System, das = 1x]; Rarität. Das ist blöd **[–]**. Naheliegend, dass die Kontrolle vergessen wurde und es sich eigentlich um ein verkürztes, als schwierig empfundenes [Zugang(s) + Kontroll + System = siehe dort] handeln soll.

[Zusatz, der = UNGENUTZT] = 1. das Hinzufügen, die Beigabe, Zugabe; 2. das Hinzugefügte, Beigegebene; 3. hinzugefügter Satz, Ergänzung, Nachtrag

> Die Zusätze zu dem Vertrag / Abkommen müssen beachtet werden. - www.dwds.de

{Patch – Die Zusätze spielen bei Verträgen im Einkauf eine wichtige Rolle. Alles, was nicht direkt mit den Bedingungen der Software, die angeschafft werden soll, zu tun hat, wird in Zusätze (engl. Amendmends) verfrachtet...\}

[Zusatz, der] = als Bestimmungswort, das differenziert und die Bedeutung des Grundwortes/Letztwortes erweitert in den folgenden zusammengesetzten Wörtern (Komposita):

[Zusatz + Funktion, die = 1x]; Rarität. Gemeint ist die märchenhafte 1001ste Funktion, die dein Tablett hat und du davon keine Ahnung – das ist nachvollziehbar **[+]**.

[Zusatz + Information, die = 2x]; Rarität. Wenn eine Information, die du so wunderbar mit bunten Charts aufbereitet hast, nicht ausreicht, dann musst du sie natürlich ergänzen, also zusätzliche Inhalte und Daten liefern. Das ist nachvollziehbar **[+]**.

[Zusatz + Software, die = 2x]; Rarität. Das ist dürftig **[–]**. Eine Software, die du zusätzlich oder ergänzend installieren sollst oder musst, ist noch lange keine „Zusatzsoftware".

[Zutritts + Kontroll + System, das = 1x]; Rarität. Das ist merkwürdig **[–]**, denn eigentlich ist mit dem als schwierig empfundenen [Zugang(s) + Kontroll + System – siehe dort] das Wesentliche gesagt.

In dem IT-Grundschutz-Kompendium, dem Handbuch für digitale Sicherheit oder einem IT-Grundschutz werden ausführlich Angebote und Empfehlungen zusammengestellt, wie Schutz und Sicherheit in diesem oder jenem Bereich der IT (und der Telematik Infrastruktur TI) eingerichtet, aufgebaut und nachgehalten werden kann. Herausgeber ist das Bundesamt für Sicherheit in der Informationstechnik (BSI). Viele Autoren und Autorinnen haben mitgeschrieben, deswegen ist für mich die verwendete Sprache bzw. Semantik und die genutzte Grammatik repräsentativ für die aktuelle Beschreibung digitaler Inhalte.

So genannte „Expertinnen" und „Experten" so wie Unternehmen, deren Geschäft die IT-Sicherheit ist, haben also ihr Wissen und ihre Erfahrungen in das Handbuch eingearbeitet. Das Ergebnis, eine umfangreiche und bis in die tiefen Niederungen aller IT gehende Dokumentation. Das Handbuch enthält zahlreiche IT-Situationen, sie benennt Gefahren für diese, und sie stellt konkrete Handlungen zusammen, mit denen den Gefahren begegnet werden könnte.

Das Ziel der 900 Seiten, die stets bedrohte, digitale Infrastruktur (mit Ausnahme der Telematik-Infrastruktur TI des Gesundheitswesen) dieser Gesellschaft zu schützen und gegenüber Angriffen wehrhaft zu machen.

Spätestens an dieser Stelle decken sich die Ziele des BSI mit denen meiner Arbeit als Administrator für das Netzwerk einer Arztpraxis. Das schließt eben den Zugang und die Nutzung der nur in Klammern gesetzten TI mit ein, also das E-Rezept, die elektronische Patientenakte (ePA), die elektronische Arbeitsunfähigkeitsbescheinigung (eAU) ehemals „Gelber Schein", und noch weitere nicht medizinische Anwendungen.

Wie komme ich auf diesen zu jeder Zeit schwankenden Ast der Digitalisierung und der Abhängigkeiten von Dienstleistern? Ich hatte das ganze Zeug der digitalen Kommunikation beruflich einkaufen müssen. Später war ich Geschäftsführer, die Herausforderung: Aufbau und „Betrieb" eines Support-Centers für digitales Kommunizieren z.B. E-Mail, SMS, wir nannten das flott eCommunication.

Wegen dem IT-Schutz der Arztpraxis wollte ich eines späteren Tages im Handbuch etwas nachschlagen, und siehe da, diese Wortwahl, diese Grammatik, diese Sätze, diese Sprache! Mein Gott, welch ein babylonisches Wirrwarr! Mein Lebenslauf will es so, ich bin Sprachwissenschaftler mit Universitäts-Abschluss. Deswegen machte ich mich neben dem [Administrieren, das = UNGENUTZT] an die Arbeit und erarbeitete für den IT-Grundschutz, für die digitale Sicherheit eine „Vokabelkladde". Sie enthält Worterklärungen, sie liefert Analysen von Sätzen, sie entwickelt Alternativen, sie arbeitet wissenschaftlich fundiert und mitunter kreativ mit der deutschen Grammatik.

Denn wie das BSI zur „Lage der IT-Sicherheit in Deutschland 2024" schreibt:

> Bahnbrechende technische Entwicklungen spielen bösartigen Akteuren im digitalen Raum in die Karten. Cyberkriminelle professionalisieren ihre Arbeitsweise. Sie sind technisch auf dem neusten Stand und agieren aggressiv. Längst haben sie Strukturen für ihre kriminellen Dienstleistungen etabliert.
>
> https://www.bsi.bund.de/DE/Service-Navi/Publikationen/Lagebericht/ lagebericht_node.html

Wie das geht, IT-Sicherheit sprachlich zu analysieren

Das IT-Grundschutz-Kompendium kannst du dir unter www.bsi.de herunterladen (Stand Dezember 2024). Der Umfang sind wie gesagt 900 Seiten. Das sind deutlich weniger als die Bibel, aber deutlich mehr als eine exakt umzusetzende Anleitung für Windows Server 2024 – möglicherweise auch nicht.

Gleichzeitig gibt es das Kompendium auch im Word-Format. Innerhalb von Word lässt sich die Zahl der Wörter ermitteln, bei allen methodischen Vorbehalten. Das Ergebnis: 278.220 Wörter. Von denen habe ich magische 80,7% in einer Tabelle erfasst und nach Wortart geordnet.

So bin ich praktisch vorgegangen: Das PDF-Dokument wird im Adobe Acrobat Reader für die Auswertung geöffnet. Der Reader hat ein recht zuverlässig funktionierende Suche: [Erweiterte Suche].

So weit so gut, jetzt stellt sich die Frage, wie mit der Auswertung des Sprachmaterials beginnen.

Schritt 1: Das **Substantiv** [Gefahr, die] bietet sich an im heutigen Zeitalter der erkannten und unerkannten Cyberangriffe in Permanenz.

Suchwort [Gefahr] eingeben in der [Erweiterten Suche], Aktivierung [Ganzes Wort], Aktivierung [Groß- und Kleinschreibung beachten]: Ergebnis = 92x Treffer.

Jeder Treffer wird in seinem Satzkontext angezeigt. Ich suche nach einem Aussagesatz:

IT-Grundschutz-Kompendium

> Eine große **Gefahr** für Personen bzw. Beschäftigte ist auch eine mangelhafte Datensicherheit (A).
>
> CON.2: Datenschutz, 2.1 Missachtung von Datenschutzgesetzen oder Nutzung eines unvollständigen Risikomodells; S. 146/900

{Patch – [Gefahr, die = 92x] wird definiert als ein „drohendes Unheil"
(www.dwds.de). Was in dem Aussagesatz als [drohend = als Adverb,
UNGENUTZT] wahrgenommen werden könnte, ist in dem
Eigenschaftswort/Adjektiv [mangelhafte = 25x] enthalten. Wie allerdings die
[Mängel, die = 27x] die Kurve schaffen in Richtung einer [Drohung, die =
UNGENUTZT], dafür brauchst du einige Fantasie. Selbst wenn die Sicherheit
deiner persönlichen [Daten, die = Top-25] Lücken hat, die [Angreifende, die =
UNGENUTZT] ausnutzen könnten, ein Unheil ist noch nicht auszumachen.
Mit anderen Worten, die Aussage ist ungenau und verschleiernd. Hätte man
von [Folgen, die = 82x] gesprochen, die aus Mängeln entstehen könnten,
dann wäre das mit der [Gefahr] nachvollziehbar, etwa so:

> *Dramatische Folgen für Mensch und Sachen hat eine mangelhafte
> Datensicherheit..\}*

Der Aussagesatz liefert weitere Hauptwörter/Substantive, die ich ebenfalls mit
einer systematischen Suche auswerten könnte, also [Person, die = 30x],
[Beschäftigte, die = 3x], oder [Datensicherheit, die = 4x].

Zurück zu dem Wort [Gefahr], jetzt der Plural, also [Gefahren]: Aktivierung
[Ganzes Wort], Aktivierung [Groß- und Kleinschreibung beachten]: Ergebnis =
30x Treffer.

Das Gesamtergebnis wird in der Auswertungs-Tabelle eingetragen: [Gefahr - /
-en] (29.09.22): 122x Treffer.

Unser Wort [Gefahr] kann in einem zusammengesetzten Wort/Kompositum
das Erstwort sein, welches ein folgendes Grundwort konkretisieren will.

Nun entfällt die Aktivierung [~~Ganzes Wort~~], und aktiv ist nur [Groß- und
Kleinschreibung beachten]. Angezeigt werden 1.073x Treffer.

Weil die oberschlaue KI der wenig nützlichen Meinung ist, als [Gefahr] auch
die [Gefährdung] aufnehmen zu müssen, muss manuell aussortiert werden.
Die Treffer sind:

> [Gefahren + Meldeanlagen, die = 20x] - [Gefahren + Quelle, die = 4x]
> - [Gefahren + Potenzial = 2x – Rarität] - [Gefahren + Situation = 2x –
> Rarität] - [Gefahren + Meldungen = 3x]

Das Erstwort bzw. Bestimmungswort [Gefahr] differenziert und modifiziert das
Letztwort bzw. Grundwort [Quelle]. Ein Wort, welches einmalig oder zweimalig
auftritt, ist natürlich eine Seltenheit und wird hier als Rarität gehandelt.

Es folgt die Suche nach den Komposita, bei denen unsere [Gefahr] selbst das
Grundwort ist. Nun wird die [Gefahr] modifiziert oder präzisiert oder was auch
immer, eine spannende Angelegenheit. Wieder entfällt die Aktivierung
[~~Ganzes Wort~~], aktiv bleibt die Beachtung der Groß- und Kleinschreibung,
Sucheingabe: [gefahr]. Erneut wird von der übereifrigen KI das [gefährden]
einbezogen, deswegen die Zählung in einzelnen Schritten:

> [Brand + Gefahr, die = 3x] – [Diebstahl + Gefahr, die = 1x; Rarität]

Auf diese Weise habe ich 964 Hauptwörter/Substantive erfasst und so konnte ich die berühmten Top-25 ermitteln. Das hat so noch niemand gemacht.

Schritt 2: Artikel/Pronomen, sie ergänzen und bestimmen bei einem Substantiv den Kasus, Numerus und das Genus. Außerdem können sie Substantive ersetzen. Die Sucheingabe für zum Beispiel [die] hat eine Aktivierung [Ganzes Wort] und aktive Beachtung der Groß- und Kleinschreibung. Ergebnis der Suche: 7.272x.

Weil am Satzanfang ein Artikel/Pronomen groß geschrieben wird, folgt eine zweite Sucheingabe [Die] mit dem Ergebnis: 2.260x beginnt ein Satz mit [Die], das nur als „Beifang".

Schritt 3: Und nun **Präpositionen/Verhältniswörter**, diese ordnen ein folgendes Substantiv zeitlich, räumlich, modal, kausal etc. ein. Sie haben keinen Kasus, Numerus, Genus, sie stehen unveränderlich in den Sätzen herum. Die Sucheingabe erfasst die Häufigkeit zum Beispiel der Präposition [in/im] mit dem Ergebnis: 4.212x. Präpositionen/Verhältniswörter können am Satzanfang stehen, dann werden sie großgeschrieben. Die Sucheingabe für z.B. [In/Im] hat ein aktives [Ganzes Wort] und aktive Beachtung der Groß- und Kleinschreibung. Ergebnis der Suche: 734x – wie in dem Satz:

IT-Grundschutz-Kompendium

> **In** einer solchen Benutzerrichtlinie MÜSSEN die Besonderheiten bei der WLAN-Nutzung beschrieben sein (1H), z. B. ob, wie und mit welchen Geräten Hotspots genutzt werden dürfen (2NV).
>
> NET.2.2: WLAN-Nutzung; 2.2.A1 Erstellung einer Benutzerrichtlinie für WLAN; S. 748/900

{Patch – [MUSS/MÜSSEN] = Notwendigkeit, Pflicht, so und keinesfalls anders zu handeln – siehe Modalverben.

Eine [Benutzer + Richtlinie, die = 10x] ist manchmal eine Rote Linie, an der sich [Benutzer, der/die = Top-25] von was auch immer in ihrem [Handeln, das = 4x] zu orientieren haben. Die Schwierigkeit in diesem zweiteiligen Satz ist die doppelte [Nutzung, die = Top-25]. Als erstes wird das [WLAN, das = 186x] genutzt. Dann ist es ein [Hotspot, der = 13x]. Ebenso schwierig ist der Ausdruck [Besonderheiten, die = 17x], etwas ist besonders im Vergleich zu was? Schwierig ist die Hervorhebung „z.B.", denn was ist in dem Bedingungssatz (2NV) das Beispielhafte...\}

Schritt 4: Ja, auch **Eigenschaftswörter/Adjektive** können mit diesem Verfahren gezählt werden. Sie ergänzen Eigenschaften bei einem folgenden Substantiv. Sie passen sich mit der Endung in Kasus, Numerus, Genus dem Substantiv an (Grammatik: Kongruenz). Die Suchworte können z.B. sein [siche**re** – siche**res** – sicher**er** - sicher**en** – sicher**em**], jeweils als [Ganzes Wort] und keine Groß- und Kleinschreibung.

<u>IT-Grundschutz-Kompendium</u>

[**sichere** = 231x] - „das **sichere** Löschen von personenbezogenen Daten garantieren." (S.159/900)

[**sicheres** = 24x] - „ein **sicheres** Identitäts- und Berechtigungsmanagement aufbauen sollten." (S. 123/900)"

[**sicherer** = 59x] - „ein **sicherer** Betrieb der Software ermöglicht wird." (S.177/900)

[**sicheren** = 94x] - „Bei der Wiederherstellung der **sicheren** Betriebsumgebung MÜSSEN die Benutzer in die Anwendungsfunktionstests einbezogen werden (A)." (S.310/900)

[**sicherem** = UNGENUTZT]

Schritt 5: Die **Umstandswörter/Adverbien** können ebenfalls ausgewertet werden. Sie sind unabhängig von dem Substantiv. Sie modifizieren etwa ein Adjektiv, eine Phrase, einen Teilsatz, einen Aussagesatz, eine Frage, eine Anweisung, eine Aufforderung. Sie sind unveränderlich! Das Suchwort kann z.B. sein [kaum], Angabe [Ganzes Wort], Groß- und Kleinschreibung egal. Das Ergebnis: 9x.

<u>IT-Grundschutz-Kompendium</u>

Kaum eine Institution arbeitet heute noch ohne Dienstleister wie Zulieferer oder Outsourcing-Anbieter. (A)

Elementare Gefährdungen; G 0.11 Ausfall oder Störung von Dienstleistern; S. 55/900

{Patch – Mit anderen Worten, fast kein Unternehmen, keine Organisation oder keine Arztpraxis verzichtet auf [Dienstleister, der/die = 280x]. Ein [Dienstleister] erbringt einen [Dienst, der = Top-25]. Wenn du etwas bestellst und es wird irgendwann geliefert, dann ist das die Abwicklung einer Bestellung – aber eben kein [Dienst]. Bei einem [Outsourcing, das = Top-25] hingegen übernimmt irgendwer Externes etwa deine Prozesse, das könnte als ein Dienst bezeichnet werden...\}

Was du noch erkennen kannst, es sind weitere echte Adverbien in den Satz eingebaut: [heute = 25x] – [noch = 243x].

Möglich ist auch, dass bestimmte Adjektive zu einem Umstandswort/Adverb werden, indem die genannten Endungen weggelassen werden, also [sicher = 174x]:

<u>IT-Grundschutz-Kompendium</u>

Alle erzeugten kryptografischen Schlüssel SOLLTEN **sicher** aufbewahrt und verwaltet werden (A).

CON.1: Kryptokonzept; CON.1.A4 Geeignetes Schlüsselmanagement; S. 140/900

{Patch – [SOLLTEN] = Anregung, unverbindliche Empfehlung, so und so zu handeln – siehe Modalverben.

Wie das praktisch aussieht „sicher...verwaltet werden", das kannst du dir alleingelassen überlegen...\}

Schritt 6: Für die Strukturierung von digitalen Inhalten ebenso wichtig ist die Wortart **Verbindungswort** bzw. **Konjunktion**. Sie werden weder dekliniert noch konjugiert, unveränderlich stehen sie stets an den Weggabelungen der Sätze und Teilsätze herum und warten geduldig, den weiteren Weg zu weisen.

Das Suchwort kann z.B. sein [wenn], die Eingabe [Ganzes Wort], Groß- und Kleinschreibung egal. Das Ergebnis: 779x. Das Besondere bei dieser Konjunktion ist, [wenn] kann eine temporale Aussage einleiten oder einen konditionalen Inhalt liefern.

IT-Grundschutz-Kompendium

> **Wenn** Mitarbeitern firmeneigene Smartphones, Tablets und Phablets ausgehändigt werden (1NV), könnten sie die Geräte auch unerlaubt privat benutzen (2H).
>
> SYS.3.2.1: Allgemeine Smartphones und Tablets; 2.8 Gefahren durch private Nutzung mobiler Geräte; S. 549/900

{Patch – Sicher ein Grenzfall, ob denn nun der Zeitpunkt gemeint ist oder die Bedingung der „Aushändigung". Bemerkenswert und irgendwie niedlich ist das hier als Umstandswort/Adverb eingesetzte [unerlaubt = 21 als Adverb]...\}

Schritt 7: Eine besondere Herausforderung für eine Auswertung, die **Verben**, im Satz werden sie zu **Prädikaten**. Im Kompendium werden die Verben/Prädikate in drei wesentliche Varianten genutzt..

Variante 1: Grundform/Infinitiv, Sucheingabe [Ganzes Wort], Groß- und Kleinschreibung egal, also z.B. das Verb [schützen], Ergebnis: 51x.

Variante 2: Um die konjugierte Form der 3. Person Singular zu bilden, wird dem Verbstamm ein [-t] oder [-st] angehängt. Die 3. Person Plural erhält nach dem Verbstamm ein [-e], [-n] oder ein [-en]. Bei den unregelmäßigen Verben musst du einfach in der Grammatik nachschauen.

Die Sucheingabe [Ganzes Wort], Groß- oder Kleinschreibung egal, also [schützte], Ergebnis UNGENUTZT, und [schützten], Ergebnis UNGENUTZT.

{Patch – Diese Beobachtung bedeutet praktisch, es gibt im Kompendium keine aktive Verantwortliche und keinen aktiven Verantwortlichen, die oder der die sensiblen Daten im Blick hatte und diese so richtig mit vollem Einsatz und digitalem Schwert **schützte**...\]

Variante 3: Es geht um die Verlaufsform, das Partizip. Mit dem Partizip wird etwa das Perfekt gebildet. Wesentlich häufiger ist im Kompendium das Passiv. Dem Verbstamm wird ein [ge-], ein [be-] etc. vorangestellt, die Endung meist ein [-t]. Hier gibt es einige Varianten in der Umsetzung, besonders bei den unregelmäßigen Verben. Du weißt ja, offline Grammatik oder z.B. online www.dwds.de.

Die Sucheingabe [Ganzes Wort], Groß- und Kleinschreibung egal, also [geschützt], Ergebnis 242x.

<u>IT-Grundschutz-Kompendium</u>

> Einige Apps speichern Daten auf dem Endgerät, beispielsweise Benutzerprofile oder Dokumente (1-A). Falls diese Daten unzureichend **geschützt** sind (2-1NV), können möglicherweise andere Apps darauf zugreifen (2-2H).
>
> APP.1.4: Mobile Anwendungen (Apps), 2.7 Unsichere Speicherung lokaler Anwendungsdaten; S. 381/900

{Patch – Im Aussagesatz Nr. 1 (1-A) sind die Verantwortlichen die [Apps, die = 166x], sie [speichern = 3. Person Singular] die [Daten, die = Top-25]. Im folgenden zweiteiligen Satz und dort im Teilsatz Nr. 1 (2-1NV) „erleiden" die Daten etwas, ihnen wird etwas angetan bzw. eben nicht angetan, sie sind nicht [geschützt]. Ein Zustands-Passiv. Der anschließende Hauptsatz wechselt wieder ins Aktiv. Nun sind es „andere Apps", die [zugreifen]. So genau wolltest du das überhaupt nicht wissen? Solltest du aber, ich denke da an die Elektronische Patientenakte (ePA für Alle) oder an WhatsApp oder an Google oder an X...\}

Auswertung der Hauptwörter/Substantive

Ludwig Wittgenstein (Philosophische Untersuchungen) sagt am besten, was das Ziel meiner Arbeit an der Vokabel-Kladde ist.

Er schreibt, erstens: Wie ein Wort funktioniert, kann nicht erkannt werden. Man muss seine Anwendung ansehen und daraus lernen. (PU 340). Zweitens: Die Bedeutung eines Wortes ist sein Gebrauch. (PU 43). Drittens: Und wie er (die/der Erklärende; GFG) die Erklärung „auffasst", zeigt sich darin, wie er von dem erklärten Wort Gebrauch macht. (S.33)

Dann mal los:

01. Ich habe in dem IT-Grundschutz-Kompendium insgesamt **4.413** Hauptwörter/Substantive gezählt. Das sind Wörter wie [Anforderung, die = Top-25] oder [Angreifer der/die = Top-25] oder [Daten, die = Top-25] oder [Gefahr, die = 122x] oder [Risiko, das = 110x] oder [Schwachstelle, die =

267x] oder [Virus, der = 8x] oder [Absturz, der = 2x; Rarität]. Sie sind für einen funktionierenden und nachhaltigen, also andauernden IT-Grundschutz ausgewählt worden.

02. Ich habe **964** einteilige Hauptwörter/Substantive gezählt. Einteilig ist ein Hauptwort dann, wenn es nicht aus zwei oder mehr eigenständigen Wörtern besteht. Präfixe/Vorsilben wie z.B. [Be-] wie in [Bedrohung, die = 128x] oder [Ver-] wie in [Verordnung, die = 3x] haben keine eigene Bedeutung, die Wörter bleiben einteilig.

Suffixe/Nachsilben wie z.B.[-keit] wie in [Ahnungslosigkeit, die = [UNGENUTZT] haben ebenfalls keine eigene Bedeutung, auch hier bleiben die Wörter einteilig.

Eine eigene Bedeutung haben hingegen Verhältniswörter/Präpositionen [in/im = 4.946x] wie in [Information, die = Top-25] oder [aus = 616x] wie in [Ausfall, der = 251x]. Werden sie als Präfix/Vorsilbe genutzt, bleibt das Hauptwort trotzdem einteilig. Genannt wird das eine Lexikalisierung. Nur mit lexikalisierten Hauptwörtern/Substantive könnte eine KI arbeiten.

03. Genau **3.449** sind mehrteilige, zusammengesetzte Hauptwörter/Substantive oder Komposita. Das sind z.B. [Information(s) + Sicherheit, die = 397x] oder [Daten + Sicherung, die = 147x] oder [Zugang(s) + Daten, die = 38x] oder [Versorgung(s) + Sicherheit, die = 1x; Rarität] oder [Geräte + Sicherung, die = 1x; Rarität] oder [Gesundheit(s) + Daten, die = 1x; Rarität].

04. Mehrteilige Hauptwörter, Komposita, sie sind ein Alleinstellungsmerkmal der deutschen Sprache.

05. Sie sind eine (sprachliche) Innovation. Diese ermöglicht es dir, Bezeichnungen, Beschreibungen, Sachverhalte, Inhalte, digitale Sicherheit, Anweisungen und all so was exakt und angemessen zu beschreiben. Das erklärt ihren hohen Anteil in dem komplexen IT-Grundschutz.

Komposita setzen sich zusammen von hinten her gesehen aus einem Grundwort/Letztwort und einem Bestimmungswort/Erstwort, ein paar Beispiele:

> [Daten + Träger, der/die = 270x] ist ein solches Kompositum, und bedeutet = *die Träger von Daten*, oder *alles, auf dem du Daten abspeichern kannst* oder Medium, auf dem Daten gespeichert sind (www.dwds.de).

> [Schutz + Anforderung, die = 1x; Rarität] das könnte (!) bedeuten, eine *Anforderung, die du an einen Schutz stellen könntest*, oder www.dwds.de: Es tut uns leid, Ihre Anfrage Schutzanforderung ist nicht in unseren gegenwartssprachlichen lexikalischen Quellen vorhanden.

06. Wie häufig bei Innovationen gibt es erhebliche Nebenwirkungen oder
Nachteile. Wie eben gesehen, kannst du die konkrete Bedeutung, das, was
gemeint sein könnte, äußerst selten in einem Wörterbuch egal ob online oder
gedruckt nachschlagen.

07. Nun kommt der Auftritt von Herrn Wittgenstein, der zutreffend und korrekt
feststellte: Wie ein Wort funktioniert, kann nicht erkannt werden. Man muss
seine Anwendung ansehen und daraus lernen. (PU 340). Das bedeutet für
einen funktionierenden IT-Grundschutz und für dich: Ca. 3.350-mal dir den
Satz genau anschauen, und im Selbstlern-Verfahren erarbeiten, wie das
Kompositum funktioniert.

<u>IT-Grundschutz-Kompendium</u>

> Ziel des Bausteins ist es (1H), eine Firewall bzw. eine Firewall-
> Struktur mithilfe der in den folgenden Kapiteln beschriebenen
> Anforderungen sicher einsetzen zu können (2NI), um Netze mit
> unterschiedlichen **Schutzanforderungen** sicher miteinander zu
> verbinden (3NV).
>
> NET.3.2: Firewall, 1.2 Zielsetzung; S. 759/900

{Patch – Tja, und was machst du nun mit dem „fetten" Wort? Einmal die
„nackten", einteiligen [Anforderungen, die = Top-25], und dann die [Schutz +
Anforderungen, die = 1x; Rarität]. Mach dir klar, es geht um ein [Ziel, das =
143x], welches du erreichen sollst. Was machst du??...\}

08. Das Selbstlern-Verfahren á la Wittgenstein, das kann in der Praxis nicht
umgesetzt werden, meist wegen fehlender Zeit und wegen der
unwahrscheinlichen Menge. Das hat fatale Konsequenzen für den IT-
Grundschutz, für den Schutz der Telematik-Infrastruktur (TI), eben für die
komplette digitale Sicherheit. Das funktioniert eben nicht, wenn in **3.449**
Fällen die Bedeutung des Kompositums erst dann „erlernt" wird, wenn du den
Sinn des ganzen Satzes oder Teilsatz verstanden hast.

09. Eine weitere Konsequenz der unbekannten, unsicheren, erst zu lernenden
Bedeutungen der Komposita ist, dass sie selbstverständlich zu
(semantischen) Schwachstellen werden. Sie werden in der Folge zu
strukturellen Schwachstellen. Man geht über diese hinweg, wie es so häufig
mit den Schwachstellen in der IT und der TI der Fall geworden ist. Zeit und
Motivation (und vielleicht auch Sprach-Kompetenz) fehlen, sie zu beseitigen.

Und so erkennst du, du Klar-Sichtige, du Klar-Sichtiger, in den
Schwachstellen die Risiken für IT/TI, die gefährlichen schwarzen Löcher, in
denen die digitale Sicherheit, aller IT-Schutz verschwindet.

* * * * *

<u>**Rand-Notiz Nr. 29 - Komposita, ein liberalisierter Markt?**</u>

Offensichtlich gibt es einen hohen Bedarf an mehrteiligen Hauptwörtern/Komposita. Es werden scheinbar mehr von ihnen gebraucht, als auf dem Markt der Wörter verfügbar sind.

Der Bedarf ist kein wirklicher, er wird – wie das bei Märkten üblich und [Standard, der = 307x] ist – künstlich erzeugt. Da sind technologische Entwicklungen, neue Hardware und Software, geänderte Hardware und Software, all die miteinander im Wettbewerb stehenden digitalen Produkte. Gleichzeitig siehst du bei den Marktakteuren mangelndes oder fehlendes [Verständnis, das = 5x], etwa für digitale Inhalte, für digitale [Sicherheit, die = 177x] und für einen nachhaltigen IT-Grundschutz. Verschärft wird dieses durch mangelnde oder fehlende Sprach- und Grammatik-Kompetenz.

Stakeholder oder fördernde Begleiter sind die laufende Anpassung von Gesetzen, Bestimmungen und Regeln. Dann ein fehlendes wirtschaftliches Interesse an Sprache, die Beliebigkeit der Formulierungen, die völlige Abwesenheit von kritischen Interessen und Instanzen in Sprache – ein typisches Merkmal für Märkte.

Aber alles funktioniert doch super, höre ich da von Typen wie Musk, Zuckerberg, Gotthard. Wären das nicht die zahllosen System-Nachrichten eHealth (TI). Nun ja, der Bedarf befriedigt sich quasi von unsichtbarer Hand gelenkt. Konjunktur haben Do-it-yourself Verfahren wie die zahlreichen, nirgends lexikalisierten Wort-Neuschöpfungen zeigen. Dann die Passt-schon-irgendwie Mentalität und Kultur. Dann das Unterlassen, Aussitzen, Tolerieren. Und dann taucht da Chat GPT und Familie auf...\}

* * * * *

10. Das ganze Drama der **3.449** mehrteiligen Hauptwörter/Substantive, jetzt erst zeigt es sich in seiner gruseligen Tragik: Von den Komposita werden nämlich **1.873** (!!!) Komposita ein einziges Mal (1x) gebracht. Dazu gehören [Produkt + Sicherheit, die = 1x; Rarität] oder [Protokoll + Daten, die = 1x; Rarität] oder [Einbruch(s) + Diebstahl, der = 1x; Rarität].

11. O nein, damit nicht genug, denn **541** Komposita werden lediglich zwei Mal (2x) eingesetzt. Das sind etwa [Ausfall + Sicherheit, die = 2x; Rarität] oder [Passwort + Sicherheit, die = 2x; Rarität] oder [Programmier + Fehler, der = 2x; Rarität].

12. Die Bilanz: 70% (!!!) der mehrteiligen Hauptwörter/Substantive, die Komposita, die für die digitale Sicherheit und den IT-Grundschutz genutzt werden, sie werden 1-mal oder 2-mal verwendet.

Praktisch bedeutet das auch bei diesen „Raritäten", über 2.400-mal musst du rein in den Satz oder den Teilsatz und die „Anwendung ansehen und daraus lernen."

13. Ja, in der Vokabel-Kladde gehe ich da mit dir in die Sätze, in denen etwa
ein Wort der Top-25 vorkommt, oder eines dieser damit gebildeten
Komposita. Die Sätze analysiere ich oder ich kommentiere sie oder ich biete
Verbesserungen an, wenn es dem IT-Grundschutz, der Sache der digitalen
Sicherheit helfen könnte.

14. Genau, ich gehe mit dir sowohl in einfache Aussagesätze oder in die
mehrteiligen Sätze.

15. Ach ja, dann habe ich eine Auswahl von Komposita (Stand Januar 2024)
und deren jeweiligen Grundwörter in meiner Vokabel-Kladde aufgenommen.
Grotesk, ohne diese Ausweitung wäre [Sicherheit, die = 177x] kein Stichwort
geworden, oder [Administrator, der = 149x] oder [Fernwartung, die = 157x]
oder [Notfall, der = 25x] oder [Qualität, die = 11x] oder [Schutz, der = 228x].

16. Und das Plus, der Benefit on Top ist die Erklärung der grammatischen
Begriffe in alphabetischer Folge, mit Beispielen aus dem IT-Grundschutz-
Kompendium, die eventuell das Scheitern oder das Funktionieren zeigen.

Ich folge L. Wittgenstein, demzufolge ist die Frage zweitrangig, ob richtig oder
falsch. An erster Stelle steht der Gebrauch – und ob dieser funktioniert, das ist
von mir.

* * * * *

Zahlen

In der Ökonomie zählen im wahren Sinne des Wortes nur Zahlen. Um einen
IT-Grundschutz einzurichten, um digitale Sicherheit herzustellen, da müssen
Sachen, Handlungen und Zustände konkret benannt werden.
Hauptwörter/Substantive übernehmen diese Aufgabe. Mal treten sie schlank
und einteilig auf, mal gehen sie Partnerschaften ein, sind mehrteilig und
können etwas in die Breite gehen.

Das sind die Resultate und das sind die Verhältnisse zwischen Single und
Breite:

	Einteilige Hauptwörter/ Substantive	Mehrteilige Hauptwörter/ Substantive	
Erfasst und ausgezählt gesamt	59.915x	20.004x	79.919
Verhältnis (%) Einteilig/Mehrteilig	75,0%	25,0%	
Anzahl verwendete	964x	3.449x	

	Einteilige Hauptwörter/ Substantive	Mehrteilige Hauptwörter/ Substantive
Verhältnis (%) Einteilig/Mehrteilig	21,8%	78,2%
Einmaliges Auftreten, Rarität	128x	1.873x
Verhältnis (%) zu gesamt erfasst	0,2%	2,3%

Top-10 der Grundwörter/Letztwörter

In dem Wort [Sicherheit(s) + Maßnahme, die = 233x] ist die [Maßnahme, die = 159x] das Grundwort oder das Letztwort. Die Erfinder dieses zusammengesetzten Wortes waren der Meinung, eine schlichte [Maßnahme] sei nicht ausreichend. Sie müsste angereichert werden, sie müsste deutlicher werden, klar, nachvollziehbarer, was weiß ich. Also erfand man die [Maßnahme], die möglicherweise der [Sicherheit] vielleicht dienen könnte, man erfand die [Sicherheitsmaßnahme]. Andere sagten, cool, das nehmen wir auch. Schon wurde es zu einem marktgängigen Wort.

So häufig war man jeweils der Meinung, ein schlichtes Hauptwort müsste dem IT-Grundschutz wegen und wegen der digitalen Sicherheit konkretisiert werden, es müsste unbedingt genauer bestimmt werden:

1. [System, das].................Top-25 82-mal

2. [Daten, die] Top-25 63-mal

3. [Prozess, der]...................201x 50-mal

4. [Funktion, die]................Top-25 46-mal

5. [Anlage, die].....................201x 42-mal

6. [Maßnahme, die]................159x 41-mal

7. [Bereich, der].....................206x 40-mal

[Konzept, das]...................139x 40-mal

9. [Technik, die]....................276x 35-mal

10. [Dienst, der]...................Top-25 34-mal

Wie gut oder wie unzureichend die Zusammensetzungen bei den Top-25
Kandidaten funktionieren, das kannst du dir ansehen bei [System, das] mit 82
Konkretisierungen der absolute Marktführer. Oder bei [Daten, die] mit 63
Anpassungen, was auch ein bemerkenswerter Marktanteil ist. Oder bei
[Funktion, die] mit 46 Verfeinerungen. Und auch bei [Dienst, der] findest du
immerhin noch 34 Spezifizierungen.

Wie sieht es mit einem Plausibilitäts-Check bei einem Wort aus, welches nicht
die besondere Aufmerksamkeit eines Top-25-Wortes bekommen hat. Nehmen
wird [Prozess, der].

Die Bedeutung wird angegeben mit

> a) [Recht] auf eine richterliche Entscheidung zielendes streitiges,
> gerichtliches Verfahren;
>
> b) auf ein bestimmtes Ergebnis hinauslaufender, zielender Vorgang,
> fortschreitender Verlauf. (www.dwds.de)

Als mögliche Synonyme werden genannt: a) [Ablauf, der = 47x], [Verlauf, der
= 5x], [Vorgang, der = 11x] - b) Jura [Gericht(s) + Verfahren], [Verfahren, das
= 159, wird selbst 30-mal als Grundwort genutzt] - c) [Verarbeitung, die =
20x], Weiterverarbeitung, die = 3x].

{Patch – Wenn du dir meine Arbeit und deren Ergebnisse und Einsichten
näher angesehen hast, dann siehst du hier sofort die (semantische)
Herausforderung. Das Synonym [Verfahren] tritt 30-mal als Grundwort auf,
zwangsläufig sind Überschneidungen und Vermischungen wahrscheinlich.
Außerdem tauchen die [Verfahren] in der Definition a) von dem Wort
[Prozess] auf, sie werden schon dort als Fachbegriff dem Recht zugeordnet...
\}

[Sicherheit(s) + Prozess, der = 28x] – Kann nachvollziehbar sein **[+]** oder
auch nicht und qualvoll **[--]** enden: •

<u>IT-Grundschutz-Kompendium</u>

> Für den festgelegten Geltungsbereich (Informationsverbund)
> SOLLTE ein angemessenes Sicherheitskonzept als das zentrale
> Dokument im Sicherheitsprozess erstellt werden (A).
>
> ISMS.1: Sicherheitsmanagement; ISMS.1.A10 Erstellung eines
> Sicherheitskonzepts, S. 99/900

{Patch - [SOLLTEN] = Anregung, unverbindliche Empfehlung, so und so zu
handeln – siehe Modalverben.

Konzentrieren wir uns auf den [Sicherheit(s) + Prozess]. Das ist siehe b) „ein
auf [Sicherheit] hinauslaufender, zielender Vorgang". Bei welchem Schritt
(temporal) nun eines Vorganges wird ein [Dokument, das = 264x] eingesetzt?
An welchem Ort (lokal) eines Vorganges wird ein [Dokument] platziert? Zu
welchem Zweck (final) soll bei einem Vorgang ein [Dokument] genutzt
werden. Das funktioniert einfach nicht. Deswegen ersetzen, damit die

Relevanz der Aussage bestehen bleibt, etwa so: *ein Sicherheitskonzept als entscheidendes Dokument für die Sicherheit erstellt werden.* Das [Sicherheit(s) + Konzept, das = 174x] kann so bleiben, weil es als Titel für das Dokument geeignet ist – und hoffentlich auch solcher verwendet wird. Übrigens [Konzept, das = 139x] wird 40-mal als Grundwort eingesetzt, so schließen sich Kreise.

[Alarmierung(s) + Prozess, der = 1x]; Rarität – Kann nachvollziehbar sein **[+]** oder auch nicht und brenzlig **[--]** enden:

IT-Grundschutz-Kompendium

> Alle Schritte des Melde- und Alarmierungsprozesses MÜSSEN ausführlich beschrieben sein (A).
>
> DER.1: Detektion von sicherheitsrelevanten Ereignissen; DER.1.A3 Festlegung von Meldewegen für sicherheitsrelevante Ereignisse; S. 301/900

{Patch - [MUSS/MÜSSEN] = Notwendigkeit, Pflicht, so und keinesfalls anders zu handeln – siehe Modalverben.

Jetzt wird es kompliziert, denn nun tauchen auch [Melde + Prozesse, die = 1x; Rarität] im Spiel auf. Und statt einer einfachen [Alarmierung, die = 19x] oder den nachvollziehbaren und abgehbaren [Alarmierung(s) + Wegen, die = 3x], wirst du gleich mit dem juristischen Fingerzeig als Mitbedeutung in die rechtliche Richtung geschupst. Das [Schupsen] ist übrigens modern geworden, um jemanden wie dich unbemerkt in eine bestimmte Richtung zu mehr digitaler Vorsicht zu bringen, oder war das Wort [Stupsen].

Egal, der [Alarmierungsprozess] ist so was von brenzlig, das ist verbrannt riechen...\}

Dir ein gute Zeit!

AFD

Allianz

Amazon

AOK

Arvato

Arztpraxen

ATOS/Eviden

BARMER

Bayerischer Rundfunk (BR)

BITMARCK

Bundesamt für Sicherheit in der Informationstechnik BSI

Bundesministerium für Gesundheit (BMG)

Cherry

CompuGroup Medical (CGM)

D-Trust GmbH

DAK

DEMIS

Der Spiegel

Deutsche Bahn (DB)

Fjolla (16)

Fritz (14)

Galerie Für Fotografie GAF (Hannover)

GDL

Gematik

GKV Informatik

HAW Hamburg

HEK

IBM

IKK

Kassenärztliche Bundesvereinigung (KBV)

Kassenärztlicher Verband Niedersachsen (KVN)

Kind

KKH

KoCoBox

Krankenhäuser

medisign

Medizinischer Dienst (MD)

Microsoft

Mobil BKK

Muster 16

NDR

Oracle

Patientenakte, elektronische (ePA)

Pistorius, BM

Praxisverwaltungssysteme (PVS)

RISE GmbH

Seat

Skoda

T-Systems Deutschland

Techniker Krankenkasse (TK)

VIAKTIV

Vice Society

VW

Whitworth, Andrew

Wittgenstein, Ludwig

X

Übersicht: Genutzte Abkürzungen und Symbole

„du"-Anrede	Die konkrete Vorstellung eines Gegenübers (z.B. eines oder einer Digital Natives) erleichtert das Formulieren.
„Gendern"	Digitale Sicherheit geht jede und jeden an, niemand soll sagen können, ich bin ja nicht gemeint und deswegen nicht verantwortlich.
{Patch -	Anfang meines Kommentars, meines Vorschlags, meiner Ergänzungen, meiner Kritik...
...\}	Ende vom Patch
[die Information, die = x]	Eintrag inklusive Häufigkeit. Ich benutzte die Artikel, um Sicherheit bei dem jeweiligen Geschlecht zu geben – eine wichtige Erfahrung aus meinen Migrations-Kontakten.
Hauptwort/ Substantiv und all die anderen Wortarten	Ich habe beobachtet, dass es sinnvoll und hilfreich ist, mit den motivierten grammatischen Bezeichnungen zu arbeiten. Also statt Substantiv das Hauptwort, statt Adjektiv das Eigenschaftswort, weil es eine Eigenschaft ausdrückt. Statt Adverb eher Umstandswort. Statt Präposition (= das Vorangestellte) das Verhältniswort, weil es zeitliche, lokale etc. Verhältnis benennt. Nur bei dem Verb verzichte ich auf die motivierte Bezeichnung (z.B. Tu-Wort), arbeite statt dessen mit dem Paar Verb/Prädikat.
Wörterbuch online	Manchmal gebe ich die Quelle (www.dwds.de) an, manchmal vergesse ich es. Der Vorteil ist, du kannst dort selbst nachsehen, ohne dir irgendetwas kaufen zu müssen.
~ Grammatik	Mit der Tilde (~) kennzeichne ich der besseren Übersichtlichkeit wegen grammatische Einträge, z.B. ~ Adjektiv/Eigenschaftswort.
[+]	Das zusammengesetzte Hauptwort/Substantiv oder Kompositum ist nachvollziehbar, es funktioniert. Oder es ist zumindest teilweise nachvollziehbar.
[--]	Ich finde es unspannend, jedes Mal zu schreiben, funktioniert nicht oder ist unangemessen. Also arbeite ich mit negativen Wertungen, um Leben in die Sache zu bringen. Etwa so: Das Kompositum ist ...absonderlich, bedrohlich, brisant, deprimierend, entmutigend, furchterregend, gestört, haarig, kauzig, kurios, mickrig, quälend, schlimm,

	schwach, schwindelerregend, spukhaft, traurig, ungemütlich, verquer, verzwickt, witzig, wunderlich.
(A)	Aussagesatz (& Anweisungen u.Ä.)
(xEL)	Kurzsatz (Grammatik: Ellipse) plus Position
(xH)	Hauptsatz eines mehrteiligen Satzes plus Position
(xHa...xHb)	Ein Hauptsatz wird unterbrochen und nach einem eingeschobenen Teilsatz wieder fortgesetzt.
(xNV)	Verhältnis-Nebensatz / nebengeordneter Teilsatz plus Position
(xNR)	Relativ-Nebensatz / nebengeordneter Teilsatz plus Position
(xNI)	Inhalts-Nebensatz / nebengeordneter Teilsatz plus Position